JN440314

현대 심리평가의 본질과 미래

다중방식 임상 평가

Christopher J. Hopwood · Robert F. Bornstein 편저
우상우 역

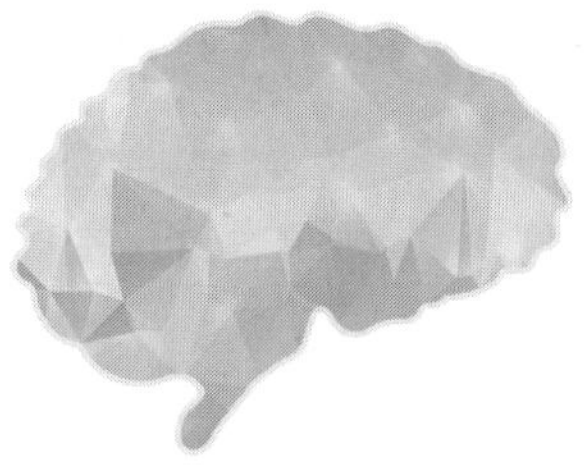

MULTIMETHOD CLINICAL ASSESSMENT

학지사

Multimethod Clinical Assessment
edited by Christopher J. Hopwood, PhD and Robert F. Bornstein, PhD

역자 서문

책을 완성해 가는 과정 중에서 머리말을 쓰는 작업에 가장 복잡한 마음을 쓰게 된다. 그 복잡한 마음이란, 책에 담은 내용을 간명하게 정리하여 앞으로 독자들이 걷게 될 본문의 문장 하나하나를 어떻게 밟아 가야 할지 예상할 수 있도록 해 줘야 하며, 글쓴이가 그 문장의 길을 만드는 과정에서 전달하려고 했던 의도와 작업 간 특정 순간의 가치 있었던 생각과 느낌들을 담아내야 하며, 그리고 이 책의 마지막 문장에서 새로운 길을 안내하고 그 길을 걸어갈 독자들이 기대와 바람을 가질 수 있도록 하고 싶다는 마음이다.

우선, 학지사에 이 책의 번역에 대해 제안했을 때, 출간 시기가 다소 오래된 책이기도 하고 많은 독자가 이 책에 담긴 내용에 관심을 가질 것인가에 염려와 걱정이 있었지만, 이 책은 원론적이면서도 실험적 근거를 바탕으로 한 심리평가 교과서로서 역할을 할 수 있을 거라는 고집 같은 확신으로 번역 작업이 시작될 수 있었다.

이 책에 담긴 이야기들은 심리평가 장면에서 정답의 길이라 확신할 수 없을지라도 올바른 방향을 안내하고 있다는 논리적 확신을 주었다. 특히, 이 책은 나에게 심리평가에 저명한 선생님들의 주옥같은 잔소리와 독려, 친절한 안내, 이 길을 가야 하는 사람이 가져야 할 태도와 마음가짐을 강의실 1열에 목을 빼고 앉아 소통하며 듣고 있는 듯한 경험을 하게 했다. 이러한 나의 경험을 많은 영역에서 훌륭한 역할을 하시는 선생님 및 선후배님과 함께 공유하고 싶은 바람이 넘쳐, 그에 미치지 못한 능력의 무모함을 부정해 가면서 이렇게 실제 결과물을 완성할 수 있게 되었다. 번역 과정 내내 심리평가의 본질을 되새기는 시간이었으며, 지금까지 습관적으로 해 왔던 평가 수행에 든든한 설명의 틀을 얻을 수 있었고, 현재 국내에서 쉽게 관찰할 수 있는 심리평가 수행에서의 안타까움도 여실히 점검할 수 있었다. 이 책을 읽게 될 독자들은 학부생부터 학교 및 실무 장면의 연구원, 심리평가 훈련의 지도감독자들 모두 이론적 · 실무적 측면에서 다양한 도움을 받을 수 있을 것이다.

이 책을 접한 당시 각 장에서 저명한 선생님들의 표현법의 특징과 독특성을 번역 과정에서 내가 자칫 밋밋하게 만들지 않을까 하는 염려도 있었고 동시에, 이러한 표현 방식의 차이에서 다양한 선생님들의 목소리를 통해 직접 이야기를 듣는 것 같은 생동감도 느낄 수 있었다. 번역 과정의 매 순간 선생님들의 표현에 담긴 가치와 진지함에 깊은 맛을 빼버리지 않아야겠다는 긴장을 품고 있었다. 번역하는 과정에서, 여섯 번의 원서 통독을 거쳤고 번역물에 대한 숙독을 일곱 차례 거쳤지만, 여전히 현실적 부족함과 그만큼의 아쉬움은 여전히 남아 있다. 현재 나의 지식과 지혜를 최대한 아낌없이 갈아 넣으려 노력하면서 단어 하나하나의 의미를 희석해 버리거나 왜곡해 버리지 않을까 하는 조심성을 끝까지 유지하려고 하였다. 그중에서도 특정 번역 용어는 쉽게 입에 붙지 않더라도 해당 단어에 의미를 좀 더 기술적이고 직관적으로 떠올릴 수 있는 용어로 번역하였다. 예를 들어, 기본적 용어로는 test를 검사, measurement를 측정, evaluation을 가치평가, assessment를 평가로 정확하게 구분하여 번역하였다. 현재 심리평가 관련 한국어 인쇄 문서에서도 특별히 해당 용어의 설명을 위한 내용 부분이 아닐 때는 서로 혼용하기도 하는데 해당 교재로 학습하는 학습자로서 자기도 모르게 이해가 안 되는 일이 벌어지기도 한다. 그렇기에 좀 더 명확한 용어로 번역하고자 더 많이 애쓸 수밖에 없었다. 또 다른 예로, multimethod는 다중방식, multimodal은 다중양식, technique는 기술 또는 기법으로 정확히 구분하여 번역하였다. 이와 관련된 번역된 용어의 차이는 실제 원어의 의미를 한 번 더 점검하며 이해하는 것을 권장한다.

현재 학교와 실무 영역 모두에서 성격평가 연구 및 수행은 연구자와 실무자 구분할 것 없이 상당히 흥미 있는 주제임이 틀림없다. 하지만 이러한 흥미의 크기만큼 실제 연구와 실무의 변화 발전은 다양성 측면에서만큼은 이에 따르지 못하는 것처럼 보인다. 이미 심리평가 수행법과 관련하여 세계적 학문적 흐름 및 실무적 유용성의 변화와 재조정이 있었지만, 국내에서는 학문 세대의 수차례 내림의 세월에도 앞 세대의 심리평가 원론에서 쉽게 벗어나지 못한 상황도 안타까운 점이다. 대표적 예로, 객관적 검사와 주관적 검사를 질적으로 구분하는 학문적 관습은 뿌리 깊게 자리 잡혀 자극 귀속 대 자기-귀속 또는 자기 보고 대 수행 기반 등으로 좀 더 합리적인 새로운 검사 분류 방식을 받아들이는 데에 큰 장해가 되기도 했으며, 다중방식평가에 대해 중요하게 인식하고 있으면서도 실제 평가 수행이나 수련 및 교육 장면에서는 그 강조의 정도가 미약했던 점을 들 수 있다. 이러한 상황에서 이 책이 전하는 다중방식평가에 대한 논리적 설명은 후련하기까지 하다. 이에 더해, 이 책에서는 심리검사의 합리적이고 논리적인 검사 분류에서부터 자기보고 검사와 수행 기반 검사의 불일치가 갖는 의미에서까지 명쾌하게 반복적으로 설명하고 있다. 그리고 심리평가의 핵심 개념이지만 국내 출간된 교재에서는 강조되지 않았거나 언급되지 않았던 개념을 새롭게 구조화할 수 있는 기회도 가질 수 있을 것이다.

한편, 2014년 원서 『Multimethod Clinical Assessment』가 출간 이후, 강산이 변할 시간이 흐른 현재 시점에서 당시 상황이 어떻게 변했는지를 살펴보는 것도 재미있는 부분이 될 것이다. 10여 년 전 기대와 바람과 안내가 현실에 반영되고 실증적 근거가 눈에 띌 때 그 시간 동안의 변화가 피부로 와닿는 경험을 하게 해 준다. 예를 들어, 지난 시간 동안 한국어판 검사가 출판되기도 하였고 암묵 연합 검사(Implicit Association Test: IAT)를 적용한 심리평가 연구에서 이 IAT가 유용한 측정 도구로서 적용성이 좋아지고, 이를 활용한 연구적 가치가 향상하였으며, 로르샤흐 수행평가체계가 로르샤흐 검사 사용법의 주요 체계로 자리 잡았으며, 협력적 평가를 실무에 적용하여 유용성과 효과성의 경험적 근거가 계속 쌓여져 왔다.

이 책은 개관, 제1부, 제2부, 제3부 그리고 결론으로 구성되어 있다. 각 장을 읽는 동안, 다중평가 학술대회에서 14개 프로그램을 직접 듣고 있는 느낌을 받을 수 있을 것이다. 먼저 외우려거나 깊은 의미 이해를 하려는 것보다 해당 장마다 하나의 주제에 관한 명강의를 듣는 마음으로 다소 가볍게 즐기며 읽어 본 후 다시 한번 더 구체적 정보를 꼼꼼히 살펴보는 것을 권장할 만하다. 학습자들은 개관을 먼저 읽으면서 다중방식 임상 평가의 개념에 친숙해질 수 있을 것이며 이후, 제1부를 먼저 읽고 제2부와 3부는 흥미 있는 장을 우선 선택하여 읽어 보는 것도 좋을 것이다. 구체적인 책의 구조와 내용 요약은 훌륭한 저작을 남겨 주신 Robert F. Bornstein 교수님과 Christopher J. Hopwood 교수님의 개관 글 말미의 '다중방식 임상 평가: 전망'의 말씀으로 확인할 수 있다.

이 책이 전하는 메시지 중에서도, 심리평가 수행 영역에서 대중적으로 받아들일 수 있을 만한 예를 소개하고자 한다. MMPI와 로르샤흐 검사 결과가 불일치하게 나타났을 경우 어떻게 해석할 것인가? 개업 장면에서 상담 및 임상 영역의 여러 전문가, 실무가, 수련생 선생님들을 만나면서 흔히 질문받는 내용이기도 하고 가장 잘못된 답을 알고 있는 질문이기도 하다. 이미 심리평가자라면 뼛속까지 자동화되어 다중방식평가를 하고 있음에도, 의식적으로 명확히 자신이 하는 심리평가에 대한 근거를 제시하지 못하는 일도 있으며, 간혹이지만, 심지어 두 검사 중 한 가지가 완전히 틀렸다거나 내담자가 거짓말을 했다거나 하는 등으로 해석하는 잘못된 일도 있다. 이에 대해 측정 과정에서 수검자의 의식적 · 비의식적 심리작동의 차이임을 명쾌하고 합리적 설명은 제14장에서 확인할 수 있을 것이다. MMPI도 로르샤흐 결과가 다른 것은 자연스러운 일이며 많은 경우 두 검사의 결과는 불일치한다. 결코! 내담자가 잘못했거나 검사자가 잘못 수행한 것이 아니다.

이 책에서 얻을 수 있는 또 한 가지 이점은 국내에서 해 볼 만한 연구 아이디어를 얻을 수 있다는 것이다. 예를 들어, 조이스틱 기법을 활용한 심리치료 훈련 지도의 체계화, 3자의 정보 제공자 평정을 활용한 연구, personal agency 척도의 개발, IAT를 활용한 외현적–암묵적 성격특성과 관련 행동의 관련성, 치료적 평가의 효과성 검증 등을 포함하여 독자들의 독창적 아이디어를 자극하는 다양한 연구 주제를 떠올릴 수 있을 것이다. 이와 함께 학교와 수련 기관에서 심리평가 교육 및 수련 과정에 현실적으로 적용할 수 있는 작업 틀을 참고할 수 있다. 다만, 현재 대학원 및 실무 수련 기관에서 심리평가에 대한 중요성에 대한 강조는 없지만, 연구 지도교수의 연구 업무, 논문 지도, 행정 등의 다양한 업무에 부가적으로 더해지는 실무적 심리평가의 관심을 확장하기가 부담스러운 상황일 수도 있다. 그렇다 하더라도 심리평가 영역에서 변해 가고 발전하는 학문적 흐름에 지체하는 것은 좋지 않을 것이며 세계적인 흐름에 따라 지도감독자의 지향점과 시대적 이론적 지향점의 변화에 맞춰 갈 필요성이 있다. 예비 심리평가 전문가들은 수련 과정을 완료한 후 진로에 대한 선호에서도 아직은 심리평가 수행을 크게 선호하는 경향이 있다. 하지만 심리평가의 최신 흐름에 대한 교육을 제공하거나 스스로 학습하려는 노력은 부족하지 않은지 스스로 살펴볼 필요가 있다. 이와 함께 좀 더 현대의 흐름에 맞춰 가는 개방적 학습 분위기 조성이 필요할 것이며 그 과정에서 이 책은 좋은 교과서가 될 수 있을 것이다. 특히, 대학원 과정에서 이러한 연구 홍미 탐색, 실증적 결과를 바탕으로 한 심리평가의 원칙, 변해 가는 심리평가 수행의 가치와 유용성에 대해 좀 더 수용적으로 받아들이는 데에 좋은 교과서가 될 것이다.

이 책에는 많이 이들의 힘과 정성이 들어갔다. 물심양면으로 응원해 주신 것에도 적시에 감사 말씀을 드리지 못하여 송구스러움을 지니고 있으며, 이 책의 출간에 건강한 염려를 안고서도 책의 가치를 믿어 주신 학지사 김진환 대표님께 진심으로 감사의 말씀을 드린다. 그리고 앞서 출간한 책부터 매번 신속하면서도 세심한 편집작업을 살펴 주신 이세희 님께도 감사를 드린다. 나의 임상심리학 인생에 불씨를 보태어 주고 함께 공유하는 희망찰 모임 구성원에게 넘치는 감사를 드리고, 특히 번역 작업 과정에서 구체적인 도움을 주었고, 임상심리 영역에서 임상심리학자의 태도와 관점을 가지고 삶을 산다는 것이 무엇인지 행동으로 보여 주는 고은별 선생님, 류정현 선생님, 문주형 선생님에게 특별한 감사를 전한다.

끝으로, 임상심리학 영역에서의 내가 행동하는 실무가가 될 수 있도록 동기를 부여해 주시는 분들이 많다. 사실, 한 분 한 분 직접 만나 감사를 전해야만 할 분들이 많지만, 진정성 있는 열정을 가진 임상심리, 상담심리 영역에서의 전문가, 실무가 선생님들의 덕을 감사히 생각하며 인사를 전한다.

2026년 1월

독자를 위한 응원과 기대를 담아

차례

제2장 대인관계 역동의 다중방식평가 _ 73

Aaron L. Pincus, Pamela Sadler, Erik Woody, Michael J. Roche, Katherine M. Thomas, & Aidan G. C. Wright

제3장 정서적 과정의 다중방식평가 _ 119

Rachel L. Tomko & Timothy J. Trull

제4장 실존적 문제들에 대한 다중방식평가: 공포관리 관점 _ 153

Spee Kosloff, Molly Maxfield, & Sheldon Solomon

임상적 관리

다중방식 임상 평가의 소개

Robert F. Bornstein & Christopher J. Hopwood

여러분이 요통과 함께 신체 균형감에도 불편함이 있고 왼쪽 다리에 감각도 느껴지지 않는다고 생각해 보자—말로 다 할 수 없는 걱정스러운 상황일 것이다. 당신은 의사를 만나 이러한 증상이 있다고 말해 보자. 그럼 의사는 진단을 내리고 처방전을 써 준 후 앞으로 무엇을 해야 할지 설명해 줄 것이다. 의사가 별도로 검사를 처방하지 않아서 께름칙해도 어련히 잘 알아서 해 주었을 것으로 생각하고 그냥 시키는 대로만 했을 것이다.

일주일이 지나도 증상이 호전되지 않아서 당신은 다른 의사를 만나 보기로 마음먹는다. 당신이 현재 불편한 점을 말해 주려고 하자 의사가 말을 막아선다. 당신이 무슨 말을 하는 건지 별로 듣고 싶어 하지 않는다. 의사가 말하길, 검사 결과를 보면 자기가 필요한 정보는 다 알 수 있다고 한다. 의사는 몇 가지 지침 사항을 적어서 검사실로 안내할 것이다.

이 이야기는 심리학과 의학의 근본적인 차이점을 보여 준다. 의학에서는 다중방식평가가 아주 확고하게 자리 잡혀 있어서 거의 알아차리지 못할 정도이다: 실제로 거의 모든 임상적 결정은 환자의 자기 보고와 기타 양식(modalities)으로 수집한 자료를 통합하여 이루어진다. 현대 심리학은 이상의 상황과 매우 다른 모습을 보인다. 임상가는 전형적으로 단일 양식(예: 일련의 설문지) 검사에 주로(때로는 전적으로) 의존하는데 환자나 의뢰자 모두 이러한 개입 방식에 의문을 제기하지 않는 경향이 있다. 물론 대부분 임상가가 평가를 공식화할 때 다양한 양식으로 근거를 마련하겠지만, 의학과 다르게 심리학 학문 영역에서는 다중방식평가 접근이 기대되거나 요구되지 않는다. 이는 임상가의 배경, 태도, 선호도에 따라 달라진다.

우리는 다중방식 임상 평가가 이제 일반적 규준이 되어야 한다고 생각한다—선택 사항이 아닌 응당 그렇게 예상되는 것. 의사가 여러 양식(예: 자기 보고, 행동, 생리학적 방식)

의 근거를 통합하지 않고는 환자의 문제를 완전히 이해할 수 없는 것처럼 심리학자 역시 여러 양식(예: 자기 보고, 행동, 수행 기반 방식)의 근거 없이는 환자의 어려움을 완전히 이해할 수 없는 것이다. 게다가 평가하는 의사가 환자의 성격과 증상에 따라 가장 유용한 특정 검사 조합을 달리 적용하는 것처럼, 평가하는 심리학자들도 유용한 특정 검사들을 조합하는 것은 내담자마다 그리고 내담자가 겪는 해당 문제마다 달라져야 할 것이다.

임상 평가란 무엇인가

심리학자, 정신과 의사 그리고 관련 전문가들이 종종 **진단**과 **평가** 용어를 혼용하고 있지만 실제로 이 용어들은 각기 다른 의미가 있다. 진단은 환자의 증상을 규정하고 문서화하는 것과 관련이 있고 환자를 하나 이상의 항목 내에 분류하는 것을 의미한다. 이러한 각 항목의 명칭은 복잡한 심리적 증후군(예: 신경성 식욕부진증, 조현성 성격장애)을 축약어로 표현한 것이다. 반면, 평가는 일련의 심리검사를 통해 환자의 주관적 경험, 핵심 신념, 감정적 패턴, 동기, 심리 특성, 방어 및 대처 전략을 결정하는 과정에서 복잡하게 서로 엮여 있는 기질 성향 및 상황적 요인을 풀어 정리하는 것을 포함한다.

많은 저자가 말했던 것처럼 진단은 환자의 **병리**를 이해하는 데 핵심 사항이다. 평가는 진단이 내포한 병리를 겪는 해당 **개인**을 이해하는 데 핵심 사항이다(Finn, 2005; Hopwood, 2010; Weiner, 2000). 평가 자료 자체만으로 진단하기에는 적합하지 않지만 이러한 자료는 진단을 구체화하고 잠정적인 진단을 뒷받침하는 데에 유용할 수 있고 감별 진단을 내리는 데에 유용할 수도 있다(예: 환자의 구조화된 검사와 덜 구조화된 검사에서 나타나는 현저한 불일치 양상이 경계선 병리를 시사하는 경우; Carr & Goldstein, 1981 참고). 평가 자료는 진단을 위한 의사결정을 구체화하는 것 외에도 위험 관리(VandeCreek & Knapp, 2000)와 치료계획(Clarkin, 2012; Livesley, 2005)에서 중요한 역할을 하며, 법의학 장면(예: 양육권 및 권한 청문회; Hilsenroth & Stricker, 2004), 직무 적합성 평가(Anfang & Wall, 2006), 정신장애 평가(Gold et al., 2008) 및 기타 다양한 영역에서도 중요한 역할을 한다.

임상가와 연구자들은 진단과 평가의 상황처럼 **심리검사**와 **심리평가** 용어를 자주 혼용하지만, 사실 이 두 용어는 서로 다른 의미를 담고 있다. Handler와 Meyer(1988)는 심리검사와 심리평가 사이의 개념적 · 실제적 차이점을 다음과 같이 탁월하게 설명했다.

> 검사를 한다는 것(Testing)은 특정 점수를 얻기 위해 특정 검사를 시행하는 비교적 간단한 절차이다. 검사 시행 후 규준적이고 법칙 발견적 결과물을 바탕으로 점수에 기술적 의미를 부여해 볼 수 있다. [중략] 하지만 심리학적 평가(assessment)는 검사와는 전혀 다른 활동이다. 평가 수행에서는 단일 점수나 일련의 검사 점수를 얻는 데에 초점을 맞추지 않는다. 이보다는 다양한 평가 방법을 통해 얻은 검사에서 드러난 다양한 정보의 조각들을 수집하여, 이러한 자료를 개인의 과거력, 의뢰 정보, 행동 관찰의 맥락에 적용하여 평가 대상에 대한 응집성 있고 종합적인 이해를 도출해 내는 데에 중점을 둔다(pp. 4-5).

Handler와 Meyer(1998)의 통찰력 있는 분석은 수많은 임상가와 임상 연구자들에게 공감을 받으면서 발전해 왔다(예: Groth-Marnat, 1999; Widiger & Samuel, 2005). Cates(1999, p. 637)는 심리평가 영역에서 "예술은 과학 위에 지어진다"라는 말로써 이를 잘 표현했다. 심리검사는 정밀성, 객관성 그리고 정확한 자료 수집을 가능하게 하는 과학적 초연함이 필요하다. 심리평가는 검사 과정에서 얻은 모호한(심지어 상충하는) 증거를 통합하고 종합하고 명료화하는 작업을 포함한다. Bornstein(2010)은 임상 평가의 복잡성을 다음과 같이 기술했다:

> 유능한 검사자는 확고한 행동주의자여야 하며(적어도 검사 순간에서만큼은), 검사 상황에서 드러나는 수반성을 이해하고 이렇게 이해한 지식을 사용하여 검사 자료의 타당성과 일반화 가능성을 최대화할 수 있어야만 한다. 검사 자료가 수집되면 행동주의자로서 검사자는 정신역동적 지식에 숙달된 평가자로 변신해야 한다. 역동적 개념과 함께 다른 심리학 영역의 연구 결과를 조합하고 의뢰 정보, 생활사적 정보 및 수검 상황에서 관찰한 행동의 전체적인 맥락에 맞게 해당 검사 결과를 해석할 수 있어야만 한다(p. 147).

검사 점수에서 일치와 불일치

수십 년 전만 해도 심리평가는 거의 예외 없이 적응에 있어 서로 다른 영역(예: 특성 척도와 지능검사)과 기능 및 경험의 다양한 수준(예: 질문지 그리고 수행 기반 측정; Allison,

Blatt, & Zimet, 1968; Rapaport, Gill, & Schafer, 1945, 1968)을 측정하도록 설계된 도구로 구성된 포괄적인 검사 배터리를 거의 항상 포함했다. 관리 의료 요구 사항의 일환으로서(Sperling, Sack, & Field, 2000) 현재 평가는 주로 질문지를 실시, 채점, 해석하는 것으로 구성되어 있다. 이러한 경향은 임상 평가를 넘어 연구 장면에도 적용된다: Bornstein(2003)은 1991년부터 2000년 사이에 5대 주요 저널에 발표된 성격장애 연구에 대한 체계적인 검토를 보면, 발표된 연구의 80% 이상이 성격적 병리를 정량화하고, 그에 대한 상관관계에 의존하고 결과를 측정하는 과정에서 자기 보고 자료에만 의존하고 있다는 것을 확인했다(발표된 연구 중 단 4%에서만 실제 행동을 평가한 연구였다).

검사 배터리에 여러 양식(modalities)의 측정치가 포함된 경우라 해도 매번 최대한 휴리스틱하고 임상적으로 유용성 있는 방식으로 그 자료들을 통합할 수 있는 것은 아니다. Campbell과 Fiske(1959)의 전통에 따르면 지난 50년 동안 심리평가 연구는 주로 심리측정이 동일 구성개념에 대한 다양한 측정법에서 점수들의 수렴을 설명하는 데에 초점을 두었다(Messick, 1989, 1995; Slaney & Maraun, 2008). 대부분 임상가는 직관적으로 서로 다른 검사의 결과가 일치하는 것을 중요하다고 생각한다. 한 방향으로 수렴하는 여러 결과는 안심을 주고 검사에서 도출된 임상적 예측에 확신을 높여 주기 때문이다. 1990년대 초, 심리학자들은 검사 점수의 수렴뿐만 아니라 불일치에 대한 체계적인 해석과 관련하여 더욱 광범위한 연구를 시작했다(예: Archer & Krishnamurthy, 1993a, 1993b; Meyer, 1996b, 1997). Meyer 등(2001)이 언급했듯이 각기 다른 성격 평가 도구가 서로 다른 양식을 사용하고 수검자가 가진 서로 다른 심리적 과정에 관여할 때 이러한 검사 점수의 불일치는 특별히 유용할 수 있다.

예를 들어, 다음 연구를 생각해 볼 수 있는데, Bornstein과 동료들은 자기 보고 및 수행 기반의 의존성 검사 점수 간의 불일치가 각기 검사만으로는 제공할 수 없는 성격 역동에 관한 정보를 제공한다는 점을 확인했다(Bornstein, 1998; Bornstein, Bowers, & Bonner, 1996a, 1996b; Bornstein, Rossner, Hill, & Stepanian, 1994). 이러한 연구에서는 자주 관찰되는 불일치 패턴을 기본적으로 설명하고 있다: 많은 환자가 자기 보고 의존성 검사와 수행 기반의 의존성 검사에서 같은 방향으로 높은(또는 일관되게 낮은) 점수를 얻었지만(따라서 높은 의존성 또는 낮은 의존성으로 분류되는), 일부 환자는 특정 한 유형에서는 높은 점수를 받으면서 다른 유형의 검사에서는 낮은 점수를 받는다(Bornstein, 2002, 2012). 수행 기반 검사 점수는 높으면서 자기 보고 검사의 의존성 점수는 낮은 사람들은 알아차리지 못하는 의존성이 특징인 성격 유형을 가진 것이다; 반대 패턴(수행 기반 점수는 낮지만 자기 보고 의존성 점수는 높은)을 보인 사람들은 사회적 및 업무적 관계에서 보상을 얻기 위한 수단으로 의존적인 느낌과 추동을 과장하는 **의존-자기 표상**을 가진 것이다. 게다가 자기 보고 의존성 검사와 수행 기반 의존성 검사에서 모두 높은 점수를 받은 대학생은 의존성 성격장애에 증상이 많고 반면에 수행 기반 의존성 점수는 높지만 자기 보고 의존성 점수는 낮은 학생은 의존성 특징보다 연극성 특징을 보이는 경향이 있다(Bornstein, 1998). 성취 욕구(McClelland, Koestner, & Weinberger, 1989), 권력(Koestner, Weinberger, & McClelland, 1991), 친밀감(Craig, Koestner, & Zuroff, 1994)을 포함한 다른 성격특성에 대한 자기 보고 측정과 수행 기반 측정을 대조한 연구에서도 유사한 결론이 나타났다.

임상 평가에서 과정과 결과

이와 같은 결과는 임상 평가에서 얻은 결과물뿐만 아니라 평가 과정을 고려하는 것의 중요성을 지적한다: 각기 다른 유형의 검사마다 고유하게 드러나는 심리적 과정을 이해해야만 검사 점수가 수렴하거나 불일치하는 것에 대한 의미를 해석할 수 있다. 오늘날 사용되는 전방위에 걸친 여러 검사의 기저에 있는 심리적 과정에 대한 종합적인 분석은 아직 정리되지 않은 상황이긴 하지만, Meyer와 Kurtz(2006) 등의 여러 연구자(예: Schultheiss, 2007)는 널리 사용되는 두 가지 측정법의 유형을 대조해 보았다: 자기 보고 및 수행 기반. Bornstein(2009)이 지적했듯이 사람들이 전형적인 자기 보고 검사 문항(예: "나는 리더보다 리더를 따르는 사람이 되고 싶다," "나는 종종 진이 빠진다")에 진정성 있게 관여할 때 순차적으로 세 가지 과정이 진행된다. 첫째, 수검자는 **내성**을 통해 내면으로 주의를 돌려 문항이 자신의 느낌, 생각, 동기 또는 행동의 특정 부분을 반영하고 있는지 결정한다. 둘째, 수검자가 검사 문항이 말하는 내용(들)을 경험하고 있거나 그러한 모습을 보였던 예를 떠올리려고 하면서 **회고적 기억 탐색**이 이루어진다. 끝으로, 수검자는 **의도적인 자기-표상**에 관여할 수 있는데, 이는 자신이 가치 평가받게 되는 맥락과 상황을 고려하여 솔직하게 답변하는 것이 나을지 아니면 특정 방식으로 자신을 보여 주기 위해 수정하는 것이 나을지 결정할 수도 있다. 전형적으로 이러한 노력은 개인의 자기-표상 목표에 따라 '긍정 왜곡(즉, 실제 모습보다 더 건강한 사람으로 보이게끔 하는 것)' 또는 '부정 왜곡(실제 모습보다 건강하지 않은 척하고 병리적인 부분을 과장하는 것)' 하려고 하는 것이다.

이러한 심리적 작동 과정을 로르샤흐 잉크반점 기법(Rorschach Inkblot Method: RIM)

과 같은 수행 기반 측정법으로 수검자가 자극에 반응할 때 드러나는 심리적 과정과 비교해 볼 수 있다. 자기 보고 검사와는 다르게 RIM 과제가 가진 본질적인 속성은 다양한 방식으로 해석될 수 있는 자극에 수검자가 자신만의 의미를 부여해야 한다는 것이다. 이를 위해 수검자는 주의를 (내면으로 향하기보다) 외부로 향하게 하고 (자신으로가 아닌) 자극에 초점을 둬야만 한다. 그런 후에 잉크반점의 속성과 그러한 자극 속성에 의해 유발된 연상내용에 기반하여 자극에 의미를 귀속시키는 것이다. 일단 일련의 잠재적 지각(또는 자극 귀속)이 만들어지면 해당 지각내용을 설명하기 전에 수검자는 전형적으로 해당 가능한 반응을 분류하면서 일부는 선택하고 다른 특정 반응들은 배제한다(Exner & Erdberg, 2005; Meyer, Viglione, Mihura, Erard, & Erdberg, 2011).

이러한 맥락에서 Bornstein(2009, 2011)은 널리 사용되는 심리검사의 예비적 과정-기반 분류를 제시했다. 이 분류의 개정 버전에서는 이러한 검사를 다음과 같이 다섯 가지의 큰 범주로 나누어 놓았다.

자기-귀속 검사

자기-귀속(또는 **자기 보고**) 검사 점수는 개인이 다양한 특성, 느낌, 사고, 동기, 행동, 태도 또는 경험을 자신에게 귀속한 정도를 반영한다. 가성비가 좋다는 점 때문에 자기-귀속 검사는 연구 및 임상 장면 모두에서 가장 널리 사용되는 검사 유형이다. Beck 우울 검사(Beck Depression Inventory: BDI), 성격평가검사(Personality Assessment Inventory: PAI), NEO 성격검사(NEO-Personality Inventory: NEO-PI)가 포함되며, 태도, 흥미, 가치에 대한 질문지형 측정 도구도 이 항목에 포함된다.

자극-귀속 검사

전통적으로 **투사적 검사**라고 부르다가 최근에는 **수행 기반 검사**라고 불리는 자극 귀속 검사에서는 수검자가 모호한 자극에다가 자기만의 의미를 귀속시키는 방식으로, 귀속 과정은 자극의 특성과 수검자의 인지 양상, 감정, 동기 그리고 욕구 상태에 따라 결정된다. RIM은 가장 널리 사용되고 잘 알려진 자극-귀속 검사이다. 이 외에 주제통각검사(Thematic Apperception Test: TAT)와 홀츠만 잉크반점 검사(Holtzman Inkblot Test: HIT) 등이 있다.

구성형 검사

구성형 검사에서 검사 반응을 만들어 내기 위해서는 검사자가 정의한 범위 내에서 새로운 이미지나 글을 만들어 내야 한다. 인물화 검사(Draw a Person; 그리고 기타 투사적 그림 그리기 검사)가 이 범주에 포함되며 다양한 개방형 결말 자기-묘사도 이에 포함된다 [예: Blatt의 대상 표상의 질적 및 구조적 차원(Blatt's Qualitative and Structural Dimensions of Object Representations)].

행동형 검사

특정 행동형 검사에서는 생체 내에서 드러나고 측정되는 개인의 행동 지표를 바탕으로 점수를 산출한다. 예를 들어, 점형 표본 추출식(연구자가 여러 맥락 조건에서 무선으로 선택한 시점에서 표본 행동을 추출하는 기법)이 있다. 또한, 통제된 설정 조건에서의 행동을 검사할 수도 있다(예: 조이스틱 피드백 과제를 사용하여 당시 순간순간의 행동을 평가하는 방법). 이외의 행동형 검사는 주의 자원, 작업 기억, 그리고 기타 인지 기술을 활용하기 위해 설계된 한 가지 이상의 구조화된 과제에 대한 개인의 실전 수행 능력을 평가한다[예: 벤더 시각-운동 게슈탈트 검사(Bender Visual-Motor Gestalt Test); 주의력 검사(Attentional Capacity Test)].

3자-보고 검사

이 항목의 검사 점수는 3자인 정보 제공자가 평가 대상의 독특한 반응 패턴에 관해 평정하거나 판단한 내용[예: 치료자용 Shedler-Westen 평가 절차(Shedler-Westen Assessment Procedure-therapist version), 3자-보고용 NEO-PI(Informant NEO-P)]을 기반으로 한다. 행동을 직접 관찰하는 관찰자 측정과는 달리 3자-보고 검사는 평가 대상의 독특성에 대한 3자의 회고적이며 기억-도출된 결론에 기반한 것이다.[1]

1 심리검사 중에서도 두 가지 이상 항목 특성에 해당하는 검사가 존재하며, 다양한 작동과정에 관여하는 '혼합형 검사'로 개념화할 수 있다. 예를 들어, 구조화된 임상 면담은 환자의 자기 보고(즉, 자기-귀속 검사의 특징적인 과정이 관여됨)와 임상가의 환자 행동 관찰(즉, 행동형 검사 과정이 관여됨)을 포함한다. Halstead-Reitan 등의 광범위한 신경심리검사는 여러 항목의 처리 과정에 관여될 수 있다(Reitan & Wolfson, 2000 참조).

심리검사 반응상에서 기질 성향적 영향과 맥락적 영향

이 다섯 가지 범주와 해당 범주 내 검사의 과정을 면밀하게 살펴보면 두 가지 사실을 알 수 있다. 첫째, 각 유형의 검사 점수는 해당 검사가 평가하려는 구성개념의 측면(예: 자기애, 자기-존중감, 내사, 인지 기술)을 반영하고 있을 뿐만 아니라 해당 구성개념과 개념적으로 연결되어 있지 않은 다양한 기질 성향적 · 맥락적 변수의 영향을 받는다. 둘째, 많은 경우 이러한 가외 변수(일반적으로 임상 평가에서 혼합 변수로 간주)는 각기 다른 범주의 검사에서 도출된 점수에 개별적으로 영향을 미치는데, 이는 해당 검사가 동일 구성개념을 양적 측정할 경우에도 마찬가지이다.

심리검사 반응에 영향을 미치는 주요 기질 성향 요인으로는 자기-지각 편향(예: 자신에 관한 관점의 왜곡; Oltmanns & Turkheimer, 2009)과 기억 왜곡(예: 특성-관련 행동의 선택적 회상)이 있다. 개인의 인지(정보-처리 과정) 양상도 특정 역할을 한다: 어떤 사람들은 자신, 타인 또는 검사 자극(예: 잉크반점)을 생각할 때 주로 세부 사항에 초점을 맞추는 경향이 있고, 또 어떤 사람들은 세부 사항을 무시하고 전체적인 패턴과 전반적인 인상을 더 중요시한다. 자기-귀속과 3자-보고는 모두 자기-지각과 타인에 대한 지각에 내재한 다양한 휴리스틱에 영향을 받는다(예: 확장 편향, 행위자-관찰자 효과, 기본적 귀인 오류). 끝으로, 연구 결과에 따르면 자기-표상 욕구(예: 자신을 긍정 또는 부정적 속성으로 표상을 만들려는 욕구)가 심리검사 반응에 자주 영향을 미친다는 것을 확인했다(Horvath & Morf, 2010). 이는 개인의 사전 검사 경험과 이와 관련된 초기 경험이 만들어 내는 기대라고 볼 수 있다(Garb, 1998).

기질 성향 영향을 넘어 여러 상태 및 맥락적 변수가 검사 점수를 조절하는 역할을 하는 것으로 나타났다. 예를 들어, 수감자의 기분이나 불안 수준의 다변성은 최소 두 가지 방식으로 검사 반응에 영향을 미친다. 첫째, 기분의 다변성은 일화 기억의 인출에 영향을 미치는데, 사람들은 기분-불일치 기억보다 기분-일치 기억을 더 쉽게 인출하는 경향이 있기 때문이다(Rholes, Riskind, & Lane, 1987). 둘째, 불안은 (부정적 기분과 마찬가지로) 주의력을 떨어뜨려 다양한 행동 및 인지 측정에서 수검자의 수행을 저해한다(Arnell, Killman, & Fijavz, 2007). 이뿐만 아니라 검사 상황에서 특정 개념이나 동기가 의도치 않게 자극되어 검사 수행에 영향을 미치기도 한다: Masling 등은 검사자의 성별이 RIM 반응에 어떻게 영향을 미치는지를 보여 주었다(Masling, 1966, 2002, 참조). 심지어 검사자의 복장 상태, 나이, 검사실 공간 배치 방식 등 사소해 보이는 자극조차도 검사 수행에 영향을 미칠 수 있었다(Bargh & Morsella, 2008; Weiner, 2004).

기질 성향과 맥락 상황의 영향을 수량화하기

다양한 기질적 및 맥락적 변수가 심리검사 점수에 미치는 영향을 평가하는 방법은 최소 세 가지 정도가 있다. 첫째, 연구자들은 자연 발생적인 (생체 내에서) 영향(예: 기분이나 불안 수준의 다변성)을 살펴볼 수 있다. 이는 Hirschfeld, Klerman, Clayton과 Keller(1983)가 이론적으로 우울증과 관련된 특성(예: 의존성, 자기-존중감)들이 우울 증상의 심각도 변화에 어떠한 영향을 미치는지 살펴보기 위해 사용한 접근 방식이다. 둘째, 연구자들은 성숙(아동 대상에서)이나 노화(후기 성인기 대상에서)로 인한, 즉 시간 경과에 따른 검사 점수 변화를 검토해 볼 수 있다. 이것은 Jansen과 Vander Maas(2002)가 아동의 추론능력에 대해 피아제식 발달 변화를 탐지하기 위해 사용했던 접근 방식이었고, Baltes(1996)가 후기 성인기의 기본적인 의존성 욕구 표현에 관한 연령-관련 변화를 평가하는 데에 사용한 접근법이다(이 분야의 추가 연구 결과는 Roberts & DelVecchio, 2000을 참고).

세 번째 접근법(그리 널리 사용되지 않아도 잠재적으로 가장 정보 가치가 있는)은 각기 다른 심리검사에 관여되는 특정한 처리 과정을 의도적으로 변환시키는 실험적 조작을 적용하는 것이다. 이 접근법을 통해 연구자는, ① 해당 처리 과정을 변경시켰을 때 실제로 예상한 것처럼 검사 점수가 변하는지를 확인하고, ② 대조 방식을 사용하는 것으로 병렬적인 구성개념을 측정하는 두 검사 도구와 관련된 처리 과정을 밝힐 수 있다. 이것은 Bornstein 등(1994, 1996a)이 교육 환경 조건과 기분 상태가 자기 보고와 수행 기반 의존성 점수에 미치는 차별적 영향을 검토하기 위해 사용한 접근법이었다. 가설대로 의도적으로 부정적인 기분 상태를 유도하면 수행 기반 의존성 점수를 증가시키지만(자기 보고는 아님), 대인관계 의존성을 부정적인 용어로 구성한 교육 환경 설정은 자기 보고식 의존성을 증가시킨다(수행 기반 검사는 아님). 이와 비슷한 맥락에서 Morf와 동료들은 자기애적 참가자와 통제 집단 참가자를 대상으로 자기-존중감에 대한 위협이 자기-가치평가 및 타인-가치평가에 미치는 영향을 검토했다(Morf & Rhodewalt, 2001). Arntz와 동료들은 경계선 정신병리 유무에 따라 환자의 스트레스 수준 및 기분을 조작하는 것이 도식-관련 반응에 미치는 영향을 평가했었다(예: Arntz et al., 2009).

다중방식평가의 가치를 최대화하기: 검사 점수 통합을 위한 작업 틀

많은 (아마 대부분) 검사 시행 상황에서 다중방식평가는 전적으로 단일 양식의 검사에만 의존한 평가보다 더 풍부하고 임상적으로 더 유용한 자료를 제공해 준다. 심리측정학적 관점에서 볼 때 다중방식평가는 각기 다른 유형의 측정법이 지닌 신뢰성과 타당성 한계점 등 부정적 영향을 최소화하는 데에 도움이 된다. 그러한 한계점은 검사 양식마다 다르기 때문이다. 이러한 한계점을 전부 제거할 수 없다고 할지라도 서로 대비되는 강점과 약점을 가진 검사를 의도적으로 선별함으로써 어느 정도 균형을 이룰 수 있다. 임상적 관점에서 볼 때, 각기 다른 양식의 검사 자료를 통합하고 검사 점수의 일치와 불일치를 검토할 때 다중방식평가를 거치지 않았다면 인식되지 못했을 환자의 역동적 측면(예: 갈등, 방어, 비의식적 동기, 감정적 반응, 환자가 제한된 통찰이나 과도한 자기-기만을 아우르는 영역)을 직접 살펴볼 수 있다.

따라서 우리의 견해로 다중방식 임상 평가의 핵심은 '왜'가 아니라 '어떻게'라고 할 수 있다. 다음 절에서는 다중방식평가와 검사 점수 통합을 위한 6단계 작업 틀을 간략히 소개한다.

1. 각기 다른 평가 방식의 강점과 한계점을 이해할 것. 부분적으로 이러한 방법은 각 측정의 심리측정적 속성(Messick, 1989, 1995)과 해당 측정으로부터 도출된 점수가 확립된 기준에 충족하는 타당도(수렴, 판별, 공인, 예측)와 신뢰도(재검사, 내적, 평정자 간) 수준을 반영한다. 각기 다른 평가 방식의 강점과 한계점은 특정 검사 범주 내 측정값과 관련된 심리적 과정의 산물이기도 하다(Bornstein, 2011). 왜냐하면 각기 다른 처리 과정(예: 자기-귀속, 온라인 반응, 타인의 행동 판단)은 다양한 외부적 변수(예: 자기-표상의 목적, 수검 환경)에 의해 각기 다르게 영향을 받기 때문이다.
2. 다양한 방식을 사용하여 자료를 수집할 때 알아야 할 것. RIM을 비판하는 사는 사람들은 RIM이 자기 보고 검사 점수와의 낮은 상관을 보인다는 점을 RIM의 타당도가 낮다는 근거로써 자주 인용했었지만(예: Wood, Nezworski, Lilienfield, & Garb, 2003), 자기 보고 검사와 수행 기반 검사가 서로 다른 처리 과정을 거친다는 점을 고려해 볼 때 이러한 미미한 상관(문제가 되지 않지만)은 실제로 두 측정법의 판별 타당도를 뒷

받침하는 증거라 할 수 있다(Bornstein, 2002; McGrath, 2008). 마찬가지로, NEO-PI 점수와 관찰 행동 지표 사이에서 나타나는 근소한 상관관계는 가끔 특정 측정법의 한계를 보여 주는 증거로 인용되었지만(Block, 2010), 수검자의 자기-표상 욕구와 자신을 정확하게 설명하는 능력의 본질적인 한계를 고려하면, 자기 보고 검사 점수와 행동 간에 나타난 근소한 상관(효과 크기)은 특성-중심 척도에서 예상할 수 있는 수준이라 볼 수 있다.

각기 다른 방법론을 사용하여 병렬적 구성개념을 측정하는 두 가지 검사가 기존 자체적인 신뢰도와 타당도 기준을 충족한다면, 개별 검사는 검사 배터리에 증분 타당도(고유 예측값)를 더해 줄 가능성을 지닌 것이라 할 수 있다. 따라서 특정 구성개념을 측정하는 두 가지 검사를 대조하는 방법으로 사용하는 것은 해당 구성개념에 대한 완결되고 섬세한 이해가 필요한 순간이라면 언제든 유용할 수 있다(Meyer et al., 2001). 비용과 효율성 문제를 고려해 보면, 복잡한 임상적 · 경험적 물음에 관해 특별히 면밀한 검토가 필요할 경우라면(예: 충동 조절, 자살 성향, 양육 적합성 또는 재판 절차 수용력을 평가할 경우) 구성개념에 대한 다중방식평가가 당연히 적합하다고 볼 수 있을 것이다.

3. **사용할 평가 방식을 결정할 것.** 평가 방식의 선택은 의뢰 목적, 환자의 개인력 그리고 가용한 경우라면 사전 평가의 결과를 바탕으로 이루어진다. 평가에서 가장 부각되어야 할 행동과 정신 기능 영역(예: 스트레스 내성, 심리치료를 받았을 때 얻게 될 잠재적 이득)도 평가 방식 결정과 관련이 있다: 각기 다른 측정법은 각기 다른 행동 유형을 예측하는 데에 가장 적합하기에 검사 결과들을 잘 짜맞출 수 있도록 배터리를 조정하는 것이 중요하다(예: 대인관계 의존성과 성취 욕구에 대한 수행 기반 측정법은 해당 영역에서 자생적 행동을 예측하며 이에 반해, 자기 보고 측정법은 자생적 행동보다 목표-지향적 행동을 예측하는 경향이 있다는 연구 결과를 참조; Bornstein, 2002; McClelland et al., 1989). Meyer(1996a)는 (같은 항목 내에서도) 심리검사는 해당 검사에 관여하는 처리 과정과 관련된 **의식적 침투** 정도(즉, 검사 반응이 의도적이고 염두에 둔 반응을 나타내는지 아니면 반사적이고 자동적 처리 과정을 반영하는지)에 따라 구별될 수 있다고 제안했다. Erdelyi(2004)는 내적 상태에 대한 의식적 알아차림도 시간이 지남에 따라 달라질 수 있으며 외적 사건 및 환경적 수반성에 따라 강해지거나 희석될 수 있음을 보여 주었다.
4. **적절한 측정법을 선택할 것.** 본연의 의뢰 목적을 넘어 평가 초기에는 타당성 증거, 각

기 다른 검사가 관여하는 기본 처리 과정에 대한 이해, 비용 효율성, 그리고 임상적 유용성에 기반하여 검사를 선정해야 한다. 임상 평가는 역동적 과정이며(Finn, 2005; Hopwood, 2010; Hopwood & Huprich, 2011), 새로운 자료가 쌓여 가면서 새로운 질문들이 생기기 마련인데 많은 경우에서 평가자는 예비 결과에서 꼼꼼히 살펴볼 만한 새로운 문제가 발견될 때마다 검사 목록을 수정하여 '실시간으로 바로' 조정해야만 한다. 예를 들어, 환자가 다면적 인성검사(MMPI)에서 눈에 띄는 임상 척도 프로파일이 나타날 수도 있겠지만 해당 환자의 타당도 척도를 신중하게 잘 살펴본 결과 방어적 반응이 나타날 경우, 정신병리학적 및 주관적 심리적 고통에 대한 잘 검증된 지표를 포함하는 수행 기반 검사를 추가해 실시하는 것이 유용할 수 있다. 일반적으로 높은 안면 타당도를 가진 척도는 낮은 안면 타당도를 가진 척도보다 인상관리 효과와 자기-표상 효과에 더 취약하다(Shedler, Mayman, & Manis, 1993). Bornstein 등(1994)과 McGrath(2008)가 지적했듯이, 수행 기반 검사는 일반적으로 안면 타당도가 낮은 경향이 있다. 하지만 자기 보고 검사도 안면 타당도 측면에서 다양하며 특정 척도 내에서도 문항마다 인상관리 및 자기-표상 효과에 대한 민감도가 상당히 다를 수 있다(Sartori, 2010).

5. **각기 다른 출처로부터의 자료를 통합하기 위한 작업 틀을 적용하여 시행할 것.** 여러 출처로부터 얻은 자료를 어떻게 통합할 수 있을까? 첫째, 우리는 각기 다른 방법을 사용하여 병렬적 구성개념을 측정한 검사 점수 간의 일치와 불일치를 이해하기 위한 포괄적인 작업 틀을 개발해야 한다(Finn, 2007). 자기 보고와 수행 기반 검사 패턴을 통합한 Bornstein(1998, 2012)의 대인관계 의존성 4-cell 모델은 이러한 맥락에서 유용할 수 있을 것이다. 이 모델에서 수검자는 **낮은 의존성, 높은 의존성, 비인식 의존성, 그리고 의존적 자기-표상 그룹**으로 분류된다(Bornstein, 2012, [그림 1]). Shedler 등(1993)은 아이젱크 신경증 척도(Eysenck Neuroticism Scale)에 대한 반응과 초기 기억에 관한 개방형-결말에 대해 평정자의 가치평가를 사용하여 진성 건강, 진성 고통, '정신질환 환상'(자기 보고된 고통의 과장)과 '정신건강 환상'(방어적으로 건강한) 그룹으로 수검자를 분류하여 병렬적 작업 틀을 개발하였다(Shedler et al., 1993, [그림 1]).

둘째, 우리는 여러 영역과 여러 방법 전반에 걸쳐 검사 자료를 통합하기 위한 작업 틀을 만들어야만 한다. Carr와 Goldstein(1981)은 환자를 대상으로 하여 좀 더 구조화된 검사와 덜 구조화된 검사 간의 수행 정도에서 현저한 비일관성이 기저 경계선 병리를 식별하는 데 유용함을 확인했는데, 이는 이러한 전략의 좋은 예이다

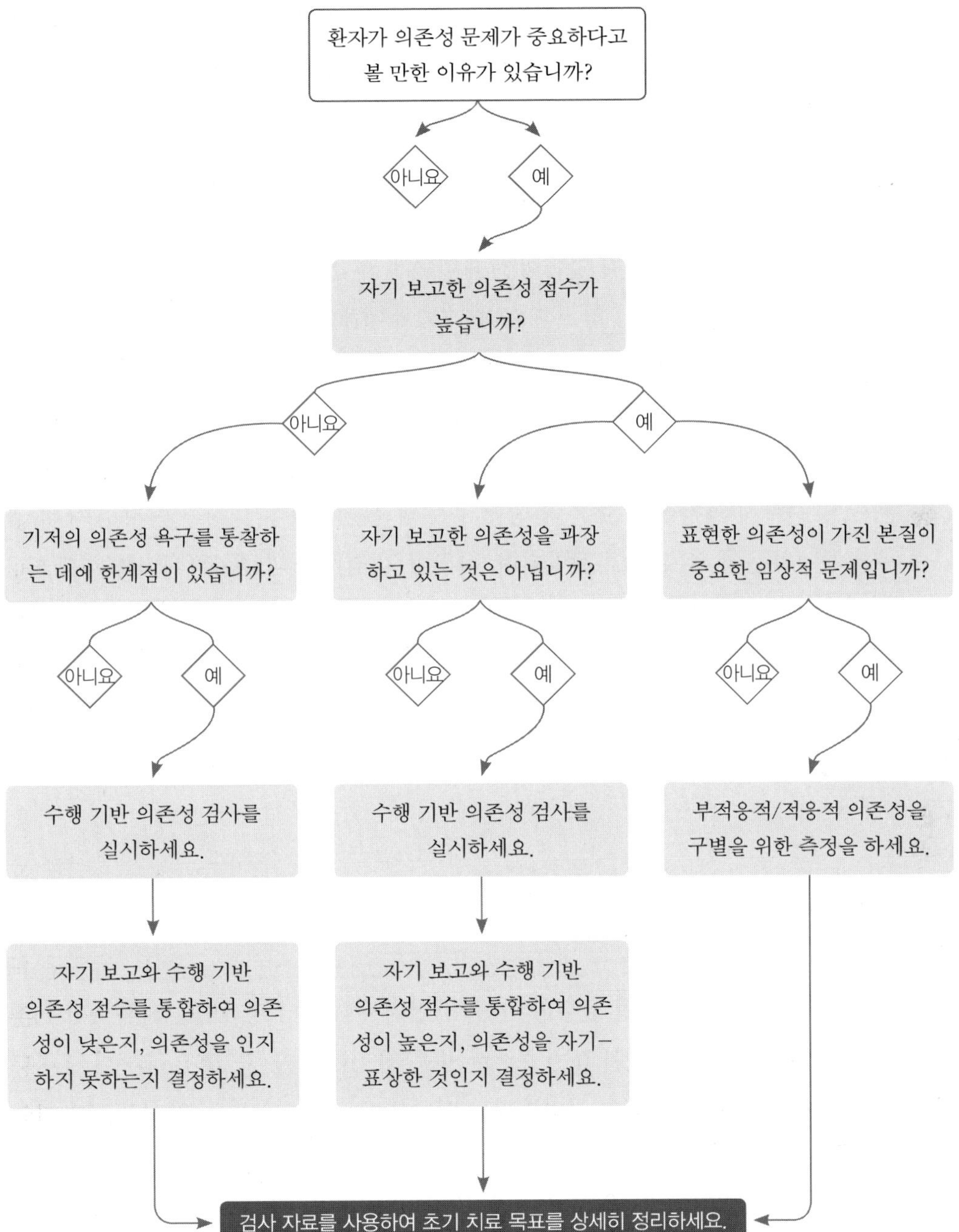

그림 1 치료계획에서 다중방식 의존성 검사 자료를 사용하기 위한 의사결정 순서도

환자가 자기 보고한(자기-귀속) 의존성에 대한 초기 평가 후, 환자가 자신의 의존성을 과소보고하거나 과장보고할 가능성이 있다고 판단할 경우, 수행 기반 의존성 검사를 시행할 수 있다. 만약, 환자가 의사 표현한 의존성의 본질적 속성이 중요한 임상적 문제로 보인다면 자기 보고한 의존성을 먼저 평가한 다음 기저 의존성 욕구의 적응적 그리고 부적응적 표현을 구별할 수 있는 척도를 시행할 수 있다.

(Hopwood et al., 2008 참고, 질문지와 구조화된 면담의 대비되는 역동에 관한 근거). 이는 또한, 신경심리학자들이 각기 다른 기술과 역량을 포착하기 위해 고안된 검사를 통해 환자의 수행을 대조하여 인지적 결함 영역을 파악하는 데 사용할 수 있는 일반적인 접근법이기도 하다. 이와 다소 다른 맥락에서, Hopwood 등(2011)은 세 가지 유형의 관계(로맨틱, 플라토닉, 무-친밀)에 걸쳐 서컴플렉스-도출 민감성 지수를 대조하여 관계 영역 전반에 걸쳐 일관적인 대인관계 패턴이 형성되는 정도를 설명했다. 환자의 생활사적 기록에서 얻은 자료와 환자에 대해 익히 알고 있는 정보 제공자가 제공한 자료를 성격 및 정신병리학 검사 자료와 통합할 때도 유사한 논리를 적용해 볼 수 있을 것이다; 일치와 불일치(두 영역 모두)가 유용할 수 있다.

6. **치료계획을 발전시키기 위해 평가 자료를 사용할 것.** 평가에서 치료계획으로 옮겨 가는 것은 순차적 과정이다: 초기 임상적(또는 의뢰된) 물음은 임상가가 사전 예비 검사를 선정하는 데 중요한 기준이 되며, 이후 초기 검사 결과(환자의 과거력, 현재 드러난 문제 및 기타 중요한 정보의 맥락에서의 해석)에 따라 다음 시행할 검사와 검사 결과를 가장 효과적으로 통합하는 방법을 결정한다. [그림 1]은 이 과정을 요약한 것이며, 환자의 의존성을 평가할 때 초기 검사 결과가 후속 임상적 의사결정을 어떻게 이끄는지 보여 준다.

다중방식 임상 평가: 전망

수많은 경험적 연구에 따르면 실무 및 연구 장면에서 다중의 평가법을 사용하면 단독 평가 양식만 사용해서는 얻을 수 없는 중요한 증분 정보를 얻을 수 있다. 그렇다고 하더라도 실무와 연구 장면에서 많은 심리학자는 다중방식평가보다 단독 양식을 사용하여 평가를 계속하고 있다. 이는 경험적으로 검증되고 임상적으로도 유용한 다중방식 자료 통합 모델이 포괄적이고 체계적이면서도 범이론적 방식으로 제시되지 못했기 때문이다. 이 책의 목표는 연구실, 임상 심리실, 상담실에서 다양한 종류의 평가 기법을 통합하는 방법에 대한 체계적인 고찰을 제공함으로써 근거 기반 다중방식평가와 임상 실무 간의 연결을 공고히 해 보려는 것이다.

이 책은 저명한 임상 연구자들이 집필한 14개의 장으로 구성되어 있다. 각 장에서 우리는 저자들에게 ① 특정 임상적 쟁점과 관련된 핵심 구성개념을 평가할 때 특히 유용한 평가 접근법을 논하면서 각 장에서 자료 통합의 근거를 논의하고, ② 이러한 평가법들의 통합을 뒷받침하는 경험적 근거를 정리하면서 평가 방법 간의 상호 연관성과 각 방법이 제공하는 증분 타당도에 대한 근거를 포함하고, ③ 그러한 평가 방법의 사용이 임상적으로 유용했던 평가 사례를 설명해 달라고 요청하였다. 각 장은 다음과 같이 크게 세 가지 영역으로 구성되어 있다.

첫 5개 장은 **성격과 개인차**에 초점을 두고 Galione과 Oltmanns의 성격특성에 대한 다중방식평가를 논의하면서 시작한다. Pincus, Sadler, Woody, Roche, Thomas와 Wright가 대인관계적 역동의 다중방식평가 연구를 살펴본 다음 Tomko와 Trull이 정서적 처리 과정에 관한 연구를 검토한다. Kosloff, Maxfield와 Solomon은 실존적 문제를 논의한다. 이 장에서는 현대 심리평가에서 가장 도전 거리라 할 수 있는 영역 중 하나이자 이 분야에서 현재 많이 사용되는 최신의 통합적 접근법의 기반이 된 암묵적 처리 과정에 대한 Cogswell과 Emmert의 논의로 마무리한다.

다음 4개 장에서는 **정신병리와 회복탄력성**에 대한 다중방식평가를 논의한다. 해당 장의 저자들은 임상 장면에서 특히 중요한 여러 변수를 평가할 때 당면하게 될 기회와 과제 거리를 모두 다루었다: 불안(Moser, Przeworski, Schroder, & Dunbeck), 외현화 장애(Blonigen & Wytiaz), 사고의 질적 특성(Blais & Bello), 회복탄력성(Denckla, Mancini). 제2부의 장에서는 정신병리 및 보호 요인을 평가할 때 사용하는 다양한 평가 양식을 설명하고, 각기 다른 구성개념들을 검토할 상황에서 평가 자료를 통합할 때 유용한 대조하는 전략을 훌륭하게 설명해 준다.

마지막 제3부의 장에는 **임상적 관리**에 관한 내용이 담겨있다. Mihura와 Graceffo가 다중방식평가와 치료계획에 관한 연구를 검토한 다음 Pascual-Leone, Singh, Harrington와 Yeryomenko는 평가가 치료과정을 어떻게 조명할 수 있는지를 논의한다. Burchett와 Bagby는 환자 반응에서 왜곡과 은폐를 발견하고 평가하는 연구를 검토한 다음 Stanfill, O'Brien, Viglione가 다중방식을 사용한 위험성 평가의 복잡성을 논의한다. 그리고 마지막으로 Smith와 Finn이 다중방식평가 결과에 대한 치료적 제시안을 검토하면서 마무리한다. Smith와 Finn은 평가 자료가 임상가에게 정보를 제공하는 것뿐만 아니라 환자의 치료 동기와 관여를 촉진할 수도 있음을 보여 준다.

이상 간략한 설명에서 알 수 있듯이 이 책은 다양한 임상적 쟁점을 다루고 있다. 자기보고, 수행 기반 검사, 행동 측정(실험실 기반 및 생체 데이터 모두), 기록물 자료, 관찰자 보고 등을 활용하여 이러한 쟁점을 다룬다. 주제, 방법, 그리고 통합 전략의 다양성에도 불구하고, 수많은 관련자는 현대 임상심리학에서 다중방식평가의 가치에 대한 근본적인 믿음을 함께 공유한다. 결과적으로, 이 장들은 현재 사용 가능한 다중방식 임상 평가에 관한 최고의 연구들을 함께 아우르고 있을 뿐만 아니라, 향후 몇 년간 임상 실무 및 연구에서 중요한 분야를 더욱 성장시킬 수 있는, 경험적으로 검증된 통합적 평가 방법론의 지속적인 개선을 위한 토대를 마련하는 데 기여가 될 것이다.

참고문헌

Allison, J., Blatt, S. J., & Zimet, C. N. (1968). *The interpretation of psychological tests*. New York: Harper & Row.

Anfang, S. A., & Wall, B. W. (2006). Psychiatric fitness for duty evaluations. *Psychiatric Clinics of North America*, *29*, 675-693.

Archer, R. P., & Krishnamurthy, R. (1993a). Combining the Rorschach and MMPI in the assessment of adolescents. *Journal of Personality Assessment*, *60*, 132-140.

Archer, R. P., & Krishnamurthy, R. (1993b). A review of MMPI and Rorschach interrelationships in adult samples. *Journal of Personality Assessment*, *61*, 277-293.

Arnell, K. M., Killman, K. V., & Fijavz, D. (2007). Blinded by emotion: Target misses follow attention capture by arousing distractors in RSVP. *Emotion*, *7*, 465-477.

Arntz, A., Roos, D., & Dreesen, L. (2009). Assumptions in borderline personality disorder: Specificity, stability, and relationship with etiological factors. *Behaviour Research and Therapy*, *37*, 545-557.

Baltes, M. M. (1996). *The many faces of dependency in old age*. Cambridge, UK: Cambridge University Press.

Bargh, J. A., & Morsella, E. (2008). The unconscious mind. *Perspectives on Psychological Science*, *3*, 73-79.

Block, J. (2010). The five-factor framing of personality and beyond: Some ruminations. *Psychological Inquiry*, *21*, 2-25.

Bornstein, R. F. (1998). Implicit and self-attributed dependency needs in dependent and histrionic personality disorders. *Journal of Personality Assessment*, *71*, 1-14.

Bornstein, R. F. (2002). A process dissociation approach to objective-projective test score interrelationships. *Journal of Personality Assessment*, *78*, 47-68.

Bornstein, R. F. (2003). Behaviorally referenced experimentation and symptom validation: A paradigm for 21st century personality disorder research. *Journal of Personality Disorders*, *17*, 1-18.

Bornstein, R. F. (2009). Heisenberg, Kandinsky, and the heteromethod convergence problem: Lessons from within and beyond psychology. *Journal of Personality Assessment*, *91*, 1-8.

Bornstein, R. F. (2010). Psychoanalytic theory as a unifying framework for 21st century personality assessment. *Psychoanalytic Psychology*, *27*, 133-152.

Bornstein, R. F. (2011). Toward a process-focused model of test score validity: Improving psychological assessment in science and practice. *Psychological Assessment*, *23*, 532-544.

Bornstein, R. F. (2012). From dysfunction to adaptation: An interactionist model of dependency. *Annual Review of Clinical Psychology*, *8*, 291-316.

Bornstein, R. F., Bowers, K. S., & Bonner, S. (1996a). Effects of induced mood states on objective and projective dependency scores. *Journal of Personality Assessment*, *67*, 324-340.

Bornstein, R. F., Bowers, K. S., & Bonner, S. (1996b). Relationships of objective and projective dependency scores to sex role orientation in college students. *Journal of Personality Assessment*, *66*, 555-568.

Bornstein, R. F., Rossner, S. C., Hill, E. L., & Stepanian, M. L. (1994). Face validity and fakability of objective and projective measures of dependency. *Journal of Personality Assessment*, *63*, 363-386.

Campbell, D. T., & Fiske, D. (1959). Convergent and discriminant validation by the multitrait-multimethod matrix. *Psychological Bulletin*, *56*, 81-105.

Carr, A. C., & Goldstein, E. G. (1981). Approaches to the diagnosis of borderline conditions by the use of psychological tests. *Journal of Personality Assessment*, *45*, 563-574.

Cates, J. A. (1999). The art of assessment in psychology: Ethics, expertise, and validity. *Journal of Clinical Psychology*, *55*, 631-641.

Clarkin, J. F. (2012). An integrated approach to psychotherapy techniques for patients with personality disorder. *Journal of Personality Disorders*, *26*, 43-62.

Craig, J. A., Koestner, R., & Zuroff, D. C. (1994). Implicit and self-attributed intimacy motivation. *Journal of Social and Personal Relationships*, *11*, 491-507.

Erdelyi, M. H. (2004). Subliminal perception and its cognates: Theory, indeterminacy, and time. *Consciousness and Cognition*, *13*, 73-91.

Exner, J. E., & Erdberg, P. (2005). *The Rorschach: Advanced interpretation* (3rd ed.). New York: Wiley.

Finn, S. E. (2005). How psychological assessment taught me compassion and firmness. *Journal of Personality Assessment*, *84*, 29-32.

Finn, S. E. (2007). *In our client's shoes: Theory and techniques of therapeutic assessment*. New York: Routledge/Taylor & Francis.

Garb, H. N. (1998). *Studying the clinician: Judgment research and psychological assessment*. Washington, DC: American Psychological Association.

Gold, L. H., Anfang, S. A., Drukteinis, A. M., Metzner, J. L., Price, M., Wall, B. W., et al. (2008). AAPL practice guideline for the forensic evaluation of psychiatric disability. *Journal of the American Academy of Psychiatry and the Law*, *36*, S3-S50.

Groth-Marnat, G. (1999). Current status and future directions of psychological assessment. *Journal of Clinical Psychology*, *55*, 781-785.

Handler, L., & Meyer, G. J. (1998). The importance of teaching and learning personality assessment. In L. Handler & M. J. Hilsenroth (Eds.), *Teaching and learning personality assessment* (pp. 3-30). Mahwah, NJ: Erlbaum.

Hilsenroth, M. J., & Stricker, G. (2004). A consideration of challenges to psychologicalassessment instruments used in forensic settings: Rorschach as exemplar. *Journal of Personality Assessment*, *83*, 141-152.

Hirschfeld, R. M. A., Klerman, G. L., Clayton, P. J., & Keller, M. B. (1983). Personality and depression: Empirical findings. *Archives of General Psychiatry*, *40*, 993-998.

Hopwood, C. J. (2010). An interpersonal perspective on the personality assessment process. *Journal of Personality Assessment*, *92*, 471-479.

Hopwood, C. J., Ansell, E. B., Pincus, A. L., Wright, A. G. C., Lukowitsky, M. R., & Roche, M. J. (2011). The circumplex structure of interpersonal sensitivities. *Journal of Personality*, *79*, 707-739.

Hopwood, C. J., & Huprich, S. K. (2011). Introduction to the Special Issue on personality assessment in the DSM-5. *Journal of Personality Assessment*, *93*, 323-324.

Hopwood, C. J., Morey, L. C., Edelen, M. O., Shea, M. T., Grilo, C. M., Sanislow, C. A., et al. (2008). A comparison of interview and self-report methods for the assessment of borderline personality disorder criteria. *Psychological Assessment*, *20*, 81-85.

Horvath, S., & Morf, C. C. (2010). To be grandiose or not to be worthless: Different routes to self-enhancement for narcissism and self-esteem. *Journal of Research in Personality*, *44*, 585-592.

Jansen, B. R. J., & Van der Maas, H. L. J. (2002). The development of children's rule use on the balance scale task. *Journal of Experimental Child Psychology*, *81*, 383-416.

Koestner, R., Weinberger, J., & McClelland, D. C. (1991). Task-intrinsic and social-extrinsic sources of arousal for motives assessed in fantasy and self-report. *Journal of Personality*, *59*, 57-82.

Livesley, W. J. (2005). Principles and strategies for treating personality disorder. *Canadian Journal of Psychiatry*, *50*, 442-450.

Masling, J. M. (1966). Role-related behavior of the subject and psychologist and its effect upon psychological data. In D. Levine (Ed.), *Nebraska symposium on motivation* (pp. 67-104). Lincoln: University of Nebraska Press.

Masling, J. M. (2002). Speak, memory, or goodbye Columbus. *Journal of Personality Assessment*, *78*, 4-30.

McClelland, D. C., Koestner, R., & Weinberger, J. (1989). How do self-attributed and implicit motives differ? *Psychological Review*, *96*, 690-702.

McGrath, R. E. (2008). The Rorschach in the context of performance based personality assessment. *Journal of Personality Assessment*, *90*, 465-475.

Messick, S. (1989). Validity. In R. L. Linn (Ed.), *Educational measurement* (3rd ed., pp. 13-103). New York: Macmillan.

Messick, S. (1995). Validity of psychological assessment: Validation of inferences from persons' responses and performances as scientific inquiry into score meaning. *American Psychologist*, *50*, 741-749.

Meyer, G. J. (1996a). Construct validation of scales derived from the Rorschach method: A review of issues and introduction to the Rorschach Rating Scale. *Journal of Personality Assessment*, *67*, 598-628.

Meyer, G. J. (1996b). The Rorschach and MMPI: Toward a more scientific understanding of cross-method assessment. *Journal of Personality Assessment*, *67*, 558-578.

Meyer, G. J. (1997). On the integration of personality assessment methods: The Rorschach and MMPI. *Journal of Personality Assessment*, *68*, 297-330.

Meyer, G. J. (2000). Incremental validity of the Rorschach Prognostic Rating Scale over MMPI Ego Strength Scale and IQ. *Journal of Personality Assessment*, *74*, 356-370.

Meyer, G. J., Finn, S. E., Eyde, L. D., Kay, G. G., Moreland, K. L., Dies, R. R., et al. (2001). Psychological testing and psychological assessment: A review of evidence and issues. *American Psychologist*, *56*, 128-165.

Meyer, G. J., & Kurtz, J. E. (2006). Advancing personality assessment terminology: Time to retire "objective" and "projective" as personality test descriptors. *Journal of Personality Assessment*, *87*, 223-225.

Meyer, G. J., Viglione, D. J., Mihura, J. L., Erard, R. E., & Erdberg, P. (2011). *Rorschach Performance Assessment System: Administration, coding, interpretation, and technical manual*. Toledo, OH: Rorschach Performance Assessment System.

Morf, C. C., & Rhodewalt, F. (2001). Unraveling the paradoxes of narcissism: A dynamic self-regulatory processing model. *Psychological Inquiry*, *12*, 177-196.

Oltmanns, T. F., & Turkheimer, E. (2009). Person perception and personality pathology. *Current Directions in Psychological Science*, *18*, 32-36.

Rapaport, D., Gill, M. M., & Schafer, R. (1945). *Diagnostic psychological testing*. Chicago: Yearbook.

Rapaport, D., Gill, M. M., & Schafer, R. (1968). *Diagnostic psychological testing* (rev. ed.). New York: International Universities Press.

Reitan, R. M., & Wolfson, D. (2000). The neuropsychological similarities of mild and more severe head injury. *Archives of Clinical Neuropsychology*, *15*, 433-442.

Rholes, W. S., Riskind, J. H., & Lane, J. W. (1987). Emotional states and memory biases: Effects of cognitive priming and mood. *Journal of Personality and Social Psychology*, *52*, 91-99.

Roberts, B. W., & DelVecchio, W. F. (2000). The rank-order consistency of personality from childhood to old age: A quantitative review of longitudinal studies. *Psychological Bulletin*, *126*, 3-25.

Sartori, R. (2010). Face validity in personality tests: Psychometric instruments and projective techniques in comparison. *Quality and Quantity*, *44*, 749-759.

Schultheiss, O. C. (2007). A memory systems approach to the classification of personality tests: A response to Meyer and Kurtz (2006). *Journal of Personality Assessment*, *89*, 197-201.

Shedler, J., Mayman, M., & Manis, M. (1993). The illusion of mental health. *American Psychologist*, *48*, 1117-1131.

Slaney, K. L., & Maraun, M. D. (2008). A proposed framework for conducting databased test analysis. *Psychological Methods*, *13*, 376-390.

Sperling, M. B., Sack, A., & Field, C. L. (2000). *Psychodynamic practice in a managed care environment*. New York: Guilford Press.

VandeCreek, L., & Knapp, S. (2000). Risk management and life threatening patient behaviors. *Journal of Clinical Psychology*, *56*, 1335-1351.

Weiner, I. B. (2000). Using the Rorschach properly in practice and research. *Journal of Clinical Psychology*, *56*, 435-438.

Weiner, I. B. (2004). Rorschach Inkblot Method. In M. E. Maruish (Ed.), *The use of psychological testing for treatment planning and outcomes assessment* (3rd ed., pp. 553-588). Mahwah, NJ: Erlbaum.

Widiger, T. A., & Samuel, D. B. (2005). Evidence-based assessment of personality disorders. *Psychological Assessment*, *17*, 278-287.

Wood, J. M., Nezworski, M. T., Lilienfeld, S. O., & Garb, H. N. (2003). *What's wrong with the Rorschach?* San Francisco: Jossey-Bass.

제 1 부 성격과 개인차

특성에 대한 다중방식평가

Janine Galione & Thomas F. Oltmanns

성격은 다양한 구성 요소의 통합을 표현하는 복합적인 개념이다. 성격의 의미와 유용성을 완전히 이해하기 위해서는 개인의 인지, 감정, 행동, 지각, 포부, 가치관, 대인관계적 상호작용, 자기-지식 등등의 양상을 필수적으로 고려해야만 한다. 기술의 발전으로 성격 연구자들은 이제 자기 보고 방식뿐만 아니라 행동적 · 생리적 접근 그리고 세포 수준에서의 접근법을 사용하여 이상의 양상을 측정할 수 있게 되었다. 그 결과, 성격 측정 분야는 성격의 일차원적인 관점을 넘어서기 시작했다. 성격에 대해 다각적 정의가 이루어짐에 따라 측정 및 분석에서 다각적인 접근이 가능해진 것은 당연한 일이다. 이 장에서는 자기와 관찰자의 관점, 표준화 면담, 행동 평가, 자전적 자료를 포함하여 성격특성을 평가할 수 있는 일반적 기제를 살펴볼 것이다. 그리고 평가의 타당성을 최대화하기 위해 성격특성의 다중방식 측정을 조합하는 것이 어떠한 이점이 있는지도 논의해 볼 것이다.

Campbell과 Fiske(1959)가 다특성-다방식 매트릭스(multitrait-multimethod matrix: MTMM)를 소개한 후로 심리학자들은 확인적 증거에 관한 생각을 깔끔하게 다듬을 수 있었다. 동일 특성이나 유사한 구성개념에 대한 다중방식 측정법은 각각 측정법들 전반에 걸쳐 유사한 결과가 반영될 것으로 예측할 수 있다. 반면, 서로 별개의 구성개념을 측정할 때는 측정법 간에 차이를 보일 것이다. 예를 들어, 3가지 방법[반구조화 면담, 3자-보고 질문지, 휴대식(ambulatory) 측정법]을 사용하여 A 특성을 측정할 경우, 이 세 가지 측정 결과값은 서로 간에 높은 상관을 보일 것이라 예상할 수 있을 것이다. 그러나 A 특성의 측정값은 B 특성의 측정값과 높은 상관을 보이지 않을 것이라 예상해 볼 수 있다.

다중방식을 활용하여 심리학적 구성개념을 타당화하려는 노력은 심리평가의 기본 조건이 되었다. 하지만 어떤 경우에서는 심리학자들이 확증할 만한 형태의 증거를 얻게 되면서 안전감과 공분산을 과잉평가할 수도 있다. 알려진 대로 '같은 특성을 측정한 결과치들이 서로 상관이 거의 없다는 경험적 사실'과 '성격 그 자체의 복잡성' 때문에 측정 방법 간의 높은 일치성이 있다는 점에서는 적합한 기준점이 될 수 없을 것이다. 오히려 경험적 데이터에 따르면 성격 평가의 대안적 방법 간의 상관은 일반적으로 중간 정도 수준에 그친다는 것을 보여 준다(Klonsky, Oltmanns, & Turkheimer, 2002). 연구자들은 중복되지 않는 정보의 중요성을 알아보려고 하기보다 유사한 측정 도구들의 타당성과 대안적 출처의 측정 도구를 비교하는 데에 초점을 맞추는 경향이 있다. 예를 들어, 성격심리학 분야에서 때때로 측정하려는 목표 특성을 이해하는 데에 자기 또는 타인 중 누가 더 적합한 이해를 하는지에 대한 논쟁이 있다. 자기 보고가 더 타당하다고 주장하는 측은 타인이 수검자의 경험을 평가하거나 충분히 이해할 수 없다고 주장하는 반면, 타인 보고가 더 정확하다고 주장하는 측에서는 자기-본위 편향(self-serving bias)이 더 적고 객관적으로 행동을 관찰할 수 있다고 주장한다.

두 방법 모두 성격에 대한 불완전한 설명에 그치기에 한 측면의 방법을 다른 측면의 방법과 비교하는 것은 근본적인 문제가 있다. Meyer와 동료들(Meyer, Finn, Eyde, & Kay, 2001)은 다음과 같이 간략히 정리했다: "첫째, 단독 평가 방법은 측정하고자 하는 해당 특징을 부분적으로 설명하거나 불완전하게 설명한다. 둘째, 응용 임상 실제 장면에서 환자에 관해 정확하거나 완전히 합의된 정보를 얻기란 쉽지 않다"(p. 145). 연구자들은 좁은 범위의 측정법, 즉 단일 평가의 한계로 인해 단일한 평가 방법으로 과학적 구성개념을 이해했다고 굳게 믿어버리는 것은 현명하지 않다고 조언한다(Eid & Diener, 2006; Fiske, 1978). 다행히도 측정법들을 조합함으로써 우리의 지식을 확장할 수 있고, 한 가지 접근법이 가진 부족분을 다른 접근법으로 설명할 수 있게 되었다. 그래서 첫 번째로 사용한 특정 측정법만으로는 설명할 수 없었던 성격에 대한 새로운 통찰을 대안적인 측정법들이 설명할 수 있게 되면서 다중방식을 사용하는 측정법이 당위성을 얻게 되는 것이다. 다시 말하면, 두 번째 (그리고 세 번째) 측정법들이 성격특성들을 성공적으로 확인하고 이해하는 데에 증분적인 추가 설명이 가능하다는 것이다(Klein, 2003; Miller, Pilkonis, & Clifton, 2005).

최근 증거들은 대인관계적 측정법들을 그럴듯하게 확실히 말해 주지는 못하고 있지만, 그러한 측정법들이 서로 보완적일 수 있고 이상 성격을 탐지하고 이해하는 데 유용한 점이 있다는 것을 말해 주고 있다(Clifton, Turkheimer, & Oltmanns, 2004). 이러한 접근들의 결과가 서로 불일치한다는 점을 결점으로 여겨 이를 문제 있는 접근법이라고 볼 수는 없다. 그 대신 성격 영역에서 최신 지향은 여러 가지 측정법들이 타당성을 높일 수 있는 정도라면 해당 측정법이 가진 설명분산을 인정한다. 이러한 지향에 따라 대안적 측정법이 다른 측정법들과 조합될 때, 해당 측정법이 성격에 대해 독립적으로 타당한 정보를 제공하는 강력한 증거를 살펴볼 것이다.

이 장의 목적은 성격 연구에서 가장 일반적으로 사용되는 평가 방식 몇 가지를 보여 주는 것이다. 먼저 각 방식에 대한 강점과 약점을 논의한 뒤 각 접근법이 수검자의 성격에 대한 고유하고 타당한 정보를 제공한다는 점을 강조하고 특정한 한 가지 접근법이 특별히 더 우수한 것이 아니라는 점을 강조할 것이다. 그런 후에 성격의 측정법 간의 불일치와 일치에 영향을 미치는 요인과 수렴되고 불일치하는 해당 측정법들이 가진 의미를 논의할 것이다. 자료 자체의 쓸모 여부에 너무 의존하면 성격에 대한 편향되거나 부정확한 결론을 내릴 수 있고 또 정신장애 진단 및 예후 그리고 치료계획에 실무적 영향을 초래할 수도 있다(Fournier et al., 2008; Shea & Yen, 2005; Widiger & Samuel, 2009). 예를 들어, 다중의 출처 자료를 사용하여 얻을 수 있는 성격장애에 대한 좀 더 철저하고 정확한 평가는 치료 만족도와 여타 정신장애의 결과를 향상하는 데에 도움을 준다(Jensen-Doss & Weisz, 2008; Zimmerman, 2003). 이 장의 마지막 내용에서는 자기 및 3자-보고 자료를 조합하는 것과 각각 보고 방식 간 공유하거나 공유하지 않은 변수 모두를 활용하는 것이 왜 중요한지를 보여 주는 사례를 살펴볼 것이다.

평가 방식

지금부터는 성격특성을 평가할 때 사용할 수 있는 여러 가지 방식에 대해 논의해 볼 것이다. 먼저, 자기 및 3자-보고에 초점을 맞출 것인데 행동 관찰, 구조화 면담, 생활사적 이야기 등 기타 특성 측정법도 함께 소개할 것이다. 물론 이러한 각 성격 측정법은 연구자나 임상가의 목표에 따라 특정 가설을 설명하는 데에 더 적합할 수 있으며, 우리는 이와 관련된 상황들도 검토해 볼 것이다.

성격의 구조는 **특성**으로 구성되는데, 특성은 시간과 상황에 따라 개인마다 확연히 차별적인 독특성(예: 인지, 정서, 행동)의 총체이다(Funder, 1991). 특성은 일상생활 장면의 모든 사람과 관련지어 설명할 수 있으며 실제로 관련된 것이다. 성격을 설명하기 위한 최적의 차원이 몇 개인지에 관해 오랫동안 여러 면에서 고심해 왔지만, 이 장에서는 각각 설명 모델이 가진 상대적 이점에 대해서는 논하지 않았다. 이 장의 전반에 걸쳐 여러 가지 성격 구조를 다루지는 않고 몇몇 가지의 성격특성을 측정하는 척도를 소개하면서 특히, 가장 일반적으로 사용하는 접근 방식(즉, 5-요인 모델)을 중심으로 설명할 것이다.

이 장을 읽으면서 염두에 두길 바라는 점은 우리가 다루는 정상 규준-범위의 성격을 평가하는 것에 관한 것뿐 아니라 이상 성격과도 관련된다는 것이다. 성격장애에 대한 정의와 성격장애를 평가하는 방법에 대해서는 이 분야에서 상당한 논란이 있었지만(Pilkonis, Hallquist, Morse, & Stepp, 2011), 차원적 모델로 의견이 모이는 것 같다. 요컨대, 성격특성은 정상에서 이상까지 양적으로 높거나 낮은 범위의 연속선상에 있는 것으로 생각한다(O'Connor, 2002; Trull & Durrett, 2005; Widiger & Simonsen, 2005). 우리는 적응적 성격특성을 평가하기 위한 접근법에 초점을 맞추고 있는데, 일반 특성의 연속선에서 극단에 존재하는 다양성의 측면은 부적응적인 것으로 보고 있으며 많은 성격 평가가 성격의 전체 모습을 파악하려고 한다는 점을 잘 알고 있어야만 한다. 여기서 부적응적 성격특성에 대해서도 언급하지만 더 깊이 설명하지는 않았고 이 장에서는 성격장애 평가에 초점을 두었다.

자기 보고

성격에 관해 자기 보고를 통한 자료를 수집할 때, 수검자는 자신의 성격특성 및 행동을 스스로 판단한다. 여기서 자신에 관한 판단은 표준화된 질문에 대한 개인의 반응이며 전통적으로 평정 척도를 사용하여 기록한 것이다. 자신을 평정하는 과정 동안 해당 질문이 설명하고 있는 인지, 감정, 행동 및 대인관계의 모든 측면을 수검자가 직접 경험했기 때문에, 이러한 평정을 내리는 데에 있어 명백한 이점이 있다. 자신은 자신의 개인사에 대해 타인이 알고 있는 것보다 더 박식하기에 자신의 성격에 대한 관점이 타인의 관점과 당연히 다를 수 있을 것이다. 하지만 자신의 성격을 판단한다는 것이 직관적으로 이해하기 쉬운 일이 아니기에 본인도 자신의 성격적 측면을 직접 경험을 하지 않은 타인과 마찬가지로 지각적 편향에 영향을 받는다. 우리는 접근할 수 있는 내부(예: 사고) 및 외부(예: 행동) 정보를 기반으로 우리 자신의 특성이 가진 본질적 면을 추론할 수 있다. 하지만 우리 자신의 성격에 대해 내린 결론은 단지 해석된 정보 자체에 불과하다(McCrae &

Costa, 1999).

성격에 관한 자기 보고는 유병률, 주관적 안녕감, 신체적 건강, 영성, 정체성, 대인관계, 직업, 봉사 정신, 범죄성향 등 다양한 결과치를 사용하여 예측해 볼 수 있는데, 이는 측정한 내용 중에서 특정 결과가 실제 특성 차이를 반영한다는 것을 가리킨다(Bogg & Roberts, 2004; Ozer & Benet-Martínez, 2006; Roberts, Kuncel, Shiner, Caspi, & Goldberg, 2007; Terracciano, Lockenhoff, Zonderman, Ferrucci, & Costa, 2008). 당연히 외부 발생 요인과 주관적 편향은 수검자의 최종 반응을 왜곡할 수 있다. 이러한 요인들은 단일 출처 정보에 의존한다는 일차적인 한계점을 지적하는 것이며 자기 보고가 이상적인 타당성 수준에 미치지 못하게 되는 이유를 보여 주는 것이다(Meyer, 2002). 반응 편향의 이유는 크게 두 가지로 말해 볼 수 있다: 한 가지는 해당 검사 환경에서 발생하는 편향이고, 다른 한 가지는 일상생활에서 발생하는 편향이다. 이 두 가지는 모두 우리 대부분이 스스로 알아차리지 못하는 편향들이다. 검사 환경 내에서 수검자는 특정 질문 또는 평정 척도의 의미를 해석하고 이해하는 것이 어려울 수 있다. 추상적 개념이나 전문 용어(예: 심리학적 용어)를 이해하는 것이 어려울 것이라는 막연한 혼란함은 자연히 신뢰하기 어렵거나 부정확한 답변을 하게 만든다. 이러한 문제를 해결하기 위한 분명한 해결책은 질문지를 개발할 때부터 일상적인 언어를 사용하면 된다. 가장 상식적인 성격 평가는 이러한 기준을 필수로 충족해야 한다. 하지만 질적 판단을 양적 평정할 수 있는 기준은 없다. 평정하는 사람들은 척도 문항의 기술 수준에 대해 저마다 서로 다른 측정기준을 가질 수 있을 것이다. 다시 말해, 평정하는 것은 주관적이며 그렇기에 수검자는 본질상 서로 다른 질문에 대해 같은 가치를 매길 수도 있다는 것이다. 어느 한 사람이 "보통이다" 또는 "가끔 그렇다"로 반응하는 질문에 대해 또 다른 어떤 사람은 "매우 그렇다" 또는 "자주 그렇다"로 평정할 수도 있다(Fiske, 1978; Hoyt, 2000).

수검자가 해당 질문 문항을 충분히 잘 해석하고 이해했다고 가정하면, 그중 어떤 사람은 자신의 성격 관련 정보를 맘 편히 솔직하게 드러내지 않을지도 모른다. 자신이 가진 긍정적인 면을 묘사하고자 하는 욕심은 사회적 바람직성 편향이라 하는데, 이러한 편향이 있을 때는 실제 반응과 수검자가 의도한 대로 알맞게 맞춘 반응을 구별해야 한다는 어려움 때문에 성격 평가자들 사이에서 골칫거리가 되고 있다(Paulhus & John, 1998). 수검자가 연구자와 임상가에게 정보를 꺼내주지 않는 이유는 다양하겠지만 수치심, 자존감 유지, 신념 체계, 지루함, 또는 동기 부족 때문일 수 있다. 실제로 행동의 바람직성과 관찰 가능성이 그에 해당하는 행동 빈도를 유의하게 예측할 수 있기에 충분히 사회적 바람직성 편향을 현실적으로 생각해 볼 만하다(Gosling, John, Craik, & Robins, 1998). 사회적 바람직성과 수검자 정보 제공 동의 간의 관련성은 평가 상황에서 자기 위주 편향의 영향에 대한 통찰을 얻을 수 있지만 이에 대한 증거는 일치하지 않는다. 일부 연구 결과는 관련성이 없다는 것을 지지하는 반면, 또 다른 연구 결과는 유의한 상관이 있음을 지지한다(Ready & Clark, 2002). 다시 말해, 매우 바람직하거나 바람직하지 않은 성격특성에 대한 평가 대상의 보고와 3자-보고 간의 일치도는 좀 더 중립적인 바람직성 특성과 비교해서 약하다는 것이다(John & Robins, 1993).

어떤 사람들은 정보를 올바르게 알려 주는 것을 불편하게 생각할 수 있는데, 어떤 사람들은 진심으로 마음 편히 그렇게 하지 못할 수도 있다. 사회적 바람직성 편향과 마찬가지로, 비의식적인 편향이나 자기-기만 편향이 자기-위주 편향일 수도 있지만(Paulhus & John, 1998), 반드시 그런 것은 아니다(Christensen, Stein, & Means-Christensen, 2003; Swann, 1997). 이상 성격을 가진 평가 대상은 알려진 특성이 통찰력이나 진솔성의 부족이 특징이기에, 보고 편향에 특별히 취약할 수 있다. 자기 보고의 정확성에 영향을 미칠 수 있는 몇 가지 부적응적 특성에는 부적당하다는 느낌이나 의심으로 인한 새로운 대인관계 상황에서의 어색함, 자신에게 반감을 갖는 것에 대한 두려움, 속임수, 불안정하거나 과대적 자기상, 피암시성, 왜곡된 사고방식, 과장된 응답 스타일 등을 포함한다.

특성 평정에 비의식적으로 영향을 미칠 수 있는 또 다른 요인은 기억에 접근하는 것과 해석하는 것이다. 수검자는 시간의 흐름 위에서 자신만의 독특한 패턴과 지속성을 평가하도록 요청받기 때문에, 기억의 정확성이 중요해진다. 이러한 상황이라 할지라도 기억은 편향성에 취약하다. 예를 들어, 사건 발생 시 주의 관리 그리고 사건이 발생하는 동안 해당 사건에 대한 해석, 기억의 통합과 해석 등 모든 요인이 기억 실패를 초래하는 요인이 될 수 있다. 특성에 대한 가치평가는 발생한 특정 행동(즉, 일화 기억)에서 변환된 포괄적 인상(즉, 의미 기억)을 바탕으로 한다. 성격에 대한 기억 편향은 특정 행동을 부호화하는 초기 단계부터 나타날 수 있다. Gosling과 동료들(1998)은 수검자가 특정 행동의 회상 빈도를 얼마나 신뢰성 있게 보고할 수 있는지 측정했다. 그들의 연구 결과는 행동의 자기 보고가 의미 기억으로 흡수되기 전에 이미 편향된다는 것을 시사한다. 기억 편향 외에도 Huprich와 동료들(Huprich, Bornstein, & Schmitt, 2011)은 자기 보고 측정법이 순간적 기분 상태와 점화 효과의 영향과 특성에 대한 인상을 판별하는 데에는 효과적이지 않다고 지적했다. 실제로, 수검자가 우울한 시기에 자신의 성격을 평가하면 자기 보고와 3자-보고 간의 상관이 약해지는데(Ball, Rounsaville, Tennen, & Kranzler, 2001) 이는 기분 상태가 자기 보고의 정확성에 영향을 미친다는 것을 지적한다(Griens, Jonker, Spinhoven, & Blom, 2002).

반응 편향과 왜곡된 자기-지각 때문에 자기 보고의 타당성은 더 큰 오류 변량에 의해 약해진다. 이러한 이유로 연구자들은 성격특성을 평가할 경우 자기 보고만으로는 충분하지 못하다고 주장해 온 것이다(Ganellen, 2007; Huprich et al., 2011; Klonsky et al., 2002; Miller et al., 2005).

3자-보고

인간은 편향 경향이 있고 이러한 편향은 성격 평가에 영향을 미친다는 점을 분명히 해야만 한다. 사람들은 자신이 가진 편향을 쉽게 여기는 경향이 있으면서도 타인의 편향된 행동을 잘 알아차리는 경향이 있다(Pronin & Kugler, 2007). 실제로 수검자는 자신의 행동을 무시하면서도 본인의 생각과 동기에는 과하게 의존하는 경향이 있는데, 이렇게 함으로써 자기-선호 행동을 정당화하는 것이다(Pronin, Lin, & Ross, 2002). 내적 사고는 의심할 여지 없이 유용한 정보를 제공할 수 있다손 치더라도 그러한 당위적 근거에 너무 큰 무게를 두지 말고 목표 행동을 평가하는 것도 중요하다. 이러한 환경에서는 3자가 중요한 정보 출처가 된다.

자기 보고와 마찬가지로, 3자-보고는 좋은 예측 타당도를 보이며(Kolar, Funder, & Colvin, 1996), 학업 성취, 낯선 이에 대한 첫인상, 직업 수행 등을 예측하는 자기 보고 측정법에 추가 시행했을 때 상당히 좋은 증분 타당도를 보인다(Connelly & Ones, 2010). 상황에 따라서는, 자기 보고와 3자-보고의 예측력을 비교했을 때, 3자-보고가 더 정확하다. 예를 들어, 심장병 위험 요인과 자기 보고의 관계를 고려해 보면, 적대감에 대한 배우자 평가가 관상동맥 심장질환의 발생을 더 잘 예측할 수 있었다(Kneip et al., 1993; Smith et al., 2008). Wagerman과 Funder(2007)은 성실성에 관한 3자 평정이 수검자의 자기-평정보다 수검자의 등급 점수 평균을 더 잘 예측한다는 설득력 있는 결과를 확인했다. 이뿐만 아니라 수검자들은 자신의 내적 경험(예: 기분, 인지)에 좀 더 초점을 두는 반면에 관찰할 수 있거나 외현적 특성을 평정할 때는 3자-보고가 좀 더 유용할 것이라는 결과도 확인했다(Fiedler, Oltmanns, & Turkheimer, 2004; Spain, Eaton, & Funder, 2000).

3자로서 정보 제공자는 평가 대상의 대인관계 방식을 평가하는 데에도 더 나은 역할을 한다. Rodebaugh와 동료들(Rodebaugh, Gianoli, Turkheimer, & Oltmanns, 2011)은 성격

특성에 대한 자기 보고와 함께 대인관계적 자료들(즉, 3자인 정보 제공자)을 함께 통합한 자료가 각각의 보고를 개별적으로 검토한 자료보다 대인관계 문제를 더 잘 예측할 수 있었다. 이 외에도 Klein(2003)은 7년 반 동안 성격장애에 대한 외적 기준을 예측하고자 자기 보고와 3자-보고 간의 타당도를 비교해 보았다. 두 가지 방식 자료 모두가 우울 증상의 상승을 예측하였지만 추후 검사에서는 3자-보고만이 사회적 적응을 예측하였다. 연구자들은 임상적 결과를 예측하는 데 있어 정보 출처의 두 가지 방식 모두가 중요한 역할을 한다고 결론지었다.

물론 3자-보고에 의한 전반적인 정확성을 가늠하기 위한 예측 타당성은 필수적이지만 특정 정보 제공자 한 개인의 정확한 판단과 또 다른 정보 제공자의 판단 중 무엇이 더 정확한지 검토하는 것도 중요하다. 심사자 간 신뢰도를 분석하는 것은 특정 조건 내에서 3자-보고의 가치가 낮아질지를 알려 준다. 일반적으로, 판단자 간 일치도가 3자-보고와 자기 보고 간의 상관보다 더 높고(John & Robins, 1993), 점수들의 범위는 0.32에서 0.43이다(Connelly & Ones, 2010). 가족 구성원들과 친한 친구들은 기타 타인인 정보 제공자와 가장 강한 평가자 간 신뢰도를 보이는 경향이 있다. 하지만 3자의 정확성 이외의 다른 요인도 높은 평정자 일치도에 영향을 미칠 수 있다. 기타 요소에는 예를 들어, 평가 대상을 평정하는 동안 추정하기로 '정형적' 성격이거나 평균적 성격일 경우 등. 평가 대상을 잘 모르는 3자의 경우에는 특별히 우연적 정확성이 문젯거리가 될 수 있음을 고려해야 한다.

모든 인간이 그러하듯 3자 역시 이상에서 설명한 자기 보고 부분의 편향으로 인해 문젯거리가 되기도 하지만(Srivastava, Guglielmo, & Beer, 2010), 좀 더 신경 써서 보아야만 할 3자-특수 편향도 있다. 예를 들어, 자기와 3자가 관계한 기간은 3자의 성격 평정의 정확성을 향상한다(Kurtz & Sherker, 2003). 이러한 관련성은 접촉 빈도가 아니라 친밀함의 결과로 나타난다(Connelly & Ones, 2010; Watson, Hubbard, & Wiese, 2000). 정보 제공자로서 3자는 자신이 평정하게 될 특성이 추상적이거나 어느 정도 추론이 필요할 경우(예: 친근함) 편향에 대해 더 높은 민감성을 보인다. 어떤 특성은 쉽게 객관화되고(예: 성실성, 외향성; Zillig, Hemenover, & Dienstbier, 2002) 편향된 관점에 영향을 덜 받는다(Fiske, 1978). 이와 같은 내용은 John과 Robins(1993)의 연구에서 확인할 수 있으며, 관찰할 수 있고 덜 가치 평가적인 특성일 경우에 판단자 간 일치도가 가장 높다고 보고했다.

몇몇 연구에 결과에서는 자신이 선정한 3자가 자신이 선정하지 않은 3자보다 더 긍정적 보고를 한다고 설명한다(Leising, Erbs, & Fritz, 2010). 다시 말해, 평가 대상자는 자신에게 친숙하고 자신을 좋아하는 3자를 고르는 경향이 있다. '추천서 효과'라고 하는 이 편향은 자기가 선정한 정보 제공자가 수검자를 긍정적으로 평정할 때 발생한다. 이 편향이 발생할 경우, 평정된 특성의 분산성이 낮고 자기 보고 평정이 추가되어도 약간의 증분 타당도만 나타난다. 따라서 평가 대상이 평가자로 선호하지 않는 3자와 함께 작업하는 것이 이점이 있을 수도 있다. 또 다른 한 가지 편향은 자기 기반 휴리스틱인 3자-특수 편향이다. 이는 3자가 자신의 성격 일부인 지각내용을 평가 대상으로 투사하는 가능성을 의미하며, 특별히 평가 대상의 특성을 평정하기 어렵다고 인식할 때 발생한다(Ready, Clark, Watson, & Westerhouse, 2000).

단일 평가 대상의 성격을 평가하는 상황에서 평정자로서 3자의 수를 어느 정도로 설정할지 고려하는 것이 중요하다. 사람들은 대인관계에서 그들의 역할이나 상대하는 타인과 함께 보내는 시간에 따라 고유한 관계를 발전시킨다. 그래서 단일 정보 제공자의 평정은 웬만한 경우 개별특수적일 수가 있다. 예를 들어, 보통의 경우 남자들은 어머니와 함께 있을 때와 골프 친구들과 있을 때는 다르게 행동한다. 이 두 가지 경우 3자들은 평가 대상의 각각 다른 행동, 표정, 사고 과정을 목격하게 된다. 이뿐만 아니라 정보 제공자로서 3자들끼리는 선호, 인내, 개인의 독특성에 대한 가치평가 그리고 특별히 부적응적인 성격특성에서 개인차를 함께 다룬다(Ganellen, 2007). 그러므로 한 명의 정보 제공자에게 의존하게 되면 측정의 신뢰성과 자기 평정-타인 평정 간의 상관을 나쁘게 만들 수도 있다. 일부 연구자들은 다중의 3자를 참여시키는 것이 평가를 위한 측정이 강화한다고 믿지만(Achenbach, Krukowski, Dumenci, & Ivanova, 2005; Connelly & Ones, 2010), Kraemer와 동료들(2003)은 3자들이 높은 공선성을 가진다면, 측정 결함을 보완하기 위해 여타의 보고 자료를 사용하듯이 3자의 인원을 줄이거나 늘이는 것은 그리 중요하지 않다고 지적했다.

3자-보고에 관한 믿을 만한 연구 결과에도 불구하고, Paunonen과 Neill(2010)은 3자가 평가 당사자를 대체할 수는 없다고 주장했다. 만약 3자 평정과 평가 대상의 평정 간의 중복이 심해서 쓸모가 없어지면 자기 보고나 타인 보고에 중 한 가지 방법만 사용하는 것이 적절해 보인다. 하지만 자기 보고와 3자-보고 모두 고유하고 타당한 정보를 제공하므로 두 가지 관점 모두를 적용하는 것을 권장한다.

표준화된 면담

대부분 임상가는 성격특성을 평가하기 위해 경험적으로 뒷받침되는 기법을 사용하는 대신에 다양한 성향을 지닌 정해진 형식이 없는 면담과 임상적 관찰에 의존한다(Westen, 1997). 고정 형식이 없는 임상 면담을 수행할 때, 대부분 임상의는 (비의식적으로) 자신이 가졌던 초기 인상을 맞는 확인적 증거를 찾아내려고 하면서 여러 가지 대안적 설명을 체계적으로 평가하지 못하게 된다(Rogers, 2003). 연구자들 모두가 이것저것 따지기 전에 일단 자신이 평가한 '반려동물'의 성격 유형을 믿고 싶은 법이다. 연구 결과에 따르면, 대안적 관점이 타당성을 향상한다는 결과가 있음에도 불구하고 임상가들은 과소평가되는 비일관적 증거를 믿고 싶어 하는 경향이 있다(Hunsley & Meyer, 2003). 표준화 평가는 포괄적이라는 추가 이점이 있는데 이는 성격 평가하는 데에 필요한 검사 항목의 범위가 넓다는 것을 고려할 때 심리학자에게 상당한 이득이 된다. 응당 그러하듯 비형식적 면담과 표준적 가치평가 간의 일치도는 낮거나 중간 정도로 보고 있다(Rettew, Doyle-Lynch, Achenbach, Dumenci, & Ivanova, 2009).

표준화 면담은 숙련된 면담자가 명확한 언어를 사용하고, 잘 정립된 순서를 따르고, 평정 문항의 프로토콜을 사용할 때 신뢰도가 높아진다(Rogers, 2003). 이러한 요소들은 면담자 편향을 더 잘 통제해 준다. 반구조화 면담은 면담자가 해당 면담과 관련된 추가 질문을 보태거나 임상적 판단을 통해 진행할 기회가 있다는 추가 이점이 있다. 면담에서 얻게 된 반응들은 평가 대상자의 관점으로부터 얻은 것이라는 점을 잊지 않아야 한다. 따라서 면담자가 단순히 평가 대상의 초기 반응만 기록한다면 면담에서 사용한 질문지를 통해서는 얻을 수 없는 고유한 정보는 얻기 어려울 것이다. 다시 말해, 중복 출처로 인해 발생한 오류는 면담과 자기 보고 간의 관련성을 왜곡할 수도 있다. 이러한 이유로 평정자들은 성격특성을 평정할 때 어느 정도 개인의 평정 수행에 자유가 허용된다. 아무리 그렇다 하더라도 평가 대상의 반응에서 평정자의 수행이 벗어나는 것을 허용하기 위해서는 반드시 합당한 근거가 필요하다. 이러한 반구조화 면담은 평가 대상이 성격장애가 더 만연해 있으면서 신뢰성에 의문이 제기될 수 있는 임상 대상들에게 특별히 유용할 수도 있다. 부적응적 특성을 인식할 수 없거나 인식하기를 꺼리는 수검자에게 유용한 도구는 대화식 면담 유형(예: SIDP-IV)을 사용하는 것이다.

자기 보고를 통제하면서 면담의 증분 타당성을 검증할 때는 중복 출처를 반드시 고려해야 한다(Hunsley & Meyer, 2003). 하지만 대부분의 성격 면담 방식은 전적으로 부적응적 특성을 측정한다. 그렇기에 정상 성격 면담의 타당성을 말해 주는 연구가 많을 수가 없다. 한 가지 측정법으로서 5-요인 모형을 사용한 구조화 면담(Structured Interview for Five-Factor Model: SIFFM)은 정상적 특성과 병리적 특성을 모두 측정하기 위해 개발되었다. Stepp, Trull, Burr, Wolfenstein과 Vieth(2005)는 정상 성격이 자기 보고 특성 점수를 통제한 후 관련 결과치와 연관이 있음을 보여 주기 위해 SIFFM을 사용하였다. 성격장애를 평가하기 위한 면담은 자기 보고를 통제했을 때 증분 타당성을 입증할 수 있는 증거임을 보여 주었다(Galione & Oltmanns, 2013). 따라서 면담은 성격을 평가할 수 있는 대안적인 방법을 제공하고 고유한 진단 정보를 알려 줌으로써 특성에 대해 좀 더 종합적인 설명을 하는 데에 도움을 준다.

행동 관찰

자기 보고 방식 및 면담 방식과 관련된 편향의 영향을 최소화하기 위해 연구자는 '객관적 기준' 또는 행동 관찰을 통해 결과치를 얻는 방법으로 사용할 수도 있다. 행동의 객관적 평정은 종종 성격특성의 가장 훌륭한 기준이라고 하면서도 이는 성격 영역에서 감정과 인지 측면을 고려하지 않기 때문에 행동 평가만으로는 성격 측정법이라 여기지 않는다. 이 방법은 평정 상황에서 주관적인 영향을 줄여 준다는 점 때문에(즉, 면담, 자기 및 3자-보고와 비교했을 때) 평범한 측정 도구로는 발견되지 않는 특성 분산을 좀 더 합당하게 설명할 수 있을 것이라 예상할 수 있는 것이다. 하지만 관찰에는 여전히 관찰자가 있어야 하기에 인간적 · 기술적 오류를 배제하기 어렵다. 이 장에서는 성격특성과 행동 관찰의 관련성에 관한 연구가 얼마나 성장했는지를 보여 주는 몇 가지 연구를 소개할 것이다.

Vazire와 Mehl(2008)은 실제 일상 활동을 평가하기 위해 휴대용 전자기기를 사용했다. 평가 대상이 평균 범위에 속하는 사람들에 비해 특정 행동에 얼마나 많이 하는지 알아보기 위해 자기 보고 및 3자-보고를 수집하여 비교해 본 결과, 3자와 평가 대상 모두 실제 행동을 예측한 것으로 나타났다. 각각 출처 자료는 고유한 정보와 중첩된 정보 모두 보여 주었다. 이는 타인이 관찰하고 예측한 행동과 특성들의 정규성을 시사한다. 이와 관련된 연구에서 Funder와 Sneed(1993)는 사회적 상호작용을 비디오로 촬영한 후 평가 대상을 모르는 타인에게 자신이 관찰했던 행동을 순서화하도록 Q sort를 사용했었다. 결과에 따르면 평가 대상을 모르는 타인은 관련 행동을 가장 높게 평가했으며 이러한 행동은 평가 대상의 세 가지 성격 영역을 타당하게 설명하였다: 외향성, 우호성, 성실성.

새로운 사람을 만나는 상황에서 개인은 자기-표상 단서와 관찰내용을 재빨리 사용하게 된다. 그래서 낯선 사람은 연구 과정에서 공정한 평가자로서 도움이 된다. 예를 들어, 낯선 사람들은 외향성, 성실성, 지능의 경우 자기 보고와 상당한 일치를 보이며, 이는 초기 인상의 중요성을 나타내는 표식으로 볼 수 있다(Borkenau & Liebler, 1993). 또한, 의도적으로 상대 손을 꽉 움켜쥐는 악수는 높은 외향성(여성의 개방성) 점수와 정적으로 상관이 있고 낮은 신경증 점수와 낮은 수줍음 점수와도 정적 상관이 있다(Chaplin, Phillips, Brown, Clanton, & Stein, 2000). 어떤 연구에서는 낯선 사람들이 침실과 사무실 상황에 있는 평가 대상을 관찰한 다음 평가 대상의 성격을 평가했다. 관찰자들은 수검자를 만났던 적이 없었음에도 개방성을 평가할 경우 높은 정확도를 보였다. 하지만 우호성을 평가할 경우 가장 낮은 상관을 보였다. 정서적 안정성을 제외하고 개인적인 환경을 관찰하는 것은 오래된 지인에 비해 더 정확하게 평가했다(Gosling, Ko, Mannarelli, & Morris, 2002).

행동 관찰과 성격 설문 조사 사이에는 관련성이 있는 것처럼 보이지만 두 가지 방식이 완전히 겹치는 것은 아니다. 자기 보고와 3자-보고 모두에서 중간 정도의 상관을 보이는 경향이 있다(평균 $r = .26$). 우리는 특정 행동을 측정하는 것이 특성의 일반적 설명을 통해서는 절대 알 수 없는 성격에 관한 내용을 알 수 있다고 결론지었다.

인생 이야기

인생 이야기(McAdams, 1993)는 CliffsNotes[1] 버전과 비슷한 면담법인데, 평가 대상의 중요한 인생 사건을 설명하도록 하는 확장된 방식이다. 자서전적 되새김과 인생 이야기를 수집하여 평가 대상의 조금씩 변해 가는 성격과 정체성을 더 잘 이해하게 된다. 화자는 본인의 발달상 흔적 기록을 자유롭게 편집할 수 있고 검사자는 평가 대상이 해당 질적 자료를 기록하는 데에 조금의 방해도 하지 않는다. 연구자는 전형적으로 영상이나 녹취록을 사용하여 영성, 회복성, 주체성 등 평가 대상의 인생사에 대한 주제 내용을 분석한다. 인생 이야기에서 밝혀진 정보는 Big Five와 기타 하위 수준 특성과 관련이 있지만, 개별적인 것으로 간주한다(McAdams, 1995; McAdams & Pals, 2006). 평가 대상의 삶에서 고점, 저점, 과도기 단계에 관한 정보를 포함한 인생 이야기의 특징은 신체 건강, 삶의 만족, 우울감 등의 여러 특성 관련 결과치와 상관이 있다(McAdams, Reynolds, Lewis, Patten, & Bowman, 2001).

1 CliffsNotes: 클리프 노트는 학생들의 학습을 도와주는 학습 보조 서비스이다. 학습 과정에 포함된 다양한 문학 작품이나 내용을 요약 버전을 소개하기에 온전한 작품 전체에 대한 학습 회피 및 피상적인 작품 이해에 그친다는 한계점은 논쟁거리이다. 영화 줄거리를 소개하는 편집 영상과 비교할 수 있다.

Wilt, Cox와 McAdams(2010)는 수집한 경험적 증거에 따르면 인생 이야기는 인구 통계학적 특성(예: 나이, 젠더, 소득)과 Big Five 자기 보고 특성을 뛰어넘는 심리사회적 적응을 예측했다. 예를 들어, 성인기의 건강한 대인관계와 생산성 관련 주제(즉, 가족 돌봄, 사회적 기여)는 사회적 유대감을 예측한다. 성격 프로파일에 고유한 변수가 추가됨으로써 인생 이야기를 가치 있는 평가 방법으로 받아들여야 한다.

암묵적 측정법

Huprich와 동료들(2011)은 성격특성이 우리가 의식적으로 알아차리거나 기억하는 것 이상의 것이라고 주장한다. 암묵적 과정은 우리의 의식적인 인식 없이 발생하며 행동과 감정이 자동으로 작동되는 다양한 인지 경로를 포함한다. 오늘날 연구는 사람들이 의식적 알아차림 없이 그들의 환경을 추론한다고 바라보는 인지적 연구를 중심으로 이루어지고 있다. 기억상실증 환자를 대상으로 한 연구에서는 기억 상황에서 의식적 영향과 비의식적 영향의 차별점을 밝혀냈다. 예를 들어, 기억상실증 환자가 단어 목록에 있는 단어를 분명하게 회상하라는 요청을 받았을 때는 낮은 점수를 받았으나 간접적인 방법을 사용했을 때는 평균에 근사한 결과치를 얻었다(Shacter, 1987). 여러 기억력 검사와 유사하게 특성의 암묵적 측정은 평가 대상이나 3자가 알아차릴 수 없을 만한 성격의 영역, 즉 동기, 자기-지각, 정서 조절 등을 알아내고자 한다. 수행 기반 검사는 직접적인 질문만으로는 접근할 수 없는 성격에 관한 정보를 얻을 수 있으며, 자기 보고와 생리적 측정법 간에 일반적으로 알려진 불일치를 설명할 수도 있다(Shedler, Mayman, & Manis, 1993).

암묵적 특성은 전통적인 평가의 타당성에 실질적인 함의가 있는 것뿐만 아니라 성격을 어떻게 정의할지에도 영향을 미친다. 예를 들어, 평정해야 할 성격특성 목록을 미리 제공하면 3자는 평가 대상이 목록에 있는 해당 특성을 가졌을 것이라고 비의식적으로 평가할 가능성이 더 높아진다(Moskowitz & Roman, 1992). 그래서 해당 척도의 타당성에 문젯거리가 되는 것이다. 이러한 면을 고려해 보면, 암묵적 측정은 비의식적이라거나 또는 의도적 편향에 덜 민감하다고 할 수 있다. 이에 대한 증거는 암묵적 동기와 명시적 동기가 구분된다는 점을 지지하며, 두 가지 측정법이 성격의 서로 다른 측면을 설명하고 있다는 점을 시사한다. McClelland, Koestner와 Weinberger(1989)의 영향력 있는 논문을 살펴보면, 암묵적 동기가 주로 개인의 자동적이고 비의식적인 행동을 담당하고 자연적인 보상에 크게 영향을 받는 것에 반해, 명시적 동기는 의도적이면서 사회적 보상에 영향을 받는다고 제안했다. 이들의 분석에 따르면 암묵적 측정법은 실제로 자동발생적인 성취를 예측하며 명시적 측정법은 주의–초점 성취의 더 나은 예측 변수라는 것을 보여주었다. 암묵적 · 명시적 구별의 또 다른 예로 의존성을 측정하는 86개의 투사적 및 명시적 검사에 관한 문헌에서 찾을 수 있다. 암묵적 측정법을 사용하면 명시적 측정법과 마찬가지로 의존적 행동을 예측할 수 있었지만, 척도 간 차이가 나타나면서 약간의 상관만 보였다(Bornstein, 2002). 따라서 암묵적 측정과 명시적 측정이 동일 구성개념(즉, 성격특성)을 측정하기 위한 것이지만 각기 다른 면면을 측정하고 있기에 서로 다르게 사용해야 할 것이다.

방법들의 통합

수렴

같은 성격특성을 측정하는 방법 간의 수렴은 필수 사항이다. 만약 측정법들이 수렴되지 않으면 해당 측정법들이 동일 구성개념을 측정하는지에 대해 의문을 가질 수 있을 것이다. Hofstee(1994)는 다중방식 수렴과 관련하여 성격을 정의하였고, 궁극적으로 정보제공자 간의 자료들을 종합하기 위해 복수의 3자–보고를 더 많이 사용하길 바랐다.

같은 특성을 포함하여 설계된 다중방식평가 논문에서 독립적 측정법 간의 일치도는 전형적으로 자료 출처 전반 걸쳐 낮거나 중간 정도를 보였다(Blackman & Funder, 1998; Klonsky et al., 2002; McCrae, 1982; Paulhus & Bruce, 1992; Watson & Clark, 1991; Watson et al., 2000; Zimmerman, Pfohl, Coryell, Stangl & Corenthal, 1988). Big 5 특성과 관련하여 평가 대상과 3자–보고 간의 상관은 전형적으로 .30에서 .50 사이에 속한다((McCrae, 1994; Ready & Clark, 2002). 5가지 특성 영역은 자기와 연애 상대를 비교할 때 중간 정도의 일치를 보인다: 신경증(평균 r = .46), 외향성(평균 r = .52), 성실성(평균 r = .47), 우호성(평균 r = .42), 경험에 대한 개방성(평균 r = .53; Watson, Hubbard, Wiese, 2000). 대학, 지역사회 그리고 정신과 표본 집단 등의 여러 장면 전반에서 이러한 일치 수준은 유지된다(John, Robins, 1993; Ready & Clark, 2002; Watson et al., 2000). Meyer 등(2001)은 방식 간의 일치도가 약하다는 점 때문에 예측 타당도와 신뢰도를 향상하기 위하여 여러 측정법을 조합하여 사용할 것을 강력히 권고했다. 반응 편향, 방법 간 분산, 자기와 타인에 대한 왜곡된 지각을 통해 측정법 간의 수렴도가 확연히 두드러지지 않는 이유를 설명할 수 있다.

불일치

이 장에서 우리는 같은 구성개념을 측정하기 위한 두 가지 측정기준이 서로 중복되지 않는 경우 이를 불일치라고 한다. 이 경우 특성 평가의 두 가지 방법을 벤다이어그램을 사용하여 표현해 보면 방법들의 수렴은 중첩되는 원의 교차 영역으로 표시되고 반면에 불일치는 각 도형이 가진 고유한 외곽의 변두리에 해당하는 원의 영역으로 표시된다. 이러한 관점에서 볼 때, 측정법 간의 공유하는 정보와 공유하지 않은 정보의 양은 반비례 관계에 있다. 특성 측정법들의 일치에 관한 논문 검토는 일반적으로 공유하는 분산이 중간 수준으로 괜찮다고 결론 짓기 때문에 각각의 측정법도 꽤 많은 양의 개별적 정보를 제공한다고 봐도 무방하다. 그렇다면 여기에서 궁금한 것은 이러한 자료들로 우리가 무엇을 할 수 있는가이다. Hunsley와 Meyer(2003)는 다중의 방법을 사용하는 것과 이에 따라 도출된 수렴되지 않는 자료들은 평가 정확성을 향상하고 향후 좀 더 괜찮은 임상적 권고 사항을 제시할 수 있다고 믿었다. 사실, 임상 장면에서 이를 적용하려면, 한 가지 측정법으로 얻은 자료 외에 임상적으로 관련 있는 기준(예: 일상생활 기능)을 예측하기 위한 과정을 추가해야만 수용될 수 있을 것이다. 따라서 우리는 이상에서 다중평가를 사용하는 것의 당위성을 검토했고 개별 측정법의 증분 타당성을 조명해 보고자 하였다. 이에 더해, 성격장애에 대한 구조화 면담 진단을 예측할 경우, 부적응적 특성 점수의 설명량을 통제하고 나서도, 정상 성격 측정치가 성격장애 예측에서 추가로 최대 8%를 더 설명했다(Quirk, Christiansen, Wagner, & McNulty, 2003). 더해, Lawton, Shields와 Oltmanns (2011)는 NEO-PI-R 유형 3자 평정 점수와 B군 성격장애 유형의 증분 타당도를 검토했고, 자기 보고가 설명하는 분산을 통제하고 나서의 유의한 예측 타당성을 입증했다.

정신병리를 겪는 개인에게서 얻은 자기 보고는 신뢰할 수 없고 임상가, 3자-보고 및 객관적 보고와도 상관이 좋지 않은 경우가 많아서 평가의 불일치는 향후 임상적 함의가 있다(Meyer et al., 2001). 한 연구에서는 임상의가 환자가 제공한 정보를 바탕으로 성격장애를 평가하고 진단하도록 함으로써 이상 내용을 입증했다. 3자로부터 자료를 얻은 후의 시점에서 초기 진단의 20%의 변화가 있었는데 이는 해당 환자가 보고하지 않았던 병리학적 정보를 3자가 제공했기 때문이다(Zimmerman, Pfohl, Stangle, & Cornthal, 1986). 당연히 중복되지 않는 정보는 전형적으로 부적응적인 성격특성의 존재와 관련이 있다. 예를 들어, 자기-3자 간 불일치는 주로 신경증의 측면과 관련이 있다(예: 수줍음, 적대감, 우울함; Mosterman & Hendriks, 2011).

공유된 정보와 공유되지 않은 정보가 모두 타당하다면 측정법 간의 차이가 갖는 의미를 해석하는 것은 임상가의 책임에 따른다. McCrae(1994)는 서로 다른 출처 자료의 일치 여부를 결정할 때 사용할 수 있는 독특한 공식을 제안했다. 자료가 명확하게 일치하는 경우 점수들의 평균이 가장 최선일 수 있다. 그러나 평정 결과가 일관되지 않으면 평균 점수는 대표적 점수가 될 수 없을 것이다. 그 대신, 검사자는 추가 정보를 수집하거나 인생 이야기를 참조한 후에 해당 불일치에 대해 결론을 내려도 된다. 평가 대상과 3자의 평정이 완전히 중복되지 않는다고 하더라도 또 다른 대안적인 관점은 각 방식에 자연스럽게 어우러지는 경향이 있다. 자기 보고와 3자-보고가 평가 대상의 성격 프로파일을 다르게 설명한다고 하더라도 양립 불가한 것은 아니다. Clifton 등(2004)의 연구에서 3자와 평가 대상은 해당 평가 대상의 부적응적 성격에 대한 설문 조사를 했다. 3자의 평정에서 성격장애가 드러났을 때 평가 대상의 자기 보고는 3자의 결과를 보완해 주는 다른 특성들을 상대적으로 더 많이 보고하는 경향을 보였다. 자기 보고에서는 진단이 의심되었고 평가 대상의 특성에 대한 3자의 기술을 분석해 봤을 때도 같은 결과였다. 예를 들어, 3자-보고가 평가 대상을 강박성 성격장애로 진단했을 때 평가 대상은 "다른 사람들은 때때로 내가 설정한 속도를 따라가는 데 어려움을 겪기도 한다"라고 주장할 가능성이 더 컸다. Clifton 등은 3자가 의미 있는 추가 정보를 보태줄 수 있다고 하면서 3자와 평가 대상의 보고에서 차이는 체계적이라고 결론지었다. 이러한 현상에 대한 추가 예시는 다음의 사례연구 내용에서 다루고 있다.

사례

특성을 측정하는 서로 다른 방법들은 어느 정도 공유하는 분산이 있지만, 증분 타당성 검증 결과는 개별 방법이 고유한 정보를 가진다는 점도 보여 주고 있다고 설명한다. 특정 방법을 제한하지 않고 여러 방법 전반에서 드러난 공통 정보와 고유 정보는 관련 결과 자료를 예측하는 데 있어 성격에 대한 가치 높은 정보를 제공한다. 이러한 두 가지 유형의 분산을 평가와 체계적 관리에 통합하는 이론적 모델은 아직 확립되지 않았으며, 성격장애의 진단과 치료와 관련하여 실무적 문제의 답은 답보 상태이다. 사례 연구는 연구자와 임상의에게 유익할 수 있는데, 이 사례를 통해 이 장의 많은 개념을 더 잘 설명할 수 있으며, 다중방식 관점에서 성격을 개념화하는 방법을 더 잘 이해하게끔 도와줄 수 있다. 지금부터는 평가 목적에 따른 다양한 도구 사용의 복잡성과 중요성을 강조하기 위해 St. Louis Personality and Aging Network(SPAN; Oltmanns & Gleason, 2011)의 두 가지 사례 연구를 소개한다. 해당 사례들은 자기 보고 및 동료 보고의 일치도가 다르게 나타나는데, 자료 출처(예: 상충 및 수렴 증거) 간의 다양한 반응 패턴을 체계적으로 다루는 방법을 생각해 보게끔 해 준다. 경험적으로 도출된 자료를 사용하여 다중방식 특성 패턴을 사전에 예측하여, 유사한 정보를 전혀 다른 방식으로 사용함으로써 발생하는 신뢰성 문제를 피할 수 있을 것이다.

해당 사례에서 설명된 사람들은 종단적 지역사회 연구의 참가자들이었다. SPAN 연구는 중서부 대도시에 거주하는 55세에서 64세 사이의 성인을 대상으로 진행되었으며, 자기 보고 및 3자-보고를 모두 사용하여 성격 평가를 설계한 연구이다. 여기에서는 연구의 기초 단계에서 수집된 정보를 보여 준다. 모든 참여자는 간단한 인생사 면담(McAdams, 1993년 번안)과 DSM-IV 성격에 대한 구조화 면담(SIDP-IV; Pfohl, Blum, & Zimmerman, 1997), 다원적 성격 병리 평가(MAPP; Oltmanns & Turkheimer, 2006) 그리고 NEO 성격검사-개정판(NEO PI-R; Costa & McCrae, 1992)을 포함하여 기타 임상적 장애와 건강 상태를 아우르는 3시간의 평가 배터리를 완료했다. 연구의 과정으로 참여자들은 그들에 대해 잘 아는 정보 제공자를 지정하도록 요청받았다. 참여자의 허락을 받은 후 해당 평가 대상자의 성격에 관한 MAPP와 NEO PI-R의 3자-보고를 수집했다. 해당 사례연구의 목적은 면담자, 자기 보고 및 3자-보고 사이에서 성격과 성격장애 점수를 비교하여 임상의가 진단 및 치료 목적으로 개인에 대한 개념화를 재정의하기 위해 다중방법들을 어떻게 활용할 수 있는지 보여 주려는 것이다. 참가자의 개인정보를 보호하기 위해 그들의 이름과 세부 생활사 정보를 각색하였다.

사례 1: 일치하는 보고, 회피성 성격장애

Adam은 58세의 미혼 백인 남성으로 혼자 살고 있다. 그는 3형제 중 막내였지만, 스스로 보고하길 자신은 '매우 우울하고 불안정한 어머니'와 '혼자' 자랐다고 보고했다. Adam이 28세 때 부모님 모두 돌아가셨는데 이 주제로 면담하는 과정에서 그는 인생의 일부가 "죽는 사람들에 의해 지배되고 있다"라고 언급하기도 했다. Adam은 베트남전 징병을 피하려는 목적으로 대학에 진학했고 '심각한 고용 문제로 인해 다시 또' 대학원에 입학했으나 학위를 취득하지 못했다. 그는 '제대로 된 직업을 피하려고' 경력을 쌓는 동안 "이리저리 떠돌았다"라고 설명했다. 20년 넘게 리모델링 계약업체인 자영업자로서 성공적으로 종사해 왔으며 현실적으로 사업을 확장해야 한다는 점을 인정하면서도 책임감이 덜한 선택을 해 왔다. Adam은 독립적으로 일하고 있으며 건물 조사관 등의 동료와 협력해야 할 일은 피해 왔다. 그는 직장이나 여가 모두에서 대부분 시간을 혼자 보내고 싶다고 말한다.

그가 처음 진로 결정을 한 시점 그대로 Adam은 진지한 책무를 지지 않으려고 한평생 독신으로 지냈다. 살아오는 동안 의미 있는 관계를 두 번이나 가졌다고 했는데, 대부분 관계는 "성적인 관계였고…… 머…… 편했지만 만족스럽지 않았다". 가장 최근에는 Adam이 '진심으로 사랑했던' 여성과 사귀었는데, 친밀함을 느낄 때까지 '몇 년'이 걸렸고 그녀를 위하는 마음은 오래가지 못했다고 인정했다. 평가를 받기 2년 전 그녀가 갑자기 사망했는데 얼마 지나지 않아 처남과 여동생도 연달아 사망했다. 그가 마음을 주었던 몇 안 되는 관계 중 한 대상을 잃은 것에 관해서 Adam은 "그런 일은 다시 일어나지 않을 거야. 그런 식으로는 안 돼"라며 앞으로는 자신을 취약하게 만들 만한 관계에 마음 쓸 일은 없을 거라고 했다.

Adam의 SIDP-IV 면담 결과에서는 회피성 및 강박성 성격장애에 대한 DSM-IV 기준을 충족하는 것으로 나타났다(APA, 2013, p. 672, p. 678). 그는 대인관계를 그르치는 몇 가지 부적응적 성격특성이 있다고 보고했고 회피성 성격 기준 7가지 모두에 해당한다고 볼 만한 점수는 아니었다. 면담자는 다음 기술한 강박성 성격장애 기준에 대해 Adam을 '증상 있음'으로 평정했다: 해당 활동의 요점을 놓칠 정도로 조직화한 데에 몰두, 과제 완수를 방해하는 완벽주의, 감상적 가치가 없는데도 낡고 쓸모없는 물건을 버리지 못함, 인색한 소비 스타일 등. 그리고 낮은 자신감을 반영하는 경계선, 의존성, 편집성 성격장애 진단 기준에서는 충족되지 않는 정도의 점수만 받았다. 예를 들어, 그는 수용 받지 못한다는 두려움 때문에 다른 사람들과는 다르게 공허함과 어려움을 느낀다고 했다.

임상적 면담에서 발췌한 내용은 그의 성격, 대인관계, 합리성에 대한 추가적인 통찰력을 보여 주었다. Adam은 자신을 "너무 내성적이고 분석적"이라고 설명하며 '더 나은 자신감'에 대한 강한 바람을 드러냈다. 친밀한 관계와 관련하여 Adam은 "저는 항상 여자가 저를 먼저 분명히 좋아하는 경우에만 관계를 맺기 때문에 상대가 나를 항상 받아 줄 것이라고 확신했어요. 저는 단서가 있을 때만 움직입니다. 저는 거절당하는 걸 싫어합니다.

거절당할 위험이 있는데 왜 굳이 위험을 감수해야 합니까?"라고 말했다. 그는 '상대가 자신에게 애정을 보인다는 확실한 증거'를 얻지 못한다면 다른 사람들이 자신을 나쁘게 판단하거나 자신이 의도치 않게 상대방을 모욕하지 않으려고 진솔한 감정을 드러내지 않아 왔다. Adam은 스스로 매력적이고 자신감 넘쳐 보일 수 있다는 점(면담 과정 전반에서 드러난 특성)은 인정하면서도 사회적 기능을 하는 것에 '엄청난 불안'을 느낀다는 점과 '사람들과 함께 한 경험이 너무 없었기 때문에 고통스러울 만큼 수줍어할 것'이라는 점도 인정했다. 자신의 진정한 바람은 '딱 적당히 적응할 만한 그 정도'이면 된다고 생각하고 사람들이 자신에게 '주목하지 않게끔' 의식적으로 노력하고 있다.

좀 더 손쉽게 해석하기 위해 NEO-PI-R의 해석 영역과 세부 요소의 점수를 SPAN 표본($N = 1,630$) 규준을 기반의 z 점수로 변환했다. 표본 평균과 비교했을 때, Adam의 외향성($z = 1.91$), 우호성($z = 2.22$), 성실성($z = 1.70$)에 대한 전반적인 영역 점수는 유의하게 낮았고, 신경증($z = 2.98$)은 확연히 상승해 있었다. 규준에서 벗어난 세부 요소에는 불안(N1), 우울(N3), 자의식(N4), 취약성(N6), 따뜻함(E1), 긍정 감정(E6), 신뢰(A1), 정직(A2), 책임감(C3), 성취 추구(C4)(세부 요소들은 해석 영역과 같은 방향으로 나타났다)를 포함한다. 회피성($z = 3.22$), 강박성($z = 1.70$), 경계선($z = 2.00$) 성격장애에 대한 자기-평정된 MAPP의 종합 점수는 SIDP-IV 프로파일과 같은 방향으로 유의한 상승을 보였다.

Adam은 40년 넘게 알고 지낸 친구를 정보 제공자로 직접 선정했다. 3자로부터 얻은 정보는 자기 보고 질문지의 평정과 면담 정보는 일반적으로 일치하게 나타났다. 자기-평정 NEO-PI-R과 마찬가지로, 우호성($z = 1.61$, $p < .06$)과 외향성($z = 1.97$) 영역에 대한 3자 평정은 3자 표본 평균과 비교해 현저히 낮다고 볼 수 있었다. 정보 제공자의 MAPP 점수는 회피성, 강박성, 경계선, 분열형 특성에 해당하는 문항에서 높게 나타났다. 정보 제공자는 부적응적 특성 35개(106개 항목 중)를 최소 50% 이상 발견되는 문항으로 평가했던 반면, Adam은 29개 문항에서 50% 이상 발견 항목이라 평가했으며, 실제 문항 간에는 33%의 중복을 보였다. [그림 1-1]은 NEO-PI-R에 대한 Adam의 자기 보고와 3자-보고를 비교한 결과이다.

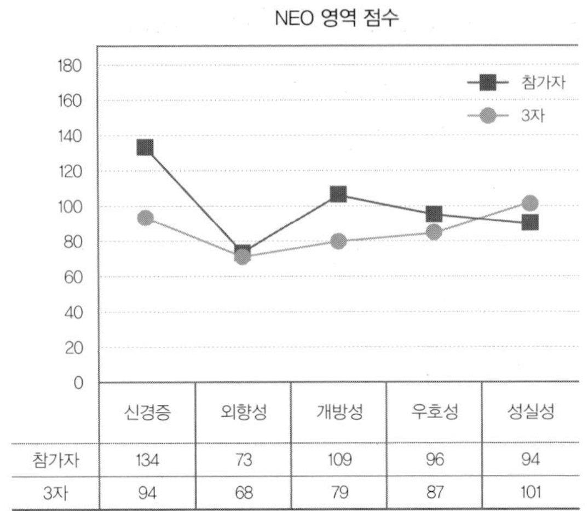

	신경증	외향성	개방성	우호성	성실성
참가자	134	73	109	96	94
3자	94	68	79	87	101

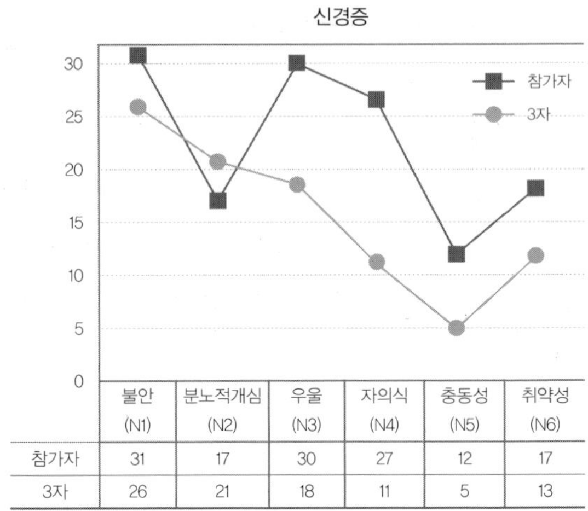

	불안 (N1)	분노적개심 (N2)	우울 (N3)	자의식 (N4)	충동성 (N5)	취약성 (N6)
참가자	31	17	30	27	12	17
3자	26	21	18	11	5	13

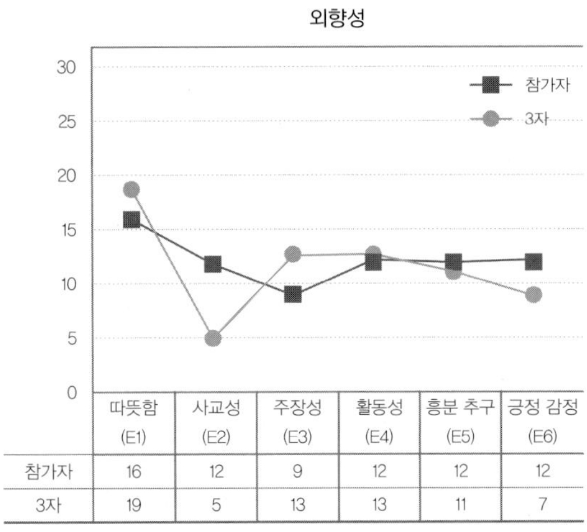

	따뜻함 (E1)	사교성 (E2)	주장성 (E3)	활동성 (E4)	흥분 추구 (E5)	긍정 감정 (E6)
참가자	16	12	9	12	12	12
3자	19	5	13	13	11	7

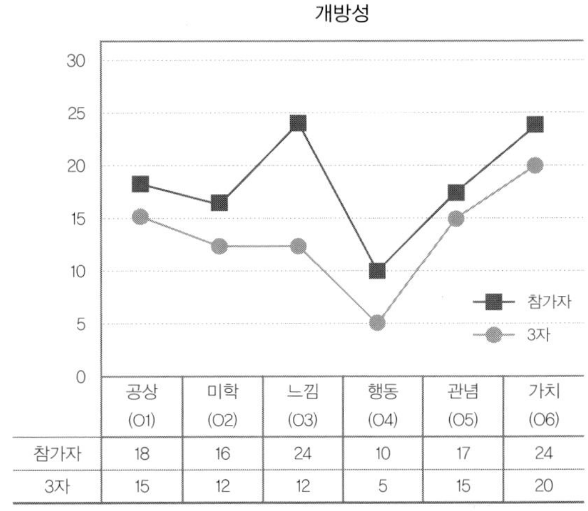

	공상 (O1)	미학 (O2)	느낌 (O3)	행동 (O4)	관념 (O5)	가치 (O6)
참가자	18	16	24	10	17	24
3자	15	12	12	5	15	20

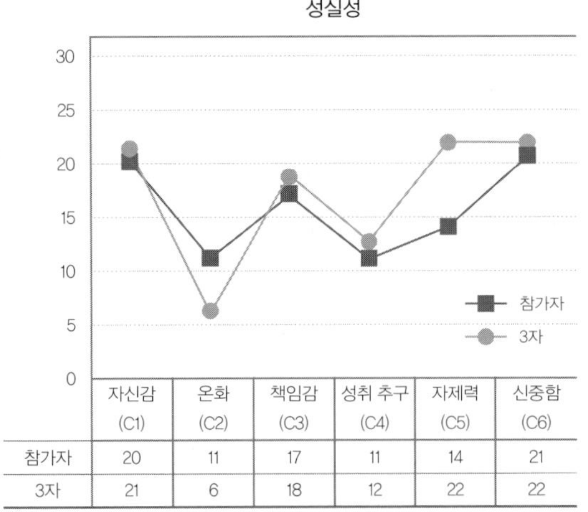

	자신감 (C1)	온화 (C2)	책임감 (C3)	성취 추구 (C4)	자제력 (C5)	신중함 (C6)
참가자	20	11	17	11	14	21
3자	21	6	18	12	22	22

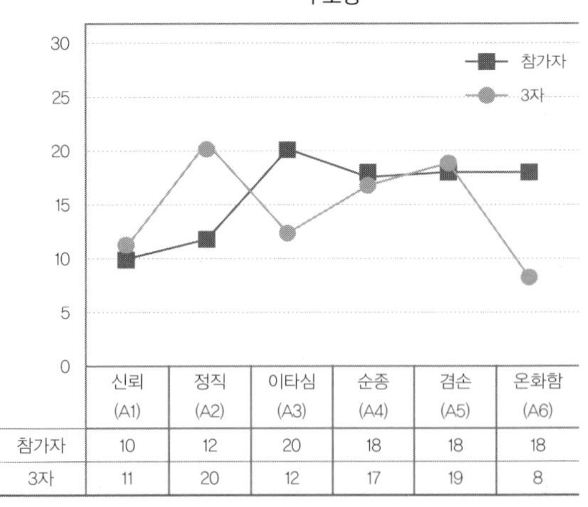

	신뢰 (A1)	정직 (A2)	이타심 (A3)	순종 (A4)	겸손 (A5)	온화함 (A6)
참가자	10	12	20	18	18	18
3자	11	20	12	17	19	8

그림 1-1 사례 1의 자기 보고와 3자-보고 NEO-PI-R의 성격 프로파일

사례 2: 불일치한 보고, 자기애성 성격장애

Nancy는 59세의 미혼 백인 여성이다. Nancy는 네 자녀 중 장녀로 태어났으며 어린 시절에는 대가족 사이에서 가장 사랑받는 아이였다고 했다. Nancy의 부모님은 4년 전에 돌아가셨고 Nancy의 여동생 한 명과 특히 친하게 지냈었는데 그 여동생이 이번 연구의 정보 제공자로 참여하였다. Nancy는 가톨릭 재단의 여자고등학교에서 '우수한' 교육을 받았다. Nancy는 그 시기를 자신 인생의 정점으로 생각했고 아주 활발하게 사회적인 삶을 살았기 때문이라고 설명했다. 그녀는 학업적으로 화려하지 못했지만 기술 학교에서 특성화 교육을 이수했다. 급여가 적다고 느낀 후로 추가 교육을 받고 간호학 학사 학위를 취득했으며 중환자실에서 '엘리트' 직업 생활을 시작했다. Nancy는 평생 간호직에 근무했으며 자신이 매 상황에서 '매우 능숙하다'라고 생각했다. 본인 보고에 따르면 관리직무도 잘 해냈다고 하였다. Nancy는 서류상에 자신의 지위를 수수하게 적어 둔 것과는 달리 자신의 '훌륭한' 소득을 여러 차례 언급하며 재정적 독립을 대단히 성공한 것처럼 생각했다. Nancy는 '목표가 없는' 젊은 세대에게 자신의 선택한 것처럼 간호직 진로를 추천하고자 기꺼이 멘토 역할을 도맡아 했다.

청소년 시절의 Nancy는 '주도적이고 영향력 있는 인물', 즉 연극 집단에서는 '주역 인물'로 풍부한 사회적 관계를 맺었고 졸업 앨범 편집자를 맡기도 했다. 고등학교 시절을 회상하면서 Nancy는 "저는 스타였어요"라고 했다. 관계의 깊이는 분명하지 않지만, 그녀는 젊은 시절 내도록 친구 무리에서 '모든 사람'을 파악해 가며 관계를 구축하는 것에 능숙했었다. 20대 시절의 Nancy는 자신이 근무하던 병동에서 치료를 받던 중 우연히 만난 고등학교 친구와 사귀게 되었다. '드라마로 가득 찬' 2년간 연애를 했는데 남자친구가 자살했었다. 이 사건으로 Nancy는 정서적 상처를 입었고, 그 이후로부터 지금까지 연애는 없었다. 그 대신 게이 남자 집단에서 어울리기 시작하면서 마약에 빠진 것처럼 일시적인 강렬한 우정에 사로잡혀 있다는 사실을 알게 되었다. Nancy는 이때부터 자신이 유지해 왔던 사회적 관계망을 더는 유지하지 못했으며, 그 관계 유지의 실패 원인을 시골에 흥미로운 사람들이 없기 때문이라고 탓했다. 현재는 자신의 사회생활이 아니라 쌓아 온 경력이 자신의 성공을 말해 준다고 하였다.

Nancy는 SIDP-IV에서 자기애성 성격장애의 DSM-IV 요건을 충족했다(APA, 2013, p. 669). 면담자는 다음 항목에 Nancy가 해당한다고 평정했다: 자기-중요성에 대한 과대성, 특권의식, 다른 사람들이 자기를 시기하고 있다는 믿음, 오만한 행동이나 태도, 자신이 특별해서 다른 특별하거나 지위가 높은 사람들만 자신을 이해할 수 있다는 믿음. 그리고 Nancy는 두 가지 항목에서 임계치 이하로 평정되었다: 과도한 존경을 요구하는 것, 대인관계에서 착취적임. Nancy는 '격렬한 논쟁과 극적인 재회'와 관련된 불안정한 관계, 관심의 중심이 되고 싶고 '무대에 서고 싶어지는 것'과 같은 강한 욕망 등 여타 주요 B군 성격특성 기준에 충족됐다.

당시 면담자의 입장을 더 깊이 이해해 보자면, 우리는 그녀가 마음이 담긴 표현 중 특정 반응을 깊이 들여다봤다. "사람들이 당신이 원하는 대로 하게끔 하는 것을 꽤 잘한다고 생각하시나요?"라는 질문에 그녀는 "친척들은 나에게 '그만 좀 시켜'라고 말하는데 저는 '사람들이 시키는 대로 잘 해 주면 아무 문제가 없다'라고 대답했어요. 나는 꽤 설득력이 있고 사람들을 제 방식대로 일하도록 할 수 있거든요. 나는 8~10명 정도에 불과하지만 고등학교 동창회를 이끌었고 회원들과 몇몇 일을 나눠서 담당하기로 했어요. 결국에는 내가 모든 일을 하게 됐지만요. …… 일이 진행되고 있는 중에라도 내가 보기에 잘 못하는 사람에게는 주저 없이 바로 시정하도록 했어요." Nancy는 명백히 다른 사람들에게 지배적임에도 불구하고 "나는 사람들하고 관계를 꽤 괜찮게 만들어 갈 수 있어요"라고 말했다. 그녀는 자신이 성공한 점을 설명할 때 '결함 없는' 성취 업적을 언급하면서 "나는 최고나 적어도 상위 2~3위까지는 하는 것 같아요"라고 말했다. 자신보다 돈이 많은 사람은 부럽지 않은지 묻자 "아니요, 대부분 사람은 그렇게 돈이 많지 않아요"라고 대답했다.

Nancy는 SIDP-IV 점수와 비교해 MAPP에서는 성격 병리가 확연히 적다고 보고했으며 이렇다 할 만하거나 새로운 추가 정보를 보고하지 않았다. 자기-평정한 성격장애 점수와 성격장애 기준을 충족한 개수는 표본의 평균과 다르지 않았다. 이외의 SPAN 표본의 결과를 비교해 봤을 때 그녀의 NEO-PI-R 프로파일은 규준적 기능 수준과 비슷했다. 자기-평정된 성실성 점수의 143점은 평균에 속하면서도($M = 123.44$, $SD = 17.35$) 눈에 띄는 상승을 보였다. 주목할 만한 점은 그녀의 유능함과 각각 하위 요소 점수의 평균보다 거의 2~3 표준편차가 컸다는 점이다. 다음은 Nancy의 반응 패턴이 담긴 몇 가지 항목을 추린 것이다: "나는 꽤 고집이 세다", "대부분 문제에 잘 대처할 수 있다고 느낀다", "나는 정보를 꾸준히 수집해 나가면서 보통 현명하게 결정한다", "나는 매우 유능한 사람이다", "나는 다소 꼼꼼하고 정확하게 하려는 편이다".

평가 대상의 자기-평정과 비교해 보면, 3자와 면담자의 평정 사이에 많은 유사점을 찾아낼 수 있다. 3자의 MAPP 총 평정 점수는 주로 자기애성, 연극성, 편집성, 조현성의 복합요인에 의해 주로 유발되는 상당한 부적응적 기능이 있음을 시사했다. 3자가 양성으로 평

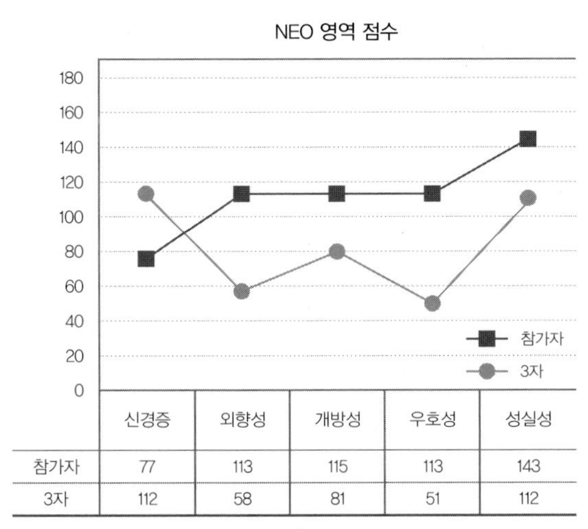

	신경증	외향성	개방성	우호성	성실성
참가자	77	113	115	113	143
3자	112	58	81	51	112

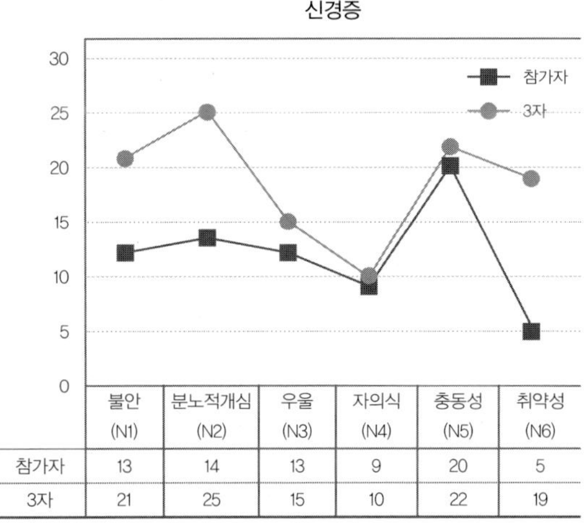

	불안 (N1)	분노적개심 (N2)	우울 (N3)	자의식 (N4)	충동성 (N5)	취약성 (N6)
참가자	13	14	13	9	20	5
3자	21	25	15	10	22	19

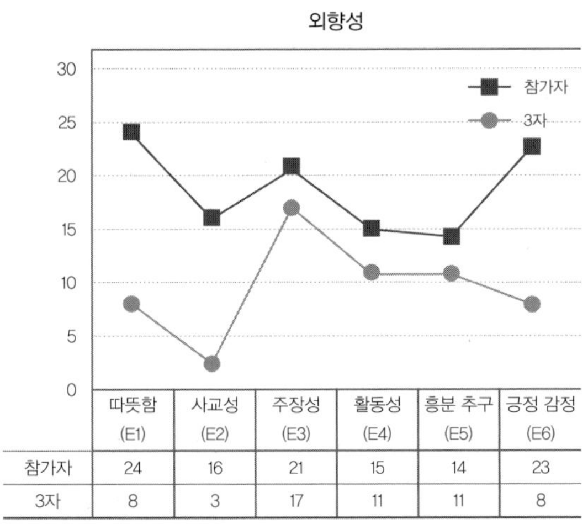

	따뜻함 (E1)	사교성 (E2)	주장성 (E3)	활동성 (E4)	흥분 추구 (E5)	긍정 감정 (E6)
참가자	24	16	21	15	14	23
3자	8	3	17	11	11	8

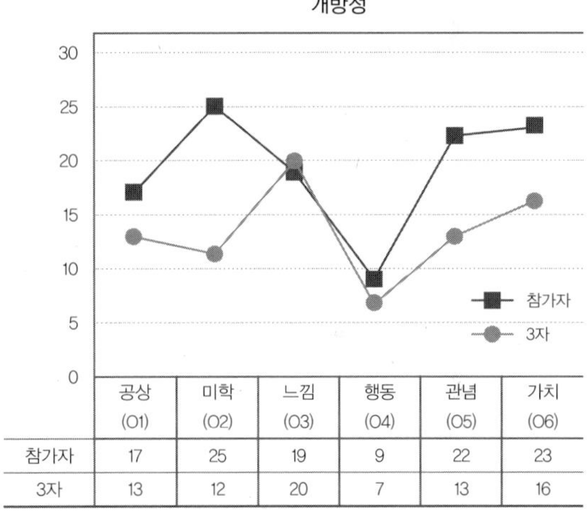

	공상 (O1)	미학 (O2)	느낌 (O3)	행동 (O4)	관념 (O5)	가치 (O6)
참가자	17	25	19	9	22	23
3자	13	12	20	7	13	16

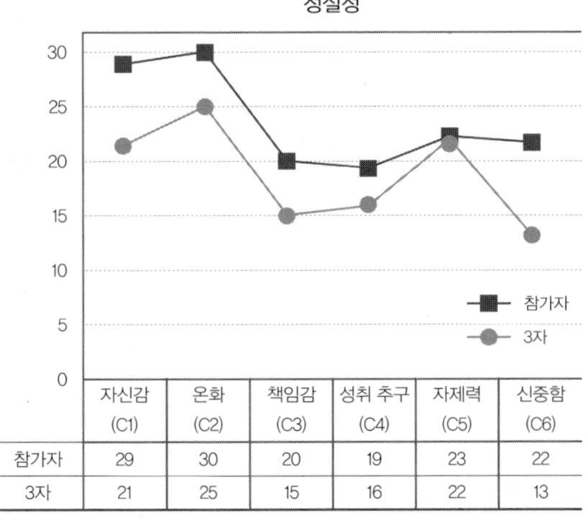

	자신감 (C1)	온화 (C2)	책임감 (C3)	성취 추구 (C4)	자제력 (C5)	신중함 (C6)
참가자	29	30	20	19	23	22
3자	21	25	15	16	22	13

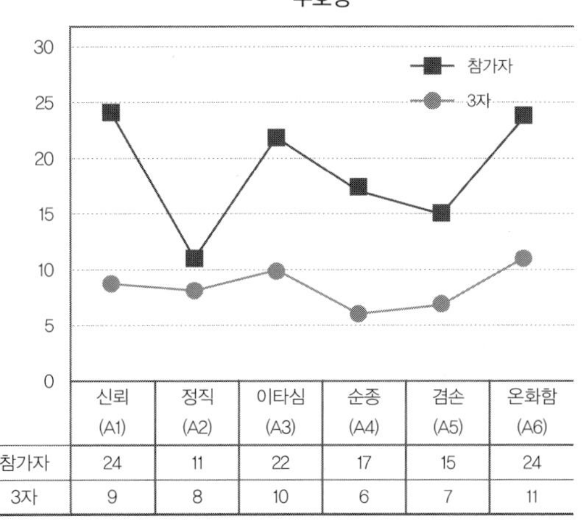

	신뢰 (A1)	정직 (A2)	이타심 (A3)	순종 (A4)	겸손 (A5)	온화함 (A6)
참가자	24	11	22	17	15	24
3자	9	8	10	6	7	11

그림 1-2 사례 2의 자기 보고와 3자-보고 NEO-PI-R의 성격 프로파일

정한 5가지 자기애성 기준 중 4가지는 SIDP-IV에서 충족되었다. 실제로 3자는 33가지 부적응적 성격특성이 적어도 50% 이상 존재한다고 평정했으며 반면, Nancy는 자기 보고에서 12개의 문항만 인정했고 25%가 겹치는 것으로 나타났다. Nancy를 평정한 3자의 자기애성($z = 2.72$)과 조현성($z = 2.97$) 점수는 3자 평정 점수의 평균과 비교해 유의한 상승을 보였다. 해당 NEO-PI-R에서 3자 평정 점수는 우호성 및 외향성 차원에서 표준 이하의 점수를 나타냈다. 구체적으로 3자의 평정에서 유의하게 상승한 하위 요인은 분노 적개심(N2)과 취약성(N6)이 포함되었으며, 가장 낮은 점수를 받은 하위 요인에는 우호적 특징(신뢰, 정직, 이타심, 순종, 겸손, 온화함), 따뜻함(E1), 사교성(E2), 긍정 감정(E6), 행동(O4), 책임감(C3)이 모두 포함되었다. 3자는 240개 NEO 문항 중 15개 문항에 대해 "매우 그렇다"라고 응답했으며 여기에는 "그녀는 지배적이고 강력하며 주장적이다", "일부 사람은 그녀를 이기적이고 자기중심적이라고 생각한다", "때로는 사람들을 괴롭히거나 아첨하여 그녀가 원하는 일을 하게끔 시킨다", "그녀는 자신에 대해 매우 높이 평가한다" 등이 포함되었다. [그림 1-2]는 NEO-PI-R에 대한 Nancy의 자기 보고와 3자-보고를 비교한 것이다.

사례연구 결론

앞에서 살펴본 사례 개념화 내용은 서로 다른 두 가지 성격 프로파일을 상세하게 설명한 것인데 이를 통해 성격 평가에서 다중방식 접근의 적용을 보여 준다. 결과 내용은 면담자, 평가 대상 및 3자가 작성한 평가 도구로 수집한 것이었다. 이상에서 설명한 우리의 사례 해석이 일화적이며 다른 자료들로는 온전히 일반화하기 어려울 수도 있지만, 통합적 성격 평가와 임상적, 경험적 다중방식 접근의 거리를 좁힐 수도 있을 것으로 생각한다.

회피성 성격장애에 대한 여러 가지 보고 정보들이 일치하는 사례 1은 측정법 간에 강력한 수렴을 보여 주고 있다(Lawton, Shields, & Oltmanns, 2011). 사례에서 보여 준 MAPP의 자기 및 3자 평정 결과는 SIDP-IV로 수집한 증거를 뒷받침했다. Adam은 세 가지 측정법 모두에서 회피성 및 강박성 성격장애와 경계선 성격특성이 있다는 진단에 적합하다고 나타났다. 이뿐만 아니라 평균으로부터 유의하게 차이를 보인 기타 하위 요인을 고려해 봤을 때, 정상 범주에 속하는 성격특성에 대한 3자 및 수검자 평정은 정상 규준에서 벗어나 있음을 지적하고 있다. 하지만 여러 성격 평가법이 같은 속성을 가진 것이라거나 연구자와 임상가가 단일 평가 자료만 의존해야 한다는 것을 의미하지 않는다. 임상가는 성격 병리의 존재와 관련된 증거를 보충하기 위해 대안적인 출처 자료를 사용할 수도 있는데, 3자-보고를 사용하는 것은 해당 장애를 개념화하는 방법에 대한 새로운 통찰을 얻을 수 있다는 것이 한 가지 이점이 될 수 있다. 예를 들어, 자신과 3자 모두 해당 평가 대상이 회피적이라고 보고할 수 있지만, 둘 중 한쪽은 이러한 특성을 '차갑고 거리를 두는' 사람으로 해석할 수도 있고 또 다른 쪽은 그들의 행동이 '특이한' 것으로 받아들일 수도 있는 것이다. Rodebaugh와 동료들(Rodebaugh, Gianoli, Turkheimer, & Oltmanns, 2011)은 해당 분석이 3자나 자기 보고에 한 가지에만 의존했다면 지금까지 오해해 왔을 만한 부적응적 결과를 보고했었다. 평정자 오류로 발생하는 미심쩍은 결과를 피하기 위한 목적에서, 공유-분산 방법은 속성의 과대 또는 과소 추정을 통제함으로써 최적의 결과가 도출된 것이라고 결론지었다. 회피성 성격장애를 다룬 해당 사례에서, 평가 대상은 주장성을 과대추정할 가능성이 더 컸을 수도 있는 반면에 3자는 따뜻함과 같은 긍정적인 속성을 과소평가하는 경향이 있다(Rodebaugh et al., 2011).

Adam 사례에서 각 출처 자료들로부터 얻은 정보는 상호 보완적이었지만 항목 전반에 걸쳐 단일 기준에 일치되지는 않았다. Adam과 3자 모두 평가 대상의 외향성과 우호성을 현저히 낮게 평가했는데, 하위 요인을 추가로 조사한 결과, 이러한 성격특성이 어떻게 만들어졌는지에 대한 서로의 평정은 차이가 있었다. 특히, 평가 대상은 스스로 '신뢰성'과 '진솔성'에 대해 낮은 수준이라고 보고하였고 반면 3자는 이타주의와 상냥함, 신뢰성에서 낮은 수준을 보였다. 앞서 설명한 여러 이유로 임상가나 연구자의 추가적인 탐색 없이는 두 가지 보고 중 어느 것이 더 정확한지 판단할 수 없다. 해당 불일치를 설명해 보자면 일반적으로 관찰 가능한 행동과 관련된 특성이라면 자기-평정과 3자 평정은 더 강한 상관을 가지는데(Naumann, Vazire, Rentfrow, & Gosling, 2009; Ready & Clark, 2002), 감정이나 생각과 같은 내적 상태를 평가할 때는 좀 더 낮은 일치도를 보이기 때문이라 할 수 있다. 예를 들어, Adam의 신경증은 내면적으로 고통스러울 수 있겠지만 겉으로는 그러한 면이 드러나지 않는다. 역설적이게도 3자가 감정에 대한 개방성($z = 1.85$)과 긍정적인 감정($z = 2.10$)의 하위 요인에 대해 규준에 벗어난 수준으로 낮게 평정한다는 측면에서, 3자는 Adam의 신경증을 감정의 결함으로 해석하는 것으로 나타났다. 이는 3자-보고가 현실을 정확하게 반영하지 못했지만, 치료 목표와 계획을 설정하는 과정에서는 임상적 가치가 있다고 볼 수 있다. 이러한 해석은 신경증 점수의 불일치를 설명할 수 있다 해도 내적 과정과 외현적 행동에 따라 3자 또는 자기 보고 중 어느 것에 차별적으로 가중치를 더 부여해야 하는지 등의 성격 평가에 대한 다른 질문도 제기해 볼 수 있다.

B군 성격특성의 악명 높은 외현적 속성으로 인해 사례 2에서 Nancy가 가진 대부분의

역기능을 3자–보고와 면담에서도 당연히 얻을 수 있는 것이었다. 예를 들어, Miller 등(2005)은 다른 사람들은 자기애적 대상을 사회적으로 거북한 존재로 피하고 싶어 하지만, 평가 대상은 자기 스스로 외향적이고 대인관계에서 매력적이라고 평정한다고 설명했다. 높은 신경증과 낮은 우호성/외향성 점수를 포함한 Nancy의 3자–보고는 연구 및 기타 자료에서 3자에게 보고된 자기애적 전형적 양상과 일치한다(Balis, Eaton, Cooper, & Oltmanns, 2011; Lynam & Widiger, 2001; Miller et al., 2005). 자기 보고와 3자–보고 간의 일치도가 낮은 이유는 자기애적 사람은 자신의 관계에 대한 통찰력이 부족하기 때문이다. 하지만 Carlson, Vazire와 Oltmanns(2011)는 해당 사례에서는 이러한 점이 발견되지 않았다고 했다. 실제로 자기애적 사람들은 타인이 자신에 대한 부정적 인상을 잘 알고 있으며 직접 물어보면 이러한 점을 말해 줄 수도 있다. 하지만 이런 정확한 메타–인지는 부풀려진 자기–평가에 영향을 미치지 않으며, 궁극적으로는 자아를 보호하는 것이기도 하다. 타인이 자신을 어떻게 지각하는지를 스스로 통찰하고 있음은 Nancy에게서 여러 차례 입증되었다. 예를 들어, Nancy는 자신의 부정적인 특징을 보고할 때, "여동생이 말하길……"이라고 하며 말을 시작했다. Nancy의 절제된 평정에 대한 또 한 가지 가능한 설명은 그녀가 엘리트주의적 인상이 너무 빈번히 나타나기 때문에(드물게 발생하는 사건과 비교해 과다보고하는 경우), 더는 이를 인지하거나 알아차리지 못한다는 것이다.

3자가 그랬던 것처럼(예: "그녀는 자신이 우월한 사람이라고 생각한다.") 겸손함에서 스스로 낮게 채점한 것과 대조적으로, Nancy는 자신을 매우 유능하고 체계적인 사람으로 인식한다("나는 모든 일에서 완전하게 성공할 것 같다"). 면담과 자기 보고로부터 얻은 정보를 바탕으로 보자면 Nancy는 끊임없는 성공 욕구가 있는 것으로 보인다. 유능함을 타인과 비교하여 평가함으로써 성공을 측정하는 것은 자기애성 성격장애의 일반적인 특징이다(Morf, Weir, & Davidov, 2000). 극도로 유능해지고자 하는 Nancy의 욕구는 필연적으로 타인들로부터 배제당하거나 타인에 대한 열등감으로 이어질 수밖에 없다. Farwell과 Wohlwend-Loyd(1998)는 자기애적인 사람이 자신의 역량을 과대평가할 수는 있지만, 타인을 비하하려는 직접적인 의도는 아니라고 설명했다. Paulhus와 John(1998)은 자기애적 편향과 자아도취에 대한 이상의 효과는 능력 차원에서의 과장 표현되고 성취 업적을 통해 돋보이기를 추구하는 것으로 드러난다고 했다. Nancy의 솔직한 의도는 SIDP와 NEO의 다음 답변에 반영되어 있다: "나는 나의 성공을 자랑하거나 자신의 업적을 내세우는 것을 부끄러워하지 않지만, 그게 다른 사람에게 피해를 주는 방식은 아니라고 생각한다", "나는 내가 칭송받는 것보다 다른 사람을 치켜세워 주는 것이 더 좋다", "모든 인간은 존중받을 가치가 있다고 믿는다" 이 사례에서 연구자가 자기 보고에만 의존한다면 개인에 대한 불완전하고 부정확한 이해를 하게 될 것이라는 점을 보여 준다. 이는 우리가 진행했던 이전 연구(Lawton et al., 2011)를 생각해 보면 당연한 이야기이다.

개별 사례를 분석하는 것은 다양한 자료 출처의 중요성을 강력하게 보여 주지만 완전한 다중방식 성격 평가 틀을 구성하는 데에 영향을 주는 개별특수적 복잡성에도 주목하게 한다. 성격 평가 과정은 평가 대상의 직접적인 반응에 의존하지 않는 다른 형태의 평가를 포함하도록 수정할 필요가 있다. 이뿐만 아니라 여러 성격장애와의 접점을 고려하면서 자기 보고와 대체 도구 간의 불일치를 쓸모없는 것이라 당연시해서는 안 되며 더 면밀하게 검토해야 할 것이다. 이는 앞서 소개한 사례에서 분명히 나타나 있고 이뿐만 아니라 3자가 평가 대상을 자기애성 성격장애와 비교했을 때는 상당 수준의 병리를 보고하면서 회피성 성격장애와 비교했을 때는 유의하게 과소추정한다는 여러 보고 내용의 증거와 일치한다(Miller et al., 2005; Clifton et al., 2004).

맺음말

성격 병리의 다중방식평가를 뒷받침하는 최근 일련의 연구 결과에도 불구하고 임상 장면에서의 평가 절차는 30년 전에 수행되던 것과 여전히 비슷하다(Watkins, Campbell, Nieberding, & Hallmark, 1995). 실제로 실무가-연구자를 대상으로 한 설문 조사에서 내담자와 함께한 상호작용에 비해 임상 실제에서 경험적 연구의 영향력과 의미는 미미하다고 보고 있었다(Safran, Abreu, Ogilvie, & DeMaria, 2011). 성격을 온전히 측정하는 것은 불가능하겠지만 신뢰할 수 있고 타당한 측정법을 사용하면 행동 예측력을 최대화할 수 있을 것이다. 우리는 타당하고 고유한 자료 출처를 보여 주는 몇몇 가지 성격 평가 방법을 소개했다. 앞으로 연구에서는 특성 타당성을 극대화하기 위해 다중방식을 통합하는 경험적 모델 개발 연구에 매진해야 한다. 이상적으로, 연구자와 임상가는 표준화하고 실무에 맞는 방식으로 다양한 성격 평가에서 중첩 정보와 중첩되지 않는 정보를 해석할 수 있을 것이다. 우리는 개인차와 그리고 행동 측정과 관련된 방대한 공유 분산으로 인해 해결해야 할 문젯거리가 무엇인지 익히 알고 있다. 앞으로 오게 될 그 날까지 심리학자들은 성격 평가의 정확성을 극대화하기 위한 연구에 매진하고 병원 장면에서 다방면의 출처 자료를 통합하기 위해 애써야만 한다.

참고문헌

Achenbach, T. M., Krukowski, R. A., Dumenci, L., & Ivanova, M. Y. (2005). Assessment of adult psychopathology: Meta-analysis and implications of cross-informant correlations. *Psychological Bulletin, 131,* 361-382.

American Psychiatric Association. (2013). *Diagnostic and statistical manual of mental disorders* (5th ed.). Arlington, VA: Author.

Ball, S. A., Rounsaville, B. J., Tennen, H., & Kranzler, H. R. (2001). Reliability of personality disorder symptoms and personality traits in substance-dependent inpatients. *Journal of Abnormal Psychology, 110,* 341-352.

Balsis, S., Eaton, N. R., Cooper, L. D., & Oltmanns, T. F. (2011). The presentation of narcissistic personality disorder in an octogenarian: Converging evidence from multiple sources. *Clinical Gerontologist, 34,* 71-87.

Blackman, M. C., & Funder, D. C. (1998). The effect of information on consensus and accuracy in personality judgment. *Journal of Experimental Social Psychology, 34,* 164-181.

Bogg, T., & Roberts, B. W. (2004). Conscientiousness and health-related behaviors: A meta-analysis of the leading behavioral contributors to mortality. *Psychological Bulletin, 130,* 887-919.

Borkenau, P., & Liebler, A. (1993). Convergence of stranger ratings of personality and intelligence with self-ratings, partner ratings, and measured intelligence. *Journal of Personality and Social Psychology, 65*(3), 546-553.

Bornstein, R. (2002). A process dissociation approach to objective-projective test score interrelationships. *Journal of Personality Assessment, 78*(1), 47-68.

Campbell, D. T., & Fiske, D. W. (1959). Convergent and discriminant validation by the multitrait-multimethod matrix. *Pschological Bulletin, 56,* 81-105.

Carlson, E. N., Vazire, S., & Oltmanns, T. F. (2011). You probably think this paper's about you: Narcissists' perceptions of their personality and reputation. *Journal of Personality and Social Psychology, 101*(1), 185-201.

Chaplin, W. F., Phillips, J. B., Brown, J. D., Clanton, N. R., & Stein, J. L. (2000). Handshaking, gender, personality, and first impressions. *Journal of Personality and Social Psychology, 79*(1), 110-117.

Christensen, P. N., Stein, M. B., & Means-Christensen, A. (2003). Social anxiety and interpersonal perception: A social relations model analysis. *Behaviour Research and Therapy, 41*, 1355-1371.

Clifton, A., Turkheimer, E., & Oltmanns, T. F. (2004). Contrasting perspectives on personality problems: Descriptions from the self and others. *Personality and Individual Differences, 36*(7), 1499-1514.

Connelly, B. S., & Ones, D. S. (2010). An other perspective on personality: Meta-analytic integration of observers' accuracy and predictive validity. *Psychological Bulletin, 136,* 1092-1122.

Costa, P. T., Jr., & McCrae, R. R. (Eds.) (1992). *Revised NEO Personality Inventory (NEO PI-R) and NEO Five Factor Inventory (NEO-FFI) professional manual*. Odessa, FL: Psychological Assessment Resources.

Eid, M., & Diener, E. (Eds.). (2006). *Handbook of multimethod measurement in psychology.* Washington, DC: American Psychological Association.

Farwell, L., & Wohlwend-Lloyd, R. (1998). Narcissistic processes: Optimistic expectations, favorable self-evaluations, and self-enhancing attributions. *Journal of Personality, 66,* 65-83.

Fiedler, E. R., Oltmanns, T. F., & Turkheimer, E. (2004). Traits associated with personality disorders and adjustment to military life: Predictive validity of self and peer reports. *Military Medicine, 169*(3), 207-211.

Fiske, D. W. (1978). *Strategies for personality research: The observation versus interpretation of behavior.* San Francisco, CA: Jossey-Bass.

Fournier, J. C., DeRubeis, R. J., Shelton, R. C., Gallop, R., Amsterdam, J. D., & Hollon, S. D. (2008). Antidepressant medications v. cognitive therapy in people with depression with or without personality disorder. *British Journal of Psychiatry: The Journal of Mental Science, 192*(2), 124-129.

Funder, D. C. (1991). Global traits: A Neo-Allportian approach to personality. *Psychological Science, 2,* 31-39.

Funder, D. C., & Sneed, C. D. (1993). Behavioral manifestations of personality: An ecological approach to judgmental accuracy. *Journal of Personality and Social Psychology, 64,* 479-490.

Galione, J. N., & Oltmanns, T. F. (2013). Identifying personality pathology associated with major depressive episodes: Incremental validity of informant reports. *Journal of Personality Assessment, 95,* 625-632.

Ganellen, R. (2007). Assessing normal and abnormal personality functioning: Strengths and weaknesses of self-report, observer, and performance-based methods. *Journal of Personality Assessment, 89*(1), 30-40.

Gosling, S. D., John, O. P., Craik, K. H., & Robins, R. W. (1998). Do people know how they behave? Self-reported act frequencies compared with on-line codings by observers. *Journal of Personality and Social Psychology, 74,* 1337-1349.

Gosling, S. D., Ko, S. J., Mannarelli, T., & Morris, M. E. (2002). A room with a cue: Personality judgments based on offices and bedrooms. *Journal of Personality and Social Psychology, 82*(3), 379-398.

Griens, A. M. G. F., Jonker, K., Spinhoven, P., & Blom, M. B. J. (2002). The influence of depressive state features on trait measurement. *Journal of Affective Disorders, 70,* 95-99.

Hofstee, W. (1994). Who should own the definition of personality? *European Journal of Personality, 8,* 149-162.

Hoyt, W. T. (2000). Rater bias in psychological research: When is it a problem and what can we do about it? *Psychological Methods, 5*(1), 64-86.

Hunsley, J., & Bailey, J. M. (2001). Whither the Rorschach?: An analysis of the evidence. *Psychological Assessment, 13,* 472-485.

Hunsley, J., & Meyer, G. J. (2003). The incremental validity of psychological testing and assessment: Conceptual, methodological, and statistical issues. *Psychological Assessment, 15*(4), 446-455.

Huprich, S. K., Bornstein, R. F., & Schmitt, T. A. (2011). Self-report methodology is insufficient for improving the assessment and classification of Axis II personality disorders. *Journal of Personality Disorders*, *25*(5), 557-570.

Jensen-Doss, A., & Weisz, J. R. (2008). Diagnostic agreement predicts treatment process and outcomes in youth mental health clinics. *Journal of Consulting and Clinical Psychology*, *76*(5), 711-722.

John, O. P., & Robins, R. W. (1993). Determinants of interjudge agreement on personality traits: The Big Five domains, observability, evaluativeness, and the unique perspective of the self. *Journal of Personality*, *61*(4), 521-551.

Klein, D. N. (2003). Patients' versus informants' reports of personality disorders in predicting 7½-year outcome in outpatients with depressive disorders. *Psychological Assessment*, *15*(2), 216-222.

Klonsky, E. D., Oltmanns, T. F., & Turkheimer, E. (2002). Informant-reports of personality disorder: Relation to self-reports and future research directions. *Clinical Psychology: Science and Practice*, *9*, 300-311.

Kneip, R. C., Delamater, A. M., Ismond, T., Milford, C., Salvia, L., & Schwartz, D. (1993). Self- and spouse ratings of anger and hostility as predictors of coronary heart disease. *Health Psychology*, *12*(4), 301-307.

Kolar, D. W., Funder, D. C., & Colvin, C. R. (1996). Comparing the accuracy of personality judgments by the self and knowledgeable others. *Journal of Personality, 64,* 311-337.

Kraemer, H. C., Measelle, J. R., Ablow, J. C., Essex, M. J., Boyce, W. T., & Kupfer, D. J. (2003). A new approach to integrating data from multiple informants in psychiatric assessment and research: Mixing and matching contexts and perspectives. *American Journal of Psychiatry*, *160*(9), 1566-1577.

Kurtz, J. E., & Sherker, J. L. (2003). Relationship quality, trait similarity, and self-other agreement on personality ratings in college roommates. *Journal of Personality, 71,* 21-48.

Lawton, E. M., Shields, A. J., & Oltmanns, T. F. (2011). Five-factor model personality disorder prototypes in a community sample: Self- and informant-reports predicting interview-based DSM diagnoses. *Personality Disorders: Theory Research and Treatment*, *2*(4), 279-292.

Leising, D., Erbs, J., & Fritz, U. (2010). The letter of recommendation effect in informant ratings of personality. *Journal of Personality and Social Psychology*, *98*(4), 668-682.

Lynam, D. R., & Widiger, T. A. (2001). Using the Five-Factor Model to represent the DSM-IV personality disorders: An expert consensus approach. *Journal of Abnormal Psychology, 110,* 401-412.

McAdams, D. P. (1993). *The stories we live by.* New York: Guilford Press.

McAdams, D. P. (1995). What do we know when we know a person. *Journal of Personality, 63,* 365-396.

McAdams, D. P., & Pals, J. L. (2006). A new Big Five: Fundamental principles for integrative science and personality. *American Psychologist, 61,* 204-217.

McAdams, D. P., Reynolds, J., Lewis, M., Patten, A. H., & Bowman, P. J. (2001). When bad things turn good and good things turn bad: Sequences of redemption and contamination in life narrative and their relation to psychosocial adaptation in midlife adults and in students. *Personality and Social Psychology Bulletin, 27,* 474-485.

McClelland, D. C., Koestner, R., & Weinberger, J. (1989). How do self-attributed and implicit motives differ? *Psychological Review, 96,* 690-702.

McCrae, R. R. (1982). Consensual validation of personality traits: Evidence from self-reports and ratings. *Journal of Personality and Social Psychology*, *43*(2), 293-303.

McCrae, R. R. (1994). The counterpoint of personality assessment: Self-reports and observer ratings. *Assessment, 1,* 159-172.

McCrae, R. R., & Costa, P. T., Jr. (1999). A Five Factor theory of personality. In L. A. Pervin & O. P. John (Eds.), *Handbook of personality: Theory and research* (2nd ed., pp. 139-153). New York: Guilford Press.

Meyer, G. J. (2002). Implications of information-gathering methods for a refined taxonomy of psychopathology. In L. E. Beutler & M. L. Malik (Eds.), *Rethinking DSM: A psychological perspective* (pp. 69-105). Washington, DC: American Psychological Association.

Meyer, G. J., & Archer, R. P. (2001). The hard science of Rorschach research: What do we know and where do we go? *Psychological Assessment, 13,* 486-502.

Meyer, G., Finn, S., Eyde, L., & Kay, G. (2001). Psychological testing and psychological assessment: A review of evidence and issues. *American Psychologist*, *56*(2), 128-165.

Miller, J. D., Pilkonis, P. A., & Clifton, A. (2005). Self- and other-reports of traits from the Five-Factor model: Relations to personality disorder. *Journal of Personality Disorders*, *19*(4), 400-419.

Morf, C. C., Weir, C., & Davidov, M. (2000). Narcissism and intrinsic motivation: The role of goal congruence. *Journal of Experimental Social Psychology, 36,* 424-438.

Moskowitz, G. B., & Roman, R. J. (1992). Spontaneous trait inference as self-generated primes: Implications for conscious social judgment. *Journal of Personality and Social Psychology, 62,* 728-738.

Mosterman, R. M., & Hendriks, A. A. J. (2011). Self-other disagreement in personality assessment: Significance and prognostic value. *Clinical Psychology and Psychotherapy*, *18*, 159-171.

Naumann, L. P., Vazire, S., Rentfrow, P. J., & Gosling, S. D. (2010). Personality judgments based on physical appearance. *Personality and Social Psychology Bulletin, 35,* 1661-1671.

O'Connor, B. P. (2002). The search for dimensional structure differences between normal and abnormality: A statistical review of published data on personality and psychopathology. *Journal of Personality and Social Psychology, 83,* 962-982.

Oltmanns, T. F., & Gleason, M. E. J. (2011). Personality, health, and social adjustment in later life. In L. B. Cottler (Ed.), *Mental health in public health: The next 100 years* (pp. 151-179). New York: Oxford University Press.

Oltmanns, T. F., & Turkheimer, E. (2006). Perceptions of self and others regarding pathological personality traits. In R. F. Krueger & J. L. Tackett (Eds.), *Personality and psychopathology* (pp. 71-111). New York: Guilford Press.

Ozer, D. J., & Benet-Martínez, V. (2006). Personality and the prediction of consequential outcomes. *Annual Review of Psychology*, *57*, 401-421.

Paulhus, D. L., & Bruce, M. N. (1992). The effect of acquaintanceship on the validity of personality impressions: A longitudinal study. *Journal of Personality and Social Psychology, 63,* 816-824.

Paulhus, D. L., & John, O. P. (1998). Egoistic and moralistic biases in self-perception: The interplay of self-deceptive styles with basic traits. *Journal of Personality*, *66*(6), 1025-1060.

Paunonen, S. V., & Neill, T. A. O. (2010). Self-reports, peer ratings and construct validity. *European Journal of Personality*, *24*, 189-206.

Pfohl, B., Blum, N., & Zimmerman, M. (1997). *Structured Interview for DSM-IV Personality*. Washington, DC: American Psychiatric Press.

Pilkonis, P. A., Hallquist, M. N., Morse, J. Q., & Stepp, S. D. (2011). Striking the (im)proper balance between scientific advances and clinical utility: Commentary on the DSM-5 proposal for personality disorders. *Personality Disorders: Theory Research and Treatment*, *2*(1), 68-82.

Pronin, E., & Kugler, M. B. (2007). Valuing thoughts, ignoring behavior: The introspection illusion as a source of the bias blind spot. *Journal of Experimental Social Psychology, 43,* 565-578.

Pronin, E., Lin, D. Y., & Ross, L. (2002). The bias blind spot: Perceptions of bias in self versus others. *Personality and Social Psychology Bulletin, 28,* 369-381.

Quirk, S. W., Christiansen, N. D., Wagner, S. H., & McNulty, J. L. (2003). On the usefulness of measures of normal personality for clinical assessment: Evidence of the incremental validity of the Revised NEO Personality Inventory. *Psychological Assessment*, *15*(3), 311-325.

Ready, R. E., & Clark, L. A. (2002). Correspondence of psychiatric patient and informant ratings of personality traits, temperament, and interpersonal problems. *Psychological Assessment*, *14*(1), 39-49.

Ready, R. E., Clark, L. A., Watson, D., & Westerhouse, K. (2000). Self- and peer-reported personality: Agreement, trait ratability, and the "Self-Based Heuristic." *Journal of Research in Personality*, *34*(2), 208-224.

Rettew, D. C., Doyle-Lynch, A., Achenbach, T. M., Dumenci, L., & Ivanova, M. Y. (2009). Meta-analyses of agreement between diagnoses made from clinical evaluations and standardized diagnostic interviews. *International Journal of Methods in Psychiatric Research*, *18*(3), 169-184.

Roberts, B. W., Kuncel, N. R., Shiner, R., Caspi, A., & Goldberg, L. R. (2007). The power of personality: The comparative validity of personality traits, socioeconomic status, and cognitive ability for predicting important life outcomes. *Perspectives on Psychological Science*, *2*(4), 313-345.

Rodebaugh, T. L., Gianoli, M. O., Turkheimer, E., & Oltmanns, T. F. (2011). The interpersonal problems of the socially avoidant: Self and peer shared variance. *Journal of Abnormal Psychology*, *119*(2), 331-340.

Rogers, R. (2003). Standardizing DSM-IV diagnoses: The clinical applications of structured interviews. *Journal of Personality Assessment*, *81*(3), 220-225.

Safran, J. D., Abreu, I., Ogilvie, J., & DeMaria, A. (2011). Does psychotherapy research influence the clinical practice of researcher-clinicians? *Clinical Psychology: Science and Practice*, *18*, 357-371.

Schacter, D. L. (1987). Implicit memory: History and current status. *Journal of Experimental Psychology:*

Learning, Memory, and Cognition, 13, 501–518.

Shea, M. T., & Yen, S. (2005). Personality traits/disorders and depression: A summary of conceptual and empirical findings. In M. Rosenbluth, S. H. Kennedy, & R. M. Bagby (Eds.), *Depression and personality: Conceptual and clinical challenges* (pp. 43–64). Washington, DC: American Psychiatric Press.

Shedler, J., Mayman, M., & Manis, M. (1993). The illusion of mental health. *American Psychologist, 48,* 1117–1131.

Smith, T. W., Uchino, B., Berg., C., Florsheim, P., Pearce, G., Hawkin, M., et al. (2008). Associations of self reports versus spouse ratings of negative affectivity, dominance, and affiliation with coronary artery disease: Where should we look and who should we ask when studying personality and health? *Health Psychology, 27,* 676–684.

Spain, J. S., Eaton, L. G., & Funder, D. C. (2000). Perspectives on personality: The relative accuracy of self versus others for the prediction of emotion and behavior. *Journal of Personality, 68*(5), 837–867.

Srivastava, S., Guglielmo, S., & Beer, J. S. (2010). Perceiving others' personalities: Examining the dimensionality, assumed similarity to the self, and stability of perceiver effects. *Journal of Personality and Social Psychology, 98*(3), 520–534.

Stepp, S. D., Trull, T. J., Burr, R. M., Wolfenstein, M., & Vieth, A. Z. (2005). Incremental validity of the Structured Interview for the Five-Factor Model of personality (SIFFM). *European Journal of Personality, 19,* 343–357.

Swann, W. B., Jr. (1997). The trouble with change: Self-verification and allegiance to the self. *Psychological Science, 8*(3), 177–180.

Terracciano, A., Lockenhoff, C. E., Zonderman, A. B., Ferrucci, L., & Costa, P. T. (2008). Personality predictors of longevity: Activity, emotional stability, and conscientiousness. *Psychosomatic Medicine, 70*(6), 621–627.

Trull, T. J., & Durrett, C. A. (2005). Categorical and dimensional models of personality disorder. *Annual Review of Clinical Psychology, 1,* 355–380.

Vazire, S. & Mehl, M. R. (2008). Knowing me, knowing you: Accuracy and unique predictive validity of self-ratings and other ratings of daily behavior. *Personality Processes and Individual Differences, 95,* 1202–1216.

Wagerman, S. A., & Funder, D. C. (2007). Acquaintance reports of personality and academic achievement: A case for conscientiousness. *Journal of Research in Personality, 41,* 221–229.

Watkins, C. E., Campbell, V. L., Nieberding, R., & Hallmark, R. (1995). Contemporary practice of psychological assessment by clinical psychologists. *Professional Psychology: Research and Practice, 26,* 54–60.

Watson, D., & Clark, L. A. (1991). Self- versus peer ratings of specific emotional traits: Evidence of convergent and discriminant validity. *Journal of Personality and Social Psychology, 60,* 927–940.

Watson, D., Hubbard, B., & Wiese, D. (2000). Self-other agreement in personality and affectivity: The role of acquaintanceship, trait visibility, and assumed similarity. *Journal of Personality and Social*

Psychology, *78*(3), 546-558.

Westen, D. (1997). Divergences between clinical and research methods for assessing personality disorders: Implications for research and the evolution of Axis II. *American Journal of Psychiatry*, *154*(7), 895-903.

Widiger, T. A., & Samuel, D. B. (2009). Evidence-based assessment of personality disorders. *Personality Disorders: Theory, Research, and Treatment*, *S*(1), 3-17.

Widiger, T. A., & Simonsen, E. (2005). Alternative dimensional models of personality disorder: Finding a common ground. *Journal of Personality Disorders*, *19*(2), 110-130.

Wilt, J., Cox, K. S., & McAdams, D. P. (2010). The Erikson life story: Developmental scripts and psychosocial adaptation. *Journal of Adult Development, 17,* 156-161.

Zillig, L. M. P., Hemenover, S. H., & Dienstbier, R. A. (2002). What do we assess when we assess a Big Five trait?: A content analysis of the affective, behavioral, and cognitive processes represented in Big Five personality inventories. *Personality and Social Psychology Bulletin, 28,* 847-858.

Zimmerman, M. (2003). What should the standard of care for psychiatric evaluations be? *Journal of Nervous and Mental Disease, 191,* 281-286.

Zimmerman, M., Pfohl, B., Coryell, W., Stangl, D., & Corenthal, C. (1988). Diagnosing personality disorder in depressed patients: A comparison of patient and informant interviews. *Archives of General Psychiatry*, *45*, 733-737.

Zimmerman, M., Pfohl, B., Stangl, D., & Corenthal, C. (1986). Assessment of DSM-III personality disorders: The importance of interviewing an informant. *Journal of Clinical Psychiatry*, *47*, 261-263.

제2장

대인관계 역동의 다중방식평가

Aaron L. Pincus, Pamela Sadler, Erik Woody, Michael J. Roche,
Katherine M. Thomas, & Aidan G. C. Wright

이 장에서는 대인관계 역동을 개념화하고 평가하는 다양한 방법을 설명하고, 그에 대한 경험적 근거를 검토하면서 임상 평가 상황에 적용하는 방식을 보여 준다. 이를 위해 성격 평가의 대인관계 패러다임을 다룰 것인데(Wiggins, 2003), 대인관계 패러다임이 다중방식 접근법을 뒷받침하는 풍부한 법칙 발견적 연결망을 제공해 주기 때문이다(Pincus & Ansell, 2013). Pincus(2010)가 말하길, "대인관계 평가는 다양한 수준의 특수성을 가진 여러 모델, 측정법 및 방법을 활용하고, 이를 발달, 동기, 조절에 대한 이론과 결합하여 성격, 정신병리, 심리치료 간 서로 얽힌 관계를 검토하는 것이다"(p. 467)라고 했다. 이러한 접근 방식에는 광범위한 대인관계 동기와 목표, 지속적인 대인관계 성향(예: 특성, 문제, 민감성, 효능감, 강점), 특정 대인관계 행동, 다양한 시간 척도에서 발생하는 관계 패턴에 대한 평가를 포함한다. 사용하는 다양한 방법에는 자기 보고 및 3자-보고, 실시간 관찰 코딩, 종단적 외래 진료 이력 평가, 일상 일기 평가 기법이 포함된다. 이를 통해 대인관계 평가는 상담실뿐만 아니라 실험실, 일상생활의 자연스러운 환경 모두에서 사용될 수 있다.

대인관계 패러다임의 고유한 강점은 자율성과 연대감의 조직적 상위 체계(Wiggins, 1991)가 대인관계적 기능의 기초적인 구성개념을 정의하고 평가하기 위한 일반 법칙적 연결망을 제공한다는 것이다([그림 2-1] 상단). 자율성과 연대성의 메타 구조 체계는 익히 알고 있는 대인관계 서컴플렉스(Interpersonal Circumplex: IPC) 모델을 등장시켰고([그림 2-1], 하단) 이 모형을 사용하여 다양한 형태로 적용할 수 있다(Locke, 2011). 임상 맥

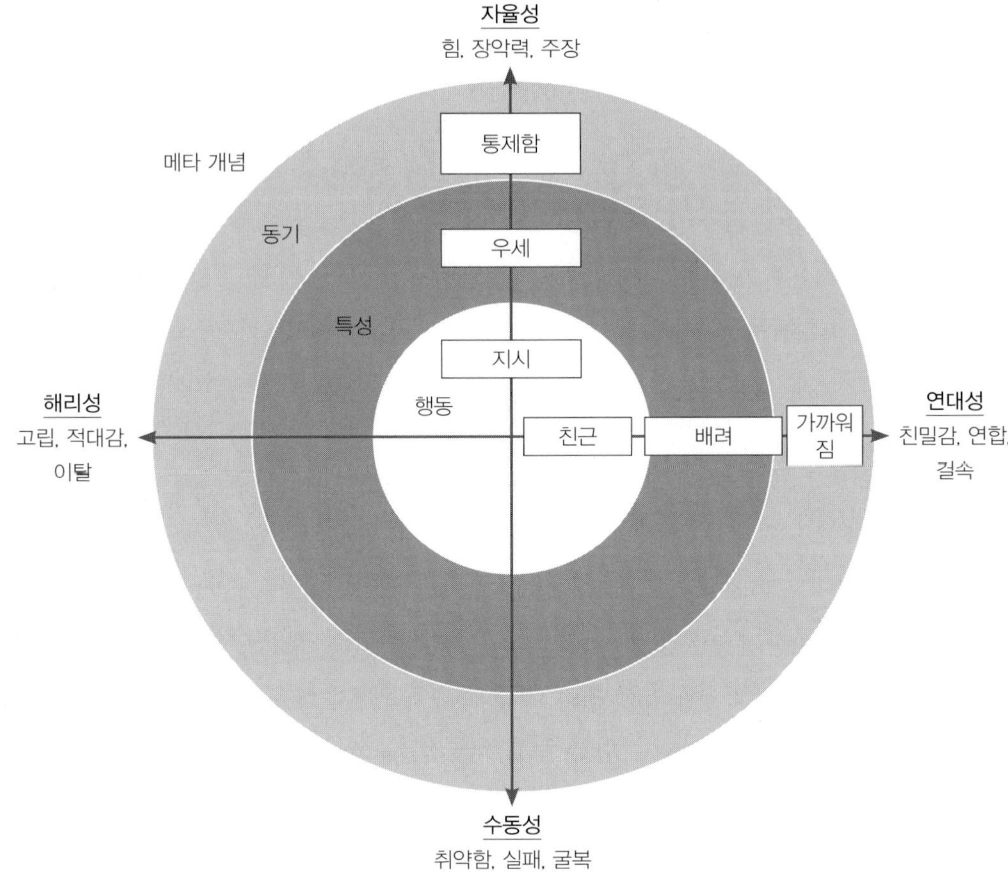

그림 2-1 자율성과 연대성의 초구조체계(상단); 특성/문제의 대인관계 서컴플렉스(하단)

락에서 다중의 대인관계 평가 방법의 사용은 표준적인 정신의학적 분류를 보완하기 위한 **대인관계 진단**에 의미 있는 역할을 한다. 이에 Pincus와 Wright(2011)는 대인관계 진단의 네 가지 요소를 규정했다. 첫째, 대인관계 진단은 정신병리의 대인관계적 설명에 대한 '핵심 개념도'(Kiesler, 1996, p. 172) 역할을 하는 자율성과 연대성의 메타구조 체계 및 그로부터 파생된 대인관계 서컴플렉스 모델에 기반을 두고 있으며, 이는 정신병리를 설명하기 위해 대인관계 이론의 현대적 발달, 동기, 조절 가정을 연결하는 것과 관련된다(Pincus & Hopwood, 2012; Pincus, Lukowitsky, & Wright, 2010). 둘째, 대인관계 진단은 정상성과 비정상성을 같은 차원으로 개념화될 수 있다고 가정한다. 이는 ① 정상성과 비정상성에 대한 대인관계 설명이 같은 대인관계 모델, 구성개념 및 과정에 기반해야 한다는 의미이며, ② 비정상성은 정상적인 대인관계적 기능의 왜곡 또는 장해로 간주한다. 셋째, 대인관계 진단은 정신병리와 성격이 불가분의 관계라고 가정한다. 이는 성격장애의 개념화에서 가장 두드러짐에도 불구하고 대인관계 진단은 대부분의 정신과적 증상이 성격 및 대인관계적 기능의 맥락 내에 담겨있는 것이라 보고 있다. 넷째, 대인관계적 진단은 성격 평가와 심리치료가 대인관계적 맥락(환자와 임상가 간의 관계)에서 가장 흔히 이루어진다는 점을 잘 알고 있다. 이는 임상가가 환자에 관한 중요한 대인관계적 자료를 식별해내고 조직화하는 데에 도움을 주어야만 한다는 점을 강조한다. 이러한 자료에는 환자가 자신과 타인을 바라보는 전형적 방식, 일상생활의 자연스러운 환경 조건 전반에 걸쳐 시간이 지남에 따라 드러나는 환자의 부적응적인 대인관계적 패턴 등을 포함한다.

대인관계 역동

'마음속 힘들의 놀이'라 하였던 **역동**은 프로이트에서 비롯된 정신분석학에서 오랜 역사를 가진 중요한 의미 중 하나이다(Erdelyi, 1985, p. 212). 이러한 역동적 상호작용은 마음속의 다양한 수준 또는 과정 간의 갈등과 균형에 대해 **구조적으로** 개념화한 것이다. 한편, 체계 이론에서 유래된 역동의 또 다른 의미는 시간에 걸쳐 행동으로 드러난다는 것이다. 이러한 역동적 상호작용은 **시간적으로** 개념화한 것이다: "어떤 현상이 역동적이라고 할 수 있으려면, 그것을 이해하기 위해서는 시간적 차원을 고려해야만 한다"(Salvatore & Tchacher, 2012, p. 4). 이 장에서는 **역동** 용어의 두 가지 의미 모두 폭넓게 다룬다. 그러한 이유는 구조적 차원과 시간적 차원이 원칙적으로 밀접하게 상호 연관되어 있음을 이해하는 점이 중요하기 때문이다. 달리 말하면, 시간이 지남에 따라 개인의 행동에서 나타나는 동요와 기타 변동성 패턴의 기저에는 적어도 부분적으로 해당 개인 내부에 존재하는 차원들의 구조적 조직체가 있다는 것이다(McWilliams, 2012). 기저에 있는 정신 구조는 시간적 변화를 이해하는 데에 도움을 준다. 따라서 역동에 대한 구조적 접근과 시간적 접근을 통합하는 데에는 여전히 많은 연구가 필요하지만, 두 접근법 모두 대인관계 행동 측면에서 중요하고 공통적인 기저 특징, 당연한 개인-내 변동을 평가하는 다양한 방법을 제공한다.

구조적 역동

대인관계 역동에 대한 우리의 구조적 접근법은 성격의 각기 다른 대인관계 수준의 상호작용에 대한 Leary(1957)의 개념에서 비롯된 것이다. Leary는 대인관계 이론 내에 다섯 가지 수준에서 대인관계 기능 간의 관계를 포함하도록 제안했다: 수준 I은 공개적 의사소통으로, 개인의 외현적 행동으로 구성된다; 수준 II는 자기 자신과 타인의 행동에 대한 의식적 기술을 반영한다; 수준 III은 개인적 상징화 또는 비의식적이고 상징적으로 표현된 주제를 포착한다; 수준 IV는 표현되지 않은 비의식적인 것으로 개인이 비의식적으로 회피하는 해당 행동들을 포함한다. 마지막으로 수준 V는 가치나 자아 이상을 말하며 개인이 대인관계적으로 기능을 동기화하는 방식(의식적으로나 비의식적으로)을 반영한다. Leary는 이러한 관계가 모든 기능 수준에서 일관된 구조(IPC)를 유지할 수 있도록 한다는 점과 모든 기능 수준에 걸쳐 응집성 및 갈등을 평가할 수 있다는 점에서 중요하다고 보았다. 따라서 이 장에서는 개인 내에 있는 대인관계적 '수준'의 현재 상태를 평가하여 성격의 구조적 역동을 검토하기 위한 틀을 제시했다.

시간적 역동

대인관계 역동에 대한 시간적 접근법은 서로 다른 두 가지 시간 척도에서의 변동을 사용한다. 첫째, 모든 사회적 상호작용은 시간이 흐르면서 진행되는 과정으로 이해해야만 하는 사건들의 전형적인 실제 모습이다. 상호작용 동안 상대방의 대인관계적 행동은 아주 보기 좋게 뒤얽혀 혼재된 진동처럼 층층이 다양한 패턴을 만들어 낸다(예: Sadler, Ethier, Gunn, Duong, & Woody, 2009). 우리는 사회적 상호작용 내에서 순간에서 순간 시점 간의 패턴을 평가하기 위한 틀을 보여 준다. 둘째, 더 성긴 기간 척도에서 사람들은 며칠, 몇 주, 몇 달에 걸쳐 거리를 두면서 여러 상호작용에 관여하며, 이에 개인의 대인관계적 행동은 이러한 상호작용 전반에서 중요한 방식으로 다양하게 드러난다(예: Moskowitz, 2009). 따라서 우리는 일상을 특징짓는 대인관계 다양성의 상황에 따른 수준을 평가하기 위한 틀을 함께 제시한다.

제2장의 구조

지금부터 우리는 성격, 사회적 상호작용, 일상생활에서의 대인관계 역동을 평가하는 방법들을 제시한다. 우선, 개인 내 대인관계적 기능 수준의 구조적 상호작용을 평가하는 방법들로 시작한다. 다음으로, 우리는 상호 간에 대인관계 행동 패턴을 논의하고 대인관계적 상보성의 원칙을 소개한다. 이어서, 양자 간의 상호적 대인관계적 패턴의 순간에서 순간 시점 간 상호작용까지 평가 범위를 확대한다. 끝으로, 평가 범위를 좀 더 확장하여 관계와 맥락 전반에 걸쳐 나타나는 상호적 대인관계 패턴을 다룬다. 이러한 평가의 결과는 일개 증상학을 넘어 임상적으로 관련된 정보를 제공하고(예: Cain et al., 2012; Przeworski et al., 2011), 특수한 평가 대상들에 대한 개입 방안을 찾는 데에 기여함으로써 표준 정신과적 진단을 보완한다(예: Cain & Pincus, 출판 예정). 각 내용에서 대인관계적 역동의 평가가 어떻게 사례 개념화를 단단히 하고 치료계획에 기여가 있는지를 보여 준다. 성격, 사회적 상호작용, 일상생활의 대인관계적 역동이 임상 평가에서도 서로 보완할 수 있기에 연구 및 실제에서 이러한 다중방식 접근을 좀 더 통합하기 바라며 마무리한다.

성격의 대인관계 역동

구조적 역동은 정의상 움직임을 포함한다. 성격의 맥락에서 이러한 움직임은 동기, 인지, 행동의 소용돌이치는 복합체로 구성되며, 이 모든 것은 시간 흐름에 따라 이들 각각이 서로끼리 그리고 이들과 환경이 상호작용하면서 발생한다. 그러나 횡단적 기질 성향 프로파일을 제공하는 자기 보고나 면담법에만 의존하는 임상 평가는 성격의 역동을 포착하기에 충분치 않다. 이러한 접근에서는 환자가 일반적으로 어떻게 행동하는지를 확률적 감각에서 이해하는 목표에 그치게 된다. 그 결과, 현대적 성격 평가 도구 대부분은 내용 영역(예: 충동성)에 초점을 두고, 기능을 탈맥락화한 이질적인 항목들로 구성된 그룹에서 요약 점수를 산출한다. 그러나 맥락을 제거함으로써 성격을 정적인 것으로 간주해 버리게 되는 것이다.

동시에 기질 성향에 대한 횡단적 평가의 이점을 부정할 수 없다. 첫째, 경제적이다. 개인, 부부, 또는 집단에서 일련의 설문지를 완성하는 것은 일반적으로 실무자의 시간 부담이 크지 않다. 프로토콜은 사무실이나 집에서 종이와 연필 또는 컴퓨터로 작성할 수 있다. 컴퓨터 작업을 통해 효율적이고 정확한 프로토콜 채점도 가능하다. 게다가 대부분 환자에게 친숙한 형식이며 그들의 심리측정과 해석은 임상심리학 대학원의 필수 교육과정에 포함되어 있다. 그렇다면 구조적 역동을 측정하기 위해 표준 평가 접근법을 어떻게 적용할 수 있을까?

대인관계 이론이 종종 대인관계 변수 그리고 이와 관련된 측정법의 심리측정 모델과 같다고 하여도 이는 종합적이고 역동적인 성격 이론의 추가적인 측면을 간과한 것이다. 확실히 하자면, 이 분야에서 가장 잘 알려진 Leary(1957)의 공헌은 IPC 및 지배성과 친화성의 주요 차원으로서 이는 대인관계적 변수 간의 구조적 관계를 지도화하는 데 사용된다. 하지만 그의 또 다른 주요 공헌은 성격 수준을 정의할 때 대인관계적 기능의 다양한 의식적 및 비의식적 표현형을 구분한 성격의 외현적인 '수준' 개념을 제시한 데 있다. 이 개념에 따르면 성격의 핵심 역동은 기능 수준 간의 상호작용을 포함한다. 즉, 임상적 관심에서 중요한 역동적 현상을 일으키는 것은 수준 간 대인관계적 기능에서 응집성과 갈등의 패턴이다. 예를 들어, 개인의 외현적 행동(즉, 공개적 의사소통)이 그 행동에 대한 개인의 내적 묘사(즉, 그 행동에 대한 이해) 또는 '자아 이상'(즉, 가치를 둔 행동)과 이질적인 경우라면 임상적 흥미를 느낄 수 있을 것이다. Leary는 특정 수준의 체계는 고정적이지 않아서 향후 개선이나 대안을 수용한다는 점을 명확히 밝혔다. 우리가 여기서 제시하는 바는 Leary의 매우 정교한 수준 체계, 불일치, 평가 기법의 충실한 적용이 아니라, 오히려 현대의 IPC 개입법을 사용하여 융통성 있는 배터리 접근법으로 이 근본적인 제안을 적용해 보려는 것이다.

대인관계 인벤토리 검사를 선택하고, 채점하고, 해석하기

현대의 대인관계 평가는 IPC 작업 틀 내의 다양한 기능 영역이나 수준을 목표로 하여 심리측정학적으로 신뢰할 수 있고 경험적으로 도출된 여러 가지 측정법을 제공한다(Locke, 2011). 일반적인 대인관계적 행동은 대인관계 형용사 척도(Interpersonal Adjective Scales: IAS; Wiggins, 1995) 또는 좀 더 새로운 국제 성격 문항집(Interpersonal Item Pool-IPC(IPIP-IPC; Markey & Markey, 2009) 등의 특성 측정치를 사용하여 포착할 수 있다.

가장 흔히 사용되는 임상 측정법 중에서는 대인관계 문제 검사-서컴플렉스(IIP-C; Alden, Wiggins, & Pincus, 1990)인데, 이는 문제 행동과 관련된 심리적 불편감을 평가한다. 응답자를 특징짓는 적응적 대인관계 행동 유형을 평가하기 위한 추가적인 측정법들도 있다[대인관계 강점 검사(Interpersonal Strengths Inventory: ISI); Hatcher & Rogers, 2009]. 또한, 응답자가 유능하다고 느끼는 영역을 평가하는 도구[대인관계 효능감 서컴플렉스 척도(Circumplex Scales of Interpersonal Efficacy: CSIE); Locke & Sadler, 2007]와 응답자가 가치를 두는 행동이나 타인에게 보이고 싶은 인상을 평가하는 도구[대인관계 가치 서컴플렉스 척도(Circumplex Scales of Interpersonal Values: CSIV); Locke, 2000]도 있다. 다른 측정법들은 개인이 타인에게 반응하는 방식을 평가한다. 예를 들어, 대인관계 민감성 서컴플렉스 모델(Interpersonal Sensitivities Circumplex: ISC; Hopwood et al., 2011)은 개인이 불편하게 여기는 타인의 행동을 평가하며, 반향 메시지 검사(Impact Message Inventory: IMI; Kiesler, Schmidt, 1993)는 타인의 행동에 대한 암묵적 반응을 평가한다. 특정 목적을 위해 선택할 수 있는 여러 가지 다른 검사와 체크리스트도 있다. 위에 나열된 많은 검사 목록은 같은 기본 IPC 구조를 사용하는 일반적인 측정법을 포함하고 있지만, 각 측정법은 각기 다른 문항의 구조와 평가 대상(예: 자신 대 타인)에 따라 평가의 초점이 다르다.

다양한 측정법을 사용하는 것뿐만 아니라 이용 가능한 자료의 '수준'을 높이기 위해 두 가지 상호 보완적인 접근법을 활용한다. 첫째, 환자를 잘 아는 정보 제공자로부터 자료를 수집하는 것을 권장한다. 특히, IIP-C(Clifton, Turkheimer, & Oltmanns, 2005)가 그러한 데 일반적으로 성격 평가에서 자기-타인 간의 일치와 불일치의 유용성을 탐구한 연구 문헌이 많이 있다(Galion & Oltmanns, 제1장 참고). 둘째, 이러한 대부분의 측정법이 비교적 간결하기에 개인에게 대인관계적 맥락에서 IPC 검사를 받도록 요청할 수도 있다(예: 당신은 직장에서 보통 어떻게 행동하는가?, 당신의 아내와 같이 있을 때는?, 당신의 아버지와 같이 있을 때는?)(Benjamin, 1984 참고).

앞서 언급했듯이 동일 구조를 여러 수준 전반에 사용하는 것은 교차-수준 비교를 가능하게 하여 일치와 불일치가 나타나는 영역을 식별할 수 있도록 한다. IPC 척도의 프로파일을 요약하는 데 사용할 수 있는 여러 가지 접근법이 존재한다. 대부분의 현대적인

IPC 측정법은 같은 방식을 사용하는데, 8개-척도 또는 8분-원 구조를 사용한다([그림 2-1]의 구분 참고). 척도 점수를 표준화하면 이를 8분-원 수준에서 분석할 수 있으며, 기본적인 기하학 원칙을 사용하여 차원의 '축' 점수를 계산할 수도 있다(Wiggins, Phillips, & Trapnell, 1989 참고). 주요 차원의 점수는 IPC의 데카르트 평면에서 개인의 위치를 나타내 볼 수 있다. 이상의 계산법들이 유용하긴 해도 우리는 개인 자료에 대해서 원형 구조적 요약 접근법을 지지한다(Gurtman & Balakrishnan, 1998). 이 접근법은 원의 기하학적 구조를 기반으로 하여 IPC 프로파일을 **상승**, **지정 각도 위치**, **높낮이**의 세 가지 구조적 점수 위치로 프로파일을 만든다. 이러한 세 가지 구조 점수들은 실질적인 해석을 통해 8가지 척도의 복잡성을 3가지의 구조 점수로 줄여 준다. '상승'은 프로파일의 평균 척도 점수를 나타내며, 많은 측정법에서 실질적 해석이 가능하다(예: IIP-C의 상승은 일반적인 대인관계 상의 고통을 나타내며, ISC의 상승은 일반적인 대인관계 민감성이다). '지정 각도 위치'는 프로파일상에서 주축이 되는 대인관계 주제나 유형을 나타내며 '높낮이'는 해당 주제의 분화도나 차별성을 나타낸다. 마지막으로, 프로파일이 예상된 원형적 패턴에 일치된 정도의 측정치 또는 프로파일의 **원형성**의 수준을 R^2 통계량의 형태로 사용해 볼 수 있다. 우리는 다음 사례에서 특정 8분-원에 대한 해석과 함께 구조적 요약 접근법에 대해 다루어 보았다.

사례: 성격의 대인관계 수준에 따른 응집성과 갈등

현대의 다중수준 대인관계 평가가 어떻게 진행되는 것인지를 설명하기 위해서 권위 있고 경쟁력 있는 대학원 공학 프로그램에 속해 있는 S의 사례를 소개한다. 지인들도 그렇고 자기 자신도 인정한 바에 따르면, S는 총명하고 다양한 영역에 지적 흥미가 있었지만, 사회적 상황을 불편해했고 친밀한 친구 관계는 거의 없었다. 하지만 그는 약 1년 동안 자신보다 나이가 어린 학부생과 교제 중이었으며, 첫 번째 진지한 연애였다. 그의 주요 불편 사항은 DSM-5 진단 기준에서 재발성 주요우울장애, 중등도, 정신병적 특징 없음, 자기애성 성격장애에 부합하였다(American Psychiatric Association, 2013). 그는 외래 진료 환자였는데 주 2회 전이-초점 심리치료(Clarkin, Yeomans, & Kernberg, 2006)를 받고 있었고 주로 성격 병리에 초점을 맞추고 있었다. 그의 자기애와 관련된 양상들(예: 자신과 타인에 대해 과도하게 높은 이상과 기대, 극도로 강렬하게 경험되는 수치심, 타인이 자신에게 잘못한 것에 대한 집요한 몰두와 이에 수반되는 분노, 타인에 대한 평가절하, 방어적 철수)은 그를 강렬한 자살적 우울의 강렬한 순간적 경험에 취약하게 만들었다. 그는 심리치료를 받은 지 2년이 넘었는데 해당 평가를 받을 당시 새로운 담당 치료사와 최근 몇 달 전부터 함께 치료작업을 하는 중이었다.

S가 회기 중에 무슨 말도 하고 싶은 마음이 들지 않는다고 진술하는 일관된 패턴 때문에 바로 심층 대인관계 평가를 진행하기로 했다. 이전 담당 치료사의 사례 기록을 검토해 보니 이 패턴의 전조가 나타났었는데, 메시지에서 묻어 있는 미묘하지만 분명하게 드러나는 치료에 대한 평가절하(예: "말을 해 봤자 무슨 소용이에요? 치료는 도움이 안 될 건데요!")를 해석함으로써 이 문제를 느리더라도 성공적으로 다루었던 바가 있었다. 대안적 접근으로서 회기 중 개방하는 것과 관련한 취약성을 많이 느끼는 것을 내려두고서 논의를 촉진하기 위해 치료적 평가 접근법에 부합하는 방식인 대인관계 평가를 제안했다(Finn, 2007, 2011; Hopwood, 2010). S는 평가 목적에 대한 설명을 들은 후 뒤 평가 과정에 협력적으로 참여했고 평가되는 영역 내에서 본인에 관한 질문을 스스로 만들어 내도록 격려받았다(Finn, Fischer, & Handler, & 2012). 그러고 나서 다음의 대인관계 측정을 완료했다: IAS(특성), ISI(강점), CSIV(가치), ISC(민감성), IIP−C(문제)(점수는 〈표 2−1〉에 제시). IPC에 대해 일반적 형식([그림 2−1], 하단)으로 구성한 구조적 요약 프로파일([그림 2−2])을 피드백 과정 동안 활용하였다.

〈표 2−1〉은 S의 대인관계 프로파일별로 8−분원 점수와 구조적 요약 점수를 나열한 것이다. R^2 값은 각 프로파일이 구조적 요약 점수를 사용하여 합당하게 설명될 수 있음을 보여줬으며, S의 대인관계 문제 프로파일은 개별특수적 패턴을 보였기에 8−분원 수준에서 가장 잘 해석할 수 있었다. S와 프로파일에 대해 논의하기에 앞서 자신의 일반적인 대인관계 행동(특성)을 정형적으로 '철수'와 '냉담'으로 보고 있다는 것이 분명해 보였다. 그의 대인관계적 강점에 관해서는 크게 잘한다고 볼 만한 건 없었고 전반적으로 다소 무능력하다고 느꼈다(강점 프로파일에서 낮은 점수 폭과 부적 방향으로 상승). 흥미롭게도 S의 민감성 프로파일에서는 다른 사람들이 자신과 거리를 유지하는 경우를 제외하고는 대체로 타인의 행동에 신경 쓰지 않는다고 나타났다(민감성 프로파일은 부적 상승을 보이지만 냉담성 8−분원에서는 정적 최고점을 보임). 가치를 두는 대인관계 행동 측면에 관해서 S는 일반적으로 따뜻하고 우호적인 행동을 중요하게 여겼으며 독특하게도 냉담한 그의 행동과는 확연히 반대였다. 마지막으로, 대인관계 문제 프로파일은 눈에 띄게 높은 점수를 보였고 이는 상당한 수준의 일반화된 대인관계적 불편감을 시사한다. 게다가 해당 패턴은 정형적이지 않으면서도(낮은 R^2) 평평하지도 않았으며 회피성(FG)과 과잉돌봄(LM)

표 2-1 S 씨의 평가를 위한 IPC 측정 척도 점수 및 구조적 요약 점수

	표준 척도 점수								구조적 요약			
	PA (90°)	BC (135°)	DE (180°)	FG (225°)	HI (270°)	JK (315°)	LM (0°)	NO (45°)	ELEV	AMP	DEGREE	R^2
특성	−0.31	−0.30	1.89	1.73	1.21	0.69	−0.15	−2.18	0.32	1.61	231°	0.83
강점	−1.10	−1.24	−1.38	−0.49	−0.61	−0.47	−0.90	−1.04	−0.90	0.39	294°	0.72
가치	−0.84	−0.54	−0.68	0.76	0.64	0.46	0.97	0.56	0.17	0.80	314°	0.70
민감성	−1.57	0.30	1.29	0.27	−0.44	−1.05	−0.63	−1.68	−0.44	1.13	200°	0.71
문제	1.80	1.12	1.07	3.07	0.59	2.30	2.87	1.52	1.79	0.43	335°	0.13

8-분원에서 최고점을 보였다—이러한 점수들은 상반된 대인관계 내용을 나타내기 때문에 주목할 만하다. 구체적인 세부 사항을 언급하지 않더라도, S 성격의 역동적 본질을 보여 주는 이러한 프로파일은 상태적 · 기질 성향적 대인관계 기능의 자기 보고 측정치에 불과한 것이지만 상승 정도와 주제 면에서 불일치 점들이 있음을 보여 준다.

우리가 권장하는 것은 임상가가 먼저 평가 결과를 검토하고 나서 잠재적으로 눈에 띄는 수준 간 불일치에 대해 가설을 세우고, 이를 논의 대상으로 제시한 후 환자와 함께 협력적 방식으로 확인해 나가자는 것이다(Finn, 2007; Hopwood, 2010 참고). 예를 들어, LM/NO 8-분원의 점수에서 높은 정도의 불일치가 나타났고 이와 유사하게 DE/FG 8-분원에서도 동떨어진 불일치가 나타났다는 점에 주목해야 한다. 이는 곧 대인관계적 친밀함 및 애착에 관련된 잠재적 갈등, 그리고 이러한 문제를 다른 사람들과 어떻게 다룰지에 대한 잠재적 어려움을 짐작하게끔 한다. IPC 모델과 평가 접근법의 논리적 배경을 자신의 대인관계 프로파일 도표를 읽는 방법과 함께 S에게 상세히 전달되었다. S의 공학 배경의 학력과 자신의 성격적 특징을 고려하여 구조적 요약 방법의 기술적이고 정량적인 세부 사항을 모두 설명하였다. 이 접근법은 S에게 프로파일을 정교하게 해석할 수 있는 도구를 제공해 주었고, S가 이러한 과정에 함께 하며 존중받고 동등하게 대우받는다고 느끼게 함으로써 최대한 이러한 과정에 참여할 수 있도록 했다. 물론 우리는 해당 방법을 설명할 때는 환자의 능력과 흥미 수준에 맞추어 조정하여 전달하기를 권장한다. 다음 순서로 치료자는 각 프로파일에 대한 전반적인 인상을 제시하고 S에게 자신의 반응을 같이 나눌 수 있도록 요청했다(예: "이것에 대해 어떻게 생각하시나요?" 또는 "이 두 점수가 서로 어떻게 맞아떨어진다고 보시나요?"). S는 의미 있는 대인관계에 대한 깊은 열망과 반복된 실패로 인해 심리적 불편감이 커지고 있음에도 불구하고 대인관계적 친밀함을 효과적으

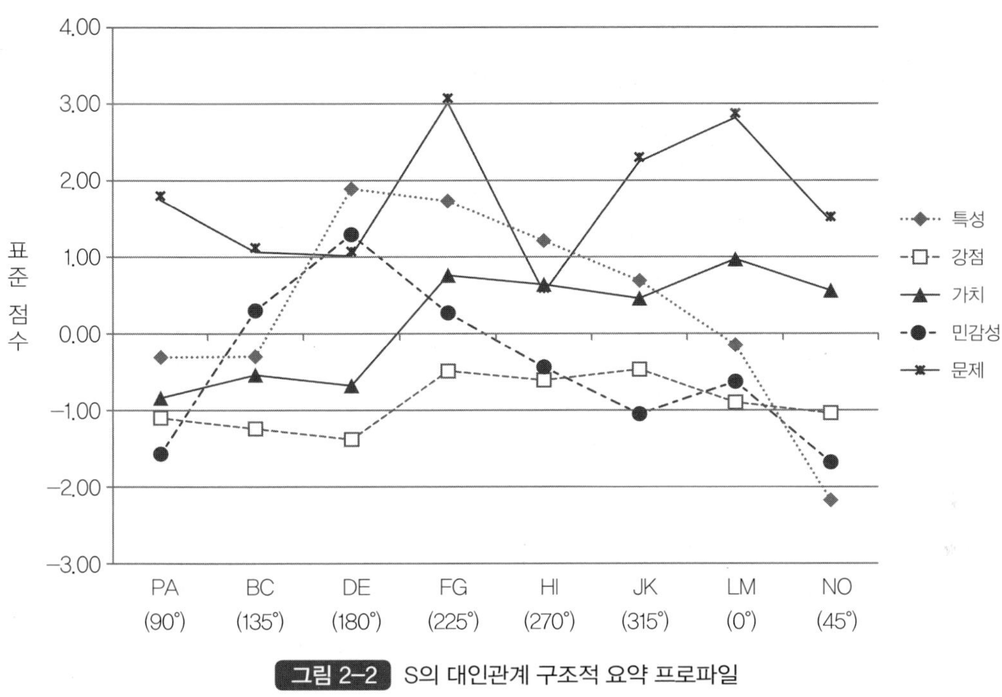

그림 2-2 S의 대인관계 구조적 요약 프로파일

로 조정하는 데에 어려움을 겪고 있다는 주제가 주요 논점이 되었다.

[그림 2-2]에서 봤듯이 S는 자신이 대인관계상 냉담(DE)하다고 느끼지도 않고, 그것이 중요하다고 느끼지도 않겠지만 자신의 많은 행동을 이런 방식으로 보고 있으면서 이에 대해 괴로워했다. 비슷한 맥락에서, 자신이 이러한 대인관계 행동을 핵심 대처 전략으로 더 가치 있게 여기고 있다 하더라도 그는 자신을 냉담-내향적인(FG) 사람으로 보며 이러한 회피적 행동 때문에 몹시 힘들어하고 있다. 그는 따뜻한-외향적인 행동(LM/NO)에 관해서는 가치를 두고 있지만, 자신은 단지 평균 정도의 따뜻함을 지녔으면서 명백히 내향적인 사람이라고 보고 있었고 이 두 가지의 특성 중 어느 것도 강점으로서 인정될 수 없다. 그래서 따뜻한 행동을 실행하는 것도 그에게는 매우 고통스러운 일이다. 타인의 냉담한 행동에 민감하게 반응한다는 추가 결과는 소속에 대한 욕구가 있으며, 소속될 수 없다고도 느끼고, 타인이 자신에게서 철수하는 것에 민감하게 반응하는 사람이라는 이미지와 함께 고려해 볼 수 있다. 하지만 그는 종종 철수하고 스스로 냉담하게 행동하여 다른 사람들이 그를 무뚝뚝하고 친해지기 어려운 사람으로 여기게끔 하고 이로 인해 다른 사람들은 그에게서 결국 멀어지게 되거나 그와 관계를 맺으려 하지 않게 된다. 더욱이 흥미로운 점은 지배성 8-분원(PA)에서 그의 특성, 강점, 가치관들이 비교적 일치

했음에도 불구하고 그는 자신이 적극적인 행동을 할 때 심리적 불편감을 느꼈으며 다른 사람들이 자신을 고압적이라고 여기지 않을까 걱정했다. 이로 인해 그가 단호하게 행동해야 하는 직업적 상황에서도 그렇게 하지 못했으며 직장 동료가 자신에게 무언가를 해 주기를 원할 때도 '도와주는 태도'를 취하면서 그들이 실수하는 것을 막아내 주고자 하는 의도로 동료를 봐왔었다고 주장했다. 그의 동료들은 이러한 태도가 종종 불성실하다고 느끼면서 S의 행동에 부정적으로 반응했으며 이러한 동료들의 대우는 S에게 당혹감, 오해받는 느낌, 거리감, 좌절감을 느끼게 했다.

이 간략한 사례는 이러한 다양한 측정법을 함께 사용하는 것의 강점을 잘 보여 준다. 이상 내용은 본질적으로 기질 성향이라 할 수 있고 의식적인 자기-묘사 수준에서의 내용인데도 불구하고 이런 내용은 대인관계적 성격 역동을 진솔하게 보여 주는 엄청난 힘을 가지고 있다. S에 대한 구조적 접근은 회기 내에서 말로 꺼내기가 상당히 어려웠던 이슈를 실제로 다룰 수 있도록 했다. 이상의 평가에서 나온 자료는 치료 상황에서 자주 언급되는 기준 내용이 되었고 S가 자신의 역동을 인식할 수 있도록 하고 이를 회기 안팎에서 다루기 시작하도록 촉매 역할을 하였다.

상호적 대인관계 패턴

이전 장에서 논의한 개인 내에서 다양한 수준의 상호작용은 성격의 대인관계 역동과 그에 따른 결과를 보여 준다. 추가로 중요한 대인관계 역동은 시간의 흐름에 따라 개인 간의 상호작용에서 드러난다. 이후 두 가지 항목 내용에서 상호작용 동안과 우리는 한 가지 상호작용과 여러 상호작용에 걸쳐 두 가지 시점 척도에서의 시간적 역동을 검토한다. 대인관계 이론은 시간의 흐름에 따른 대인관계 행동의 변화를 **상호적 대인관계 패턴**으로 이해하는 데에 풍부한 이론적 기초를 마련해 준다. 이러한 패턴은 대인관계 상황을 해결, 조정, 또는 악화시킴으로써 자신과 타인에게 충돌을 일으키는 다양한 상호작용적 영향을 통해 사회적으로 강화된다. 대인관계 행동은 지속적이고 역동적인 상호작용 과정에서 타인으로부터 제한된 반응을 유발하고 불거지게 하거나 끄집어내거나 요청하는 경향이 있다. Carson(1991)은 이를 상호 행동적 수반성 과정이라고 언급하며, "개인의 대인관계 행동이 상호작용 파트너로부터 받게 된 행동으로 어느 정도 예측 가능한 방식으로 제약되거나 조절되는 경향이 있다"라고 설명했다(p. 191). 따라서 상호적 대인관계 패턴은 대인관계 상황에서 타인의 자율적 그리고 연대적 특징을 받아들이는 일관적인 자율적 행동 그리고 연대적 행동에 대한 반응이다(Pincus et al., 2010).

IPC는 상호적 대인관계 패턴을 체계적으로 설명하기 위한 개념적 중심과 용어 체계를 제공한다. 이러한 패턴 중 가장 기본적인 것은 대인관계 **상보성**(complementarity)이라고 한다(Carson, 1969; Kiesler, 1983). 대인관계 상보성은 대인관계 상황에서 두 사람의 자율적 그리고 연대적 욕구가 충족될 때 발생하며, 관계의 안정성을 높이고 해당 패턴이 반복될 가능성을 이끈다. 상보성은 IPC를 통해 상태(자율성)와 사랑(연대성)의 사회적 교환에 기반하여 정의하고 이는 수직적 차원(즉, 지배성은 순응을 끌어당김; 순응은 지배를 끌어당김)에서는 상대성(또는 상호성이라고도 함)을 반영하고, 수평적 차원(우호성은 우호성을 끌어당김; 적대성은 적대성을 끌어당김)에서는 동일성(상응성이라고도 함)을 반영한다. 물론 상보성이 IPC로 설명될 수 있는 유일한 상호적 대인관계 패턴도 아니고 보편적 상호작용 법칙이라고 하지 않지만, 경험적 연구들은 이상 관계성의 가능성 예측을 일관적으로 지지하는 증거를 보여 준다(Sadler, Ethier, & Woody, 2011). 상보성은 건강한 사회화와 관련된 대인관계 행동의 상호적 영향에 대한 기저선으로 고려해야만 한다. 상호 보완적인 대인관계 특징에서 벗어나는 것은 대인관계를 방해할 가능성이 더 크며 병리적 기능의 지표일 수도 있다(Hopwood, Wright, Ansell, & Pincus, 2013; Roche, Pincus, Conroy, Hyde, & Ram, 2013).

상보성은 단순히 행동의 자극-반응으로 이어지는 사건의 연쇄로 생각해서는 안 된다. 오히려 상보적인 대인관계 패턴에 영향을 주는 내적인 심리적 과정(예: 상호작용하는 사람의 자기-타인 도식, 이 도식에 내재한 동기와 욕구, 그리고 이것이 주관적 경험에 미치는 영향)을 매개한다. 사회적 행동의 상보적인 상호 간의 패턴에서 만성적인 이탈은 정신병리의 징후일 수 있는데, 왜냐하면 다음과 같은 손상을 시사하기 때문이다: ① 대인관계 상황에 대해 합의한 이해를 인식, ② 자기 자신의 대인관계적 욕구와 동기를 적응적으로 의사소통하는 것, ③ 타인의 욕구와 그들의 대인관계 행동의 의도를 이해하기(Cain & Pincus, 출간 예정). 이상의 경우에 개인은 혼란스럽게 또는 자기-방어적으로 반응하거나 자신의 대인관계 행동에 맞는 반응을 상대방에게 고집스럽게 끌어낼 수도 있다. 하지만 타인의 행동에 상보적 반응으로 맞춰 주는 데에 상당한 어려움을 겪는다. 이는 해당 대인관계 상황에서 두 사람 모두의 자율적 그리고 연대적 욕구가 충족될 가능성을 낮추고 대인관계를 방해하게 한다(Hopwood et al., 2013; Pincus & Hopwood, 2012).

사회적 상호작용의 대인관계 역동

중요한 대인관계 역동은 사회적 상호작용이 진행되는 동안 개인들 간의 상호작용 속에서 드러난다. 심리치료 과정을 관찰하고 내담자와 치료자의 대인관계 역동에 주의를 기울이는 임상 지도감독자를 생각해 보라. 지도감독자는 서로 밀접하게 연결된 대인관계적 몸짓의 안무를 지켜보는 셈이다. 해당 상호작용이 시간 흐름에 따라 전개되면서 관찰자는 다양한 흐름, 리듬과 동조 그리고 기타 시간적 변화 양상 등을 감지하게 되는데, 이 모든 것이 개별 대상을 서로 긴밀히 연결해 준다.

과학적 탐구를 위해 전문적인 관찰자들이 이러한 지각을 풍부하게 포착해 내는 것은 매우 어려운 일이다. 사실, 관찰자의 지각을 과학적으로 더 쉽게 다루기 위해 연구자들은 관찰자의 역할을 보통 두 가지 방식 중 한 가지로 구성해 놓는다. 이 중 흔히 사용되는 접근 방식으로 우리는 관찰자들에게 실제로 '숲을 보기'로 보라고 요청하여 세부 사항에서 물러나게 하면서 전반적인 그림을 그대로 유지하게끔 한다. 예를 들어, 우리는 내담자가 다양한 지배적 또는 순응적 행동에 어느 정도 관여됐는지를 평가할 수 있는 검사를 관찰자에게 제공한 다음 합산하거나 평균을 내보면 전체적인 그림을 얻을 수 있다. 이 접근법은 중요한 쓰임새가 많다. 이렇게 합계된 지수는 한 개인의 대인관계적 성향을 나타내며 이러한 성향은 이 장 앞의 설명에서처럼 매우 흥미롭게 활용될 수 있다. 하지만 이 접근법에서 상호작용에 참여한 상대 사람의 행동 등 순간에서 순간 시점 간 행동의 타이밍과 이러한 행동 주위에서 나타나는 행동들이 어떻게 연결되어 있는지에 대한 관찰자의 정보는 놓쳐버린다. 왜냐하면 사회적 상호작용은 태생적으로 역동적인 현상이기 때문에 이러한 손실 정보는 매우 중요할 수 있다. 이는 음악의 한 구절을 평균 음고(音高)로 특징짓거나, 춤을 두 무용수의 지정된 평균적 자세로 하나의 춤을 특징짓는 것과 비슷하다고 볼 수 있다. 즉, 시간적 차원이 없으면 해당 활동의 특정 감각, 이른바 시간 속에서의 활동 패턴을 포착할 수 없다.

대조적으로 연구자들은 종종 관찰자의 역할을 정반대의 방식으로 재구성한다. 그들은 관찰자들에게 일종의 '나무를 보기'를 요청하여 한 번에 하나의 세부 사항만 고려하여 평가하도록 한다. 예를 들어, 상호작용 중에 나타난 내담자의 행동을 별개의 구분되는 행위로 나눈 뒤 관찰자들에게 개별 분리된 행위를 지배적, 순응적, 또는 중립적으로 평가하도록 요청할 수 있다. 이 접근법도 역시 많은 중요한 쓰임이 있다고 해도 이 접근법을 통해 처리된 수많은 개별 행위의 모음집에는 몇 가지 주요 한계점이 있다. 지속적 흐름으로서 사회적 상호작용의 감각은 사라지며 해당 행위가 탈맥락화되는 경향이 있다. 왜냐하면 사실상 우리가 의사소통적 흐름으로부터 그 정보들을 떼어 두기 때문이다. 다시 말해 관찰자들에게 각 행위를 개별적으로 평정하도록 요청하면 해당 행동의 맥락에 대해 관찰자가 알게 된 정보를 이용하지 않게 된다. 게다가 이와 같은 방식으로 사회적 상호작용의 구성 상태가 해체되면 이러한 조각들을 이해에 도움이 되는 방식으로 다시 짜 맞추기가 매우 어려워진다. 이는 음악의 한 구절을 개별 음표로 분해하거나 춤을 부분적인 신체 동작으로 분해하는 것과 유사하다고 볼 수 있다. 즉, 평가 데이터를 되살리기 위해서는 시간적 차원을 다시 포함해야만 한다.

지금 장에서 소개하는 기법은 기존 사용해 온 두 가지 접근 방식과 근본적으로 다른 방식이며 관찰자의 전문성을 활용한다. 이 기법은 관찰자들에게 숲을 보라거나 나무를 보라거나 하는 등의 요구를 하지 않는다. 그 대신, 이 기법은 관찰자가 일상적으로 하던 것과 같은 방식으로 전개되는 상호작용을 따라가도록 하며 관찰 대상자의 대인관계적 태도에 대한 순간에서 순간 시점 간의 인상을 기록하도록 한다. 행동을 애써 기억해내도록 하거나 총합 점수를 만들게 하는 것보다 오히려 관찰자는 단순히 관찰 순간에 무슨 일이 일어나고 있는지를 평정한다. 그리고 맥락을 무시하기보다 관찰자의 평정은 사회적 상호작용에서 이전에 발생한 무언가가 관찰된 행동의 대인관계적 해석에 영향을 미친 방식에 따라 자유롭게 정보를 모을 수 있다. 게다가 이러한 기법을 사용하면 시간적 차원이 무시되어지거나 일시적으로 배제하는 것이 아니라 수집된 평가 자료에 완전히 통합된 형태가 된다.

대인관계 행동을 관찰 평가하기 위한 컴퓨터 조이스틱 방법

IPC의 구조적 모델(자율성과 연대감의 직교축으로 정의된 데카르트 평면)은 대인관계 행동에서 역동적 변화를 궤적 위에 표현할 수 있는 깔끔한 작업 틀을 제공한다. 그러면 관찰자의 순간에서 순간 시점의 지각 내용을 해당 궤적 위에 어떻게 올려놓을지가 문제인 것이다. 해당 기법은 컴퓨터 조이스틱과 조이스틱 모니터링 프로그램을 사용한다. 관찰자는 컴퓨터 모니터를 통해 사회적 상호작용 관련 영상을 보고 등장인물 중 한 사람을 집중하여 관찰한다. 그러면서 조이스틱을 방향을 조종하는 것으로 그 사람의 사회적 행동과 관련된 순간에서 순간 시점을 평정할 수 있다. 조이스틱의 다양한 조작 방향은 데카르트 평면 구성에 표현되는데, 지배성 대 순응성의 정도를 나타내는 세로축과 친밀성 대 적대성의 정도를 나타내는 가로축으로 표현된다. 각 축은 −1,000(최저점의 친밀성; 지배성)에서 1,000(최고점의 친밀성; 지배성)까지의 범위에 있다. 따라서 조이스틱의 중앙점에서 방사형 면의 위치는 IPC에서 관찰 대상자가 속하는 지점은 자신의 대인관계 태도를 나타내는 것이고 원점에서 멀어지는 거리는 해당 지점의 태도의 강도를 보여 준다. 관찰자가 대인관계 행동의 움직임 간 변화를 조이스틱으로 조종하면 컴퓨터는 이를 수시로 기록한다(예: 0.5초마다). 따라서 결과 데이터는 시간이 지나면서 IPC상에서 관찰 대상자의 행동에 대한 꽤 연속적인 궤적을 보여 주는 촘촘한 추출 표본을 제공해 준다. 그 후, 관찰자는 영상을 다시 돌려 보는데, 상호작용에 참여한 또 다른 한 사람에게 초점을 맞추면서 상호작용 과정 동안 그 사람의 대인관계 행동에 대한 궤적을 만들어 낸다. 이 두 개의 궤적은 시간선 상에서 정확히 맞춰지기 때문에 두 개별 대상의 대인관계 행동을 서로 연결하는 다양한 동조의 패턴을 확인하고 검토할 수 있다.

관찰자가 조이스틱을 사용할 때 올바르게 방향을 잡도록 도와줄 수 있는 두 가지 유형의 연속적 피드백이 있다. 조이스틱 프로그램(Lizdek, Sadler, Woody, Ethier, & Malet, 2012)은 화면 오른쪽 아래 구석에 작은 그림을 보여 주는데, 이 그림은 조이스틱의 현재 위치가 대인관계 평면에서 어디에 위치하는지를 빨간 점으로 표시해 준다(지배성 대 순응성 및 친근함 대 비친근함의 직교축으로 표시됨). 또한, 조이스틱에 '강도 피드백' 기능이 있는 경우에는 조이스틱이 중심원에서 멀어질수록 관찰자의 손에 움직임의 반대 방향으로 더 큰 저항을 느끼게 해 준다. 그래서 해당 순간의 조이스틱 위치의 극단성 정도에 대한 촉각 피드백을 제공한다. 추가적인 옵션을 사용할 수 있다. 예를 들어, 중요한 옵션 중 하나는 조이스틱의 '발사' 버튼은 상호작용 동안 고유한 사건이나 전환점을 가리키는 데에 사용할 수 있다.

수집 자료의 본질

조이스틱 기법이 대인관계 역동을 평가하는 방법은 생태적으로 양자 간의 특징을 담고 있다. 그리고 대인관계 행동과 분리할 수 없는 맥락이 담긴 상호작용에서 각 개인의 대인관계 행동을 포함하고 있다. 우리는 특정 목적을 위해서라면 한 사람에게 주로 초점을 맞출 수도 있겠지만, 사회적 상호작용의 대인관계적 역동은 항상 사람들 간에서 일어난다는 점을 잘 인식해야만 한다. 그리고 평가되는 대상이 단일 개인이 아닌 실제 한 쌍의 사람이다. 따라서 조이스틱 기법은 방대한 데이터를 만들어 낼 수 있다. 예를 들어, 10분의 상호작용 과정에서 두 사람의 대인관계 궤적은 0.5초마다 표본 추출되면서 4,800개의 데이터가 산출된다. 처음 보게 되면 엄청난 양의 자료에 압도당할 수도 있을 정도이다. 그렇다 해도 이 데이터는 역동적 시스템에서 널리 연구되어 온 자료 유형이다. 따라서 해당 데이터는 여러 가지의 기발한 그래픽 표현을 통해 관계 역동의 기저 구조를 시각적으로 드러내고(예: Boker, Xu, Rotondo, & King, 2002; Tufte, 2006), 주요 역동적 특징을 추출하는 엣지 데이터 분석 절차를 사용할 수도 있다(예: Boker, 2002; Boker & Wenger, 2007; Salvatore & Tschacher, 2012; Warner, 1998).

친화성과 지배성의 대인관계 차원은 각각 역동적 체계에서 **상태 공간**(state space)이라고 불리는 평면상의 x-축과 y-축을 정의한다. 순간 시점에서 지정된 두 사람의 대인관계 위치는 이 평면 위의 두 점으로 표시될 수 있다. 세 번째 축인 z-축은 시간 차원을 구성하며, 상호작용 동안 두 사람의 대인관계 위치 변화를 나타낸다. 따라서 조이스틱 기법은 각 상호작용에 대해 3-차원(3-D) 구조를 생성하며, 두 개의 선은 상호작용 곡선으로 각 파트너를 나타내는 것으로 시간 차원을 따라 추적할 때 상태 공간을 가로질러 가며 그려진다. 이 3-차원 구조는 3-D 그래프 소프트웨어를 사용해 컴퓨터 화면에서 조작(예: 다양한 방식으로 회전)하고 조종해 볼 수 있다. 이러한 3차원 구조는 시각적으로 눈길을 끌고 상당히 매력적이고 흥미를 끈다. 하지만 고정된 종이 면에서는 보여 줄 수 없다. 서로 다른 두 개의 쌍에서 생성된 3-D 구조에 대한 간단한 설명은 www.wlu.ca/science/psadler에서 확인할 수 있다.

좀 더 설명하자면, 3-D 구조의 2-차원적 스냅샷을 사용하여 주요 역동 패턴을 끌어낼 수 있다. 이에 따라 만들어진 두 개의 그래프는 특히 유용하다. 하나는 y-축에 친화성, x-축에 시간을 설정한 것으로 상호작용의 과정에 따라 두 사람의 친화성 수준이 어떻게 변해 가고 공변하는지 보여 준다. 또 한 가지는 y-축에 지배성, x-축에 시간을 설정한 것으로, 상호작용 동안 두 사람의 지배성 수준 간의 상호 관련 역동을 보여 준다. 예를 들면, [그림 2-3]은 상호작용하는 한 쌍의 그래프를 보여 준다. 역동적 양상은 이러한 그래프를 살펴보는 것으로만 명확하게 나타나는 것은 아니다. 다양한 방식으로 수량화할 수도 있다. 우리는 유용한 도움이 되는 두 가지 유형의 기술통계치를 확인할 수 있다.

첫 번째, 상호작용 동안 각 참여자의 선형 기울기는 전반적인 변화를 요약하는 데에 유용한 정보이다. 예를 들어, 친화성을 나타내는 그래프에서 상호작용 기간에 따라 여성의 선형 기울기는 −95, 남성의 선형 기울기는 −107로 나타나는데, 두 참여자가 점진

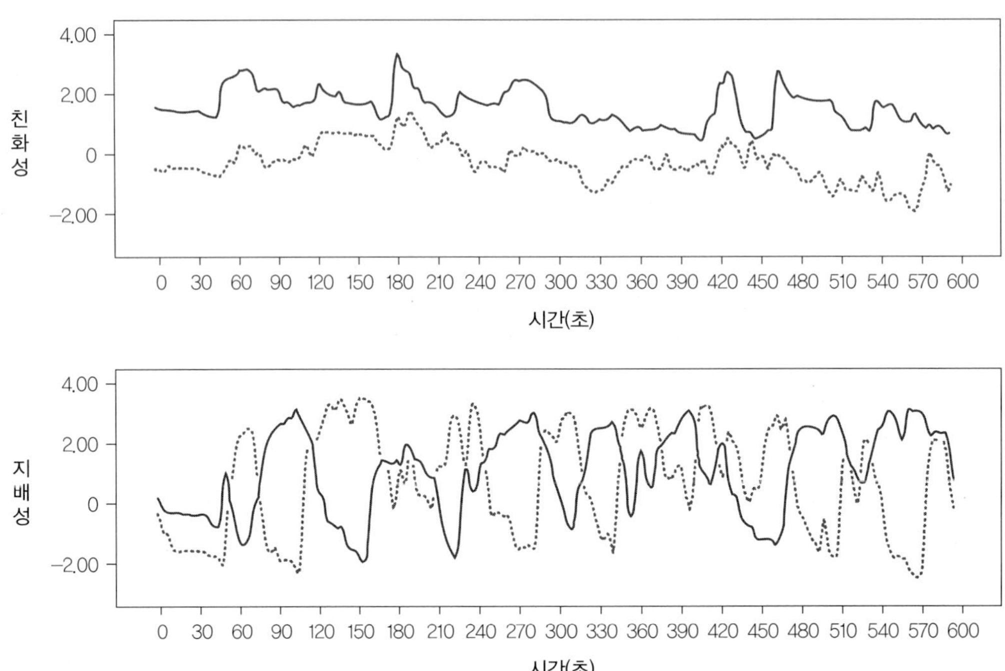

그림 2-3 여성(실선)과 남성(점선) 파트너의 상호작용 쌍에서 시간에 따른 친밀 행동(상단 그래프)과 지배 행동(하단 그래프)

적으로 하강하는 기울기를 보여 준다. 두 번째, 당사자 간의 서로 얽힌 정도는 동조 정도를 나타내는 지수이며, 얽힘의 변화는 서로 얼마나 관련되어 있는지를 알아내는 데 유용한 정보이다. 이를 포착하기 위한 한 가지 방법은 각 개인의 데이터에서 선형 추세를 제거하고 나서 두 사람의 데이터를 시간에 따라 상관을 분석하는 것으로, 이를 **교차 상관**이라고 한다. 예를 들어, 지배성에 해당하는 그래프에서 교차 상관 값이 −0.57이라면 이는 두 참여자의 지배성 수준이 순간마다 반비례로 변하는 중등도의 강한 경향성을 보여 주는 것이다. 반면, 친화성의 교차 상관 값이 0.31이라면 이는 더 평이한 정적 상관을 나타내는 것이다. 이처럼 두 가지 순간적인 관계 모두 대인관계 상보성과 일치한다는 점에 주목해야 한다. 유사한 지수로서 **일치성**(coherence)은 참여자 데이터의 시-계열 분석인 **교차-스펙트럴 분석**(cross-spectral analysis)을 통해 계산할 수 있다. 일치성은 참여자들의 행동이 사인-파(sine-wave)형의 패턴으로 공변하는 정도를 측정한다. 참여자들이 리듬감 있게 반복되는 방식으로 동조되는 경향은 특히, [그림 2-3]의 지배성 그래프에서 시각적으로 두드러지게 나타난다. 일치성 지수의 값은 상관계수 제곱과 유사하며, 정적·부적 부호는 없다. 교차 상관 값의 크기와 일치하게 지배성의 가중 평균 일치성은 0.55이고, 친화성은 0.31이다. 교차 상관과 일치성이 매우 다른 통계 모델에 기반을 두고 있지만, 대인관계 데이터를 적용했을 때 대체로 일관된 결과를 얻을 수 있다. 이러한 지수와 기타 지수 및 해석에 대한 더 많은 정보는 Sadler 등(2009, 2011)에서 참고할 수 있다.

조이스틱 기법은 좀 더 관습적이고 무역동적인(nondynamic) 대인관계 유형의 측면을 코딩하기 위한 훌륭한 방법이다. 여러 갈래의 평정(예: 친화성) 값의 평균은 상호작용에서 개인의 대인관계 방식을 상당히 신뢰하고 유효하게 측정할 수 있는 지표이며, 표준편차는 해당 차원에서 개인의 변동성을 나타내는 유용한 지표를 제공한다. 실제로, 전반적인 대인관계 유형을 평정하기 위해 조이스틱을 사용하는 것은 의사결정 연구자들의 잘 확립된 권장 사항과 일치한다(그들 자신의 모습을 스스로 평정한 값을 사용하는 것을 피할 것; 예: 회고를 통한 평정). 왜냐하면 데이터의 질이 저하되는 경향이 있기 때문이다(예: 평가자의 전반적인 인상은 관찰된 최고점이나 가장 마지막 시점에 관찰된 내용에 의해 지나치게 영향받는 경향이 있음; Kahneman, 2011).

실증적 검토

여러 연구를 통해 사람들의 사회적 행동을 평가하는 데 조이스틱 기법의 적용이 유망하다는 것을 알 수 있다. 초기 연구(Sadler et al., 2009)에서는 서로 낯선 혼성 짝 50쌍이 협력과제를 수행하는 동안 관찰자들은 그들의 지배성과 친화성을 순간에서 순간 시점 간 수준에서 기록했다. 그 결과, 많은 쌍이 일반적인 대인관계 행동 변화와는 색다른 리듬 패턴을 형성한다는 점을 발견했다. 한 쌍의 구성원들이 공유하는 행동 주기는 대략 같은 빈도를 가지면서, 극단성에서 움직임 간 변화와 강력한 상관관계를 보였다. 게다가 그들의 친화성 주기는 강한 위치 점의 일치 경향(즉, 최고점과 최저점이 동시에 발생)을 보였고, 지배성 주기는 강한 위치 점의 불일치 경향(즉, 한 사람의 최고점이 다른 사람의 최저점과 일치)을 보였다. 이에 더해, 이러한 친화성에서의 동조는 지배성에서의 동조와 상관이 없었다. 특히, 주목할 점은 한 쌍의 동조 정도가 매우 다양하게 나타났는데 거의 없는 수준에서부터 거의 가능한 최대치 수준까지 분포해 있다.

실제로 이러한 의미 있는 개인차에 관한 연구는 큰 잠재성이 있다. 예를 들어, 한 연구에서는 더 높은 친화적 동조를 보이는 여성 쌍들이 협력과제를 더 빠르고 정확하게 완료하는 경향이 있다는 것을 조이스틱 기법을 통해 밝혀냈다(Markey, Lowmaster, & Eichler, 2010). 이 기법은 슈퍼비전에서의 이와 유사한 과정을 연구하는 데에도 적용되었으며,

이러한 과정의 증거를 밝혀냈을 뿐 아니라 내담자와 치료자의 행동에서 긍정적인 내담자 결과와 연관된 역 U형 유사성 패턴(높음–낮음–높음)도 발견했다(Tracey, Bludworth, & Glidden-Tracey, 2012).

또한, 최근 발표된 연구에서는 심리치료에서 대인관계 과정을 연구하는 데에도 조이스틱 기법을 활용하였는데(Thomas, Hopwood, Woody, Ethier, & Sadler, 2014), 특히, 우울증 심리치료에서 이러한 유형의 과정들이 인지–정서적 처리 및 치료적 동맹과 어떻게 연관되는지도 밝혀냈다(Altenstein, Kreiger, & Grosse Holtforth, 2013). 더 나아가 조이스틱 기법을 적용하여 아이들이 상호작용하는 동안 어머니의 반응을 불러일으키는 방식(Klahr, Thomas, Hopwood, Klump, & Burt, 2013)과 대인관계 과정이 중요한 학생–교사 관계를 어떻게 구분하는지 더 잘 이해할 수 있었다(Pennings et al., 2014). 진행 중인 연구와 향후 연구는 조이스틱 접근법이 사람들의 사회적 행동을 평가하여 사회적 상호작용 중에 발생하는 정상적인 과정과 정신병리적인 과정을 더 잘 이해하는 데 상당한 잠재력을 가지고 있음을 보여 준다. 예를 들어, 최근 연구자들은 지배성 및 친화성과 관련된 과정이 초면인 동성 쌍과 초면인 이성 쌍에서 어떻게 다르게 나타나는지(Sadler, Lizdek, Hunt, & Woody, 2011), 연인관계에서의 중립적 상호작용과 갈등 상호작용이 어떻게 다른지(Hunt, Sadler, & Zuroff, 2012), 우울증이 연인 간 갈등 상황에서의 사회적 행동에 어떤 영향을 미치는지도 연구하고 있으며(Lizdek, Woody, Sadler, & Rehman, 2012), 경계선 성격장애를 겪는 여성들이 다른 사람과 처음 만날 때의 상호작용 방식(Thomas, Hopwood, & Morey, 2012), 부모와 자녀 간 상호작용의 역동이 어떻게 달라지는지 연구하고 있다(Ansell, Thomas, Hopwood, & Chaplin, 2012).

도전과제

조이스틱 기법과 관련하여 아직 완전히 해결되지 않은 세 가지 문제를 간략히 검토하고자 한다. 각각의 문제들은 이 기법이 미래에 어떻게 사용될 수 있는지에 대해 흥미로운 변형과 확장의 가능성을 시사한다. 첫째, 조이스틱 코딩 기법의 사용은 적어도 상호작용의 역동이 상당히 연속적인 오르내림의 흐름 변화로 이루어져 있다는 암묵적 가정을 반영하는 것인데, 여기에는 파트너 간의 동조 등의 순환적 패턴을 알아볼 수 있을 만큼 오랫동안 지속하는 리듬감 있는 규칙성을 포함한다. 상호작용이 불규칙한 간격으로 발생하게 되는 갑작스러운 불연속성으로 특징지어진다는 점에서는 조이스틱 기술은 확실히 적용 가능성이 작다고 볼 수 있다. 하지만 앞서 언급했듯이, 조이스틱의 '발사' 버튼 (및 기타 버튼들)은 기록에서 고유한 사건이나 전환 지점을 표시하는 데 사용될 수 있는 것이다—예를 들어, 중요한 새로운 주제가 갑작스럽게 생기거나, 특정 유형의 치료자가 개입하거나 심리치료 세션에서 극적인 감정변화가 발생한 경우. 이러한 전환점은 대인관계 역동의 흐름에 영향을 미칠 수 있는 다양한 맥락을 구분하는 데 사용될 수 있다. 또한, 동일 리듬 패턴과 동조가 상호작용의 전체 지속 시간을 특징짓는다는 가정[소위 정상성(stationarity) 가정]을 하지 않으려면, 상호작용 내에서 안정적인 역동 패턴의 좀 더 짧은 시간 구간을 찾아내는 방법이 있는데, **창문형 교차 상관** 그래픽 기술이다(Boker et al., 2002).

둘째, 조이스틱 기법을 사용한 우리 연구에서는 개별 관찰자의 편향과 오지각이 미치는 영향을 방지하기 위해 몹시 신경을 쓰고 있다. 우리는 좀 더 숙련, 숙달된 코딩자의 시-계열 데이터와 비교하여 신입 조이스틱 코딩자를 신중하게 훈련시킨다(Lizdek et al., 2012). 또한, 여러 독립적인 평가자(보통 4명)를 활용하여 각 시점에서 모든 코딩 데이터의 평균을 구한다. 이를 통해 특정 개인 관찰자의 개별특수적 지각을 완화시킨 조합되고 합의된 시계열을 만든다. 이러한 합의된 시계열은 평가자 간 신뢰도가 꽤 좋은 경향이 있다(Sadler et al., 2009). 그러나 개인의 편향과 개별특수적 지각을 무시하기보다는 이러한 편향과 오지각의 패턴을 검토하는 데 조이스틱 기법을 사용할 수 있을 것이다. 예를 들어, 상호작용 참가자들의 지각을 연구하기 위해 그들이 자신의 상호작용 영상을 보고 조이스틱을 사용하여 자신과 상대방을 평정하도록 할 수 있다. 이는 상호작용하는 사람들의 대인관계 지각에 대한 독특한 관점을 제공할 수 있다. 또 한 가지 가능한 예로 수련생-심리치료사와 자신의 지도감독자가 수련생 본인이 진행한 심리치료 회기를 각자 평가하고 나서 불일치한 지각을 찾아보는 데에 각각의 시계열 데이터를 비교해 볼 수 있다.

셋째, 조이스틱 기법을 사용하려면 관찰자가 두 개의 직교 차원을 지속적이고 동시적으로 코딩해야 하기에 이 작업에 따른 주의 요구 사항을 따져 보는 것은 실제로 재미있는 일이다. 한편, Wiggins(1982, 2003)는 IPC가 사람들의 직관적인 대인관계 지각의 기초가 되는 실제 환원적 구조를 나타낸다고 주장했다(Tracey & Rolfing, 2010 참고). 따라서 대인관계 지각을 조직화하고 기록하는 데에 두 주요 차원을 동시에 포함하는 데카르트 평면의 사용은 자연스러우면서도 직관적으로 간편한 방법을 제공할 것이다. 반면, 관찰자들이 상호작용 영상을 볼 때 한번은 지배성만 평정하고, 또 한번은 친화성만을 평정하도록 한다면, 주의 집중해야 하는 작업 부담이 상당히 줄어들 수 있다. 이 접근법은 결과 데이터의 질을 높이고 모든 관찰자가 두 가지 기본 대인관계 차원에 같은 주의를 기울이도록 도와주는 데 유용할 수 있다. 조이스틱 모니터링 프로그램에는 한 번에 하나의 차원만 평가할 수 있는 옵션(예: 수평축을 따라)이 있는데, 따로 코딩된 지배성과 친화성 데이터는 이후에 손쉽게 통합하여 그래프를 그린 후 데이터 분석에 활용될 수 있다. 이와 같은 대안적 절차가 결과 데이터의 질에 미치는 영향은 현재 연구 중이다.

사례: 순간에서 순간 시점의 대인관계 역동

적절한 그래픽이 포함된 조이스틱 기법은 임상적 훈련과 심리치료 과정을 이해하는 데에 흥미를 끄는 용도가 될 수도 있다. Tracey(2004)는 단일 상호작용의 내부적 세부 사항에 많은 상보성이 존재한다는 사실로 주목을 받았다—이를 **행동적 상호 교환 수준**(behavioral interchange level)이라 했었다. 이러한 세부 사항을 추적하기 위해 상당한 노동집약적인 평가 방식이면서 행위별로 평가하는 방식들과 달리 조이스틱 기법은 상호작용의 내부 세부 사항을 추적할 수 있는 아주 실용적인 방법이다. 예를 들어, 임상 수련생이 자신의 심리치료 회기의 주요 부분의 영상을 보면서 한 번은 내담자의 행동을 평가하고, 또 한 번은 자신의 행동을 평정할 수 있다. 수련생은 조이스틱 기법을 사용하는 동안 발사 버튼을 눌러 자신이 중요하다고 생각하는 모든 일에 대해 표시해 둔 후 나중에 시계열에 대한 주석을 달 수도 있다.

일단 조이스틱 코딩이 완료되면 이제는 이 모든 정보를 사고와 통찰을 촉진하는 형식으로 변환하여 임상 지도 감독이나 치료 개입을 위한 보조 자료로 유용하게 활용하는 것이 과제이다. 하지만 이러한 정보 처리는 컴퓨터 프로그램으로 1초도 걸리지 않고 쉽게 처리할 수 있다. 그렇다면 결과물은 어떤 모습이어야 할까? 이를 위해 스파크라인(sparklines)이라고 불리는 Tufte(2006)의 아이디어를 적용했다. 우리가 원하는 결과물은 간결하면서도 고해상도의 그래픽으로 해당 추세와 변동을 직관적으로 보려는 것인데, 이 그래픽은 두드러진 시각적 요소들이 평가 보고서와 치료 노트 및 요약, 내담자 피드백과 같은 일상생활에 쉽게 통합될 수 있도록 관련 정보를 전달하는 것이다.

[그림 2-4]는 실제 치료 세션을 기반한 그래픽을 보여 준다. 위쪽에는 친화성에 대한 시계열의 조합이고 오른쪽 숫자는 각 사람(어두운색은 내담자, 밝은색은 치료자)의 친화성 평균 수준을 나타낸다. 스파크라인의 중요한 속성은 불필요하게 그래픽을 복잡하게 만들거나 여러 축의 연결망으로 그래픽을 분리하지 않는다는 것이다. 아래에서 우리는 지

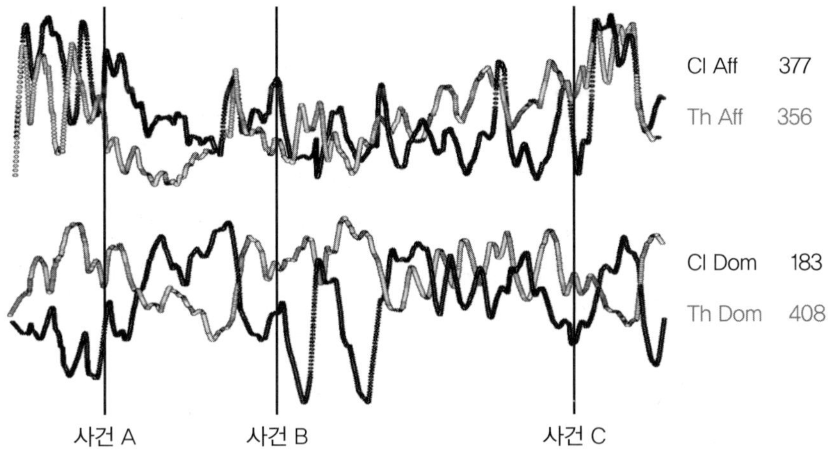

그림 2-4 치료 세션의 스파크라인으로, 시간에 따른 친밀감(상단 그래프)과 지배력(하단 그래프)을 나타내며, 내담자(어두운 선)와 치료자(밝은 선)의 변화를 보여 줌.

오른쪽에 있는 숫자는 세션 전반에 걸친 평균값을 의미함. (Cl Aff, 내담자 친밀감; Th Aff, 치료자 친밀감; Cl Dom, 내담자 지배력; Th Dom, 치료자 지배력)

배성의 조합 시계열을 볼 수 있는데, 오른쪽 숫자가 다시 내담자와 치료자의 지배성에 대한 평균 수준을 보여 주는 것이다. 시-계열은 중요한 방식으로 평균 정보를 보완한다는 점을 잘 유의해야 한다. 예를 들어, 전반적으로 치료자가 내담자보다 지배성 평균 수준이 더 높은 것으로 나타났다 해도 선의 흐름은 이 패턴의 역전되는 시점도 여러 번 있었음을 보여 준다.

검은색 수직선은 수련생이 기록한 주요 사건들을 나타낸다. 우리는 이러한 각 사건의 특징에 대해 간단한 주석을 추가할 수 있는데, 이는 주요 사건들이 진행 중인 계열을 어떻게 변화(일시적으로 방해)시킬지 식별하는 데 잠재적으로 큰 관심을 가진다. 예를 들어, 사건 A는 친밀감에 해당하는 시계열에서 치솟는 변화를 일으키는 것으로 나타났고(높은-진폭의 주기가 서서히 하향 곡선으로 방향을 잡는다), 사건 B는 내담자의 지배성 수준에서 가장 낮은 저점에 앞서 발생한다. 때때로 임상 지도감독자가 그 조이스틱을 직접 사용해서 구간을 코딩할 수도 있는데, 이는 교정을 해 주거나 혹은 또 다른 관점을 보여 주려는 목적에서 사용한다. 하지만 잘 훈련된 한 명의 평정자(일반적으로 임상 수련생)는 의미 있고 유용한 결과를 얻는 데 충분할 수도 있다.

이러한 접근 방식은 임상 지도 감독에 여러 가지 이점을 가져올 수도 있다. 첫째, 수련생에게 해당 행동의 변화와 그 행동의 변화가 가진 순환적 특성을 주의하도록 해 준다.

둘째, 치료적 개입이 상호작용 패턴을 바꾸도록 설계되었다는 점에서, 해당 치료적 개입이 원하는 효과를 내고 있는지에 대한 근거의 창을 제공한다. 셋째, 이는 주요 사건이 진행 중인 대인관계 과정을 어떻게 바꾸게 되는지 검토해 볼 작업 틀을 제공한다. 넷째, 치료자의 대인관계 행동이 내담자의 행동과 어떻게 얽혀 있는지를 보여 주며, 치료자가 해당 과정에 의도치 않은 기여점을 밝히는 데 도움이 될 수도 있다. 마지막으로, 다양한 치료 회기에 전반에서 대인관계 행동이 어떻게 변화하고 있는지를 보여 주는 세부적 기록을 제공한다.

좀 더 일반적으로, 조이스틱 기법은 심리치료 과정과 역동을 연구하는 데 폭넓게 적용될 가능성이 있다. 이러한 연구는 심리치료 회기 내에서 발생하는 자료를 검토하라는 좀 더 광범위한 요구와 일치하며, 이는 심리치료 과정 연구를 위한 '자연 실험실'을 제공하는 것이다(Borckardt et al., 2008). 이를 설명하고자 우리는 Shostrom(1966)의 유명한 영상 속 내담자인 Gloria를 주인공으로 한 심리치료 세션에서 조이스틱 기법을 적용한 Thomas 등(2014)의 연구 결과를 간략히 요약하고자 한다. 이 영상은 Gloria와 세 번의 심리치료 세션을 기록한 것인데, 각 세션은 세 명의 저명한 치료사인 Albert Ellis, Frederick Perls, Carl Rogers와 함께 진행되었으며, 이들은 각각 합리적-정서적, 게슈탈트, 내담자 중심 심리치료 접근법을 시연했다. 이 세션들은 서로 다른 이론적 관점을 가진 세 명의 치료자와 한 명의 내담자 사이에서 펼쳐지는 대인관계 과정을 비교해 볼 만한 기회를 제공한다.

Gloria의 순간에서 순간 시점 간 대인관계 행동은 각각 회기마다 드러나는 방식이 달랐으며, 이는 부분적으로 각 치료자의 순간에서 순간 시점 행동을 기반으로 예측할 수 있었다. 예를 들어, 친화적이고 통제하는 행동은 각 세션에서 서로 상보적인 것으로 나타났으며, 이는 Gloria와 치료자들의 친화적 행동이 유사하고, 통제적 행동과 순응적 행동은 서로 반대되는 경향이 있음을 지적한다. Ellis가 가장 통제적인 치료사였고, 대인관계 상보성에 따라 Gloria는 Ellis와의 세션에서 다른 세션보다 더 순응적인 태도를 보였다. 반면, Rogers와의 세션에서는 Gloria가 통제적인 태도를 보이는 경향이 있었으며, Rogers는 순응적으로 행동하는 경향을 보였다.

이러한 결과는 내담자의 대인관계 행동이 변할 수 있다는 것이며, 부분적으로 치료자의 행동에 따라 달라진다는 원칙과 일치한다. 영상 속 치료자들은 치료자가 최소한의 개입으로 들어주고, 내담자를 대신해 중요한 결정을 내리고 싶은 유혹을 억제하는 등(즉, 순응적으로 행동하기) 내담자가 치료 과정에서 주도적으로 참여할 수 있는 분위기를 조성하는 방법을 보여 준다. 반대로, 치료자는 말을 많이 하고, 구체적인 안을 제시하며, 대화의 흐름을 조절하는 등(즉, 주도적으로 행동하기)으로 내담자가 자신이 이끄는 대로 따르게 하는 분위기를 조성할 수도 있다. 이러한 각 목표는 다양한 내담자와 치료작업을 할 때 다양한 시점에서 치료적 기능을 수행하며, 치료자가 자신의 순간 시점의 대인관계 행동을 사용하여 내담자의 행동에 영향을 주면서 변화를 촉진할 방법을 고려하는 것이 유용하다(Anchin & Pincus, 2010; Cain & Pincus, 출판 예정 참고).

전체 세션의 평균을 살펴보았을 때, 친화성에서도 전반적인 상보성이 나타났다. 전반적으로, Rogers는 Ellis보다 더 따뜻했으며, Perls가 가장 냉담했다. 대인관계 상보성 이론과 일치하게 Gloria는 Rogers와의 세션에서 가장 따뜻한 태도를 보였고, Perls와의 세션에서 가장 냉담했다. 세션 평균이 전체적인 대인관계 행동을 나타내는 것과는 달리 개인 내 표준편차(intraindividual standard deviation: *iSD*)는 각 세션 내에서의 변동성을 보여주고, 대인관계 과정에 대한 중요한 추가 정보를 제공한다. Gloria의 친화적 행동에 대한 *iSD*는 Rogers의 세션보다 Perls와의 세션에서 거의 세 배 더 컸고, 이는 Gloria가 Rogers와의 세션에서는 따뜻한 기본 태도에서 거의 벗어나지 않았지만, Perls와의 세션에서는 적대적 행동에서 우호적 행동까지 폭넓게 나타냈다는 것을 의미한다. 전반적으로 이러한 결과는 Gloria가 지배적인 치료자(Ellis)와 상호작용할 때 대체로 순응적인 태도를 보였고, 따뜻하고 순응적인 치료자(Rogers)와 상호작용할 때는 대체로 따뜻하면서도 자기주장이 강했으며, 세션 내에서 따뜻한 행동과 냉담한 행동을 오가는 경향이 있는 치료자(Perls)와의 상호작용에서는 반응성이 매우 높게 나타났다. 이와 같은 연구 결과는 내담자의 행동이 치료자의 행동에 따라 예측 가능한 방식으로 달라진다는 점을 강조한다. 이는 세션 내에서 치료자의 행동을 전략적으로 조정하여 내담자의 순간 시점의 대인관계 행동 변화를 촉진하고, 궁극적으로 치료적 관계 내에서의 사회적 학습을 통해 장기적인 변화를 유도해야 한다는 대인관계 심리치료의 개입 권고 사항을 실제로 뒷받침하는 것이다(Anchin & Kiesler, 1982; Anchin & Pincus, 2010; Benjamin, 1996).

조이스틱 기법은 세션 내 대인관계 과정을 비교하는 것뿐만 아니라, 단일 세션 내에서 대인관계 과정의 중요한 변화를 찾아내는 데에도 효과적으로 활용될 수 있다. 예를 들어, 앞서 제시된 스파크라인과 같은 세션의 시-계열 그래프를 분석하면, 이러한 세션 내 변화가 드러날 수 있다. Gloria와 Ellis는 세 번의 치료 세션 중 평균적으로 가장 상보적인 관계를 보였지만, 그들의 상보성의 정도는 상호작용 과정에서 변화되었다. 여기서 주목할 점은 상호작용이 중반부에 접어들면서 그들은 친화성의 무상보적(noncomplementary) 패턴을 보였다는 것이다. 이 시점의 대화록을 질적 분석한 결과, Ellis는 Gloria의 문제가 그녀가 느끼는 것보다 더 심각하고 광범위하다고 가정하고 있었던 것이라 보인다. 특히, 이 시점에서 Ellis는 Gloria의 말을 여러 번 가로막고(예: '나의 훈련된 귀') 자신의 지위를 강조했다. 이처럼 상대적으로 불일치한 에피소드를 밝혀내는 것은 심리치료 과정 연구뿐만 아니라 임상 지도 감독에도 중요한 적용이 될 수 있다.

향후 연구에서는 세션 간 비교를 통해 치료자의 행동이 여러 내담자에게서 어떻게 달라지는지(실제 상황에서 흔히 발생하는 것)를 쉽게 분석할 수 있다. 이러한 연구는 다양한 인구 통계학적 특성, 성격, 진단을 가진 내담자들 사이에서 치료자의 행동에 미치는 중요한 양자 관계적 영향을 강조할 것이다. 이러한 영향을 인식하면 치료자는 내담자와의 대인관계 행동 간 상호작용에 대한 통찰을 더 깊이 할 수 있으며, 이를 통해 내담자의 행동 변화를 촉진하는 기술을 향상하는 데 도움이 될 수 있을 것이다. 예를 들어, Ellis는 Gloria에게 교육적이고 주도적인 방식으로 관여하면서 학습을 촉진했고; Perls는 비판적으로 행동하면서 Gloria가 자신의 부정적인 감정을 진솔하게 표현하도록 유도하였으며; Rogers는 여러 차례 Gloria에게 조언해 주기를 거부함으로써 그녀가 자신의 자율성을 가질 수 있도록 도왔다.

일상생활 속 대인관계 역동

순간에서 순간 시점 간 수준에서 대인관계 행동의 가치평가는 여러 가지 평가상의 이점(이상에서 설명한 내용)이 있지만, 환자의 대인관계 어려움은 치료실 밖에서도 드러난다. 환자가 상담실이라는 자연스러운 실험실 내에 있는 것이 아니라면 대인관계 행동에 대한 순간에서 순간 시점 간의 가치평가 정보는 얻기가 어렵다. 치료 회기 밖에서 대인관계 상의 어려움을 추적하고자 하는 임상가는 일기 쓰기 방법(diary methods)을 활용하여 눈에 띄는 삶의 순간들을 체계적으로 기록할 수가 있다(Mehl & Connor, 2012). 임상심리학에서는 이러한 기록이 보통 간편하게 접근할 수 있는 짧은 질문지 및 설문 조사에 응답하는 것으로 이루어진다(Luxton, McCann, Bush, Mishkind, & Reger, 2011; Trull, Ebner-Priemer, Brown, & Tomko, Scheiderer, 2012). 다양한 경험 표집 방법의 발전으로, 다양한 일정이나 안내 알림에 따라(생태학적 움직임 평가, ecological momentary assessment: EMA; Shiffman, Stone, & Hufford, 2008) 또는 미리 정해진 이벤트에 따라(사건-수반 기록법,

event-contingent recording: ECR; Moskowitz, & Sadikaj, 2012) 하루 내내 반복적인 평가가 가능해졌다. 일상생활 맥락에서의 평가는 개인의 경험을 자연스럽게 생활하는 환경에서 본인이 포착한다는 점에서 차이가 있고, 이 같은 방법으로 수집한 데이터는 다양한 시간 척도(분, 시간, 일, 주 단위)로 분석할 수 있으며, 전체 평가 설정 기간에 걸쳐 개인에 대해 집계한 요약 정보까지 포함하는 방법이다.

사건-수반 기록을 활용한 대인관계 역동 평가

ECR 질문지는 종이와 연필을 사용하는 일기 형식이나 스마트폰 및 기타 전자 모바일 기기에 기록되는 전자 일기 형식으로 작성할 수 있다. ECR은 다른 사람들의 대인관계 행동(즉, 환자의 대인관계 지각)과 환자의 대인관계 행동을 평가하는 데 유용하다(Roche, Pincus, Conroy, Hyde, & Ram, 2014). 대인관계 지각은 대인관계 격자(예; Moskowitz & Zuroff, 2005a)를 사용하여 평가할 수 있는데, 수평 차원은 연대적 지각(친근함 대 비친근함)을 나타내고 수직축은 자율성 지각(지배적 대 순응적)을 말한다. 환자는 상호작용 동안

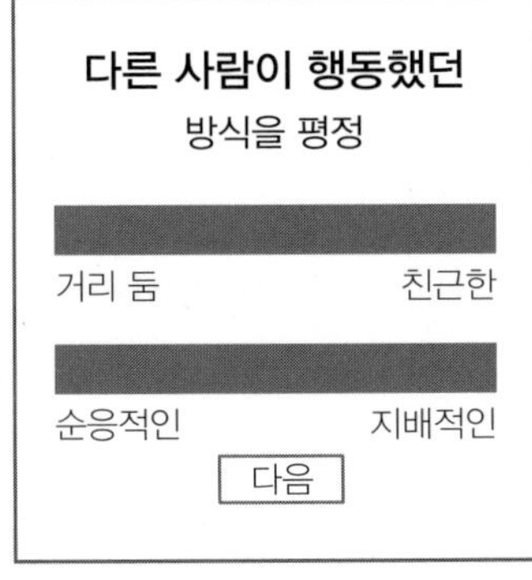

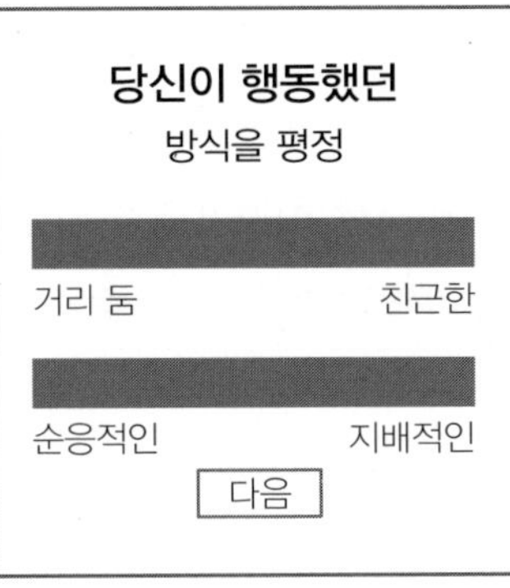

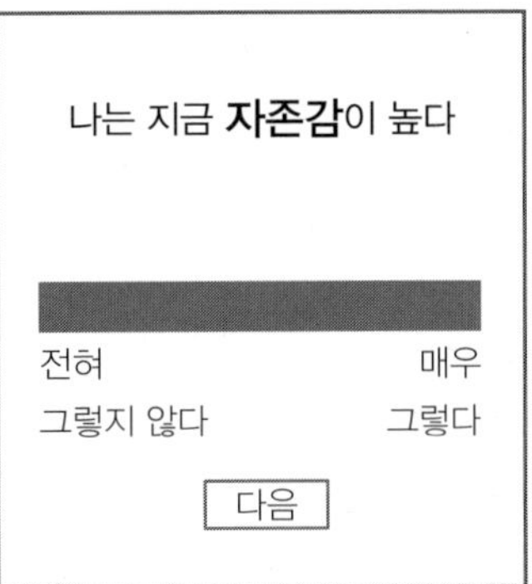

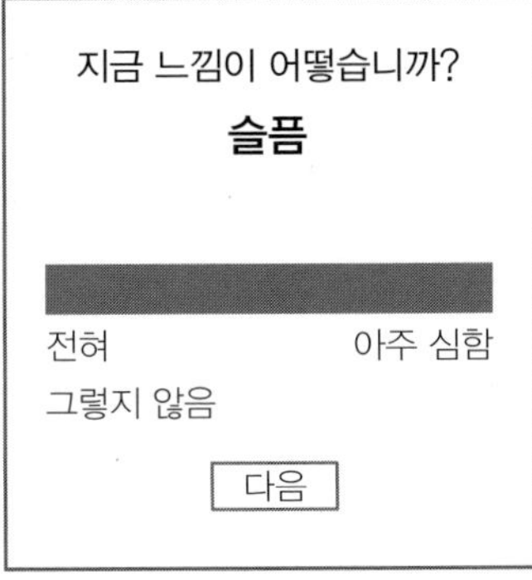

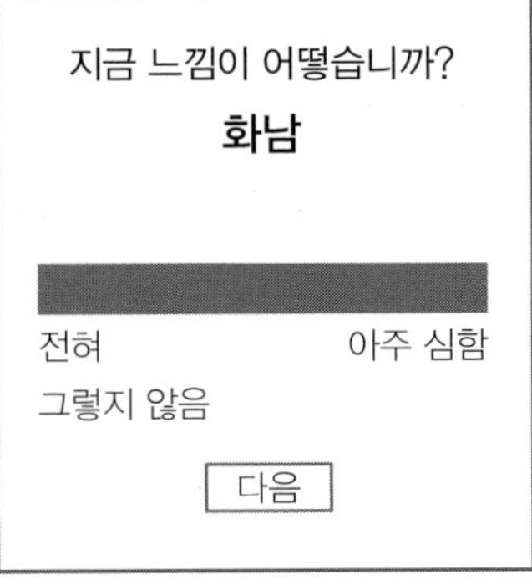

그림 2-5 일상생활에서 대인관계 역동을 평가하기 위한 사건-수반 기록 조사

상대방의 연대성과 자율성 수준을 나타내기 위해 2차원 격자 위에 '×' 표시를 한다. 환자의 대인관계 행동은 환자가 수긍하는 일련의 행동을 포함하는 사회적 행동 검사(Social Behavior Inventory: SBI; Moskowitz, 1994)를 사용하여 평가할 수 있다. 다른 대안으로는 자율성과 연대성을 반영하는 일련의 양극성 차원 평정을 사용하여 대인관계 지각과 행동을 평가할 수도 있다. [그림 2-5]는 이러한 접근 방식을 보여 주는 스크린 캡처 이미지인데, 이는 전자식 일기 연구에 사용되었고(해당 사례연구는 이 장의 후반부에 더 자세히 다루었다), 대인관계 지각, 행동 그리고 기타 문항이 일련의 양극의 차원으로 표현되어 있다.

실증적 검토

대인관계 역동을 조사하기 위해 ECR을 사용하는 많은 연구는 이 ECR 평가 방법론의 신뢰성과 타당성을 지지하고 있다. 이러한 연구들은 대인관계 변동성, 상호 대인관계 패턴, 대인관계 공변동성의 역동을 중심으로 정리해 볼 수 있다.

대인관계 변동성

이론과 연구는 개인 내 변동성에 대한 평가가 성격과 정신병리를 기술하는 독특하고 중요한 새로운 방법을 제공한다는 점을 보여 준다(Ram et al., 2013; Ram, Conroy, Pincus, Hyde, & Molloy, 2012). IPC를 사용한 ECR 평가에서 다양한 정량적 변동성 지표를 도출할 수 있으며, 각각은 개인의 평균 행동 점수(*iMN*)를 중심으로 선형 또는 원형 *iSD*를 기반으로 한다. Moskowitz와 Zuroff(2004, 2005b)는 이러한 여러 IPC 기반 변동성 지표를 설명하는 데에 **플럭스**(flux), **펄스**(pulse), **스핀**(spin)이라는 용어를 도입했다. **플럭스**는 앞서 논의된 움직임 간 상호작용에서의 변동성과 일치하는 것으로 자율적 또는 연대적 행동의 변동성을 의미한다(IPC 차원이나 그 구성 요소에 대한 *iSD*-지배성, 순응성, 친화성, 논쟁적 성향). **펄스**는 보고된 행동의 전반적인 강도의 변동성을 의미한다(IPC 중심으로부터의 모든 벡터에 대한 *iSD*). **스핀**은 발현된 행동 유형의 변동성을 의미한다(즉, 보고된 행동의 모든 IPC 위치를 기반으로 한 원형 *iSD*). 예를 들어, 낮은 플럭스는 단일 차원(자율성 또는 연대감)에서의 변동성이 적음을 반영하는 반면, 낮은 펄스는 전반적인 행동 강도에서의 변동성이 적음을 의미한다. 만약 플럭스 또는 펄스가 낮으면서 일반적으로 높은 평균 강도와 연관되어 있다면, 이는 강렬한 대인관계 행동이 만성적으로 행동하게 되는 것과 일치되는 것이다. 낮은 스핀은 시간이 지남에 따라 행해지는 좁은 레퍼토리의 대인관계 행동을 반영한다. 이러한 역동적 개념들은 규준적 행동과 규준을 벗어난 행동을 평가하는 데 중요한 함의를 갖는다(Pincus et al., 2010).

20일 동안 진행된 ECR 연구에서 경계선 성격장애(Borderline personality disorder: BPD)로 진단된 여성 38명 그리고 이들과 성별과 나이를 맞춘 비임상 통제집단 44명이 자신의 사회적 상호작용에 관해 보고했다(Russell, Moskowitz, Zuroff, Sookman, & Paris, 2007). BPD 그룹의 참가자들은 친근한 행동의 평균 수준(*iMN*)이 더 낮다고 보고하지는 않았지만, 친근함에서 더 큰 변동성(플럭스)을 보였는데 이는 친근한 행동이 급격히 증가하거나 감소할 가능성을 시사한다. 또한, 이 그룹은 논쟁하기 좋아하고 지배적인 행동에서도 변동성(플럭스)이 증가하는 것으로 나타났으며, 이는 BPD의 임상적 기술과 일치한다. 더불어 BPD 그룹은 BPD를 겪고 있는 환자들의 행동적 불안정성 개념과 일치하는 것이며 더 높은 스핀을 보였다. BPD를 겪고 있는 환자들은 혼란스러운 대인관계를 가지는 것으로 잘 알려져 있으며, 대인관계 스핀은 관계 붕괴의 중요한 역동적 특징일 수도 있다. 지역사회 공동체에서 생활하는 성인들도 대인관계 스핀이 높을수록 관계의 친밀감에 많은 부정적인 영향을 미쳤다(Côté, Moskowitz, & Zuroff, 2012). 중요한 예비 연구 결과에 따르면, 대인관계 스핀은 뇌의 세로토닌 활동 수준이 낮은 것과 관련이 있음을 시사한다(Moskowitz, Zuroff, aan het Rot, & Young, 2011).

상호적 대인관계 패턴

대인관계 행동은 진공 상태에서 나타나는 것이 아니다. 반드시 타인의 영향을 중요 요소로 고려하여 맥락화해야 한다(Ebner-Priemer, Eid, Kleindienst, Stabenow, & Trull, 2009; Mischel & Shoda, 2010). **만약**(if, 상황)**—그렇다면**(then, 행동)과 같은 안정적인 행동적 특징을 평가하고 식별하는 것이 성격 및 임상 연구에서 중요한 분야로 자리 잡아 가는 중이다(Kammrath & Scholer, 2013; Mischel & Shoda, 2008). '상황—행동 수반성'의 핵심적 의미는 상황이 가진 심리적으로 현저한 특징을 식별해야 할 필요성을 말하며, 이를 위해서는 조직화된 심리학적 이론이 필요하다. 대인관계 이론에 따르면, 상황의 대인관계 특징이 가장 두드러진다고 주장하며(Pincus & Ansell, 2013), 우리는 환자의 대인관계 행동을 평가할 때 일상에서 상호작용하는 타인에 대해 인식된 대인관계 행동을 바탕으로 맥락화해야 한다고 권장한다(Roche et al., 2014). [그림 2—5]에서 볼 수 있듯이, 환자의 자율적 및 연대적 행동과 타인에 대한 지각은 일반 IPC 차원을 통해 평가될 수 있다. 사회적 상호작용(ifs)에서 타인(들)의 자율적 및 연대적 특성이 환자의 대인관계 행동(thens)과 연결될 때, 우리는 이를 상호적인 대인관계 패턴이라고 설명할 수 있다. 환자의 행동뿐만 아니라, 사회적 상호작용(ifs)에서 지각된 타인(들)의 자율적 및 연대적 특성 감정적이거나 상징적 반응(thens)과도 유용하게 연결될 수 있다.

실증적으로 검토된 가장 일반적인 상호적 대인관계 패턴은 대인관계 상보성의 역동을 반영한다(즉, 유사성과 상대성). 지역사회에 거주하는 성인의 사회적 상호작용에 대한 20일간 ECR 연구(Fournier, Moskowitz, & Zuroff, 2008)에서 자율성 차원에 따른 상대성(예: 지배성에는 순종성이 부합함)과 연대성 차원에 따른 유사성(예: 친근함에 친근함이 부합함)의 상보적 주제가 확인되었다. 유사한 ECR 연구(Moskowitz, Ringo Ho, & Turcotte-Tremblay, 2007)에서도 상호작용 파트너에 따른 역할 지위와 상호작용이 일어난 장소(예: 직장 대 직장이 아닌 환경)를 조사했다. 연구자들은 개인이 직장에 있지 않을 때와 고-지위의 직장 역할을 맡고 있을 때 연대적 상보성을 더 자주 보이는 경향이 있다고 보고했다. 자율적 상보성(예: 지배성에 순종성이 만나거나 순종성에 지배성이 만나는 것)은 직장 환경에서만 발견되었으며, 개인이 고-지위의 직장 역할을 맡고 있을 때 이러한 효과는 강해졌다. 반면, 7일간의 ECR 연구(Roche, Pincus, & Conroy et al., 2013)에서는 비상보적 대인관계 패턴이 정신병리와 관련이 있는지를 검토했고 병리적 자기애가 대인관계 지각(ifs)과 행동(thens) 사이에서 관계를 조절한다는 것을 확인했다. 자기애적 과대성이 높은 개인은 타인의 지배성 및 우호성을 지각할 때, 자기 자신도 지배적 행동을 더 많이 하는 경향이 있었다(즉, 지배성에서 비상보적 패턴). 하지만 상대방이 지배적이고 비우호적이라고 지각했다면 자기애적 과대성이 높은 사람들은 상보적인 방식(즉, 낮은 지배성)으로 반응했다.

또 다른 연구에서는 환자의 감정과 증상(thens)이 타인의 대인관계 행동(*if*)에 대한 지각과 관련이 있는지 검토했다. 20일간 ECR 연구(Sadikaj, Russell, Moskowitz, & Paris, 2010)에서 BPD로 진단받은 환자들은 지역사회 대조군과 비교해 타인을 덜 우호적으로 지각했을 때 부정 정서가 더 많이 증가하고, 타인을 더 우호적으로 지각했을 때 긍정 정서가 더 적게 증가했다고 보고했다. 이는 증가한 부정 정서는 환자들의 논쟁적 행동을 증가시키는 데에 기여로 부정적인 상호작용이 악순환하게 되는 것이다(Sadikaj, Moskowitz, Russell, Zuroff, & Paris, 2013). 이 연구와 유사하게 지역사회 거주 성인에 대한 ECR 연구(Sadikaj, Moskowitz, & Zuroff, 2011)에서는 타인을 덜 친근하게 지각하는 것과 부정 정서 사이의 관련성은 애착 불안이 높은 개인에게서는 더 강하게 나타났고, 애착 회피가 높은 개인에게서는 더 약하게 나타났다. 이러한 효과는 여타 사람보다 연애 대상과의 상호작용에서 더욱 두드러지게 나타났다.

대인관계 공변성

연구자들은 환자의 행동과 타인의 지각에서 자율적 그리고 연대적 경험이 어떻게 연결되는지(즉, 개인-내 공변성)도 살펴보고 있다. 20일간의 ECR 연구(Fournier, Moskowitz, & Zuroff, 2009)에서 연구자들은 각 참가자의 자율적 행동과 연대적 행동의 개인-내 연관성을 계산했다. 동시에 지배적인 태도와 친근한 태도를 보이는 방식은 낮은 신경증, 낮은 우울증, 그리고 높은 자기-존중감과 관련이 있었다. 이 연구는 대인관계적 지각의 공변성을 검토하는 방향으로 확장되었다(Roche, Pincus, Hyde, et al., 2013). 연구자들은 의존성이 높은 개인이 의존성이 낮은 사람들에 비해 타인의 지배성을 친근한 행동으로 동시에 지각하는 경향이 더 강하다는 것을 발견했다. 반대로, 자기애적 과대성이 높은 개인은 자기애적 과대성이 낮은 개인과 비교해 타인의 지배성을 동시에 친근함으로 지각하는 경향이 더 적었다. 이 연구는 일상생활에서 자율적 및 연대적 대인관계 경험(행동과 지각)의 공변성이 웰빙 및 정신병리와 관련이 있음을 말해 준다.

사례 예시: 어느 환자의 3주간의 사건별 대인관계 역동

이 장에서는 21일간 일기 연구에 참여한 한 임상 환자를 대상으로 변동성, 상보성, 공변성의 원칙을 적용해 보았다. 그는 49세의 기혼 남성이며, 지역사회 정신건강센터에서 주 1회 심리치료를 받고 있었다. 환자는 여러 시점 구간 데이터를 제공했는데(연구 시작, 연구 종료, 하루 종료, 하루 동안 사건-수반 평가) 우리는 그중 사건-수반 반응(즉, 최소 5분 이상 지속한 대면 사회적 상호작용)에만 초점을 맞출 것이다. 그에게 제공해 준 스마트폰을 통해 설문 조사를 하여 자신의 반응을 기록했다. 차원적 평정은 0에서 100까지 연속적 범위의 점수를 터치하는 것으로 지정할 수 있었다([그림 2-5] 참고). 21일 동안 그는 총 136번의 사회적 상호작용을 기록했다(아내와 상호작용 75%).

시작에서 우리는 그의 전반적인 대인관계 지각과 행동 수준을 고려하였다(〈표 2-2〉 참조). 충분한 규준 데이터가 없이 그의 전체 점수가 다른 사람들에 비해 높은지 낮은지 판단하기 어려울 수가 있다(예: 연대적 지각에서 100점 만점에 78.79점은 높은 점수일까? 낮은 점수일까?). 대신, 우리는 그의 점수를 서로 다른 상황(아내 대 타인)에서 가치평가 해 보았다. 환자는 아내를 다른 상호작용 상대보다 더 친화적이라고 지각했다(〈표 2-2〉 참조). 그는 아내와 상호작용을 타인들과 상호작용보다 더 친근하면서 지배적인 방식으로 행동한다고 보고했다. 또한, 우리는 상황 내 변동성 패턴을 고려해 볼 수 있다. 지각과 행동의 변동성은 상황에 따라 유의한 차이를 보이지 않았으며, 이는 다른 상호작용 대상과 상호작용하는 것처럼 아내와 상호작용할 때도 유연하다는 것을 지적하고 있다.

이러한 보고서를 통해 이 환자의 일상적인 사회적 교류와 관련된 몇 가지 중요한 함의를 고려해 보아야 한다. 예를 들어, 그는 연대적 상보성과 자율적 상보성을 보이는가? 그리고 이러한 패턴이 강화하거나 약화하는 대상은 누구인가? 상보적 상호작용이 그의 웰빙에 어떤 영향을 미치는가? [그림 2-6]은 21일 동안의 그의 상호작용을 그래프로 나타낸 것이다. 상단 그래프에서 연대적 지각을 나타내는 진한 선과 연대적 행동을 나타내는 연한 선이 함께 움직이는 경향이 있으며, 이는 연대적 상보성 원칙과 일치한다($r = .71$, $p < .05$). 그의 프로파일은 이러한 연관성이 양방향으로 어떻게 움직이는지를 보여 주며, 여기에는 상대방의 낮은 친화성과 그의 낮은 연대성이 만나 합쳐지는 패턴도 포함된다. 하단 그래프에서는 자율적 지각을 나타내는 진한 선과 자율적 행동을 나타내는 연한 선이 반대 방향으로 움직이는데, 이는 자율적 상보성을 나타낸다($r = -.54$, $p < .05$). 본 사례

표 2-2 ECR 대인관계 평가를 위한 평균과 변동성

	전체	배우자	타인
지각 내용 요약			
연대성 평균	78.79	81.65[a]	72.60[b]
자율성 평균	55.54	55.09	56.51
연대성 플럭스	18.03	17.69	17.39
자율성 플럭스	15.52	16.85	12.26
펄스	10.50	9.26	10.30
스핀	0.69	0.62	0.81
행동 내용 요약			
연대성 평균	71.88	75.60[a]	63.84b
자율성 평균	54.04	56.04[a]	49.70b
연대성 플럭스	21.17	20.82	19.84
자율성 플럭스	15.89	15.31	16.44
펄스	13.38	12.36	13.59
스핀	0.93	0.78	1.24

* 주의: $N_{total} = 136$, $N_{spouse} = 87$, $N_{other} = 18$. 평균 점수는 독립 t-검정을 사용하여 비교함. 플럭스 점수는 선형 표준편차이며, 변수들의 분산을 (제곱근) 변환하여 직접 계산한 값임. 따라서 t-검정 내에서 분산의 동일성을 검사하여 플럭스의 차이를 계산함(Levene's 검정). 펄스를 검사하기 위해 각 상호작용에 대해 벡터 길이를 계산하고 이러한 점수들을 독립 t-검정으로 분산의 동일성을 검토하여 펄스의 유의한 차이를 분석함. 스핀은 원형 표준편차이기 때문에 같은 방법을 적용할 수 없어서 상호작용 맥락에 따른 스핀의 유의한 차이를 평가하지 않았음. 유의한 차이($p < .05$)는 $a > b$로 표시됨.

에서는 시간적 상호 관계에 대한 분석을 제시하지 않지만, 이 장에서 앞서 설명한 방법을 적용하면 분석할 수 있고 이를 위해 불규칙적으로 표집한 시계열 데이터를 다룰 수 있도록 수정된 방법을 적용해야 한다(Stoica & Sandgren, 2006). 좀 더 거시적인 수준에서 보면 상보성 원칙을 따르는 것은 정상적 대인관계 기능을 나타내는 지표일 수 있다. 이러한 상보성 원칙에서 벗어나는 특정한 상호작용 패턴에 깊이 들어가 보면 환자의 독특한 대인관계 문제의 출처를 더 잘 이해하는 데 도움이 될 수 있을 것이다.

이제부터 우리는 서로 다른 상황이 환자의 상보성에 영향을 미치는지를 살펴보려고 한다. 연대적 상보성은 아내와의 상호작용($r = .78$, $p < .05$)이 타인과의 상호작용($r = .50$, $r_{diff} = .28$, $z = 2.61$, $p < .05$)보다 더 유의하게 강했다. 자율적 상보성 역시 아내와의 상호작용($r = -.64$, $p < .05$)이 타인과의 상호작용($r = -.29$)보다 더 유의하게 강했다($r = -.29$, $r_{diff} = .35$, $z = 2.42$, $p < .05$). 이 결과는 그가 타인보다 아내의 지각과 행동에 더 크게 반응한다는 것을 드러내는 것일 수도 있다.

하지만 환자의 자율적 행동을 더 자세히 살펴보기 위해 자기 자신을 지배적 위치에 있

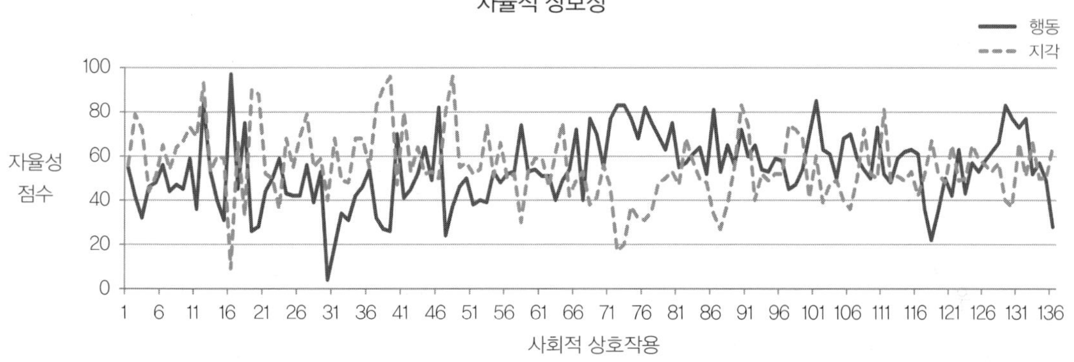

그림 2-6 환자의 21일 연구 동안 보고된 사건 전반에서 대인관계 상보성

다고 지각한 상호작용(즉, 그의 자율적 행동 점수가 상대의 자율성 지각 점수보다 높은 경우, $n = 62$)과 순응적인 위치에 있다고 지각한 상호작용($n = 71$)을 구분해 보았다. 그러고 나서 우리는 이 두 하위 그룹에서 그의 자율적 상보성 상관관계를 다시 계산한 후 상관계수를 비교했다. 그가 더 지배적인 위치에 있을 때, 자율적 상보성이 유지되었으나($r = -.46$, $p < .05$), 그가 덜 지배적인 위치에 있을 때는 자율적 상보성이 나타나지 않았다($r = .02$, $p > .05$, $r_{diff} = .48$, $z = 2.94$, $p < .05$). 다시 말해 그는 지배적인 역할을 할 때 자율적 상보성을 보일 가능성이 훨씬 더 컸다; 이 결과는 그가 타인에게 의존하거나, 양보하거나, 협력하는 데에 어려움이나 갈등을 겪을 수도 있다는 것이 중요한 부분이다.

다음으로 상보성이 동시에 환자의 웰빙에 어떻게 영향을 미치는지 살펴보았다. 우리는 그의 자율적 행동을 그의 자율적 지각(즉, 자율적 상보성), 기능 변수(기능 변수는 자존감, 분노, 슬픔이며 모든 변수는 각각 구별된 모델에 입력하였음), 그리고 해당 기능 변수와 자율적 지각의 상호작용(즉, 조절 효과)으로 예측하는 회귀 모형을 만들었다(〈표 2-3〉 참고). 우리는 자율적 상보성이 약할 때(예: 그의 자율적 지각과 행동 간의 낮은 부적 연관성), 그가 동시에 더 낮은 자존감을 경험하고, 더 많은 슬픔을 보고하는 경향이 있음을 가리키는 유의한 상호작용 효과를 확인했다. 우리는 연대적 상보성에 대해서도 유사한 분석을 수행했으나(자율적 행동과 지각을 연대적 행동과 지각으로 대체함; 〈표 2-3〉 참고), 기능 변수들이 연대적 상보성의 강도를 조절하지 않는다는 결과를 확인했다.

환자의 대인관계 경험에 대해 대인관계 지각과 행동을 나타내는 극점 좌표 그래프로 만들었다([그림 2-7]). 왼쪽 그래프는 그가 타인의 자율성을 불친절한 것이라 지각하고 있음을 보여 주었으며($r = -.51$, $p < .05$), 이러한 효과는 타인과의 상호작용과 비교했을 때($r = -.06$, $p > .05$, $r_{diff} = .61$, $z = 3.95$, $p < .05$) 아내와의 상호작용에서 더 강하게 나타났다($r = -.67$, $p < .05$). 오른쪽 그래프는 그가 자신의 자율적 행동을 친근하다고 보고했다는 것을 보여 주고, 이러한 효과는 상호작용 상대에 따라 차이가 없음을 보여 준다($z = 1.91$, $p > .05$). 이와 같은 분석 결과는 그가 다른 사람의 지배적 태도와 냉담함을 연결하는 핵심 도식을 갖지 않았음을 시사한다. 그 대신에 대인관계 지각에서 맥락화된(아내의 지배성) if-then 패턴을 시사한다. 아마도 이것이 그가 타인에게 순종함으로써 상보성이 드러날 가능성이 적다는 점을 부분적으로 설명한다.

우리는 공변성이 동시에 그의 웰빙에 어떻게 영향을 미치는지를 살펴보았다. 우리는 그의 자율적 지각이 연대적 지각(즉, 지각 공변성), 기능 변수 및 각 기능 변수와 연대적 지각 간의 상호작용으로 예측되는 회귀 모형을 만들었다(〈표 2-3〉 참조). 우리는 행동 공변성을 가치평가하기 위해 지각을 행동으로 대체하는 유사한 회귀 모형을 만들었다. 지각 공변성의 강도는 어떠한 기능 변수에도 조절되지 않았지만, 행동 공변성의 강도는 세 가지의 모든 기능 변수에 의해 조절되었다(〈표 2-3〉 및 [그림 2-7] 참조). 그는 지배적이고 우호적인 행동을 연결한 상호작용에서 더 높은 자존감, 더 낮은 분노 그리고 낮은 슬픔

표 2-3 자율적 및 연대적 상보성을 조절하는 기능적 변수들

모형	기능 변수(표준 베타)		
	자기-존중감	분노	슬픔
자율적 행동 변수	**자율적 상보성**		
시간	0.44*	0.44*	0.44*
자율적 지각	−0.46*	−0.46*	−0.46*
기능 변수	0.11	0.35*	0.09
자율적 지각×기능 변수	−0.29*	0.06	0.26*
조정된 R^2/$\triangle R^2$	.47*/.09*	.49*/< .01	−.44*/.06*
연대적 행동 변수	**연대적 상보성**		
시간	0.40*	0.40*	0.40*
연대적 지각	0.65*	0.65*	0.65*
기능 변수	0.39*	−0.30*	−0.19*
연대적 지각×기능 변수	−0.01	−0.13	−0.01
조정된 R^2/$\triangle R^2$	.65*/< .01	.64*/.01	.58*/< .01
자율적 지각 변수	**지각 공변성**		
시간	−0.24*	−0.24*	−0.24*
연대적 지각	−0.48*	−0.48*	−0.48*
기능 변수	−0.24*	0.25*	0.18*
연대적 지각×기능 변수	−0.11	−0.03	−0.14
조정된 R^2/$\triangle R^2$	.30*/.01	.31*/< .01	−.30*/.02
자율적 행동 변수	**행동 공변성**		
시간	0.44*	0.44*	0.44*
연대적 행동	0.23*	0.23*	0.23*
기능 변수	0.27*	0.31*	0.02
연대적 행동×기능 변수	0.25*	−0.57*	−0.30*
조정된 R^2/$\triangle R^2$	.30*/.04*	.37*/.08*	−.30*/.08*

* 주의: n = 개인당 136회 관찰. $\triangle R^2$는 모델에 상호작용을 포함한 후 설명된 분산의 변화량을 나타냄. Time = 상호작용이 보고된 순서를 통제하는 공변량. 열은 모델에 포함된 기능적 변수를 (각각 구별하여) 표시함. *p < .05.

을 동시에 보고하는 경향이 있었다. 주의할 만한 것으로 대인관계 지각이 아닌 대인관계 행동의 뚜렷한 조절은 환자가 자신의 행동을 어떻게 바라보냐가 일상생활에서 타인을 보는 방식보다 현재의 웰빙 상태와 좀 더 강하게 연관되어 있음을 시사한다.

환자가 자신의 일기 기록을 통해 말하는 대인관계적 이야기는 주로 자율성에 관한 것이다. 일상생활에서 특히, 아내와의 관계에서 그는 자율적 상보성을 보이지만 그는 타인에게 순응적인 입장을 취함으로써 자율적 상보성을 보일 가능성은 훨씬 낮다. 이러한 무-상보적 상호작용은 그의 웰빙에 부정적으로 영향을 미친다. 그는 아내의 지배적 태도를 비우호적인 것으로 지각하지만, 이것이 그의 웰빙에 영향을 미치지 않는 것으로 보이며 연대적 상보성에도 영향을 미치지 않는다. 이와 대조적으로 그는 자신의 지배적 태도를 우호적인 것으로 지각하며 이러한 자기-관점에서 벗어나는 것은 그의 웰빙에 부정적으로 영향을 미친다. 그의 프로파일을 고려해 보면 그는 자신이 지배적이라고 지각하

대인관계 공변성 그래프

대인관계 지각

A+
C−
C+
A−

대인관계 행동

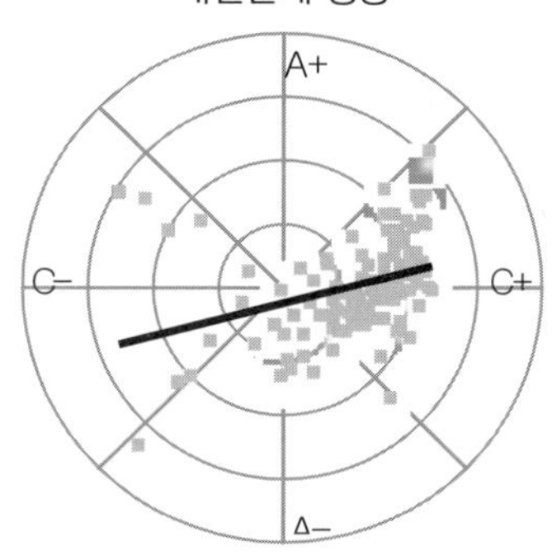

자율적 및 연대적 공변성의 조절 변수

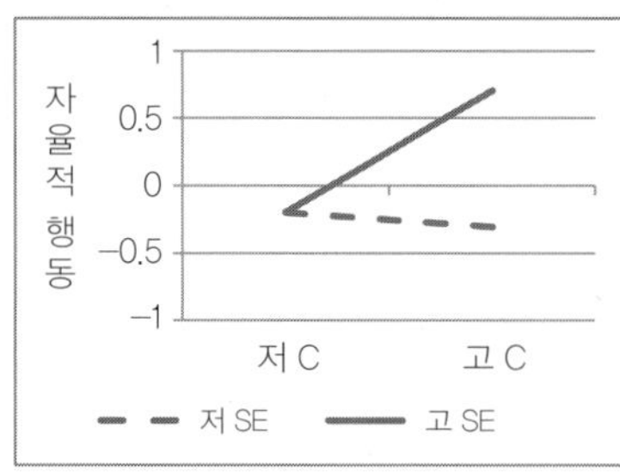

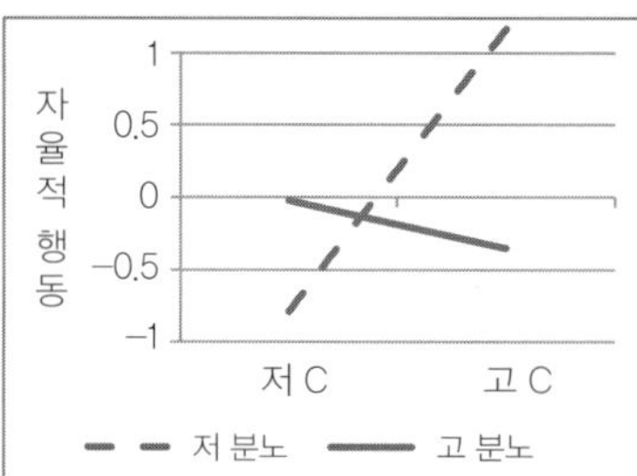

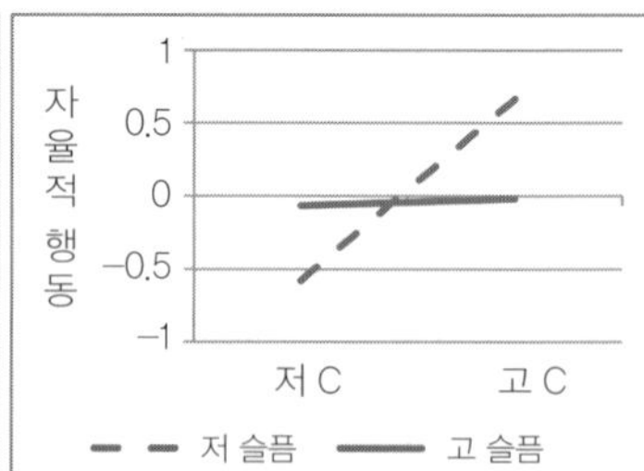

그림 2-7 대인관계 공변성 및 대인관계 공변성의 조절 변수들에 대한 그래프

상단: 자율성(A)과 연대감(C) 점수는 폴라 좌표계로 변한 후, 그래프에 나타냄. 하단: 낮은 값(Low)과 높은 값(High)은 표본 중심 평균에서 1 표준편차만큼 멀어진 값으로 나타냄. C, 연대적 행동. SE, 자아존중감. Angry, 분노. Sad, 슬픔

는 사람들과 상호작용하는 데 더 많은 어려움을 겪을 가능성이 크다. 왜냐하면 이는 그가 자신을 지배적으로 지각하는 사람들과의 관계에서 상보적인 반대 측면을 보이기를 꺼려 하고, 이러한 상호작용 후에는 나쁜 감정을 느끼기 때문이다. 이를 함께 생각해 보면 환자는 일상생활에서 일반적인 연대성이나 타인에 대한 지각의 영향을 거의 받지 않는 것으로 보인다. 대신, 그의 웰빙은 그가 자율적 상보성으로 관여할 수 있는 능력(특별히 그가 지배적 역할을 할 때)과 그의 지배성이 친근한 방식으로 표현되고 있다고 느낄 수 있는 능력에 거의 전적으로 따르고 있다.

이러한 유형의 분석을 통해 임상가가 대인관계 역기능의 역동이 내담자의 일상생활에서 어떻게 자연스럽게 나타나는지를 확인할 수 있다. 이는 내담자가 일반적으로 규범적인 사회적 교류(예: 상보성)에 관여하는지에 대한 여부를 확인할 수 있으며, 이러한 패턴이 벗어나는 특정한 맥락(혹은 사람)을 확인하기 위해 더 깊이 살펴볼 수 있다. 이는 특정된 범위의 문제를 분명히 하고 이를 치료적 개입의 목표로 설정하는 데에 임상적으로 매우 유용하다. 또한, 대인관계 상호작용과 대인관계 경험이 내담자의 자기-개념, 정서, 증상에 어떤 영향을 미치는지 이해하는 데 도움을 준다. 이러한 유형의 평가는 내담자가 회고적으로 식별하지 못하는 경험을 밝혀내는 데 특히 유용할 수가 있다(예를 들어, 그는 아내의 지배성을 비우호적으로 보는 경향이 있지만, 타인에 대해서는 그런 방식으로 보지 않는 경향을 알아차리는 것). 평가는 특정 사건이 발생할 때마다 반복적이고 집중적으로 이루어지며, 그 빈도는 임상가와 내담자가 유연하게 조정할 수 있다. ECR 평가를 수행할 때, 임상가는 환자와 임상가 모두에게 중요한 문제를 해결하기 위해 올바른 변수(예: 분노, 자해 충동, 물질 사용)를 선택하는 데에 신중해야 한다. 이뿐만 아니라 맥락적 범주(예: 가족 구성원을 하나의 범주로 묶을 수 있는가? 아니면 그들이 드러내는 문제를 고려하여 개별적으로 봐야 하는가?)와 관련된 구체성을 균형 있게 맞추는 것도 중요하다. 평가가 유용하게 분석되고 해석되기 위해서는 각각 범주별로 충분하게 보고 가능한 사건이 수집될 수 있도록 평가를 설계해야 한다. 이 방법을 실증적으로 평가한 사전 연구에서는 일반적으로 특정 사건을 최소 5분 이상 지속하는 대면의 사회적 상호작용으로 정의했다(Moskowitz, 2009). 하지만 어디까지나 이 기준은 임의적인 설정이다. 예를 들어, 기술의 발전으로 인해 직접적인 대면 없이도 현실-시간의 사회적 상호작용(예: 문자, 전화 통화, 페이스북)이 급격히 증가했다. 심지어 비우호적인 행동이나 불쾌한 느낌과 관련된 많은 중요한 사회적 상호작용은 5분 이상 지속하지 않을 수도 있다(Roche, Pincus, Conroy, et al., 2013). 그러므로 평가자는 어떤 사건을 평가할 것인지 신중하게 고려해야 한다. 비록 이러한 대인관계 평가 방법은 새로운 접근법이긴 하지만, 임상가가 환자의 사회적 세계를 더 넓은 시각에서 보도록 도와줄 수 있는 잠재력이 있다(Roche et al., 2014).

결론

성격, 사회적 상호작용, 일상생활에서의 대인관계 역동을 평가하는 것은 임상 연구, 수련 및 실습에 걸쳐 광범위한 초점을 둔 진정한 다중방식 접근이다. 우리의 관점에서는 대인관계 역동을 평가하는 것은 해당 환자의 증상과 기능을 이해하고 사례 개념화와 치료계획 및 결과 평가를 향상하는 데에 중요한 맥락을 제공하여 정신과적 진단을 넘어 부가-가치 있는 정보를 제공한다. 또한, 대인관계 역동에 대한 평가는 환자들 사이에서 관계 기능의 차이와 특정 회기 내에서나 또는 위기의 치료적 사건에 대한 반응으로 인한 관계 기능의 변화에 대해 상세하고 안성맞춤인 피드백을 수련생에게 제공함으로써 임상 수련을 직접적 방식으로 향상할 수 있는 잠재력이 있다. 대인관계 역동의 다중방식평가는 익숙해져 있는 자기 보고 및 3자-보고에 대한 새로운 해석적 접근법을 제공하며, 기술 발전과 함께 빠르게 변화 발전하고 있는 새롭게 등장한 평가 기법을 제공해 준다. 해당 평가 자료를 수집하고, 관리하고, 채점하고 및 그래프를 만드는 방법 중 대부분은 모듈화되어 있고, 적용할 수 있는 상태이다. 지속적인 기술 발전은 임상가, 환자, 지도감독자, 수련생들이 이러한 방법을 쉽게 활용하고(예: 환자 자신의 모바일 기기와 수련생의 노트북), 자동화된 점수화 및 그래프 작성 루틴을 통해 평가 결과를 빠르고 협력적으로 이해할 수 있게 해 준다. 3D 그래픽과 시계열 분석의 발전은 임상적 관심에서의 순간에서 순간 시점 간의 그리고 상황 간의 역동적 패턴을 식별하는 데 도움이 될 것이다. 이것이 특히 흥미로운 이유는 새로운 기술을 사용해서 실험실, 진료실, 일상생활의 자연스러운 환경에서 자기 보고와 맥락적(예: 오디오, 비디오) 그리고 생리학적 자료를 동시에 평가하고 통합할 수 있기 때문이다. 중요한 점은 여기에서 소개된 모든 방법이 탄탄한 심리측정 원칙에 기반을 두고 있으며 신뢰성과 타당성에 대한 경험적 근거를 갖추고 있다는 것이다. 이러한 방법들은 개별 사례를 평가하는 데 함께 사용될 수 있고 궁극적으로는 대인관계 역동에 대한 다중방식평가의 지침을 개발하려는 것이다. 우리는 다양한 시간 척도에서 구조적 · 시간적 역동이 의미 있게 연관되었을 것이라 예상하지만, 이처럼 다양한 방법을 동시에 활용하는 경험적 조사 연구가 반드시 뒤따라야 한다.

참고문헌

Alden, L. E., Wiggins, J. S., & Pincus, A. L. (1990). Construction of circumplex scales of the Inventory of Interpersonal Problems. *Journal of Personality Assessment, 55*, 521-536.

Altenstein, D., Kreiger, T., & Grosse Holtforth, M. (2013). Interpersonal microprocesses predict cognitive-emotional processing and the therapeutic alliance in psychotherapy for depression. *Journal of Counseling Psychology*, *60*, 445-452.

American Psychiatric Association. (2013). *Diagnostic and statistical manual of mental disorders* (5th ed.). Arlington, VA: Author.

Anchin, J. C., & Kiesler, D. J. (1982). *Handbook of interpersonal psychotherapy*. New York: Pergamon Press.

Anchin, J. C., & Pincus, A. L. (2010). Evidence-based interpersonal psychotherapy with personality disorders: theory, components, and strategies. In J. J. Magnavita (Ed.), *Evidence-based treatment of personality dysfunction: Principles, methods, and processes* (pp. 113-166). Washington, DC: American Psychological Association.

Ansell, E. B., Thomas, K. M., Hopwood, C. J., & Chaplin, T. M. (2012). *Interpersonal complementarity and stress in a parent-adolescent interaction task*. Paper presented at the annual meeting of the Society for Personality Assessment, Chicago, IL.

Benjamin, L. S. (1984). Principles of prediction using Structural Analysis of Social Behavior. In A. Zucker, J. Aronoff, & J. Rubin (Eds.), *Personality and the prediction of behavior* (pp. 121-173). New York: Academic Press.

Benjamin, L. S. (1996). *Interpersonal diagnosis and treatment of personality disorders* (2nd ed.). New York: Guilford Press.

Boker, S. M. (2002). Consequences of continuity: The hunt for intrinsic properties within parameters of dynamics in psychological processes. *Multivariate Behavioral Research*, *37*, 405-422.

Boker, S. M., & Wenger, M. J. (2007). *Data analytic techniques for dynamical systems*. Mahwah, NJ: Erlbaum.

Boker, S. M., Xu, M., Rotondo, J. L., & King, K. (2002) Windowed cross-correlation and peak picking for the analysis of variability in the association between behavioral time series. *Psychological Methods*, 7, 338-355.

Borckardt, J. J., Nash, M. R., Murphy, M. D., Moore, M., Shaw, D., & O'Neil, P. (2008). Clinical practice as natural laboratory for psychotherapy research: A guide to case-based time-series analysis. *American Psychologist, 63(2),* 77-95.

Cain, N. M., Ansell, E. B., Wright, A. G. C., Hopwood, C. J., Thomas, K. M., Pinto, A., et al. (2012). Interpersonal pathoplasticity in the course of major depression, *Journal of Consulting and Clinical Psychology, 80,* 78-86.

Cain, N. M., & Pincus, A. L. (in press). Treating maladaptive interpersonal signatures. In W. J. Livesley, G. S. Dimaggio, & J. F. Clarkin (Eds.), *Integrated treatment for personality disorder*. New York:

Guilford Press.

Carson, R. C. (1969). *Interaction concepts of personality*. Chicago: Aldine.

Carson, R. C. (1991). The social-interactional viewpoint. In M. Hersen, A. Kazdin, & A. Bellack (Eds.), *The clinical psychology handbook* (2nd ed., pp. 185-199). New York: Pergamon Press.

Clarkin, J. F., Yeomans, F. E., & Kernberg, O. F. (2006). *Psychotherapy for borderline personality: Focusing on object relations*. Washington, DC: American Psychiatric Publishing.

Clifton, A., Turkheimer, E., & Oltmanns, T. F. (2005). Self- and peer perspectives on pathological personality traits and interpersonal problems. *Psychological Assessment, 14*, 123-131.

Côté, S., Moskowitz, D. S., & Zuroff, D. C. (2012). Social relationships and intraindividual variability in interpersonal behavior: Correlates of interpersonal spin. *Journal of Personality and Social Psychology, 102*, 646-659.

Ebner-Priemer, U. W., Eid, M., Kleindienst, N., Stabenow, S., & Trull, T. J. (2009). Analytic strategies for understanding affective (in)stability and other dynamic processes in psychopathology. *Journal of Abnormal Psychology, 118*, 195-202.

Erdelyi, M. H. (1985). *Psychoanalysis: Freud's cognitive psychology*. New York: Freeman.

Finn, S. E. (2007). *In our clients' shoes: Theory and techniques of therapeutic assessment*. Mahwah, NJ: Erlbaum.

Finn, S. E. (2011). Journeys through the valley of death: Multimethod psychological assessment and personality transformation in long-term psychotherapy. *Journal of Personality Assessment, 93*, 123-141.

Finn, S. E., Fischer, C. T., & Handler, L. (2012). Collaborative/therapeutic assessment: Basic concepts, history, and research. In S. E. Finn, C. T. Fischer, & L. Handler (Eds.), *Collaborative/therapeutic assessment: A casebook and guide* (pp. 1-24). Hoboken, NJ: Wiley.

Fournier, M. A., Moskowitz, D. S., & Zuroff, D. C. (2008). Integrating dispositions, signatures, and the interpersonal domain. *Journal of Personality and Social Psychology, 94*, 531-545.

Fournier, M. A., Moskowitz, D. S., & Zuroff, D. C. (2009). The interpersonal signature. *Journal of Research in Personality, 43*, 155-162.

Gurtman, M. B., & Balakrishnan, J. D. (1998). Circular measurement redux: The analysis and interpretation of interpersonal circle profiles. *Clinical Psychology: Science and Practice, 5*, 344-360.

Hatcher, R., & Rogers, D. (2009). Development and validation of a measure of interpersonal strengths: The Inventory of Interpersonal Strengths. *Psychological Assessment, 21*, 554-569.

Hopwood, C. J. (2010). An interpersonal perspective on the personality assessment process. *Journal of Personality Assessment, 92*, 471-479.

Hopwood, C. J., Ansell, E. B., Pincus, A. L., Wright, A. G. C., Lukowitsky, M. R., & Roche, M. J. (2011). The circumplex structure of interpersonal sensitivities. *Journal of Personality, 79*, 708-740.

Hopwood, C. J., Wright, A. G. C., Ansell, E. B., & Pincus, A. L. (2013). The interpersonal core of personality pathology. *Journal of Personality Disorders, 27*, 270-295.

Hunt, R., Sadler, P., & Zuroff, D. C. (2012, May). *Is romantic conflict a process of complementarity or accommodation?* Paper presented at the annual meeting of the Society for Interpersonal Theory and Research, Montreal, Quebec.

Kahneman, D. (2011). *Thinking, fast and slow*. Toronto: Doubleday/Random House.

Kammrath, L. K., & Scholer, A. A. (2013). The cognitive-affective processing system. In H. A. Tennen & J. M. Suls (Eds.), *Handbook of psychology: Vol. 5. Personality and social psychology* (pp. 161-182). Hoboken, NJ: Wiley.

Kiesler, D. J. (1983). The 1982 interpersonal circle: A taxonomy for complementarity in human transactions. *Psychological Review, 90*, 185-214.

Kiesler, D. J. (1996). *Contemporary interpersonal theory and research: Personality, psychopathology, and psychotherapy*. Hoboken, NJ: Wiley.

Kiesler, D. J., & Schmidt, J. A. (1993). *The Impact Message Inventory: Form HA Octant Scale version*. Palo Alto, CA: Mind Garden.

Klahr, A. M., Thomas, K. M., Hopwood, C. J., Klump, K. L., & Burt, S. A. (2013). Evocative gene-environment correlation in the mother-child relationship: A twin study of interpersonal processes. *Development and Psychopathology, 25*, 105-118.

Leary, T. (1957). *Interpersonal diagnosis of personality*. New York: Ronald Press.

Lizdek, I., Sadler, P., Woody, E., Ethier, N., & Malet, G. (2012). Capturing the stream of behavior: A computer-joystick method for coding interpersonal behavior continuously over time. *Social Sciences Computer Review, 30*, 512-521.

Lizdek, I., Woody, E., Sadler, P., & Rehman, U. (2012). *Effects of depression on the dynamics of interpersonal complementarity*. Paper presented at the annual meeting of the Society for Interpersonal Theory and Research, Montreal, Quebec.

Locke, K. D. (2000). Circumplex scales of interpersonal values: Reliability, validity, and applicability to interpersonal problems and personality disorders. *Journal of Personality Assessment, 75*, 249-267.

Locke, K. D. (2011). Circumplex measures of interpersonal constructs. In L. M. Horowitz & S. Strack (Eds.), *Handbook of interpersonal psychology: Theory, research, assessment, and therapeutic interventions* (pp. 313-324). Hoboken, NJ: Wiley.

Locke, K. D., & Sadler, P. (2007). Self-efficacy, values, and complementarity in dyadic interactions: Integrating interpersonal and social-cognitive theory. *Personality and Social Psychology Bulletin, 33*, 94-109.

Luxton, D. D., McCann, R. A., Bush, N. E., Mishkind, M. C., & Reger, G. M. (2011). mHealth for mental health: Integrating smartphone technology in behavioral healthcare. *Professional Psychology: Research and Practice, 42*, 505-512.

Markey, P., Lowmaster, S., & Eichler, W. (2010). A real-time assessment of interpersonal complementarity. *Personal Relationships, 17*, 13-25.

Markey, P. M., & Markey, C. N. (2009). A brief assessment of the interpersonal circumplex: The IPIP-IPC. *Assessment, 16*, 352-361.

McWilliams, N. (2012). Beyond traits: Personality as intersubjective themes. *Journal of Personality*

Assessment, 94, 563-570.

Mehl, M. R., & Connor, T. S. (2012). *Handbook of research methods for studying daily life.* New York: Guilford Press.

Mischel, W., & Shoda, Y. (2008). Toward a unified theory of personality: Integrating dispositions and processing dynamics within the cognitive-affective personality system. In O. John, R. Robbins & L. Pervin (Eds.), *Handbook of personality: Theory and research* (3rd ed., pp. 208-241). New York: Guilford Press.

Mischel, W., & Shoda, Y. (2010). The situated person. In B. Mesquita, L. Feldman-Barrett, & E. R. Smith (Eds.), *The mind in context* (pp. 149-173). New York: Guilford Press.

Molenaar, P. C. M., & Campbell, C. G. (2009). The new person-specific paradigm in psychology. *Current Directions in Psychological Science, 18*, 112-117.

Moskowitz, D. S. (1994). Cross-situational generality and the interpersonal circumplex. *Journal of Personality and Social Psychology, 66*, 921-933.

Moskowitz, D. S. (2009). Coming full circle: Conceptualizing the study of interpersonal behavior. *Canadian Psychology/Psychologie Canadienne, 50*, 33-41.

Moskowitz, D. S., Ringo Ho, M., & Turcotte-Tremblay, A. (2007). Contextual influences on interpersonal complementarity. *Personality and Social Psychology Bulletin, 33*, 1051-1063.

Moskowitz, D. S., & Sadikaj, G. (2012). Event-contingent recording. In M. R. Mehl & T. S. Connor (Eds.), *Handbook of research methods for studying daily life* (pp. 160-175). New York: Guilford Press.

Moskowitz, D. S., & Zuroff, D. C. (2004). Flux, pulse, and spin: Dynamic additions to the personality lexicon. *Journal of Personality and Social Psychology, 86*, 880-893.

Moskowitz, D. S., & Zuroff, D. C. (2005a). Assessing interpersonal perceptions using the interpersonal grid. *Psychological Assessment, 17*, 218-230.

Moskowitz, D. S., & Zuroff, D. C. (2005b). Robust predictors of flux, pulse, and spin. *Journal of Research in Personality, 39*, 130-147.

Moskowitz, D. S., Zuroff, D. C., aan het Rot, M., & Young, S. N. (2011). Tryptophan and interpersonal spin. *Journal of Research in Personality, 45*, 692-696.

Pennings, H. J. M., van Tartwijk, J., Wubbels, T., Claessens, L. C. A., van der Want, A. C., & Brekelmans, M. (2014). Real-time teacher-student interactions: A Dynamic Systems approach. *Teaching and Teacher Education, 37*, 183-193.

Pincus, A. L. (2010). Introduction to the Special Series on integrating personality, psychopathology, and psychotherapy using interpersonal assessment. *Journal of Personality Assessment, 92*, 467-470.

Pincus, A. L., & Ansell, E. B. (2013). Interpersonal theory of personality. In J. Suls & H. Tennen (Eds.), *Handbook of psychology: Vol. 5. Personality and social psychology* (2nd ed., pp. 141-159). Hoboken, NJ: Wiley.

Pincus, A. L., & Hopwood, C. J. (2012). A contemporary interpersonal model of personality pathology and personality disorder. In T. A. Widiger (Ed.), *Oxford handbook of personality disorders* (pp. 372-398). New York: Oxford University Press.

Pincus, A. L., Lukowitsky, M. R., & Wright, A. G. C. (2010). The interpersonal nexus of personality and psychopathology. In T. Millon, R. Kreuger, & E. Simonsen (Eds.), *Contemporary directions in psychopathology: Scientific foundations for DSM-V and ICD-11* (pp. 523-552). New York: Guilford Press.

Pincus, A. L., & Wright, A. G. C. (2011). Interpersonal diagnosis of psychopathology. In L. M. Horowitz & S. Strack (Eds.), *Handbook of interpersonal psychology: Theory, research, assessment, and therapeutic interventions* (pp. 359-381). Hoboken, NJ: Wiley.

Przeworski, A., Newman, M. G., Pincus, A. L., Kasoff, M., Yamasaki, A. S., & Castonguay, L. G. (2011). Interpersonal pathoplasticity in individuals with generalized anxiety disorder. *Journal of Abnormal Psychology, 120,* 286-298.

Pytlik Zillig, L. M., Hemenover, S. H., & Dienstbier, R. A. (2002). What do we assess when we assess a big 5 trait? A content analysis of the affective, behavioral and cognitive processes represented in the big 5 personality inventories. *Personality and Social Psychology Bulletin, 28*, 847-858.

Ram, N., Coccia, M., Conroy, D. E., Lorek Dattilo, A., Orland, B., Pincus, A. L., et al. (2013). Behavioral landscapes and change in behavioral landscapes: A multiple time-scale density distribution approach. *Research in Human Development, 10,* 88-110.

Ram, N., Conroy, D. E., Pincus, A. L., Hyde, A. L., & Molloy, L. (2012). Tethering theory to method: Using measures of intraindividual variability to operationalize individuals' dynamic characteristics. In G. Hancock & J. Harring (Eds.), *Advances in longitudinal modeling in the social and behavioral sciences* (pp. 81-110). Charlotte, NC: Information Age Publishing.

Roche, M. J., Pincus, A. L., Conroy, D. E., Hyde, A. L., & Ram, N. (2013). Pathological narcissism and interpersonal behavior in daily life. *Personality Disorders: Theory, Research, and Treatment, 4,* 315-323.

Roche, M. J., Pincus, A. L., Hyde, A. L., Conroy, D. E., & Ram, N. (2013). Within-person co-variation of agentic and communal perceptions: Implications for interpersonal theory and assessment. *Journal of Research in Personality, 47,* 445-552.

Roche, M. J., Pincus, A. L., Hyde, A. L., Conroy, D. E., & Ram, N. (2014). *Enriching psychological assessment using a person-specific analysis of interpersonal processes in daily life.* Manuscript submitted for publication.

Russell, J. J., Moskowitz, D. S., Zuroff, D. C., Sookman, D., & Paris, J. (2007). Stability and variability of affective experience and interpersonal behavior in borderline personality disorder. *Journal of Abnormal Psychology, 116*, 578-588.

Sadikaj, G., Moskowitz, D. S., Russell, J. J., Zuroff, D. C., & Paris, J. (2013). Quarrelsome behavior in borderline personality disorder: Influence of behavioral and affective reactivity to perceptions of others. *Journal of Abnormal psychology, 122*, 195-207.

Sadikaj, G., Moskowitz, D. S., & Zuroff, D. C. (2011). Attachment-related affective dynamics: Differential reactivity to others' interpersonal behavior. *Journal of Personality and Social Psychology, 100,* 905-917.

Sadikaj, G., Russell, J. J., Moskowitz, D. S., & Paris, J. (2010). Affect dysregulation in individuals with borderline personality disorder: Persistence and interpersonal triggers. *Journal of Personality Assessment, 92*, 490-500.

Sadler, P., Ethier, N., Gunn, G. R., Duong, D., & Woody, E. (2009). Are we on the same wavelength? Interpersonal complementarity as shared cyclical patterns during interactions. *Journal of Personality and Social Psychology, 97,* 1005-1020.

Sadler, P., Ethier, N., & Woody, E. (2011). Interpersonal complementarity. In L. M. Horowitz & S. N. Strack (Eds.), *Handbook of interpersonal psychology: Theory, research, assessment, and therapeutic interventions* (pp. 123-142). Hoboken, NJ: Wiley.

Sadler, P., Lizdek, I., Hunt, R., & Woody, E. (2011). *The across-time dynamics of agency and communion: Do same-sex and opposite-sex dyadic interactions differ?* Paper presented at the annual meeting of the Society for Interpersonal Theory and Research, Zurich, Switzerland.

Salvatore, S., & Tschacher, W. (2012). Time dependency of psychotherapeutic exchanges: The contribution of the Theory of Dynamic Systems in analyzing process. *Frontiers in Psychology, 3,* 1-14.

Shiffman, S., Stone, A. A., & Hufford, M. R. (2008). Ecological momentary assessment. *Annual Review of Clinical Psychology, 4,* 1-32.

Shostrom, E. L. (Producer). (1966). *Three approaches to psychotherapy* [Film]. Santa Ana, CA: Psychological Films.

Stoica, P., & Sandgren, N. (2006). Spectral analysis of irregularly-sampled data: Paralleling the regularly-sampled data approaches. *Digital Signal Processing, 16,* 712-734.

Thomas, K. M., Hopwood, C. J., Woody, E., Ethier, N., & Sadler, P. (2014). Momentary assessment of interpersonal process in psychotherapy. *Journal of Counseling Psychology, 61*, 1-14.

Thomas, K. M., Hopwood, C. J., & Morey, L. C. (2012). *Evaluating the momentary interpersonal dynamics of borderline personality*. Presented at the annual meeting for the Society for Personality Assessment, Chicago, IL.

Tracey, T. J. (2004). Levels of interpersonal complementarity: A simplex representation. *Personality and Social Psychology Bulletin, 30,* 1211-1225.

Tracey, T. J. G., Bludworth, J., & Glidden-Tracey, C. E. (2012). Are there parallel processes in psychotherapy supervision? An empirical examination. *Psychotherapy: Theory, Research, Practice, Training, 49,* 330-343.

Tracey, T. J. G., & Rolfing, J. E. (2010). Variations in the understanding of interpersonal behavior: Adherence to the interpersonal circle as a moderator of the rigidity-psychological well-being relation. *Journal of Personality, 78,* 711-746.

Trull, T. J., Ebner-Priemer, U. W., Brown, W. C., Tomko, R. L., & Scheiderer, E. M. (2012). Clinical psychology. In M. R. Mehl & T. S. Connor (Eds.), *Handbook of research methods for studying daily life* (pp. 620-635). New York: Guilford Press.

Tufte, E. (2006). *Beautiful evidence*. Cheshire, CT: Graphics Press.

Warner, R. M. (1998). *Spectral analysis of time-series data*. New York: Guilford Press.

Wiggins, J. S. (1982). Circumplex models of interpersonal behavior in clinical psychology. In P. C. Kendall & J. N. Butcher (Eds.), *Handbook of research methods in clinical psychology* (pp. 183-221). Hoboken, NJ: Wiley.

Wiggins, J. S. (1991). Agency and communion as conceptual coordinates for the understanding and measurement of interpersonal behavior. In D. Cicchetti & W. M. Grove (Eds.), *Thinking clearly about psychology: Essays in honor of Paul E. Meehl: Vol. 2. Personality and psychopathology* (pp. 89-113). Minneapolis: University of Minnesota Press.

Wiggins, J. S. (1995). *Interpersonal Adjective Scales: Professional manual*. Odessa, FL: Psychological Assessment Resources.

Wiggins, J. S. (2003). *Paradigms of personality assessment*. New York: Guilford Press.

Wiggins, J. S., Phillips, N., & Trapnell, P. (1989). Circular reasoning about interpersonal behavior: Evidence concerning some untested assumptions underlying diagnostic classification. *Journal of Personality and Social Psychology, 56*, 296-305.

Wright, A. G. C., & Pincus, A. L. (2010). *Cross-sectional intraindividual variability in interpersonal functioning*. Paper presented at the annual meeting of the Society for Interpersonal Theory and Research, Philadelphia.

Wright, A. G. C., & Pincus, A. L. (2011). The interpersonal profiles of narcissism. In M. R. Lukowitsky (Chair), *Further advances in the assessment of pathological narcissism*. Symposium conducted at the annual meeting of the Society for Personality Assessment, Cambridge, MA.

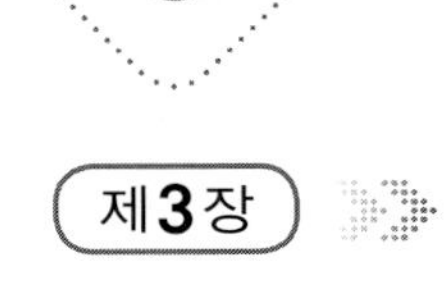

제3장

정서적 과정의 다중방식평가

Rachel L. Tomko & Timothy J. Trull

Tara는 지난 12개월 동안 두 번의 자살 시도로 입원했던 병원에서 퇴원하여 우리 클리닉의 변증법적 행동치료 프로그램에 등록했다. 그녀는 자신의 감정을 통제할 수 없었고 아무도 그녀와 친구가 되고 싶어 하지 않으며 상황이 나아질 것이라는 희망을 거의 포기할 지경이라고 했다. Tara는 종종 극심한 슬픔, 짜증, 불안을 느끼며 이러한 경험은 주로 좌절을 겪거나 말다툼을 할 때 촉발된다고 보고했다. 특히, 그녀의 분노는 예측할 수 없을 정도였으며 강렬했다. Tara는 거의 항상 화가 난다고 보고했으며 주변 모든 사람에게 분노를 표출하는 것 같았다(합당한 이유 없이). 당연히 그녀의 친구, 연인, 부모와의 관계도 격렬하고 불안정했다. Tara는 접수평가의 일환에서 현재 기분 상태뿐만 아니라 그녀에게 문제가 될 수 있는 전형적인 감정 경험, 충동적 욕구, 사고, 행동에 대한 여러 질문지를 작성했다. 또한, Tara는 기분장애, 불안장애, 물질사용장애, 섭식장애, 성격장애의 존재 여부를 평가하는 여러 진단적 면담을 진행했다. 치료 과정에서 Tara는 자신의 기분 상태, 충동적 욕구, 충동적 행동, 그리고 이러한 감정적 경험에 대처하려고 했던 시도에 대해 일상 평가를 완료했다. 이를 통해 우리는 Tara의 전형적인 감정 패턴과 현재의 감정 상태를 모두 고려하여 그녀의 감정 경험에 대한 종합적인 그림을 얻을 수 있었다. 더 나아가 그녀의 기분 상태를 일상 평가하고 있는 치료팀으로부터 Tara의 감정이 일상생활에서 어떻게 변화하는지 그리고 그녀의 감정 상태의 변화와 관련된 스트레스 요인과 촉발 자극에 대해 더 잘 이해할 수 있었다.

정서와 정서적 과정에 대한 평가는 임상가와 임상 연구자에게 많은 도전과제를 보여 준다. 심리학 및 정신의학 연구에서 정서(affect)라는 용어는 감정(emotion), 느낌(feeling), 기분(mood) 상태를 말하는 폭넓은 의미로 사용했다.[1] 정서적 과정에는 주관적 정서 경험, 정서 조절, 정서 표현, 감정 상태를 규정하고 명명하는 것 그리고 감정의 인지적인 측면 등이 포함될 수도 있다(Barrett, 2012). 다시 말해, 정서는 주관적 · 인지적 · 생리적 · 사회적 · 문화적 구성 성분을 포함하는 복잡하고 다면적인 구성개념이다(Barrett, 2012; Spielberger, 1966). 설명하자면, 감정에 대한 대표적인 심리학적 구성주의 이론인 감정의 개념적 행위 이론을 고려할 수 있는데(Barrett, 2006, 2009, 2011; Barrett & Kensinger, 2010; Lindquist & Barrett, 2008), 이 이론은 감정이 현실이 되고, 경험되는 과정은 외부 세계에서 오는 감각, 신체 내부에서 오는 감각, 맥락과 문화에 기반한 범주화, 그리고 지각자에 따른 개인차 사이에서 복잡한 상호작용을 통해 이루어진다고 제안한다. 따라서 감정과 정서적 과정을 제대로 이해하기 위해서는 이러한 경험을 구성하는 여러 구성 성분을 고려하는 것이 필수이다. 이러한 구성 성분(주관적 보고, 신체 감각, 혹은 맥락) 중 하나에만 초점을 둔다면 정서적 경험과 표현이 어떻게 생겨나는지를 완전히 설명할 수 없을 것이다.

마찬가지로, 단일 방법론의 한계 때문에, 단일 평가 도구 또는 단일한 평가 방법 하나만으로 정서적 과정을 완전히 이해할 수는 없다. 다중방식평가는 종종 구성 타당도를 검증하는 수단으로 활용된다(Campbell & Fiske, 1959). 새로운 평가 도구를 개발할 때, 연구자들은 자신들이 만든 측정 도구가 기존의 유사한 구성개념을 측정하는 도구들과 관련성이 있는지를 검증하고자 한다. 하지만 감정에 관한 연구 및 임상 환경에서 특히 중요한 다중방식평가의 또 다른 활용 방식이 있다. 첫째, 이 방법의 강점은 다른 방법의 한계를 해결하는 것으로 측정 오류를 줄이고 잠재적 구성개념의 예측력을 높일 수 있다. 둘째, 서로 다른 방법 간의 불일치한 결과는 각각 하나의 방법만으로는 얻을 수 없는 중요한 정보를 제공할 수 있다. 셋째, 감정 경험의 평가 맥락에서 감정의 개념적 행위 이론에서는 정서적 경험의 다양한 구성 요소가 반드시 특정 정서와 고유하게 연결되어 있지 않기에 신경적 기능이나 생리적 기능의 특정 특성이 특정 감정 상태를 결정짓는 건 아니라고 주장한다. 오히려, 어떤 의미에서는 해당 지각자가 의미를 만들고 행동을 조절하며 타인의 행동에 영향을 주려는 목적으로 자신의 감정과 정서를 만들어 낸다(Barrett, 2012). 이것이 의미한 바는 개인 내에서 정서적 과정의 다양한 구성 요소를 탐색하지 않

1 담고 있는 의미상의 차이가 있기는 하지만, 우리는 간편히 설명하기 위해 이 장에서 해당 용어들을 모두 통용하였다.

는 한 우리는 감정 경험을 완전히 이해할 수 없을 것이다.

감정 연구에서 다중방식이 얼마나 사용되는가

정서적 과정에 대한 다중방식평가의 가치에도 불구하고, 출간된 대부분의 감정 연구는 여전히 단일 방식을 사용하고 있다. 예를 들어, 아동의 감정 조절 평가에 대해 연구자들의 검토를 살펴보면, Adrian, Zeman과 Veits(2011)는 **검토된 문헌의 단 38.9%만이 다중방식 접근법을 활용했**다고 보고했다. 특히, 아동을 대상으로 한 연구는 종종 정서적 과정을 평가하기 위해 부모 보고나 관찰 기법이 필요한데 이는 어린 아동이 발달적으로 자신의 기분 상태를 정확하게 보고하기 어렵기 때문일 것이다. 그래서 일반적으로 발달 연구자들은 자기 보고만을 단독으로 사용하는 경우는 많지 않다.

성인을 대상으로 한 연구에서는 정서적 과정에 대한 다중방식평가가 **훨씬** 덜 사용되는 경향이 있는 것 같다. 감정과 정서적 과정의 평가에서 다중방식이 얼마나 자주 사용되는지를 더 자세히 조사하기 위해 우리는 감정적 과정 연구를 전문적으로 다루는 학술지인 『Emotion』의 최신 평가 동향을 살펴보았다. 『Emotion』은 해당 검토 주제와 관련이 있고 높은 수준의 영향력 지수(3.875; American Psychological Association, 2012) 때문에 선정하였다. 2002년(1~4호)과 2012년(1~5호)에 게재된 논문들을 검토했다.[2] 2002년부터 2012년까지 논문 출간 수가 증가했음을 고려하여 2012년 모든 논문의 약 절반을 무선표집으로 살펴보았다. 연구가 포함되기 위해서는 인간 참여자의 개인적으로 중요하게 관련된 정서적 과정에 초점을 둘 수 있어야 했다. 다시 말해, 참여자의 특성 정서 또는 상태 정서를 평가하지 않고, 타인의 감정 인지에 초점을 맞춘 연구는 제외되었다. 다음 항목에 해당하면 그 논문은 다중방식 접근법을 사용한 것으로 간주했다. ① 두 개 이상의 영역(즉, 자기 보고, 행동 관찰, 3자-보고, 심리생리학/생물학)에서 두 개 이상의 측정법을 사용할 경우, ② 이러한 다수의 측정법이 유사한 정서적 구성개념에 대한 지표일 경우. 같거나 유사한 구성개념을 평가하는 동일 영역의 두 가지 측정법(즉, 두 가지 종류의 자기 보고 측정법)은 본 검토에 포함하기에는 충분하지 않았다.

2 검토가 이루어진 시점에서 마지막으로 출판된 호는 12권, 5호였다(2012년 10월).

이번 장에서 검토한 95편(2002: $n = 27$, 2012: $n = 68$)의 실증 연구 논문 중 26편은 타인의 감정 인식과 감정적 사건에 대한 기억에 초점을 두었다는 점 때문에 제외하였다. 그 저자들의 주장을 들어보면 감정 상태를 유도했다고 하지만 위에 명시한 영역 중 한 가지를 사용하여 조작적 검증을 하지 않았거나 관심 집단이 비인간인 영장류였다. 결과에 따르면 해당 연도에 『Emotion』에서 선별한 나머지 69편(2002: $n = 18$, 2012: $n = 51$)의 실증 연구 논문 중 30.4%(2002: 33.3%; 2012: 29.4%)가 표본의 정서적 과정의 독특성을 평가하기 위해 다중방식을 사용한 것으로 나타났다. 이 추정치는 Adrian 등(2011)이 청소년을 대상으로 한 연구에서 얻은 것보다 다소 낮은 수치이다. 주목할 점은 우리의 검토에서 『Emotion』 논문의 90.5%는 성인 집단에 초점을 둔 연구였다는 것이다. 다중방식을 사용한 논문 중, 90.5%가 자기 보고를 활용했고 9.5%는 3자 또는 또래 보고를 사용했으며 23.8%는 행동 관찰 기법을, 81.0%는 심리생리학적 또는 생물학적 측정법을 사용했다. 요약하자면, 성인 집단에서 감정을 연구하기 위해 다중방식을 사용한다면 일반적으로 자기 보고와 심리생리학적 측정법을 조합한 방식을 채택 활용하였다.

『Emotion』에서 다중방식평가 패턴이 반드시 모든 동료심사-평가 저널에 일반화된 것은 아니다. 첫째, Adrian과 동료(2011)의 연구에서는 영향력 지수가 높은 학술지일수록 더 많은 다중방식 연구와 더 많은 심리생리학적 연구를 출간하는 경향이 있음을 확인했다. 둘째, 단일 학술지의 내용은 해당 학술지에 대한 편집자가 의도한 목적에 따라 크게 영향을 받는다. 따라서 어떤 학술지는 특정한 연구 방법론을 사용한 실증적 연구 논문을 더 선호하여 수용할 가능성이 클 수도 있다. 결과적으로, 다중방식 사용의 일반적인 경향성의 변화뿐만 아니라 편집위원회의 변화도 단일 학술지 내 출판 경향에 영향을 미칠 수 있다. 우리의 검토가 가진 이러한 한계에도 불구하고 이러한 결과는 정서적 과정을 다루는 연구 중 소수만이 다중방식평가를 사용한다는 점을 시사한다. 우리는 임상 환경에서 감정에 대한 다중방식평가가 훨씬 덜 사용되고 있는 것으로 추측한다.

이 장의 뒷부분에서는 감정적 경험을 특징짓는 데에 사용한 주요 평가 접근법을 논의한다. 먼저, 정서적 과정을 평가하는 데에 사용되는 다양한 방법론과 각 접근법의 이점과 한계를 검토한다. 그러고 나서 다중방식평가가 지닌 어려움을 인정하면서 다양한 방법론을 사용하는 것이 중요한 이유를 알린다. 마지막으로, 정서적 불안정성과 강렬한 부정적 정서를 특징으로 하는 경계선 성격장애(borderline personality disorder: BPD)에서 감정조절 문제에 관한 다중방식 연구 사례를 소개하며 마무리할 것이다.

감정과 정서적 과정의 측정

임상 전문가와 연구자들은 정서 및 관련 과정을 연구하기 위해 다양한 방법론을 사용해 왔다. 주요 평가 방법에는 정서 경험에 대한 **자기 보고**(예: 긍정 및 부정 정서 목록; Watson, Clark, & Tellegen, 1988; Watson & Clark, 1994), **3자 또는 '타인' 보고**(예: 콜로라도 기질 검사; Rowe & Plomin, 1977), **관찰 기법**(예: 감정 얼굴 행동 부호화 시스템; Ekman & Friesen, 1978), 그리고 **심리생리학적 기록**(예: 심전도, 피부 전도도, 호흡성 부정맥)이 포함되어 있다.[3] 각 접근법은 고유한 독특성을 가지며 이는 정서적 과정에 대한 전반적인 이해를 깊게 해 준다. 예를 들어, 3자-보고와 관찰 평가는 필연적으로 감정의 외적 표현에 크게 의존한다. 반면, 자기 보고 및 심리생리학적 평가는 내적 과정에 의존한다. 오직 자기 보고만이 감정의 주관적인 자기-경험을 포착할 수 있다. 그러나 다른 기법들은 의식적인 과정이 아닐 수도 있는 정서적 측면을 포착할 수 있기에 내담자와 참여자가 자신에 관해 보고할 수 있는 능력에는 제한점이 있을 수 있다. 여기에서는 이러한 네 가지 평가 방법론을 논의하였고 해당 문헌에서 발췌한 최근의 사례에서는 각 방법으로 얻을 수 있는 것이 무엇인지 보여 준다.

자기 보고

어떤 사람의 정서나 기분 상태에 대한 정보를 수집하는 간단하고 가장 효율적인 방법은 그 사람이 어떻게 느끼는지 직접 물어보는 것이다. 예를 들어, 수기식 측정은 검사자가 아주 쉽게 사용할 수 있고 보통 정교한 코딩 시스템은 필요하지 않으며 점수는 참여자들에 걸쳐 표준화될 수 있는 것이다. 자기 보고 방법은 다양한 방식으로 활용성이 높으며 질문이나 문항을 수기, 면담자, 컴퓨터, 또는 휴대용 기기를 통해서도 시행할 수 있다. 또한, 자기 보고는 감정에 영향을 미치는 내적인 인지적 과정과 개인이 스스로가 어떻게 느끼는지에 대한 주관적 묘사를 파악할 수 있다.

3 이 장에서 다루지 않은 여러 방법도 정서 상태에 대한 임상적 정보를 제공할 수 있다. 예를 들어, Mihura, Meyer, Dumitrascu와 Bombel(2013)은 최근 로르샤흐 잉크반점 검사가 부정 정서성, 정서적 반응성, 무망감, 분노, 그리고 정서 억제 등을 감지하는 데에 유용함을 보고하였다.

가장 널리 사용되는 정서 상태에 대한 자기 보고 측정법 중 하나는 긍정 및 부정 정서 척도(PANAS; Watson, Clark, & Tellegen, 1988; Watson & Clark, 1994)이다. PANAS는 각각 긍정 정서와 부정 정서를 측정하는 10개 문항으로 구성된 두 개의 척도로 구성되어 있다. 긍정 정서(PA)에는 경계심, 활동성, 열의를 측정하는 문항들이 포함된다. 부정 정서(NA)에는 분노, 두려움, 죄책감, 역겨움 및 기타 혐오적인 기분 상태가 포함된다. Watson과 동료들(1988)은 이 두 척도가 대체로 직교적이며, PANAS가 높은 내적 일관성과 훌륭한 수렴 및 변별 타당도를 갖고 있다고 보고했다. 또한, PANAS는 다양한 시간 범위에서 평정할 수가 있다(예: '지금 당시', '오늘', '지난 일주일', '지난 한 달', '전반적으로').

PANAS의 대중성에도 불구하고 몇 가지 비판이 제기되었다. 예를 들어, Diener, Smith와 Fujita(1995)는 PANAS의 긍정 정서(PA) 척도에 사용된 특정 문항(예: 경각심, 활동적인, 강한)이 실제 감정 상태가 아니라고 주장했다. 이에 더해, 연구에 따르면 기쁨, 흥미, 활성화(PANAS의 긍정 정서 문항)는 각각 차별적으로 구별되어야 하는 개별적인 측면이라고 제안했었다(Egloff, Schmukla, & Burns, 2003). 이뿐만 아니라 긍정 정서(PA)와 부정 정서(NA)가 실제로 독립적인 개념인지에 대한 논쟁이 있다. Egloff(1998)는 PA와 NA의 독립성은 사용했던 측정법에 따라 달라질 수 있으며, PANAS는 일반적으로 상관이 없는 PA와 NA 척도로 설명한다는 것을 보여 주었다. 하지만 Diener와 Emmons(1985)는 PA와 NA의 독립성이 감정 상태의 강도(더 강렬한 상태를 보일수록 PA와 NA 사이의 부적 상관이 더 커짐)와 감정이 평가된 시간 시점(시간이 길수록 더 독립적임을 나타냄)과 관련 있다고 나타났다. 좀 더 최근 연구에서는 PA와 NA가 독립적임을 개념적으로 보여 주지 못하고 여전히 혼재된 결과를 보인다(Crawford, Henry, 2004; Tuccitto, Giacobbi, & Leite, 2010; Watson & Clark, 1997). 이러한 비판에도 불구하고 PANAS는 여전히 가장 널리 사용되는 정서 측정 도구로 꼽는다. 하지만 향후 연구에서는 PANAS의 내용 영역에 초점을 두고 해당 측정의 구조적 타당성을 좀 더 자세히 검토함으로써 개선할 수 있을 것이다(Tuccitto et al., 2010).

보통 흔히 사용하는 두 가지의 정서 자기 보고 측정법은 기분 상태 프로파일(Profile of Mood States: POMS; McNair, Lorr, & Droppleman, 1971)과 정서 서컴플렉스 모델(Circumplex Model of Affect; Russell, 1980)이다. POMS의 원래 버전(McNair et al., 1971)에는 65개의 감정 상태 목록이 포함되어 있으며 참여자들은 이를 5점 리커트 척도로 평정한다. Spielberger(1972)는 이 측정 도구를 꼼꼼히 검토하여 소개했다. 요인분석을 통해 도출된 척도에는 긴장-불안, 우울-낙담, 분노-적대감, 활력-활동, 피로-무기력, 혼란-당혹이 포함된다. 하지만 Spielberger(1972)는 반복된 검사 구성 과정이 이러한 요인 구조를 지지하게 되는 방식으로 이루어졌다고 주장했다. POMS의 내적 일관성은 높으며, 20일 동안의 안정성 수치도 높은 수준을 보인다. 이는 POMS가 기분의 미묘한 움직임을 포착하지 못할 수도 있음을 시사한다(Spielberger, 1972). 척도의 길이 때문에 여러 단축 버전이 개발되었다. 독립 연구자 한 명이 기분 상태 프로파일-단축형(Profile of Mood States-short Form: POMS-SF; Shacham, 1983)을 개발했다. POMS-SF에는 37개의 감정 상태가 포함되어 있다. 원래 척도와 POMS-SF 간의 상관관계는 높았으며, POMS-SF 하위 척도의 내적 일관성도 전체 버전의 추정치와 유사한 수준이었다(Curran, Andrykowski, & Studts, 1995). 또한, 원저자들이 30문항으로 구성된 버전을 개발했고 여기에서도 기존 요인 구조가 유지되었다(기분 상태 프로파일-단축판, Profile of Mood States-Brief: POMS-B; McNair, Lorr, & Droppleman, 1992).

PANAS와 POMS는 각각의 감정 상태를 개별적인 차원에서 측정한다. Russell의 정서 서컴플렉스 모델(1980)은 각 감정 상태를 원형 평면상에 배치하는 공간적 접근을 사용한다는 점에서 다르다. 이 모델에서 *x*-축은 고통스러움(misery; 부정적)에서 유쾌함(pleasure; 긍정적)으로 그리고 *y*-축은 탈진(fatigue) 또는 '졸림(sleepiness; 부정적)'에서 각성(arousal; 긍정적)으로 이어진다. Russell(1980)은 모든 정서 상태가 이러한 평면 안에서 어느 한 부분에 위치한다고 주장했다. 예를 들어, '심리적 불편감'은 높은 고통스러움과 높은 각성 수준을 특징으로 하며, '우울'은 높은 고통스러움과 낮은 각성 수준, '만족감(contentment)'은 높은 유쾌함과 낮은 각성 수준, '흥분'은 높은 유쾌함과 높은 각성 수준을 특징으로 한다(Russell, 1980). 이 모델은 정서가 내부적이고 생리학적인 감각에 대한 인지적 해석의 결과라는 이론에 기반을 두고 있다. 피로-각성 연속선과 고통스러움-유쾌함의 연속선은 모두 신경생리학적 체계와 관련이 있다. Russell과 동료 연구자들은 감정 경험이 서로 별개의 것이 아니라 두 개의 연속선 상에 위치하는 것이기 때문에 사람들이 서로 별개인 감정들을 보고하는 것이 어렵다고 주장했다(Russell, 1980; Posner, Russell, & Peterson, 2005). 자기 보고한 정서는 서컴플렉스 안에 위치하는 차원을 나타내는 단어 쌍을 개인이 제시해 주는 것으로 얻게 된다. 개인은 각 단어 쌍을 맞추어 자기 자신을 평정한다(Mehrabian & Russell, 1974; Russell & Mehrabian, 1974). 이러한 작업 틀이 신경생리학적 데이터에서 발견된 패턴을 가장 잘 보여 준다고 주장해 왔다(Posner et al., 2005).

임상적으로, PANAS, POMS, 정서 서컴플렉스 모델은 각 치료 세션 전이나 후에 빠르게 실행할 수 있으며 이를 통해 시간에 따른 정서 변화에 대한 정보를 수집하게 되는 것이 있다. 이러한 정보가 축적되면 사례 개념화에 유용하면서도 정서적 표현에서의 일관성(즉, "담당 내담자가 만성적으로 높은 수준의 수치심을 느낀다.")과 비일관성(예: "담당 내담자의 기분을 예측할 수 없고 수시로 기분이 변한다.")을 임상가가 결정하여 치료하는 데에 도움이 될 수 있다. 게다가 이러한 정보는 치료가 내담자의 기분에 미치는 영향을 어느 정도 감지하는 데도 도움이 될 수도 있다. 이에 더해 임상가는 회기 전이나 후에 내담자에게 자기 보고 정서 측정을 시행하여 회기 내에서 기분에 관한 영향을 가치평가할 수도 있다. 마찬가지로 특정된 주제를 논의할 동안의 정서적 경험은 임상적으로 유용한 정보가 될 수가 있다.

이 자체가 단순하기도 하지만 정서적 과정의 자기 보고는 많은 한계점이 있다. 첫째, 자기 보고는 참여자가 자신의 기분 상태의 알아차림에 따라 제한된다(Nisbett & Wilson, 1977; Wilson & Dunn, 2004). 특히, 기분 조절에 어려움을 겪는 사람들은 자신의 감정을 식별하고 분명히 밝히는 데 어려움을 겪을 수도 있고(Taylor, Bagby, & Parker, 1997), 이전의 기분 상태를 회상할 때 더 큰 왜곡을 보일 수 있다(예: Safer & Keuler, 2002). 예를 들어, Solhan, Trull, Jahng과 Wood(2009)는 경계선 성격장애 또는 우울장애 진단을 받은 개인들에게 28일 동안 전자 일기를 휴대하게 하여 하루 최대 6번씩 자신의 기분을 보고하도록 했다. 28일간의 기록에 따라 참여자들은 기분 변화를 경험했던 날을 회상하도록 요청받았다. 참여자들은 긍정적 정서와 부정적 정서 에피소드 모두에서 높은 특이도(0.90~0.95)를 보이긴 했지만, 민감도는 매우 낮은 수준(0.05~0.07)이었고 그 결과 긍정적 정서의 전반적 적중률은 0.63, 부정적 정서에 해당해서는 0.64에 그쳤다.

이에 더해, 여러 체계적인 회고적 회상 편향은 건강한 성인에게도 영향을 준다. 참여자의 자기 보고된 기분은 기분-일치(mood-congruent) 반응(즉, 과거 기분에 대한 보고는 현재 기분 상태의 영향을 받는다), 절정-종결 편향(peak-end biasis)(즉, 사람들이 감정 경험 중 가장 강렬한 측면과 가장 최근의 순간을 더 쉽게 회상한다), 그리고 정상적인 기억 쇠퇴의 영향을 주제로 한다. 아동의 경우, 발달 단계에서 있어서 특정한 감정 상태를 알아차리기에는 인지적으로 너무 높은 수준일 수 있다. 마지막으로, 심도의 지적 장애나 발달장애를 겪고 있는 개인들에게는 자기 보고가 불가능한 선택지일 수도 있다(예: Vos et al., 2012). 그래서 특정 집단에서는 자기 보고가 특히 신뢰하기 어려울 수 있으며, 심지어 실행 자체가 불가능할 수도 있다는 것이다. 자기-알아차림과 회상 편향의 한계점을 고려해 보면 정서적 과정의 여타의 다른 측정법들이 필수적이라 할 수 있다.

3자-보고

연구자들은 평가 대상과 자주 상호작용하는 사람들에게 평가 대상의 기분을 보고하도록 요청하여 대인관계 상황에서의 감정적 표현에 관한 중요한 정보를 얻게 된다. 친구, 연인, 가족 구성원, 동료, 또래, 교사, 치료자는 해당 평가 대상자 본인이 알아차리지 못하는 신체 언어, 표정, 목소리 톤의 미묘한 변화를 감지할 수 있다. 일반적으로 3자-보고 방식은 정서에 대한 자기 보고 측정과 같거나 유사하다. 한 가지 예로, Lucas, Diener와 Suh(1996)는 참여자의 부모와 친구들에게 평가 대상을 대신하여 PANAS를 작성하도록 요청하고 평가 대상이 각 감정을 얼마나 자주 경험하는지를 작성하게 했다. 이렇게 전통적인 자기 보고 측정의 지침은 3자-보고 상황에서 변용할 수 있다.

3자는 다른 사람의 감정 표현을 보고한다는 점에서 사회적 바람직성에 의한 영향을 덜 받을 수도 있다. 하지만 3자-보고의 타당성은 3자가 평가 대상자 개인을 알고 있는 해당 맥락에 한정된다(Achenbach, Krukowski, Dumenci, & Ivanova, 2005; de Los Reyes, & Kazdin, 2005). 예를 들어, 집에서 함께 지내는 10대 자녀가 짜증을 잘 낸다고 보고하는 어머니와 다른 상황에서만 평가 대상을 만나는 친구가 보고하는 평가 대상의 정서 상태는 다를 수도 있다. 더해 3자-보고는 보고자의 정신병리에 영향을 받는다(de Los Reyes & Kazdin, 2005; Sher & Trull, 1996). 예를 들어, 우울한 어머니는 우울하지 않은 어머니보다 자녀에게 문제적 행동 관련 구성개념에서 자녀와의 일치도가 낮았다(de Los Reyes, & Kazdin, 2005). 3자-보고를 활용한 연구는 감정 표현의 패턴에 대한 가치 있는 정보를 제공한다. Okazaki(2002)의 연구에서는 또래 정보 제공자가 백인 미국인보다 아시아계 미국인의 우울 및 불안 증상을 더 과소평가하는 경향이 있음을 발견했으며, 이는 감정 표현과 조절에 있어 문화적 차이에 대한 추가적인 근거를 제공한다.

3자-보고는 치료를 담당하는 임상가에게 매우 귀한 자료이다. 일반적으로 임상가는 사무실이나 치료실에서 치료 세션을 진행하기 때문에 내담자의 자연스러운 환경에서 그들을 볼 수 없다. 더해 앞서 언급했듯이 내담자의 자기 보고는 주관적이며 자신의 자기-알아차림에 따른 한계가 있다. 임상적 그림을 완전히 이해하기 위해서는 내담자의 허락을 받아 3자-보고 정보를 수집하려는 노력이 필요하다. 아동 치료자는 종종 대상 아동의 부모나 교사와 상담을 진행하기도 한다. 하지만 성인 치료 내담자에게는 3자-보고가 비교적 덜 활용된다. 가족 구성원, 파트너 또는 친한 친구는 내담자의 정서적 과정에 대한 귀중한 정보를 제공할 수 있는데 이는 해당 내담자가 대인관계적으로 어떻게 관여하는지 또는 타인에게 어떻게 인식되는지를 치료자가 이해하는 데 도움을 줄 수 있다.

관찰 연구

3자-보고와 같이, 정서 및 정서 관련 과정의 관찰은 감정 표현에 관한 정보를 제공한다. 그러나 3자-보고와 달리 '관찰자'는 일반적으로 연구 보조원이거나 표준화된 코딩 시스템이 적용된 고급 컴퓨터 프로그램일 수도 있다. 관찰 연구의 결과는 개인이 관찰된 맥락에 의해 제한이 된다. 하지만 관찰자는 신체 자세, 눈맞춤, 말하기에서 단어 선택과 같은 특정한 세부 사항을 주의 깊게 관찰하도록 훈련받게 될 수 있다. 예를 들어, 관찰 연구는 건강한 부부의 상호작용에 대한 이해에 큰 기여점을 갖는다. 연구에 따르면, 부부가 결혼 초기에 긍정적인 정서를 표현하는 것은 관계에서 행복과 안정성을 지적하고(Gottman, Coan, Carrere, & Swanson, 1998), 오랜 시간 함께 한 부부의 상호작용은 젊은 부부의 상호작용과 비교해 분노와 혐오감이 적은 것으로 특징지을 수 있었다(Carstensen, Gottman, & Levenson, 1995).

가장 널리 사용되는 관찰 코딩 시스템 중 하나는 얼굴 동작 코딩 시스템(FACS; Ekman & Friesen, 1978)이다. 기존의 FACS는 감정을 나타낼 수 있는 얼굴 움직임을 포함하면서도 이를 넘어서 다양한 얼굴 움직임을 포착하도록 설계되었다(Ekman & Friesen, 1978). 전형적으로 참여자의 표정은 영상으로 녹화된다. 그러고 나서 연구진이 녹화 영상을 느린 속도로 재생하면서 44개의 얼굴 동작 단위의 존재 여부를 식별한다. 연구에 따르면 특수한 동작 단위는 각각 고유한 정서 상태와 관련이 있는 것으로 나타났다(예: Ekman, 2003; Ekman, Friesen, & Ancoli, 1980; Tracy, Robins, & Schriber, 2009). Sayette, Cohn, Wertz, Perrott과 Parrott(2001)은 FACS에서 검사자 간 신뢰도를 나타내는 증거를 제시했다. FACS 코딩자를 위한 인증 과정에서는 그들이 기준과 비교했을 때 신뢰 있게 동작 단위를 코딩할 수 있음을 보여 준다. Sayette 등(2001)은 두 개의 동작 단위를 제외한 모든 단위가 높은 수준의 검사자 간 신뢰도를 보였으며, 제외된 두 개조차도 어느 정도 신뢰할 만한 수준임을 추가로 입증했다. 또한, Sayette와 그의 동료들(2001)은 비디오 재생 속도에 따라 신뢰도가 달라질 수 있음을 보여 주었다. 현대 기술의 발전으로 동작을 감지할 수 있는 자동화된 컴퓨터 기반의 FACS 코딩 시스템도 개발되어 있다(Kaiser & Wehrle, 1992).

현존하는 기타 관찰 도구들은 감정을 식별하기 위해 목소리 톤이나 말의 내용과 같은 청각적 정보에 초점을 두고 있다. 새로운 관찰 장치인 전자 활성 녹음기(electronically activted recorder: EAR; Mehl, Pennebaker, Crow, Dabbs, & Price, 2001)는 참여자들이 일상생활에서 착용할 수 있는 휴대용 오디오 녹음 장치이다. EAR는 눈에 잘 띄지 않고 참여자의 환경에서 대화나 주변 소리의 단위 정보를 포착한다. 녹음된 음성 파일은 연구진에 의해 코딩되고 전사될 수 있다. 전사기록은 종종 언어 분석(예: 단어 선택 패턴)의 주제로 쓰인다. EAR는 다양한 방식으로 정서 및 관련 과정들을 연구하는 데에 적용되었다. 예를 들어, Mehl(2006)은 코딩자들이 참여자의 일상생활에서의 EAR 녹음 기록을 듣는 것으로 우울 증상(자기 보고로 측정한 것처럼)이 있는 참여자를 신뢰할 수 있게 식별할 수 있음을 밝혀냈다. EAR를 활용한 다른 연구들은 감정을 좀 더 직접적 방식으로 조사하기도 했다. 예를 들어, Tomko와 동료들은 코딩자가 EAR 음성 클립을 통해 분노를 신뢰할 수 있게 평정할 수 있다는 것과 EAR가 임상 집단에서도 활용될 수 있음을 보여 주었다. 마지막으로, Slatcher와 Trentacosta(2012)는 교정한 EAR 장치(즉, 특수 셔츠에 심어 놓은 더 작은 녹음 장치)가 있는데, 이 방법론은 아동을 대상으로도 신뢰성 있게 사용될 수 있음을 입증했다. 그들의 연구는 아동의 울음, 싸움, 타인과의 말다툼, 칭얼거림 그리고 부정적인 감정 단어 사용과 같은 부정적 감정을 조사했다. 저자는 부모가 자기 보고한 부정적 정서성이 아동의 부정적 감정 단어 사용과 관련이 있음을 발견했다.

임상 장면에서 대부분 임상가는 언어적 및 비언어적 단서 모두를 사용하여 내담자의 정서 상태를 틀에 맞추지 않고 관찰한다. 하지만 기술의 발전으로 임상가들이 FACS 또는 경험적으로 입증된 기타 방법을 활용하여 영상 기록한 회기를 분석이 쉬워졌다. 임상가는 신체 언어, 목소리 톤, 표정, 말의 내용, 그리고 자신의 반응을 모두 함께 동시에 주의해야 하기에 회기 중에 놓쳤던 정보를 추가로 얻을 가능성을 훨씬 높일 수 있다.

심리생리학적 지표

생물학적 또는 생리학적 지표는 개인이 자신의 감정을 통찰하거나 외적으로 감정을 보여 주는 것 없이도 정서 상태에 대한 정보를 제공해 줄 수 있다. 이러한 점에서 생리학적 지표는 다른 평가 방법들과 비교해 고유한 이점이 있다. 전통적인 감정 연구에서는 연구자들이 감정의 구성개념을 정의하고 이러한 구성개념을 반영하는 질문지나 관찰 코딩 도식을 개발한다. 이러한 접근 방식은 심리생리학에서는 적용하지 않는다. 그래서 심리생리학적 평가 도구를 감정 측정 방법으로 활용하려면, 먼저 심리생리학적 과정이 현존하는 자기 보고, 3자-보고, 관찰된 정서와 어떻게 연결되는지를 파악하고, 이러한 과정이 정서적 과정의 일반법칙적 연결망 내에서 어디에 위치하는지를 결정한다.

감정 조절의 심리생리학적 지표 중 보통 사용되는 두 가지는 호흡성 부정맥(Respiratory Sinus Arrhythmia: RSA)과 피부 전도도(Electrodermal Activity: EDA)가 있다. RSA와 EDA는 모두 자율신경계 기능을 측정하는 지표로, RSA는 부교감신경 활동을 측정하며, EDA는 교감신경 활동의 지표가 된다. RSA는 '호흡 주기 동안 심박수가 증감하는 정도'를 의미하며(Beauchaine, 2001), 미주신경에 의한 심장 조절을 반영한다. RSA는 주로 두 가지 방식으로 연구된다: 안정 시 RSA 그리고 자극에 대한 반응성. RSA의 기저선 차이는 감정 조절에 대한 개인차에서 비롯된다고 보고 있으며, 유지기 RSA가 낮다는 것은 감정 조절에 특정한 어려움이 있다는 것을 나타낸다(Beauchaine, 2001). Thayer와 Lane(2000)은 특히, 휴지기 RSA가 낮은 것은 정서적 불가변성 또는 '강직성'을 나타내는 것이라 주장했다. 이에 반해, 휴지기 RSA가 높은 것은 감정적 어려움과 관련될 수 있는데, 이는 높은 기저선을 보이는 사람들이 감정적으로 더 민감하게 반응할 가능성이 클 것이라 예상해 볼 수도 있다(Butler, Wilhelm, & Gross, 2006). 하지만 이러한 해석은 복잡하고 다양한 기원을 가지며(Berntson, Cacioppo, & Quigley, 1993), RSA를 평가할 때 호흡이나 신체 활동과 같은 요인을 충분히 통제하지 않은 연구들도 많다(Butler et al., 2006; Grossman & Taylor, 2007). Grossman과 Taylor(2007)는 또한 심장 미주신경 긴장도와 RSA의 관계가 개인 간 차이보다는 개인 내 변화와 더 밀접하게 연관된다고 주장했다. 그들은 개인 내 RSA 변화가 심박수보다는 주로 호흡 변화에 따라 좌우될 가능성이 크다고 제안했다.

EDA는 피부 아래에 있는 땀샘 활동에 대한 측정치이다(Dawson, Schell, & Filion, 2007 참고). EDA는 외분비 땀샘의 활동이 증가할 때 높아지는데, 이는 새로운 또는 중요한 자극에 노출될 때, 집중하거나 자극에 주의를 기울일 때, 신체적 활동을 할 때, 또는 심리적 스트레스를 경험할 때 발생한다(Boucsein et al., 2012; Dawson et al., 2007). 체온 조절과 감정 반응에 관여하는 외분비 땀샘은 손바닥과 발바닥 부위에서 가장 두드러진다(Dawson et al., 2007). 따라서 손바닥과 발바닥이 EDA를 측정하기에 가장 적합한 부위라 할 수 있다. EDA는 불안 및 부정적인 감정 상태를 회피하는 반응과 관련이 있는 것이라 보고 있다(Fowles, 1980). Fowles의 이론에 따르면 처벌의 위협이 있을 때 EDA가 증가해야 한다. EDA에 관한 연구들은 대체로 이러한 관점과 일치한다. 예를 들어, 정신병적 성향이 있는 사람들과 같이 불안 수준이 낮다고 생각하는 개인들은 기저선 EDA 수치가 낮아진 모습을 보인다(Fowles, 1980).

감정 및 감정 조절에 대한 다른 유용한 심리생리학적 지표가 많이 있다. 뇌 속에서 벌어지는 활동은 뇌전도(Electroencephalography: EEG)나 기능적 자기공명영상(functional magnetic resonance imaging: fMRI)을 사용하여 살펴볼 수 있다. 근육 활동은 주로 근전도(Electromyography: EMG)를 사용하여 측정된다. 마지막으로, 생물학적 표본은 호르몬 기능에 관한 정보도 제공해 줄 수 있다. 코르티솔의 분비는 시상하부에 의해 조절되며 이는 스트레스 반응 지표로 자주 사용한다. 나아가 후속 연구를 통해 심리생리학적 측정법과 정서 과정 간의 연결점을 밝혀 나갈 필요가 있다.

감정과 정서 과정을 평가하는 생리학적 및 생물학적 평가 접근법에 한계가 없는 것은 아니다. 첫째, 생물학적 또는 심리생리학적 주요 특징과 개인의 감정 상태 간에 일대일의 대응은 성립하지 않는다. 예를 들어, 심박률 변이도(Heart rate variability: HRV)의 감소는 분노, 불안, 두려움, 눈물 없는 슬픔, 행복감과도 관련이 있다; 이뿐만 아니라 증가한 EDA는 불안과 두려움 외에도 분노, 혐오, 슬픔, 우스움과도 관련이 있다(Kriebig, 2010). 둘째, 생물학적 및 생리학적 양상과 감정 상태를 연결 지은 대부분 연구는 실험실에서 이루어져 왔고 감정 상태를 일으켜 내기 위해 주로 표준화된 자극(예: 사진, 영화 클립, 음악, 이미지)을 사용하였다. 이는 감정적 경험의 생태학적 타당성에 제한된 것이고 그들이 일상생활에서 경험하는 감정과 같은 감정을 실험실에서 얼마나 가깝게 반영하는가에 대한 질문은 남는다. 마지막으로, 정서 과정의 평가 및 연구에서 이러한 지표를 사용하는 데 드는 비용과 복잡성은 많은 임상 연구자와 임상가들에게 부담스러울 수도 있다. 하지만 바이오피드백은 생리학적 과정이 임상적으로 어떻게 활용될 수 있는지에 대한 일례가 될 수 있다. 생리학적 측정법의 사용이 쉬워지고 비용이 감소하면서 앞으로 이를 임상 장면 안으로 통합할 기회가 점차 더 커지고 있다.

지금까지 이 장에서는 각기 다른 평가 양식에 초점을 두었다. 하지만 위에서 다룬 네 가지의 일반적인 평가 양식(예: 자기 보고, 관찰법)뿐만 아니라 평가되는 시간 프레임(예: 상태 대 특성 측정) 또는 맥락(예: 실험실, 실제 환경)과 관련하여 다른 평가 방법론이 있을 수 있다.

상태 정서 대 특성 정서 평가

상태 정서나 감정 그리고 특성 정서나 감정을 구분하는 것은 유용하다. 간단히 말해, 상태 정서는 순간적이거나 비교적 짧게 지속하는 감정 상태를 의미하며, 시간과 상황에 따라 서로 다른 역동적 패턴을 보일 수 있다. 반면, 특성 정서는 복합적인 감정 경험(즉, 일정 기간과 다양한 상황에 걸쳐 누적된 것)을 의미하며 개인에게 전형적인 감정 상태를 언어적으로 손쉽게 표현하는 데 사용될 수 있다. 이러한 구분은 미래의 정서 및 감정 경험에 대한 평가와 예측 모두에 중요한 함의가 있다. 상태 정서 측정은 순간적 또는 거의-순간적인 경험을 목표로 하고, 이와 달리 특성 정서 측정은 장기간에 걸친 정서 경험을 통합하고자 개인의 전형적으로 드러나는 면을 설명하려고 한다. 상태 정서 측정은 '경험하는 자아'를 더 잘 반영하며 그렇게 되면 이는 자율신경계 및 생물학적 시스템과 연결되는 지점으로 다시 돌아가는 것이다(Conner & Barrett, 2012). 따라서 즉각적인 경험과 연합된 생물학적 및 생리적 양상이나 시스템의 규명이 목적이라면, 상태 정서 측정은 그러한 경험에 대한 생물학적 및 생리적 기반과 가장 가까운 시간적 데이터를 보여 준다. 반면, 특성 정서 측정은 기질적 자기와 가장 관련성이 높은 데이터를 보여 주며, 이러한 데이터는 미래의 행동과 의사결정을 예측하는 데 더 적합해 보인다(Conner & Barrett, 2012). 상태 정서에 대한 다중평가는 특성 평가처럼 변경해도 되지만(통합하거나 잠재 모델링을 통해서), 그 반대 방향으로는 불가능하다. 연구 문제, 상황, 그리고 참여자의 감정적 유발요인에 따라, 예를 들어 보자면, 특성 정서의 자기 보고 측정과 상태에 대한 심리생리학적 측정이 반드시 상관을 갖는다고 기대할 수는 없다.

정서 경험을 가치평가 하기 위해 이러한 차별적인 시간 프레임(상태 대 특성)을 사용하는 방법이 서로 일치하지 않을 수 있으며, 예측하는 데에서도 서로 다른 함의를 가질 수도 있음을 설명하기 위해 우리는 자해자의 정서적 경험에 관한 최신 연구를 간략히 논의한다. Bresin, Carter와 Gordon(2013)은 지난 1년 동안 자해 경험이 있는 젊은 성인들을 대상으로 특성 충동성, 부정적 정서 상태, 비자살적 자해(Nonsuicidal self-injury: NSSI) 충동 사이의 관련성을 조사하였다. 이전 연구에 따르면, 특성 충동성 측정치는 일반적으로 NSSI와 유의한 연관성을 보였지만 실험실에서 측정한 행동적 충동성 측정치는 그렇지 않다. 실제로, 특성 충동성 측정치와 실험실(상태)에서 측정한 충동성 측정치 간의 관계는 미미한 수준에 그치는 정도였다. 게다가 동시점 실시에서 상태 정서와 특성 정서의 자기 보고 측정 간의 상관은 보통 0.50 미만으로 나타났다(Spielberger & Reheiser, 2009).

Bresin 등(2013)은 상태 부정적 정서 경험과 NSSI 충동을 평가하는 일상 일기 방법을 사용하여 어떤 정서 상태가 NSSI(그리고 암시적으로 NSSI 행동) 충동과 관련이 있는지에 대해 여러 가설을 검증해 봤다. 첫째, 모든 참여자는 높은 수준의 부정적 정서를 경험할 때 충동적으로 행동하는 경향성을 반영하는 특성 충동성 측정(즉, 부정적 충동 척도)을 작성했다. 14일 동안 참여자들은 하루의 마무리 보고를 사용하여 그날의 부정적 정서 수준(그리고 특히, 슬픔과 죄책감)과 NSSI 충동에 대한 일상 수준을 평정했다. 다층 모델링을 사용하여 Bresin 등(2013)은 특성 충동성과 일상 NSSI 충동 사이의 관계뿐만 아니라 NSSI 충동에 대한 예측에 있어 특성 충동성과 상태 부정적 정서 측정치 간의 상호작용을 분석할 수 있었다. 이전 연구와 일치하게 부정적 정서로 인해 촉발되는 충동성(즉, 부정적 충동)의 특성 수준은 NSSI 충동 보고와 유의한 관련성을 보였으며, 상태 부정적 정서 역시 마찬가지였다. 그러나 Bresin 등은 모형에서 다양한 상태 부정적 정서 척도를 조절 변수로 고려했을 때, 서로 다른 결과 패턴을 발견했다. 구체적으로, 상태 슬픔 수준만이 특성 충동성과 NSSI 충동 간의 관계를 조절하였으며, 일상 슬픔 수준 평가는 특성 충동성이 높은 사람들에게만 NSSI 충동과 유의한 상관을 보였다. 이러한 결과는 전체적인 상태 NA나 상태 죄책감에서는 나타나지 않았다. 요약해 보면, 부정적 정서 상황에서의 특성 충동성 측정치는 NSSI 충동과 관련이 있었으나, 이 효과를 조절한 유일한 상태 정서 측정치는 슬픔이었다(상태 NA나 상태 죄책감은 아니었음). 이러한 결과는 같거나 유사한 개념에 대한 특성 및 상태 측정이 반드시 동일 방식으로 관련된 결과를 예측하지는 않을 수 있음을 시사한다. 조사자가 특정 예측 상황에서 특성과 상태 측정법 중 가장 적절한 방식을 결정하는 데에 이론의 도움을 받아야 할 것이다.

평가 맥락

평가 맥락은 상황적 특징이나 시간적 특징을 말하는 것이다. 가장 일반적으로는 정서의 이상적인 평가는 개인의 실제-삶의 경험 안으로 일반화할 수 있어야만 한다. 불행하게도 대부분의 감정적 경험의 평가가 치료 장면, 실험실 장면, 혹은 실제 삶과 유사하지 않은 특이 상황에서 이루어지고 있다(예: 국제 정서 사진 시스템, International Affective Picture System[IAPS]의 사진을 사용하여 정서 상태를 유발함). 둘째, 평가의 시점이 자연스럽게 발생하는 정서적 경험의 시기와 일치하는 경우는 드물며 오히려 실험실이나 치료 장면에서 개인에게 자신의 감정 상태와 경험을 회상하도록 요구하는 경우가 많다(예: "공황 발작 동안 당신은 얼마나 불안한가요?"). 마지막으로, 몇 가지 가능한 상황을 말해 보자면, 특정한 대상과의 대인관계적 맞닥뜨림이나 특정한 환경에서의 감정 상태를 평가하는 것은 흥미를 끌 만한 하다. 하지만 전형적인 평가 방법은 이러한 맥락적 특수성을 따지지 않으며 고려하더라도 회상과 정확한 기억을 요구한다. 이러저러한 이유로 인해, 많은 사회과학자가(심리학자를 포함하여) 감정, 행동, 그리고 인지를 맥락(context)-민감적(sensitive) 평가를 지지한다. 이러한 접근법은 개인을 일상 삶 속에서 평가하는 데에 상당히 참신하고 어찌 보면 급진적이기도 한 새로운 접근법을 필요하게끔 한다; 휴대식 평가(ambulatory assessment).

휴대식 평가(Trull & Ebner-Priemer, 2013)는 생태학적 순간 평가(Ecological momentary assessment: EMA; Stone & Shiffman, 1994)와 경험 표집법(Csikszentmihalyi & Larson, 1987)을 포함하며, 자신이 속한 자연스러운 환경에서 일정한 시간 동안 반복적으로 스스로 평가함으로써 생태학적 타당성을 유지하도록 설계된 방법론이다. 휴대식 평가는 광범위한 개념으로, 휴대식 사기 보고(Solhan et al., 2009), 3자-보고(Gump, Polk, Kamarck, & Shiffman, 2001), 관찰(Mehl et al., 2001), 또는 심리생리학적 측정(Gump et al., 2001; Poh, Swenson, & Picard, 2010) 등을 포함할 수 있다. 휴대식 평가와 전통적인 평가 방법 간의 일치도를 조사한 연구에 따르면, 이 두 방법에서 얻은 결과가 항상 일치하는 것은 아니다(Trull & Ebner-Priemer, 2013).

환자의 자연스러운 환경에서 반복적으로 측정이 이루어지기 때문에 휴대식 평가법은 정서적 과정과 심리적 문제의 병인론적 이론을 이해하는 데 좀 더 적합할 수도 있다. 예를 들어, 휴대식 평가 연구에 대한 메타 분석에서 신경성 폭식증과 폭식장애에서의 정서 조절 모형을 검증했다(Haedt-Matt & Keel, 2011). 구체적으로 살펴보면, 높은 부정적 정서가 폭식 에피소드 이전에 나타나는지(이는 횡단 연구에서 지지 됨), 그리고 폭식 이후 부정적 정서가 감소하는지(혼재된 지지 결과)를 조사하였다. 높은 부정적 정서가 폭식에 앞서 나타나며, 더 나아가 폭식 이후에도 부정적 정서가 지속하여 증가하는 것으로 나타났다. 따라서 현실에서 대부분 사람이 폭식 행동 후 부정적 정서에서 해방감을 경험하는 것이 아님을 보여 준다. 향후 연구에서는 실험실 연구나 횡단적 연구 설계를 EMA 방법론과 결합하여, 이러한 방법론 간에서 개인-내 불일치를 살펴볼 수 있다. 만약 폭식장애를 겪고 있는 개인이 폭식이 부정적 정서가 줄어들게 한다고 기억하겠지만 실제 폭식하는 순간에 오히려 부정적 정서를 더 강하게 느끼게 된다는 것을 알게 된다면 이는 임상적 개입에 중요한 함의를 얻게 되는 것이다.

임상적으로 보면, 앞서 소개된 Tara의 사례에서처럼 휴대식 평가는 시간에 따른 개인 내 정서 변화에 대한 중요한 정보를 제공한다. Tara는 자신의 기분, 충동적 행동, 기분 상태를 조절하려는 시도를 매일 기본으로 보고했던 점 때문에 치료자는 Tara에게 음주와 자기-손상적 행동(그녀가 사용한 부정적 정서를 다루기 위한 수단이라 보았던 것)이 일시적으로 부정적 기분을 완화할 수는 있지만 결국 죄책감과 우울감을 더 심화시킨다는 피드백을 해 줄 수 있었다. 치료자는 Tara에게 자신의 적응적인 대처 기제가 이렇게 부정적 기분을 줄이는 데에 효과적이면서도 이후 부정적 정서가 증가하도록 하지 않는다는 점을 보여 줄 수 있었다.

정서에 대한 다중방식평가의 가치

방법 편향(method bias)은 심리학 연구에서 주요한 오차변량의 원인이 될 수 있다는 것은 잘 알려져 있다(Campbell & Fiske, 1959; Podsakoff, MacKenzie, Podsakoff, & Lee, 2003). 따라서 방법 변량(method variance)을 최소화하는 한 가지 방법은 동일 구성개념에 대한 정보를 다양한 방법론을 사용하여 수집하는 것이다. 예를 들어, Lischetzke와 Eid(2003)는 감정에 대한 주의, 느낌의 명료성, 감정 조절, 그리고 전반적인 정서적 웰빙 등 수많은 정서적 과정을 평가하기 위해 자기 보고와 동료 보고를 함께 사용하였다. 자기 보고와 동료 보고는 각각의 잠재적 정서 구성개념의 두 가지 지표로 사용되었다. 구체적으로, 그들은 방법 변량을 추정하기 위한 수단으로 동료 보고를 활용했다(이 접근법에 대한 자세한 내용은 Eid, Lischetzke, Nussbeck, & Trierweiler, 2003 참조). 자기 보고 및 동료 보고 간의 상관관계는 0.30에서 0.34 범위로 나타났으며, 이는 자기 보고와 동료 보고 간의 일치도가 비교적 낮음을 보여 주고 있다. 이러한 결과는 정서적 과정 연구에서 흔히 나타난다(Stanton, Kirk, Cameron, & Danoff-Burg, 2000; Watson & Clark, 1991; Watson, Hubbard, & Wiese, 2000). Lischetzke와 Eid(2003)는 감정에 대한 주의와 명료성이 전반적인 웰빙(즉, 더 높은 긍정적 정서와 더 낮은 부정적 정서)을 예측할 것이라고 가정하였다. 하지만 연구 결과, 좀 더 높은 느낌에 대한 주의는 감정적 웰빙과 관련이 없었지만, 감정의 명확성은 더 나은 감정적 웰빙을 예측하는 것으로 나타났다. 이는 단일 방법 사용으로 발생할 수 있는 잠재적인 방법 편향을 줄이기 위해 여러 방법을 어떻게 활용할 수 있는지에 대한 한 가지 예시를 제공한다.

앞서 언급한 바와 같이 두 가지 유형의 방법론 간의 불일치로부터 가치 있는 정보를 얻는 것도 가능하다. 3자-보고와 관찰 기법은 감정의 표현에 의존하기 때문에 이러한 방법과 내적 상태 간의 불일치는 감정 표현이나 억제에 대한 중요한 정보를 제공한다. 예를 들어, 앞서 언급한 Okazaki(2002)의 연구에서 아시아계 미국인들은 백인 미국인보다 자기 보고에서 더 높은 우울감과 사회 불안을 보고했다. 또한, 동료 평가에서도 아시아계 미국인들이 더 높은 수준의 우울감과 사회 불안을 보인 것으로 나타났다. 만약 이러한 연구 결과가 서로 다른 표본을 사용한 개별 연구로 발표되었다면, 우리는 단순히 아시아계 미국인이 백인 미국인보다 더 높은 수준의 우울감과 사회적 불안을 겪는다고만 결론지었을 것이다. 그러나 Okazaki가 다중방식 접근을 사용했다는 점을 고려하면, 아시아계 미국인의 자기 보고와 타인 보고 간의 차이가 백인 미국인보다 더 크다는 점을 추가로 확인할 수 있으며, 이는 감정 표현의 문화적 차이에 대한 정보를 제공한다. 두 번째 사례로, Rottenberg, Kasch, Gross와 Gotlib(2002)은 주요우울장애(MDD)를 겪고 있는 개인들 사이에서 감정 표현성을 연구하기 위해 관찰 기법을 사용했다. 특히, 우울 집단과 비우울 집단의 참여자들은 표준화된 일련의 감정적 영상 클립을 시청했으며, 훈련받은 연구진이 정서 행동 코딩 시스템(Gross & Levenson, 1993)을 사용하여 참여자들의 표정을 평정했다. 저자들은 우울 집단과 비우울 집단 간의 자기 보고된 슬픔에서 차이점을 발견했지만, 집단 간에 걸쳐 관찰된 슬픔에서는 차이를 발견하지 못했다. 이는 MDD에서 낮은 표현성을 지적할 수 있다.

다중방식 연구의 적용: BPD에서 감정 조절 장애

이 장에서는 경계선 성격장애(borderline personality disorder: BPD)에서 정서와 정서적 과정을 연구하기 위해 다중방식평가 전략을 사용한 여러 연구를 검토한다. 특히, 우리는 BPD에서 감정과 정서적 과정의 연구 상황에서 휴대식 평가의 활용을 설명해 주고 싶은데, 휴대식 평가를 통해 자기 보고, 관찰, 심리생리학적 평가 전략을 통합할 수 있기 때문이다. BPD에 대한 휴대식 평가의 적용은 많은 이점이 있는데, 이는 BPD가 높은 수준의 다양한 정서(예: 불안, 우울, 적대감)와 이러한 정서와 관련된 불안정성을 특징으로 하기 때문이다.

BPD에 익숙하지 않은 독자들을 위해 설명하자면, BPD는 극단적인 감정적 · 행동적 · 대인관계적 기능장애와 관련된 심각한 상태를 말한다(American Psychiatric Association, 2013). 이 장의 서두에 등장한 임상 사례(Tara)는 BPD 진단을 받은 환자의 표상적인 감정 프로파일을 설명하고 있다. 가끔 감정 조절 장애라고도 이름 붙은 정서적 불안정성은 BPD의 핵심 임상 양상 중 한 가지이다(American Psychiatric Association, 2013; Linehan, 1993). 정서적 불안정성이란 BPD 환자의 높은 반응적 정서 상태를 의미한다; BPD를 겪고 있는 사람들은 전형적으로 각기 다른 다양한 변수(예: 분노, 우울, 불안)와 정도(예: 중등도에서 극단) 사이에서 부정적 정서가 달라진다. 이러한 부정적 정서에 따른 변화는 양극성 장애와 같은 장애에서 BPD를 구별하는 특징이며, 양극성 장애에서는 부정적 정서뿐만 아니라 긍정적 정서(예: 우울에서 고양감)까지 변할 수도 있다. 또한, Tara의 사례에서도 그랬듯이 BPD에서 정서적 변화는 대개 개인의 환경에서 발생하는 외부 자극에 반응하면서 발생하는 경향이 있다(Cowdry, Gardner, O'Leary, Leibenluft, & Rubinow, 1991; Trull et al., 2008). 이러한 극단적인 정서 변화는 보통 몇 시간에서 며칠간 지속하며 대인관계 스트레스, 인지된 거절 혹은 정체성 위기를 유발하는 사건 등의 요인들로 인해 발생할 수도 있다. BPD에서 정서 변화 유발 요인은 다른 정신장애에서 나타나는 요인들과는 다른 편이다. BPD와 달리 주요우울장애를 겪는 사람들은 주로 내적 신호(예: 자기-비판적 사고, 미래에 대한 비관주의)로 인해 정서적 변화를 경험하는 경향이 있다.

부정적인 감정 조절 장애에서 직접 비롯되는 것으로 드러나는 BPD의 특정 기준에는 정서적 불안정성, 극단적인 분노, 그리고 공허함이 포함된다. 부정적 감정 조절 장애는 이 장애에서 나타나는 많은 부가적 행동들의 원천적인 동력이 될 수도 있다(Linehan, 1993). 전통적으로 연구자들과 임상가들은 BPD의 정서적 불안정성을 평가하기 위해 면담과 질문지를 모두 활용해 왔다. 하지만 이러한 측정법들은 모두 정서 변화와 변동의 역동적 본질을 정확히 회상하고 통찰할 수 있는 능력을 필요로 한다(Solhan et al., 2009). BPD의 정서적 불안정성을 측정하려면 좀 더 미묘한 평가 접근법이 필요한데, 정서적 불안정성은 역동적이며 시간-의존적 과정이기 때문이다(Ebner-Priemer, Eid, Kleindienst, Stabenow, & Trull, 2009). 매일, 여러 날에 걸쳐 정서와 그에 해당하는 지표들에 대해 다양한 평가를 제공하는 생태학적 순간 시점 평가(Stone & Shiffman, 1994), 경험 표집(Csikszentmihalyi & Larson, 1987), 휴대식 평가(Trull & Ebner-Priemer, 2013)와 같은 방법이 필요하다. 이것이 기분의 변화, 극단적인 정서 상태의 변동, 그리고 이러한 변화를 유발하는 환경적 요인을 정확히 평가할 수 있는 유일한 방법이다.

한 가지 예를 들어 보면, 특성 신경증과 정서적 불안정성에 해당하는 성향 간에 분명한 관련성이 존재한다 하더라도(Miller & Pilkonis, 2006), 신경증 측정에서 같은 점수가 만성적인 부정적 정서(예: 주요 우울증에서 나타나는 것)일 수도 있고 극단적인 부정적 정서 변동(예: BPD에서 나타나는 것)일 수도 있다. 따라서 신경증은 정서적 불안정성과 중첩되지만 똑같은 것이 아니다. 한순간에서 다음 상황으로 이어지는 부정적 정서의 급격한 증가를 밝혀내려면 더욱 빈번한 기분에 대한 평가가 필요해진다(Trull et al., 2008). 이러한 고-빈도 평가 접근법은 '집중적 종단 데이터'를 생성한다(Walls & Schafer, 2006). EMA 또는 ESM 방법을 이용한 순간 시점 평가의 추가적인 이점은 개인의 기분 상태를 자연스러운 환경에서 평가할 수 있다는 것이다. 즉, 개인의 일상생활 속에서 좀 더 생태학적으로 타당한 기분 평가를 수행할 수 있으며(Shiffman, Stone, & Hufford, 2008) 한편, 동시에 기분 변화의 선행 요인, 공변 요인, 혹은 수반 결과로 작용할 수도 있는 경험과 사건을 표집할 수 있다(Ebner-Priemer et al., 2009; Trull & Ebner-Priemer, 2013). 따라서 Tara의 사례에서 설명된 것처럼 매일 기분 상태와 기분 변화 및 이러한 변화를 둘러싼 주위 환경은 자연스러운 주위 환경에서의 내담자의 일상생활에 대한 풍부한 임상적 정보를 제공할 수 있다.

정서적 불안정성에 대한 전통적인 보고는 휴대식 평가로 얻게 된 정보와 어떻게 비교되는가

앞서 언급한 바와 같이 Solhan 등(2009)은 BPD($n = 58$) 또는 우울장애($n = 42$)를 겪고 있는 정신과 외래 환자의 정서적 불안정성에 대한 회고적 자기 보고 질문지와 해당 순간 시점 평가 간의 일치도를 조사했다. 그 해당 순간 시점 평가와 관련하여 연구자들은 28일에 걸쳐 하루에 6번씩 무작위로 전자 일기를 통해 정서에 대해 반복 평가를 진행했다. 비교를 위해 정서적 불안정성을 측정하는 세 가지의 특성 측정치, 즉 성격 평가 인벤토리의 정서적 불안정 하위 척도인 경계선 양상 척도(Morey, 1991), 정서 불안정 척도(Harvey, Greenberg, & Serper, 1989), 정서 강도 척도(Larsen, Diener, & Emmons, 1986)가 28일 동안의 ESM 평가 시기 이후 바로 시행되었다. 연구 결과, 정서적 불안정성에 대한 질문지 특성 측정법과 휴대식 평가 지표 간에는 거의 관련성이 없는 것으로 나타났다. 또한, Solhan 등(2009)은 BPD를 겪고 있는 환자들이 자신의 가장 두드러진 정서 변화들을 얼마나 잘 회상할 수 있는지를 조사했다. 기억 휴리스틱 관점에서 보면, 단일 중요 사건(즉, 절정감)은 더 쉽게 기억해야 한다(절정-종결 법칙으로 알려진 현상이다; Kahneman, Fredrickson, Schreiber, & Redelmeier, 1993). 하지만 극단적 기분 변화에 대한 회상적 보고는 이전 달이든 직전 7일이든 시간 참조기준과 관계없이 급성 정서 변화에 대한 휴대식 평가(AA) 지표와 거의 관련이 없었다.

대인관계 상호작용에서의 정서적 반응성

최근, 우리는 자기 보고와 행동 관찰 전략을 조합하여 대인관계에서의 정서적 반응성을 조사했다(Brown, Tragesser, Tomko, Mehl, & Trull, 2014). 구체적으로, BPD를 겪고 있거나 우울장애(Depressive Disorder: DD) 병력이 있는 임상 참여자들이 3일 동안 EAR(Mehl et al., 2001) 장치를 장착하였다. EAR 장치는 참여자들의 근접 환경에서 발생하는 주변 소리를 넌지시 녹음한다. EAR이 녹음한 주변 소리는 정서, 행동, 환경의 특성 등으로 부호화할 수 있다(예: Hasler, Mehl, Bootzin, & Vazire, 2008; Mehl, Gosling, & Pennebaker, 2006; Tomko et al., 출간 예정). 이 연구(Brown et al., 2014)에서 우리는 일상생활에서 만들어 내는 대인관계 안에서 참여자들의 감정적 경험에 초점을 두었다.

EAR은 참여자의 환경에서 짧은 시간 간격 동안 소리를 포착하는 디지털 음성 녹음기이다. 참여자들은 EAR 소프트웨어가 탑재된 Dell Axim 50 PDA와 옷에 달 수 있는 마이크(OPTIMUS 클립형 마이크)를 받았다. 본 연구에서 EAR은 오전 9시~오후 11시까지 하루 약 47회 녹음을 했고 그 시간 동안 18분마다 50초씩 녹음하였다. 27명의 참여자는 1인당 최대 140개의 녹음 파일 중 평균 114개(SD = 32.4)의 유효하고 청취 가능한 상태의 녹음 파일을 갖게 되었다(참여자당 평균 90%). 녹음 내용은 표현된 긍정적 및 부정적 정서를 기준으로 코딩되었으며 코딩자 평정치는 참여자들이 대인관계 상황에서 보고한 긍정적 정서와 부정적 정서(PA, NA)와 비교하였다. 정서는 긍정 및 부정 정서 목록(PANAS; Watson, Clark, & Tellegen, 1988)의 진술문을 사용해서 코딩하였다. 긍정적 정서 항목(행복함, 자랑스러움)과 부정적 정서 항목(두려움, 슬픔, 죄책감, 분노)은 1점(전혀 그렇지 않음)에서 5점(매우 그렇다)까지의 척도로 평정되었다. 평정자들은 주어진 음성 파일에서 참여자가 느낌을 어떻게 드러내고 있는지를 보여 주는 이 척도를 사용하도록 지시받았다. 들을 수 있는 모든 정보(예: 참여자의 목소리 톤, 비언어적 음성, 울음소리)는 코딩자가 평정할 정보로 사용되었다.

연구 기간이 끝난 후, 참여자들은 EAR 장치를 반납하고 연구진과의 면담을 통해 조사 기간(목요일–토요일) 동안 가장 긍정적인 대인관계 경험과 가장 부정적인 대인관계 경험에 대해 이야기하였다. 그 결과, 참여자 1인당 최대 6개의 대인관계 사건이 기록되었다. 참여자들은 해당 사건에 대한 간략한 설명과 함께 해당 상호작용의 구성원, 발생 시간, 상호작용의 지속 시간, 상호작용의 속성(예: 여가 활동)을 설명해 달라는 요청을 받았다. 또한, 참여자들은 PANAS에 포함된 용어를 사용해서 해당 사건에서 자신이 경험한 긍정적 및 부정적 정서의 정도를 평정하였다. 회상된 정서는 1점(전혀 그렇지 않음)에서 5점(매우 그렇다)까지의 척도로 평정되었다. 긍정적 정서로 회상된 항목에는 '행복함/신남'과 '자신감 있음/결단력 있음'이 포함되었고, 부정적 정서로 회상된 항목에는 '수치스러움/죄책감', '불안함/거북함/긴장', '적대감/짜증', '슬픔/속상함'이 포함되었다. 회상된 PA와 NA 점수는 각각 개별 척도의 항목들의 평균값으로 계산되었다(범위=1.0에서 5.0).

연구 결과, BPD를 겪고 있는 참여자들은 DD 그룹 참여자들과 비교해 부정적인 대인관계 사건에서 더 많은 NA와 더 적은 PA를 느꼈다고 회상하였다. 대인관계 사건의 유형과 관계없이 BPD를 겪고 있는 참여자들은 NA와 PA 수준에 대해 관찰된 수준과 회상한 수준 사이의 차이가 더 크게 나타났다. 특히, 이러한 불일치는 BPD를 겪고 있는 참여자들이 이러한 누 가지 유형의 대인관계 사건 모두에서 두 가지 정서 모두가 발견되었다. 감정 조절에 문제를 겪는 개인은 감정의 강도나 느낌을 표현하는 것이 어렵거나 아니면 부정적인 대인관계 사건에 감정적으로 반응하지 않는 것처럼 보일 경우, 일상생활에서 다른 사람들로부터 오해를 받는다고 느낄 수 있다(Butler et al., 2003; Rottenberg, Gross, & Gotlib, 2005). 특히, BPD를 겪고 있는 개인은 자신의 감정적 경험에 대한 명확성이 부족 할 뿐만 아니라 감정을 억제한다고 보고된 바가 있다(Lynch, Robins, Morse, & Krause, 2001; Suvak et al., 2011). 감정 표현의 패턴은 관찰자에게 혼란스럽거나 변덕스럽게 보일 수 있는데, 겉으로 보이는 감정 표현이 항상 개인이 보고하는 내적 강도와 항상 일치하지 않을 수도 있기 때문이다.

이는 환경을 쓸모없게 하는 것과 관련된 특정 증거가 될 수 있으며, Linehan(1993)의 BPD 이론에서 중요한 요소이다. 특히, 감정적 무효화는 개인의 감정 상태나 느낌이 무시되고 평가절하되고, 축소되고 또는 처벌적일 때 발생한다. 본 연구의 결과에 따르면 관찰자들은 감정을 경험한 사람들이 그러한 것보다 그 정서의 강도를 더 낮게 평정한다고 한다. 이러한 불일치는 잠재적으로 감정적 무효화 경험의 기초가 될 수 있다. 즉, 관찰자(예: 대인관계적 상호작용에서 상대)가 BPD를 겪는 개인의 느낌의 강도를 과소추정하면서 이를 축소하거나 처벌적으로 경험하도록 하는 대인관계적 행동(무시하거나, 깎아내리거나, 축소하기)에 관여하게 된다. 현재까지 감정적 무효화에 관한 연구는 거의 이루어지지 않았으며, 거의 모든 연구가 어린 시절 양육자와의 경험을 회고적으로 보고하는 방식으로 진행되었다. 따라서 본 연구에서 사용된 EAR 방법론은 일상에서 발생하는 감정적 무효화를 규명하고 탐구하는 데 유용한 방식이 될 수 있다.

감정적 각성, 음주, 그리고 수반 결과

물질 사용 및 남용에 대한 주요 이론은 알코올 및 기타 약물을 자신의 기분 상태 조절의 (부적응적) 시도로 사용하는 것에 초점을 맞춘다. 그러므로 감정 조절에 어려움을 겪는 사람은 알코올 및 약물 사용 장애의 발달에 상당한 위험이 있는 것처럼 비칠 것이다. 하지만 흥미롭게도 연구에서 가장 일관되게 나타난 결과는 부정적 정서보다는 긍정적 정서를 조절을 위해 알코올을 사용한다는 점이다. 하지만 기존 연구의 대부분은 비임상 집단, 특히 대학생을 대상으로 이루어졌으며, 이들은 부정적 정서 변화를 위한 반응으로서 음주보다는 축하를 위한 음주와 더 많이 관련되어 있을 수도 있다. 따라서 특히 부정적 정서 수준이 높고 정서적 불안정성으로 특징지어진 임상 집단에서는 다른 양상의 연구 결과가 나타날 가능성이 있다.

순간 시점의 정서적 수준과 알코올 사용을 평가하기 위해 전자 일기를 사용한 연구에서, Jahng 등(2011)은 BPD를 겪는 음주자들이 부정적 정서의 변동성이 더 높은 날에 음주할 가능성도 더 크다는 것을 발견했다. 그러나 이 연구의 한계점은 여전히 참여자들의 자기 보고에만 의존했다는 점이다. 감정 조절 장애, 각성, 그리고 BPD 환자의 음주를 대상으로 한 후속 예비 연구에서 우리는 AA의 두 가지 형태를 조합한 자료를 수집했다: 정서와 음주에 관한 전자 일기 자료 그리고 감정적 각성을 알리는 EDA 자료(Tomko & Trull, 2012). 여기서는 알코올 사용-정서 관계를 연구하기 위해 AA 평가 방법을 조합하는 것에 대한 유용성을 설명하고자 한 참가의 자료를 제시한다.

이 연구에서 BPD 환자 그룹과 공동체 내의 통제그룹은 일주일 동안 전자 일기를 작성하고 깨어 있는 시간 동안 무선적으로 요구받은 날에 여섯 번 이상의 설문에 답했다. 여기서 가장 흥미로운 것은 정서 상태와 알코올 사용에 관해 설문을 사용하여 물어봤다는 점이다. 이에 더해 각 환자는 감정적 각성을 평가하기 위해 EDA를 지속하며 기록하는 AA 기기를 착용했다. 구체적으로, 환자들은 손목 안쪽에 붙이는 센서(Q Sensor, Affectiva)를 사용했다. Q Sensor는 각성, 체온, 3-축의 움직임을 측정하도록 설계되었다. Q Sensor를 이용하여 피부 표면에 두 개의 전극으로 미세한 전류를 흘려보내 EDA를 측정한다. 이는 기초적인 피부 전도 수준뿐만 아니라 감정, 주의, 각성 상태에 따른 피부 전도의 변화를 좀 더 유용한 방식으로 측정한다. 그리고 참여자들은 음주를 시작한다는 것을 알리기 위해 Q Sensor의 버튼을 한 차례 눌러야 했다.

Q Sensor와 전자 일기 데이터를 조합함으로써 감정적 각성의 패턴을 그래픽으로 표

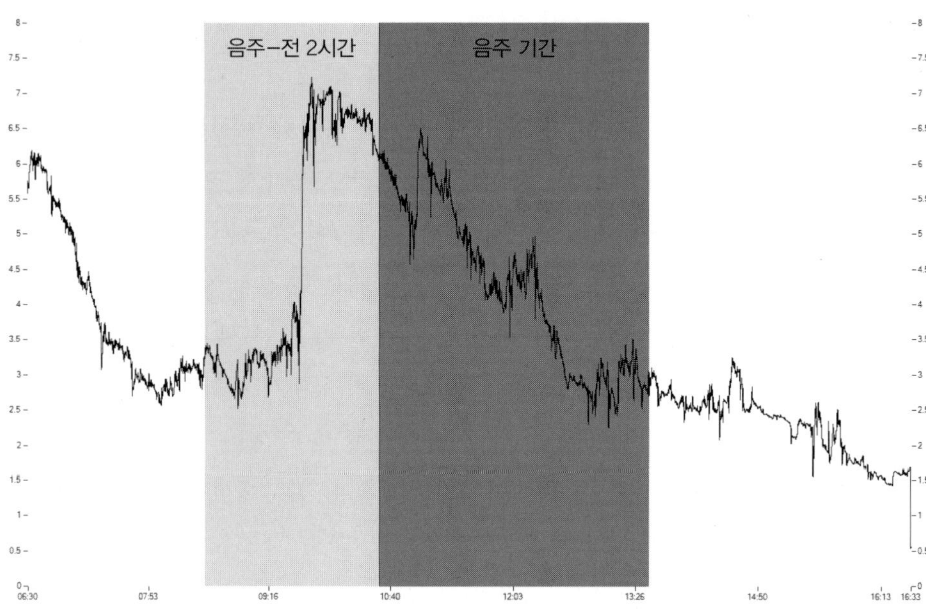

그림 3-1a 이 참여자의 경우, 음주 전 2시간 동안 EDA가 처음에는 증가한다.
하지만 이후 첫 번째 음주에 가까워질수록 감소한다. 참여자는 중간 정도의 긍정적인 영향과 낮은 정도의 부정적인 영향을 보고했다. 해당 음주 삽화는 "어려움의 완화에 전혀 도움이 안 된다"라는 것을 보여 준다.

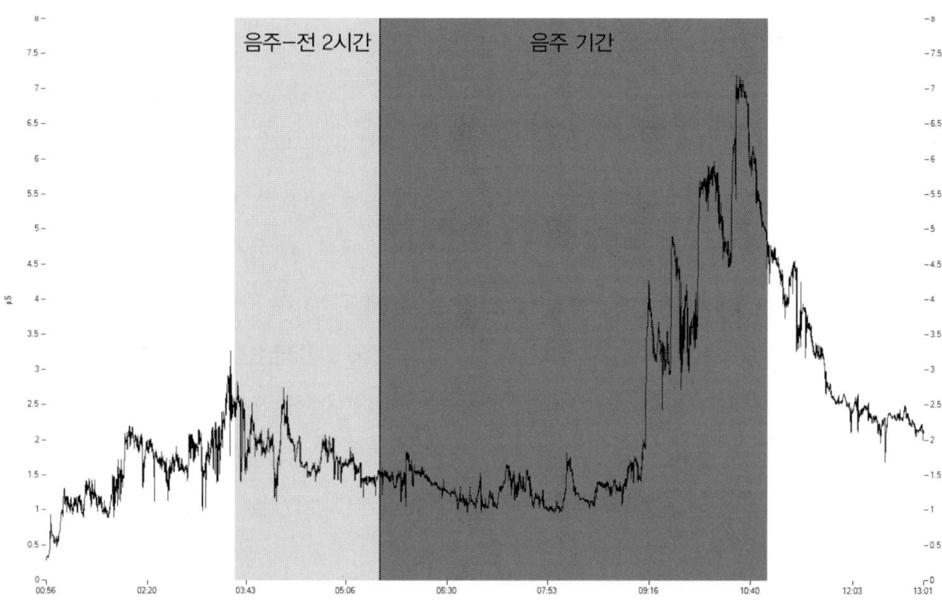

그림 3-1b 이 그래프는 [그림 3-1a]에 보여 준 동일 인물의 다른 음주 삽화를 보여 준다.
이 경우, 첫 번째 음주 전에 각성 수준이 급격히 증가하였다. 부정적인 영향 평정치는 중간 정도였지만 음주 삽화가 진행됨에 따라 감소했다. 참여자는 음주 삽화가 어려움 완화에 도움이 되었다고 보고했다.

시하고 참여자들이 수긍하고 보고한 정서를 확인할 수 있고 음주 행동이 이러한 패턴과 어떻게 관련되는지를 살펴볼 수 있었다. 이를 설명하기 위해 한 사람이 나타낸 두 개의 음주 사례를 [그림 3-1a]와 [그림 3-1b]에 제시하였다. 두 가지 경우에 관해서 첫 음주 전 2시간 동안의 EDA 데이터(연한 회색으로 음영 표시 및 상단에 표시)와 음주 삽화 동안의 EDA 데이터(진한 회색으로 음영 표시 및 상단에 표시)를 제시했다. 이와 함께 각 음주 삽화에 대해 음주 전 기저선, 첫 음주 시점, 음주 중, 그리고 마지막 음주 시점에서의 정서 평정치를 제시하였다. 첫 번째 음주 삽화([그림 3-1a])에서 각성 수준은 첫 음주 전 2시간 동안 점차 증가하지만, 첫 음주 시점에 가까울수록 감소하는 패턴을 보였다. 이 기간에서(전자 일기에 로그인 상태) 정서 평정치는 중간 정도의 긍정적 정서 수준으로 유지되었으며(부정적 감정은 나타나지 않음), 이러한 수준은 음주 삽화 전반에 걸쳐 일정하게 유지되었다. EDA 및 자기 보고 데이터를 바탕으로 볼 때, 해당 참여자는 적어도 부분적으로는 긍정적 정서의 증가를 위해 술을 마시게끔 동기화되었었다. 실제로 이 참여자는 해당 음주 삽화가 어려움을 전혀 완화해 주지 못했다고 평정했다. 반면, [그림 3-1b]는 부정적 정서를 해소하려는 시도로 보이는 음주 삽화를 보여 준다. 이 경우, 첫 음주 전에 각성 수준이 급격히 증가했으며, 전자 일기에 기록된 긍정적 정서 평정치는 해당 삽화 내내 거의 일정하게 유지되었다. 그리고 전자 일기의 부정적 정서 평정치는 초반에는 중간 정도였으나 마지막 음주 시점에는 감소했다. 이 경우에서 참여자는 해당 음주 삽화가 적당한 수준의 어려움 완화에 도움이 되었던 것으로 평정했다.

두 가지 형태의 AA를 조합함으로써 이 참여자의 음주에 대한 다양한 정서적 동기를 시사하는 관련 데이터를 실시간으로 수집할 수 있었다. 이 참여자의 데이터는 그녀가 항상 부정적 정서를 해소하거나 조절하기 위해 음주하는 것이 아니라, 때때로 긍정적 정서를 증가시키기 위해 음주한다는 점을 시사한다. 임상적으로 이러한 정보는 기대, 맥락, 그날 밤이나 다음 날의 결과 등의 음주 행동에 대한 기타 영향을 탐색하는 데 출발점으로 사용될 수 있다.

결론 및 향후 지향점

우리는 이 장에서 감정과 정서적 과정에 대해 최선의 설명을 하고 특징지으며 조사하기 위해 임상 장면과 임상 연구 장면 모두에서 다중방식을 사용해야 한다고 주장했다.

감정은 주관적 · 인지적 · 생리적 · 사회적 · 문화적 요소 간의 복잡한 상호작용의 결과이다. 따라서 이러한 구성 요소 중 하나만 측정하는 것은 감정이 어떻게 현실이 되는지를 완전한 그림을 보여 줄 수 없다(Barrett, 2012).

그렇다면 감정과 정서적 과정에 대한 다중방식평가를 시행하기 위한 가장 좋은 방법은 무엇일까? 앞서 논의했듯이 실험실이나 임상 장면에서 다양한 평가 방법을 사용할 수 있지만, 이러한 평가들은 생태학적 타당성과 일반화 가능성에 한계가 있다. 새로운 접근법이었던 휴대식 평가가 훨씬 더 유망하게 보인다(Trull & Ebner-Priemer, 2013). 휴대식 평가는 주관적 · 관찰적 · 생리학적 측정법을 통합할 수 있고 개인이 일상생활을 하는 동안에도 이러한 지표를 평가할 수 있다. 하지만 휴대식 평가 방법을 사용하여 수집된 자기 보고 자료는 회고에 의존한 보고보다 신뢰성과 타당성이 더 높은 것으로 나타나더라도 여전히 해당 환자에 의해 보고된 주관적 가치평가이다. 그러므로 생리적 그리고 또는 행동적 자료의 객관적 측정법과 함께 이러한 심리적 측정법으로 보완하는 것이 바람직하다. 고성능 모바일 마이크로 센서의 등장 이후, 휴대식 평가는 심리적 데이터뿐만 아니라 생리적 및 행동적 데이터까지 포함하는 평가 방법으로 발전하였다.

현재의 바이오센서 기술은 소형이면서 휴대 가능하며 눈에 띄지 않는 기록 시스템을 제공하여 해당 현장에서의 평가를 가능하게 한다(Ebner-Priemer, Kubiak, 2007; Kubiak & Krog, 2012 참조). 이에 더해 정교한 컴퓨터 처리를 통해 실험실 외부에서의 가외 변수를 통제할 수 있다. 예를 들어, 감정적 활성화와 신체적 노력의 활성화를 구별하는 것이 가능하다(Houtveen & de Geus, 2009; Intille, 2007). 더 나아가 생리학적-촉발 샘플링 프로토콜의 선구적 활용은 다양하고 새로운 연구 문제를 탐색할 가능성을 제공한다. '쪽에서 나온 청색'들과 같이 생리학적-촉발 샘플링 또는 맥락-촉발 샘플링(Intille, 2007)은 유사하다. 이는 특수한 항목이나 샘플링 프로토콜, 즉 심리학적 평가(즉, 기분 상태, 인지, 태도 등)가 기존 정의된 생리학적 사건(예: 심박수 증가)이나 상황적 맥락(예: 파트너의 목소리)에 따라 이끌어지기 때문에 일종의 지능형 샘플링으로 볼 수 있다.

임상, 실험실, 또는 해당 현장에서 수행되는 다중방식평가의 이점에도 불구하고, 여전히 여러 가지 과제가 남아 있다. 이러한 과제에는 추가적인 시간과 비용, 참여자의 부담, 다양한 출처에서 수집된 데이터의 통합, 그리고 심리측정학적으로 신뢰할 수 있는 평가 도구의 확보 등이 포함된다. 관찰 방법은 연구팀이 정서적 과정을 신뢰할 만하게 코딩할 수 있도록 훈련하는 데에 상당한 노력이 필요하다. 그러나 이러한 과제들은 정서 연구에만 국한된 것이 아니라 모든 다중방식 연구 문제에서 공통으로 발생한다. 결국, 이러한 문제들을 해결하지 않으면 감정과 정서적 과정에 대한 우리의 평가가 불완전할 수밖에 없다. 다행히도 새로운 기술들(대표적으로 모바일 기기, 무선 센서, 인지 소프트웨어)로 감정이 일상생활에서 표현되고 경험되는 다양한 구성 요소를 연구하는 데에 도움이 될 것이다.

감사의 말

관련 문헌 검토에 도움을 준 Jonathan W. Nauser, Madison O'Meara 그리고 Amy C. Veith에게 감사의 말씀을 전한다.

참고문헌

Achenbach, T. M., Krukowski, R. A., Dumenci, L., & Ivanova, M. Y. (2005). Assessment of adult psychopathology: Meta-analyses and implications of cross-informant correlations. *Psychological Bulletin, 131*, 361-382.

Adrian, M., Zeman, J., & Veits, G. (2011). Methodological implications of the affect revolution: A 35-year review of emotion regulation assessment in children. *Journal of Experimental Child Psychology, 110*, 171-197.

American Psychiatric Association. (2013). *Diagnostic and statistical manual of mental disorders* (5th ed.). Arlington, VA: Author.

American Psychological Association. (2012). Retrieved September 5, 2012, from www. apa.org/pubs/journals/emo/index.aspx.

Barrett, L. F. (2006). Solving the emotion paradox: Categorization and the experience of emotion. *Personality and Social Psychology Review, 10*, 20-46.

Barrett, L. F. (2009). The future of psychology: Connecting mind to brain. *Perspectives on Psychological Science, 4*, 326-339.

Barrett, L. F. (2011). Constructing emotion. *Psychological Topics, 20*, 359-380.

Barrett, L. F. (2012). Emotions are real. *Emotion, 12*, 413-429.

Barrett, L. F., & Kensinger, E. A. (2010). Context is routinely encoded during emotion perception. *Psychological Science, 21*, 595-599.

Beauchaine, T. (2001). Vagal tone, development, and Gray's motivational theory: Toward an integrated model of autonomic nervous system functioning in psychopathology. *Development and Psychopathology, 13*, 183-214.

Berntson, G. G., Cacioppo, J. T., & Quigley, K. S. (1993). Respiratory sinus arrhythmia: Autonomic origins, physiological mechanisms, and psychophysiological implications. *Psychophysiology, 30*, 183-196.

Boucsein, W., Fowles, D. C., Grimnes, S., Ben-Shakhar, G., Roth, W. T., Dawson, M. E., et al. (2012).

Publication recommendations for electrodermal measurements. *Psychophysiology, 49,* 1017-1034.

Bresin, K., Carter, D. L., & Gordon, K. H. (2013). The relationship between trait impulsivity, negative affective states, and urge for nonsuicidal self-injury: A daily diary study. *Psychiatry Research, 205*(3), 227-231.

Brown, W. C., Tragesser, S. L., Tomko, R. L., Mehl, M. R., & Trull, T. J. (2014). Recall of expressed affect during naturalistically observed interpersonal events in those with borderline personality disorder or depressive disorder. *Assessment, 21*, 73-81.

Butler, E. A., Egloff, B., Wilhelm, F. H., Smith, N. C., Erickson, E. A., & Gross, J. J. (2003). The social consequences of expressive suppression. *Emotion, 3*, 48-67.

Butler, E. A., Wilhelm, F. H., & Gross, J. J. (2006). Respiratory sinus arrhythmia, emotion, and emotion regulation during social interaction. *Psychophysiology, 43*, 612-622.

Campbell, D. T., & Fiske, D. W. (1959). Convergent and discriminant validation by the multitrait-multimethod matrix. *Psychological Bulletin, 56*, 81-105.

Carstensen, L. L., Gottman, J. M., & Levenson, R. W. (1995). Emotional behavior in long-term marriage. *Psychology and Aging, 10*, 140-149.

Conner, T., & Barrett, L. F. (2012). Trends in ambulatory self-report: Understanding the utility of momentary experiences, memories, and beliefs. *Psychosomatic Medicine, 74*, 327-337.

Cowdry, R. W., Gardner, D. L., O'Leary, K. M., Leibenluft, E., & Rubinow, D. R. (1991). Mood variability: A study of four groups. *American Journal of Psychiatry, 148*, 1505-1511.

Crawford, J. R., & Henry, J. D. (2004). The Positive and Negative Affect Schedule (PANAS): Construct validity, measurement properties and normative data in a large non-clinical sample. *British Journal of Clinical Psychology, 43*, 245-265.

Curran, S. L., Andrykowski, M. A., & Studts, J. L. (1995). Short form of the Profile of Mood States (POMS-SF): Psychometric information. *Psychological Assessment, 7*, 80-83.

Csikszentmihalyi, M., & Larson, R. (1987). Validity and reliability of the experience-sampling method. *Journal of Nervous and Mental Disease, 175*, 526-536.

Davis, M. (2000). The role of the amygdala in conditioned and unconditioned fear and anxiety. In J. P. Aggleton (Ed.), *The amygdala* (Vol. 2, pp. 213-287). Oxford, UK: Oxford University Press.

Dawson, M. E., Schell, A. M., & Filion, D. L. (2007). The electrodermal system. In J. Cacioppo, L. G. Tassinary, & G. G. Berntson (Eds.), *Handbook of psychophysiology* (pp. 159-181). Cambridge, UK: Cambridge University Press.

de Los Reyes, A., & Kazdin, A. E. (2005). Informant discrepancies in the assessment of childhood psychopathology: A critical review, theoretical framework, and recommendations for further study. *Psychological Bulletin, 131*, 483-509.

Diener, E., & Emmons, R. A. (1985). The independence of positive and negative affect. *Journal of Personality and Social Psychology, 47*, 1105-1117.

Diener, E., Smith, H., & Fujita, F. (1995). The personality structure of affect. *Journal of Personality and Social Psychology, 69*, 130-141.

Ebner-Priemer, U. W., Eid, M., Kleindienst, N., Stabenow, S., & Trull, T. (2009). Analytic strategies for understanding affective (in)stability and other dynamic processes in psychopathology. *Journal of Abnormal Psychology, 118*, 195-202.

Ebner-Priemer, U. W., & Kubiak, T. (2007). Psychological and psychophysiological ambulatory monitoring: A review of hardware and software solutions. *European Journal of Psychological Assessment, 23*, 214-226.

Egloff, B. (1998). The independence of positive and negative affect depends on the affect measure. *Personality and Individual Differences, 25*, 1101-1109.

Egloff, B., Schmukle, S. C., & Burns, L. R. (2003). Facets of dynamic positive affect: Differentiating joy, interest, and activation in the Positive and Negative Affect Schedule (PANAS). *Journal of Personality and Social Psychology, 85*, 528-540.

Eid, M., Lischetzke, T., Nussbeck, F. W., & Trierweiler, L. I. (2003). Separating trait effects from trait-specific method effects in multitrait-multimethod models: A multiple-indicator CT-C(M-1) model. *Psychological Methods, 8*, 38-60.

Ekman, P. (2003). *Emotions revealed*. New York: Times Books.

Ekman, P., & Friesen, W. V. (1978). *Manual for the Facial Action Coding System*. Palo Alto, CA: Consulting Psychologist Press.

Ekman, P., Friesen, W. V., & Ancoli, S. (1980). Facial signs of emotional experience. *Journal of Personality and Social Psychology, 39*, 1125-1134.

Fowles, D. C. (1980). The three arousal model: Implications of Gray's two-factor learning theory for heart rate, electrodermal activity, and psychopathy. *Psychophysiology, 17*, 87-104.

Glenn, C. R., Blumenthal, T. D., Klonsky, E. D., & Hajcak, G. (2011). Emotional reactivity in nonsuicidal self-injury: Divergence between self-report and startle measures. *International Journal of Psychophysiology, 80*, 166-170.

Gottman, J. M., Coan, J., Carrere, S., & Swanson, C. (1998). Predicting marital happiness and stability from newlywed interactions. *Journal of Marriage and the Family, 60*, 5-22.

Gross, J. J., & Levenson, R. W. (1993). Emotional suppression: Physiology, self-report, and expressive behavior. *Journal of Personality and Social Psychology, 64*, 970-986.

Grossman, P., & Taylor, E. W. (2007). Toward understanding respiratory sinus arrhythmia: Relations to cardiac vagal tone, evolution and biobehavioral functions. *Biological Psychology, 74*, 263-285.

Gump, B. B., Polk, D. E., Kamarck, T. W., & Shiffman, S. (2001). Partner interactions are associated with reduced blood pressure in the natural environment: Ambulatory monitoring evidence from a healthy, multiethnic adult sample. *Psychosomatic Medicine, 63*, 423-433.

Haedt-Matt, A. A., & Keel, P. K. (2011). Revisiting the affect regulation model of binge eating: A meta-analysis of studies using ecological momentary assessment. *Psychological Bulletin, 137*, 660-681.

Harvey, P. D., Greenberg, B. R., & Serper, M. R. (1989). The affective lability scales: Development, reliability, and validity. *Journal of Clinical Psychology, 45*, 786-793.

Hasler, B. P., Mehl, M. R., Bootzin, R. R., & Vazire, S. (2008). Preliminary evidence of diurnal rhythms in everyday behaviors associated with positive affect. *Journal of Research in Personality, 42,* 1537-1546.

Houtveen, J. H., & de Geus, E. J. C. (2009). Noninvasive psychophysiological ambulatory recordings. *European Psychologist, 14*, 132-141.

Intille, S. S. (2007). Technological innovations enabling automatic, context-sensitive ecological momentary assessment. In A. A. Stone, S. Shiffman, A. A. Atienza, & L. Nebeling (Eds.), *The science of real-time data capture*. New York: Oxford University Press.

Jahng, S., Solhan, M. B., Tomko, R. L., Wood, P. K., Piasecki, T. M., & Trull, T. J. (2011). Affect and alcohol use: An ecological momentary assessment study of outpatients with borderline personality disorder. *Journal of Abnormal Psychology, 120*, 572-584.

Kahneman, D., Fredrickson, B. L., Schreiber, C. A., & Redelmeier, D. A. (1993). When more pain is preferred to less: Adding a better end. *Psychological Science, 4*, 401-405.

Kaiser, S., & Wehrle, T. (1992). Automated coding of facial behavior in human-computer interactions with FACS. *Journal of Nonverbal Behavior, 16*, 67-84.

Kreibig, S. D. (2010). Autonomic nervous system activity in emotion: A review. *Biological Psychiatry, 84*, 394-421.

Kubiak, T., & Krog, K. (2012). Computerized sampling of experiences and behavior. In M. R. Mehl & T. S. Conner (Eds.), *Handbook of research methods for studying daily life* (pp. 124-143). New York: Guilford Press.

Lang, P. J., Bradley, M. M., & Cuthbert, B. N. (2005). *International affective picture system (IAPS): Instruction manual and affective ratings* (Technical Report A-6). Center for Research in Psychophysiology, University of Florida.

Larsen, R. J., Diener, E., & Emmons, R. A. (1986). Affect intensity and reactions to daily life events. *Journal of Personality and Social Psychology, 51*, 803-815.

Lindquist, K. A., & Barrett, L. F. (2008). Constructing emotion: The experience of fear as a conceptual act. *Psychological Science, 19*, 898-903.

Linehan, M. M. (1993). *Cognitive-behavioral treatment of borderline personality disorder*. New York: Guilford Press.

Lischetzke, T., & Eid, M. (2003). Is attention to feelings beneficial or detrimental to affective well-being?: Mood regulation as a moderator variable. *Emotion, 3*, 361-377.

Lucas, R. E., Diener, E., & Suh, E. (1996). Discriminant validity of well-being measures. *Journal of Personality and Social Psychology, 71*, 616-628.

Lynch, T. R., Robins, C. J., Morse, J. Q., & Krause, E. D. (2001). A mediational model relating affect intensity, emotion inhibition, and psychological distress. *Behavior Therapy, 32*, 519-536.

McNair, D., Lorr, M., & Droppleman, L. (1971). *Manual for the Profile of Mood States*. San Diego, CA: Educational and Industrial Testing Service.

McNair, D. M., Lorr, M., & Droppleman, L. F. (1992). *Manual for the Profile of Mood States*. San Diego, CA: Educational and Industrial Testing Service.

Mehl, M. (2006). The lay assessment of subclinical depression in daily life. *Psychological Assessment, 18*, 340-345.

Mehl, M. R., Gosling, S. D., & Pennebaker, J. W. (2006). Personality in its natural habitat: Manifestations and implicit folk theories of personality in daily life. *Journal of Personality and Social Psychology, 90*, 862-877.

Mehl, M. R., Pennebaker, J. W., Crow, D. M., Dabbs, J., & Price, J. H. (2001). The electronically activated recorder (EAR): A device for sampling naturalistic daily activities and conversations. *Behavior Research Methods, 33*, 517-523.

Mehrabian, A., & Russell, J. A. (1974). *An approach to environmental psychology*. Cambridge, MA: MIT Press.

Mihura, J. L., Meyer, G. J., Dumitrascu, N., & Bombel, G. (2013). The validity of individual Rorschach variables: Systematic reviews and meta-analyses of the Comprehensive System. *Psychological Bulletin, 139*, 548-605.

Miller, J. D., & Pilkonis, P. A. (2006). Neuroticism and affective instability: The same or different? *American Journal of Psychiatry, 163*, 839-845.

Morey, L. C. (1991). *Personality Assessment Inventory: Professional manual*. Odessa, FL: Psychological Assessment Resources.

Nisbett, R. E., & Wilson, T. D. (1977). Telling more than we can know: Verbal reports on mental processes. *Psychological Review, 84*, 231-259.

Nock, M. K., Wedig, M. M., Holmberg, E. B., & Hooley, J. M. (2008). The emotion reactivity scale: Development, evaluation, and relation to self-injurious thoughts and behaviors. *Behavior Therapy, 39*, 107-116.

Okazaki, S. (2002). Self-other agreement on affective distress scales in Asian Americans and white Americans. *Journal of Counseling Psychology, 49*, 428-437.

Podsakoff, P. M., MacKenzie, S. B., Podsakoff, N. P., & Lee, J. (2003). Common method biases in behavioral research: A critical review of the literature and recommended remedies. *Journal of Applied Psychology, 88*, 879-903.

Poh, M., Swenson, N. C., & Picard, R. W. (2010). A wearable sensor for unobtrusive, long-term assessment of electrodermal activity. *IEEE Transactions on Biomedical Engineering, 57*, 1243-1252.

Posner, J., Russell, J. A., & Peterson, B. S. (2005). The circumplex model of affect: An integrative approach to affective neuroscience, cognitive development, and psychopathology. *Development and Psychopathology, 17*, 715-734.

Rottenberg, J., Gross, J. J., & Gotlib, I. H. (2005). Emotion context insensitivity in major depressive disorder. *Journal of Abnormal Psychology, 114*, 627-639.

Rottenberg, J., Kasch, K. L., Gross, J. J., & Gotlib, I. H. (2002). Sadness and amusement reactivity differentially predict concurrent and prospective functioning in major depressive disorder. *Emotion, 2*, 135-146.

Rowe, D., & Plomin, R. (1977). Temperament in early childhood. *Journal of Personality Assessment, 41*,

150–156.

Russell, J. A. (1980). A circumplex model of affect. *Journal of Personality and Social Psychology, 39*, 1161–1178.

Russell, J. A., & Mehrabian, A. (1974). Distinguishing anger and anxiety in terms of emotional response factors. *Journal of Consulting and Clinical Psychology, 42*, 79–83.

Safer, M. A., & Keuler, D. J. (2002). Individual differences in misremembering pre-psychotherapy distress: Personality and memory distortion. *Emotion, 2*, 162–178.

Sayette, M. A., Cohn, J. F., Wertz, J. M., Perrott, M. A., & Parrott, D. J. (2001). A psychometric evaluation of the Facial Action Coding System for assessing spontaneous expression. *Journal of Nonverbal Behavior, 25*, 167–185.

Shacham, S. (1983). A shortened version of the Profile of Mood States. *Journal of Personality Assessment, 47*, 305–306.

Sher, K. J., & Trull, T. J. (1996). Methodological issues in psychopathology research. *Annual Review of Psychology, 47*, 371–400.

Shiffman, S., Stone, A. A., & Hufford, M. (2008). Ecological momentary assessment. *Annual Review of Clinical Psychology, 4*, 1–32.

Slatcher, R. B., & Trentacosta, C. J. (2012). Influences of parent and child negative emotionality on young children's everyday behaviors. *Emotion, 21*, 932–942.

Solhan, M. B., Trull, T. J., Jahng, S., & Wood, P. K. (2009). Clinical assessment of affective instability: Comparing EMA indices, questionnaire reports, and retrospective recall. *Psychological Assessment, 21*, 425–436.

Spielberger, C. D. (1966). Theory and research on anxiety. In C. D. Spielberger (Ed.), *Anxiety and behavior* (pp. 3–20). New York: Academic Press.

Spielberger, C. D. (1972). Profile of Mood States. *Professional Psychology, 3*, 387–388.

Spielberger, C. D., & Reheiser, E. C. (2009). Assessment of emotions: Anxiety, anger, depression, and curiosity. *Applied Psychology: Health and Well-Being, 1*, 271–302.

Stanton, A. L., Kirk, S. B., Cameron, C. L., & Danoff-Burg, S. (2000). Coping through emotional approach: Scale construction and validation. *Journal of Personality and Social Psychology, 78,* 1150–1169.

Stone, A. A., & Shiffman, S. (1994). Ecological momentary assessment (EMA) in behavioral medicine. *Annals of Behavioral Medicine, 16*, 199–202.

Suvak, M. K., Litz, B. T., Sloan, D. M., Zanarini, M. C., Feldman Barrett, L., & Hofmann, S. G. (2011). Emotional granularity and borderline personality disorder. *Journal of Abnormal Psychology, 120*, 414–426.

Taylor, G. J., Bagby, R. M., & Parker, J. D. A. (1997) *Disorders of affect regulation: Alexithymia in medical and psychiatric illness*. Cambridge, UK: Cambridge University Press.

Thayer, J. F., & Lane, R. D. (2000). A model of neurovisceral integration in emotion regulation and dysregulation. *Journal of Affective Disorders, 61*, 201–216.

Tomko, R. L., Brown, W. C., Tragesser, S. L., Wood, P. K., Mehl, M. R., et al. (in press). Social context of anger in borderline personality disorder and depressive disorders: Findings from a naturalistic observation study. *Journal of Personality Disorders, 26*.

Tomko, R. L., & Trull, T. J. (2012). *Case presentation of real-time emotion and skin conductance during alcohol curve*. Unpublished data.

Tracy, J. L., Robins, R. W., & Schriber, R. A. (2009). Development of a FACS-verified set of basic and self-conscious emotion expressions. *Emotion, 9*, 554-559.

Trull, T. J., & Ebner-Priemer, U. (2013). Ambulatory assessment. *Annual Review of Clinical Psychology, 9*, 151-176.

Trull, T. J., Solhan, M. B., Tragesser, S. L., Jahng, S., Wood, P. K., Piasecki, T. M., et al. (2008). Affective instability: Measuring a core feature of borderline personality disorder with ecological momentary assessment. *Journal of Abnormal Psychology, 117*, 647-661.

Tuccitto, D. E., Giacobbi, P. R., & Leite, W. L. (2010). The internal structure of positive and negative affect: A confirmatory factor analysis of the PANAS. *Education and Psychological Measurement, 70*, 125-141.

Vos, P., de Cock, P., Munde, V., Petry, K., Van Den Noortgate, W., & Maes, B. (2012). The tell-tale: What do heart rate; skin temperature and skin conductance reveal about emotions of people with severe and profound intellectual disabilities? *Research in Developmental Disabilities, 33*, 1117-1127.

Walls, T. A., & Schafer, J. L. (2006). *Models for intensive longitudinal data*. New York: Oxford University Press.

Watson, D., & Clark, L. A. (1991). Self- versus peer ratings of specific emotional traits: Evidence of convergent and discriminant validity. *Journal of Personality and Social Psychology, 60*, 927-940.

Watson, D., & Clark, L. A. (1994). *The PANAS-X: Manual for the Positive and Negative Affect Schedule-Expanded Form*. Unpublished manuscript, University of Iowa, Iowa City.

Watson, D., & Clark, L. A. (1997). Measurement and mismeasurement of mood: Recurrent and emergent issues. *Journal of Personality Assessment, 68*, 267-296.

Watson, D., Clark, L. A., & Tellegen, A. (1988). Development and validation of brief measures of positive and negative affect: The PANAS scales. *Journal of Personality and Social Psychology, 54*, 1063-1070.

Watson, D., Hubbard, B., & Wiese, D. (2000). Self-other agreement in personality and affectivity: The role of acquaintanceship, trait visibility, and assumed similarity. *Journal of Personality and Social Psychology, 78*, 546-558.

Wilson, T. D., & Dunn, E. W. (2004). Self-knowledge: Its limits, value, and potential for improvement. *Annual Review of Psychology, 55*, 493-518.

제4장

실존적 문제들에 대한 다중방식평가
공포관리 관점

Spee Kosloff, Molly Maxfield, & Sheldon Solomon

과학적 원리와 법칙은 본질의 껍데기에 붙어 있는 것이 아니다. 그것들은 숨겨져 있으며 그리고 적극적이고 정교한 탐구 기법을 통해서만 본질을 끄집어낼 수 있다.

—JOHN DEWEY, 『Reconstruction in Philosophy』(1920, p. 32)

극심한 스트레스를 겪고 있거나 사용할 수 있는 방어 전략이 부족하여 '환자'라는 상태로 들어간 개인은 죽음의 두려움에 대처하는 보편적인 방식이 부족함을 깨닫고 나서 극단적인 방어 양식에 빠져버리게 된다.

—IRVING YALOM, 『Existential Psychotherapy』(1980, p. 111)

사회과학자들이 직면하고 있는 수많은 도전과제 중에서도 기초적인 실험 결과를 신체적·심리적 웰빙을 증진할 수 있는 실용적 접근법으로 전환하는 것은 가장 어려운 과제라 할 수 있다. 사회심리학과 임상심리학 모두 인간의 웰빙을 도와주거나 방해하는 조건들을 밝히는 데에 공통의 관심을 가진다. 그렇다 하더라도 이 두 분야 사이에는 인간다움의 의미에 대한 공동의 통합적 초점을 통해서만 메워질 수 있는 엄청난 간격이 있다고 본다. 이 장은 그러한 시도를 향한 첫걸음을 보여 준다.

우리의 목표는 공포관리 이론(Terror Management Theory: TMT; Greenberg, Pyszczynski, & Solomon, 1986; Greenberg, Solomon, & Arndt, 2008; 죽음과 관련된 불안이 인간 행동에 미치는 영향에 관한 이론)에 대한 기초 연구가 급증하는 추세를 바탕으로 실존적 심리적 고통

과 역기능적 대처 방식을 평가하는 데에 잠재적인 임상적 유용성이 있는 기법을 도출하는 것이다. 원래는 인지적 · 정서적 · 행동적 측정법과 실험적 조작을 섞어 놓은 것이었지만, 이제는 실존적 문제에 대한 취약성을 결정하기 위한 명확하게 조직화되고 잘 검증된 일련의 절차가 되었다.

이 논의의 중심에는 '죽음의 현저성(mortality salience)'이라는 실험적 조작이 있는데, 이는 언젠가 죽게 될 것이라는 사실을 사람들에게 상기시키는 것이다. 이러한 유도는 연령, 인종, 사회경제적 지위, 문화, 지능, 직업 등 다양한 개인들 사이에서 '정상적인' 연쇄적 방어 과정을 유발하는 것으로 연거푸 확인되었다. 간단히 말해, 죽음을 상기하게 되면 사람들은 일반적으로 삶이 의미 있다는 감각과 자신이 세상에서 가치 있는 주체적 존재라는 감각에 매달리게 된다. 하지만 어떤 사람들은 세상과 자신에게서 목적을 찾는 데 어려움을 겪고, 또 어떤 사람들은 경직된 신념과 취약한 자아에 지나치게 얽매여 버리고 죽음에 대한 사고에 매우 깊이 반응하게 된다. 이 장에서 우리의 주요 중점 사항은 죽음의 현저성에 대해 특별히 강렬하거나 역기능적 문제가 있는 반응을 예측하는 성격 및 임상적 변수들을 입증함으로써 이러한 공포 오관리의 사례를 식별하는 것이다.

우리는 공포관리 과정에서 성격 및 임상적 요인의 역할을 요약하는 것이 (그리고 이러한 요인들과 그로 인해 만들어지는 방어기제를 어떻게 측정할 수 있는지 구체적으로 정의함으로써) 임상가가 내담자의 실존적 문제를 평가하고 다루는 데에 활용할 수 있는 실질적인 접근법의 기반을 다지게 해 주길 바란다. 이러한 목표를 염두에 두고, 이 장의 마지막 부분에서는 본문에서 설명한 다양한 평가 도구들을 통합하는 다중방식 임상 평가 전략을 모형화하는 예비적 시도를 소개하였다.

공포관리 이론

공포관리 이론(TMT)은 죽음에 대한 인식이 인간 행동에 미치는 영향에 관한 문화인류학자 Ernest Becker(Ernest Becker, 1973)의 아이디어로부터 시작되었다(Greenberg et al., 1986, 2008). Becker는 다른 생명체들과 마찬가지로 인간 역시 유전자의 계승을 위해 생존을 촉진하는 본능적 동기를 가진다고 주장했다. 하지만 인간만이 세상을 상징적으로 표상한다. 즉, 사고는 즉각적인 상황의 경계를 훌쩍 넘어 확장될 수 있도록 하는 추상적 내용의 네트워크이다. 이러한 표상은 사람들이 자신과 자신의 과거 그리고 미래를 의식할 수 있게 하며, 결국 자신이 언젠가는 죽게 된다는 사실을 깨닫게 만든다. 이러한 달갑지 않은 이야기는 기본적인 생존 추동과 맞물릴 때 효과적인 행동 능력을 마비시킬 정도의 깊은 불안을 불러일으킬 수 있다. 하지만 Becker의 관점에 따르면, 인간은 죽음과 관련된 불안을 완화하는 기제를 발달시켜 심리적 평정을 유지한다.

TMT는 이러한 보호적인 심리적 기제가 **이중-구성 성분 불안 완충제**로 구성되어 있다고 규정한다. 첫 번째 구성 요소는 **문화적 세계관**에 대한 신념이다: 현실의 본질에 대한 사회적으로 구성된 신념 체계로, 개인이 의미 있고 질서 있는 방식으로 세상을 이해할 수 있게 해 준다. 누군가의 세계관 렌즈를 통해 보면, 위협적이고 무관심한 물리적 환경 속에서 본래 감정이 없는 사물과 사건도 겉으로 봤을 때는 의미 있고 진전되는 이야기의 구성 요소로 변모한다("나는 어디서 왔는가?", "나는 어디로 가는가?", "무엇이 삶의 의미를 만들어 주는가?"와 같은 질문에 대한 답을 되는 것이다). 천 조각이 깃발이 되고; 침을 흘리는 개가 사랑스러운 반려동물이 된다; 잔혹한 살육이 애국적 행위가 된다. 무엇보다 중요한 점은 세계관이 가치 있는 행위 기준을 제시해 준다는 것이며, 그러한 행위는 개인이 가치 있는 삶을 이끌어 갈 방법을 결정한다.

이것이 두 번째 구성 요소인 **자기-존중감**에 대한 감각을 갖추는 토대를 마련한다: 자신이 속한 문화적 세계관이 내세우는 가치 기준을 충족하거나 초월하고 있다는 인식. 나의 세계관이라는 렌즈를 통해 내가 좋게 보인다면, 나는 마치 의미 있는 우주 속의 소중한 존재인 것처럼 영웅인 듯 느낄 수 있다. 마치 죽고 썩어 가는 고기와 마찬가지로 나도 죽고, 썩고, 잊히게 될 이름 없는 유한한 동물로서가 아니고 말이다.

이러한 이중-구성 성분 불안 완충제를 유지함으로써 개인은 필멸성을 초월하여 두 가지 방식 중 한 가지인 (심리학적 의미로 말할 때) '불멸'에 이르게 될 수 있다. **문자 그대로의 불멸**은 종교적 또는 영적 실천에 확고히 헌신함으로써 달성되는 것인데, 육체가 죽은 뒤에도 말 그대로 물리적 세계를 초월한 위대한 천상의 영역으로 올라가는 자신의 일부(예: 영혼)에 대한 믿음을 확고하게 하는 것이다. 반대로 **상징적 불멸**은 문화적으로 가치 있는 행동을 통해 자신이 이룬 성취가 세상에 지워지지 않을 흔적을 남긴다는 믿음을 부여함으로써 상징적인 불멸이 달성된다. 즉, "나는 여기 있었고, 나는 중요한 존재였다!"라고 외쳐 놓은 흔적인 것이다. 이는 매우 다양한 방법으로 이루어질 수도 있다: 매일 같이 정시에 완료하는 우편배달 일부터 막대한 재산을 유산으로 남기는 일까지; 가족 중 처음으로 대학을 학위를 취득하는 사람부터 다중방식평가에 관한 대작을 편찬하는 사람까지.

요약하자면, TMT는 죽음에 대한 인간 고유의 자각이 잠재적으로 무력하게 만드는 공포를 불러일으킨다고 가정한다. 문화적 세계관에 대한 신념(의미부여)과 자존감(가치)은 문자 그대로건 상징적으로건 자신의 불멸에 대한 믿음을 갖게 함으로써 이러한 잠재적 불안을 관리하는 기능을 한다.

TMT의 실증적 평가

지난 20여 년 동안 20개국 이상에서 500건이 넘는 실험들이 TMT를 통해 설정한 다양한 가설을 검증해 왔다(자세한 내용은 Greenberg et al., 2008 참조). 그중 가장 일반적으로 연구된 '죽음 현저성 가설(mortality salience hypothesis)'이다. 문화적 세계관에 대한 신념과 자존감이 죽음-관련 불안을 완충하는 기능을 한다면, 죽음을 상기하는 것(죽음의 현저성)은 자신의 세계관에 대한 신념을 강화하고 자존감을 높이려는 노력을 더욱 강화하게끔 해야 한다. 이 가설을 검증하려면 참가자에게 죽음이나 통제 주제에 대해 생각하도록 유도할지 말지를 조작한 뒤 이론화된 불안 완충제의 두 가지 성분에 대한 의존도를 측정한다.

죽음 현저성(Mortality Salience: MS)은 다양한 방식으로 조작되었다: 피가 낭자한 장면을 시청하게 하는 것[예: 영화 〈사형 참극(Faces of Death)〉 1편의 부검 장면 대비 같은 영화의 중립적인 장면; 장례식장과의 거리(바로 앞 대비 100m 떨어진 지점)]; 죽음-관련 단어가 포함된 단어 찾기 과제 완료하기(대비 혐오적이긴 하지만 죽음과 무관한 단어); '죽음' 또는 '죽은' 단어에 대해 부지불식간에 자극받기(이와 대비하여, 길이와 빈도가 일치하는 중립적 혹은 혐오적이긴 하지만 죽음과 무관 단어). MS를 조작화한 방식에 전반에서 비교 가능한 효과를 얻었으며, 이를 통해 이러한 조작 간의 수렴 타당성을 확립하였다.

가장 일반적으로, 참가자들은 투사적 성격 평가의 일환으로서 두 개의 개방형 질문에 응답한다: "당신의 죽음에 대해 생각할 때 일어나는 감정을 간략히 말해 주세요." 그리고 "당신이 신체적으로 사망할 당시 그리고 사망한 후에 자신에게 일어날 일을 최대한 구체적으로 적어 보세요." 통제 집단의 참가자들은 중립적인 주제(예: 책장 정리, 여가 활동 참여)나 매우 혐오스럽지만 죽음 관련 사고를 명백하게 불러일으키지 않는 다양한 주제들(예: 통증, 시험 응시, 당황함, 실패, 불확실성, 무의미함) 중 하나씩 병렬적으로 제시된 질문에 응답했다. MS는 이러한 통제 조건과 비교해서 일관적으로 효과를 보이면서 해당 조작의 판별 타당성을 입증한다(이에 이의를 제기하는 대안적 설명의 예시는 McGregor, 2004를

참조).❶

죽음 현저성 가설을 뒷받침하는 연구 중 하나는 MS가 **문화적 세계관 방어**를 유발한다는 것을 보여 주었다: 자신의 세계관을 지지하는 사람들에 대한 호감은 높아지고, 다른 세계관을 고수하는 사람들에 대해서는 부정적 태도가 더 강해졌다. 이 연구는 죽음을 상기시키는 것은 개인에게 특정 집단 및 도덕적 기준과 연결된 의미 있는 사회적 정체성을 방어하도록 동기화한다는 점을 보여 준다. 예를 들어, MS는 미국인의 친미적 대상에 대한 긍정적 태도를 증가시키고 반미적 대상에 대한 부정적 태도를 강화하며, 자신의 정치적 신념을 폄하하는 사람에게는 할당받은 고통스럽게 매운 핫소스 양을 늘리고, 도덕적으로 일탈하는 사람에 대한 부정적 평가를 악화시키는 반면에 영웅이나 유명 인사에 대해서는 긍정적 반응을 증폭시키는 것으로 나타났다.

추가 연구에 따르면, MS는 개인의 삶은 물론 타인의 행동 그리고 무생물에 대한 기본적 구조화된 지각에서도 의미를 추구하려는 노력을 촉진한다고 나타났다. 예를 들어, MS는 개인의 현재 행동과 미래 목표 간의 구조적 연결을 높이고, 사회적 판단 상황에서도 휴리스틱에 대한 의존도를 높이며, 명확한 정보(예: 의미 있는 제목)가 없는 경우에는 추상 예술에 대한 선호도를 낮추는 것으로 나타났다.

MS는 또한 **자존감 추구**(self-esteem striving) 과정을 통해 개인적 가치 추구를 촉진한다: 개인의 자존감이 좌우되는 행동 영역에서 목표-추구가 강화됨. 예를 들어, 운전 능력에 대해 자존감이 강한 이스라엘 군인들 사이에서는 MS가 운전 시뮬레이터에서 과시적 운전 경향성을 증가시켰다; 근력 운동 상황에서 자존감이 좌우되는 사람 사이에서는 MS가 실험자 앞에서 악력계를 더 강하게 쥐게끔 했다; 그리고 햇볕에 태운 피부와 매력적인 외모를 연관 짓도록 유도한 여성들에게서는 MS가 자외선 차단을 통한 피부 관리에 관심을 낮추면서 태닝 제품과 서비스에 관심을 높였다.

관련 연구들은 MS 이후 사람들이 인간을 유한한 동물이 아닌 특별한 존재로 인식하려는 경향을 보인다는 것을 보여 준다. 예를 들어, MS는 배설물에 대한 혐오감을 강화하고, 모유 수유와 같은 신체적 과정에 대한 경멸감을 증가시켰으며, 인간이 동물계에서 특별한 지위를 지닌 존재라거나 자연에 대한 인간의 지배에 대한 진술에 선호도를 높였다.

의미와 가치의 또 하나의 원천은 친밀한 대인관계에서 비롯되며, 이러한 관계는 전 생

1 다양한 TMT 연구 자료들(예: MS 조작, DTA 측정치, 친미/반미 사설, 5문항 구성의 리커트-유형 대상 평가)은 www.tmt.missouri.edu/materials.html에서 무료로 제공한다.

애에 걸쳐 필수적인 심리적 위안을 제공한다. 타인에게서 받는 애정은 자존감의 원천이 되며, 가까운 사람이 같은 믿음을 공유할 때 그 믿음의 확신은 더욱 강화된다. 결과적으로 MS는 친밀한 관계를 형성하고 유지하려는 동기를 증폭시킨다. 예를 들어, MS는 연애 친밀감에 대한 욕구를 높이고 그러면서 기꺼이 사회적 상호작용을 시작하게끔 하며, 현재 연인에게 느끼는 매력에 기반한 헌신 수준을 높이는 것으로 나타났다.

효과적인 공포관리의 기저 기제

MS 효과의 근원적 기제는 이중-과정 모형의 맥락에서 광범위하게 연구되어왔다(Hayes, Schimel, Arndt, & Faucher, 2010 참고). 이 모형은 정상적으로 기능하는 개인이 MS 이후 죽음과 관련된 우려를 어떻게 인지적 · 행동적 과정으로 처리하는지를 설명한다([그림 4-1] 참조). 이 모델에는 두 가지 형태의 방어 기전의 작동에 기초한다: 즉각적(즉각적, 근위, proximal)과 지연적(지연적, 원위, distal) 방어.

즉각적 방어는 죽음 생각을 마음 밖으로 밀어내고 자기의 죽음 취약성을 부정하려는 직접적인 노력이다. 즉각적 방어는 MS 직후에 발생하는데 죽음과 관련된 생각이 사람들의 현재 주의 초점 안에 활성화되는 것이다. 예를 들어, MS 직후 개인은 자기-초점화된 상태에서 벗어나려 하면서 생명 연장과 연합되는 특성들에 대해 자신을 더 긍정적으로 평가한다. 이와 반대로 지연적 방어는 MS와 종속 측정치 간에 시간이 지연되는 경우에 발생한다. 지연적 방어는 주의가 산만하게 하거나 신체적 취약성을 부정하기보다 문화적 세계관 방어와 자존감 추구 노력을 통해 앞서 언급된 이중-구성 성분 불안 완충제를 강화하는 데 초점을 둔다.

이상의 겉으로 드러나 보이는 과정은 은밀히 숨어 있는 일련의 역동적 과정과 일치한다. 이것들은 암묵적 죽음과 관련 인지의 억제, 활성화, 비활성화를 축으로 움직인다—이를 **죽음 사고 접근성** 또는 DTA(death thought accessibility)라고 부른다. 연구자들은 DTA를 두 가지 방법 중 한 가지로 측정한다. 첫 번째 방법은 참가자들에게 죽음과 관련된 단어(dead, skull)나 그렇지 않은 단어(deal, skill) 무엇으로든 채울 수 있는 단어 조각을 완성하게 하는 것이다(예: DE__, SK__L). DTA는 참가자가 완성한 죽음 관련 단어의 총 개수로 조작된다. 두 번째 방법은 어휘 판단 과제를 수행하게 하는 것인데 컴퓨터 화면에 제시된 문자열이 실제 단어인지 비단어인지 신속하게 결정하게 하는 것이다. 이 단어 중에는

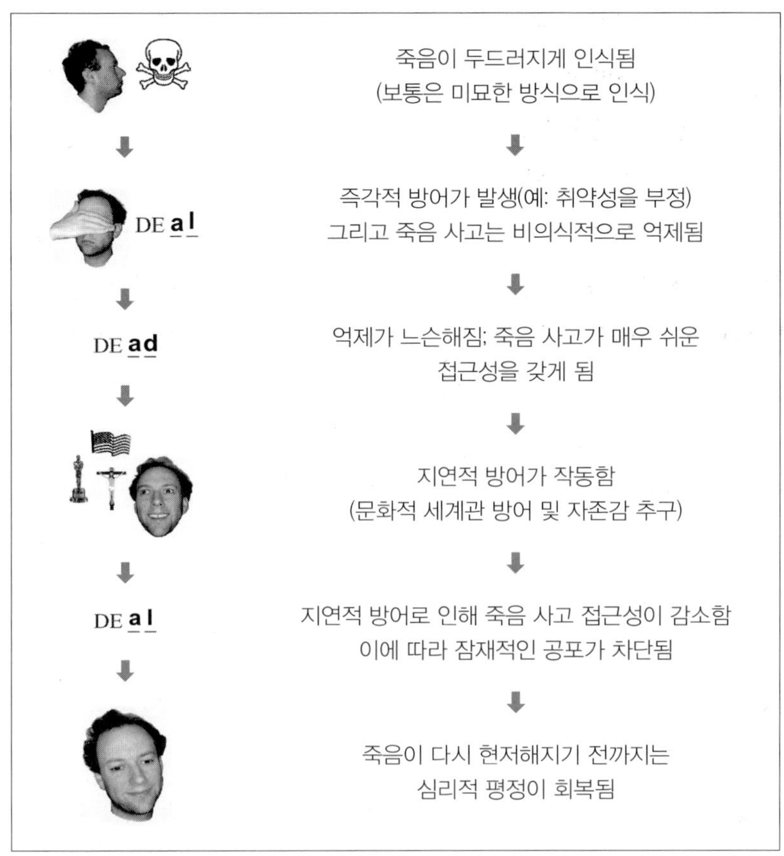

그림 4-1 TMT 이중 처리 모형(자세한 내용은 Hayes et al., 2010 참고)

죽음 관련 단어가 포함되어 있으며, DTA는 이러한 단어들을 식별하는 데에 걸리는 반응 시간으로 조작된다(반응 시간이 더 빠를수록 DTA가 높아짐).

즉각적 및 지연적 반응의 일차적인 기능은 DTA의 수준을 조절하고 궁극적으로 감소시키는 것이다. 그 작동 방식은 다음과 같다. MS 직후, 죽음 현저성 참가자들은 대조집단 참가자들과 비교해 DTA 수준이 더 높게 나타나지는 않았다. 이는 죽음 관련 인지의 능동적 억제 때문이다(즉각적 단계에서 발생하는 것으로 알려진 자기-초점 자극의 능동적 회피에 대한 암묵적 대응). 이러한 억제의 '능동적' 특성은 다음과 같은 연구 결과로 뒷받침된다. 참가자들이 높은 인지 부하 상태(억제를 위한 인지 자원을 사용할 수 없을 정도)에 놓였을 때, DTA는 실제로 죽음 현저성 참가자 사이에서 즉각적으로 증가한다. 마찬가지로 부지불식 간에 영향을 미친 죽음의 대가는 억제를 거치지 않고 돌아가기에 즉각적인 DTA를 증가시킨다.

시간이 지나면서 초기의 능동적 억제는 느슨해지면서 죽음 관련된 사고는 의식의 가장자리에서 강하게 활성화되거나 '접근 가능한' 상태가 된다. MS 조작 이후 일정한 지연이 주어지면(참가자가 지연적 방어 모드에 들어가도록 함), 죽음 현저성 참가자는 대조군 참가자들보다 DTA가 더 높게 나타난다. 이 시점에서 개인은 일반적으로 DTA를 비활성화하여 기저선(즉, 전-MS) 수준으로 감소시키기 위해 지연적 방어 기전을 사용한다. 277건의 MS 연구에 대한 메타 분석 결과, MS와 종속 측정치 간의 지연 시간이 길수록 지연적 방어 효과가 더 강하게 나타났으며, 이는 시간이 지남에 따라 DTA를 줄이려는 동기가 강화된다는 것을 보여 준다(지연 과제 1개, 약 1~2분, $r = .34$; 2개, 약 3~6분, 경우 $r = .41$; 3개, 약 7~12분, $r = .47$; Burke, Martens, & Faucher, 2010).

지연적 방어는 DTA를 단순히 재-억제하는 것만이 아니라 실제로 비활성화시킨다; 지연적 방어가 발생한 이후에는 인지 부하가 DTA 수준에 영향을 미치지 않는다. 그리고 일단 이러한 비활성화 지점에 도달하면, 죽음 현저성 참가자들은 대조군 참가자들과 비교해 더는 지연적 방어의 증거를 보이지 않는다. 즉, 정상 수준에서 기능하는 개인의 경우, MS는 DTA가 비활성화되고 나면 지연적 방어에 개입하면서 실존적 불안을 완화하게끔 하고 그에 따라 추가적인 세계관 방어나 자존감 추구 노력의 필요성도 완화하게끔 한다.

추가 연구들은 TMT의 이중-구성 성분 불안 완충제가 단순히 모든 유형의 혐오적 사고에 대한 것만이 아닌 DTA에 맞서 보호하고 있음을 입증하였다. 어휘 판단 과제를 활용한 DTA 연구에서는 개인의 세계관이나 자존감을 위협할 경우, 죽음 관련 어휘에 대한 반응 시간이 빨라지지만, 비죽음 관련 부정적 단어들이나 정서적으로 중립적인 단어들에 대해서는 빈도는 같다 하더라도 그러한 영향이 나타나지 않았다. 이는 DTA 평가의 판별 타당성을 뒷받침한다. 이에 더해 DTA가 단순히 고조된 부정적 정서 상태를 나타내는 지표일 가능성은 매우 낮다. MS은 DTA를 확실히 증가시키지만, 전형적으로 정서나 각성에 대한 자기 보고나 생리적 지표에는 영향을 미치지 않는다.

DTA는 불안이 발생할 가능성을 알려 주는 인지적 '경고 신호'일 가능성이 가장 크다. 정상적으로 기능하는 개인의 경우, 공포관리 과정은 효과적으로 작동하여 먼저 이 경고 신호에 대한 의식을 제한하는데, 그런 다음 불멸성에 대한 기회에 주의를 집중시키면서 비의식적 수준에서 이 신호가 울리도록 해서 마지막으로(그러한 기회를 활용하는 것으로) 경고 신호를 꺼버린다.

하지만 비효율적인 공포관리를 보이는 사람들은 어떨까? 의미와 가치에 대한 감각이 약하거나 불안정한 사람들 또는 DTA를 효과적으로 조절하는 데에 어려움을 겪는 사람들은 어떤 사람인가? 이러한 사람들은 어떻게 식별할 수 있는가? MS에 어떻게 반응하는가? 이 주제를 살펴보는 것은 실존적 영역에서 다양한 평가 도구가 활용될 수 있음이 드러날 것이다.

공포관리 실패: 불안 완충제의 약점 평가

Thomas Szasz의 제자이자 Syracuse 지역에 Upstate Medical Center 정신의학과 교수였던 Becker는 임상적 문제에 깊은 관심을 가졌다. 하지만 최근 들어 TMT 연구자들은 TMT 이론이 심리적 기능장애에 미치는 영향에 대해 본격적으로 탐색하기 시작했다. 이 연구에서 핵심적으로 강조되는 것은 **공포관리 실패**이다. 즉, 극도의 방어성, 비효과적 방어성 그리고 DTA 조절 실패를 초래하는 불안-완충제 작동이다. 첫째, 이는 개인차 변수 형태로 다루고 있으며, 특정된 표준 성격 유형은 죽음을 상기시키는 자극에 뚜렷한 반응성을 보이는 유형이다. 둘째, 임상적 범주는 MS에 대한 비정상적인 반응을 예측한다. 우

표 4-1 죽음 현저성 효과에 대한 개인차 조절 변수의 요약 및 이와 관련된 결과 변수

논문 출처	죽음 현저성과 상호작용하는 조절 변수	종속 변수
	의미 경직성	
Greenberg 등 (1990)	F-scale(Adorno et al., 1950)	Interpersonal Judgment Scale(Byrne, 1971)
Weise 등 (2012)	Right-Wing Authoritarianism(Altemeyer, 1998)	Five-item Likert-type target evaluation
Weise 등 (2012)	Belief in a Dangerous World(Altemeyer, 1998)	Five-item Likert-type target evaluation
Cozzolino 등 (2004)	Aspirations Index(Kasser, Ryan, 1996)	Number of raffle tickets taken for oneself
Jonas, Fischer (2006)	Intrinsic Religious Orientation(Feagin, 1964)	Five-item Likert-type target evaluation
Landau 등 (2004)	Personal Need for Structure(Thompson et al., 2001)	Three-item Likert-type target evaluation; Number of disparaging information items chosen re: a victim of a senseless tragedy

가치 취약성		
Harmon-Jones 등 (1997)	Rosenberg Self-Esteem Scale(1965)	Five-item Likert-type target evaluation
Schmeichel 등 (2009)	Rosenberg Self-Esteem Scale(1965) Self-Evaluative Implicit Associations Test(Jordan et al., 2003)	Three-item Likert-type rating of the extent to which a flattering personality description applies to oneself
Florian 등 (2001)	Third Generation Hardiness Scale (Maddi, 1987)	Multidimensional Social Transgression Scale(Florian, Mikulincer, 1997)
Goldenberg 등 (1999)	Eysenck Personality Inventory(Eysenck, Eysenck, 1967)	Physical Sex subscale of Goldenberg et al.'s(1999) Appeal of Sex Scale
Goldenberg 등 (2006)	Eysenck Personality Inventory(Eysenck, Eysenck, 1967)	Cold-pressor duration; duration of foot massager usage
관계적 불안정성		
Mikulincer 등 (2002)	Experience in Close Relationships Scale(Brennan et al., 1998)	DTA word fragment measure
Mikulincer, Florian (2000)	Experience in Close Relationships Scale(Brennan et al., 1998) and self-classification assessment(Hazan, Shaver, 1987)	DTA word fragment measure; Multidimensional Social Transgression Scale(Florian, Mikulincer, 1997); Symbolic Immortality Scale(Mathews, Kling, 1988); Sharabany's Intimacy Scale(1994)
정신병리		
Simon 등 (1996)	Beck Depression Inventory(1967)	Five-item Likert-type target evaluation
Simon 등 (1998)	Beck Depression Inventory (1967)	Kunzendorf's No Meaning Scale (1995~1996)
Strachan 등 (2007)	Specific phobia portion of the Structured Clinical Interview for DSM-IV	Time spent looking at pictures of spiders; Likert-type ratings of how threatening the spider images were
Strachan 등 (2007)	Contamination Obsessions and Washing Compulsions subscale of the Padua Inventory-Washington State University Revision(Burns et al., 1996)	Time spent washing hands

Strachan 등 (2007)	Social Interaction Anxiety Scale(Mattick, Clarke, 1998)	Time waiting in cubicle in order to avoid social interaction
Abdollahi 등 (2012)	Dissociative Experiences Scale II (Carlson, Putnam, 1993) and meeting DSM-IV criterion of a Class A1 trauma	Posttraumatic Stress Diagnostic Scale (Foa, 1995); Five-item Likert-type target evaluation
Kesebir 등 (2011)	Posttraumatic Stress Diagnostic Scale (Foa, 1995)	Multidimensional Social Transgression Scale(Florian, Mikulincer, 1997)
Chatard 등 (2012)	Post-Traumatic Stress Checklist-Civilian Version(Weathers et al., 1994)	DTA word fragment measure(French version)
Edmondson 등 (2011)	Post-Traumatic Stress Checklist-Civilian Version(Weathers et al., 1994)	DTA word fragment measure; excerpts from Multidimensional Social Transgression Scale(Florian, Mikulincer, 1997)

* 주의: 이 장에서 언급된 순서에 따라 정렬한 것임. 이 목록에는 TMT 연구에서 자주 평가되는 대표적인 변수들이 포함되어 있으나 모든 변수를 포괄하지 않으며 MS 조작의 조절 변수에 국한됨. 참고문헌 목록에서 별표(*)로 표시되어 있음. TMT 관련 문헌에 대한 전체 검토는 Greenberg 등(2008)을 참조하고, 관련 연구 자료(예: MS 조작, DTA 측정, 친미/반미 사설, 5문항 리커트 유형 대상 평가)는 www.tmt.missouri.edu/materials.html에서 무료로 열람 가능함.

리는 이러한 각각 표현된 현상을 차례로 살펴볼 것이다(〈표 4-1〉은 다음 부분에서 설명한 평가 도구를 요약해 둔 것이다).

MS 효과에서 개인차 조절 변수

Szasz와 R. D. Laing의 정신분석 전통과 정신의학적 관점을 따르는 TMT는 정신건강이 연속선상에 존재함을 시사한다. 즉, 자신을 무력하게 만들어 버리는 존재론적 공포에서 어떤 누구라도 자유로울 수 없기에 완전히 '건강한' 사람은 없다는 것이다. 우리의 관점으로 보면 실존적 문제에 대해 극단적인 방어 반응성을 예측하는 성격 측정 도구는 비록 임상 진단을 위해 기술적으로 사용되지 않더라도 공포관리 실패의 지표로 해석될 수 있다고 본다. 따라서 이 절의 목표는 MS에 대한 비정상적 반응을 예측하는 표준 성격 변수에 관한 연구를 요약하는 것이다.

우리는 먼저 관련 평가를 세 가지 범주로 분류한다: 의미 경직성, 가치 취약성 그리고 관계 불안정성. 이러한 범주에 속하는 기질적 변수들은 MS에 대한 반응의 본성을 안정적으로 조절한다. 하지만 MS 효과의 맥락에서 이러한 범주와 해당 개별 측정 항목 간의 통계적 독립성이 아직 명확하게 입증된 바는 없다는 점을 잘 알고 있어야 한다. 공포관리 실패의 구별되는 형태를 수량화할 경우, 해당 평가의 효과성을 검증하려면 MS 효과를 완화하는 평가법 전반에 걸친 상호작용과 상호 관계에 관한 연구가 절실히 필요하다.

하지만 일부 연구 결과는 이러한 세 가지 범주로 판별하는 것을 지지한다(Greenberg et al., 2008 참고). 의미, 가치 그리고 관계적 관심을 가시적으로 서로 대조해 본 연구에 따르면, 때때로 MS는 다른 관심사를 희생시키면서까지 다른 하나의 목표를 추구하도록 동기부여한다. 예를 들어, MS로 유도된 자존감 추구 노력은 긍정적인 성과가 세계관을 대표하는 인물(정치 지도자)이나 가까운 사람(부모)의 존경받는 자질을 능가할 경우 사라진다. 그리고 MS는 단기 연애 상황에서는 자기-강화적인 '트로피 파트너'를 선호하게 만드는 반면, 장기 연애 상황에서는 세계관을 지지해 주는 파트너를 선호하게 만든다. 더 나아가 MS는 자존감을 해칠 수 있는 상황이라 하더라도 관계적 친밀감에 대한 욕구를 높일 수도 있다. 그리고 또한 MS는 자신과 같은 세계관을 공유하지 않는 사람에게도 신체적으로 근접성을 추구하게끔 유도할 수 있다.

최근 이러한 연구 결과를 바탕으로 연구자들은 TMT의 기존 불안 완충제를 수정하여 역동적으로 상호 관련된 세계관, 자존감, 관계적 과정으로 상호작용하는 삼원적 안전 체계에 대한 모델을 제시했다(Hart, Shaver, & Goldenberg, 2005). 따라서 본 연구에서는 실존적 문제에 대한 취약성을 평가를 위해 유사한 세 갈래의 분류 체계를 제시한다.

의미 경직성 측정

TMT는 개인이 죽음 불안을 효과적으로 관리하기 위해서는 잘 규정된 세계관이 필요하다고 제안한다. 하지만 특정된 세계관과 그것을 유지하는 방식은 의미부여의 경직된 정도에 초점이 맞추는데, 이는 비융통성과 외부적 의존성으로 인한 가장의 위협에 특히 민감하다. 따라서 이러한 것에 의존하는 것은 특히 강한 조직-내 집단 편애와 사회적 계층화를 수반하며, 사건과 사람을 해석하고 통제하는 매우 규제되고 정규 일상화된 방식을 수반한다. 이에 따르면, 이 첫 번째 측정 환경은 개인의 세계관이 집단 간의 뚜렷한 차이를 얼마나 융통성 없게 규정하고, 얼마나 내적 충족감보다는 외적인 우연 사항을 강조하며 그리고 얼마나 물리적 및 사회적 세계에 대한 인식을 확고하게 구조화하는지를 평가한다.

이러한 맥락에서 MS 효과의 중요한 조절 변수 중 하나는 권위주의적 성격이다: 권위주의적 성격은 권위에 대한 높은 존중, 관습성, 그리고 사회적 약자에 대한 경멸 등을 특징으로 하는 특성 패턴 또는 일반화된 행동 양식이다(Adorno, Frenkel-Brunswick, Levinson, & Sanford, 1950). Greenberg와 동료들(1990)의 연구에서는 참가자들은 질문지를 작성한 후 다른 사람과 함께 문제해결 과제를 수행하게 될 것이라고 안내받는다. 참가자들은 다양한 주제에 대해 12가지 태도 평정을 완료하고 나서 권위주의에 대한 F-척도(Adorno et al., 1950)를 작성했다. 참가자가 F-척도를 작성하는 동안 실험자는 몰래 참가자의 12개 태도 반응을 바탕으로 가상의 대상 인물의 태도 반응을 조작했다. 그 결과 대상 인물의 반응에 대한 평정은 참가자의 자신의 것과 유사하거나(75% 일치) 유사하지 않은 경우(25% 일치)로 각각 나타났다.

그런 후에 MS를 조작하였고, 참가자들은 이후 '사람들은 보통 상호작용할 것이라 예상하는 사람에 대해 어느 정도는 알고 있기에' 대상 인물의 가장된 반응을 검토했다. 마지막으로, 참가자들은 대인관계 판단 척도(Interpersonal Judgment Scale: IJS; Byrne, 1971)를 작성했다. 이 척도는 대상 인물의 지능, 시사 지식, 도덕성, 적응력, 그리고 대상 인물과 함께 일하고 싶어 하는 정도를 평정하게 했다. 결과는 권위주의 성향이 강한 사람들은 MS에 대해 IJS 평가에서 자신과 의견이 다른 대상 인물을 현저하게 부정적으로 평가했다는 것을 보여 주었다. 이와 마찬가지로 Weise와 동료들(Weise, Arciszewski, Verlhiac, Pyszczynski, & Greenberg, 2012)은 최근 MS가 우파 권위주의(Right-Wing Authoritarianism: RWA) 성향이 강한 사람들에게 이민자에 대해 극단적으로 부정적인 평가를 유발한다는 것을 확인했다. RWA 성향이 강한 사람은 위험한 세상에 대한 신념(Belief in a Dangerous World: BDW; Altemeyer, 1988) 성향이 강한 경향이 있었다. 이러한 연구 결과들은 뚜렷한 집단 간 차이를 규정하는 데 초점을 맞춘 경직된 의미 체계가 취약성과 함께 나타나는 경향이 있고, 따라서 죽음을 상기시키는 자극에 대해 특히 격렬한 방어 반응을 유발한다는 점을 시사한다.

경직된 의미에 대한 또 한 가지 평가는 개인의 세계관이 내적인 충족감보다는 외적 우연 조건을 얼마나 우선시하는지에 초점을 맞추고 있다. 많은 사람은 외적 가치(예: 돈, 명성, 외모) 추구에 기반하여 가치 있는 행동 기준을 유지하는 모습이 일반적이다. 객관적이고 구체적인 용어로 정의한다 해도 그러한 세계관이 부여하는 의미는 타인의 지속적인 인정에 크게 의존하기에 불안정하고 취약하다. 실제로 연구에 따르면, 외적 목표에 대한 헌신은 활력 감소, 낮은 자기-실현 및 웰빙, 불안, 우울, 신체적 불편감 증상의 증가와 관련되어 있음을 보여 준다(Kasser & Ryan, 1996).

이에 따라 연구자들은 외적 초점을 중시하는 세계관을 가진 개인들이 MS에 덜 안정적이고 더 반응적일지 실험해 왔다. 예를 들어, Cozzolino와 동료들(Cozzolino, Staples, Meyers, & Samboceti, 2004; 연구 3)은 Kasser와 Ryan(1996)의 30문항의 포부 지표를 사용하여 외적 가치 지향(extrinsic value orientation: EVO) 수준을 측정했다. 이 연구에서 참가자들은 이기적으로 자신에게 할당된 몫보다 더 많은 티켓을 가져갈 기회를 가질 수 있었다. MS 이후 더 큰 EVO는 더 많은 티켓을 가져가는 모습과 관련이 있었다.

마찬가지로 Jonas와 Fischer(2006)는 종교적 신앙에 대한 내적 기반이 부족한 개인이 MS 이후에 세계관 방어에 특히 취약하며 그리고 세계관으로부터 얻는 안정감은 더 적다는 사실을 확인했다. 내재적 종교성이 높은 사람은 종교를 소속 집단으로서의 객관적인 사회적 틀로 여기는 것보다 주관적 경험, 사적 사고, 명상적 실천에 통합시킨다. 이 요인을 평가하기 위해 참가자들은 내재석 종교 성향 척도(Intrinsic Religious Orientation Scale: IRO; Feagin, 1964)를 작성했다. MS를 조작하고 참가자들에게 자신이 현재 거주하는 도시(독일 뮌헨)의 긍정적인 측면을 칭찬한 것과 그 도시를 살기 끔찍한 곳이라고 비난한 것에 대한 두 가지의 사설을 제시했다. 두 가지 사설에 대한 반응의 복합 평정은 여러 TMT 연구에서 사용되기도 했고 세계관 방어 효과를 안정적으로 기록할 수 있는 다섯 가지 평가 문항으로 계산하였다: "당신은 이 글쓴이가 얼마나 마음에 드나요?", "이 글쓴이는 얼마나 똑똑하다고 생각하나요?", "이 글쓴이는 시사에 대해 얼마나 잘 알고 있다고 생각하나요?", "당신은 이 글쓴이의 의견에 얼마나 동의하나요?", "이 글쓴이의 의견이 얼마나 사실에 가깝다고 생각하나요?"

몇 가지 흥미로운 효과가 나타났다. 해당 연구진은 IRO를 세계관 방어 평가 이전 또는 이후에 시행할 것인지에 대해서도 조작했다. IRO를 이후 시점에 시행한 경우, 모든 참가자가 뚜렷한 세계관 방어[즉, 친(親)뮌헨 작가를 반(反)뮌헨 작가보다 더 선호함]를 보였다. 하지만 IRO가 이전 시점에 제시된 경우 세계관 방어는 IRO 점수가 낮은 참가자들에게서만 세계관 방어를 보였다. 따라서 높은 수준의 IRO 세계관을 단언하는 것은 세계관 방어의 필요성으로부터 자신을 보호해 주었지만 낮은 IRO 세계관을 단언하는 것은 그러한 안정감을 제공하지 못했다. 유사한 결과는 DTA 측정에서도 나타났다. 높은 IRO 세계관을 단언하면 MS가 DTA에 미치는 영향을 제거하는 데에 효과가 있었지만 낮은 IRO 세계관을 단언하는 것은 그러한 안정감을 제공하지 못했다.

의미 경직성의 마지막 지표는 구조에 대한 사적 욕구 척도(Personal Need for Structure Scale: PNS; Thompson, Naccarato, Parker, & Moskowitz, 2001)를 통해 평가한 것으로서 구조와 결말을 강하게 요구하고 선호하려는 경향성이다. 명확하고 일관된 지식에 대한 강한 의존으로 인해 PNS 점수가 높은 사람들은 단순화된 사회적 정보를 붙잡고, 경직된 이해 및 지각 기준에 부합하지 않는 사람이나 대상을 폄하함으로써 MS에 반응한다. Mark Landau가 주도한 광범위한 연구(예: Landau et al., 2004)는 이를 다양한 방식으로 보여 주었다.

한 연구에서 참가자들은 서로 아는 사람('Don')에 관해 이야기하는 사람들의 대화 내용을 읽었다. Don은 일관되게 외향적이거나 내향적인 사람으로 묘사되었다(혹은 상황에 따라 외향적이기도 하고 내향적이기도 했다). 참가자들은 Don에 대해 세 가지 항목을 평가했으며, 이 항목들을 조합하여 하나의 호감도 점수로 나타냈다: "당신은 이야기에 언급되는 사람을 얼마나 좋아하나요?", "이 사람과 얼마나 가까운 친구가 될 수 있을 것 같나요?", "이 사람에 대해 더 자세히 알고 싶은 마음이 얼마나 드나요?" PNS가 높은 참가자 중 MS는 일관되지 않게 묘사된 Don에 대해 부정적인 평가를 더 많이 하는 것으로 나타났다.

또 다른 연구에서는 PNS 점수가 높은 사람들이 MS 이후 피해자를 폄하함으로써(사람들이 마땅히 받아야 할 것을 받고 마땅히 얻어야 할 것을 얻어야 한다는 단순한 '정의로운 세상'이라는 시각으로 사건을 끼워 맞추기 위해) 무의미한 비극으로 이해하려고 할 가능성을 살펴보았다. 참가자들은 가택 침입 사건으로 세 발의 총격을 받아 돌이킬 수 없는 안면 손상과 인지 기능 장애를 겪은 'Jeff Tremlet'이라는 인물의 비극적인 사건에 대해 읽었다. 참가자들은 피해자에 대해 더 자세히 알아볼 기회가 있었고, 여기에는 피해자를 일반적으로 부정적인 용어(예: "Jeff는 종종 다른 사람들에게 못되게 말했다") 또는 긍정적인 용어(예: "Tremlet은 지역사회 봉사에 적극적으로 참여했다")로 묘사하는 진술이 포함되어 있었다. 참가자들은 스스로 가장 마음에 들고 더 알고 싶은 다섯 가지 진술을 선택하도록 요청받았다. 결과는 MS 이후 PNS 점수가 높은 참가자들은 부정적인 진술을 선택하는 경향이 뚜렷했다. 즉, 비극이 나쁜 사람에게 일어났다는 것을 암시하는 진술이면서 단순화된 '공정한 세상'이라는 관점을 옹호하는 진술을 선택한 것이다.

가치 취약성 측정

TMT는 자존감이 죽음-관련 불안을 완충하는 기능을 한다고 가정한다. 이 주장을 직접적 방식으로 검증한 초기 연구에서는 가짜 긍정 성격 피드백을 통해 상황적으로 자존감을 높이는 것이 죽음에 관한 영상을 시청한 후 보고된 불안을 완화하고, 전기 충격 위협에 대한 생리적 각성을 완화하는 것으로 나타났다(Greenberg et al., 1992). 이러한 결과를 바탕으로 후속 연구에서는 자기-가치감의 결핍을 나타내는 개인차 지표가 MS의 영향을 완화한다는 사실이 확인되었다. 가치 취약성 지표는 자존감이 낮아지고 불안정해지는 정도를 스스로가 평가하고, 그리고 자신을 유한한 물리적 존재 그 이상으로 보기 어려워하는 정도를 평가한다.

불안정한 낮아진 자존감의 역할은 다양한 방식으로 평가되어 왔다. Harmon-Jones와 동료들(1997)의 연구에서 Rosenberg 자존감 척도(1965)는 미국 대학생들을 대상으로 두 차례(학기 초와 몇 주 후)에 걸쳐 실시했다. 연구진은 모집한 참가자의 절반이 두 시점의 모든 평가에서 자존감이 안정적으로 높았고(75 백분위 수 이상), 나머지 절반은 자존감이 중간-낮은 수준(25~50%)을 보이는 것을 확인했다. MS를 조작하여 친미 및 반미 사설 삭성자에 대한 참가자들의 태도를 다섯 문항을 활용해 평가하여 세계관 방어를 측정했다. 안정적인 자존감의 결여가 실존적 문제에 대한 반응성을 더 높인다는 아이디어와 일관되게 중간에서 낮은 자존감 집단에 속한 개인은 MS에 대해 뚜렷한 친미 편견을 기본적으로 가지고서 반응했다.

다른 연구자들은 이와 다른 방법론을 통해 유사한 과정을 평가했다. Schmeichel과 동료들(2009)은 자존감이 가장 취약할 때(즉, 가장 방어가 필요한 때)는 개인의 비교적 의식적이고 성찰적인 자기-가치에 대한 감각('외현적')과 깊이 뿌리박혀 있는 비교적 비의식적이며 자생적인 자기-가치에 대한 감각('암묵적')이 상충할 때라고 추론했다. 이러한 아이디어는 Carl Jung의 원형 중 하나인 '그림자'를 떠올리게 한다. 우리가 의심하고 두려워하며 이를 부정하고 통제하기 위해 많은 에너지를 쏟는 우리 내면의 부정적인 측면이다.

이 아이디어를 검증하기 위해 Schmeichel 등은 Rosenberg 자존감 척도를 사용하여 외현적 자존감을 측정하고, 암묵적 자존감은 암묵 연합 검사(Implicit Association Teat: IAT; Jordan, Spencer, Zanna, Hoshino-Browne, & Correll, 2003에 의해 수정)를 사용하여 측정했다. IAT에서 참가자들은 컴퓨터 키 두 개 중 하나를 누르는 방식으로 해당 단어가 자신과 관련 있는지 없는지 그리고 유쾌한지 불쾌한지를 빠르게 항목 분류했다. 더 높은 암묵적 자존감은 자신을 유쾌함과 짝지을 때 더 빠른 속도록 항목 분류하였으며 자신을 불쾌함과 짝지을 때보다 더 빠르게 반응하는 것으로 나타났다. 외현적 자존감과 암묵적 자존감의 측정치는 상관이 없었다.

다음으로 MS를 조작하여 방어적 자기 강화(defensive self-enhancement)를 측정했다. 참가자들에게 두 가지 성격 프로파일이 제시되었는데 하나는 매우 긍정적이고 다른 하나는 매우 부정적이었다. 참가자들은 각 진술문이 자신의 성격을 묘사하는 데에 얼마나 정확하고, 관련성이 있으며, 완전한지를 평가했다. 결과, MS가 긍정적인 성격 프로파일의 자기-묘사성을 높이는 것으로 나타났으나 이는 자존감이 취약한 사람들에게만 해당한 것이었다. 즉, 외현적 자존감이 높고 암묵적 자존감이 낮은 사람. 이러한 결과는 Harmon-Jones 등(1997)의 연구 결과와 일치하며 자존감의 취약성과 방어성을 평가할 수 있는 추가적인 측정 도구를 제공한다.

가치 취약성의 또 다른 지표는 강인함(hardiness)인데 이는 "스트레스가 많은 인생 사건에 직면했을 때 대항할 수 있는 자원으로 기능하는 성격특성의 구성체"로 정의된다(Kobasa, Maddi, & Kahn, 1982, p. 169). 강인함이 부족하다는 것은 자신의 행동에 대한 헌신, 자기 삶의 통제력에 대한 믿음 그리고 스트레스에 대처하는 능력 등이 부족하다는 것을 의미한다. 강인함 척도는 신체적 및 정신적 건강과 정적 상관을 보이며, 불안 및 우울 척도와는 부적 상관을 보인다. 또한, 전쟁 관련 트라우마와 외상 후 스트레스 장애의 발병 및 심각도 간의 관계를 완화하는 역할을 한다. 강인함과 신경증적 특성은 높은 상관을 보이지만, 서로 동떨어진 구성개념과 관계된 것이다(Florian, Mikulincer, & Hirschberger, 2001에 의한 증거 참조).

Florian, Mikulincer, Hirschberger(2001)의 연구는 강인함이 제공하는 내적 자원이 없다면 개인이 실존적 불안을 긍정적인 경험으로 전환하는 방식으로 죽음을 다루는 데 어려움을 겪는다; 그들은 죽음에 대처하기에 너무 취약하다. 연구자들은 제3세대 강인함 척도(Maddi, 1987)를 시행한 후 MS를 조작하여 다차원적 사회적 일탈 척도(Multidimensional Social Transgression Scale: MSTS; Florian & Mikulincer, 1997)를 실시했다. MSTS는 MS 조작에 대해 안정적인 반응을 보여 주는 도구로 입증되었다. 이 연구는 교통위반, 절도, 위조, 사기, 의료 과실 등 다양한 사회적 일탈 행위를 묘사하는 예시를 제시하며, 예시에서 각각 일탈 행위는 개인 내의 관계 및 대인 간의 관계에 미치는 영향을 각기 달리 표현하고 있다. 각 이야기에 대해 참가자들은 일탈 행위의 심각성과 해당 일탈 행위자에게 부과되어야 할 처벌의 정도를 평가했다. 결과는 MS가 MSTS에서 심각도와 처벌 평정치가 높아지는 것으로 나타났지만 이는 자기 보고된 강인함이 낮은 개인에게만 해당하였다. 따라서 낮은 강인함은 개인이 MS의 영향에 취약해지고 뚜렷한 세계관적 방어 경향성을 보인다는 점을 보여 주는 가치 취약성의 또 다른 지표이다.

마지막 영역(인간의 개인적 가치에 대한 감각이 가장 취약하다고 할 수 있는 영역)은 인간이 스스로 유한한 육체적 존재라는 인식과 두루두루 관련되어 있다. Jamie Goldenberg의 연구는 죽음을 상기시키는 자극이 사람들이 자신의 육체적 본성을 부정하도록 동기를 부여하는 다양한 방식을 보여 주었다(Goldenberg, 2012 참조). 이 연구는 신경증적 성향이 MS와 인간의 피조물성(creatureliness)을 부정하려는 반응 사이의 관계를 조절하는 핵심적인 성격 요인임을 밝혔다. Woody Allen의 작품들에서도 드러나듯이 신경증의 특징인 정서적 불안정성은 신체가 단순한 물리적 존재 그 이상일 수 있다는 환상, 즉 신체가 가치 있고 잠재적으로 불멸할 수 있는 자아를 담고 있을 수 있다는 환상을 수용하기 어렵게 만든다. 실제로 신경증 성향은 자존감과 부적으로 상관을 가지며 죽음 불안과는 정적으로 상관을 가진다.

Goldenberg는 신경증을 평가하기 위해 아이젱크 성격검사(Eysenck Personality Inventory; Eysenck & Eysenck, 1967)를 사용한다. 그녀의 연구는 MS 이후 신경증이 높게 나타난 사람은 Goldenberg와 동료들(Goldenberg, Pyszczynski, McCoy, Greenberg, & Solomon, 1999)이 개발한 성적 어필 척도의 하위 척도인 '신체적 성' 척도로 측정한 성적 경험의 신체적 측면에 대한 혐오감이 증가한다는 점을 보여 주었다. 실제로 MS가 없이도 단순히 성에 대해 생각하는 것만 해도 신경증 성향이 높은 개인은 DTA가 증가한다. 이와 관련하여 두 가지 다른 기발한 실험은 신경증 성향이 고도로 높은 사람들이 MS 이후 신체적 자극을 피하려는 경향이 있음을 보여 주었다. 한 연구에서는 참가자들은 1°C에서 4°C 사이의 냉수 15L가 들어 있는 용기에 팔꿈치까지 팔을 담그는 통증 과제를 수행했다('냉-압' 과제). 다른 연구에서는 참가자들이 강한 진동이 설정된 발 마사지기로부터 쾌감을 느끼게끔 하는 자극을 경험하도록 했다. 두 경우 모두에서 신경증 성향이 높은 참가자들은 MS에 대한 반응으로 해당 자극에 더 짧은 시간 동안만 머물렀다.

관계적 불안전성 측정

우리가 어린 시절에 습득한 애착 안전성은 이후 성인이 되었을 때 실존적 안전감을 획득할 때의 본보기가 된다. 우리의 초기의 신념과 가치는 우리의 양육자가 보여 주거나 옹호했던 것들이며, 자존감에 대한 첫 복선은 부모의 사랑과 조건적 애정 표현에서 비롯된다. Hart, Shaver와 Goldenberg(2005)는 애착 안정성, 세계관에 대한 신념 그리고 자존감에 대한 감각이 "발달적으로 매우 밀접히 얽혀 있어 불안 조절과 관련하여 기능적으로 거의 구분할 수 없다"(p. 1001)라고 주장했다. 그리고 의미와 가치의 결핍이 개인을 **공포관리 실패**에 취약하게 만드는 것처럼, 불안정한 대인관계 또한 개인을 신뢰할 수 없는 존재론적 안전성 그물에 엉키게 해 버린다.

Mario Mikulincer를 필두로 연구자들은 애착 불안전성이 공포관리 과정에서 어떤 역할을 하는지 폭넓게 연구해 왔다(Mikulincer, Florian, & Hirschberger, 2003 참고). 일련의 연구에서는 불안전 애착이 개인을 불안 완충제의 붕괴에 더 취약하게 만드는지를 연구했다. 이를 위해 연구진은 Brennan, Clark와 Shaver(1998)의 친밀 관계 경험 척도(Experience in Close Relationships Scale: ECR)를 사용해 참가자들의 전반적인 애착 불안 수준을 평가했다. 참가자들은 두 조건 중 하나에 배정되었는데, 한 조건에서는 친밀한 관계 대상과의 이별을 상상하게 하거나 (대조 조건에서는) 평소 시청하는 TV 프로그램을 상상하게 했다. 이후 참가자들은 DTA의 단어-조각 과제를 실시했다. 그 결과, 이별을 상상한 조건에서는 DTA가 더 높게 나타났지만, 애착 불안이 높은 사람들에게서만 해당하였다. 이는 불안전한 애착이 공포관리 실패에 대한 취약성을 나타내는 지표라고 할 수 있다.

다른 연구에서는 다양한 애착 유형을 가진 사람들이 MS에 어떻게 반응하는지를 살펴보았다(예: Mikulincer & Florian, 2000). 이러한 맥락에서 연구진은 Hazan과 Shaver(1987)의 자기 분류 평가와 ECR을 같이 사용해서 참가자들의 애착 유형을 측정하였고, 이로써 안전형, 회피형, 불안-양가형 참가자들을 구분하였다. MS의 영향은 애착 유형에 따라 상당히 다양하게 나타난다.

불안-양가형 애착을 가진 사람들(얽히고설킨 관계에 대한 욕구와 거절에 대한 두려움을 특징으로 하는 사람들)은 실존적 걱정으로부터의 특히 취약한 방어막을 보인다. 불안-양가형 사람들은 취약한 자기-가치에 대한 감각, 자기-파괴적 성향, 우울 정서 외에도 심리적 고통을 만드는 사고에 대한 반추와 과활성화 경향을 보인다(Mikulincer, Orbach, & Iavnieli, 1998). 따라서 불안-양가형 참가자들은 MS 이후 즉각적으로 DTA를 억제하지 않는다. 즉각적 방어 단계와 지연적 방어 단계 모두에서(즉, MS 유발 후 지연 여부 조건 모두), 불안-양가형 성향을 지닌 개인은 MS에 대해 높은 수준의 DTA로 반응한다. 이는 지속적인 방어 경향으로 이어진다. 즉각적 및 지연적 방어 단계 모두에서 불안-양가형 사람들은 MS에 대해 더욱 강화된 세계관 방어(MSTS로 측정)로 반응한다. 게다가 MS 이후 세계관 방어에 나선다고 하더라도 불안-양가형 사람들의 DTA를 기저선 수준으로 낮추는 데 실패한다.

회피형(정서적 거리 두기를 선호하는 특징을 가짐)은 다른 반응 패턴을 보인다. 이들은 고통스러운 사고를 정신적으로 강하게 억제하며, 자기 자신과 세상에 대한 평가를 방어적으로 왜곡하는 경향이 있다(Mikulincer et al., 1998). 이에 따른 결과로 회피형 사람들은 겉으로 보기에 '정상적인' 공포관리반응 패턴을 보인다. 즉, MS 직후 DTA를 억제하고, 지연적 단계에서만 DTA를 활성화하고, 지연적 단계에서만 세계관 방어를 보인 후에 DTA

를 줄인다.

그렇다면 회피형 사람들은 공포관리 실패를 겪지 않는 것일까? 다른 연구들은 그렇지 않다고 제안한다. 특히, 회피형 애착은 뚜렷한 애착 관련 방어 반응과 관련이 있다. Hart 등(2005)의 연구에서는 ECR을 통해 애착 유형을 평가했다. 참가자들은 문자 행렬 내에 포함된 단어 세트를 찾는 과제를 받았다. 참가자의 절반(통제 조건)은 단어를 쉽게 찾을 수 있었다. 나머지 절반(자존감 위협 조건)의 참가자는 해당 단어 세트에 실제로 단어가 존재하지 않았고, 지시 지침으로 대부분 참가자가 2분 안에 4개 단어를 찾을 수 있다고 안내되었다. 이후 참가자들은 연애 관계에서의 친밀감 욕구를 측정하는 척도를 작성했다. 이 척도는 참가자에게 이상적인 연애 관계를 상상하면서 그 관계에서 얼마나 친밀함, 밀착감, 공유 그리고 의존이 있을지에 대한 척도를 평정하게 했다. 회피형 애착의 참가자는 비회피형 참가자와 비교해 자존감 위협 조건에서 친밀감의 욕구가 유의하게 낮다고 보고했다. 이는 회피형 애착 개인의 불안 완충제가 위협(이 경우 자존감)을 받았을 때 타인과의 접촉에서 벗어나려고 한다는 것을 시사한다.

여러 연구에서는 MS가 안정적으로 애착이 형성된 개인들에게 어떤 영향을 미치는지 살펴보았다. 안정적으로 애착이 형성된 개인들은 필요한 순간에 타인의 도움을 신뢰하고, 친밀함을 갖는 편안함 그리고 긍정적인 애착 이력을 특징을 가지고 있다. 안정적으로 애착이 형성된 사람들의 DTA 억제–활성화–비활성화 패턴은 정상적인 모습이다. 하지만 안정적으로 애착이 형성된 사람들 사이에서는 MS가 MSTS 평정에는 영향을 미치지 않는다. 안정적으로 애착이 형성된 사람들은 도덕적 위법자를 처벌함으로써 안전감을 얻기보다 MS에 대해 상징적 불멸감과 관계적 친밀감에 대한 욕구가 높아지는 반응을 보인다. 상징적 불멸에 대한 감각은 Mathews와 Kling(1988)의 상징적 불멸 척도를 통해 평가해 왔다(예: "나는 내 자녀의 미래를 보장하기 위해 거의 무엇이든 할 것이다", "나는 내가 죽은 후에도 남아 있을 무언가를 저작하고, 창작하고, 무언가를 만들어 내는 것이 중요하다고 생각한다"). 관계적 친밀감은 참가자들이 생각하는 이상적인 연애 관계가 바람직한 수준의 솔직함, 자발성 그리고 친밀감을 가지는지를 평정하는 것으로 평가해 왔다(Sharabany의 친밀감 척도를 사용함, 1994).

MS에 대한 비정상적 반응을 예측하는 정신병리적 구성개념

TMT의 관점에서 볼 때, 심리적 장애는 부분적으로 죽음 관련 걱정을 완화하는 기제의 결함을 반영할 수도 있다. 이는 많은 성격 이론가들과 정신건강 전문가들이 공유하는 관점과도 일치하는데, 여기에는 심리적 문제들은 불안을 효과적으로 대처하지 못하는 데서 비롯된다고 보았다(예: Horney, 1937; May, 1950/1970; Yalom, 1980). 임상 집단을 대상으로 한 TMT 관련 연구는 아직 많지 않지만, 새로운 연구들이 점차 등장하고 있다. 기존 연구 결과에 따르면 특정 임상 범주에 해당하는 개인들은 MS에 대한 의미와 가치를 효과적으로 확보하지 못하고 DTA를 잘 조절하지 못하는 방식으로 반응한다. 연구들은 이러한 어려움이 나타나는 세 가지 방식을 짚어냈다.

경미하게 우울을 겪는 사람들의 극단적 방어

첫째, 이는 극단적 방어로 나타날 수 있으며, 임상 범주에서는 MS에 대한 강한 지연적 방어 반응을 예측한다. 이러한 관점에서 수행된 연구는 경도 우울증을 겪는 사람들의 실존적 염려에 초점을 맞추었다. TMT 관점에서 보면 자신을 무가치하게 여기고 세상과 즐거이 상호작용하지 못한다는 인식은 죽음 관련 불안에 대한 취약성을 높인다. 실제로 우울은 삶이 무의미하다는 포괄적인 믿음과 정적 상관을 가지며, 죽음에 대한 잦은 생각은 우울 증상이다(Simon, Arndt, Greenberg, Solomon, & Pyszczynski, 1998).

Simon, Harmon-Jones, Greenberg, Solomon과 Pyszczynski(1996)의 실험은 이러한 취약성이 MS에 대한 극단적인 방어 반응을 유발함을 시사한다. 연구진은 미국인 참가자들에게 Beck 우울 척도(Beck, 1967)를 사용하여 경도 우울 집단과 무-우울 집단으로 분류했다. 통제 조건에서는 경도 우울 참가자들이 무-우울 참가자들보다 세계관 방어 수준이 낮았다. 즉, 기저선에서 경도 우울을 가진 사람들은 그렇지 않은 사람들에 비해 세계관을 단언하는 데 주저했다. 하지만 MS 이후, 모든 참가자가 세계관 방어 모습을 보였다. 그리고 경도 우울을 겪는 대상은 무-우울 피험자보다 유의하게 더 높은 수준을 보였다.

이러한 극단적 방어는 DTA와 의미에 대한 욕구를 억누르기에는 충분하지 않은 것으로 보인다. Simon 등(1998)은 극단적 MS로 유도된 세계관 방어 이후, 경도 우울 참가자들이 Kunzendorf의 무의미 척도(Kunzendorf, Moran, & Gray, 1995~1996)에서 삶의 의미에 대한 인식을 방어적으로 과장한다는 사실을 발견했다. 우울하지 않은 참가자들에게서는 이러한 효과가 나타나지 않았다. 이는 경미하게 우울을 겪는 사람들이 평정심을 회복하지 못한 채로 마치 실존적인 시시포스처럼 끊임없이 의미를 집요하게 갈망하며 죽음에 반응한다는 것을 시사한다.

공포증, 강박 행동, 사회 불안을 겪는 사람들에서 공포 초점화

어떤 사람은 실존적 염려를 관리하기 위해 세계관이나 자존감에 의존할 수 없어서 죽음에 대한 막연한 두려움을 구체적이고 통제 가능한 대상에 국한하려고 할 수 있다(이를 공포 초점화라고 함). 이러한 자극을 통제함으로써 개인은 죽음 관련 불안을 어느 정도 관리할 수 있게 된다. 하지만 그러한 노력은 문화적으로 뿌리 깊은 불멸의 길로 들어서지 못한다. 결과적으로 임상적 문제를 겪는 사람들에게서는 공포 초점화가 드러난다.

Strachan 등(2007)은 공포증, 강박 행동, 사회불안 경향이 있는 개인들 사이에서 이러한 과정을 평가했다. 한 연구에서는 거미 공포증을 다루었다. 참가자들은 DSM-IV에 따른 구조화된 임상 면담 중 특정 공포증 항목을 사용해 선별되었다. 진단 기준을 충족한 참가자들과 거미에 대해 두려움이나 양가감을 표현하지 않은 무-공포증 사람들을 대조집단으로 포함되었다. MS 조작 후 참가자들은 컴퓨터 화면에서 일련의 이미지를 보았는데 거미 사진 6장이 포함되어 있었다. 참가자들은 각자의 속도에 맞춰 자율적으로 이미지를 넘겨 가며 보았으며 각 이미지로 위협받는 정도를 평정했다. 연구 결과, MS는 거미 공포증 참가자들(무-공포증은 아님)이 거미 그림을 보는 데 걸리는 시간을 줄였고, 위협받는 수준을 더 높게 평정하는 경향을 만들어 갔다. 따라서 공포증을 겪는 사람들 사이에서는 죽음에 대한 사고는 식별될 수 있고 회피될 수 있는 구체적이고 통제 가능한 자극에 초점화되어 있다.

또 다른 연구에서는 참가자들에게 먼저 파두아 인벤토리-워싱턴 주립대 개정판(Padua Inventory-Washington State University Revision: PI-WSUR; Burns, Keortge, Formea, & Sternberger, 1996)의 오염 강박 사고 및 손 씻기 강박 행동(Contamination Obsessions and Washing Compulsions: COWC) 하위 척도를 작성하도록 했다. 모집된 참가자들은 COWC 점수 분포의 상위 3분의 1 또는 하위 3분의 1에 해당하는 점수를 받았다. 회기 중에 MS를 조작하여 참가자들의 손가락에 끈적한 전극 젤을 바르기 위한 목적으로 가짜로 꾸민 생리심리학적 평가를 시행했다. 이후, 참가자들의 손 씻기 행동을 몰래 평가했다. 그 결과, MS는 COWC가 높은 참가자들(낮은 참가자는 해당하지 않음)이 더 많은 시간 손을 씻게 만드는 것으로 나타났다.

마지막 연구에서는 참가자들이 사회적 상호작용 불안 척도(Social Interaction Anxiety Scale: SIAS; Mattick & Clarke, 1998)를 작성했다. SIAS 분포 상위 또는 하위 3분위에 속한 참가자들이 실험에 참여했다. 각각 분리된 칸막이 방에서 참가자들은 MS 조작이 포함된 성격 설문지들을 작성했다. 설문지를 나누어 주기 전에 실험자는 참가자들에게 해당 연구가 집단 토론으로 마무리될 것이며 언제든 대화에 참여할 수 있지만, 실험 세션은 정각 15분 전에 종료된다고 안내했다. 사회적 상호작용 회피에 대한 종속 측정치는 참가자가 토론 참여를 위해 칸막이 방에서 나가기를 결정했을 때 남아 있는 세션 시간으로 측정하였다. 실험 결과에 따르면, MS가 높은 SIAS(낮은 SIAS)를 가진 사람들(낮은 SIAS를 가진 사람은 해당하지 않음)이 칸막이 안에서 상당 시간 더 오래 머물렀으며, 결국 사회적 상호작용에 참여할 것이라 예상되는 시간을 줄이는 효과를 나타냈다.

요약하자면, Strachan 등(2007)의 연구는 공포증, 강박 행동 그리고 사회불안을 겪는 개인들이 죽음에 대한 사고에 심각해지는 병리의 지표가 되는 행동을 보인다고 시사한다. 이러한 결과는 비록 핵심과 다른 별개의 행동이라거나 그러한 행동을 통제할 수 있다고 하더라도, 세계관이나 자존감에 대한 신뢰할 만한 신념의 기반을 제공하지 못하는 병리적 행위를 통해 죽음 관련된 불안을 완화하려는 노력으로서의 행동을 반영하는 것일 수도 있다.

트라우마를 겪은 사람들에서 불안–완충제의 붕괴

외상적 사건은 극도로 잔혹하고 직접적인 방식으로 죽음에 대한 공포를 깨워낸다. 트라우마 후유증으로 '초기화' 버튼을 누르듯 회복력 있게 정상적인 삶으로 되돌아가 의미와 가치에 대한 감각을 통해 죽음과 관련된 불안을 억제할 수 있는 심리적 자원을 모든 이가 충분히 갖추고 있지는 못한다. **불안–완충제의 붕괴**를 평가한 연구에 따르면, 심각한 트라우마를 경험한 집단이 MS에 대해 비일상적인 반응을 보이는데, 여기에는 세계관이나 자존감에 대한 의존도 감소와 DTA의 조절 실패가 포함된다는 점을 밝혀냈다. 이 과정에서 핵심 요인은 외상적 해리이다. 외상 과정 중의 심리적 유리는 외상 후 스트레스 장애(PTSD)를 포함한 불안 관련 병리의 지연된 발병을 예상한다(Ozer, Best, Lipsey, & Weiss, 2003).

Abdolhossein Abdollahi는 이 연구 프로그램을 이끌고 있다(Abdollahi, Pyszczynski, Maxfield, & Luszczynska, 2012). 그의 실험 환경 중 하나는 2005년 규모 6.4의 강진으로 1,500명 이상의 사망자와 6,700명 이상의 이재민이 발생했는데, 지진 발생 이후 한 달 동안 이란 자라드(Zarand) 지역 주민들을 대상으로 조사를 했다. 참가자들은 사전 검사로 해리 경험 척도−II(Dissociative Experiences Scale II: DES−II; Carlson & Putnam, 1993)를 실시하여 높은 점수와 낮은 점수를 보인 참가자를 선별했다. DES−II 점수가 높은 참가자들은 모두 연구 시행 전 한 달 이내에 DSM−IV 기준의 외상 진단 기준 A1 항목에 해당했다.

회기 중 MS를 조작하여 서양의 대외 원조가 의심스러울 정도로 조건적이고 실제적인 도움이 안 될 것이라는 인식과 관련된 리커트형 5개 문항으로 세계관 방어를 평가했다. 결과는, 낮은 해리 집단에서 MS가 전형적인 세계관 방어 반응(서구 대외 원조에 대한 부정적 태도 증가)을 유발했으며, 자기 보고된 정서에는 영향을 주지 않는다고 나타났다(이는 전형적이다; 이전 내용에서 '효과적인 공포관리의 기저 메커니즘' 부분을 참조). 반면, 높은 해리 집단 참가자들은 MS 이후 세계관 방어를 보이지 않았고, 오히려 MS에 대해 이례적으로 부정적 정서가 비전형적으로 증가하는 반응을 보였다. 이는 해리 경험이 세계관에 대한 신념이 전형적으로 제공하는 불안 완충 기능을 방해함을 시사한다.

이러한 비정상적인 반응은 시간이 지나도 지속했다. 지진 발생 2년 후, 앞서 말했던 지진 직후 한 달경에 평가된 DES-II 점수는 Foa(1995)의 외상 후 스트레스 진단 척도를 통해 측정했을 때 PTSD 증상을 정적으로 예측했다. 실험 세션에서 MS를 조작하여 세계관 방어는 외국 원조품에 대한 태도 문항을 통해 평가되었다. 낮은-PTSD 수준의 참가자들은 MS 이후 세계관 방어 반응이 강화되었지만 높은-PTSD 수준의 참가자들은 그렇지 않았다. 게다가, 높은-PTSD 참가자들 사이에서 관찰된 세계관 방어의 결여는 해리와 PTSD 증상 간의 관계를 부분적으로 설명해 주었다. 구체적으로, 1차 시점의 DES-II 점수와 시점 2차 시점의 PTSD 증상 간의 연관성은 낮은 수준의 세계관 방어 수준에 의해 부분적으로 매개하였다. 이러한 결과는 트라우마에 대한 해리성 반응이 공포관리불안 완충제를 붕괴시켜 개인을 장기적인 심리적 고통에 취약하게 만든다는 것을 시사한다(2011년에는 Kesebir, Luszczynska, Pyszczynski, Benight가 MSTS를 사용하여 폴란드의 가정 폭력 생존자들을 대상으로 세계관 방어를 평가하여 유사한 결과를 얻었다).

또한, 트라우마를 겪은 사람들 사이에서 공포관리 실패가 DTA 역기능적으로 조절로 나타난다는 점도 입증되었다. Chatard와 동료들(2012)은 잔혹한 내전 이후의 코트디부아르 시민들을 대상으로 연구를 진행했다. PTSD 증상이 낮은 사람들은 MS 직후 죽음 관련 사고를 일반적으로 억제를 보인 반면, 증상이 더 심한 사람들은 그러한 억제를 보이지 않았다. Edmondson 등(2011)의 연구에서는 트라우마 증상의 수준이 다양한 대학생들에게서 유사한 결과를 얻었다. 트라우마 증상이 낮은 참가자들은 MS 직후 DTA를 억제했다. 트라우마 증상이 높은 참가자들은 오히려 MS 직후 높은 DTA를 보였다. 게다가 DTA가 상승했음에도 불구하고, 트라우마 증상이 높은 참가자들은 세계관 방어에 개입하지 않고 상황적으로 자존감 향상이 일어난 후에도 DTA가 감소하지 않았다.

이러한 결과들을 종합해 볼 때 트라우마를 겪은 사람들은 강한 공포관리 실패의 증거를 보인다는 것을 시사한다. 그들은 낮은 세계관 방어와 높은 부정적 정서로 MS에 반응하며, DTA를 억제하지 않고, 공포관리 불안 완충제의 구성 요소가 강화될 경우에도 DTA를 비활성화하지 않는다.

인지적 및 행동적 결과물에 대해 주목할 만한 불일치

앞서 언급했듯이('효과적인 공포관리의 기저 메커니즘' 부분 및 [그림 4-1] 참고), TMT 연구 문헌은 MS로 촉발되는 정상적인 일련의 과정들을 정리해 보여 주었다: 죽음이 두드러지게 됨 → DTA가 억제되고 즉각적 방어가 작동함 → 시간이 지나며 DTA가 증가하고 지연적 방어가 작동함 → 지연적 방어가 작동하면 DTA가 기저선 수준으로 감소함. 우리는 이러한 정상적인 MS에 대한 정상적 반응 중에서도 비정상적으로 강하게 나타나는 갈래를 예측하는 다양한 조절 요인을 확인하였다(예: 권위주의자들의 극단적인 세계관 방어).

하지만 방금 검토한 결과는 일부 구성개념이 단지 정상 반응을 악화시키기보다 기본적인 공포관리 기제의 붕괴를 예측한다는 점을 말해 주는 것이다. 특히, 불안-양가형 애착을 가진 사람들(Mikulincer & Florian, 2000)과 외상 사건에 대해 강한 해리 반응을 보이는 사람들(예: Edmonson et al., 2011)은 MS에 대해 뚜렷하게 손상된 반응 패턴을 보이며 이들은 즉각적 방어단계와 지연적 방어단계 모두에서 DTA가 높은 수준으로 유지되며 세계관 방어나 자존감 추구를 통해 이를 성공적으로 감소하지 않는다. 이러한 공포관리 과정에서 인지적 요소와 행동적 요소 간의 불연속성을 어떻게 설명할 수 있을까?

이 두 사례의 공통된 양상은 보상 체계에 규준을 넘어서는 부담을 준다는 것이다. 양가형 애착의 경우, 개인은 타인과의 친밀감을 원하면서도 동시에 그들을 밀어내고자 하는 갈등을 겪는다. 해리의 경우, 이전 외상과 관련된 생각과 감정은 의식에서 떨어져 나와 억제된 채 해결되지 않은 문제로 남아 지속적인 억압이 필요해진다. 아마도 이러한 강렬한 인지적 · 정서적 부담은 사람들의 조절 능력을 약화하는 것일 수 있는데, 이는 알로스타틱 부하(allostatic load)가 심혈관 반응성에 미치는 부담이나 반복적인 혈당 급증이 인슐린에 대한 세포 반응을 저해하는 부담스러운 영향과 유사하다. 조절 기제에 만성적으로 의존하여 그 기제를 지쳐버리게 만드는 사람들은 즉각적 방어 억제와 그에 따른 세계관 방어를 통해 DTA를 효과적으로 관리하는 능력을 잃을 수 있다.

이 문제를 임상적으로 어떻게 다루어야 할까? 우리는 그러한 사람들에게 관습적인 의미의 원천(예: 종교나 민족주의)을 받아들이도록 권유하는 것만으로는 그들의 실존적 딜레마를 해결하기에는 충분하지 않을 것으로 생각한다. 적어도 이는 마치 늘어진 고무줄에 테이프로 감는다고 해서 팽팽하게 만들 수 없는 것과 매 한 가지다. 지속적인 관계적 양가성과 외상의 심리적 상처는 상징적 세계관을 꿰뚫고 인간의 동물적 본성의 핵심을 관통하는 어려운 문젯거리이며 근본적인 무력감, 의존성, 그리고 취약성을 드러낸다.

대신 외상 경험자들의 MS 반응을 특징짓는 정서적 경험의 한 측면, 즉 부정적 정서에 초점을 맞추는 것이 유용할 수 있다. 앞서 언급했듯이('효과적인 공포관리의 기저 기제' 내용 참조), 일반적으로 MS는 부정적 정서를 심화시키지 않는다. 하지만 해리 성향이 높은 사람들은 MS 이후 부정적 정서가 증가하는 반응을 보인다(Abdollahi et al., 2012). 그렇다면 죽음에 대한 지속적인 생각을 일반적인 지연적 방어를 통해 성공적으로 관리하지 못하는 사람들 사이에서는 부정적 정서의 조절을 목표로 한 개입이 효과적일 것이다. 이에 대한 가능성은 다음 절에서 다시 살펴볼 것이다.

공포관리 실패를 평가하고 치료하기 위한 다중방식 사용

우리는 죽음에 관한 사고에 대해 뚜렷하거나 비전형적인 반응을 보이는 인지적·정서적·행동적 지표들을 확인해 왔다. 이러한 다양한 측정법과 조작법들을 어떻게 사람들에게 실제로 도움이 되는 다중방식평가 기법으로 통합할 수 있을까? 우리는 TMT 연구에서 사용된 횡단적 피험자 간 실험 설계에서 임상 평가 및 치료에 일반적으로 사용되는 종단적 사례연구 접근법으로 전환 과정에서 내재된 어려움에 관해 주시하며 해당 문제를 추정해 보는 것으로 결론지었다.

한 가지 전략은 치료 과정 전반에 걸쳐 의미 경직성, 가치 취약성, 그리고 관계 불안정성의 수준을 지속하는 모니터링을 포함하는 것이다. 앞서 검토한 바와 같이, 이러한 지표들은 MS에 대한 뚜렷한 반응성을 예측하며, 임상 집단의 실존적 염려에 대한 취약성을 감지하는 데에 유용할 것이라 예상한다. 이러한 범주에 속한 평가는 개인이 경험하기 쉬운 불안-완충제 결함의 종류를 진단하기 위해 초기 진단 시 시행해 볼 수도 있다. 치료 개입은 이러한 평가에서 드러난 특정한 불안-완충제 결함을 목표로 할 수 있고 시간이 지남에 따라 반복 측정을 통해 관련 차원에서의 개선을 추적할 수 있다. 이 전략과 함께 극단적인 지연적 방어의 행동 특성을 병행해서 살펴보는 것도 유용할 것이다(예: 뚜렷한 세계관 방어). 우리는 이러한 반응성을 신뢰할 수 있게 탐지하는 다양한 절차들을 검토하고 시간이 지남에 따라 감소하는 방어성을 탐지하기 위해 반복 시행이 가능한 다양한 절차를 검토했다. 우리는 의미 경직성, 가치 취약성, 그리고 관계 불안정성 지표들이 개선됨에 따라 지연적 방어에 대한 행동 지표가 함께 감소할 것으로 예상한다.

하지만 한 사람에게 하나의 지연적 방어 측정법을 여러 번 사용하는 것만으로 의미 있는 결과를 얻을 수 있을까? 그렇지 않다면, 멀리 장기간의 시점에서 사용할 수 있는 서로 다른 측정법이 필요할 것이다. 하지만 TMT 연구에서 사용된 다양한 지연적 방어 측정법들이 서로 어떻게 관련된 것인지에 관해서 거의 알려진 바가 없다. 그리고 각기 다른 MS 조작된 조건 사항이 일치되는 결과를 낳는다고 하더라도 그러한 효과의 강도가 반복적 평가에 따라 달라질 것인가? 그리고 만약 참가자가 죽음을 상기하게끔 하는 효과가 평가되고 있다는 사실을 인식하게 되어 초점주의를 벗어난 곳에서 실존적 염려를 유발하는 과정에 방해가 된다면 어떨 것인가? 참가자들에게 MS의 효과를 평가하는 것이라는 점을 알려 주지 않고 정교하게 숨겨진 이야기를 꾸며내는 상황에서도 윤리적이고 효과적으로 치료 수행이 가능할 것인가? 이러한 문제는 서론에서 언급했듯이 기초 사회심리학 연구를 임상심리학 실무와 통합하는 데 따르는 어려움을 반영한다. 분명 이런 중대한 질문들에 답하기 위해서는 더 많은 연구와 논의가 분명 필요하다.

하지만 공포관리불안-완충제의 구성 요소를 강화하는 치료 조건이 MS의 효과를 완화할 수 있다는 점은 분명하다. 예를 들어, Schmeichel과 Martens(2005)는 참가자들이 자신의 세계관에 중심이 되는 가치를 확정적으로 인정하면 MS로 인한 세계관 방어와 DTA가 사라지는 사실을 발견했다[하지만 Jonas와 Fischer(2006)의 연구에서는 덜 본질적으로 지닌 세계관은 이러한 완충 기능을 잘 수행하지 못한다는 점을 상기해 보면 스스로 확언하는 세계관의 유형이 중요하다는 점을 알 수 있을 것이다]. 마찬가지로, Harmon-Jones 등(1997)은 참가자들이 가장한 긍정적 성격 피드백을 통해 자존감을 먼저 얻게 된다면 세계관 방어와 DTA가 감소함을 확인했다. 이에 더해 다른 연구에서는 MS 이후 창의적인 행동이 사람들에게 죄책감을 유발한다는 사실을 보여 주었다(아마도 개인의 표현과 관련된 사회적 연결의 단절 때문일 것이다). 하지만 참가자와 타인의 유사성과 친밀감을 강화하는 피드백은 이러한 죄책감 반응을 없애고, 대신 긍정적 관여와 대안적 세계관을 탐색할 의지를 불러일으킨다(Arndt, Routledge, Greenberg, & Sheldon, 2005; Routledge & Arndt, 2009). 연구자들은 이러한 아날로그 개입을 임상적 맥락에서 사용할 수 있는 실제 개입으로 전환하기 위해 노력해야 한다.

이러한 전환적 접근법의 모델은 William Breitbart의 의미 중심 집단 정신치료(Meaning-

Centered Group Psychotherapy: MCGP; Breitbart, 2002; Breitbart et al., 2010) 연구에서 찾아볼 수 있다. Viktor Frankl의 통찰력을 바탕으로 한 MCGP 연구는 삶에 대한 의미 있는 해석을 증진하는 것이 죽음을 앞둔 사람들의 심리적 건강 개선에 기여가 된다는 점을 보여 준다. 한 연구에서는 Ⅲ기 또는 Ⅳ기 고형암 환자들은 8주간의 치료적 처치를 받았다. 일부 환자들은 MCGP를 받았으며, 이는 교육, 토론, 체험적 활동을 통해 역사적 · 가족적 유산에 대한 감각을 탐구하고 함양하며 삶의 한계 수용, 자연, 예술, 유머에 대한 만족감, 그리고 미래에 대한 희망 함양을 목표로 한다. 다른 환자는 지지적 집단 정신치료(Supportive Group Psychotherapy: SPG)를 받았는데, 암 진단 및 치료를 둘러싼 경험과 감정을 이해하고 대처하는 데에 직접으로 초점을 맞춘 치료법이다. 연구 결과는 SPG를 받은 환자들에 비해 MCGP를 받은 환자들이 더 높은 영적 웰빙과 삶의 의미를 경험했으며, 불안도 감소했음을 보여 주었다. 이러한 효과는 치료가 끝난 후 두 달 시점에서 가장 뚜렷하게 나타났다. 우리는 TMT 연구 결과를 임상 치료 분야에 적용함으로써 이와 유사한 긍정적인 치료 성과가 나타나기를 기대한다.

마지막으로, 불안 완충제의 결함과 지연적 방어 수준 평가와 병행한 치료 과정에서 DTA 관리가 어떻게 안정화되는지를 평가하는 것이 유용할 수 있다. 우리는 임상 집단(예: 외상 경험자)과 비임상 집단(예: 불안-양가형 애착) 모두가 DTA 관리에서 심각한 역기능적 조절을 보인다는 증거들을 설명했었다. 실존적 문제를 겪는 환자를 위한 임상적 치료를 개발할 때에는 의미, 가치, 관계의 유지를 우선시해야 한다고 생각하지만, 사람들은 억제-활성화-비활성화 과정을 직접 조절하려고 하거나 적어도 만성적 역기능적 조절의 결과에 대한 대처를 목표로 하는 개입으로도 도움받을 수 있다.

죽음-관련 사고를 억제하는 데 어려움을 겪는 개인들(예: 외상 경험자)의 경우, **마음챙김**을 권장하는 것이 적절할 수도 있다: 현재의 경험에 수용적 주의. 연구에 따르면, 마음챙김이 높은 사람들(마음챙김 주의 인식 척도, Mindful Attention Awareness Scale로 평가; Brown & Ryan, 2003)은 MS 이후 DTA 억제가 최소화하는 반면, 마음챙김 그 자체에 대한 신념을 방어할 때에도 지연적 방어 수준은 낮은 것으로 나타났다(Niemiec et al., 2010). 따라서 만약 개인이 DTA 억제를 통해 효과적인 DTA 조절 과정을 시작하는 데 어려움을 겪는다면 마음챙김 성찰 능력을 함양함으로써 지속적인 높은 DTA가 초래하는 부정적 결과를 피할 수 있을 것이다. 예를 들어, 마음챙김 기법을 접목한 치료 기법은 외상 경험자들의 MS에 대한 부정적 정서 반응을 완화하는 데에 도움이 될 수 있다. 비록 이들에게 일반적인 지연적 방어가 DTA를 효과적으로 조절하지 못한다고 하더라도 좀 더 체험적이고 의식적인 자각을 통해 어느 정도 마음의 평안을 얻을 수 있을 것이다.

DTA를 억제하고 활성화할 수는 있지만 이후 지연적 방어를 통해 비활성화하는 데 어려움을 겪는 사람들에게는 오히려 다소 직관적인 절차가 도움이 될 수도 있다: 바로 자신이 날고 있다고 상상하게 하는 것이다. 나는 것에 대한 환상은 세속적이고 유한하며 취약한 것에서 벗어나 신성하고 초월적이며 자유롭고 불멸로 향하는 움직임을 의미한다. 결과적으로 Cohen, Sullivan, Solomon, Greenberg와 Ogilvie(2011)는 나는 것에 대한 환상(수직 상승이 없는 다른 초자연적 행위에 대한 환상은 아님)이 DTA에 대한 MS의 영향을 약화한다. 이에 따라, 비행 관련 사고를 촉진하는 치료적 절차는 죽음 관련 염려를 가라앉히는 인지적 기제를 훈련하고 강화하는 데 도움이 될 수 있을 것이다.

결론

죽음 인식의 심리적 부담에도 불구하고, 인간은 지구상에서 가장 지배적인 종으로 자리 잡았다. 그리고 죽음에 대한 불안을 관리할 수 있는 여러 방법을 가지고 있음에도 불구하고, 인간은 여전히 현존하는 동물 중 가장 폭력적이며 심각한 기능장애를 겪기 쉬운 존재이다. 사회과학에 있어 이러한 경이롭고도 어쩌면 불가능할지도 모르는 과제는 각기 다른 학문 분야를 통합하여 이 딜레마를 이해하고 우리 인류의 안녕을 증진하는 데에 기여가 될 수도 있을 것이다. 우리는 이 장이 공포관리(이 반대 개념으로서 그 위험한 공포관리 실패) 연구와 관련된 도구와 기법들을 소개함으로써 임상 실무자들이 인간의 실존적 문제를 평가하고 이에 주의를 기울일 수 있도록 독려하고자 한다. 이런 의미에서 우리는 Ernest Becker(1975)가 "파괴를 견제할 단 한 줌의 이성을 사용해 보고자 한다"라고 했던 바람을 함께 나누고 싶다(p. 170).

참고문헌

Abdollahi, A., Pyszczynski, T., Maxfield, M., & Luszczynska, A. (2012).Posttraumatic stress reactions as a disruption in anxiety-buffer functioning: Dissociation and responses to mortality salience as predictors of severity of posttraumatic symptoms. *Psychological Trauma: Theory, Research, Practice, and Policy, 3,* 329-341. (*)

Adorno, T., Frenkel-Brunswick, E., Levinson, D., & Sanford, R. N. (1950). *The authoritarian personality.*

New York: Harper.

Altemeyer, B. (1988). *Enemies of freedom: Understanding right-wing authoritarianism*. San Francisco: Jossey-Bass/Pfeiffer.

Arndt, J., Routledge, C., Greenberg, J., & Sheldon, K. M. (2005). Illuminating the dark side of creative expression: Assimilation needs and the consequences of creative action following mortality salience. *Personality and Social Psychology Bulletin, 31,* 1327-1339.

Beck, A. T. (1967). *Depression: Clinical, experimental, and theoretical aspects*. New York: Harper & Row.

Becker, E. (1973). *The denial of death*. New York: Free Press.

Becker, E. (1975). *Escape from evil*. New York: Free Press.

Breitbart, W. (2002). Spirituality and meaning in supportive care: Spirituality and meaning-centered group psychotherapy intervention in advanced cancer. *Support Cancer Care, 10*, 272-280.

Breitbart, W., Rosenfeld, B., Gibson, C., Pessin, H., Poppito, S., Nelson, C., et al. (2010). Meaning-centered group psychotherapy for patients with advanced cancer: A pilot randomized controlled trial. *Psycho-Oncology, 19*, 21-28.

Brennan, K. A., Clark, C. L., & Shaver, P. R. (1998). Self-report measurement of adult attachment: An integrative overview. In J. A. Simpson & W. S. Rholes (Eds.), *Attachment theory and close relationships* (pp. 46-76). New York: Guilford Press.

Brown, K. W., & Ryan, R. M. (2003). The benefits of being present: Mindfulness and its role in psychological well-being. *Journal of Personality and Social Psychology, 84*, 822-848.

Burke, B. L., Martens, A., & Faucher, E. H. (2010). Two decades of terror management theory: A meta-analysis of mortality salience research. *Personality and Social Psychology Review, 14,* 155-195.

Burns, G. L., Keortge, S. G., Formea, G. M., & Sternberger, L. G. (1996). Revision of the Padua Inventory of obsessive compulsive disorder symptoms: Distinctions between worry obsessions, and compulsions. *Behaviour Research and Therapy, 34*, 163-173.

Byrne, D. (1971). *The attraction paradigm*. New York: Academic Press.

Carlson, E. B., & Putnam, F. W. (1993). An update on the Dissociative Experiences Scale. *Dissociation: Progress in the Dissociative Disorders, 6*, 16-27.

Chatard, A., Pyszczynski, T., Arndt, J., Selimbegović, L., Konan, P. N., & Van der Linden, M. (2012). Extent of trauma exposure and PTSD symptom severity as predictors of anxiety-buffer functioning. *Psychological Trauma: Theory, Practice, Research, and Policy, 4*, 47-55. (*)

Cohen, F., Sullivan, D., Solomon, S., Greenberg, J., & Ogilvie, D. M. (2011). Finding everland: Flight fantasies and the desire to transcend mortality. *Journal of Experimental Social Psychology, 47,* 88-102.

Cozzolino, P. J., Staples, A. D., Meyers, L. S., & Samboceti, J. (2004). Greed, death, and values: From terror management to transcendence management theory. *Personality and Social Psychology Bulletin, 30,* 278-292. (*)

Dewey, J. (1920). *Reconstruction in philosophy*. New York: Henry Holt.

Edmondson, D., Chaudoir, S. R., Mills, M. A., Park, C. L., Holub, J., & Bartkowiak, J. M. (2011). From shattered assumptions to weakened worldviews: Trauma symptoms signal anxiety buffer disruption. *Journal of Loss and Trauma, 16,* 358-385. (*)

Eysenck, H. J., & Eysenck, S. B. G. (1967). *Personality structure and measurement.* London: Routledge & Kegan Paul.

Feagin, J. R. (1964). Prejudice and religious types: A focused study of Southern fundamentalists. *Journal for the Scientific Study of Religion, 4,* 3-13.

Florian, V., & Mikulincer, M. (1997). Fear of death and the judgment of social transgressions: A multidimensional of terror management theory. *Journal of Personality and Social Psychology, 73,* 369-380.

Florian, V., Mikulincer, M., & Hirschberger, G. (2001). An existentialist view on mortality salience effects: Personal hardiness, death-thought accessibility, and cultural worldview defenses. *British Journal of Social Psychology, 40,* 437-453. (*)

Foa, E. B. (1995). *Posttraumatic Stress Diagnostic Scale (PDS) manual.* Minneapolis, MN: National Computer Systems.

Goldenberg, J. L. (2012). A body of terror: Denial of death and the creaturely body. In P. R. Shaver, & M. Mikulincer (Eds.), *Meaning, mortality, and choice: The social psychology of existential concerns* (pp. 93-110). Washington, DC: American Psychological Association.

Goldenberg, J. L., Hart, J., Pyszczynski, T., Warnica, G. W., Landau, M. J., & Thomas, L. (2006). Ambivalence towards the body: Death, neuroticism, and the flight from physical sensation. *Personality and Social Psychology Bulletin, 32,* 1264-1277. (*)

Goldenberg, J. L., Pyszczynski, T., Greenberg, J., Solomon, S., Kluck, B., & Cornwell, R. (2001). I am not an animal: Mortality salience, disgust, and the denial of human creatureliness. *Journal of Experimental Psychology: General, 130,* 427-435.

Goldenberg, J. L., Pyszczynski, T., McCoy, S. K., Greenberg, J., & Solomon, S. (1999). Death, sex, love, and neuroticism: Why is sex such a problem? *Journal of Personality and Social Psychology, 77,* 1173-1187. (*)

Greenberg, J., Pyszczynski, T., & Solomon, S. (1986). The causes and consequences of a need for self-esteem: A terror management theory. In R. F. Baumeister (Ed.), *Public self and private self* (pp. 189-212). New York: Springer-Verlag. (*)

Greenberg, J., Pyszczynski, T., Solomon, S., Rosenblatt, A., Veeder, M., Kirkland, S., et al. (1990). Evidence for terror management II: The effects of mortality salience on reactions to those who threaten or bolster the cultural worldview. *Journal of Personality and Social Psychology, 58,* 308-318.

Greenberg, J., Solomon, S., & Arndt, J. (2008). A basic but uniquely human motivation: Terror management. In J. Y. Shah & W. L. Gardner (Eds.), *Handbook of motivation science* (pp. 114-134). New York: Guilford Press.

Greenberg, J., Solomon, S., Pyszczynski, T., Rosenblatt, A., Burling, J., Lyon, D., et al. (1992). Assessing the terror management analysis of self-esteem: Converging evidence of an anxiety-buffering function. *Journal of Personality and Social Psychology, 63,* 913-922.

Harmon-Jones, E., Simon, L., Greenberg, J., Pyszczynski, T., Solomon, S., & McGregor, H. (1997). Terror management theory and self-esteem: Evidence that increased self-esteem reduces mortality salience effects. *Journal of Personality and Social Psychology, 72*, 24-36. (*)

Hart, J., Shaver, P. R., & Goldenberg, J. L. (2005). Attachment, self-esteem, worldviews, and terror management: Evidence for a tripartite security system. *Journal of Personality and Social Psychology, 88*, 999-1013.

Hayes, J., Schimel, J., Arndt, J., & Faucher, E. H. (2010). A theoretical and empirical review of the death-thought accessibility concept in terror management research. *Psychological Bulletin, 136*, 699-739.

Hazan, C., & Shaver, P. R. (1987). Romantic love conceptualized as an attachment process. *Journal of Personality and Social Psychology, 52*, 511-524.

Horney, K. (1937). *The neurotic personality of our time*. New York: Norton.

Jonas, E., & Fischer, P. (2006). Terror management and religion-Evidence that intrinsic religiousness mitigates worldview defense following mortality salience. *Journal of Personality and Social Psychology, 91*, 553-567. (*)

Jordan, C. H., Spencer, S. J., Zanna, M. P., Hoshino-Browne, E., & Correll, J. (2003). Secure and defensive self-esteem. *Journal of Personality and Social Psychology, 85*, 969-978.

Kasser, T., & Ryan, R. M. (1996). Further examining the American dream: Differential correlates of intrinsic and extrinsic goals. *Personality and Social Psychology Bulletin, 22*, 280-287.

Kesebir, P., Luszczynska, A., Pyszczynski, T., & Benight, C. C. (2011). Posttraumatic stress disorder involves disrupted anxiety-buffer-mechanisms. *Journal of Social and Clinical Psychology, 30*, 819-841. (*)

Kobasa, S. C., Maddi, S. R., & Kahn, S. (1982). Hardiness and health: A prospective study. *Journal of Personality and Social Psychology, 42*, 168-177.

Kunzendorf, R. G., Moran, C., & Gray, R. (1995-1996). Personality traits and reality testing abilities, controlling for vividness of imagery. *Imagination, Cognition, and Personality, 105*, 113-131.

Landau, M. J., Johns, M., Greenberg, J., Pyszczynski, T., Solomon, S., & Martens, A. (2004). A function of form: Terror management and structuring of the social world. *Journal of Personality and Social Psychology, 87*, 190-210. (*)

Maddi, S. R. (1987). Hardiness training at Bell Telephone. In J. Opatz (Ed.), *Health promotion evaluation* (pp. 121-158). Stephen's Point, WI: Natural Wellness.

Mathews, R. C., & Kling, K. J. (1988). Self-transcendence, time perspective, and prosocial behavior. *Journal of Voluntary Action Research, 71*, 4-24.

Mattick, R. P., & Clarke, J. C. (1998). Development and validation of measures of social phobia scrutiny fear and social interaction anxiety. *Behavior Research and Therapy, 36*, 455-470.

May, R. (1970). *The meaning of anxiety*. New York: Washington Square. (Original work published 1950)

McGregor, I. (2004). Zeal, identity, and meaning: Going to extremes to be one self. In J. Greenberg, S.

L. Koole, & T. Pyszczynski (Eds.), *Handbook of experimental existential psychology* (pp. 182-199). New York: Guilford Press.

Mikulincer, M., & Florian, V. (2000). Exploring individual differences in reactions to mortality salience: Does attachment style regulate terror management mechanisms? *Journal of Personality and Social Psychology, 79,* 260-273. (*)

Mikulincer, M., Florian, V., Birnbaum, G., & Malishkevich, S. (2002). The death-anxiety buffering function of close relationships: Exploring the effects of separation reminders on death-thought accessibility. *Personality and Social Psychology Bulletin, 28,* 287-299. (*)

Mikulincer, M., Florian, V., & Hirschberger, G. (2003). The existential function of close relationships: Introducing death into the science of love. *Personality and Social Psychology Review, 7,* 20-40.

Mikulincer, M., Orbach, I., & Iavnieli, D. (1998). Adult attachment style and affect regulation: Strategic variations in subjective self-other similarity. *Journal of Personality and Social Psychology, 75,* 436-448.

Niemiec, C. P., Brown, K. W., Kashdan, T. B., Cozzolino, P. J., Breen, W. E., Levesque-Bristol, C., et al. (2010). Being present in the face of existential threat: The role of trait mindfulness in reducing defensive responses to mortality salience. *Journal of Personality and Social Psychology*, 99, 344-365.

Ozer, E. J., Best, S. R., Lipsey, T. L., & Weiss, D. S. (2003). Predictors of posttraumatic stress disorder and symptoms in adults: A meta-analysis. *Psychological Bulletin, 129*, 52-73.

Rosenberg, M. (1965). *Society and the adolescent self image*. Princeton, NJ: Princeton University Press.

Routledge, C., & Arndt, J. (2009). Creative terror management: Creativity as a facilitator of cultural exploration after mortality salience. *Personality and Social Psychology Bulletin*, 35, 493-505.

Schmeichel, B. J., Gailliot, M. T., Filardo, E., McGregor, I., Gitter, S., & Baumeister, R. F. (2009). Terror management theory and self-esteem revisited: The roles of implicit and explicit self-esteem in mortality salience effects. *Journal of Personality and Social Psychology, 96,* 1077-1087. (*)

Schmeichel, B. J., & Martens, A. (2005). Self-affirmation and mortality salience: Affirming values reduces worldview defense and death-thought accessibility. *Personality and Social Psychology Bulletin, 31,* 658-667.

Sharabany, R. (1994). Intimacy Friendship Scale: Conceptual underpinnings, psychometric properties, and construct validity. *Journal of Social and Personal Relationships, 11*, 449-469.

Simon, L., Arndt, J., Greenberg, J., Solomon, S., & Pyszczynski, T. (1998). Terror management and meaning: Evidence that the opportunity to defend the worldview in response to mortality salience increases the meaningfulness of life in the mildly depressed. *Journal of Personality, 66,* 359-382. (*)

Simon, L., Harmon-Jones, E., Greenberg, J., Solomon, S., & Pyszczynski, T. (1996). The effects of mortality salience on depressed and nondepressed individuals to those who violate or uphold cultural values. *Personality and Social Psychology Bulletin, 22,* 81-90. (*)

Strachan, E., Schimel, J., Arndt, J., Williams, T., Solomon, S., Pyszczynski, T., et al. (2007). Terror mismanagement: Evidence that mortality salience exacerbates phobic and compulsive behaviors. *Personality and Social Psychology Bulletin, 33*, 1137-1151. (*)

Thompson, M. M., Naccarato, M. E., Parker, K. C. H., & Moskowitz, G. B. (2001). The personal need for structure and personal fear of invalidity measures: Historical perspectives, current applications, and future directions. In G. B. Moskowitz (Ed.), *Cognitive social psychology: The Princeton Symposium on the Legacy and Future of Social Cognition* (pp. 19-39). Mahwah, NJ: Erlbaum.

Weathers, F. W., Litz, B. T., Huska, J. A., & Keane, T. M. (1994). *The PTSD Checklist-Civilian Version (PCL-C)*. Boston: National Center for PTSD.

Weise, D. R., Arciszewski, T., Verlhiac, J., Pyszczynski, T., & Greenberg, J. (2012). Terror management and attitudes toward immigrants: Differential effects of mortality salience for low and high right-wing authoritarians. *European Psychologist, 17,* 63-72. (*)

Yalom, I. D. (1980). *Existential psychotherapy*. New York: Basic Books.

암묵적 및 외현적 과정의 다중방식평가

Alex Cogswell & Natalie Emmert

심리학자들은 행동을 결정하는 요인에 오랫동안 관심을 가져왔지만, 좀 더 통제된 결정 요인과 좀 더 자동적인 결정 요인 간의 구별에만 부분적으로만 주목해 왔었다. 한동안 평가 장면에서 문항의 투명성이 반드시 바람직한 것만은 아니라는 인식이 자리 잡았으며, 이는 부분적으로는 평가에 대한 좀 더 간접적인 접근법이 인기를 끌게 하였다(Hartshorne & May, 1928). 이에 더해, 정신분석 이론이 주류를 이룬 20세기 중반에는 소망이나 갈등처럼 내적이고 관찰할 수 없는 현상을 평가하려는 관심이 급증했고, 이는 로르샤흐 검사나 주제통각검사(TAT; Morgan & Murray, 1935)와 같은 간접적이고 수행 기반의 검사 도구뿐만 아니라 그림 그리기나 문장완성검사와 같은 다양한 측정법의 개발에 기여가 되었다. 임상적 성격 문헌과 비의식적 또는 자동적 과정에 대한 강조는 원래 정신역동적 사고에서 유래했지만, 현대 실험심리학에서는 그러한 사고가 점차 좀 더 수용 가능해지고 놀라울 정도로 선견지명이 있었던 것으로 평가받고 있다(Shevrin & Dickman, 1980). 실제로 지난 25년 동안 사회심리학자들은 이른바 **암묵적** 현상이라 불리는 모든 유형의 현상 연구에 본격적으로 나서며 방대하고 풍부한 문헌을 축적해 왔고, 이러한 연구는 점차 심리학의 다른 하위 분야로 확장되고 있다. 암묵적 태도에만 집중했던 이러한 흐름은 이제 동기부여에서 자존감, 감정 조절에 이르기까지 다양한 주제를 아우르는 연구로 확장되었다. 그리고 모든 연구의 새로운 흐름이 그렇듯, 급속도로 확장되는 문헌과 그 성장을 부추기는 열정은 많은 해답과 더불어 수많은 의문도 함께 불러일으켰다. 이 장에서는 암묵적 파장이 성격 연구와 성격 평가에 어떤 영향을 미쳤는지, 성격에서 암묵적 과정의 역할에 관해 밝혀진 바가 무엇인지 그리고 암묵적 과정과 그에 대한 평가에 관해 일반적으로 밝혀지지 않은 점은 무엇인지 논의할 것이다. 특히, 이러한 미지의 영역들이 향후 성격 연구에 어떤 의미를 두는지에 중점을 두고 살펴볼 것이다. 요약하면, 우리는 두 가지 고유하지만 관련된 처리 유형을 함께 평가하여 행동을 예측할 방법을 살펴볼 것이다. 이 중 하나는 좀 더 통제된(외현적) 과정이고 다른 하나는 좀 더 자동적인(암묵적) 과정이다.

본격적인 내용을 다루기 전에 먼저 몇 가지 개념 정리가 필요하다. 역사적으로 **암묵적**이라는 용어는 주로 의식적 알아차림 밖에서 작동한다고 가정되는 일련의 현상들(예: 태도)을 흔히 너무 느슨하게 설명해 왔다. 이 분야의 연구가 빠르게 진행되었기 때문인지 **암묵적**의 기본 정의는 명확히 확립되지 않았다. 이로 인해 **암묵적 측정**이 무엇인지 명확하게 설명하기가 매우 어려워졌고, 그것이 무엇을 측정하는지, 그리고 그러한 측정이 어떻게 유용할 수 있는지는 더더욱 설명하기 어려워졌다. 많은 연구자가 이 문제를 해결하고자 시도해 왔는데, 그중 가장 주목할 만한 사례는 Jan De Houwer와 동료들의 연구일 것이다. 그의 연구팀(De Houwer, Teige-Mocigemba, Spruyt, & Moors, 2009)은 개념을 철저히 분석하여 용어 사용 방식에 있어 두 가지의 주요한 명료화를 이끌었다(Moors, Spruyt, & De Houwer, 2010에서 더 자세히 논의). 첫째, 그들은 '**암묵적**'을 본질적으로 '**자동적**'이라는 용어와 동일시할 것을 권고했는데, 여기서 '자동적'이라는 것 자체는 관심을 두는 속성이나 구성개념이 지닌 비의식적·비의도적이며 효율적이고 혹은 통제할 수 없는 속성을 말한다. 반대로 '**외현적**'인 구성개념에 대해 좀 더 통제할 수 있고, 신중하며, 의도적이고, 의식적인 속성을 말한다. 둘째, 그들은 특정 평가 도구를 특징짓는 절차보다는 측정되는 구성개념이나 구성개념의 구성 요소를 설명할 때 암묵적 및 외현적이라고 설명해야 한다고 제안했다. 하지만 절차가 좀 더 직접적이거나 간접적이라고 설명해야만 한다. 물론 실제로는 선택한 절차가 측정하고자 하는 속성과 예측할 수 있게 연결되는 경향이 있기에 암묵적인 구성개념을 평가하는 데 일반적으로 간접적인 절차가 사용된다. 요약하자면, 이 분석에 따르면 암묵적 측정은 "특정된 목표, 알아차림, 상당한 인지 자원, 또는 충분한 시간이 없는 상태에서 측정하고자 하는 속성에 의해 인과적으로 산출된 측정 결과"(De Houwer et al., 2009, p. 350)로 정의된다. 따라서 이 장의 목적상 성격이나 자기개념의 암묵적 측정치는 관심 있는 성격특성으로부터 자동으로 드러나는 평가 결과를 의미한다. 하지만 여기서 중요한 점은 문헌에서 가장 자주 사용되고 논의되는 측정법이면서 이 장에서도 다룰 측정법은 위에서 제시된 정의에 얼마나 잘 부합하는지에 대한 충분한 검증을 거치지 않았다는 사실이다. 따라서 편의상 이장의 전반에서 **암묵적 측정**이라는 용어를 사용할 것이지만, 그것이 해당 구성개념의 암묵성이나 자동성이 경험적으로 결정된 사안이라고 가정해서는 안 된다. 또한, 성격특성과 측정 결과 간의 인과관계가 확립되었다고 가정해서도 안 된다. 이러한 특성을 확정적으로 뒷받침할 확실한 증거가 있기 전까지는 안타깝게도 우리가 사용하는 용어는 논쟁의 여지가 있을 것이며, 현재로서는 합의된 평가 도구에 대한 진술이라기보다 추구하는 '이상향'에 더 가깝다고 할 수 있을 것이다.

암묵적 측정법을 개발하고 사용하는 당위성을 따져 보기에 앞서, 먼저 좀 더 전통적인 접근 법인 외현적 속성을 평가하는 접근법을 설명하고, 이러한(전형적으로는 자기 보고식) 도구 사용에 대한 경험적 근거와 잠재적 한계점들을 간략히 검토할 것이다. 그런 다음 이러한 전통적 접근법의 몇 가지 한계점이 암묵적 평가에 대한 관심이 확장되는 데에 어떻게 기여했는지를 설명하고, 암묵적 과정의 지속적인 측정을 뒷받침하는 근거도 함께 검토할 것이다. 현재 흔히 사용되는 암묵적 측정법을 선정하여 전반적인 개요를 제시한 뒤 현재 가장 널리 쓰이고 있는 암묵적 측정 도구(암묵 연합 검사, Implicit Association Test: IAT; Greenwald, McGhee, & Schwartz, 1998)에 대한 보다 집중적인 논의를 이어 갈 것이다.

다음으로 암묵적 측정과 외현적 측정 간의 비교적 낮은 수준의 수렴 또는 일치도와 관련된 연구 결과들을 살펴볼 것이다. 이 부분에서는 암묵적 측정과 외현적 측정(그리고 더 중요하게는 측정하는 해당 과정)이 어떻게 그리고 왜 서로 일치하거나 불일치하는지를 이해하기 위해 제안된 주목할 만한 이중과정 모델 몇 가지를 소개할 것이다. 이어서 암묵적–외현적 일치에 더 크게 입증된 조절 변수 중 일부를 검토하고 이러한 조절 변수가 암묵적 과정에 대해 무엇을 알려 주는지 살펴볼 것이다.

이 장의 후반부에서는 암묵적 과정과 관련하여 특히 더 흥미롭고 유망하지만, 아직 충분히 이해되지 않는 몇 가지 쟁점들에 초점을 맞출 것이다. 특히, 동일 구성개념을 추정하는 암묵적 측정과 외현적 측정 간의 일치 또는 불일치가 지닐 수 있는 잠재적 함의를 다루는, 아직은 비교적 적지만 점차 증가하고 있는 연구 문헌을 논의할 것이다. 이를 통해 암묵적 측정의 임상적 유용성을 고찰하고 암묵적 측정과 외현적 측정을 병행하여 사용하는 것이 어느 한 가지 측정 방식에만 의존하는 것보다 더 풍부한 평가를 제공할 방법을 모색할 것이다. 또한, 임상적 목적을 위해 암묵적 측정을 사용하는 데 따르는 몇 가지 도전과제들도 논의할 것이며, 임상 장면에서 암묵적 평가가 어떤 역할을 할 수 있는지 더욱 구체적으로 보여 주는 사례도 함께 제시할 것이다. 결론적으로는 우리는 아직 해결되지 않은 질문들을 강조하여 제시하고 우리의 이해가 더욱 깊어질 수 있는 향후 연구 방향을 제시하고자 한다.

외현적 측정

관심 변수의 외현적 과정으로 가정되는 것을 평가하기 위해 비교적 직접적인 절차를 사용하는 데에 오래되고 성공적인 역사가 있다. 간결함을 위해 이 범주에서 사용된 모범적인 방법론은 자기 보고 수기형 측정법이다. 하지만 다른 유형의 측정법들도 직접적인 방법일 수 있으며(예: 구조화된 진단 면접), 좀 더 통제할 수 있고, 의도적인(외현적인) 과정을 측정하도록 유사하게 설계될 수도 있다는 점을 떠올려 볼 만하다. 또한, 모든 자기 보고 도구가 완전히 직접적인 것은 아니다. 예를 들어, 미네소타 다면적 인성검사(Minnesota Multiphasic Personality Inventory: MMPI; Hathaway, McKinley, 1943)는 명백히 수기형 자기 보고 도구이지만, 어떤 학자들(예: De Houwer, 2006)은 이 검사의 낮은 안면 타당도를 근거로 '간접적' 도구로 분류하기도 했다.

자기 보고식 외현적 도구들은 측정하고자 하는 속성이 내성법을 통해 접근할 수 있고 응답자가 그 속성을 어느 정도 정확하게 보고할 의지와 능력이 있다는 가정을 따르는 경향이 있다(Cogswell, 2008 참조). 이러한 측정법들은 객관적이고 모호하지 않은 채점 체계를 가지는 경향이 있으며, 신뢰도가 높고, 일반적으로 연구 및 임상 장면 모두에서 매우 효율적이고 부담 없이 실시할 수 있는 장점이 있다(Cogswell, 2008). 아마도 가장 중요한 점은 자기 보고 평가가 관심 있는 실제 행동과 같은 외적 준거에 대한 강력한 예측 요인이라는 것이다. 최근의 메타 분석 결과에 따르면, 다양한 예측/결과 변수의 쌍 전반에 걸쳐 자기 보고의 상당한 예측 타당도($N = 184$개의 독립 표본, 평균 상관계수 $r = .36$)가 입증되었다(Greenwald, Poehlman, Uhlmann, & Banaji, 2009). 마찬가지로, 자기 보고로 측정된 성격 5차원 각각은 해당 성격 차원과 개념적으로 관련된 실제 행동의 총합을 유의미하게 예측하는 데에도 유용한 것으로 밝혀졌다(Back, Schmukle, & Egloff, 2009).

자기 보고 도구는 널리 사용되고 있고 평가자와 수검자 모두에게 시행의 간편함에 대한 경험적 근거를 뒷받침하는 인상적인 연구 문헌이 있음에도 불구하고, 이러한 측정 도구에 대한 두 가지 정도의 우려 사항이 여전히 남아 있다. 첫째, 검사자가 관심을 가지는 내용에 대해 수검자가 접근할 수 있고, 그것을 기꺼이 보고할 의지가 있다는 기본 가정에 기반하기에 이러한 도구들은 응답에 담긴 비의식적이고 접근할 수 없는 영향을 밝혀내는 것이 불가능하다. 더욱이 개인이 정확한 내성에 관여하는 능력이 매우 제한적이라는 사실은 잘 알려져 있다(Nisbett & Wilson, 1977). 따라서 외현적 과정에 대해 보고하도록 요청받더라도 그 응답이 반드시 신뢰할 만한 것이 아닐 수 있다. 이와 같은 맥락에서 자기 보고된 행동과 실제 행동이 경험적으로 서로 관련이 있다 하더라도(Back et al., 2009), 이 둘은 결코 같은 행동으로 규정하기에는 어렵다. 따라서 관련된 결과물의 성격 예측에 관심을 두는 연구자라면, 이러한 알려진 한계가 있는 자기 보고 도구에 지나치게 의존하지 않도록 신중해야만 한다.

둘째, 자기 보고 측정은 안면 타당도가 더 높아서 인상관리나 자기-기만의 영향을 받을 가능성이 더 크다(Greenwald et al., 2002). 즉, 특정 도구가 어떤 속성을 측정하고 있는지를 응답자가 명확하게 파악할수록 그들의 응답이 의도적으로든 비의도적으로든 편향될 가능성이 커진다. MMPI와 성격평가검사(Personality Assessment Inventory: PAI; Morey, 1991)와 같이 더 널리 사용되고 신뢰받는 광범위 포괄 성격검사 중 일부는 이러한 문제를 부분적으로 해결하기 위해 타당도 척도를 포함하고 있으며, 이 척도들은 대체로 성공적이라고 평가받고 있다. 예를 들어, MMPI의 타당도 척도는 긍정 왜곡(Baer, Wetter, & Berry, 1992)와 부정 왜곡(Berry, Baer, & Harris, 1991)을 모두 식별할 수 있을 뿐만 아니라 불일치 응답 패턴(Gallen & Berry, 1996)을 알아내는 데에도 그 효과가 입증되었다. 하지만 불행하게도 이러한 성공에도 불구하고 많은 좁은 범위 포괄 도구(단일 성격특성의 측정이나 우울 및 불안 척도와 같은 증상 체크리스트)는 타당도 척도를 포함하지 않기 때문에 자기 보고 평가에서 문제가 되는 것으로 알려진 다양한 편향에 취약하다(Shedler, Mayman, & Manis, 1993).

자기 보고식 도구에 내재한 한계점은 오래전부터 알고 있었지만 이러한 한계를 해결하려는 움직임이 점차 커지면서 암묵적 과정에 관한 연구에 관심도 더욱 활발해진 것 같이 보인다. 연구자들이 암묵 기억(Schacter, 1987)과 암묵적 자기 개념(Greenwald et al., 2002)과 같은 구성개념을 탐구하기 시작하면서 자기 보고에만 의존하는 방식은 더는 지속하기 어려워졌다. 이에 따라 다음의 목적을 위해 새로운 유형의 측정 도구들이 개발되었다: ① 내성법을 통해 접근할 수 없어 자기 보고 평가에 적합하지 않은 현상들을 연구하기 위해, ② 자기 보고의 높은 안면 타당도와 관련된 편향 및 왜곡 진술 문제에 대응하기 위해. 물론, 간접적이며 수행 기반 도구가 새로운 것이 아니라 새로운 암묵적 측정 도구가 지닌 특정 바람직한 특성(비의식적 내용에 대한 접근 가능성, 반응 편향에 대한 낮은 민감도)을 이미 어느 정도 갖추고 있다고 볼 수 있다. 역사적으로 정신분석적 수행-기반 도구와 그리고 좀 더 사회인지적 암묵적 측정법 사이에 개념적 · 실질적으로 얼마나 많이 중첩되는지가 여전히 풀어야 할 과제로 남아 있다. 이 질문은 잠시 접어 두고, 우리는 암묵적 과정을 평가하기 위해 새롭게 고안된 측정법에 대해 논의하고자 한다.

암묵적 측정

앞서 언급했듯이 성격 연구자들은 개인이 내성법을 통해 접근할 수 없는 비가시적인 현상을 신뢰성 있게 평가하고자 하는 오랜 바람을 가지고 있었다. 그에 따라 로르샤흐 잉크반점 기법(Rorschach Inkblot Method)에서 가장 일반적으로 Exner의 종합체계(Comprehensive System, 1991) 그리고 TAT(Morgan & Murray, 1935)와 같은 간접적 평가 체계가 임상 및 학문 모든 측면에서 큰 관심을 불러일으켰다. 이러한 방법들은 평가자가 관심을 두는 내적 상태에 대해 해당 개인은 거의 또는 전혀 접근할 수 없다는 아이디어에 기반을 두고 있으며, 따라서 신뢰할 수 있는 평가를 방해하는 의도적이거나 비의도적인(방어적) 장벽을 모두 우회할 방법이 요구된다는 전제에서 개발된 것이었다. 로르샤흐와 TAT를 포함하여 이와 같은 전통에서 개발된 다른 도구들은 여러 지표에서 주목할 만한 실증적 지지를 받아 왔고 동시에(Meyer & Archer, 2001 참조) 혹독한 비판도 받아 왔다. 특히, 로르샤흐 검사는 연구자의 해석과 추론 그리고 주관성이 지나치게 개입되어 신뢰도와 타당도 측면에서 한계가 있다는 비판을 받아 왔다(Garb, 1999; Wood, Lilienfeld, Garb, & Nezworski, 2000). 또한, 이러한 평가 접근법이 역사적으로 정신분석적 기원을 둔다는 점은 다른 이론적 지향을 지닌 연구자와 임상가들에게 그리 매력적으로 받아들여지지 않았으며, 이러한 점으로 인해 광범위한 심리학 문헌 전반에서 이러한 도구들에 대한 의존도가 더욱 감소했다.

흥미롭게도 로르샤흐나 TAT와 같은 도구의 사용을 대체로 거부해 왔던 많은 학자와 임상가들이 최근 몇 년 사이 비의식적이고 관찰 불가능한 현상들에 대해 점점 더 많은 관심을 보이기 시작했다. 다만, 그들이 주목하는 비의식적 현상들은 기존과는 다른 방식으로 개념화되고 있다. 연상적 점화(Bower, Montiero, & Gilligan, 1978)나 암묵 기억(Schacter, 1987)과 같은 주제를 통해 인지과학이 발전함에 따라 이전에는 엄밀한 과학의 영역 밖에 있다고 여겨졌던 과정들에 좀 더 세심한 주의를 기울이는 것이 점차 자연스러워지고 바람직한 것으로 여겨지게 되었다. 이러한 변화는 사회심리학자들 사이에서 암묵적 사회인지, 즉 의식적 인식 밖에서 작동하면서도 관찰 가능한 행동을 예측하는 데에 영향을 미치는 과정에 관한 연구에 관심이 급속히 증가하는 계기가 되었다(이 주제에 대한 두 가지 심도 있는 논의는 Fazio & Olson, 2003; Wilson, Lindsey, & Schooler, 2000 참조). 이러한 흐름에서 가장 선구적인 연구 중 일부는 John Bargh의 연구이며, 그는 자동적 정보처리의 중요성을 설득력 있게 입증해 왔다(고전적 논의는 Bargh & Chartrand, 1999 참조). Bargh의 연구는 태도 활성화(Bargh, Chaiken, Govender, & Pratto, 1992), 사회적 행동 및 복잡한 사회적 판단(Bargh, Chen, & Burrows, 1996), 그리고 가장 최근에는 건강 행동에 대한 선택(Sheeran, Gollwitzer, & Bargh, 2013)에 이르기까지 자동성이 광범위하게 작용한다는 점을 명확히 보여 주었다. IAT와 같은 암묵적 측정법들이 이러한 사회인지적 토대와 그리고 로르샤흐 검사는 정신분석적 기원에도 불구하고, 일부 연구자들은 이들 도구가 측정하고자 하는 측정결과나 심의적인 자기 보고 도구들과의 전형적인 관계에 있어서 놀라운 유사성을 보인다고 지적한 바 있다(예: McGrath, 2008). 실제로, 로르샤흐나 TAT와 같은 전통적인 정신역동적 맥락에서의 암묵적 도구들이 IAT와 같은 좀 더 최신의 사회인지적 도구들과 어떻게 유사하게 기능할 수 있는지를 탐구하는 연구가 활발히 촉진되고 있다(Cogswell, 2008; McGrath, 2008). 우리는 이러한 연구들이 성공적으로 수행되기를 기대하고 있다.

사회인지 학자들 사이에서 암묵적 과정에 관한 연구는 태도 연구 분야에서 큰 주목을 받기 시작했는데, 새롭게 개발된 도구들은 기존의 안면 타당도가 높은 자기 보고 질문지에 응답할 때는 드러나지 않을 수 있는 편향과 선호도를 파악할 수 있게 해 준다고 주장했다. 이러한 도구들 가운데 가장 성공적인 것은 단연 IAT(Greenwald et al., 1998)로, 이는 평가 대상이 지닌 태도와 평가 차원 사이의 연합 강도를 측정하는 컴퓨터 기반 측정 도구이다. 예를 들어, 민주당과 공화당에 대한 평가적 선호도를 측정하기 위해 참가자는 먼저 민주당 관련 단어들(예: blue, donkey)과 불쾌한 단어들을 같은 키로 분류하고, 공화당 관련 단어들(예: red, elephant)과 유쾌한 단어들을 또 다른 하나의 키로 분류한다. 후반부 단계의 과제에서는 같은 참가자가 민주당 관련 단어와 유쾌한 단어를 함께 하나의 키로, 그리고 공화당 관련 단어와 불쾌한 단어를 또 다른 하나의 키로 분류하게 한다. IAT는 사람들이 기억 속에서 더 밀접하게 연합된 개념을 더 빠르게 연결 짓는다는 가정에 기반하고 있기에 이 검사는 과제의 두 단계에서 나타나는 반응 시간의 차이를 계산하는 것으로 시행한다.

IAT 외에도 유사한 이론적 기반 위에서 작동하는 수많은 다른 암묵적 측정 도구들이 있다. 예를 들어, 의미적 점화와 정서 점화 과제는 평가 대상의 반응이 사전에 제시된 점화 자극에 노출된 경험으로 영향받을 것이라는 가정한다. 이러한 과제는 태도를 평가하는 데에 상당한 가능성을 보여 주었다(예: Murphy, Monahan, & Zajonc, 1995; Wittenbrink, Judd, & Park, 2001). 이와 관련된 과제로는 정서 오귀인 절차가 있는데 이는 개인이 시간상 가까운 여러 사건에 대한 감정적 반응을 구분하는 데 상당한 어려움을 겪는다는 관찰에 기반하고 있다. 이러한 혼란이 발생하면 점화 효과는 정서가 어떻게 잘못 귀인되는지에 확실한 영향을 미칠 수 있으며, 이에 따라 점화 효과에 대한 자동적인 평가를 간접적으로 추론할 수 있게 된다(Payne, Cheng, Govorun, & Stewart, 2005). 일반적으로 사용되는 암묵적 측정 도구의 또 다른 예로는 이름-글자 선호 과제 계열의 도구들이 있다. 이러한 도구들은 자기-존중감(자기 자신에 대한 태도)의 간단한 암묵적 측정법으로 사용해 왔으며, 사람들은 자신의 이름에 포함된 글자를 선호한다는 가정에 기반하고 있다(예: Pelham, Mirenberg, & Jones, 2002). 이는 끊임없이 확장되고 있는 암묵적 측정 도구들의 일부분에 불과하지만, 이 장의 나머지 대부분은 IAT에 관한 연구 결과에 초점을 맞출 것이다. 이에 대한 이유로는 두 가지가 있다: ① IAT는 현재 가장 널리 사용되는 암묵적 측정 도구이며, 긍정적이든 부정적이든 그만큼 가장 많은 데이터를 만들어 왔다, ② 이 측정 도구는 태도 연구를 넘어 성격 연구로까지 가장 폭넓게 확장되었다.

IAT가 암묵적이거나 자동적인 인종 태도를 평가하는 데 널리 사용된 것(예: Greenwald et al., 1998)을 비롯하여 서로 다른 다양한 대상에 대한 태도를 평가하는 데에도 활용되었으며, 이후 그 사용 범위는 자기-존중감과 자기-개념을 포함한 여러 다른 많은 관심 영역을 평가하는 데까지 사용 영역이 확장되었다. Greenwald와 Farnham(2000)은 암묵적 자존감을 측정하기 위해 변형된 IAT를 개발했는데 이는 매우 널리 연구된 구성개념이 되었다(IAT뿐만 아니라 앞서 언급한 이름-글자 선호 과제와 같은 다른 암묵적 도구로 측정된다). 최근의 이러한 측정 도구들에 대한 검토는 암묵적 자존감을 측정하는 진정한 방법으로서의 타당성이 있는지 의문을 제기됐지만, 이 중요한 구성개념을 활용하기 위한 신뢰할 수 있고 타당한 도구 개발에 지속적인 노력을 추구해야 한다는 의견이 있었다(Buhrmester, Blanton, & Swann, 2011). IAT는 또한 수줍음(Asendorpf, Banse, & Mucke, 2002), 불안(Egloff & Schmukle, 2002), 우울 관련 인지(Phillips, Hine, Thorsteinsson, 2010), 자살 사고(Nock et al., 2010), 도덕적 자기-개념(Perugini & Leone, 2009), 관계 불안 및 애착(Dewitte, De Houwer, & Buysse, 2008), 청소년 공격성(Grumm, Hein, & Fingerle, 2011),

감정 조절(Koole & Rothermund, 2011) 등 다른 암묵적 관심 영역들을 측정하는 데에도 성공적으로 적용되었다.

암묵적 자기-개념 측정 상황에서 IAT 적용의 유용성에 최근 주목받은 흥미로운 연구 분야는 성격의 구조 측면에서 IAT가 자기 보고 성격 도구와 어떻게 비교되는지 검토하는 것이다. 잘 알려져 있듯이 성격특성의 가장 일반적이고 견고한 분류 체계는 5요인(Big Five) 모델이며(McCrae & Costa, 1987), 이 모델에 대한 근거는 전적으로 자기 보고 성격검사 시행을 통해서만 축적되어 왔다. 최근 연구에서는 IAT 기반 5요인 지표를 사용하여 이 Big 5 구조를 재현해 냈는데, 이는 암묵적 자기-개념이 좀 더 심의적인 자기 보고 반응을 통해 드러나는 자기-개념과 유사한 구조를 가졌음을 시사한다(Schmukle, Back, & Egloff, 2008). 암묵적 요인과 자기 보고 요인 간의 상관은 작았고, 두 측정 유형 간에서 내적 상호 관계 양상과 각 해당 요인의 상대적 수준은 상당히 유사한 것으로 나타났다.

IAT를 포함한 암묵적 측정 도구들에 대한 몇 가지 심각한 비판이 제기되어 왔음에도 불구하고, 해당 도구들의 신뢰도와 예측 타당성을 뒷받침하는 상당한 양의 자료가 축적되어 있다. IAT는 신뢰도 측면에서 일관되게 적합한 수준의 내적 일치도를 보여 주었으며, Cronbach의 α값은 일반적으로 .70에서 .90 사이 범위로 보고되었다(Nosek, Greenwald, & Banaji, 2007). 검사-재검사 신뢰도는 일반적으로 다소 낮고 변동성이 더 크며, 중앙값 추정치는 약 .50이었고(Lane, Banaji, Nosek, & Greenwald, 2007), 이로 인해 이러한 낮은 수준의 신뢰도 추정치는 무엇 때문에 발생하는지를 둘러싼 우려가 제기되었다.

앞서 인용한 여러 연구는 IAT가 다양한 구성개념을 측정하는 데에 성공적으로 적용됐음을 보여 주는 것 외에도 이 도구의 예측 타당성과 증분 타당성을 뒷받침하는 보다 일반적인 증거들도 있다. 첫째, 최근 연구에서 IAT 기반으로 도출된 5요인 성격 지표를 자기 보고의 성격 요인들과 비교하여, 해당 요인에서 이론적으로 도출되는 실제 관찰 행동을 얼마나 잘 예측하는지를 분석하였다. 예상대로, 자기 보고 성격 요인은 5가지 차원 모두에서 실제 행동을 예측했고 반면 신경증과 외향성을 평가한 IAT는 해당 요인과 유의하게 그와 관련된 관찰 행동을 예측하였다(Back et al., 2009). 이 연구에서 특히 주목할 만한 점은 신경증과 외향성의 암묵적 측정치가 자기 보고로 설명되는 변량을 넘어 행동 예측에 추가하는 더 큰 설명력을 제공했다는 점이다.

둘째, 최근에 발표되어 널리 인용되고 있는 메타 분석 연구에서 자기 보고 및 IAT 기반 측정 모두에 대해 높은 예측 타당도 지표가 확인되었다(Greenwald et al., 2009). 이 논문에서 IAT 도구는 다양한 행동 및 생리적 결과 측정치에 대해 평균 $r = .27$의 효과 크기를 보였고 자기 보고 척도는 평균 $r = .36$으로 약간 더 높이 나타났다. 이러한 더 높은 효과 크기에도 불구하고, 저자들은 자기 보고의 효과 크기의 범위가 더 넓었으며, 자기 보고는 좀 더 민감한 주제에서 IAT 측정치만큼 예측력이 좋지는 않았다고 지적하였다. 이는 아마도 자기 보고 응답을 수정하는 데에 인상관리가 영향을 미쳤을 때문일 것이다 (Greenwald et al., 2009). 게다가 자기 보고와 IAT 측정치 모두 증분 타당성을 제공하였으며 각각 다른 측정 방식은 서로의 방식보다 더 높은 변량을 추가로 설명할 수 있었다.

암묵적 측정법이 널리 사용되는 또 다른 당위성은 안면-타당한 자기 보고 측정에서 반응에 영향을 미치는 것으로 알려진 자기-표상 효과의 영향을 완화하기 위한 것이다. 대부분의 암묵적 측정법이 간접적 접근법으로 진행된다는 점으로 인해 응답자는 연구자가 어떤 구성개념을 측정하고자 하는지 쉽게 확신하기 어렵다. 그래서 암묵적 도구는 반응 왜곡이나 인상관리의 영향에 '면역적'이라는 주장이 제기되어 왔다. 일반적으로 이러한 주장을 지지하는 해당 증거가 있긴 하지만, 암묵적 측정 데이터와 마찬가지로 그 근거가 깔끔하게 떨어지지 않는다.

암묵적 측정이 사회적으로 바람직한 반응의 문제에 영향받지 않는다는 점에 대해서는 실증적 근거가 다소 엇갈린다. 다음 부분에서는 자기 보고와 암묵적 측정치 간의 상관이 대체로 낮다는 일반적인 결과에 대해 더 심층적으로 살펴볼 것이다. 하지만 지금으로서는 사회적 바람직성 효과가 암묵적 측정치와 관련이 없다면, 사회적 바람직성 수준이 낮을 때 암묵적 측정치와 자기 보고 측정치 간의 상관이 더 높게 나타나야 한다는 점만 짚고 넘어가도 충분하다. 다시 언급하면 이 점을 시사하는 해당 자료는 다소 모순이 있다. 예를 들어, Nosek(2005)은 이러한 예측된 양상을 지지하는 결과를 도출했지만, 다른 연구들은 동일 양상을 발견하지 못했거나 오히려 정반대의 결과를 도출했다(예: Hofmann, Gawronski, Gschwendner, Le, & Schmitt, 2005). 반응 왜곡과 관련해서는 좀 더 명확한 근거들이 있다: 왜곡하라는 지시를 받은 개인은 어느 정도까지는 암묵적 측정에서 반응에 영향을 미칠 수 있지만 이러한 효과는 자기 보고 도구보다 훨씬 약하게 나타난다(Degner, 2009; Klauer & Teige-Mocigemba, 2007; Payne, 2005; Schnabel, Banse, & Asendorpf, 2006). IAT에서 나타나는 자기-표상 효과에 관한 결과는 모호한 자극으로 인해 반응왜곡/인상관리에 상대적으로 면역이 있다고 여기는 로르샤흐 등의 '원조격' 암묵적 검사 결과와 어느 정도 유사한 면이 있다. 흥미롭게도 반응 왜곡과 관련된 로르샤흐 검사의 실증적 자료는 IAT 결과와 유사하다. 즉, 의미 있지만 다소 일관성이 부족하며 추가적인 연구가 필요한 상황이다(Perry & Kinder, 1990).

지금까지 우리는 좀 더 전통적인 자기 보고 외현적 측정법과 급속히 확장된 암묵적 측정법들 그리고 이를 통해 생성된 연구들을 간략히 살펴보았고 이제 우리는 외현적 도구와 암묵적 도구가 어떻게 수렴하는지를 논의하고자 한다. 또한, 일치도 지수에 영향을 미치는 것으로 밝혀진 몇 가지 조절 변수들도 함께 살펴볼 것이다. 이 논의 과정에서 암묵적 · 외현적 측정법의 상대적인 수렴과 불일치 그리고 그와 연관된 과정들을 설명하기 위해 개발된 주요 모델을 검토해 볼 것이다.

외현적 측정과 암묵적 측정의 일치

암묵적 측정과 자기 보고 간의 상관은 기껏해야 대체로 낮은 수준에 머무르는데, 이는 두 측정 방식이 서로 다른 수단으로 동일 구성개념을 평가한다고 가정했을 때 처음에는 다소 놀라운 결과라고 생각했다. 이러한 결과가 점점 더 일관되고 두 가지 유형의 측정법 모두 관심 행동을 안정적으로 예측한다는 지표와 쌍을 이루면서, 일부 연구자들은 기존 가정을 수정하고 외현적 과정과 암묵적 과정을 서로 관련은 있지만 고유한 과정으로 보기 시작했다. 두 건의 대규모 연구에서는 외현적 측정과 암묵적 측정 간의 평균 일치도를 경험적으로 추정하였다. 그중 하나는 126개의 연구 자료를 종합한 메타 분석이었는데 외현적 측정과 암묵적 측정 간의 평균 효과 크기를 $r = .24$로 확인하였다(Hofmann, Gawronski, et al., 2005). 또 다른 분석은 인터넷 기반의 IAT 데이터를 대규모로 분석한 연구였고, 여기서 Nosek(2005)은 암묵적-외현적 상관의 평균을 $r = .36$임을 확인하였다. 이 두 분석 결과 간의 불일치와 그 불일치에 대한 다양한 잠재적 설명에도 불구하고, 외현적 측정과 암묵적 측정 간의 상관이 전반적으로 그리 크지 않다는 점은 분명하다.

흥미롭게도, 일반적으로는 암묵적-외현적 측정치 간 상관이 낮은 편인데도 연구마다 일치도 지표에서는 현저한 변동성을 보인다. 이것으로 인해 이러한 변동성을 설명할 수 있는 기제를 밝혀내고 관심 결과 변수의 변동성이 가진 잠재적 함의를 규명하는 등 다양한 연구 분야가 생겨났다. 예를 들어, 한 연구는 암묵적 평가가 정신병리의 이해와 예측에 어떤 기여가 있는지, 그리고 치료적 개입 과정에 어떠한 유용성이 있는지를 밝히기 시작했다(Roefs et al., 2011). 이러한 암묵적 평가의 사용은 외현적 도구와 암묵적 도구 간의 불일치가 있기에 가능하며, 외현적 측정과 암묵적 측정 간의 상대적 일치도 자체가 임상적 유용성을 가질 수 있는지에 대한 새로운 의문을 제기한다. IAT와 같은 사회인지 암묵적 도구를 연구하는 이러한 새로운 흐름은 어떤 측면에서는 임상 평가에서 MMPI와 로르샤흐를 함께 사용해 온 오랜 전통을 반영하기도 한다. 예를 들어, 여러 연구에서 MMPI와 로르샤흐 간의 일치도는 매우 낮은 수준으로 나타났으며, 이는 각각이 임상 장면에서 증분적 예측 타당성을 제공할 수 있다는 제안을 불러일으켰다(Archer & Krishnamurthy, 1993; Finn, 1996; Meyer, 1996, 1997). 암묵적 측정과 외현적 측정 간의 전형적인 불일치와 그 상호 관계가 임상적으로 어떻게 활용될 수 있는지는 아래 임상 사례의 맥락에서 더 자세히 논의할 것이다.

최근 발표된 또 하나의 주목할 만한 사례는 연인에게 바라는 신체적 매력에 대한 선호도를 외현적 측정과 암묵적 측정법으로 측정한 결과 평균 0.00의 상관을 확인한 연구이다(Eastwick, Eagly, Finkel, & Johnson, 2011). 해당 연구 결과의 흥미로운 점은 단순히 두 측정 간의 관련성이 없었다는 사실 자체가 아니라, 각 측정법이 사람들의 이성적 선호에 따라 어떻게 행동하는지에 대한 의미 있는 예측을 할 수 있다는 것이다. 외현적 측정법은 잠재적 파트너의 사진에 대한 이성적 관심을 예측했으며, 암묵적 측정법은 현실 장면의 잠재적인 파트너에게 표현된 이성적 관심과 더 밀접한 관련을 보였다. 이러한 결과는 암묵적-외현적 상관에 영향을 미치는 조절 요인에 대한 논의로 이어지며, 서로 간 약간의 상관이 있는 각기 다른 두 유형의 측정치가 서로 다른 유형의 관련 결과를 예측하는 상호적 예측력을 어떻게 이해할 것인가에 대한 보다 폭넓은 고찰로 이어질 수 있다.

암묵적-외현적 일치의 조절 요인

앞서 검토한 두 개의 대규모 연구(Hofmann, Gawronski, et al., 2005; Nosek, 2005) 모두 외현적-암묵적 상관을 통해 이러한 상관과 관련된 연구 간 변동성의 상당 부분이 조절 변수 때문이라는 점도 추가로 확인했다. 이러한 조절 변수가 무엇인지 살펴보는 것은 방법론 실무에서도 중요하지만, 그보다 더 중요한 이유는 외현적 과정과 암묵적 과정이 언제, 어떤 조건에서 일치하거나 불일치하는지를 이해하기 위한 열쇠가 되기 때문이다. Nosek(2005)은 그의 연구에서 암묵적-외현적 관계에 영향을 미치는 네 가지 조절 변수를 제시하였는데, 여기에서는 이들 각각에 대해 간략히 살펴볼 것이다. 첫째, 자기-표상에 대한 우려가 클 경우(예를 들어, 사회적으로 민감한 주제일 경우), 암묵적-외현적 일치도는 낮아지는 경향을 확인했다. 앞서 논의했듯이, 이는 외현적 측정이 의도적이든 비의도적이든 자기-표상 동기에 더 민감하게 반응한다는 점을 고려할 때 이는 타당한 결과라고 할 수 있다. 둘째, 평가의 강도가 높아질수록 암묵적 측정치와 외현적 측정치 간의 일치도도 증가한다. 즉, 개인적 중요성과 친숙성이 높은 영역에서 일치도가 더 높게 나타난다. 셋째, 평가 대상이 단일 차원의 구조보다 양극적 구조를 가질수록 암묵적 및 외현적 평가치 간의 일치도가 더 높다. 양극적 구조는 인지적으로 효율성과 단순성을 더 높여 시간과 상황에 따라 더 일관되게 활성화될 수 있다. 마지막으로, 개인이 자신의 평가를 사회적 규범과 비교하여 두드러지거나 고유하다고 바라볼수록 암묵적 평가와 외현적 평가 간의 일치도는 더 높아지는 경향이 있다(Nosek, 2005).

외현적 도구와 암묵적 도구 간의 관계를 조절하는 잘 확립된 또 다른 요인은 구조적 적합성이다. 즉, 두 가지 도구의 형식이 서로 유사해질수록 이들 간의 상관도 함께 증가하는 경향이 있다. 이러한 발견은 외현적 과정과 암묵적 과정 자체가 상대적으로 독립적일 뿐만 아니라, 이러한 과정을 평가하는 데에 사용되는 측정 도구가 과정의 외적 독립성을 인위적으로 부풀릴 수 있는 측정 방법의 변량을 더 두텁게 추가할 수 있음을 지적한다(Payne, Burkley, & Stokes, 2008). 일치도를 조절하는 또 다른 요인은 내용 영역과 인지적 정교성에 대한 주의이다. 예를 들어, 참여자들에게 불안을 유발하는 상황에 대해 생각하도록 지시했을 때가 외향성과 관련된 상황에 대해 생각하도록 했을 때보다 외현적 불안 측정치와 암묵적 불안 측정치 간의 일치도가 더 높게 나타났다(Egloff, Weck, & Schmukle, 2008).

비록 보통은 예비연구이긴 하지만 암묵적 측정과 외현적 측정 간의 일치도를 증가시키거나 감소시키는 다양한 요인들이 추가로 확인되고 있다. 암묵적 과정이 인지보다 감정과 더 밀접하게 관련되어 있다는 가정을 따르면(예: Spence & Townsend, 2008 참조), 참가자의 초점이 인지적 측면일 때보다 정서적 측면에 맞춰졌을 때 암묵적 평가와 외현적 평가 간의 일치도가 더 높아지는 것으로 나타났다(Smith & Nosek, 2011). 또 다른 연구에서는 거부적 애착 유형을 가진 대학생 표본의 경우에서는 암묵적 자존감과 외현적 자존감 간의 일치도를 감소시킨다는 것을 지적한다(Dentale, Vecchione, De Coro, & Barbaranelli, 2012). 이러한 결과를 설명하기 위해 제안된 기제는 거부적 애착과 관련된 감정적 인식 부족이라는 가설과 그리고 감정 인식의 결여와 암묵적-외현적 일치도를 감소시킨다는 이전 연구의 결과와 관련이 있다(Hofmann, Gschwendner, Nosek, & Schmitt, 2005). 이와 유사한 맥락에서 감정 표현 불능증(감정을 외현적인 방식으로 식별하고 처리하는 능력의 결여)은 암묵적 자존감과 외현적 자존감 간의 상관이 낮아지는 것을 예측하는 요인이었다(Dentale, San Martini, De Coro, & Di Pomponio, 2010). 마지막으로, 이와 마찬가지로 명상 조건에 배정된 사람들은 통제 조건에 속한 사람들보다 자기 보고 자존감과 암묵적 자존감 간의 일치도가 더 높게 나타났다(Koole, Govorun, Cheng, & Gallucci, 2009). 다시 말해, 이 실험은 감정적 초점 두기와 알아차림이 증가할수록 외현적 과정과 암묵적 과정 간의 관련성이 증가하는 것과 관련이 있다는 추가적인 근거를 제공한다.

암묵적 및 외현적 과정의 개념적 모델

외현적 과정과 암묵적 과정 간의 관계를 개념화하려는 모든 이론 모델은 서로 구별되면서도 상호 연관된 두 가지 정보처리 체계가 존재한다는 가정에 기반한다. 이러한 이중-과정 모델 군(Wilson et al., 2000 참조) 내에서 각 이론은 암묵적 과정과 외현적 과정이 어떻게 다른지, 그리고 어떤 환경 조건에서 각각의 과정 유형이 관련 행동을 예측하는지에 대해 저마다 고유한 미묘한 특징을 제시한다. 모든 모델은 일반적으로 암묵적 과정이 외현적 과정보다 더 큰 자동성과 낮은 의식적 알아차림으로 작동한다는 공통 특징을 공유한다. 하지만 각 모델은 외현적 및 암묵적 표상이 어떻게 획득되고 변화되는지를 이해하고, 정서와 인지가 이러한 표상에 어떻게 상호 영향을 미치는지와 같은 문제들을 이해하는 데 도움이 되는 고유한 특징을 보여 준다. 각 모델을 완전하고 꼼꼼하게 다루는 것은 이 장의 범위를 넘어서므로 그 대신 몇 가지 주요 이론 모델들을 선정하여 개괄적으로 소개할 것이다.

첫 번째로 살펴볼 주요 설명 모델은 연상적-명제적 평가(Associative-Propositional Evaluation: APE) 모델이다(Gawronski & Bodenhausen, 2006, 2007). 이 모델에서 두 가지 고유한 정신 과정(연상적 과정과 명제적 과정)은 두 가지의 각각 뚜렷한 행동적 또는 평가적 결과(암묵적 결과와 외현적 결과)를 생성한다. 연상적 과정은 기억 속에서 연상을 활성화하는 과정이며, 이때 연상의 강도는 개인의 연상 네트워크 내 표상들의 근접성에 의해 결정된다. 연상적 과정은 자동으로 활성화될 수 있으며, 활성화 이후에 도출되는 결과의 타당성이나 진실 여부와는 무관하게 작동한다. 반대로, 명제적 과정은 활성화된 연상에서 비롯되는 정보의 타당성에 확인을 구성해 나가는 과정으로 본다. 다시 말해, 논리적으로 일관되거나 타당하지 않을 수도 있는 연상의 자동 활성화에 뒤따르는 명제적 과정은 논리적 원리에 기반하여 활성화된 내용의 타당성을 결정짓는다. 이 두 가지 과정은 우리가 암묵적 평가와 외현적 평가라고 부르는 결과를 생성하는 것 외에도 상호적으로 영향을 주고받는 것으로 밝혀졌다. 이러한 상호작용의 한 예는 어떤 '느낌적 느낌(gut feeling)'이 자동으로 활성화할 가능성(연상적 · 암묵적) 그리고 그 느낌적 느낌을 무시하려는 신중하고 의도적인 노력(외현적 · 명제적)을 통해 다시 활성화되기 이전에 해당 느낌적 느낌이 변하게 될 가능성이 있다(Gawronski & Bodenhausen, 2006, 2007).

APE 모델과 유사한 두 번째 주요 개념 모델은 반사적-충동적 모델(reflective-impulsive model)로 알려져 있다(Strack & Deutsch, 2004). 이 모델에서 정신적 연상은 충동 시스템에서 형성되며 그 연상이 사실적 · 논리적 정확성과 관계없이 자극 간의 반복적인 짝짓기를 기반으로 만들어진다. 타당성 결정은 의식적으로 소환해야 하고 논리적이고 인지적인 일관성의 원리에 의존하는 반사적 과정이 필요하다고 가정한다(Deutsch & Strack, 2010 참조). 이 모델은 또한 반사적 과정과 충동적 과정의 각기 다른 결과들을 포착하기 위해 서로 다른 유형의 평가 도구가 필요하다고 제안한다. Strack과 Deutsch(2004)는 직접 측정(전형적으로 자기 보고)은 반사적 과정을 더 잘 드러내고 이와 달리 간접(또는 암묵적) 측정은 충동적 과정의 결과를 더 잘 식별할 수 있다고 주장한다.

실제로, 관심을 두는 처리 과정과 평가 방법을 짝짓는 방법을 지지하는 근거들이 있다. 예를 들어, Rydell와 McConnell(2006)은 외현적 평가는 논리적 · 언어적 · 의식적 처리를 포함하는 고차적 인지와 관련된 **빠른 학습**의 결과임을 보여 주었다. 게다가 외현적 평가는 심의적이고 통제된 판단을 더 잘 예측하였으며, 이 때문에 직접적이고 반사적인 수단(자기 보고)을 통한 측정에 더 민감할 수 있었다. 반면, 암묵적 평가는 낮은 수준의 인지 또는 시간이 지남에 따라 기억을 점진적으로 강화하는 반복적 연상의 짝짓기와 관련된 **느린 학습**의 결과이다. 이러한 가치평가는 자생적이고 미묘한 행동을 더 잘 예측하는 것으로 밝혀졌다. 따라서 자동적 결과를 포착하기 위해 설계된 측정법(암묵적 도구)에 더 반응적이게 된다.

마찬가지로 McClelland, Koestner, Weinberger(1989)와 Bornstein(1998, 2002)은 좀 더 직접적이고 간접적인 측정이 행동 결과와 어떻게 관련되는지에 관한 일종의 과정 분리(process dissociation)를 제시하였다. 더 구체적으로 자기 보고와 같은 직접적 측정법은 **자기-귀속** 동기 또는 현재 알려진 외현적 동기를 나타내는 것으로 주장하였다; 이러한 과정들은 개인이 기꺼이 개방하려는 능력과 의지를 가진 과정이다. 이러한 자기-귀속 동기 또는 외현적 동기는 의식적이고 통제된 행동을 더 잘 예측했다. 반대로, 암묵적 동기는 간접적 측정법을 통해 드러났고 의식적 알아차림 밖에서 자동으로 행동에 영향을 미치는 과정으로 설명되었다. 앞서 인용된 연구들에서 암묵적 동기는 자생적이고 통제되지 않은 행동을 더 잘 예측한다고 나타났다. 이러한 연구 결과는 동일 구성개념에 대한 암묵적 · 외현적 측정을 타당화할 수 있는 과정 분리 절차에 대한 설명으로 이어졌다(Bornstein, 2002). (유사한 모델로서 통제된 수줍음 행동과 자생적인 부끄러워하는 행동을 차별적으로 예측하는 이중 분리 모델은 Asendorpf et al., 2002를 참조) 이 절차에서는 외현적 측정과 암묵적 측정이 서로 다른 유형의 행동(통제된 행동 대 자생적 행동)을 신뢰할 수 있게 예측하거나, 서로 다른 환경 조건(예: 위에서 논의한 Rydell와 McConnell의 후기 연구에서처럼 빠른 학습 대 느린 학습)에서 동일 행동을 예측할 수 있다. 과정 분리 접근법은 자동적(암묵적) 과정과 통제된(외현적) 과정의 상대적 기여도를 분석하는 데에 사용되었고 이러한 기여도는 종종 상호 보완적 또는 상반되게 작용하는 양상을 보였다(주목할 만한 두 가지 예로는 McCarthy & Skowronski, 2011; Payne, 2005 등을 참조).

암묵적 과정과 외현적 과정 간의 상호작용을 이해하기 위한 주요 모델들을 전반적으로 살펴보았고, 이제 우리는 이 두 가지 처리 유형 간의 일치 또는 불일치가 갖는 함의를 살펴보고자 한다. 다음 절에서는 암묵적 과정과 외현적 과정이 조화를 이루며 작동하는 경우와 이들이 서로 충돌하거나 상반되게 작용하는 경우 각각에서 무엇이 중요한지를 검토할 것이다.

외현적-암묵적 일치와 불일치에 대한 함의

외현적 도구와 암묵적 도구는 상관이 대체로 낮고 각각 서로에 대한 증분 예측 유용성을 제공하는 경향이 있으며, 각 도구가 각기 다른 방식의 행동 표현을 예측하거나 서로 다른 환경 조건에서 동일 행동을 예측하는 데에 더 효과적임을 확인했다. 이러한 결과만으로도 임상가와 연구자들이 환자나 연구 대상에게 암묵적 측정법과 외현적 측정법을 함께 사용하는 것을 고려할 충분한 이유가 될 수 있다. 이 두 도구를 함께 활용해야 할 어쩌면 훨씬 더 흥미로운 이유는 두 측정치 간의 불일치 자체가 연구 가치가 있는 중요한 구성개념이라는 점을 시사하는 문헌들이 점차 늘어나고 있기 때문이다. 이는 발달심리학 문헌과도 맥락을 같이하는데, 해당 분야에서는 동일 아동에 대한 보고에서 서로 다른 정보 제공자 간의 불일치 연구의 중요성을 점점 더 강조한다. 이 문헌에서는 이러한 불일치 자체가 가족 기능이나 의사소통에 관해 유용한 정보를 제공하며, 관심 결과 변수들과도 유의하게 관련되어 있다는 점을 인식하고 있다(개요는 De Los Reyes, 2011 참조). 현재 외현적-암묵적 일치에 관한 연구 수준은 교차-정보 제공자 발달 연구 작업만큼 정교하게 발전하지는 않았지만, 그렇다 하더라도 추가 탐색을 위한 몇 가지 유망한 연구 방향을 제시한다.

일반적으로 암묵적 과정과 외현적 과정 간의 불일치는 심리적 양가성과 관련되어 있음이 밝혀졌으며(Petty, Tormala, Briñol, & Jarvis, 2006), 이러한 갈등을 줄이려는 동기가 확인되었다. 좀 더 구체적으로는 암묵적 태도와 외현적 태도의 불일치는 불편한 인지 부조화를 유발하며, 이는 개인이 불일치를 줄이려는 방향으로 더 많은 정보 처리에 관여하도록 동기를 부여한다(Rydell, McConnell, Mackie, 2008). 이러한 양상은 그 자체로도 매우 흥미롭겠지만 해결책이 없을 때 불일치가 어떻게 작용하는지 그리고 그러한 불일치가 임상적으로는 어떻게 관련될 수 있는지에 대해 또 다른 질문을 제기한다.

암묵적 자존감과 외현적 자존감의 불일치는 이러한 목적을 위해 가장 활발히 연구되어 온 영역이라 볼 수 있으며, 초기 연구 결과는 이러한 불일치가 분노 억제, 신경증 증가, 그리고 우울한 귀인 양식과 좀 더 관련되어 있음을 시사한다(Schröder-Abé, Rudolph, & Schüz, 2007). 이에 더해, 사회 불안을 겪는 청소년 집단은 사회적 위협 상황 조작 후에 정상 통제 집단보다 더 큰 암묵적-외현적 자존감의 불일치를 보였다(Schreiber, Bohn, Aderka, Stangier, & Steil, 2012). 최근 매우 설득력 있는 또 다른 연구에서는 외현적 자존감은 암묵적 자존감과는 달리, 우울 증상 및 자살 사고의 독립적인 예측 요인이라는 사실을 발견했다. 하지만 암묵적 자존감과 외현적 자존감의 불일치 정도는 우울 증상과 자살 사고 모두에서 유의한 예측 요인이었다(Creemers, Scholte, Engels, Prinstein, & Wiers, 2012). 암묵적 측정법에 대한 타당한 접근법이 계속 발전하게 되면, 암묵적-외현적 불일치에 관한 추가 연구들이 어떻게 활발해지고, 어떤 새로운 결과들이 도출될지 지켜보는 일은 매우 흥미로울 것이다.

임상적 적용 가능성

암묵적 평가의 전반적인 해석을 돕고 암묵적-외현적 측정법의 일치/불일치의 함의를 이해하는 데 도움이 되는 데이터가 축적됨에 따라 이러한 측정 도구들의 임상적 유용성은 분명 더욱 명확해질 것이라 본다. 그렇지만 현재 모든 유형의 타당한 암묵적 측정법이 임상 평가에 포함될 수 있을 정도로 충분한 정보가 있다. 이러한 외현적 도구를 넘어 증분적으로 예측할 수 있는 측정법의 예측력과 암묵적-외현적 측정법 간의 불일치를 식별하는 것에 대해 점점 인식이 커지고 있다는 점을 고려하면, 임상 장면에서 이러한 측정 방식의 잠재력은 분명히 있다. 이에 더해, 로르샤흐와 MMPI를 동일 환자에게 동시에 실행할 경우 잠재적인 증분 타당도를 규명하는 오랜 연구 역사가 있으며, 두 도구가 서로 다른 결과를 도출할 가능성이 크다는 점을 예상할 수가 있다(예: Finn, 1996; Meyer, 1997). 임상 실무에서 IAT와 같은 사회인지적 측정법을 적용하여 현재 진행 중인 작업이 좀 더 정신역동적 전통을 바탕으로 한 수행 기반 과제의 사용과 어떤 유사성을 지니는지(유사성이 있다면)를 살펴보는 일 역시 흥미로울 것이다(McGrath, 2008).

암묵적 측정법이 임상 실무에 미치는 명백한 관련성에도 불구하고, 널리 사용하는 데에는 분명한 장벽들이 존재한다. 무엇보다도, 일부 암묵적 도구(예: IAT)에 수반된 기술적인 부분이 요구된다는 점은 해당 도구를 사용하고 싶어 하는 임상 장면의 실무자가 이용하기 어렵게 하는 경향이 있다. 게다가 측정치가 전달하는 내용을 해석하는 일은 암묵적 평가 분야의 연구자들조차도 어려운 일이기에 따라서 평가 문헌에서 행간의 의미 파악에 익숙하지 않은 임상가에게는 훨씬 더 어려운 과제가 될 수 있다. 해석 단계는 다음의 사항 때문에 더욱 복잡해지는데, 암묵적 도구와 외현적 도구를 하나의 검사 배터리 내로 통합하는 방법에 대한 경험적 문헌과 측정법 간 서로 다른 메시지를 보이는 상황을 이해하는 방법에 관한 경험적 문헌이 상대적으로 부족하기에 해석이 복잡해지는 것이다. 하지만 관련 연구 결과들이 계속 축적됨에 따라 해석 및 임상 적용과 관련된 특정 문제 거리는 더욱 다루기 쉬워지고 표준화될 것이며, 임상가가 암묵적 측정 도구를 사용하는 것이 자기 보고 질문지를 사용하는 것에 비해서도 더 복잡하지 않게 될 것이다. 그때까지는 암묵적 측정 도구를 임상적으로 활용될 수 있는 구체적인 방법을 논의하고 모색하는 것이 중요하다.

이러한 측정법이 이미 임상적으로 도움이 되는 한 가지는 암묵적 태도가 좀 더 느린 학습 과정을 통해 변화되며, 이에 따라서 단일 또는 소수의 반태도적 자극 제시에 덜 반응한다는 것을 지지하는 연구 결과가 있다(Rydell & McConnell, 2006). 또 다른 관점에서 살펴보면, 한 연구에서는 초기 경험은 맥락-무관 표상으로 부호화되는 경향이 있으며, 초기 경험으로 인해 만들어진 기대를 위반한 정보에 뒤따라오는 반응이 매우 느려진다는 결과가 있다(Gawronski, Rydell, Vervliet, & De Houwer, 2010). 다시 말해, 이러한 연구 결과는 암묵적 평가를 변화시키기 위해서는 다양한 맥락이나 환경에서 반태도적 자극에 반복적으로 노출되어야 함을 보여 준다. 이뿐만 아니라 암묵적 측정법은 이미 정신병리 연구에서 가치 있음이 입증했으며, 진단 과정에 기여 가능성이 있기에 기존 정신병리학의 인지 모델을 수정하도록 장려할 만한 잠재력이 있음을 보여 주었다(Roefs et al., 2011).

암묵적 측정법이 임상적으로 어떻게 유용할 수 있는지를 좀 더 구체적으로 보여 주기 위해 두 가지 간단한 사례를 제시하였다. 첫 번째는 성인 대상 사례로, 상대적으로 더 탄탄한 경험적 근거에 기반한다. 두 번째 사례는 청소년 대상 사례이며, 활용할 수 있는 관련 자료가 상대적으로 부족하여 다소 가설적인 측면이 있다. 두 사례 모두 자존감에 대한 외현적–암묵적 측정법을 포함하는데, 이 구성개념이 지금까지 경험적 문헌에서 가장 많은 주목을 받아 왔기 때문이다.

사례 1

34세 남성이 자신의 삶에서 전반적인 불만족을 모호하게 호소하며 불안과 우울 증상을 보였는데 이러한 증상들은 임상적으로 명확히 진단되지 않았다. 이 환자는 이전 직장에서 해고된 이후 '자신에게 걸맞은 좋은 일자리'를 구하지 못해서 자신과 가족에게 실패한 사람처럼 느껴진다고 보고했다. 또한, 그는 재정적인 어려움을 겪고 있으며 이 문제로 결혼 생활에 긴장감이 조성되었다. 그는 불면증을 겪는 것으로 보이며 체중도 다소 감소한 상태였다. 궁극적으로 그는 절망감을 표현하고 가족의 미래에 대해 걱정하였다. 환자 스스로 보고한 부정적인 자기 이미지와 최근 스트레스 요인들이 이러한 자기 비판적 관점에 영향을 미치는 것이라 보였기 때문에 임상가는 자기 보고와 암묵적 자존감 측정법을 모두 시행하였다. 환자는 자기 보고 검사에서 낮은 자존감을 보고했고 이는 Rosenberg 자존감 척도(Rosenberg, 1965)에서 9점을 기록했다. 그리고 이는 초기 면담에서 보고한 그의 진술과도 일치한다. 하지만 자존감 IAT에서 그는 반응 지연을 D 점수 0.63에서 알 수 있듯이 이러한 상대적으로 높은 암묵적 자존감을 가진 것으로 보인다. IAT 채점에 대한 새로운 문헌에 따르면 D 점수는 IAT 효과의 크기를 나타내며 −2에서 +2까지 범위를 가진다. 일반적으로 0.65에 근접한 수치는 '강한' 효과로 본다(IAT 채점 절차에 대한 검토는 Greenwald, Nosek, & Banaji, 2003; Lane et al., 2007 참조). 이 사례에서 환자의 점수 0.63은 정적 방향으로의 상당히 강한 IAT 효과, 즉 높은 암묵적 자존감을 나타낸다. 이러한 흥미로운 결과는 우울과 불안장애에서 이러한 양상이 실제로 매우 흔하다는 것을 뒷받침하는 문헌을 바탕으로 해석된다. 이는 비현실적으로 높은 기준과 현실에 대한 자기 지각 간의 불일치를 시사할 수 있다(Roefs et al., 2011). 따라서 임상가는 측정법 간의 불일치에 대해 환자의 주의를 환기하고, 이 불일치의 의미가 무엇인지 심사숙고해 보도록 권유한다. 환자가 이러한 불일치에 대한 환자의 알아차림이 커질수록 불편함도 상승하게 되며 그에 따라 불일치를 해소하고자 하는 동기가 뒤따른다. 임상가와 환자 간의 대화가 계속되면서 환자는 어떤 직업이든 자격을 갖추고 있다고 생각하지만, 변변치 않은 직업을 선택하는 것은 마치 무직 상태로 가족을 부양하지 못하는 것과 마찬가지로 스스로에게도 실패한 것처럼 느껴진다고 설명했다.

최근의 메타 분석에 따르면, 암묵적-외현적 불일치를 장기적이고 효과적으로 완화하는 인지 치료의 몇 가시 사례를 제시한다(Phillips et al., 2010). 예를 들어, 지속적인 실패감을 성공으로 대체할 수 있는 긍정적 경험에 반복적으로 노출되는 방식을 들 수가 있다(Beevers, 2005). 이에 임상가는 '변변치 않은' 직업을 갖게 됨으로써 성공적인 직무 수행, 승진, 또는 재정적으로 가족을 부양하면서 단순하게 직장 생활을 하고 동료들과 함께하는 경험을 즐기는 것 등의 여러 긍정적인 경험을 얻게 될 수 있다는 것이다. 임상가는 환자의 높은 암묵적 자존감과 새롭고 긍정적인 성공 경험을 뒷받침하는 경험에 반복적으로 노출되고 의도적으로 주의를 기울이다 보면 과정 간의 불일치를 점차 조율하고 암묵적-외현적 통합을 더욱 증진할 수 있다고 제안한다. 비현실적인 기대를 내려놓고 긍정적인 성공 경험을 반복적으로 노출함으로써 그는 미래에 대해 덜 걱정하게 되고 자기 자신을 좀 더 긍정적으로 바라보기 시작할 수 있다. 더욱이 어쩌면 더 중요한 점은 결혼 생활의 긴장이 완화될 가능성이 커진다는 것인데, 이는 결과적으로 수면의 질 향상과 무망감의 감소로 이어질 것으로 보인다.

사례 2

14세의 한 여자아이가 어머니와 함께 내원하였고 어머니는 딸이 최근 들어 점점 더 화를 잘 내고, 무례하게 굴고, 집에서도 반항적인 모습을 보인다고 보고하였다. 청소년인 딸은 초기 면담에서 자신은 심리치료를 받고 싶지 않고 오히려 엄마가 '문제'라고 생각한다고 했다. 어머니와 딸 모두 자기-관점을 측정하는 표준화 자기 보고 검사 도구를 실시했다. 여기에는 딸이 가진 자존감뿐만 아니라 다양한 증상학적 문제를 선별하는 측정 도구가 포함되었다. 임상가가 추정하길, 딸은 자기 보고 검사에 제대로 관여하지 않았고 무관심한 표정으로 검사를 대충 작성하였으며, 전반적으로 문제를 부정하는 듯한 방향으로 반응을 보였다. 아동 자기 인식 프로파일(Self-Perception Profile for Children: SPPC; Harter, 2012)에 따르면, 딸은 전반적 자기-가치감 척도에서 3.6점을 받았는데 이는 상대적으로 높은 자기-존중감을 가리킨다. 하지만 여러 행동 관찰 전반을 종합적으로 고려했을 때, SPPC 점수가 타당하지 않을 가능성이 있다. 이에 임상가는 자존감에 대한 IAT 추가 검사를 하기로 했고, 아이는 컴퓨터 기반 과제에 더 큰 관심을 보이면서 참여도가 눈에 띄게 증가하였다. 아이의 암묵적 자존감 점수는 놀라울 정도로 낮게 나타났다 ($D = 0.06$). 이는 특히 임상가와 함께 면담 중 드러난 문제를 부정했고 SPPC에서 나타난 높은 자존감 점수를 고려할 때, 낮은 암묵적 자존감 점수가 무엇을 의미할 수 있는지 임상가와 함께 이야기하도록 했다. 딸은 임상가에게 고등학교로 진학하는 과정에서 매우 큰 적응상 어려움을 겪고 있으며, 이러한 문제를 어머니와는 이야기할 수 없었다고 털어놓았다. 어머니와는 옛날부터 적대적인 관계를 유지해 왔다고 했다. 아이는 고등학교에서 적응상 어려움을 겪고 있는 것이 모두 자신의 탓이라고 생각해 왔으며, ① 자신의 어려움을 지지해 주지 않고, ② 자신을 '문제아'처럼 대하는 어머니에 대한 원망이 점점 커지고 있다고 말했다. 임상가는 아이의 호소를 더 잘 이해하게 되었고 이를 바탕으로 자녀와 부모 간의 대화를 독려하고 두 사람 간의 불일치를 해소하는 동시에 지속적인 의사소통과 지지할 수 있도록 격려하고 코치할 수 있었다.

이상의 두 가지 간단한 사례는 암묵적 측정법의 임상적 잠재성을 보여 주는 단편적 예시인데, 특히 표준화된 자기 보고와 함께 사용할 그 잠재성은 더욱 분명해진다. 임상가들이 상대적으로 그리 대단한 것도 아닌 실시상에서의 기술적 장벽을 극복해 내고, 관련 문헌이 현재와 같은 속도로 계속 축적된다면, 향후 이러한 도구의 사용과 해석은 더욱 실용적이고 표준화될 것이라고 합리적으로 가정해 볼 수 있다. 암묵적 평가는 환자들이 호소하는 문제를 이해하는 또 다른 접근법이 될 수 있다. 게다가 자기 보고와 암묵적 반응 간의 불일치뿐만 아니라, 특히 아동·청소년 사례처럼 다양한 정보 제공자의 반응 간 불일치를 평가할 기회를 제공한다.

맺음말

이 장에서는 점점 늘고 있는 암묵적 과정 평가에 관한 문헌을 검토해 보았다. 우리는 전통적으로 자기 보고식 측정에만 의존해온 평가 방식의 근간인 몇 가지 가정을 깊이 생각해 보고 이 방법이 가진 잠재적 한계점들을 검토했다. 그런 다음 암묵적 평가를 넓게 살펴보고 현재 사용되는 몇 가지 대표적인 측정법을 검토하였다. 그리고 외현적 측정과 암묵적 측정 간의 상관이 대체로 미미하다는 일반적인 연구 결과를 바탕으로, 이미 확인된 일치도에 영향을 주는 특정 조절 변수들을 살펴보았다. 이에 더해, 암묵적-외현적 불일치의 함의를 보여 주는 초기 자료를 검토했는데, 이 주제는 향후 더 많은 연구가 요구되는 영역임을 확인하였다. 끝으로, 외현적 도구와 조합한 암묵적 도구가 임상 실무에 어떻게 적용될 수 있는지를 논의하였다.

최근 몇 년간 암묵적 평가에 관한 관심이 급증했음에도 불구하고 여전히 알아야 할 것이 많으며, 향후 연구자들이 탐구해야 할 많은 연구의 길이 남아 있다. 첫째, 암묵적 평가의 의미를 정확히 정의하고, 암묵적 측정법 또는 암묵적 과정을 구성하는 것이 정확히 무엇인지 명확히 규정하는 것이 매우 중요하다. 이와 같은 핵심적인 연구는 현재 순조롭게 진행 중이지만(De Houwer et al., 2009), 여전히 지속적인 명료화가 필요한 상황이다. 마찬가지로, IAT와 같은 새로운 사회인지 암묵적 도구가 로르샤흐나 TAT와 같은 '원조격' 암묵적 측정 도구들과 경험적으로 어떻게 관련되는지도 여전히 명확하지 않다. 이러한 측정 도구들이 서로 다른 역사적 · 이론적 기원에도 불구하고 의미 있는 결과를 예측하는 능력 측면에서 중첩이 있는지와 그리고 어떻게 중첩되는지를 밝히기 위한 연구가 수행되어야 한다(Cogswell, 2008; McGrath, 2008).

둘째, 성격에 대한 암묵적 자기-개념과 외현적 자기-개념이 유사한 5요인 구조를 보인다는 연구 결과는 매우 흥미롭다(Schmukle et al., 2008). 게다가 우리는 암묵적 성격 측정법과 자기 보고 성격 측정법이 증분 예측 타당도를 갖고 있음을 확인했었는데, 이는 두 방법을 함께 사용할 경우 행동 결과 예측에 좀 더 높은 정밀도를 제공해 준다는 점을 시사한다(Back et al., 2009). Back과 동료들이 제안했듯이(2009), 향후 연구에서는 자기 보고, 타인-보고, 그리고 암묵적 성격 측정이 서로 얼마나 잘 연결되는지, 그리고 이 측정법들이 관찰 가능한 행동을 어떻게 개별적 또는 통합적으로 예측하는지 탐구해야 한다. 이러한 유형의 연구는 행동 예측의 정확도를 높이는 데 그치지 않고, 외현적-암묵적 과정 모두를 포함한 더욱 풍부한 성격 개념화와 그것들의 통합에 기여가 될 수 있을 것이다. 비록 정확히 같은 맥락은 아니지만, 성격 내에서 함께 작용하는 외현적, 암묵적 과정에 대해 거시적인 개념화를 발전시키기 위한 특정 연구들이 이미 시작되었다(주목할 만한 예시로 Corr, 2010 참조). 우리는 이 분야의 연구가 더욱 세심히 들여다보면서 확장되기를 희망한다.

셋째, 앞서 살펴본 바와 같이 암묵적 도구와 외현적 도구 간의 불일치는 그 자체로 연구 가치가 있는 구성개념일 가능성이 크다. 이러한 불일치가 가지는 함의에 대한 증거들이 점차 축적되기 시작했고, 증가한 정서적 알아차림(Hofmann, Gschwendner, et al., 2005)이나 명상 수행(Koole et al., 2009)이 암묵적-외현적 일치도를 높일 수 있다는 점도 보여 준다. 일치도의 다른 잠재적 예측 요인을 탐색하기 위한 추가 작업이 분명 필요하며, 이와 함께 암묵적-외현적 일치도의 다양한 수준의 차이가 결과 변수에 어떤 영향을 미치는지에 대한 추가적인 연구가 필요하다.

마지막으로, 외현적 과정과 비교했을 때 암묵적 과정의 기원에 대해 많은 추측이 있었으며, 현재까지도 이 분야는 거의 추측 단계에 머물러 있다. 암묵적 과정의 발달적 기원을 더 잘 이해하는 것은 암묵적 과정이 실제로 무엇인지, 더 쉽게 관찰 가능한 외현적 현상과 어떻게 관련되는지, 그리고 무엇보다도 중요한 것은 그러한 변화가 필요할 경우 어떻게 변화시킬 수 있는지에 대한 좀 더 폭넓은 개념 정립을 확립하는 것이 핵심적이다. 이러한 발달적 이해에 도달하려면 아동 대상에게 적용할 수 있는 암묵적 측정 도구를 개발해야 하고, 다행히도 이 분야의 연구가 점차 유망성을 보이기 시작했다. 실제로 IAT는 최근 4세 아동에게도 유용한 것으로 입증되었으며(Cvencek, Greenwald, & Meltzoff, 2011), 아동의 다양한 적응 양상을 비교하는 연구를 계속하는 것이 중요할 것이다. 그리고 아동에게서 암묵적, 외현적 과정이 어떻게 발달하는지, 이러한 과정이 시간의 흐름에 따라 어떻게 규준적으로 수렴하거나 불일치하는지, 그리고 일치성의 예측 요인과 그 함의가 발달을 거쳐 성인기에 이르는 과정에서 가장 중요한 것으로 나타나는지 규명하기 위해 대규모의 전방위적인 연구가 필요하다.

참고문헌

Archer, R. P., & Krishnamurthy, R. (1993). Combining the Rorschach and the MMPI in the assessment of adolescents. *Journal of Personality Assessment, 60*(1), 132-140.

Asendorpf, J. B., Banse, R., & Mucke, D. (2002). Double dissociation between implicit and explicit personality self-concept: The case of shy behavior. *Journal of Personality and Social Psychology, 83*, 380-393.

Back, M. D., Schmukle, S. C., & Egloff, B. (2009). Predicting actual behavior from the explicit and implicit self-concept of personality. *Journal of Personality and Social Psychology, 97*(3), 533-548.

Baer, R. A., Wetter, M. W., & Berry, D. T. (1992). Detection of underreporting of psychopathology on the MMPI: A meta-analysis. *Clinical Psychology Review, 12*, 509-525.

Bargh, J. A., Chaiken, S., Govender, R., & Pratto, F. (1992). The generality of the automatic attitude activation effect. *Journal of Personality and Social Psychology, 62*(6), 893-912.

Bargh, J. A., & Chartrand, T. L. (1999). The unbearable automaticity of being. *American Psychologist, 54*(7), 462-479.

Bargh, J. A., Chen, M., & Burrows, L. (1996). Automaticity of social behavior: Direct effects of trait construct and stereotype activation on action. *Journal of Personality and Social Psychology, 71*(2), 230-244.

Beevers, C. G. (2005). Cognitive vulnerability to depression: A dual process model. *Clinical Psychology Review, 25*(7), 975-1002.

Berry, D. T., Baer, R. A., & Harris, M. J. (1991). Detection of malingering on the MMPI: A meta-analysis. *Clinical Psychology Review, 11*, 585-598.

Bornstein, R. F. (1998). Implicit and self-attributed dependency strivings: Differential relationships to laboratory and field measures of help seeking. *Journal of Personality and Social Psychology, 75*, 778-787.

Bornstein, R. F. (2002). A process dissociation approach to objective-projective test score interrelationships. *Journal of Personality Assessment, 78*, 47-68.

Bower, G. H., Montiero, K. P., & Gilligan, S. G. (1978). Emotional mood as a context for learning and recall. *Journal of Verbal Learning and Verbal Behavior, 17*, 573-585.

Buhrmester, M. D., Blanton, H., & Swann, W. B., Jr. (2011). Implicit self-esteem: Nature, measurement, and a new way forward. *Journal of Personality and Social Psychology, 100*(2), 365-385.

Cogswell, A. (2008). Explicit rejection of an implicit dichotomy: Integrating two approaches to assessing dependency. *Journal of Personality Assessment, 90*(1), 26-35.

Corr, P. J. (2010). Automatic and controlled processes in behavioural control: Implications for personality psychology. *European Journal of Personality, 24*, 376-403.

Creemers, D. H. M., Scholte, R. H. J., Engels, R. C. M. E., Prinstein, M. J., & Wiers, R. W. (2012). Implicit and explicit self-esteem as concurrent predictors of suicidal ideation, depressive symptoms, and loneliness. *Journal of Behavior Therapy and Experimental Psychiatry, 43*(1), 638-646.

Cvencek, D., Greenwald, A. G., & Meltzoff, A. N. (2011). Measuring implicit attitudes of 4-year-olds: The Preschool Implicit Association Test. *Journal of Experimental Child Psychology, 109*(2), 187-200.

De Houwer, J. (2006). What are implicit measures and why are we using them? In R. W. Wiers & A. W. Stacy (Eds.), *Handbook of implicit cognition and addiction* (pp. 11-28). Thousand Oaks, CA: Sage.

De Houwer, J., Teige-Mocigemba, S., Spruyt, A., & Moors, A. (2009). Implicit measures: A normative analysis and review. *Psychological Bulletin, 135*(3), 347-368.

De Los Reyes, A. (2011). Introduction to the special section: More than measurement error: Discovering meaning behind informant discrepancies in clinical assessments of children and adolescents. *Journal of Clinical Child and Adolescent Psychology, 40*(1), 1-9.

Degner, J. (2009). On the (un-)controllability of affective priming: Strategic manipulation is feasible but can possibly be prevented. *Cognition and Emotion, 23*(2), 327-354.

Dentale, F., San Martini, P., De Coro, A., & Di Pomponio, I. (2010). Alexithymia increases the discordance between implicit and explicit self-esteem. *Personality and Individual Differences, 49*(7), 762-767.

Dentale, F., Vecchione, M., De Coro, A., & Barbaranelli, C. (2012). On the relationship between implicit and explicit self-esteem: The moderating role of dismissing attachment. *Personality and Individual Differences, 52*(2), 173-177.

Deutsch, R., & Strack, F. (2010). Building blocks of social behavior: Reflective and impulsive processes. In B. Gawronski & B. K. Payne (Eds.), *Handbook of implicit social cognition: Measurement, theory, and applications* (pp. 62-79). New York: Guilford Press.

Dewitte, M., De Houwer, J., & Buysse, A. (2008). On the role of the implicit self-concept in adult attachment. *European Journal of Psychological Assessment, 24*(4), 282-289.

Eastwick, P. W., Eagly, A. H., Finkel, E. J., & Johnson, S. E. (2011). Implicit and explicit preferences for physical attractiveness in a romantic partner: A double dissociation in predictive validity. *Journal of Personality and Social Psychology, 101*(5), 993-1011.

Egloff, B., & Schmukle, S. (2002). Predictive validity of an implicit association test for assessing anxiety. *Journal of Personality and Social Psychology, 83*, 1441-1455.

Egloff, B., Weck, F., & Schmukle, S. (2008). Thinking about anxiety moderates the relationship between implicit and explicit anxiety measures. *Journal of Research in Personality, 42*, 771-778.

Exner, J. E., Jr. (1991). *The Rorschach: A comprehensive system: Vol. 2. Interpretation*. New York: Wiley.

Fazio, R. H., & Olson, M. A. (2003). Implicit measures in social cognition research: Their meaning and use. *Annual Review of Psychology, 54*, 297-327.

Finn, S. E. (1996). Assessment feedback integrating MMPI-2 and Rorschach findings. *Journal of Personality Assessment, 67*(3), 543-557.

Gallen, R. T., & Berry, D. T. R. (1996). Detection of random responding in MMPI-2 protocols. *Assessment, 3*, 171-178.

Garb, H. N. (1999). Call for a moratorium on the use of the Rorschach Inkblot Test in clinical and forensic settings. *Assessment, 6*, 313-317.

Gawronski, B., & Bodenhausen, G. V. (2006). Associative and propositional processes in evaluation: An integrative review of implicit and explicit attitude change. *Psychological Bulletin, 132*(5), 692-731.

Gawronski, B., & Bodenhausen, G. V. (2007). Unraveling the processes underlying evaluation: Attitudes from the perspective of the APE model. *Social Cognition, 25*(5), 687-717.

Gawronski, B., Rydell, R. J., Vervliet, B., & De Houwer, J. (2010). Generalization versus contextualization in automatic evaluation. *Journal of Experimental Psychology: General, 139*(4), 683-701.

Greenwald, A. G., Banaji, M. R., Rudman, L. A., Farnham, S. D., Nosek, B. A., & Mellott, D. S. (2002). A unified theory of implicit attitudes, stereotypes, self-esteem, and self-concept. *Psychological Review, 109*, 3-25.

Greenwald, A. G., & Farnham, S. (2000). Using the Implicit Association Test to measure self-esteem and self-concept. *Journal of Personality and Social Psychology, 79*, 1022-1038.

Greenwald, A. G., McGhee, D. E., & Schwartz, J. L. K. (1998). Measuring individual differences in implicit cognition: The implicit association test. *Journal of Personality and Social Psychology, 74*, 1464-1480.

Greenwald, A. G., Nosek, B. A., & Banaji, M. R. (2003). Understanding and using the Implicit Association Test: I. An improved scoring algorithm. *Journal of Personality and Social Psychology, 85*(2), 197-216.

Greenwald, A. G., Poehlman, T. A., Uhlmann, E. L., & Banaji, M. R. (2009). Understanding and using the Implicit Association Test: III. Meta-analysis of predictive validity. *Journal of Personality and Social Psychology, 97*(1), 17-41.

Grumm, M., Hein, S., & Fingerle, M. (2011). Predicting aggressive behavior in children with the help of measures of implicit and explicit aggression. *International Journal of Behavioral Development, 35*(4), 352-357.

Harter, S. (2012). *Self-Perception Profile for Children: Manual and questionnaires*. Denver, CO: University of Denver.

Hartshorne, H., & May, M. A. (1928). *Studies in deceit. Book I. General methods and results. Book II. Statistical methods and results*. Oxford, UK: Macmillan.

Hathaway, S. R., & McKinley, J. C. (1943). *The Minnesota Multiphasic Personality Inventory*. New York: Psychological Corporation.

Hofmann, W., Gawronski, B., Gschwendner, T., Le, H., & Schmitt, M. (2005). A meta-analysis on the correlation between the Implicit Association Test and explicit self-report measures. *Personality and Social Psychology Bulletin, 31*(10), 1369-1385.

Hofmann, W., Gschwendner, T., Nosek, B. A., & Schmitt, M. (2005). What moderates implicit-explicit consistency? *European Review of Social Psychology, 16*, 335-390.

Klauer, K. C., & Teige-Mocigemba, S. (2007). Controllability and resource dependence in automatic evaluation. *Journal of Experimental Social Psychology, 43*(4), 648-655.

Koole, S. L., Govorun, O., Cheng, C. M., & Gallucci, M. (2009). Pulling yourself together: Meditation promotes congruence between implicit and explicit self-esteem. *Journal of Experimental Social Psychology, 45*(6), 1220-1226.

Koole, S. L., & Rothermund, K. (2011). "I feel better but I don't know why": The psychology of implicit emotion regulation. *Cognition and Emotion, 25*(3), 389-399.

Lane, K. A., Banaji, M. R., Nosek, B. A., & Greenwald, A. G. (2007). Understanding and using the Implicit Association Test: IV. What we know (so far) about the method. In B. Wittenbrink & N. Schwarz (Eds.), *Implicit measures of attitudes* (pp. 59-102). New York: Guilford Press.

McCarthy, R. J., & Skowronski, J. J. (2011). The interplay of controlled and automatic processing in the expression of spontaneously inferred traits: A PDP analysis. *Journal of Personality and Social Psychology, 100*(2), 229-240.

McClelland, D. C., Koestner, R., & Weinberger, J. (1989). How do self attributed and implicit motives differ? *Psychological Review, 96*, 690-702.

McCrae, R. R., & Costa, P. T. (1987). Validation of the five-factor model of personality across instruments and observers. *Journal of Personality and Social Psychology, 52*(1), 81-90.

McGrath, R. E. (2008). The Rorschach in the context of performance-based personality assessment. *Journal of Personality Assessment, 90*(5), 465-475.

Meyer, G. J. (1996). The Rorschach and MMPI: Toward a more scientifically differentiated understanding of cross-method assessment. *Journal of Personality Assessment, 67*(3), 558-578.

Meyer, G. J. (1997). On the integration of personality assessment methods: The Rorschach and MMPI. *Journal of Personality Assessment, 68*(2), 297-330.

Meyer, G. J., & Archer, R. (2001). The hard science of Rorschach research: What do we know and where do we go? *Psychological Assessment, 13*(4), 486-502.

Moors, A., Spruyt, A., & De Houwer, J. (2010). In search of a measure that qualifies as implicit: Recommendations based on a decompositional view of automaticity. In B. Gawronski & B. K. Payne (Eds.), *Handbook of implicit social cognition: Measurement, theory, and applications* (pp. 19-37). New York: Guilford Press.

Morey, L. C. (1991). *Personality Assessment Inventory Professional manual*. Odessa, FL: Psychological Assessment Resources.

Morgan, C. D., & Murray, H. H. (1935). A method for investigating fantasies: The Thematic Apperception Test. *Archives of Neurology and Psychiatry, 34*, 289-306.

Murphy, S. T., Monahan, J. L., & Zajonc, R. B. (1995). Additivity of nonconscious affect: Combined effects of priming and exposure. *Journal of Personality and Social Psychology, 69*(4), 589-602.

Nisbett, R. E., & Wilson, T. D. (1977). Telling more than we can know: Verbal reports on mental processes. *Psychological Review, 84*(3), 231-259.

Nock, M. K., Park, J. M., Finn, C. T., Deliberto, T. L., Dour, H. J., & Banaji, M. R. (2010). Measuring the suicidal mind: Implicit cognition predicts suicidal behavior. *Psychological Science, 21*(4), 511-517.

Nosek, B. A. (2005). Moderators of the relationship between implicit and explicit evaluation. *Journal of Experimental Psychology: General, 134*, 565-584.

Nosek, B. A., Greenwald, A. G., & Banaji, M. R. (2007). The Implicit Association Test at Age 7: A nethodological and conceptual review. In J. A. Bargh (Ed.), *Social psychology and the unconscious: The automaticity of higher mental processes* (pp. 265–292). New York: Psychology Press.

Payne, B. K. (2005). Conceptualizing control in social cognition: How executive functioning modulates the expression of automatic stereotyping. *Journal of Personality and Social Psychology, 89*(4), 488–503.

Payne, B. K., Burkley, M. A., & Stokes, M. B. (2008). Why do implicit and explicit attitude tests diverge?: The role of structural fit. *Journal of Personality and Social Psychology, 94*(1), 16–31.

Payne, B. K., Cheng, C. M., Govorun, O., & Stewart, B. D. (2005). An inkblot for attitudes: Affect misattribution as implicit measurement. *Journal of Personality and Social Psychology, 89*(3), 277–293.

Pelham, B. W., Mirenberg, M. C., & Jones, J. T. (2002). Why Susie sells seashells by the seashore: Implicit egotism and major life decisions. *Journal of Personality and Social Psychology, 82*(4), 469–487.

Perry, G. G., & Kinder, B. N. (1990). The susceptibility of the Rorschach to malingering: A critical review. *Journal of Personality Assessment, 54*(1–2), 47–57.

Perugini, M., & Leone, L. (2009). Implicit self-concept and moral action. *Journal of Research in Personality, 43*(5), 747–754.

Petty, R. E., Tormala, Z. L., Briñol, P., & Jarvis, W. B. G. (2006). Implicit ambivalence from attitude change: An exploration of the PAST model. *Journal of Personality and Social Psychology, 90*(1), 21–41.

Phillips, W. J., Hine, D. W., & Thorsteinsson, E. B. (2010). Implicit cognition and depression: A meta-analysis. *Clinical Psychology Review, 30*(6), 691–709.

Roefs, A., Huijding, J., Smulders, F. T. Y., MacLeod, C. M., de Jong, P. J., Wiers, R. W., et al. (2011). Implicit measures of association in psychopathology research. *Psychological Bulletin, 137*(1), 149–193.

Rosenberg, M. (1965). *Society and the adolescent selfimage.* Princeton, NJ: Princeton University Press.

Rydell, R. J., & McConnell, A. R. (2006). Understanding implicit and explicit attitude change: A systems of reasoning analysis. *Journal of Personality and Social Psychology, 91*(6), 995–1008.

Rydell, R. J., McConnell, A. R., & Mackie, D. M. (2008). Consequences of discrepant explicit and implicit attitudes: Cognitive dissonance and increased information processing. *Journal of Experimental Social Psychology, 44*(6), 1526–1532.

Schacter, D. L. (1987). Implicit memory, history and current status. *Journal of Experimental Psychology: Learning, Memory, and Cognition, 13*, 501–518.

Schmukle, S. C., Back, M. D., & Egloff, B. (2008). Validity of the five-factor model for the implicit self-concept of personality. *European Journal of Psychological Assessment, 24*(4), 263–272.

Schnabel, K., Banse, R., & Asendorpf, J. (2006). Employing automatic approach and avoidance tendencies for the assessment of implicit personality self-concept: The Implicit Association Procedure (IAP). *Experimental Psychology, 53*(1), 69–76.

Schreiber, F., Bohn, C., Aderka, I. M., Stangier, U., & Steil, R. (2012). Discrepancies between implicit and explicit self-esteem among adolescents with social anxiety disorder. *Journal of Behavior Therapy and Experimental Psychiatry, 43*(4), 1074-1081.

Schröder-Abé, M., Rudolph, A., & Schüz, A. (2007). High implicit self-esteem is not necessarily advantagous: Discrepancies between explicit and implicit self-esteem and their relationship with anger expression and psychological health. *European Journal of Personality, 21*(3), 319-339.

Shedler, J., Mayman, M., & Manis, M. (1993). The illusion of mental health. *American Psychologist, 48*, 1117-1131.

Sheeran, P., Gollwitzer, P. M., & Bargh, J. A. (2013). Nonconscious processes and health. *Health Psychology, 32*, 460-473.

Shevrin, H., & Dickman, S. (1980). The psychological unconscious: A necessary assumption for all psychological theory? *American Psychologist, 35*(5), 421-434.

Smith, C. T., & Nosek, B. A. (2011). Affective focus increases the concordance between implicit and explicit attitudes. *Social Psychology, 42*(4), 300-313.

Spence, A., & Townsend, E. (2008). Spontaneous evaluations: Similarities and differences between the affect heuristic and implicit attitudes. *Cognition and Emotion, 22*(1), 83-93.

Strack, F., & Deutsch, R. (2004). Reflective and Impulsive Determinants of Social Behavior. *Personality and Social Psychology Review, 8*(3), 220-247.

Wilson, T. D., Lindsey, S., & Schooler, T. Y. (2000). A model of dual attitudes. *Psychological Review, 107*, 101-126.

Wittenbrink, B., Judd, C. M., & Park, B. (2001). Evaluative versus conceptual judgments in automatic stereotyping and prejudice. *Journal of Experimental Social Psychology, 37*(3), 244-252.

Wood, J. M., Lilienfeld, S. O., Garb, H. N., & Nezworski, M. T. (2000). The Rorschach test in clinical diagnosis: A critical review, with a backward look at Garfield (1947). *Journal of Clinical Psychology, 56*, 395-430.

제 2 부

정신병리와 회복탄력성

제6장

불안에 대한 다중방식평가
주관적 경험, 인지 수행, 신경생물학적 측정의 자료 통합

Jason S. Moser, Amy Przeworski, Hans S. Schroder, & Kimberly Marie Dunbeck

불안은 위협에 대한 적응적 반응으로 나타나는 기본적인 인간 경험이다(Marks & Nesse, 1994). 극단적으로 말해 보자면, 장애라 할 수 있는 불안은 전 생애에 걸쳐 보고되는 가장 흔한 심리적 문제이다(Beesdo, Knapp, & Pine, 2009; Kessler, Chiu, Demler, Merikangas, & Walters, 2005). 실제로 약 5명 중 1명의 미국인이 불안 관련 장애를 겪고 있는 것으로 보고되고 있다(Kessler et al., 2005; McLean, Asnaani, Litz, & Hofmann, 2011). 더불어 부적응적 불안은 매년 치료 비용, 업무 생산성 저하, 학업 성취 감소와 같은 형태로 막대한 사회적 비용을 초래하고 있다(Beilock, 2008; Kessler et al., 2005; Rice & Miller, 1998). 이러한 공중 보건 문제를 해결하기 위해서는 불안에 대한 철저한 평가가 몹시 중요하다. 면밀한 평가를 통해 불안의 본질에 대해 명확하게 이해할 수 있으며, 연구 및 임상 장면에서 조기 발견과 예방 및 치료를 위한 초석을 마련할 수 있다. 이 장에서는 불안에 대한 다중방식평가를 다룬다. 특히, 전통적인 자기 보고 및 진단 평가를 통해 획득한 정보와 최근의 인지 및 신경생리학적 방법을 통한 정보를 통합하는 방식을 중점적으로 논의할 것이다. 인지 및 신경생리학적 측정법을 포함하는 것에 중점을 둔 이유는 이들 도구의 이론과 활용이 최근 몇 년간 크게 진전되었으며, 불안 관련 문제와 그 치료에 대한 풍부한 이해를 제공하기 때문이다.

배경

불안 평가에 대한 전통적인 관점은 Lang(1968)이 제안한 3체계 접근법으로, 불안을 세 가지 구성 요소인 주관적 경험, 행동, 심리생리적 반응으로 정의한다. 주관적 경험은 질문지를 사용한 자기 보고 및 면담 과정에서 얻어지는 정보에 따른다. 행동은 광범위하게 해석되며, 외현적 회피, 표정 변화, 수행 편향 또는 손상을 포함한다. 심리생리적 반응은 초기에는 자율신경계에 의해 발생하는 반응으로 정의되었으며, 심박수, 피부 전도, 호흡, 혈압 등으로 정의했다. Lang은 불안이 드러나는 모든 현상적 표현은 중요한 정보를 제공하며, 특정 구성 요소가 개인의 불안 수준을 나타내는 데 있어 다른 구성 요소보다 우선하지 않는다고 하였다. 즉, 불안은 다면적 현상으로, 각기 다른 반응 체계와 각각의 개인마다 차별적인 방식으로 나타날 수 있다. 이러한 다중체계 또는 다중방식평가의 중요성은 Rachman과 Hodgson(1974)에 의해 더욱 강조되었다. 이들은 측정치 간의 불협화와 부조화가 독특한 진단 및 치료 정보를 제공할 수 있음을 언급했다. 또한, Wolpe(1977)는 불안 증상의 이질성에 대한 논의를 통해, 불안을 다양한 수준에서 평가할 필요성을 제시했다.

1970년대와 1980년대에는 정신병리와 개입법 연구에서 불안의 다중양식적 평가가 비교적 일반적으로 활용되었다. 그러나 문헌에서 평가 동향을 분석한 결과, 최근 연구자들이 행동과 증상에 대한 주관적 보고와 단일-반응 체계 평가에 점점 더 의존하게 된 것으로 나타났다(Lawyer & Smitherman, 2004). Lawyer와 Smitherman의 검토는 시간이 지나면서 불안에 대한 다중방식평가가 감소한 원인을 명확히 밝히지는 못했다. 하지만 생리적 측정치의 심리측정적 속성에 대한 우려가 제기되었다(예: Arena, Blanchard, Andrasik, Cotch, & Myers, 1983; Holden & Barlow, 1986). 또한, 확정된 기술에 대한 훈련 부족 및 접근성의 제한, 그리고 자기 보고 설문지 수집의 편리함 역시 다중방식평가의 감소를 이끌었다. 연구 상황에서 다중방식평가가 드물게 사용된다는 점을 고려할 때, 실제 임상 실무에서도 불안에 대해 다양한 체계를 아우르는 평가를 수행하고, 각 체계에서 얻은 정보를 통합하여 진단 및 치료계획을 수립하는 사례는 거의 없다는 것은 놀랄 일도 아니다. 이에 따라, 현재 대부분 불안에 대한 평가는 주관적이고 비구조적 행동 측정에 거의 전적으로 의존하고 있다.

불안의 다중방식평가 감소의 또 다른 잠재적 이유는 진단이 『정신질환의 진단 및 통계 편람(Diagnostic and Statistical Manual of Mental Disorders: DSM)』(American Psychiatric Association, 2013)에 기반한 면담을 통해 결정되기 때문이기도 하다. DSM 기반 진단은 일반적으로 임상적 의미가 있는 불안을 정의하는 최고의 표준적 기준으로 삼는다. 이 점은 외상 후 스트레스 장애(PTSD)에 관한 연구에서 특히 잘 드러난다. Steenkamp, McLean, Arditte와 Litz(2010)의 연구에 따르면, "심리생리적 측정은 PTSD 진단을 확신하는 데 있어 단일 지표로 사용될 경우 그 유용성은 제한적일 수도 있다"라고 언급했다.

이 결론은 대규모 재향군인 관리 연구 자료에 기반한 것으로, 연구에 따르면 심리생리적 표식이 DSM 기준에 의해 PTSD로 진단된 재향군인의 약 3분의 2를 식별했다(Keane et al., 1998). 즉, 심리생리적 지표는 DSM 기반 PTSD 진단을 완벽하게 예측하지 못했으며, 따라서 임상적으로 유용하지 않다고 여겨졌다. 이 논리에 대한 우려는 DSM 기반 진단이 개인의 불안에 대한 모든 '진실'을 포착한다고 가정하고 있다는 점이다. 우리는 DSM 진단의 우선순위가 Lang(1968)이 기존 제안한 것에 반하는 것으로 생각한다. Lang은 특정 반응 체계(예: 주관적 보고)에서 수집된 정보만으로 개인의 불안 수준을 설명할 수 없으며, 불안은 여러 체계에서 나타나는 반응을 통해 드러나는 다면적인 구성 요소임을 주장했다.

같은 맥락에서, 연구자들과 임상가들은 질문지와 진단/임상 면담을 사용했다면 그 평가를 '다중방식'으로 고려하길 선호한다고 한다. DSM 기반 진단 면담 외에도, 연구자들은 불안 문제의 심각도를 평가하기 위해 여러 임상 면담 도구를 개발해 왔다[예: Liebowitz 사회불안 척도(Liebowitz Social Anxiety Scale: LSAS); Heimberg et al., 1999]. 그러나 이 접근법에는 두 가지 문제가 있다. 첫째, 질문지와 임상 면담은 모두 자기 보고에 의존하기 때문에, 각기 다른 반응 체계에서 불안을 측정하지 못한다. 둘째, 질문지와 면담자 측정 도구는 상당히 높은 상관관계를 보이며 중복되는 경향이 있다. 예를 들어, 임상가가 실시한 LSAS와 자기 보고 형식의 LSAS 간의 상관계수는 약 0.90에 달한다(Rytwinski et al., 2009).

불안의 다중방식평가가 감소하고 있음에도 불구하고 기존의 제한적인 자료는 여러 체계 간의 측정법을 조합하는 것의 이점을 보여 준다. 예를 들어, 주관적 보고와 심장 반응성 측정치를 조합한 Schmidt, Forsyth, Santiago와 Trakowski(2002)의 연구는 공황 장애 환자 그룹 내에서 의미 있는 하위 유형을 구별했다. 더 인상적인 예로, Ost와 동료들(Ost, Jerremalm, & Johansson, 1981; Ost, Johansson, & Jerremalm, 1982)이 사회공포증 및 폐쇄공포증 환자들을 대상으로 한 연구를 들 수 있다. 두 환자 집단에 대해, 두려움을 유발하는 상황에 대한 행동 및 생리적 반응 패턴에 따라 노출 치료나 응용 이완치료 중 하나의 치료에 배정했을 때가 행동 및 생리적 반응 패턴에 맞지 않게 배정된 경우보다 더 좋은 치료 결과를 보였다. 즉, 공포증을 겪고 있는 개인 중 행동적 반응성이 생리적 반응성보다 상대적으로 더 큰 경우에는 노출 치료에서 더 나은 결과를 보였고, 반대로 생리적 반응성이 상대적으로 더 큰 경우에는 응용 이완치료에서 더 나은 결과를 보였다. 이러한 연구들이 더 주목받지 못하게 된 점은 안타까운 일이다. 왜냐하면 이러한 연구는 불안의 다중방식평가가 임상적으로 유용함을 분명히 보여 주기 때문이다.

최신 경향

최근 세 가지 경향이 연구 문헌에서 다중방식평가의 인기를 높이는 듯하다: 인지 편향 패러다임의 급부상, 신경과학 연구의 성장, 그리고 정신 장애의 차원적 평가 및 분류에 대한 초점. 여기에서는 이러한 경향을 간략히 소개하고, 뒷부분에서 이를 자세히 설명할 것이다.

인지 편향 패러다임은 인지과학의 정보 처리 전통에서 발전해 왔다. 1980년대 이후, 불안이 주의, 기억, 해석에서 체계적인 편향과 어떻게 연관되는지를 탐구하는 연구가 급격히 증가하였다(Hertel & Mathews, 2011; Mathews & MacLeod, 2005). 일반적으로 이러한 편향은 부정적인 정보를 선택적으로 주목하고 기억하며, 모호한 정보를 부정적으로 해석하려는 경향으로 나타났다. 또한, 불안은 걱정으로 인해 주의가 분산하기 때문에 감정적으로 중립적인 과제 수행에도 여러 해로운 영향을 미친다(Beilock, 2008; Eysenck et al., 2007; Sylvester et al., 2012). 연구의 대부분은 단순한 반응 시간(Reaction Time: RT) 과제를 사용하여 수행되었으며, 그 결과 나타난 행동 수행은 불안 집단과 비-불안 집단 간을 비교하거나, 불안 증상과의 상관관계를 분석하는 데 사용되었다. 이러한 방식으로 RT 과제에서 얻은 결과는 Lang(1968)이 제안한 행동 시스템의 결과와 일치했으며, 주관적 경험 보고들과도 관련이 있었다.

임상 과학은 점점 더 신경과학에서 많은 영향을 받고 있다(Sylvester et al., 2012). 기능적 자기공명영상(fMRI), 양전자방출단층촬영(PET), 뇌파검사(EEG) 등 다양한 신경영상 촬영법을 활용한 연구가 상당히 진행되었다. Lang(1968)은 초기 연구에서 자율신경계의 결과물을 불안의 심리생리적 반응을 나타내는 것으로 초점을 맞춘 것은 당시의 기술적 제약 때문일 수 있다. 1990년대 이후, 신경과학적 방법론이 확산하면서 중추신경계 기능은 불안의 심리생리적 반응을 나타내는 중요한 지표로 활용될 수 있게 되었다. 이러한 연구는 주로 신경 활동과 질문지나 임상 면접으로 측정된 자기 보고식 불안 수준 간의 관계를 탐구하는 데 초점을 맞추고 있다.

불안장애의 높은 동반 이환은 현재의 범주적 진단 체계(즉, DSM)가 기분장애를 효과적으로 구분하지 못하고 있음을 시사한다(Andrews, 1990, 1996; Brown, 1996). 오히려 이는 더 적은 범주로 구성된 간결한 구조가 불안 관련 문제의 본질을 더 정확히 반영할 가능성이 있음을 나타낸다(Krueger, 1999; Watson, 2005). 이러한 견해는 성격심리학의 수십 년간 진행된 연구를 바탕으로 하며, 겉보기에는 서로 다른 심리적 문제 간의 공변량이 공통된 기저 과정에서 비롯된다는 것을 시사한다(Millon, 1969). 또한, 연구에 따르면 불안은 경한 수준에서 극단적인 수준까지 연속선상에서 변하는 차원적 구성개념으로 가장 잘 설명되며, 장애를 겪고 있는 환자들은 이 연속선 상의 극단적인 높은 수준에 위치한다고 드러났다(Brown & Barlow, 2009; Ruscio, Borkovec, & Ruscio, 2001; Ruscio, Ruscio, & Keane, 2002; Watson, 2005). 따라서 최근 연구는 전통적인 진단 경계를 넘어 불안의 차원에 좀 더 초점을 맞추기 시작했다.

수렴하는 근거는 불안이 서로 중첩되면서도 개별적인 두 가지 차원으로 구성되어 있음을 시사한다: 공포/불안 각성과 걱정/불안 염려(Krueger, 1999; Nitschke et al., 2001; Watson, 2005). 공포/불안 각성은 즉각적이고 명확한 위협과 관련된 경험 및 반응으로 이해되는 반면, 걱정/불안 염려는 미래의 모호한 위협과 관련된 경험 및 반응으로 간주한다. 공포/불안 각성은 신체적 긴장과 생리적 과각성이 특징이며, 걱정/불안 염려는 주로 걱정으로 특징지어진다. 이러한 차원에 초점을 맞추는 접근법은 기존의 이질적이고 중첩되는 진단 범주보다 경험적 · 행동적 · 생물학적 메커니즘을 규명하는 데 좀 더 적합한 목표를 제공할 가능성이 있다(Bearden, Freimer, 2006). 이러한 접근법은 최근 몇 년간 많은 지지를 얻었으며, 'National Institute of Mental Health'는 이를 기반으로 '연구 영역 기준(Research Domain Criteria: RDoC)' 계획을 만들었다. RDoC는 행동 차원과 신경생물학적 측정치를 기반으로 한 새로운 분류 체계 개발하기 위해 연구를 지원한다(Sanislow et al., 2010). 특히, RDoC 계획은 모든 정신질환을 다차원적으로 평가하도록 권장하며, 행동, 자기 보고, 생리학, 신경회로 등 다양한 분석 단위를 아우르는 유관 차원을 측정하는 것을 지지한다. 이러한 정부 주도 정책은 최근 불안 연구의 방향에 중요 영향을 미친 것으로 보인다.

Lang(1968)의 불안에 대한 3체계 접근법을 기반으로, 우리는 최근의 경향을 따라 이 장의 나머지 부분에서 자기 보고된 불안 경험과 인지적 편향/결함 및 신경 활동 간의 관련성 연구에 초점을 두었다. 신경 활동과 관련하여, 우리는 사건 유발 전위(event-related brain potentials: ERPs)를 사용하는 연구를 선별 검토하고, 불안의 다중방식평가에 유용한 몇 가지 특정 ERP 구성 성분에 중점을 두었다. 우리가 ERP 연구를 다루는 동기는 두 가지이다: ① ERP는 뛰어난 시간 해상도를 제공하는 것으로 불안과 관련된 기저 메커니즘을 식별하는 데 더 높은 정밀도를 보이며, 그리고 ② ERP는 fMRI나 PET와 같은 다른 신경영상촬영 기술보다 비용이 저렴하고 덜 침습적이기 때문에 다양한 대상과 상황에서 활용될 가능성이 더 크다.

다중방식평가

인지적 편향/결함

불안은 상황에 따라 여러 인지적 편향/결함과 연관되어 있지만, 여기서 우리는 주의 편향/결함에 초점을 맞추었다. 이는 주의 편향/결함이 가장 엄격하게 연구된 분야이기 때문이다. Eysenck 등(2007)의 주의조절 이론(Attentional Control Theory: ACT)은 다양한 과제 조건(즉, 정서적 및 중립적 자극을 포함하는 조건)에서 불안과 관련된 주의 편향/결함에 대한 정교한 설명을 제공한다. 일반적으로 주의조절 이론은 개인이 불안할 때, 내부적(예: 걱정) 또는 외부적(예: 화난 얼굴) 위협 정보를 우선으로 처리한다고 설명한다. 이는 위협을 신속하게 탐지하도록 하지만, 때로는 정서적으로 중립적인 과제와 관련된 자극 처리에 추가적인 노력을 들여야 한다. 이러한 주의 편향은 하향식의 조절 시스템을 압도하는 상향식 주의 선택 메커니즘에서 비롯된 것으로 본다. 이 이론은 주의 선택이 두 가지 주의 시스템의 상호작용으로 결정된다는 수십 년간의 연구에 기반을 두고 있다: 자극-유도 체계와 목표-유도 체계(Posner & Petersen, 1990; Corbetta & Shulman, 2002). 즉, 초기 외생적 과정(예: 자극의 현출성)과 이후 내생적 과정(예: 기대)이 각각 상호작용하여 주의가 선택된다는 것이다(Theeuwes & Van Der Burg, 2007; van Zoest, Donk, & Theeuwes, 2004). 이 분야의 많은 연구는 탐점-탐지 과제를 사용하여 외부 위협 자극이 어떻게 주의를 포착하는지를 조사하는 데 초점을 맞추었다(Bar-Haim, Lamy, Pergamin, Bakermans-

Kranenburg, & van IJzendoorn, 2007). 그러나 최근에는 불안이 정서적으로 중립적인 과제 수행에 미치는 영향을 조사하는 연구가 증가하고 있다(Eysenck & Derakshan, 2011). 이러한 과제 수행은, 짐작건대, 주의를 분산시키는 걱정으로 인해 수행이 저하되는 것으로 추정된다.

탐점-탐지 과제에서, 과제와 무관한 위협 자극과 중립 자극(단어 또는 얼굴)이 컴퓨터 화면에 동시에 제시된 후, 표적 자극(고전적인 예로는 점으로)이 이전에 제시된 위협적 자극 또는 중립적 자극의 위치에 나타난다. 일반적으로 불안 수준이 높은 개인은 표적이 이전의 위협적 자극과 같은 위치에 나타날 때 이를 더 빠르게 탐지하는 경향을 보인다. 이러한 효과는 높은 특성 불안을 가진 대학생부터 다양한 불안장애를 진단받은 환자 집단에 이르기까지 여러 불안 집단에서 입증되었다(Bar-Haim et al., 2007). 따라서 탐점-탐지 과제와 같은 절차는 불안장애나 불안 취약성을 선별하는 데 유용한 평가 도구가 될 수 있다(Amir, Beard, Burns, & Bomyea, 2009). 그러나 현재로서는 이러한 편향/결함이 불안장애 간에 어떻게 다르게 나타나는지, 또는 공포와 불안과 같은 불안의 여러 차원과 어떻게 관련되는지에 대한 증거가 없다. 또한, 현존하는 데이터는 이와 관련된 정확한 메커니즘이 무엇인지 명확히 밝히지 못한다. 즉, 불안한 개인과 불안하지 않은 개인 간의 정보 처리 과정에서 어떤 단계가 차이를 보이는지를 이해하기 위해 주의 편향에 대한 더 정교한 연구가 필요하다. 나아가, 이러한 편향/결함과 관련된 신경 기질이 무엇인지도 현재로서는 명확하지 않다(Bar-Haim et al., 2007). 이러한 문헌상의 한계는 신경생리학에 대한 다음 내용의 중요한 배경이 된다.

신경생리학

사건 유발 전위(ERPs)는 자극이나 반응에 대해 시간-고정의 뇌파(EEG) 활동을 평균화하여 측정한다. 이는 기억, 주의 할당, 정보 처리, 인지 통제와 같은 인지 과정에 대한 흥미로운 통찰을 제공한다(Luck, 2005). 다음에서 우리는 불안 평가와 관련하여 ERP의 두 가지 구성 요소를 다룰 것인데, 이는 오류-관련 부적 전위(Error-Related Negativity: ERN)와 후기 정적 전위(Late Positive Potential: LPP)이다.

오류-관련 부적 전위

오류-관련 부적 전위(ERN)는 속도-선택 과제에서 반응 오류 직후 유발되는 부적-방향 뇌파로, 불안 연구자들 사이에서 많은 주목을 받아 왔다(Gehring, Goss, Coles, Meyer, & Donchin, 1993). ERN은 일반적으로 정서적으로 중립적인 갈등 과제에서 유발되며, 대표적으로 Eriksen의 플랭커 과제[1](Eriksen & Eriksen, 1974)가 있다. 이 과제에서 피험자는 일치 조건(예: HHHHH)과 불일치 조건(예: SSHSS)에서 가운데 자극에만 반응하도록 지시받는다. 출처 위치 추정(Converging evidence from source localization; Dehaene, Posner, & Tucker, 1994; van Veen & Carter, 2002)과 기능적 자기공명영상(functional magnetic resonance imaging: fMRI; Ridderinkhof, Ullsperger, Crone, & Nieuwenhuis, 2004)에서 얻어진 수렴적 증거는 전측대상피질(Anterior Cingulate Cortex: ACC)이 ERN 생성에 관여하는 것을 보여 준다. ACC는 일반적으로 인지적 뇌 영역과 정서적 뇌 영역을 연결하는 다리로 보고 있으며 인지적 통제, 부정 정서 생성, 사율신경 소설과 같은 여러 중요한 기능에 관여한다(Shackman et al., 2011).

ERN는 범불안장애(Generalized Anxiety Disorder: GAD)(Moser, Moran, & Jendrusina, 2012; Weinberg, Olvet, & Hajcak, 2010)와 강박장애(Obsessive-Compulsive Disorder: OCD)(Gehring, Himle, & Nisenson, 2000; Hajcak & Simons, 2002) 증상을 가진 개인에서 가장 일관되게 증가하였다. 불안에서 ERN의 증가를 설명하기 위해 여러 가설이 제시되었다. 연구자들은 이러한 가설 중, 비교 기능 장애, 즉 특정 사건을 평가하는 과정에서 잘못된 판단으로 분류되는 것을 반영하거나(Gehring et al., 2000), 방어적 반응성의 증가(Weinberg, Riesel, & Hajcak, 2012), 또는 걱정으로 인해 발생하는 비효율적인 수행 검열 때문이라고 주장하였다(Moser et al., 2012). 그렇다 하더라도 불안에서 ERN의 증가는 신경생리학 문헌에서 아마도 가장 많이 재현된 결과 중 하나라 할 수 있다. ERN이 아직 전체 불안장애

1 역자 주: 에릭슨 플랭커 과제(Eriksen Flanker Task)는 인지심리학에서 사용되는 반응 억제 테스트로, 주어진 맥락에서 부적절한 반응을 억제하는 능력을 평가하기 위해 설계되었다. 이 과제는 중앙의 목표 자극(target stimulus) 주위에 방해 자극(flanker stimuli)이 배치된 형태로 구성된다. 방해 자극은 목표 자극과 동일 방향으로 반응을 요구하는 일치 조건(congruent condition), 반대 방향으로 반응을 요구하는 불일치 조건(incongruent condition), 또는 반응 갈등을 유발하지 않는 중립 조건(neutral condition) 중 하나일 수 있다. 과제 절차는 다음과 같다.

① 수검자는 가운데 위치한 목표 자극(예: 화살표나 문자)에 반응해야 하며, 양옆의 방해 자극은 무시하도록 지시받는다.

② 목표 자극이 화살표라면, 중앙 화살표가 왼쪽을 가리키면 왼쪽 키를, 오른쪽을 가리키면 오른쪽 키를 누른다.

③ 방해 자극이 목표 자극과 같은 방향(예: '<<<<')이면 일치 조건, 반대 방향(예: '<<><<')이면 불일치 조건이다.

스펙트럼에 걸쳐 체계적으로 연구되지는 않았지만, 최근 연구는 ERN이 RDoC(Research Domain Criteriac)에 따른 불안의 광범위한 차원과 어떻게 관련되는지를 명확히 하려는 데 초점을 두었다(Vaidyanathan, Nelson, & Patrick, 2012). 이러한 연구는 ERN의 증가가 불안 우려 차원(즉, 걱정)과 특정되게 관련되어 있음을 시사한다(Moser et al., 2012).

후기 정적 전위

LPP는 동기적으로 관련된 자극이 시작된 후 300~800msec 사이에 최대 진폭에 도달하는 넓은 정적 전위로, 몇 초 동안 지속할 수 있다. 10년간의 연구는 LPP가 정서적 자극이 각성 될 때의 특성을 반영한다는 것을 보여 주었다. 실제로, LPP의 크기는 정서적 이미지에 대한 각성 반응의 주관적 평가와 밀접하게 연관되어 있으며, 이는 LPP가 정서적 경험과 연결되어 있음을 시사한다(Cuthbert, Schupp, Bradley, Birbaumer, & Lang, 2000). 초기 시점 창(300~1,000msec)은 주의 할당의 지표이며, 후기 시점 창(1,000msec 이후)은 기억 및 의미 형성 단계의 지표이다. 두 시간 창 모두 자극의 유인가에 상관없이 각성 자극에 대한 반응으로 향상되며(Olofsson, Nordin, Sequeira, & Polich, 2008), fMRI로 측정된 시각 피질과 편도체 활동과 강한 연관성을 보인다(Liu, Huang, McGinnis-Deweese, Keil, & Ding, 2012; Sabatinelli, Lang, Keil, & Bradley, 2007). 이는 LPP가 정서처리에서 중요한 역할을 한다는 것을 보여 준다.

또한, LPP는 하향식 주의 조절에도 민감하다(Schienle, Kochel, & Leutgeb, 2011; Scharmuller et al., 2011). 특히 감정을 조절하는 동안 중심 두정엽 영역에서 초기 및 후기 시점 창의 LPP가 신뢰할 만하게 감소하며, 이는 각성과 관련된 주의 및 기억 과정의 감소를 나타낸다(Moser et al., 2006; Moser et al., 2009; Thiruchselvam et al., 2011). 또한, 감정을 조절하는 동안 LPP 감소는 정서 경험 감소와 연관된다(Hajcak & Nieuwenhuis, 2006).

LPP가 정서처리와 조절의 지표로 점점 더 많이 사용되고 있다는 점(Hajcak et al., 2009; Moser et al., 2006)은 이러한 과정에서의 결함이 특징적인 불안장애와 같은 장애에 대해 임상적 잠재력을 가지고 있음을 보여 준다. 이러한 잠재적 적용 가능성과 일치하게도 여러 연구는 GAD(MacNamara & Hajcak, 2010), 사회 불안(Moser et al., 2008), 치과 공포증(Leutgeb et al., 2011)을 포함한 여러 불안장애에서 수동 관찰 과제(passive viewing task) 동안 LPP 조절 이상을 발견하였다. 또한, 감정 조절 동안 LPP 조절은 특성 걱정에서 개인차에 민감하다(Moser et al., 2014).

그러나 ERN과 마찬가지로, LPP 역시 전체 불안장애 스펙트럼을 아우르는 체계적인 연구가 아직 부족하다. 그리고 안정성, 신뢰도, 유전 가능성 측면에서 ERN보다 덜 광범위하게 연구되었다. 따라서 LPP의 임상적 활용 가능성을 명확히 하기 위해서는 추가 연구가 필요하다. 그렇다고 하더라도 LPP는 정서처리 및 조절의 이상을 반영하며 불안과 관련하여 기능적 중요성 측면에서도 잘 확립된 ERP이다. 이러한 점에서 우리는 LPP가 불안에 대한 다중방식평가 활용에 유용하게 활용할 수 있는 주요한 잠재력을 가졌다고 본다.

임상적 적용

이 장에서는 앞서 소개한 방법들을 포함하는 다중방식평가 접근법을 설명하기 위해 사례 연구 결과를 제시해 준다. 이를 통해 가설 검증의 단계적 과정을 보여 주면서, 초기 인상/공식화를 확인하여 경쟁 가설과 진단을 구별해 보고자 한다. 또한, 평가 및 치료-관련 정보를 함께 제공함으로써 다중방식 접근법의 실질적 유용성을 보다 풍부하게 설명하였다. 이러한 집약적인 단일 사례 분석은 불안에 대한 다중방식평가가 가지는 임상적 가치를 보여 줄 뿐만 아니라, 이 분야의 기초 과학 연구에, 즉 훌륭한 중재적 연구 사례의 기여가 될 수 있을 것이다.

사례 소개

Sarah는 구토에 대한 두려움(즉, 구토 공포증, emotophobia)으로 평가와 치료를 받으려고 클리닉에 방문한 젊은 변호사이다. 그녀는 다섯 살 때부터 구토 공포증으로 몹시 힘들었었고, 이러한 공포는 스트레스가 많았던 전환기(예: 고등학교에서 대학교로의 진학) 동안 가장 심각해졌다고 보고했다. 그녀는 구토에 대한 걱정으로 상당히 고통스러웠으며 거의 항상 친구와 가족으로부터 안심과 지지를 구해야 했다. 이러한 안심과 지지 추구는 문제가 되었는데, 자신의 감정 조절을 위해 다른 사람들에게 의존하도록 했다. 또한, Sarah의 구토 공포증은 체중 감소로 이어졌다. 그녀는 구토 가능성을 줄이고자 특정한 음식을 먹거나 과식하는 것을 피했다. 또한, 그녀의 증상은 사회적 기능에도 방해가 되었다. 누군가가 구토할까 봐 두려워서 참석하고 싶어 했던 사교 모임(즉, 파티)을 피했고, 친밀한 접촉(예: 키스)으로 병을 얻게 되거나 궁극적으로 구토를 피하려고 거리를 유지하고 싶었기 때문에 이성이 있는 친밀한 관계를 맺지 않았었다.

Sarah는 여러 측면에서 전형적 모습을 보였다. 그녀는 인생에서 스트레스가 많은 시점(즉, 로스쿨을 졸업 직후)에 불안 증상을 호소하며 클리닉에 방문했으며, 이미 선택적 세로토닌 재흡수 억제제(SSRI)를 복용하고 있었으나 겨우 약간의 효과만 있었다. 하지만 Sarah가 불안장애에서는 비교적 드문 구토 공포증을 앓고 있다는 점에서 덜 전형적인 경우였다. 구토 공포증 또는 구토에 대한 특정 공포증(Specific phobia of vomiting: SPOV)은 DSM−5(American Psychiatric Association, 2013)에서 기타 유형인 특수 공포증의 범주에 속해 있다. SPOV의 유병률은 명확하지 않으나 독일 여성들을 대상으로 한 최근 연구에서는 평생 유병률이 0.2%로 나타났으며(Becker et al., 2007), 이는 가장 드문 특정 공포증 중 하나이다. 물론 DSM 진단 기준을 충족하지 않더라도 구토에 대한 두려움은 더 흔할 수 있으며, 여성에서는 최대 7%까지 보고된 바 있다(Philips, 1985; van Hout, Bouman, 2012). 다른 불안장애와 마찬가지로 구토 공포증도 남성보다 여성에서 훨씬 더 흔하다(Lipsitz, Fyer, Paterniti, & Klein, 2001; Philips, 1985; van Hout & Bouman, 2012).

구토 공포증은 다른 특정 공포증보다 더 많은 손상을 초래하는 것으로 보인다(Kartsounis, Mervyn-Smith, & Pickersgill, 1983). 일반적으로 아동기에 발병하며 만성적인 경과(평균 약 26년)를 보이고, 저체중이나 원하는 임신을 회피하는 등의 인생의 주요 목표를 포함한 기능에 심각한 영향을 미친다(Lipsitz et al., 2001; Manassis & Kalman, 1990; Veale, 2009; Veale & Lambrou, 2006). 또한, 공황장애(panic disorder: PD)와 강박장애를 포함한 다른 비공포성 불안장애와 보통 중첩되는 경우가 많다(Veale, 2009; Veale & Lambrou, 2006). 비슷하게 Boschen(2007)은 구토 공포증을 겪는 개인이 여타 다른 공포증을 겪는 개인보다 일반적인 불안에 더 취약하다고 얘기한다. 또한, 건강한 체중 유지의 어려움 때문에 일부 구토 공포증 환자들은 신경성 식욕부진으로 오진되기도 한다(Manassis & Kalman, 1990).

평가

자기 보고 및 임상 면담

예비 비구조화 자문 모임 후, 연구자 중 한 명(J.S.M.)이 Sarah에 대한 공식 평가를 시작하며, 특정 증후군을 평가하기 위한 질문지 세트를 실시하였다. 여기에는 구토 공포증의 임상적 수준을 탐지하기 위해 설계된 두 가지 척도와 인지적 및 생리적 불안을 포착하기 위한 두 가지 척도가 포함되었다. 평가 기간에서의 측정치와 이후 치료 변화는 [그림 6-1]에 제시하였다. Sarah는 구토 공포증 척도(Vomit Phobia Inventory: VPI; Veale, Ellison, Whelen, & Henry, 2010)에서 46점을 받았고 구토 공포증 질문지(Emetophobia Questionnaire: EmetQ; Price, Veale, & Brewin, 2012)에서 89점을 받았으며, 이는 최근 구토 공포증 환자 표본에서 보고된 점수보다 다소 높은 수준이다(*M* VPI = 33, *SD* VPI = 16; *M* EmetQ = 79, *SD* EmetQ = 13; Price et al., 2012). 또한, 그녀는 펜실베이니아 걱정 질문지(Penn State Worry Questionnaire: PSWQ; Meyer, Miller, Metzger, & Borkovec, 1990)에서 70점, 벡 불안 척도(Beck Anxiety Inventory: BAI; Beck, Epstein, Brown, & Steer, 1988)에서 39점을 기록했는데, 이는 불안 관련 문제가 임상적 수준에 해당한다는 것을 의미한다. 특히,

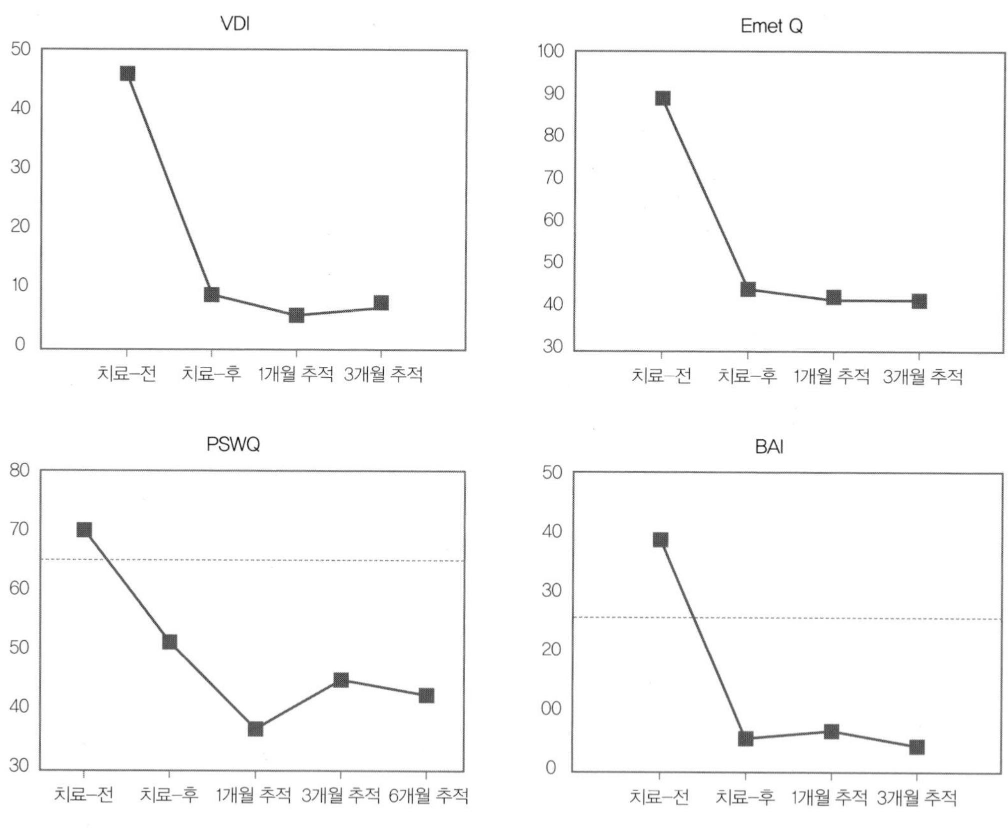

그림 6-1 평가 및 치료 단계 전반에 걸친 자기 보고 점수

상단 패널의 설문지들은 확정된 절단 점수가 없다. 구토 공포증 척도(Vomit Phobia Inventory: VPI)의 점수 범위는 0~60이며, 구토 공포증 설문지(Emetophobia Questionnaire: EmetQ)의 점수 범위는 21~105이다. 하단 패널에서는, 점선으로 표시된 수평선이 일반적인 임상 기준 점수를 나타낸다. [펜실베이니아 걱정 설문지(Penn State Worry Questionnaire: PSWQ) 62점; 벡 불안 척도(Beck Anxiety Inventory: BAI) 26])

PSWQ(펜실베이니아 걱정 질문지) 점수는 GAD 진단의 기준점(62점)을 초과하는 수준이었다(Behar et al., 2003). 이 모든 점수를 종합하면 Sarah의 결과는 구토 공포증 연구와 일치하며, 그녀가 구토에 대한 극심한 공포와 만성적인 걱정 및 생리적 불안을 포함한 심각한 일반 불안을 보고했음을 보여 준다.

Sarah의 불안 문제의 임상적 중요성을 좀 더 평가하기 위해 J.S.M.은 DSM 진단을 평가하기 위한 반구조화 면담인 약식 국제 신경정신과 면담(Mini International Neuropsychiatric Interview: MINI; Sheehan et al., 1998)을 실시했다. 구토 공포증 연구와 일치하게 OCD와 PD가 감별 진단으로 고려되었다. 실제로 Sarah는 손을 과도하게 씻는 등 강박 행동을 보였으나 그녀의 걱정/우려/강박 사고는 구토에 대한 두려움에 한정되었고 OCD 환자에게 흔한 다른 내용 영역(예: 치명적인 바이러스에 감염될 염려)은 포함되지 않았다. 따라서 그녀의 '강박 행동'은 구토에 대한 특정 공포를 관리하려는 안전/회피 행동으로 고려해 볼 수 있으며 이는 구토 공포증 환자들 사이에서 좀 더 흔한 것이다. 또한, Sarah는 생리적 불안을 보고했지만 이러한 증상에 대한 그녀의 걱정은 항상 구토에 대한 두려움에서 비롯되었고 공황 장애 환자에게 흔한 증상인 미칠 것 같은 두려움, 당황할 것 같은 두려움 또는 탈출할 수 없을 것 같은 두려움은 아니었다(Barlow, 2002). PSWQ에서 만성적인 걱정을 보고했음에도 불구하고 그녀의 걱정은 대부분 구토에 한정되었다. 그녀는 재정 문제나 학점 또는 친구들에 대한 일반적인 걱정을 보고했지만 이러한 다른 걱정들은 통제할 수 없었거나 빈번하지 않아 범불안장애로 별도로 진단할 정도는 아니었다. 또한, Sarah는 체중이나 체형에 대한 우려를 부정했기에 신경성 식욕부진 진단을 배제할 수 있었다. 마지막으로, Sarah는 구토 공포증과 관련된 상당한 피해를 보고했다. 그녀는 손 씻는 데에 상당한 시간을 보냈으며 '안전한' 음식으로 식단을 제한하고 적은 양만 먹음으로써 체중이 줄었다고 말했다. 앞서 언급했듯이 그녀는 사람들이 술로 인해 구토할 가능성이 있는 파티를 피하고 친밀한 관계를 피함으로써 사회생활을 제한했다.

자기 보고 및 면담 자료에서 Sarah가 SPOV로 고통받고 있다는 강력한 증거가 있었다. 그녀는 클리닉에 방문해 구토에 대한 심각한 두려움을 호소했으며 심리적으로 타당성이 입증된 구토 공포증 설문지에서 임상적 범위에 속하는 점수를 보였고 구토 공포증으로 인한 상당한 손상을 보고했다. 그리고 그녀는 심각한 일반적인 불안을 호소했다. 그녀가 보고한 일반적인 걱정과 불안 수준은 구토 공포증 연구와 일치하며(Boschen, 2007; Kartsounis et al., 1983), 이는 높아진 일반 불안과 광범위한 기능 장애가 다른 공포증과 구별되는 특징임을 시사한다. Sarah의 공포증은 마치 어디를 가든 따라다니는 것처럼 보였다. 환경적 자극들이 모두 유발 요인으로 작용할 수 있었던 반면 동물 공포증과 같은 다른 공포증을 겪는 사람들은 대부분 환경에서 두려운 자극에 맞닥뜨리지 않고 자유롭게 돌아다닐 수 있다. 그러나 구토 공포증 환자의 경우 유발 요인이 더 일반화되어 있다. 다음 실험실 기반 평가 자료는 Sarah의 병리를 좀 더 자세히 설명하고 있다.

주의 편향

Sarah는 평가의 한 가지로서 앞서 설명한 탐점–탐지 패러다임(dot-probe paradigm)❷의 표준 단어 버전을 수행했다. 이 과제를 통해 얻은 부정적 주의 편향 점수는 평가 및 치료 단계 전반에 걸쳐 [그림 6–2]에 제시되어 있다. *y*–축의 0점은 부정적 자극이나 중립적 자극에 대한 주의 편향이 없음을 나타내며 마이너스 점수는 중립적 정보에 대한 편향

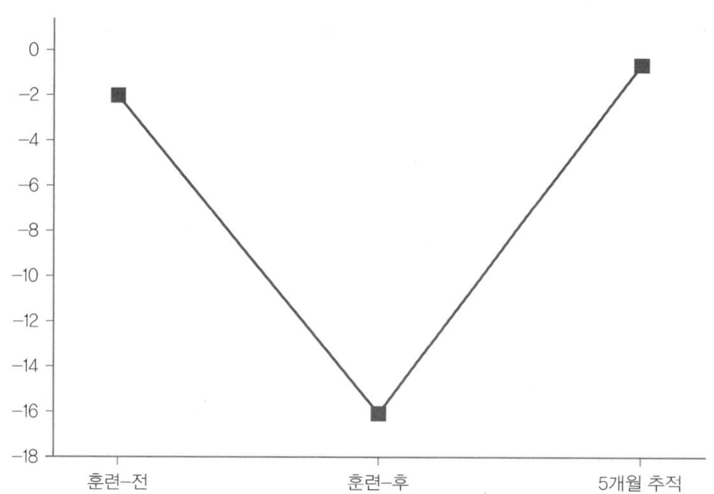

그림 6–2 평가 및 치료 단계 전반에 걸친 부정적 주의 편향 자료

0은 특정 자극에 대한 선호 편향이 없음을 나타내며, 마이너스 점수는 중립 자극에 대한 주의 선호를 보여 준다.

2 역자 주: 탐점–탐지 과제(dot-probe paradigm는 주의 편향을 측정하는 데 사용된다. 이는 다음과 같은 방식으로 진행된다. ① 목적: 이 과제는 반응 시간을 분석하여 참가자가 특정 자극(예: 부정적 단어)에 얼마나 주의를 기울이는지를 측정한다. 만약 참가자가 감정적 단어가 있던 위치에 나타난 탐지 자극에 더 빨리 반응한다면, 이는 해당 감정적 단어에 대한 주의 편향을 지적한다. 반대로, 중립적 단어가 있던 위치에 더 빠르게 반응한다면, 이는 감정적 자극을 회피하는 경향을 시사한다. ② 절차: 화면에 단어 쌍이 제시된다. 이 중 하나는 감정적으로 강렬한 단어(예: 위협적이거나 부정적인 단어)이고, 다른 하나는 중립적인 단어이다. 단어 쌍은 짧은 시간(일반적으로 500msec) 동안 제시한 후 사라지고, 그 자리에 점 또는 문자와 같은 탐지 자극이 나타난다. 참가자는 탐지 자극이 나타난 위치를 가능한 한 빨리 식별하고 해당 키를 누르도록 지시받는다.

을 보여 준다. 그녀의 초기 편향 점수(훈련 전)는 거의 0에 가까웠지만, 중립 정보에 대한 편향이 매우 약간 있기는 했다. 따라서 부정적 주의 편향은 그녀의 병리를 유지하는 데에 중요한 요소인 것 같지는 않았다. 이는 그녀가 부정적 주의 편향 없이도 상당한 증상을 보였기 때문이다. 비록 이것이 광범위한 불안 집단에서 부정적 주의 편향을 보여 주는 풍부한 증거와는 불일치한 듯 보이지만, Bar-Haim 등(2007)의 메타 분석에서는 불안한 개인에서 부정적 주의 편향 효과가 실제로 작다는 것을 보여 준다(r = .22; Cohen, 1988 참고, 효과 크기 해석에서 표준 관행). 따라서 Sarah가 불안 증상을 보였음에도 불구하고 부정적 주의 편향을 나타내지 않았다는 것은 그리 놀라운 결과는 아니다.

오류-관련 부적 전위

Sarah는 또한 에릭슨 플랭커 과제의 표준 문자 버전을 수행했다. 평가 및 치료 단계 전반에 걸쳐 플랭커 과제에서 얻은 그녀의 ERN은 [그림 6-3]에 제시하였다. Sarah는 전형적인 형태(예: 첫 100msec 이내에 정점에 도달하는)의 강력한 ERN을 보여 주었다. 표준 측정 과정을 파형에 적용해 보면 치료 전 시점에서 그녀의 ERN 크기는 −8.00마이크로볼트로 나타났다. 우리 연구실에서는 Sarah와 비슷한 연령대의 학생들을 대상으로 ERN과 그리고 이와 관련된 불안 문제를 정기적으로 측정하고 있기에 그녀의 점수를 비교할 수 있

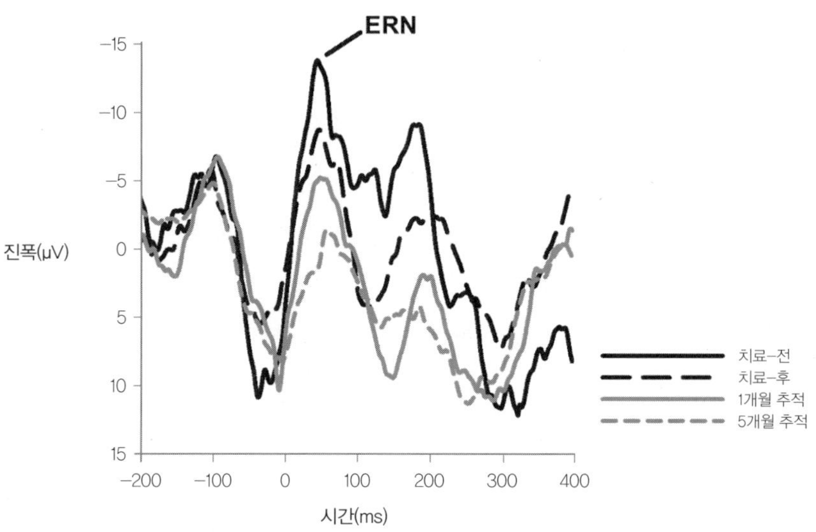

그림 6-3 평가 및 치료 단계 전반에 걸친 오류-관련 부적 전위(ERN) 데이터

음의 진폭은 위쪽으로 표시되었다. x-축의 0점은 반응이 시작된 시점을 보여 준다. ERN은 반응 후 0~100msec 시간 창에서의 평균 진폭으로 고정되어 있다.

는 (구역) '규준적' 표본을 갖고 있었다. 치료 전 그녀의 점수는 우리 연구실에서 평가한 다른 여성 중 79번째 백분위에 해당했다. 이러한 증가한 ERN은 PSWQ에서 높은 걱정 점수와 SPOV 진단과 일치하며, 이는 다른 특정 공포증보다 더 복잡한 상태이다. 특정 공포증을 겪는 개인은 증가한 ERN을 보이지 않았고(Hajcak, McDonald, & Simons, 2003), 이와 달리 좀 더 일반화된 불안을 가진 사람들은 증가한 ERN을 보였다(Hajcak et al., 2003; Moser et al., 2012). 따라서 Sarah의 ERN은 구토 공포증을 겪는 사람들에게 특징적인 불안 양상보다 일반화된 불안 양상을 나타내는 증거를 보여 주며, ERN이 공포증과 비공포성 불안을 구별할 수 있는 능력과도 일치한다(Vaidyanathan et al., 2012).

후기 정적 전위

Sarah의 실험실 평가에서는 감정 조절 과제로 마무리되었는데, 이 과제에서는 자연스럽게 반응하면서 부정적인 장면에 대한 자신의 반응을 인지적으로 재평가하라는 요청을 받게 된다. 이 과제에서 평가 및 치료 단계 동안 추출된 LPP 파형은 [그림 6-4]에 제시되어 있다. Sarah는 감정 및 감정 조절 패러다임에서 전형적으로 나타나는 LPP를 보였으며 이는 그림이 제시되는 동안(즉, 6초 동안) 지속했다. 재평가 지시에 대해 LPP가 감소한 비선택 참가자들을 대상으로 한 이전 연구와는 달리(Hajcak & Nieuwenhuis, 2006; Moser et al., 2006, 2009), Sarah는 치료 전 시행에서 자연스럽게 반응하도록 요청받은 시행(보기 시행)보다 재평가 시행에서 다소 상승한 LPP를 보였다. 그러나 이러한 결과는 PSWQ로 측정한 만성적 걱정 점수가 높은 개인들이 재평가 시행에서 유사하게 상승한 LPP를 보였다는 최근 연구(Moser et al., 2014)와 일치한다. 보완적인 심리생리학적 방법을 사용한 최근 연구들 또한 걱정을 지나치게 하는 경향이 있는 불안-성향의 개인들(예: 특질 불안 점수가 높은 사람들, GAD 환자, 사회공포증 환자)이 실험실에서 재평가를 실행하라는 요구를 받을 경우, 어려움을 겪는다는 것을 보여 준다(Campbell-Sills et al., 2011). 이러한 발견은 감정 조절 결함이 불안 및 불안과 관련된 기타 정서적 문제의 특징이라는 생각과 일치한다(Campbell-Sills & Barlow, 2007).

ERN과 마찬가지로, 우리는 그녀의 치료 전 LPP 점수를 비교할 수 있는 (구역) '규준적' 표본을 가지고 있다. 자극이 시작된 후 400~1,000msec 사이의 최고점에서 재평가 시행을 할 때 LPP 향상(즉, 재평가 시행 LPP-관찰 시행 LPP)을 측정한 결과, 그녀의 치료 전 점수는 우리 실험실에서 평가된 다른 여성들의 82번째 백분위 수에 해당했다. 마찬가지로, 그림 제시가 유지된 나머지 시간(1~6초) 동안 재평가 시행의 LPP 향상을 측정했을 때 그

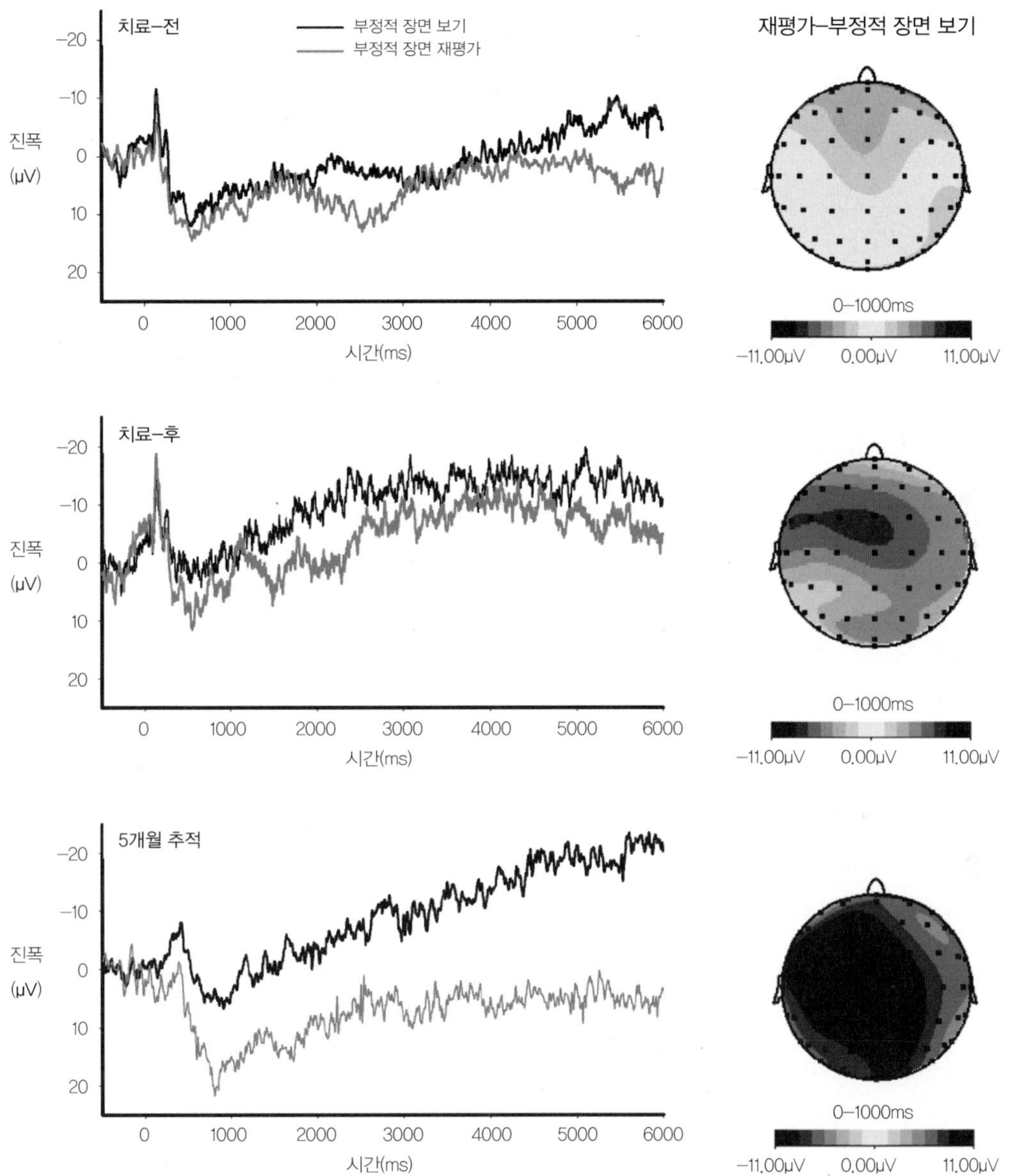

그림 6-4 평가 및 치료 단계 전반에 걸친 후기 정식 전위(LPP) 자료
왼쪽: ERP 파형. 음의 진폭은 위쪽으로 표시됨. x축에서 시간 0은 목표 그림이 제시된 시점을 나타냄.
오른쪽: 두피 전위지도는 0~1,000msec 시간 창에서 LPP의 두피 전위 분포를 보여 줌.

녀의 치료 전 점수는 96번째 백분위 수에 해당했다. 다시 말해, Sarah의 감정 조절 LPP는 SPOV를 겪는 사람들의 특징인 걱정과 관련한 좀 더 일반화된 불안 증상을 뒷받침하는 일관된 증거를 제공하였다. 그리고 LPP는 부정적인 정서적 정신병리의 생체 표식으로서 역할이 가능하다는 것과 일치한다(Hajcak, MacNamara, & Olvet, 2010; Moser et al., 2014).

치료-관련 변화 사항

초기 평가 자료 외에도 우리는 SPOV에 대한 인지행동치료(cognitive-behavioral therapy: CBT) 과정에서 다양한 측정치가 어떻게 반응한 것인지를 보여 주는 치료 자료를 제시하였다. 이러한 자료는 서로 다른 측정치가 그녀의 불안 관련 문제의 지표로서 어떻게 연관되는지를 가늠할 수 있게 해 준다. 치료 전반에서 측정법의 변화는 가단성(可鍛性) 있는 지속적 정보를 얻을 수 있는 표식임을 시사하고, 반대로 변화가 없다면 이는 그녀의 병리가 유지되는 데에 직접 영향을 미치지 않는 특성 지표나 메커니즘을 나타낸다고 볼 수 있다.

자기 보고와 치료적 면담

앞의 [그림 6-1]에서 치료 데이터는 치료 전후 동안 증상이 극적으로 감소했으며, 다양한 증후군 특수 측정치에서 추적 평가 시에도 증상 개선이 일관되게 유지되었음을 보여 준다. 그녀의 VPI 점수는 10 미만으로, 구토 공포증을 겪는 개인의 EmetQ 점수보다 훨씬 낮았고(Price et al., 2012), PSWQ에서 범불안장애의 임상 기준점 이하(Behar, Alcaine, Zuelig, & Borkovec, 2003)였으며, BAI에서 점수는 최소 불안 범위에 속했다. 이러한 측정치에서 나타난 Sarah의 점수는 치료의 결과로 다양한 불안-관련 문제들이 일관되게 감소했음을 보여 주었고, 이는 각기 다른 불안장애에서 CBT 처치 이후 증상이 감소한다는 기존 데이터와 일치한다(Barlow, Allen, & Choate, 2004).

진단과 관련하여, Sarah는 치료 종료 시점과 추적 평가에서 구토 공포증 증상이 더는 일상생활 기능에 크게 방해될 정도는 아니라고 했다. 그녀는 체중이 늘었고, 사회적으로 훨씬 더 활발해졌고, 이성과 두 번의 연애를 했다. 또한, Sarah는 감정 조절을 위해 타인에게 의존하는 정도가 크게 줄어들어 가족 및 가까운 친구들과의 관계에서 부담을 덜게 되었다.

따라서 자기 보고 및 면담 자료에 따르면, Sarah는 CBT에 매우 괜찮은 반응을 보였다. 비록 CBT가 그녀의 SPOV를 목표로 했던 것이었지만 Sarah는 다양한 불안 관련 증상 관리에도 도움을 받았다. 증상 개선은 신체적 및 심리 사회적 건강에서 나타난 극적인 긍정적 변화와 함께 나타났다.

주의 편향

Sarah는 SPOV에 대한 CBT와 함께 8회기로 구성된 주의 편향 수정(attention bias modification: ABM) 프로토콜(Amir et al., 2009)도 함께 완료했다. 이 컴퓨터 과제 절차는 환자가 부정적인 자극보다 중립적인 자극에 더 많은 주의를 기울이게끔 '훈련'하는 방식으로, 목표 자극이 100% 시행에서 중립적인 자극의 위치(부정적인 자극의 위치 반대쪽에)에 나타나도록 설정된다. 따라서 외현적이든 암묵적이든 간에, 수검자는 탐지할 목표 자극의 위치를 예측하는 데에 주의를 머물러야 하기에 중립적인 자극으로 주의가 끌려가게 된다. 이렇게 됨으로써 불안한 개인을 특징짓는 부정적 주의 편향이 중립적 · 양성적(benign) 편향으로 좀 더 수정되고 부정적 주의 편향이 불안-관련 문제의 주요한 유발 및 유지 메커니즘이 된다고 생각하기 때문에 결과적으로 불안이 감소한다는 개념이다(Mathews & MacLeod, 2005).

[그림 6-2]에서 볼 수 있듯이, Sarah의 편향 점수는 그녀가 부정적인 단어보다 중립적인 단어 뒤에서 목표를 더 빠르게 탐지했음을 나타내며, 이는 보다 중립적 · 양성적 편향이 형성되었음을 시사한다. 따라서 해당 훈련 절차는 Sarah의 주의가 부정적인 자극보다 중립적인 자극으로 더 많이 끌리게끔 하는 데에 성공적이었다. 그러나 5개월 추적 평가 시점에서 Sarah의 편향 점수는 0으로 돌아갔으며, 이는 치료 전 수준이었다. Sarah가 치료 후와 추적 평가에서 불안 증상이 많이 감소하고 기능이 크게 개선된 점을 고려할 때, 그녀의 주의 편향 데이터는 부정적 주의 편향이 그녀의 병리 유지에 이바지하지 않았음을 시사한다. 사실, 어느 방향으로든 편향이 없음을 보여 주는 치료 전 데이터와도 일치하는 것이다(예: 주의 편향 없음). 다시 말해, 불안과 부정적 주의 편향 사이의 연관성이 작다는 점을 고려할 때 이는 놀라운 결과가 아니며(Bar-Haim et al., 2007), 한 가지 중요한 특별한 유지 메커니즘의 역할을 배제할 수 있다는 것이다. 이러한 결과는 불안에 대한 표준 CBT에 ABM을 추가해도 치료 전 시점의 주의 편향 점수와 관계없이 결과물이 더 나아지지 않는다는 최근 보고서(Rapee et al., 2013)와도 일치한다.

오류-관련 부적 전위

[그림 6-3]은 치료와 추적 평가에 걸쳐 Sarah의 ERN 진폭이 꾸준히 감소하는 모습을 보여 준다. 치료 후 Sarah의 ERN 진폭은 -5.00으로, 치료 전 값의 거의 절반 수준이었다. 이 점수를 지역의 규준 표본과 비교했을 때, 치료 후 Sarah는 50번째 백분위 수에 해당했다. 추적 평가 과정에서 그녀의 ERN은 계속 감소하여, 1개월 추적 평가에서는 5번

째 백분위 수(진폭=3.44), 5개월 추적 평가에서는 9번째 백분위 수(진폭 = 2.00)에 해당했다. 따라서 ERN 진폭은 치료와 추적 평가에 걸쳐 감소했기 때문에 그녀의 불안 관련 문제를 나타내는 좋은 지표가 될 수 있을 것이다. 중요 사항으로, 이러한 ERN 감소는 플랭커 과제에서의 수행 저하와 함께 나타나지 않았다는 것이다. 실제로, 그녀의 오류-관련 행동 수행은 치료와 추적 평가 전 과정에서 개선을 보였다. [그림 6-5]를 보면, Sarah는 오류가 나타난 후에 더 정확해졌으며 오류 이후 속도가 덜 느려졌다. 실수 후 더 빠르고 정확한 반응 패턴은 오류에 대한 적응적 반응으로 생각해 볼 수가 있다(Danielmeier & Ullsperger, 2011; Moser & Schroder, 2012). 즉, Sarah는 그렇게 되기 위해 더 적은 신경 자원(더 적은 ERN)을 사용하여 자신의 실수에서 성공적으로 원래 상태로 돌아왔다(Moser, Schroder, Heeter, Moran, & Lee, 2011). 그녀는 더욱 효율적이고 효과적으로 대처한 것이다(Moser et al., 2012; Sylvester et al., 2012).

Sarah의 ERN이 감소하고 오류 후 기능이 치료 이후에 증가한 것은 이러한 메커니즘이 그녀의 증상 수준과 관련되었거나 영향을 받았음을 시사한다. 문헌에서는 ERN이 불안의 특성 표식인지 아니면 가변적인 메커니즘을 나타내는지에 대해 상당한 논쟁이 존재한다(Moser, Hajcak, & Simons, 2005; Olvet & Hajcak, 2008; Riesel, Endrass, Kaufman, & Kathmann, 2011). 현재까지의 데이터는 ERN이 가변적인 메커니즘이며 내생적 표현형을 나타내지 않는다는 개념을 지지한다. 따라서 Sarah의 치료-관련 ERN 변화는 SPOV 중

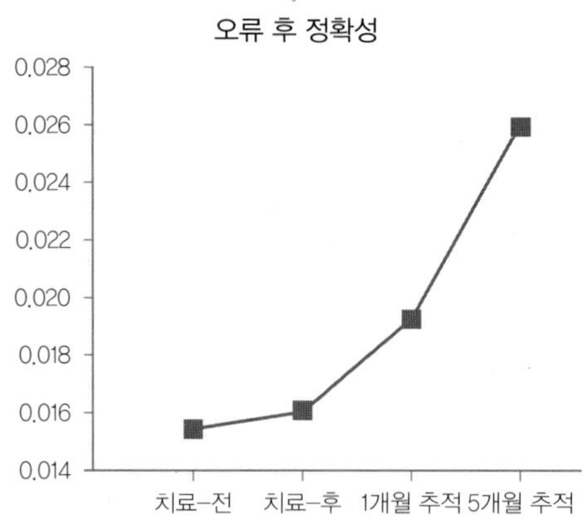

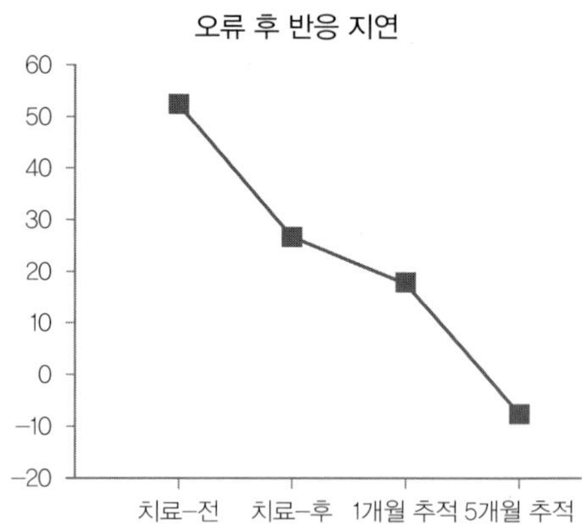

그림 6-5 평가 및 치료 단계에 걸친 오류 후 행동 데이터

왼쪽: 오류 후 정확도 차이 점수(오류 후 정확도에서 정답 후 정확도를 뺀 값). 오른쪽: 오류 후 반응 지연(오류 후 반응 시간에서 정답 후 반응 시간을 뺀 값, msec 단위). 오류 후 반응 지연 값이 양수이면 오류 시도 이후의 반응 시간이 정답 시도 이후의 반응 시간보다 느려졌음을 나타내며, 음수이면 오류 시도 이후의 반응 시간이 정답 시도 이후의 반응 시간보다 빨라졌음을 나타낸다.

상을 완화함으로써 그녀의 인지 기능이 개선되었음을 뒷받침한다.

후기 정적 전위

[그림 6-4]를 보면, 이는 치료와 추적 평가에서 재평가 시행 동안의 Sarah의 LPP가 자연스럽게 반응하도록 지시받은 보기 시행과 비교해 증가했음을 보여 준다. 특히, 이 증가는 전방과 중심부 기록 지점에서 두드러지게 나타났다(두피 전위 분포를 보여 주는 오른쪽 패널의 두피 전위 지도 참조). 이러한 결과는 다소 예상 밖이었는데, 높은 걱정 및 불안 증상은 감정 조절 동안 LPP를 포함한 신경 활성 증가와 연관되기 때문이다(Campbell-Sills et al., 2011; Moser et al., 2014). 우리는 치료 과정에서 Sarah의 불안과 걱정 증상이 감소함에 따라, 그녀의 감정 조절 능력은 재평가 시행 동안의 LPP가 관찰 시행 동안의 LPP보다 작아지면서 향상할 것이라고 초기 예측했었다. 그러나 Sarah의 재평가 관련 LPP는 관찰 관련 LPP와 비교해 증가했다. 중요한 점으로 재평가 관련 LPP의 이러한 증가는 걱정과 불안 증상이 감소한 상태에서 나타났다는 것이다. 따라서 재평가 관련 LPP는 Sarah의 병리와 관련된 중요한 과정을 반영하는 것으로 보이며 더 넓게는 불안의 가변적인 신경 표식으로 보인다.

초기 예측과 일치하지는 않지만, 치료 과정에서 전방 및 중심부 기록 위치에서 나타난 재평가 관련 LPP 증가는 인지적 통제 뇌 영역의 활성화가 강해졌음을 반영할 수 있다. 이러한 해석은 특정 공포증에 대한 CBT 이후 LPP가 강화되었다는 최근 연구 보고와 일치한다(Leutgeb et al., 2009). 기능적 신경영상촬영 연구에서도 성공적인 CBT가 불안 및 우울 환자에서 ACC와 PFC와 같은 전두엽 통제 중심에서의 증가와 연관이 있다는 결론을 뒷받침한다(DeRubeis, Siegle, & Hollon, 2008; Saxena et al., 2009). LPP는 대뇌 피질 내에 분포된 신경원을 가지고 있기에 감정적 과정과 인지적 과정의 상호작용을 자연스럽게 반영한다. 따라서 기존 문헌은 Sarah의 CBT 관련 LPP 진폭 변화가 감정적 반응성 감소보다는 감정을 덮는 인지적 통제 증가를 반영할 수도 있음을 시사한다. 이는 CBT가 주로 하향식 두뇌 메커니즘에 작용한다는 개념화와 부합한다(DeRubeis et al., 2008).

요약

앞에서 검토된 사례 연구는 다중방식 자료를 통합하여 임상 문제를 더 깊이 이해하는 과정을 보여 준다. 이 자료들은 진단, 불안 병리를 유지하는 것에 관여하는 메커니즘, 성공적인 CBT 반응, 그리고 인지 및 감정의 신경적 표식에 반영된 과정을 명확히 하는 데 도움을 주었다. 따라서 이 사례는 다중방식 접근법의 임상적 유용성뿐만 아니라, 이러한 단일-대상 설계가 어떻게 기초 과학에 정보를 제공할 수 있는지를 보여 준다. 또한, 우리의 관점에서는 여러 체계(언어적 · 행동적 · 생리적)에서의 변화가 일관되게 나타나는 점은 Sarah의 좋은 예후를 강력히 방증하는 근거가 된다고 본다. 따라서 이러한 일관된 변화가 치료로부터 얻은 개선 효과의 장기적인 유지 가능성을 가장 잘 예측할 수 있을 것이다(Rachman & Hodgson, 1974 참조). 이는 향후 연구에서 탐구할 흥미로운 방향이 될 수 있다.

실무적 고려 사항

우리는 자기 보고, 면담, 행동 과제 수행, 신경생리학(EEG/ERP)을 활용한 다중방식 접근법이 불안 평가에서의 임상적 유용성을 입증해 왔지만, 이러한 검사 배터리를 사용하는 데에 비용이 따른다는 것을 인정하고 있다. 특히, 신경생리학적 데이터를 모으는 데 장비 구매 및 유지 비용, 그리고 장비를 적절히 사용하는 데 필요한 교육 시간과 재정적 비용이 포함된다. 이러한 비용은 신경생리학적 평가를 시행하는 데 있어 큰 장애물로 보일 것이다. 그러나 최근 몇 년 동안 신경생리학적 자료 수집 시스템의 경제적 비용이 감소했으며, BIOPAC 및 Emotiv와 같은 여러 회사에서 이를 쉽게 구할 수 있다. 또한, 최근 야외에서 걷는 것과 같은 다양한 실제 환경에서 신경생리학을 기록할 수 있는 소형 저비용 시스템을 개발하려는 노력도 있었다(Debener, Minow, Emkes, Gandras, & De Vos, 2012). 따라서 이 기술은 임상 환경에서 더 저렴하고 유연하게 적용되고 있다는 것이다.

지난 몇십 년간 EEG/ERP를 활용한 정신병리학 연구가 기하급수적으로 증가했다는 사실을 보면 EEG/ERP 자료 수집이 비교적 비침습적이면서 일반적으로 환자들이 잘 받아들였다는 것이다. 이러한 속성 때문에 EEG/ERP 자료 수집은 실무가에게 좀 더 해 볼 만했던 방법이었다. EEG는 이미 병원에서 발작-관련 상태를 검사하는 데 널리 사용되고 있으며, 이를 정신건강 환자에게 사용할 수 있는 자연스러운 연결고리로서 역할을 할 수 있을 것이다. 마지막으로, 심리학자들은 이미 지능 및 성취도 평가와 같은 다른 평가 배터리에 상당한 자원을 투자하고 있다. 우리는 미래의 실무가들이 심리적 문제의 평가와 치료를 발전시키기 위해 신경생리학적 방법을 더 쉽게 사용할 수 있기를 바란다.

학술 의료 센터나 연구 중심 대학에서 일하는 실무가들이 여기서 검토한 기술을 활용할 가능성이 가장 크다. 본 사례에서 보여 준 한 가지 유용한 접근법은 실무가들이 환자로부터 수집된 데이터를 연구자들이 더 큰 표본을 사용해 생성한 기존 '구역 규준'과 비교하는 방식이다. 실무가와 연구자는 이러한 접근법의 확장 적용 잠재성을 실현하기 위해 더 강력한 협력 관계를 구축해야 한다. 이러한 접근법은 신경생리학적 데이터뿐만 아니라 부정적 주의 편향 과제에서 생성된 행동 데이터에도 사용할 수 있다.

끝으로 여기서 검토되고 사례에 적용된 방법들은 비교적 쉽게 전 연령대에 걸쳐 적용될 수 있다. 예를 들어, 아동을 대상으로 한 여러 가지 불안 질문지와 면담법이 존재하며(예: Multidimensional Anxiety Scale for Children; March, 1997), 주의 편향 과제가 아동 대상으로 개발되어 불안한 어린이에게 예상되는 부정적 주의 편향을 방증해 왔다(Bar-Haim et al., 2007). ERP는 생후 4개월 된 유아부터(예: Reynolds, Courage, & Richards, 2010) 80세 이상의 노인까지(예: Polich, Howard, & Starr, 1985) 기록할 수 있다. 따라서 이러한 다중방식 접근법은 다양한 연령대의 불안 관련 과정을 밝히는 데 도움을 줄 수 있다. 그러나 발달 변화가 측정치 간 관계의 본질에 영향을 미칠 수 있으므로 임상 및 연구 맥락에서 이를 신중히 고려해야 한다(Meyer, Weinberg, Klein, & Hajcak, 2012).

결론

다중방식을 활용한 불안 평가는 Lang(1968)의 초기 3 체계 접근법에서 시작된 오랜 역사를 가졌다. 그러나 불행하게도 다중방식 불안 평가는 오랫동안 주목받지 못하다가 최근 들어 다시 주목받기 시작했다. 이러한 관심의 부활은 주로 인지과학과 신경과학의 최근 동향에 따른 것으로 보인다. 이 장에서는 Lang(1968)의 초기 다중체계 불안 개념을 인지과학과 신경과학의 최근 동향과 통합하여, 질문지, 임상 면담, 탐점-탐지 수행, ERP를 활용한 다중방식 불안 평가의 잠재력을 설명하였다. 사례 연구를 통해 이러한 방법들로 수집된 자료를 통합하는 실제적인 추가 증거를 제시하였다. 앞으로의 확장 적용 연구는 다양한 분석 수준에서 자료를 통합하는 접근법이 가진 가능성을 실현하는 데 도움을 줄 것이다. 비록 이 장에서 제시된 접근법이 다중방식 불안 평가의 한 가지 예시를 보여 주는 것에 불과하지만, 우리는 해당 장이 가장 상식적인 정신건강 문제를 더 깊고 풍부하게 이해하는 모델로 쓰였으면 한다.

참고문헌

American Psychiatric Association. (2013). *Diagnostic and statistical manual of mental disorders* (5th ed.). Arlington, VA: Author.

Amir, N., Beard, C., Burns, M., & Bomyea, J. (2009). Attention modification program in individuals with generalized anxiety disorder. *Journal of Abnormal Psychology, 118,* 28–33.

Andrews, G. (1990). Classification of neurotic disorders. *Journal of the Royal Society of Medicine, 83,* 606–607.

Andrews, G. (1996). Comorbidity in neurotic disorders: The similarities are more important than the differences. In R. M. Rapee (Ed.), *Current controversies in the anxiety disorders.* New York: Guilford Press.

Arena, J. G., Blanchard, E. B., Andrasik, F., Cotch, P. A., & Myers, P. E. (1983). Reliability of psychophysiological assessment. *Behaviour Research and Therapy, 21,* 447–460.

Bar-Haim, Y., Lamy, D., Pergamin, L., Bakermans-Kranenburg, M. J., & van IJzendoorn, M. H. (2007). Threat-related attentional bias in anxious and nonanxious individuals: A meta-analytic study. *Psychological Bulletin, 133,* 1–24.

Barlow, D. H. (2002). *Anxiety and its disorders: The nature and treatment of anxiety and panic* (2nd ed.). New York: Guilford Press.

Barlow, D. H., Allen, L. B., & Choate, M. L. (2004). Toward a unified treatment for emotional disorders. *Behavior Therapy, 35,* 205–230.

Bearden, C. E., & Freimer, N. B. (2006). Endophenotypes for psychiatric disorders: Ready for primetime? *Trends in Genetics, 22,* 306–313.

Beck, A. T., Epstein, N., Brown, G., & Steer, R. A. (1988). An inventory for measuring clinical anxiety: Psychometric properties. *Journal of Consulting and Clinical Psychology, 56,* 893–897.

Becker, E., Rinck, M., Turke, V., Kause, P., Goodwin, R., Neumer, S., et al. (2007). Epidemiology of specific phobia subtypes: Findings from the Dresden Mental Health Study. *European Psychiatry, 22,* 69–74.

Beesdo, K., Knappe, S., & Pine, D. S. (2009). Anxiety and anxiety disorders in children and adolescents: Developmental issues and implications for DSM-V. *Psychiatric Clinics of North America, 32,* 483–524.

Behar, E., Alcaine, O., Zuelig, A. R., & Borkovec, T. D. (2003). Screening for generalized anxiety disorder using the Penn State Worry Questionnaire: A receiver operating characteristic analysis. *Journal of Behavior Therapy and Experimental Psychiatry, 34,* 25–43.

Beilock, S. L. (2008). Math performance in stressful situations. *Current Directions in Psychological Science, 17,* 339–343.

Boschen, M. J. (2007). Reconceptualizing emetophobia: A cognitive-behavioral formulation and research agenda. *Journal of Anxiety Disorders, 21,* 407–419.

Brown, T. A. (1996). Validity of the DSM-III-R and DSM-IV classification systems for anxiety disorders.

In R. M. Rapee (Ed.), *Current controversies in the anxiety disorders* (pp. 21-45). New York: Guilford Press.

Brown, T. A., & Barlow, D. H. (2009). A proposal for a dimensional classification system based on the shared features of the DSM-IV anxiety and mood disorders: Implications for assessment and treatment. *Psychological Assessment, 21*, 256-271.

Campbell-Sills, L., & Barlow, D. H. (2007). Incorporating emotion regulation into conceptualizations and treatments of anxiety and mood disorders. In J. Gross (Ed.), *Handbook of emotion regulation* (pp. 542-559). New York: Guilford Press.

Campbell-Sills, L., Simmons, A. N., Lovero, K. L., Rochlin, A. A., Paulus, M. P., & Stein, M. B. (2011). Functioning of neural systems supporting emotion regulation in anxiety-prone individuals. *NeuroImage, 54*, 689-696.

Cohen, J. (1988). *Statistical power of analysis for the behavioral sciences* (2nd ed.). Hillsdale, NJ: Erlbaum.

Corbetta, M., & Shulman, G. L. (2002). Control of goal-directed and stimulus-driven attention in the brain. *Nature Reviews Neuroscience, 3,* 201-215.

Cuthbert, B. N., Schupp, H. T., Bradley, M. M., Birbaumer, N., & Lang, P. J. (2000). Brain potentials in affective picture processing: Covariation with autonomic arousal and affective report. *Biological Psychology, 52,* 95-111.

Danielmeier, C., & Ullsperger, M. (2011). Post-error adjustments. *Frontiers in Psychology, 2,* 1-10.

Debener, S., Minow, F., Emkes, R., Gandras, K., & De Vos, M. (2012). How about taking a low-cost, small, and wireless EEG for a walk? *Psychophysiology, 49,* 1449-1453.

Dehaene, S., Posner, M. I., & Tucker, D. M. (1994). Localization of a neural system for error detection and compensation. *Psychological Science, 5,* 303-305.

DeRubeis, R. J., Siegle, G. J., & Hollon, S. D. (2008). Cognitive therapy versus medication for depression: treatment outcomes and neural mechanisms. *Nature Reviews Neuroscience. 9,* 788-796.

Eriksen, B. A., & Eriksen, C. W. (1974). Effects of noise letters upon the identification of a target letter in a nonsearch task. *Perception and Psychophysics, 16*, 143-149.

Eysenck, M. W., & Derakshan, N. (2011). New perspectives in attentional control theory. *Personality and Individual Differences, 50,* 955-960.

Eysenck, M. W., Derakshan, N., Santos, R., & Calvo, M. G. (2007). Anxiety and cognitive performance: Attentional control theory. *Emotion, 7,* 336-353.

Gehring, W. J., Goss, B., Coles, M. G. H., Meyer, D. E., & Donchin, E. (1993). A neural system for error detection and compensation. *Psychological Science, 4*, 385-390.

Gehring, W. J., Himle, J., & Nisenson, L. G. (2000). Action monitoring dysfunction in obsessive-compulsive disorder. *Psychological Science, 11*, 1-6.

Hajcak, G., Dunning, J. P., & Foti, D. (2009). Motivated and controlled attention to emotion: Time-course of the late positive potential. *Clinical Neurophysiology, 120,* 505-510.

Hajcak, G., MacNamara, A., & Olvet, D. M. (2010). Event-related potentials, emotion, and emotion regulation: An integrative review. *Developmental Neuropsychology, 35,* 129–155.

Hajcak, G., McDonald, N., & Simons, R. F. (2003). To err is autonomic: Error-related brain potentials, ANS activity, and posterror compensatory behavior. *Psychophysiology, 40,* 895–903.

Hajcak, G., & Nieuwenhuis, S. T. (2006). Reappraisal modulates the electrocortical response to negative pictures. *Cognitive, Affective, and Behavioral Neuroscience, 6,* 291–297.

Hajcak, G., & Simons, R. F. (2002). Error-related brain activity in obsessive-compulsive undergraduates. *Psychiatry Research, 110,* 63–72.

Heimberg, R. G., Horner, K. J., Juster, H. R., Safren, S. A., Brown, E. J., Schneier, F. R., et al. (1999). Psychometric properties of the Liebowitz Social Anxiety Scale. *Psychological Medicine, 29,* 199–212.

Hertel, P. T., & Mathews, A. (2011). Cognitive bias modification: Past perspectives, current findings, and future applications. *Perspectives on Psychological Science, 6,* 521–536.

Holden, A. E., & Barlow, D. H. (1986). Heart rate and heart rate variability recorded *in vivo* in agoraphobics and nonphobics. *Behavior Therapy, 17,* 26–42.

Kartsounis, L. D., Mervyn-Smith, J., & Pickersgill, M. J. (1983). Factor analysis of the responses of British University students to the Fear Survey Schedule (FSS-III). *Personality and Individual Differences, 4,* 157–163.

Keane, T. M., Kolb, L. C., Kaloupek, D. G., Orr, S. P., Blanchard, E. B., Thomas, R. G., et al. (1998). Utility of psychophysiology measurement in the diagnosis of posttraumatic stress disorder: Results from the department of Veterans Affairs cooperative study. *Journal of Consulting and Clinical Psychology, 66,* 914–923.

Kessler, R. C., Berglund, P., Demler, O., Jin, R., Merikangas, K. R., & Walters, E. E. (2005). Lifetime prevalence and age-of-onset distributions of DSM-IV disorders in the National Comorbidity Survey Replication. *Archives of General Psychiatry, 62,* 593–602.

Kessler, R. C., Chiu, W. T., Demler, O., Merikangas, K. R., & Walters, E. E. (2005). Prevalence, severity, and comorbidity of 12-month DSM-IV disorders in the National Comorbidity Survey replication. *Archives of General Psychiatry, 62,* 617–627.

Krueger, R. F. (1999). The structure of common mental disorders. *Archives of General Psychiatry, 56,* 921–926.

Lang, P. J. (1968). Fear reduction and fear behavior: Problems in treating a construct. In J. Schlien (Ed.), *Research in psychotherapy* (Vol. III, pp. 90–103). Washington, DC: American Psychiatric Press.

Lawyer, S. R., & Smitherman, T. A. (2004). Trends in anxiety assessment. *Journal of Psychopathology and Behavioral Assessment, 26,* 101–106.

Leutgeb, V., Schäfer, A., & Schienle, A. (2009). An event-related potential study on exposure therapy for patients suffering from spider phobia. *Biological Psychology, 82,* 293–300.

Leutgeb, V., Schafer, A., & Schienle, A. (2011). Late cortical positivity and cardiac responsibitiyy in female dental phobics when exposed to phobia-relevant pictures. *International Journal of Psychophysiology, 79,* 410–416.

Lipsitz, J. D., Fyer, A. J., Paterniti, A., & Klein, D. F. (2001). Emetophobia: Preliminary results of an

Internet survey. *Depression and Anxiety, 14,* 149-152.

Liu, Y., Huang, H., McGinnis-Deweese, M., Keil, A., & Ding, M. (2012). Neural substrates of the late positive potential in emotional processing. *Journal of Neuroscience, 32,* 14563-14572.

Luck, S. J. (2005). *An introduction to the event-related potential technique.* Cambridge, MA: MIT Press.

MacNamara, A., & Hajcak, G. (2010). Distinct electrocortical and behavioral evidence for increased attention to threat in generalized anxiety disorder. *Depression and Anxiety, 27,* 234-243.

Manassis, K., & Kalman, E. (1990). Anorexia resulting from fear of vomiting in four adolescent girls. *Canadian Journal of Psychiatry, 35,* 548-550.

March, J. S. (1997). *Manual for the Multidimensional Anxiety Scale for Children*. Toronto, Ontario: Multihealth Systems.

Marks, I. M., & Nesse, R. M. (1994). Fear and fitness: An evolutionary analysis of anxiety disorders. *Ethology and Sociobiology, 15,* 247-261.

Mathews, A., & MacLeod, C. (2005). Cognitive vulnerability to emotional disorders. *Annual Review of Clinical Psychology, 1,* 167-195.

McLean, C. P., Asnaani, A., Litz, B. T., & Hofmann, S. G. (2011). Gender differences in anxiety disorders: Prevalence, course of illness, comorbidity, and burden of illness. *Journal of Psychiatric Research, 45,* 1027-1035.

Meyer, T. J., Miller, M. L., Metzger, R. L., & Borkovec, T. D. (1990). Development and validation of the Penn State Worry Questionnaire. *Behavioral Research and Therapy, 28,* 487-495.

Meyer, A., Weinberg, A., Klein, D. N., & Hajcak, G. (2012). The development of the error-related negativity and its relationship with anxiety: Evidence from 8- to 13-year-olds. *Developmental Cognitive Neuroscience, 2,* 152-161.

Millon, T. (1969). *Modern psychopathology.* Philadelphia: Saunders.

Moser, J. S., Hajcak, G., Bukay, E., & Simons, R. F. (2006). Intentional modulation of emotional responding to unpleasant pictures: An ERP study. *Psychophysiology, 43,* 292-296.

Moser, J. S., Hajcak, G., & Simons, R. F. (2005). The effects of fear on performance monitoring and attentional allocation. *Psychophysiology, 42,* 261-268.

Moser, J. S., Hartwig, R., Moran, T. P., Jendrusina, A. A., & Kross, E. (2014). Neural markers of positive reappraisal and their associations with trait reappraisal and worry. *Journal of Abnormal Psychology, 123,* 91-105.

Moser, J. S., Huppert, J. D., Duval, E., & Simons, R. F. (2008). Face processing biases in social anxiety: An electrophysiological study. *Biological Psychology, 78,* 93-103.

Moser, J. S., Krompinger, J. W., Dietz, J., & Simons, R. F. (2009). Electrophysiological correlates of decreasing and increasing emotional responses to unpleasant pictures. *Psychophysiology, 46,* 17-27.

Moser, J. S., Moran, T. P., & Jendrusina, A. A. (2012). Parsing dimensions of anxiety and action monitoring brain potentials in female undergraduates. *Psychophysiology, 49,* 3-10.

Moser, J. S., & Schroder, H. S. (2012). Making sense of it all?: Cognitive and behavioral mechanisms needing clarification in the meaning maintenance model. *Psychological Inquiry, 23,* 367-373.

Moser, J. S., Schroder, H. S., Heeter, C., Moran, T. P., & Lee, Y.-H. (2011). Mind your errors: Evidence for a neural mechanism linking growth mind-set to adaptive post-error adjustments. *Psychological Science, 22,* 1484-1489.

Nitschke, J. B., Heller, W., Imig, J. C., McDonald, R. P., & Miller, G. A. (2001). Distinguishing dimensions of anxiety and depression. *Cognitive Therapy and Research, 25,* 1-22.

Olofsson, J. K., Nordin, S., Sequeira, H., & Polich, J. (2008). Affective picture processing: An integrative review of ERP findings. *Biological Psychology, 77,* 247-265.

Olvet, D., & Hajcak, G. (2008). The error-related negativity (ERN) and psychopathology: Toward an endophenotype. *Clinical Psychology Review, 28*, 1343-1354.

Ost, L.-G., Jerremalm, A., & Johansson, J. (1981). Individual response patterns and the effects of different behavioral methods in the treatment of social phobia. *Behaviour Research and Therapy, 19,* 1-16.

Ost, L.-G., Johansson, J., & Jerremalm, A. (1982). Individual response patterns and the effects of different behavioral methods in the treatment of claustrophobia. *Behaviour Research and Therapy, 20,* 445-460.

Philips, H. C. (1985). Return of fear in the treatment of a fear of vomiting. *Behaviour Research Therapy, 23*, 45-52.

Polich, J., Howard, L., & Starr, A. (1985). Stimulus frequency and masking as determinants of P300 latency in event-related potentials from auditory stimuli. *Biological Psychology*, *21*, 309-318.

Posner, M. I., & Petersen, S. E. (1990). The attention system of the human brain. *Annual Review of Neuroscience, 13,* 25-42.

Price, K., Veale, D., & Brewin, C. R. (2012). Intrusive imagery in people with a specific phobia of vomiting. *Journal of Behavior Therapy and Experimental Psychiatry, 43,* 672-678.

Rachman, S., & Hodgson, R. (1974). I. Synchrony and desynchrony in fear and avoidance. *Behaviour Research and Therapy, 12,* 311-318.

Rapee, R. M., MacLeod, C., Carpenter, L., Gaston, J. E., Frei, J., Peters, L., et al. (2013). Integrating cognitive modification into a standard cognitive behavioural treatment package for social phobia: A randomized controlled trial. *Behaviour Research and Therapy, 15,* 207-215.

Reynolds, G. D., Courage, M. L., & Richards, J. E. (2010). Infant attention and visual preferences: Converging evidence from behavior, event-related potentials, and cortical source location. *Developmental Psychology*, *46*, 886-904.

Rice, D. P., & Miller, L. S. (1998). Health economics and cost implications of anxiety and other mental disorders in the United States. *British Journal of Psychiatry, 173,* 4-9.

Ridderinkhof, K. R., Ullsperger, M., Crone, E. A., & Nieuwenhuis, S. (2004). The role of the medial frontal cortex in cognitive control. *Science, 306*, 443-447.

Riesel, A., Endrass, T., Kaufmann, C., & Kathmann, N. (2011). Overactive error-related brain activity as a candidate endophenotype for obsessive-compulsive disorder: Evidence from unaffected first-degree relatives. *American Journal of Psychiatry, 68*, 317-324.

Ruscio, A. M., Borkovec, T. D., & Ruscio, J. (2001). A taxometric investigation of the latent structure of worry. *Journal of Abnormal Psychology, 110,* 413-422.

Ruscio, A. M., Ruscio, J., & Keane, T. M. (2002). The latent structure of posttraumatic stress disorder: A taxometric investigation of reactions to extreme stress. *Journal of Abnormal Psychology, 111,* 290-301.

Rytwinski, N. K., Fresco, D. M., Heimberg, R. G., Coles, M. E., Liebowitz, M. R., Cissell, S., et al. (2009). Screening for social anxiety disorder with the self-report version of the Liebowitz Social Anxiety Scale. *Depression and Anxiety, 26,* 34-38.

Sabatinelli, D., Lang, P. J., Keil, A., & Bradley, M. M. (2007). Emotional perception: Correlation of functional MRI and event related potentials. *Cerebral Cortex, 17,* 1066-1073.

Sanislow, C. A., Pine, D. A., Quinn, K. J., Kozak, M. J., Garvey, M. A., Heinssen, R. K., et al. (2010). Developing constructs for psychopathology research: Research domain criteria. *Journal of Abnormal Psychology, 119,* 631-639.

Saxena, S., Gorbis, E., O'Neill, J., Baker, S. K., Mandelkern, M. A., Maidment, K. M., et al. (2009). Rapid effects of brief intensive cognitive-behavioral therapy on cerebral glucose metabolism in obsessive-compulsive disorder. *Molecular Psychiatry, 14,* 197-205.

Scharmuller, W., Leutgeb, V., Schafer, A., Kochel, A., & Schienle, A. (2011). Source localization of late electrocortical positivity during symptom provocation in spider phobia: An sLORETA study. *Brain Research, 1397,* 10-18.

Schienle, A., Kochel, A., & Leutgeb, V. (2011). Frontal late positivity in dental phobia: A study on gender differences. *Biological Psychology, 88,* 263-269.

Schmidt, N. B., Forsyth, J. P., Santiago, H. T., & Trakowski, J. H. (2002). Classification of panic attack subtypes in patients and normal controls in response to biological challenge: Implications for assessment and treatment. *Journal of Anxiety Disorders, 16,* 625-638.

Shackman, A. J., Salomons, T. V., Slagter, H. A., Fox, A. S., Winter, J. J., & Davidson, R. J. (2011). The integration of negative affect, pain, and cognitive control in the cingulate cortex. *Nature Reviews Neuroscience, 12,* 154-167.

Sheehan, D. V., Lecrubier, Y., Sheehan, K. H., Amorim, P., Janavs, J., Weiller, E., et al. (1998). The Mini International Neuropsychiatric Interview (M.I.N.I.): The development and validation of a structured diagnostic psychiatric interview for DSMIV and ICD-10. *Journal of Clinical Psychiatry, 59,* 22-33.

Steenkamp, M., McLean, C. P., Arditte, K. A., & Litz, B. T. (2010). Exposure to trauma in adults. In M. M. Anthony & D. H. Barlow (Eds.), *Handbook of assessment and treatment planning for psychological disorders* (2nd ed., pp. 301-343). New York: Guilford Press.

Sylvester, C. M., Corbetta, M., Raichle, M. E., Rodebaugh, T. L., Schlagger, B. L., Sheline, Y. I., et al. (2012). Functional network dysfunction in anxiety and anxiety disorders. *Trends in Neurosciences, 35,* 527-525.

Theeuwes, J., & Van der Burg, E. (2007). The role of spatial and nonspaital information in visual selection. *Journal of Experimental Psychology: Human Perception and Performance, 33,* 1335-1351.

Thiruchselvam, R., Blechert, J., Sheppes, G., Rydstrom, A., & Gross, J. J. (2011). The temporal dynamics of emotion regulaton: An EEG study of distraction and reappraisal. *Biological Psychology, 87,* 84–92.

Vaidyanathan, U., Nelson, L. D., & Patrick, C. J. (2012). Clarifying domains of internalizing psychopathology using neurophysiology. *Psychological Medicine, 42,* 447–459.

van Hout, W. J., & Bouman, T. K. (2012). Clinical features, prevalence and psychiatric complaints in subjects with fear of vomiting. *Clinical Psychology and Psychotherapy, 19,* 531–539.

van Veen, V., & Carter, C. S. (2002). The timing of action-monitoring processes in the anterior cingulate cortex. *Journal of Cognitive Neuroscience, 14,* 593–602.

van Zoest, W., Donk, M., & Theeuwes, J. (2004). The role of stimulus-driven and goal-driven control in saccadic visual selection. *Journal of Experimental Psychology: Human Perception and Performance, 30,* 746–759.

Veale, D. (2009). Cognitive behaviour therapy for a specific phobia of vomiting. *Cognitive Behaviour Therapist, 2,* 272–288.

Veale, D., Ellison, N., Whelan, C., & Henry, K. (2010). *The specific phobia of vomiting inventory.* Poster presented at World Congress of Behavioural and Cognitive Psychotherapies CBT, Boston, MA.

Veale, D., & Lambrou, C. (2006). The psychopathology of vomit phobia. *Behavioural and Cognitive Psychotherapy, 34,* 139–150.

Watson, D. (2005). Rethinking the mood and anxiety disorders: A quantitative hierarchical model for DSM-V. *Journal of Abnormal Psychology, 114,* 522–536.

Weinberg, A., Olvet, D. M., & Hajcak, G. (2010). Increased error-related brain activity in generalized anxiety disorder. *Biological Psychology, 85,* 472–480.

Weinberg, A., Riesel, A., & Hajcak, G. (2012). Integrating multiple perspectives on error-related brain activity: The ERN as a neural indicator of trait defensive reactivity. *Motivation and Emotion, 36,* 84–100.

Wolpe, J. (1977). Inadequate behavior analysis: The Achilles heel of outcome research in behavior thearpy. *Journal of Behavior Therapy and Experimental Psychiatry, 8,* 1–3.

제7장

성인 외현화 스펙트럼의 다중방식평가

반사회적 행동 및 물질 사용 장애

Daniel M. Blonigen & Amy Wytiaz

외현화 스펙트럼의 개념적 틀

자신의 충동을 표현하려는 경향성보다 억제하려는 경향성에 관한 개인차의 인식은 심리학이 학문으로 자리 잡은 초창기부터 존재해 왔다(James, 1890/1983). 시간이 지나면서 이러한 경향성은 충동성(Gray, 1981; Whiteside & Lynam, 2001), 감각-추구(Zuckerman & Kulhman, 2000), 제약(Tellegen, 1985), 참신함-추구(Cloninger, Svrakic, & Przybeck, 1993) 등을 포함한 다양한 심리적 구성 요소 내에서 구체화되었다. 정신병리학에서는 이러한 구성개념들은 외현화 스펙트럼과 관련된 것으로 나타났고, 이는 반사회적 행동을 보이는 장애[예: ASPD, antisocial personality disorder(ASPD)]와 물질 사용 장애(예: 알코올 및 기타 약물 의존)에 반영되었다. 현재의 진단 체계(예: Diagnostic and Statistical Manual of Mental Disorders, 5th ed., DSM-5; American Psychiatric Association, 2013)에서는 이러한 장애들을 개별 범주로 개념화하고 있다. 그러나 이들은 우연 이상의 높은 수준으로 함께 발생하며, 경험적 연구에서는 탈억제 경향을 특징으로 하는 잠재적 스펙트럼과 상관된 지표로서 개념화하였다(Waldman & Slutske, 2000).

이 장의 목표

이 장에서는 외현화 스펙트럼으로 분류되는 장애를 평가하기 위해 사용된 방법들을 체계적으로 검토하고자 한다. 임상적 관점에서 보면, 외현화 경향성과 자살(Verona & Patrick, 2000); 폭력(Caspi et al., 1997) 등 사회적으로 상당한 비용을 초래하는 광범위한 부정적 결과와 행동 간의 강력한 연결고리를 고려했을 때, 이러한 스펙트럼을 평가하는 것은 확실히 중요한 사안이다. 이뿐만 아니라 외현화 스펙트럼은 기타 축 I의 정신건강 장애(Kopta, Howard, Lowry, & Beutler, 1994; Magyar et al., 2012)와 의학적 장애(Ward, 2004)의 성과, 치료 및 관리에도 해로운 영향을 미친다. 해당 연구 검토의 목적은 단순히 이러한 장애를 평가하는 데에 흔히 사용되는 측정 도구 목록을 제공하는 것이 아니라, ① 가장 일반적이고 타당한 평가 방법, ② 이러한 방법 간의 일치 정도, ③ 임상 평가에서 이러한 방법들을 통합하기 위한 근거를 좀 더 전반적으로 강조하고자 한다. 이러한 주제에 관해 경험적 문헌을 검토함으로써 근거 기반 다중방식평가와 임상 실무 간의 연계를 강화하고, 연구자와 임상가 모두에게 실험실과 현실-세계 장면에서 다양한 평가 기법을 통합할 수 있는 경험적으로 뒷받침되는 모델을 제시하고자 한다.

이 장에서 우리는 **성인 외현화 스펙트럼 모델**에 초점을 맞출 것이다. 이 모델은 탈억제를 공유하는 문젯거리와 연결된 정신장애와 심리적 특성을 같은 결의 스펙트럼으로 개념화한다(Krueger et al., 2002; Krueger et al., 2007). 우리는 이 장의 첫 번째와 두 번째 항목에서 반사회적 행동장애(예: ASPD와 사이코패시)와 물질 사용 장애인 외현화의 정신병리학적 지표에 초점을 맞추었다. 각각 부분마다 자기 보고 질문지; 구조화 면담; 파일/차트 기록 검토; 관찰자/외부의 보고; 투사(또는 '수행 기반') 검사(Mihura et al., 2013); 그리고 생물학적 검사 등을 예를 들어가며 해당 장애 전반에서의 특정 다양성과 함께 다양한 평가 접근법을 다루었다. 마지막 부분에서 우리는 새로운 측정 도구인 외현화 스펙트럼 인벤토리(Externalizing Spectrum Inventory: ESI; Krueger et al., 2007)를 간략히 검토하였다. 이 도구는 외현화 특성 그리고 행동적 지표를 평가하기 위해 다면적 접근법을 활용하는 것이며 이 영역에서 향후 다중방식평가 연구를 위한 통합적 모델로 쓰일 수도 있을 것이다.

반사회적 행동의 장애들

반사회적 행동으로 특징지어지는 임상적 상태는 외현화 스펙트럼에서 가장 두드러진 심각성의 지표로 여겨져 왔다(Krueger, Markon, Patrick, & Iacono, 2005). 지금 이 부분에서 ASPD와 사이코패시적 성격장애(사이코패시, ASPD와 관련이 있지만, 개념적으로는 구별되는 구성개념) 등에 대한 평가 문헌을 검토하였다. 이 책의 다른 부분에서도 다루었듯이 성격장애와 관련한 다중방식평가에 관해 좀 더 상세히 검토해 보면, ASPD에 대한 우리의 검토가 빈틈없이 꼼꼼한 것은 아니지만 ASPD 및 외현화 스펙트럼과 연결된 기타 성격장애(예: 경계선 성격장애; Eaton et al., 2011)를 포함한다. 그 대신에 우리는, ① ASPD에 대한 DSM 기반 구성개념에서 개념적 근원이자, ② DSM-5의 ASPD에 대한 대안적 성격장애 III 부의 진단에서 더 폭넓게 보여 주는 사이코패시에 초점을 둘 것이다(Latzman, Lilienfeld, Latzman, & Clark, 2013).

반사회성 성격장애

Robins(1966)의 연구에 주로 기반을 둔 ASPD(Antisocial Personality Disorder) 진단 명칭은 "타인의 권리를 무시하고 침해하는 전반적으로 만연된 패턴"에 들어맞는 개인들을 정의한다(American Psychiatric Association, 2013, p. 659). 이 진단의 주요 특징은 범죄 행위(예: 반복적인 신체적 싸움이나 폭행) 실행에 반영된 행동 기준에 주로 기반을 둔다는 점이다. 평가 관점에서 이러한 접근법은 평가자 간 진단 일치도를 높이는 데 유용할 수가 있다; 하지만 이러한 진단이 사이코패시에 대한 고전적 개념을 상당히 포괄적이면서도 충분히 표현하지 못한다는 비판을 동시에 받고 있다(Lilienfeld, 1994). 그렇다고 하더라도 ASPD는 현재 진단 분류 체계에서 성인 반사회적 행동을 형식에 맞추어 진단하는 유일한 장애로 남아 있으며 이러한 진단 체계를 다루어야만 하는 실무자들에게 여전히 중요한 것이다.

자기 보고 질문지와 구조화된 면담

ASPD를 평가하는 가장 일반적인 방법은 자기 보고(수기식) 질문지와 구조화/반구조화 임상 면담이다. 하지만 대부분 심리학적 구성개념과 마찬가지로 이 두 가지 접근법

무엇이든 반사회적 행동을 평가하는 데에 '최상의 기준' 도구라고 할 수 없다. 두 가지 방법 모두 각각 분명한 한계점이 있다. 예를 들어, 면담은 비용이 많이 들고 시행을 위한 심화 과정의 임상적 훈련이 필요하다. 한편, 자기 보고 질문지는 더 간단하고 최소한의 임상 훈련만으로도 사용 가능하며(결과를 해석하는 것은 다른 문제임), 그리고 동시에 여러 사람에게 시행할 수도 있다. 반대로 자기 보고 질문지는 반사회적 성격의 평가에서 본질적 면에서 부적합할 수 있다는 오랜 우려가 있다. 이러한 특성을 가진 개인들은 자신의 행동에 대한 통찰력이 부족하고, 특히 법적 문제가 얽혀 있는 경우에 사회적으로 일탈적인 속성을 부정하거나 축소해 보고하는 경향이 있다(Edens, Hart, Johnson, Johnson, & Olver, 2000).

사기 보고와 면담 기반 ASPD의 측정 간 일치도를 조사한 연구는 두 건에 불과하다. Blackburn 등(2004)은 정신질환이 있는 남성 법의학 환자를 대상으로 다특성-다방식 행렬 점수에 대한 확인적 요인분석을 통해, 이 두 접근법의 수렴 및 변별 타당성을 검토했다. 사용된 도구는 면담 도구인 국제 성격장애 검진(the International Personality Disorder Examination: IPDE; WHO, 1995), 그리고 두 가지 자기 보고 도구인 성격 진단 질문지(Personality Diagnostic Questionnaire: PDQ-4; Hyler & Rieder, 1994); 그리고 밀론 임상 다축 검사(Millon Clinical Multiaxial Inventory: MCMI-II; Millon, 1987)였다. ASPD 범주적 진단의 일치도는 낮았다(k = .28~.36; IPDE와 PDQ-4와 MCMI-II 각각의 상관). 하지만 연속형 점수 비교에서는 두 방법 간 수렴 타당도가 강하게 나타났다. 연구 결과는 성격장애 평가에서 면담이 질문지보다 우수하다는 주장을 뒷받침하지 못했다. 하지만 모든 도구에서 방법 변량에 기인한 측정 오류가 상당했으며, 이는 개별 측정치의 절반 이상에서 특성 변량을 초과했다. 따라서 ASPD 평가에 있어 어느 한 가지 방법만 사용하는 것은 법적 결과가 직접 관련된 임상 환경에서는 특히 권유하지 않는다.

Guy, Poythress, Douglas, Skeem과 Edens(2008)는 법원 명령으로 거주형 약물 남용 치료 또는 교도소에 배치된 1,345명의 범죄자를 대상으로 자기 보고 및 면담 기반 ASPD 평가 간의 일치도를 조사했다. 사용된 도구는 PDQ-4와 성격평가검사(Personality Assessment Inventory: PAI; Morey, 2007)의 ASPD 및 반사회적 특성(Antisocial Feature: ANT) 척도와 축 II 성격장애에 대한 구조화된 임상 면담(Structured Clinical Interview for Axis II Personality Disorders; First, Spitzer, Gibbon, Williams, & Benjamin, 1997)였다. 범주형 진단의 일치도가 낮았고(k = .31, .32; SCID 기반 진단과 비교하여 PDQ-4, PAI 각각), 반면 자기 보고 척도 점수와 면담 기반 증상 수치 간에는 더 강한 일치도를 보였다(r = .67, .51). 이

러한 일치는 성별, 인종, 환경에 걸쳐 일정하게 유지되었다. 하지만 이 결과를 해석할 때 ① PDQ(PAI는 그렇지 않음)는 DSM에 대응하도록 설계되었으며, ② PAI-ANT 척도는 DSM-정의인 ASPD의 행동적 양상뿐만 아니라 DSM에서 설명하지 않는 사이코패시의 대인관계적 양상도 포착하도록 설계되었다는 점을 염두에 두어야 한다. 따라서 이 두 가지 자기 보고 지표는 검사들의 ASPD 평가에서 동일 개념을 측정하지 않을 수도 있는 것이다.

요약과 결론

ASPD의 자기 보고와 면담 기반 방법 간의 일치도를 확립하는 것은 연구 및 임상 실무에서 이 두 가지 평가 접근법 모두를 활용하는 방법에 대해 논의하기 위한 필수 전제조건이라 할 수 있다. 이 분야에서 유용한 연구 작업에 따르면, 연속형 점수를 기반으로 한 이러한 평가 방법들 전반에서 강한 일치도가 있음을 시사한다. 반대로, ASPD 범주형 진단 간의 일치도는 일반적으로 낮으며, 이는 성인 대상에서 반사회적 행동 평가에 대한 선행 연구 검토 결과와 일치한다(Lilienfeld, Purcell, & Jones-Alexander, 1997). 하지만 평가의 목적에 따르면 다음 조건을 고려해 봤을 때 진단 일치도의 부족이 특별히 문제 시 되지는 않을 수도 있다. ① ASPD가 단일 범주로 분류된다는 근거가 제한적이며(Marcus, Lilienfeld, Edens, & Poythress, 2006), ② 차원적 점수의 심리측정학적 특성이 범주적 진단보다 우수하다는 강력한 증거가 있다(Markon, Chmielewski, & Miller, 2011).

자기 보고와 면담 기반 ASPD 측정치의 차원적 점수 간 수렴도는 이러한 방법들의 통합을 지지하는데도 불구하고 임상 장면에서 두 가지 방법을 조합하는 데 대한 공식적인 지침은 없다. 이에 더해, 각 방법의 고유한 심리측정학적 특성과 관행은 이 과정에서 몇몇 잠재적 문젯거리를 제기한다. 예를 들어, 범주적 장애의 기저율은 면담보다 수기형 질문지가 더 높은 경향이 있는데(Guthrie & Mobley, 1994), 이는 평가의 일차적 목적이 ASPD 진단을 확립하는 것이라면 중요한 고려 사항이 될 수 있다. 반대로, 확립된 규준과 관련하여 질문지와 면담 모두를 통해 ASPD의 심각성을 수량화하고 추적하는 것이 가능하지만, 시간과 비용 제약으로 인해 면담보다 질문지가 더 실용적일 수도 있다. ASPD 평가를 위한 최선의 임상 실무는 자기 보고 지표가 면담을 통해서 얻게 정보를 또는 그 반대로 면담이 자기 보고 지표를 통해서 수집된 해당 정보를 어떻게 보완할지를 결정해야 할 경우라면 반드시 이러한 문제들을 다루어야만 한다. 예를 들어, 자기 보고 지표는 ASPD를 겪게 될 가능성이 적고 추가 평가가 필요하지 않은 사람들을 '선별 배제'하고 추가 평가(구조화된 인터뷰를 통해)가 필요한 사람들을 '선별 선택'하는 데 사용할 수 있다.

게다가 ASPD를 겪을 가능성이 큰 개인의 경우 자기 보고 질문지를 사용하여 확립된 규준에 비추어 개인의 반사회적 성향의 심각도를 수량화할 수 있는데, 이는 임상적 이해를 향상하고 치료계획 및 임상적 의사결정을 안내하는 데 도움이 될 수 있다.

사이코패시

현재 사이코패시 개념화는 주로 Cleckley(1976)와 Karpman(1941), McCord와 McCord (1964) 등의 저술로부터 이루어져 왔으며, 자기 중심성, 죄책감 결여, 냉담함, 부정직성, 친밀한 정서적 유대의 실패, 비난거리를 외현화하는 성향과 같은 특성을 강조한다. 이러한 초기 임상적 설명은 종종 '성격 기반' 개념화로 묘사되며 ASPD에 대한 '행동 기반' 구성개념과 대조된다. 두 개념은 외현화 관련 진단 기준과 관련해서 연결되거나 공유되어 있다. 하지만 사이코패시에 대한 역사적 개념은 다양한 수준에서 외현화 스펙트럼을 강조해 왔다.

최근 Patrick, Fowles와 Krueger(2009)는 이러한 역사적 개념들을 통합하기 위해 사이코패시 삼원 모델을 제안하였으며, 이를 세 가지 독특하게 구별되는 구성 성분으로 정리하였다:

1. **탈억제**(Disinhibition)는 빈약한 충동 조절의 일반적인 경향성을 반영하며 대체로 정신병리의 외현화 스펙트럼과 거의 같은 의미로 사용한다. 이 구성 요소에 해당하는 사이코패시 측정치는 ASPD 진단과 관련되며 물질 사용 문제뿐만 아니라 충동성과 부정적 정서가 특징인 탈억제적 특질과 관련된다.
2. **비열함**(Meanness)은 타인의 감정이나 권리를 고려하지 않고 쾌락이나 개인적 이익을 추구하는 냉담하고 착취적인 스타일을 반영한다. 이는 '탈억제'만큼 외현화 스펙트럼과 밀접하게 연관되지 않지만, 이는 Krueger 등(2007)의 위계적 외현화 스펙트럼 모델의 핵심 하위 요인인 공격성을 특징으로 한다.
3. **대담성**(Boldness)은 사회적 우세성, 스트레스 면역성, 스릴 및 모험 추구의 조합을 나타낸다. 탈억제나 비열함과는 대조적으로 대담성은 일탈 행동, 중독, 충동성 및 부정적 정서와 거의 관련이 없다(특정 경우에는 반비례하기도 함). 따라서 이 영역과 맞닿아 있는 사이코패시 지표는 외현화 스펙트럼을 평가하는 데에 덜 적합할 수 있다(예: 두려움 없는 우세성; Miller & Lynam, 2012).

다음 부분에서는 외현화 스펙트럼 평가에 가장 적합한 방법과 측정 도구가 무엇인지 명확히 하기 위해 우리는 사이코패시에 대한 일반적 방법과 측정법 그리고 삼원 모델의 구성 요소 간의 연관성을 강조할 것이다.

구조화 면담

사이코패시를 평가하기 위한 가장 널리 사용되는 방법 중 한 가지는 임상 면담이며, 이 평가 영역의 주요 도구는 Hare의 사이코패시 체크리스트-개정판(Psychopathy Checklist-Revised: PCL-R; Hare, 1991, 2003)이다. PCL-R은 주로 법정 장면에서 사용하게끔 설계되었으며, 반구조화된 면담과 보조 자료를 검토하여 응답자의 다양한 삶의 영역(예: 유년기 행동, 범죄 이력, 물질 사용, 사회적 기능)에 대한 정보를 수집한다. 이 정보는 사이코패시와 관련된 다양한 특성과 행동을 반영하는 20개 문항으로 수검자를 평정하는 데에 사용된다. 각 문항은 3점 척도(0 = 해당 없음; 1 = 어느 정도 해당함, 2 = 명확히 해당함)로 평정하며, 모든 문항은 합산하여 총점을 내고 0에서 40 범위의 점수를 갖는다. 총점 중 절단점수 30점 이상은 사이코패시로 '진단'하고 있다. 수감자 중 50~80%에 적용되는 ASPD 진단(Widiger & Corbitt, 1993)과 비교했을 때, PCL-R 기반 사이코패시 진단은 수감 집단의 대략 15%에 적용되므로(Hare, 1991, 2003) 수검자 분류에 있어 좀 더 나은 판별력을 가진다. 그렇다 하더라도 PCL-R의 택소메트릭(taxometric)[3] 연구는 이 측정 도구의 점수가 차원적 모델로 더 잘 포착할 수 있다는 것을 보여 주는데(Marcus et al., 2006) 이는 임상 평가에서 PCL-R 척도 점수를 더 많이 사용해야 한다는 주장을 뒷받침할 수 있다.

PCL-R은 사이코패시를 단일 구성개념으로 평가하도록 설계되었지만, 요인-분석 연구에서는 최소 두 가지 요인이 뒷받침하는 것으로 밝혀졌다(Harpur, Hare, & Hakstian, 1989). 이 요인들은 중등도의 상관(~0.5)을 보이며 다양한 외부 준거 변수와 관련하여 수렴 타당성과 변별 타당성을 보여 주고 있다(Harpur, Hare, & Hakstian, 1989). 요인 1(F1)은 많은 사람이 해당 증후군에서 전통적인 임상적 기술의 핵심이라 여기는 대인관계적-정서적 특성을 특징으로 한다(예: 피상적 매력, 과대성, 얕은 정서); 요인 2(F2)는 만성적이고 사회적으로 일탈적인 생활 방식(예: 충동성, 무책임성, 행동 통제 부족)을 포착하며

3 택소메트릭은 분류 문제를 처리하는 응용수학의 한 분야라 할 수 있다. 여기서 '분류'는 집단의 계층을 구성하거나 추론하는 과정과 개별 단위를 그러한 계층 내로 분류하는 과정 등을 포함한다. 심리학에서는 특정 심리적 특성이 불연속적인 잠재적 계층을 구성하는지 확인하기 위해 사용하는 방법이다.

ASPD의 행동 기반 구성개념과 더 밀접하게 연관된다. 이러한 2요인 모델은 문헌에서 관례로 유지되고 있으며 평가 관련 질문을 가치 평가하기 위한 목적에서 가장 큰 연구 기반을 가진다. 하지만 대안적 3요인 모델과 4요인 모델도 제안되어 왔다. 특히, Cooke와 Michie(2001)는 F1을 '거만하고 기만적인 대인관계 스타일'과 '결핍된 정서 경험'으로 구분한 요인으로 명명했고 F2를 명백한 반사회적 행동 지표를 배제한 후 '충동적이고 무책임한 행동 스타일'이라는 다섯 개 항목으로 요약하였다. Hare(2003)가 제시한 PCL-R의 4-면 모델에서는 Cooke와 Michie(2001) 모델에서의 대인관계적 면, 정서적 면, 생활양식 면과 Cooke와 Michie(2001) 모델에서 빠져 있었던 F2 개별 항목인 '반사회적' 면을 포함하였다.

외현화 스펙트럼과 연관성을 고려하여, PCL-R 총점은 아동과 성인의 반사회적 행동, 알코올 및 약물 문제로 특징지어지는 잠재적 외현화 요인과 거의 동일 구조라 할 수 있다(Patrick et al., 2007). 이는 면담으로부터 얻은 총점수가 일반적으로 삼원 모델의 탈억제 구성 요인을 잘 드러내는 지표임을 시사한다. 하지만 이러한 연관성은 거의 전적으로 F2에서 고유한 분산으로 설명된다(Patrick et al., 2005). 따라서 임상 면담을 통한 외현화 평가는 F2와 F2의 구성 성분의 측면(즉, 생활양식과 반사회적 측면)을 설명할 수 있는 문항들을 통해 가장 정확한 포착할 수 있을 것이다.

PCL-R은 사이코패시 평가에서 가장 널리 사용되고 타당성이 검증된 방법이라고 할지라도 한계점이 존재한다. 가장 눈에 띄는 한계점은 긴 면담과 응답자의 공식 기록에 대한 포괄적인 검토가 필요해 시간과 자원이 많이 소모된다는 것이다. 이뿐만 아니라 권장 자격조건에는 고급 임상 수련과 법정 집단과 연계된 업무 경력이 포함된다. 따라서 PCL-R의 사용은 수감 장면 외의 장면에서는 적절하지 않거나 실행 불가능할 수 있다. 하지만 법정 장면 외에서의 사용을 위해 설계된 PCL-R 선별 버전에 대한 논의는 Hart, Cox와 Hare(1995)의 연구를 참조할 수 있다.

PCL-R 사용과 관련된 또 다른 주목할 문제(이 장에서 직접 다루는 내용)는 이 측정 도구의 실행이 본질적 면에서 다중방식평가 과정이라는 것이며 대면 면담뿐만 아니라 면담에서 얻은 정보를 보완하기 위해 가용한 기록 검토도 필요하다. 실제로 단독 면담 기반의 PCL-R 채점은 권장되지 않는데(Hare, 1998), 파일 검토를 통해서 완료된 PCL-R보다 더 낮은 점수로 계산되어 거짓 부정의 위험이 커지는 것으로 나타났다(Alterman, Cacciola, & Rutherford, 1993). 따라서 면담과 파일-검토 방식을 조합한 평가는 법정 장면에서 사이코패시 평가를 위한 '최선의 임상 실무'로 봐도 될 것이다. 앞서 말했듯이 PCL-R 채점을 위해 파일-검토 방법의 단독 사용은 두 가지 상황에서는 허용될 수가 있다: ① 공식 기록에서 얻은 정보가 광범위하고 상세하고, ② 평가의 특정 목적이 재범 위험을 예측하려는 경우이다. 첫 번째 문제와 관련해서 Wong(1988)은 면담 + 파일 검토와 파일 검토만을 기반으로 한 PCL-R 평가 간에 높은 수렴도($r = .74$ $p < .01$)를 발견했으며, 두 접근법 사이에서 평정자 간 신뢰도와 평균 평정치가 서로 유의하게 다르지 않음을 보고했다($z = 0.91$, *ns*). 두 번째 문제와 관련해서 Walters, Wilson, Glover(2011)의 연구에서는 공식 기록에서 개인의 범죄 이력을 검토하는 PCL-R의 반사회적 측면만 검토하는 것이 여타의 PCL-R 측면들보다 일반적 재범 및 폭력 재범 위험을 더 정확하게 예측할 수 있다고 나타났다. 이러한 결과는 PCL-R을 전체 시행할 수 없는 법정 임상가에게, 특히 재범 위험의 연관성과 관련하여 사이코패시를 평가하는 것에 관심이 있는 임상가에게 중요할 수 있을 것이다.

자기 보고 질문지

역사적으로, 사이코패시를 평가하기 위한 자기 보고 질문지는 회의적으로 봐 왔다(Lilienfeld & Fowler, 2006). 이 방법에 대한 주요 비판은 다음과 같다: ① 사이코패시는 정직하지 못함이 특징이다; 그렇기에 사이코패스는 예측하기 어려운 왜곡된 반응 스타일을 보일 수 있다(상황에 따라 긍정적 또는 부정적 인상을 관리하는 방식으로 대처한다); ② 왜곡된 반응 성향과는 별개로, 사이코패스는 정서적 결핍이 특징이며, 경험하지 않았거나 빈약하게 경험한 정서 상태를 정확히 보고하는 데 어려움을 겪을 수도 있다; ③ 성격장애 개념과 일관되게 사이코패스는 종종 자신의 행동 경향에 대한 통찰력이 부족하기에 관찰자가 더 쉽게 탐지할 수 있는 '맹점'이 생길 가능성이 크다(Grove & Tellegen, 1991).

이처럼 겉으로 드러나는 한계점에도 불구하고 자기 보고 방법은 지난 20년간 크게 확대되었다. 이러한 부활은 이 방법이 가진 여러 가지 뚜렷한 장점 때문일 수 있다. 예를 들어, 자기 보고 방법은 법정 장면이 아닌 곳에서 사이코패시를 평가하기가 쉽고, 경제적으로 시행할 수 있으며, 주관적 인지 양상 및 정서 상태(예: 우월감이나 소외감)를 평가할 수 있다. 더해, 최근에는 사이코패시에 대한 자기 보고 평가에 대한 오해를 바로잡으려는 노력이 있었다(Lilienfeld & Fowler, 2006). 예를 들어, 흔한 오해 중 하나는 자기 보고 방식의 타당성이 응답의 진솔성에 달려 있다는 것이다. 하지만 응답의 진실 여부와 관계없이 자기 보고 반응은 개인이 자신과 주변 세계를 어떻게 인식하는지(예: 타인에게 피해를 받았다고 느끼는 정도; Meehl, 1945)를 보여 줌으로써 유용한 진단적 자료를 제공할 수 있다. 이뿐만 아니라, 사이코패시가 인상관리에 취약하다는 가정과는 다르게 자기 보고 기반 사이코패시 측정치는 사회적 바람직성 지표와 거의 상관이 없거나 심지어 부적 상관을 보이는 경향이 있다(Lilienfeld & Andrews, 1996). 더 나아가, 사이코패시가 자신의 행동 경향에 대한 충분한 통찰력이 부족하다는 우려와는 반대로 Miller, Jones와 Lynam(2011)은 세 가지 다른 사이코패시 척도에 걸쳐 자기-3자 간의 수렴도가 높았고(중앙값 $r = .64$), 참가자가 3자보다 자신을 덜 사이코패시적이라고 평가했다는 증거는 미미한 것으로 확인했다. 그래서 사이코패시적 개인은 자신에 대해 정확히 보고할 능력이 충분히 있을 수 있다는 것이다.

자기 보고 질문지에 다른 방법들을 통합하기

앞에서 언급했던 Miller 등(2011) 연구의 한계점은 지역사회 표본을 기반으로 했기 때문에 정확하게 보고한 직접적인 결과가 없는 상황에만 적용될 수 있다. 실제로 몇몇 학자들은 자기 보고 질문지를 임상 환경에서 사용할 때 다른 출처에서 수집된 정보를 보완적으로 활용해야 한다고 제안했다. 특히, 긍정적 또는 부정적 인상관리를 위한 동기가 높은 상황에서는 더욱 그렇다(Lilienfeld & Fowler, 2006; Shadish, Cook, & Campbell, 2001). 하지만 자기 보고를 여타 방법과 조합하는 방법에 대한 권장 사항은 다음과 같은 사실로 복잡해지는데, 사이코패시를 평가하는 데에 여타 다른 방법을 넘어서는 자기 보고의 증분 타당성을 직접 살펴본 연구는 비교적 얼마 없고 그나마 있는 기존 연구들도 석연치 않다(예: Edens, Poythress, & Lilienfeld, 1999). 연구의 부족 외에도, 외현화 문제(예: 폭력, 물질 사용 문제)를 예측하는 데에 있어 자기 보고와 면담 기반 사이코패시 측정법을 통합적으로 평가하는 데에는 한 가지 큰 어려움이 있는데, 대부분 연구가 예측 요인과 준거 간에 공유된 측정 방법으로 발생하는 방법 분산의 영향을 충분히 통제하지 못한다는 점이다. 면담 기반 사이코패시 지표는 면담으로 측정한 반사회적 행동을 예측할 때 자기 보고 지표를 넘어서는 증분 타당성을 보일 것이라 예상되지만, 반대로 같은 자기 보고 지표가 반사회적 특성에 대한 자기 보고 기준으로 측정된 점수를 더 잘 예측할 것으로 확인될 것이다.

이 문제를 해결하기 위해 Blonigen 등(2010)은 대규모 법의학 표본을 사용하여 사이코패식 성격검사(Psychopathic Personality Inventory: PPI)와 사이코패시 체크리스트-개정판(Psychopathy Checklist-Revised: PCL-R) 그리고 자기 보고 및 면담 기반 외현화 측정치 사이의 관련성을 조사하여 동일 측정 영역과 다른 측정 영역의 사이코패시 점수와 외현화 기준 간의 대응성을 평가했다. 분석은 주로 PCL–R과 PPI의 2요인 간 연관성 패턴에 초점을 맞췄다. PPI의 2요인 모델은 PCL–R의 2요인 모델과 개념적으로 유사하다(Benning et al., 2003): PPI–I('Fearless Dominance')는 삼원 모델의 '대담성' 구성 요인과 대응하며 나르시시즘, 지배성, 스트레스 내성과 같은 특성을 특징으로 한다; PPI–II('충동적 반사회성')는 삼원 모델의 '탈억제' 구성 요인에 해당하며 공격성, 소외감, 충동성과 같은 특성을 특징으로 한다. PPI와 PCL–R의 0–차 상관과 1–차 상관 모두에서 명확한 방법 수렴의 패턴을 보였다. 즉, PPI 총점과 PPI–II는 면접 기반 복합 점수보다 외현화의 자기 보고 기반 복합 점수와 더 높은 유의한 상관을 보였으며 반면, PCL–R 총점과 F2는 이와 반대의 양상이 관찰되었다. 하지만 PPI–II와 PCL–R의 외현화 복합점수 상관의 연합 정도는 각 점수가 동일 평가 영역에서 산출되었고 PCL–R 요인 간에 공유 분산을 제거했을 때는 거의 같았다. PPI–II는 자기 보고 외현화 복합점수와 0.69의 상관을 보였고, PCL–R F2는 F1과 공유 분산을 통제한 후 면담 기반 복합점수와 0.65의 부분 상관을 보였다.

단일 연구에 기반하여 지나치게 광범위한 결론을 도출하는 것에 대한 위험성을 인정하면서도 Blonigen 등(2010)의 연구 결과는 자기 보고 PPI와 면담 기반 PCL–R이 서로 다른 평가 영역 내에서 거의 동일 구성개념을 나타낼 수 있음을 시사한다. 이러한 결과는 외적 준거에 대한 예측에 있어 각기 다른 평가 방법 간의 타당성을 비교할 때 방법 분산을 고려하는 것이 중요함을 강조한다. 임상적 함의에 관해서 두 방법 모두 외현화 관련 준거를 예측하는 데 유효한 것이라 보이고, ASPD 평가에서 자기 보고와 면담을 통합하기 위한 동일 지침과 권장 사항을 사용하여 임상 평가에 통합해 볼 수 있을 것이다.

관찰자/3자–보고

관찰자와 3자는 수검자의 자아–동조적 특성 때문에 자기 보고를 통해 접근할 수 없는 '맹점'을 탐지하는 데 유용할 수 있다는 것이 오래전부터 제안되어 왔다(Grove & Tellegen, 1991). PCL–R은 평정자가 면담 중 수검자를 관찰하여 해당 목록의 특정 항목(예: 피상적 매력, 유창함)을 채점하는 것인데, 손에 꼽을 정도의 사이코패시 측정 도구만 이러한 평가 접근을 다루고 있다. 이러한 도구 중 한 가지가 사이코패시 대인관계 검사(Interpersonal Measure of Psychopathy: IM–P; Kosson et al., 1997)로, 사이코패시와 관련된 대인관계 행동을 탐지하기 위해 설계된 21개 항목의 표준화 도구이다. Kosson 등(1997)은 IM–P가 "PCL–R을 대체하는 것이 아닌 보조적 또는 추가적인 측정 도구"로 설계되었음을 강조하였다(p. 90). 따라서 PCL–R과 마찬가지로 IM–P 역시 임상 면담과 관찰자 평가 방법을 조합한 다중방식평가 도구이다.

IM-P의 초기 타당화 연구에서는 연방 교도소 수감자와 대학생 표본에서 이러한 측정이 F2보다 PCL-R F1과 더 강한 상관을 보고했다(Kosson et al., 1997), 게다가 교도소 표본에서 성인의 싸움 예측과 대학생 표본에서 참여자 지배성 평가에서 PCL-R 점수를 넘어서는 증분 타당성이 있다는 증거가 있었다. Zolondek, Lilienfeld, Patrick과 Fowler(2006)도 남성 수감자 표본을 대상으로 IM-P의 구성 타당도와 증분 타당도를 조사했는데, IM-P 점수가 PCL-R F1과 우선으로 관련 있다는 것을 발견했다. 눈에 띄는 점은 IM-P 점수가 자기 보고된 두려움과 불안을 예측하는 데에 PCL-R 총점을 넘어서는 증분 타당성을 보였지만 외현화(예: 아동과 성인의 반사회적 행동)에 대한 준거 측정치와는 관련이 없었다.

통합적으로 이러한 연구들은 사이코패시에 대한 관찰자-평정 지표로서 IM-P의 타당성을 뒷받침한다. 하지만 이 검사의 결과 패턴은 외현화 스펙트럼과 밀접하게 연관된 '탈억제' 구성 요소보다는 삼원 모델의 '대담성' 구성 요소 지표와 더 큰 일치성을 시사한다. 더해, IM-P는 PCL-R에 묶어 실시되므로 일반 관찰자를 통한 사이코패시 평가는 불가능하다. 하지만 Fowler, Lilienfeld와 Patrick(2009)의 연구에 따르면 사이코패시의 대인관계적 양상이 일반 관찰자에 의해 신뢰성 있고 타당하게 평가될 수 있으며 짧은 행동 표본(예: 20초)만으로 평가할 수 있다는 것을 보여 준다.

전문 지식이 없는 관찰자가 사용 수 있는 사이코패시 양상에 대한 관찰적 지표로서 유망하다고 입증된 표준화 측정 도구 중 하나는 사이코패시 Q-Sort(Psychopathy Q-sort: PQS; Reise & Oliver, 1994)이다. PQS는 사이코패시에 대한 전문 지식을 가진 7명의 심사위원이 해당 증후군에 대한 개념을 바탕으로 캘리포니아 Q-Sort(California Q-sort) 문항을 강제-선택 형의 준-정규 분포로 분류하도록 해서 개발된 것이다. 이러한 Q-sort의 합계는 사이코패시 Q-sort 프로토타입을 구성하는 데에 사용되었다(내적 일치성 =.09). PQS의 가장 큰 장점은 관찰자와 평가 대상 모두가 응답할 수 있어서 이로 인한 측정 방식에 따른 혼선 없이 자기 보고와 관찰자 보고법 간의 수렴 타당도 및 증분 타당도를 직접 검토할 수 있다는 것이다. 우리가 아는 바로는 PQS에 대한 자기 및 3자(동료) 보고를 준거 측정치와 비교하여 명시적으로 검토한 연구는 단 한 건뿐이다(Fowler & Lilienfeld, 2007). 본 연구에서는 자기-PQS와 동료-PQS 평정 간에는 중등도의 상관이 있었다(.32); 하지만 동료 보고가 준거 측정치를 예측할 때 자기 보고와 비교해 미미한 증분 타당성을 보였다. 이 연구의 몇 가지 한계점으로는 외현화 경향성이 특별하게 높지 않을 만한 대학생 표본(작은 표본 크기, $N = 65$) 그리고 주로 자기 보고 질문지에 기반한 준거 측정치를 선별했다는 점 등이 있다.

우리가 확인한 바로는 외현화 준거(예: 물질 사용, 반사회적 행동, 도박, 교제 폭력)를 예측하는 데에 사이코패시에 대한 자기 보고와 3자–보고를 비교한 연구도 단 한 건뿐이었다(Jones & Miller, 2012). Fowler와 Lilienfeld(2007)의 연구에서는 자기 보고 준거 측정치과 관련해서만 해당 보고의 증분 예측력을 조사했지만 본 연구에서는 측정 방법의 분산 문제를 해결하기 위해 자기 및 3자–보고된 외현화 행동 결과를 모두 사용했다. 잘 검증된 세 가지 사이코패시 측정치 지표에서 자기 보고와 3자–보고는 모든 외현화 준거와 일관되게 관련되어 있었다. 하지만 3자–보고가 자기 보고보다 큰 증분 타당도를 보인다는 증거는 교제 폭력 사이에서의 예측에서만 관찰되었다. Fowler와 Lilienfeld(2007)의 연구와 더불어, Jones와 Miller(2012)의 연구 결과는 3자 평정이 사이코패시 평가에 유효한 접근법임을 시사하지만 자기 보고 방식을 넘어서는 기여도는 외현화 자체를 예측하는 데에는 제한적일 수 있음을 시사한다. 하지만 두 연구 모두 법정이 아닌 장면에서의 표본을 기반으로 했기 때문에 인상관리 및 왜곡 동기가 더 높은 환경에서 3자–보고가 더 큰 증분 타당성을 제공할 수도 있을 것으로 보인다.

수행 기반 검사

자기 보고 방법에 대한 우려(또는 오히려 우리는 오해라고 주장하고 싶은)로 인해 투사적 검사(현재 일반적으로 '수행 기반' 검사라고 함; Mihura et al., 2013)가 '객관적' 질문지를 사용하여 수검자에게 접근할 수 없는 암묵적이고 비의식적 과정(예: 기저의 공격성)을 다루는 데 유용할 수 있다는 제안이 있었다. 실제로 이러한 수행 기반 검사는 일반적으로 법정 임상가가 사용한다. 예를 들어, 32%의 법의학 임상가들이 범죄 책임 평가를 수행할 때 로르샤흐 잉크반점 검사(1921)를 일상 정규적으로 사용한다고 보고했다(Borum, Grisso, 1995). 이와 같은 방법으로 사이코패시를 평가하는 것의 유용성을 연구하기 위해 Wood와 동료들(2010)은 로르샤흐에서 도출된 37개 변수 점수와 Hare의 PCL 버전의 점수 간 연관성에 대해 메타 분석을 시행했다. 전체 연구에서, Exner(2003)의 로르샤흐 종합체계를 기반으로 하였으며 22건의 연구(780명의 법의학 환자)에서 도출된 총 173개의 타당성 계수가 포함되었다. 평균 타당성 계수는 –.11에서 .24까지였고, 평균과 중앙값의 타당성 계수는 각각 .06과 .07이었다. 37개 변수 중 PCL 점수와 공격적 잠재 반응의 수 간에는 중간–크기의 연관성이 발견되었다(가중 평균 타당성=.23). 나머지 로르샤흐 변수들의 타당성 계수는 유의미하지 않거나 크기가 작았다.

결론적으로 ASPD나 사이코패시 평가에서 로르샤흐 검사를 사용하는 것은 충분한 근거가 부족해 보이며, 특히 진단 목적의 사용은 적절하지 않을 수 있다. 그렇다 하더라도 이러한 검사는 특정 사이코패시 경향성이나 외현화 준거(예: 공격성에 대한 잠재성)의 예측에 고유한 분산을 제공할 수 있다. 종합체계를 사용하여 적절히 시행되고 신중히 채점되는 로르샤흐 검사는 사이코패시가 문제 되는 사례의 임상 평가에 유용할 수 있다. 이러한 맥락에서 Mihura 등(2013)의 최근 메타 분석은 개별 로르샤흐 변수의 타당성을 뒷받침하며, 이러한 타당성은 내성적으로 평가된 특성(예: 자기 보고)보다 외부적으로 평가된 특성(예: 관찰 평정)과 더 높은 관련성을 가진다는 것이 명확히 밝혀졌다. 그렇다 하더라도 로르샤흐 검사는 배우고 시행하기가 비교적 어렵다는 점에 유의해야만 한다; 따라서 이 로르샤흐 검사로 얻을 수 있는 추가 이점이 검사 시행을 위해 들이는 노력으로 의미가 약해질 수도 있다.

요약과 결론

우리의 문헌 검토에 근거해 봤을 때 사이코패시 평가를 위한 각기 다른 방법의 사용 및 통합과 관련하여 몇 가지 일반적인 결론을 내려볼 수 있다. 첫째, 면담법(PCL-R을 통해 실시된)은 사이코패시 평가에서 가장 널리 사용되면서도 잘 타당화된 방법이고 법정 장면에서는 전형적으로 파일-검토 접근법과 조합하여 사용된다. 하지만 공식 기록이 상세하고 일차적 목표가 위험 평가인 경우라면 파일 검토 방법만으로도 충분히 감당할 수 있을 것이다. 둘째, 자기 보고 질문지는 이전에 제안된 것보다 더 유망한 방법일 수도 있으며, 법정 장면 외에서 사이코패시 평가를 위한 실행 가능한 접근법으로 활용될 수 있다. 반대로 가장이나 인상관리의 동기가 높은 임상적 맥락에서는 자기 보고 방법을 다른 방법으로 보완해야 하며 추가 평가를 위해 개인을 '선별 선택'하거나 '선별 배제'하는 데 좀 더 적합할 수도 있다. 셋째, 관찰자 보고는 사이코패시를 평가하기 위한 타당하고 신뢰할 수 있는 접근법이며 법정 장면에서는 전형적으로 구조화된 면담(예: PCL-R)에 통합하여 사용한다. 하지만 특정 예외(예: 교제 폭력)가 있지만, 이 접근법은 외현화(즉, 탈억제) 구성 요소보다는 삼원 모델의 '대담성' 구성 요소와 더 밀접하게 상응하는 사이코패시의 대인관계적 양상을 평가하는 데 좀 더 적합할 수 있다. 마지막으로, 법정 분야에서 널리 사용되고 있음에도 불구하고, 로르샤흐와 같은 수행 기반 검사가 사이코패스와 비사이코패스를 판별하는 데 임상적으로 유용한 것이라는 증거는 제한적이긴 하다. 하지만 이는 선택된 외현화 경향성, 특히 외부적으로 평가된 특성을 예측하는 데 유용할 수 있다.

물질 사용 장애

알코올 및 기타 약물의 남용과 의존은 외현화 스펙트럼 모델(Krueger et al., 2002, 2007)에서 두드러지게 나타난다. 이러한 장애들은 반사회적 행동장애와 흔히 동반되며(Waldman & Slutske, 2000), 임상가와 연구자 모두에게 중요한 관심사이다. 특히, 임상 및 연구 장면에서 물질 사용 장애(Substance Use Disorders: SUDs)와 물질 사용 패턴을 정확하게 평가하는 것은 치료 및 정책 결정을 안내하고, 이 분야의 작업을 좀 더 전반적으로 향상하는 데에 가장 중요하다. 임상적 입장에서 평가는 적절한 치료 유형 및 수준(예: 입원, 외래)과 치료 중재(예: 동기 강화 대 재발 방지)를 결정하는 데에 매우 중요한 것이다. 이뿐만 아니라 부정확한 측정은 연구 결과의 타당성을 저해하고, 나아가 치료 효과, 유병률, 일반화 가능성과 관련된 결론의, 타당성을 훼손하여 여러 정책 방향(예: 치료 기금 배분, 특수 SUDs 치료의 최적 임상 실무 지침)에 부정적인 결과로 이어질 수 있다. 분명, 물질 사용과 SUDs를 평가하는 데는 많은 위험이 따른다.

SUD 문헌에서는 수많은 평가 방법(즉, 자기 보고 대 질문지 및 면담; 그리고 생물학적 분석)이 설명되어 있으며 여기에서 검토해 볼 것이다. 각 방법은 고유한 강점과 한계를 가지고 있으며 평가 절차를 선택하기 전에 이러한 강점과 한계점을 신중하게 검토해야 한다(Babor, Stephens, & Marlatt, 1987; Carroll, 1995; Maisto, McKay, & Connors, 1990). 이후 내용에서는 다중방식 접근법을 채택해 사용하는 것에 대한 경험적 근거에 초점을 맞추어 해당 평가 방법들을 설명할 것이다. 이뿐만 아니라 평가 대상 집단과 평가 장면 간의 차이, 평가 시점의 기능, 특정 방법의 한계를 줄일 수 있는 기법 등을 포함하여 평가 방법을 선택할 때 특별히 고려해야 할 권고 사항을 검토할 것이다.

평가에서 자기 보고 방법

물질 사용에 대한 자기 보고 자료를 얻는 두 가지 방법에는 수기식 질문지와 대면 구조화 면담이 있다. 크게 보면 여러 검토 문헌은 알코올 사용(Babor, Steinberg, Anton, &

Del Boca, 2000) 및 불법 약물 사용(Darke, 1998)과 관련된 결과 데이터를 평가하는 자기 보고 방법의 신뢰성와 타당성을 지지하고 있는데, 이는 생물학적 지표(예: 소변 검사)와의 높은 일치율을 보이면서 낮은 과소보고 비율을 보여 준다. 그렇다 하더라고 자기 보고 정보에만 전적으로 의존하는 것이 수용될 수 있는지에 대한 의문은 여전히 제기되고 있다. 선행 연구에 따르면, 이러한 정보의 신뢰성과 타당성은 자료를 어떻게, 언제, 어디서, 그리고 누구에게 수집하는지에 따라 여러모로 달라진다(Babor et al., 1987; Maisto et al., 1990).

첫 번째로 고려해야 할 요인은 물질 남용자가 특히 장기간에 걸쳐(예: 전 생애 평가) 자신의 물질 사용에 관한 세부 사항을 신뢰성 있게 회상할 의지나 능력의 여부이다. 일반적으로 자서전적 정보의 정확한 회고적 회상에 어려움이 있다는 것은 정상적 현상이며, 문헌에 기록된 바에 따르면 중요한 세부 사항의 약 20%가 사건 발생 1년 이내에 잊히고 약 50%가 5년 후에 잊힌다(Bradburn, Rips, & Shevell, 1987). 마약 중독자들이 10년 동안 자신의 행동을 회고적으로 회상하는 일관성을 조사한 연구에서 참가자의 약물 사용 및 불법 행위 관련 경험을 상세히 기술한 면담이 시행되었다(Hser, Anglin, & Chou, 1992), 실제로, 자기 보고 자료는 평가 기간마다 일관되지 않았으며 약물 남용률이 높을수록 시간이 지남에 따라 일관성이 떨어지는 것으로 나타났다.

타당도의 측면에서 개인이 자신의 물질 사용 패턴과 문제에 대한 설명의 정확성을 저해하는 몇 가지 요인이 나타난다. 이러한 요인에는 평가 과정 동안 금단이나 중독 상태에 있는 경우(Skinner, 1984); 치료 서비스에 미치는 영향 등의 물질 사용을 인정한 결과(Magura, Goldsmith, Casriel, & Goldstein, 1987); 특수한 정보와 전반적 정보 평가(Ehrman & Robbins, 1994); 치료 시작 시점의 평가와 후속 평가 관리(Sherman, Bigelow, 1992); 그리고 실제 물질 사용과 평가 사이의 간격(Hser et al., 1992) 등이 있다.

이러한 한계점의 영향을 줄이기 위해 Del Boca와 Noll(2000)은 몇 가지 기법을 권장한다. ① 응답과 관련하여 비밀 보장하기, ② 평가자의 역할을 명확히 정의하기(예: 연구자는 임상가보다 더 중립적으로 받아들일 수도 있기에 더 정확한 보고를 얻을 수도 있다), ③ 사용자-친화적 언어로 문항을 구성하기, ④ 평가 기간에서 중요한 사건과 연결 짓기. 이와 함께 확인적 자료(즉, 부가적 보고내용 및 독성학적 검사)가 수집될 것을 알리면 보고의 정확성을 높일 수도 있다(Colon et al., 2010). 더해, 보충 자료 수집이 불가한 장면에서는 이러한 검사를 시행할 수도 있다는 사실만 알려 주어도 자기 보고 타당성이 증가할 수도 있다—**보거스 파이프라인 효과**(bogus pipeline effect; Jones & Sigall, 1971). 끝으로, '치료적 평가' 전략을 적용하는 것이 더욱 정확한 자기 보고를 얻는 데 유용한 것으로 확인되었다. Finn은 상호 주관성(즉, 내담자가 타인에게 이해받고자 하는 욕구와 자신을 이해하려는 욕구)의 과정을 동기부여의 동력으로 설명하였고, 이러한 공감과 이해에 대한 내담자의 선천적 욕구를 의도적으로 활성화하면 더 타당한 반응을 얻을 수 있다고 제안하였다.

이러한 권고 사항 외에도, 자기 보고로 수집된 자료를 분석하는 또 다른 방법이 제안되었는데, 이는 수검자가 객관적으로 '정확히' 보고해야만 할 필요성을 중요하게 다루지 않아도 된다. 구체적으로, Meehl(1945)은 자기 보고 문항에 대한 언어적 응답은 행동 표본이 추출된 것으로 볼 수 있으며, 그 정확성과는 관계없이 스스로에 대한 지각과 타인에 대한 고유한 통찰력을 나타낼 수 있다고 제안했다. (이와 관련된 앞선 논의는 사이코패시 평가에서의 자기 보고 질문지 사용 부분을 참조) 임상가는 물질-의존 내담자의 자기 보고 자료를 해석할 때 이러한 관점을 거의 고려하지 않는다. 하지만 이러한 자료가 실제 물질 사용을 과소보고할 가능성이 있는 사례에서는 가치 있을 수 있겠지만, 내담자의 성격과 동기에 대한 지식은 임상적으로 유용하다.

자기 보고식 질문지

물질 사용 및 오용을 평가하는 데 가장 일반적인 접근법은 자기 보고 질문지를 사용하는 것이며, 임상가와 연구자들이 활용할 수 있는 것들이 많다. 잘 타당화된 측정 도구로는 약물 남용 선별 검사(Drug Abuse Screening Test: DAST; Skinner, 1982)가 있는데, 이 도구는 강력한 심리측정학적 속성을 가지며(Yudko, Lozhkina, & Fouts, 2007), 진단 상태에 따라 개인을 정확히 분류할 수 있는 것으로 나타났다(Gavin, Ross, & Skinner, 1989). 그리고 알코올 사용 장애 식별 검사(Alcohol Use Disorders Identification Test: AUDIT; Babor, de la Fuente, Saunders, & Grant, 1992)는 다른 알코올 선별 측정 도구 및 생물학적 지표와의 공인 타당도가 높고(Reinert & Allen, 2002), 의료 환경에서 문제 음주자와 비-문제 음주자를 효과적으로 구별한다(Bohn, Babor, & Kranzler, 1995). 일반적으로, 해당 문헌에서 제시한 수많은 자기 보고 질문지는 여러 요인(예: 양/빈도 및 진단 증상 평가; 평가 기간, 사용과 관련된 맥락적 요인)에 따라 다양하다. 특정한 측정 도구를 선택할 때는 이러한 요인들을 고려해야만 한다(Babor, Longabaugh, Zweben, & Fuller, 1994). 게다가 특정 약물을 측정 대상으로 하는 여러 가지 측정 도구들도 개발되었다. 하지만 개별 약물 간 사용 시기와 패턴이 유사하기에 물질 사용에 대한 보다 일반적인 평가가 권장되기도 한다(Kosten, Rounsaville, Babor, & Spitzer, 1987).

다른 평가 방법과 비교해, 특히 자원이 제한된 환경에서 자기 보고 질문지를 사용하는 것이 가장 실용적일 수도 있다. 비용이 저렴하고, 빠르고 쉽게 시행할 수 있으며, 시행을 위해 최소한의 훈련이 요구된다. 이뿐만 아니라 자기 보고 질문지는 평가자와 직접 상호작용하지 않고 작성하기 때문에 사회적 바람직성 편향을 어느 정도 막아주는 역할을 제공할 수 있다는 주장도 있다(Petroczi & Nepusz, 2011). 사회적 바람직성의 영향은 물질 사용 평가에서 심각한 영향을 미치고 사회적 바람직성이 반응에 미치는 영향의 정도는 평가 대상 집단에 따라 달라질 수 있다. 예를 들어, Richter와 Johnson(2001)은 약물을 많이 사용하는 사람들이 가끔 사용하는 사람보다 자신의 약물 사용에 대해 덜 부끄러워할 수 있다고 제안하였다.

구조화 면담

앞서 언급했듯이, 자기 보고 자료는 구조화된 임상 면담을 통해 수집할 수 있다. SUD 평가에 가장 널리 사용되는 면담법 중 하나는 중독 심각도 지수(Addiction Severity Index: ASI; McLellan, Luborsky, Woody, & O'Brien, 1980)로, 이 도구는 평생 및 또는 최근 30일 동안의 물질 사용을 평가한다. ASI는 물질 사용 및 관련 문제를 나타내는 종합 점수와 심각도-평정 지표를 산출한다. ASI는 신뢰도와 타당도가 확립되어 있으면서(McLellan et al., 1985) 그리고 다른 구조화된 면담(Rikoon, Cacciola, Carise, Alterman, & McLellan, 2006), 소변 검사(Denis et al., 2012), 자기 보고 질문지(Cacciola, Alterman, Habing, & McLellan, 2011)와 비교했을 때의 수렴 타당도를 보여 주고 있다.

이러한 면담법들의 인기와 타당성에도 불구하고 ASI에서 지적되는 몇 가지 한계점이 있다. Makela(2004)는 ASI에 대한 37가지 연구를 검토하여 실용성 문제(예: 신뢰할 만한 시행을 위해 요구되는 높은 수준의 훈련)와 잘 타당화된 여러 자기 보고 지표와의 수렴 타당성은 있지만, 그 상관이 약하거나 낮다는 점을 강조했다. 또 다른 한계점은 ASI 약물 복합점수가 다양한 물질의 사용 빈도를 기반으로 산출된다는 점이다. 따라서 단일 물질에 대한 의존도가 높은 개인은 강도가 낮은 여러 물질을 사용하는 개인보다 점수가 낮을 수도 있다(Carroll, Rounsaville, Nich, & Gordon, 1994). 더해, ASI의 사용은 각기 다른 물질 사용 집단 전반으로 일반화되기 어렵다. 예를 들어, Corse, Hirschinger와 Zanis(1995)는 ASI 문항의 문구가 SUD와 중증 정신질환을 동시에 앓고 있는 개인의 물질 사용을 포착하는 데 적절하지 않을 수 있음을 제안했다. 이러한 결과를 종합해 보면, ASI가 일부 환경과 집단에서는 신뢰할 수 있고 타당할 수 있겠지만, 자기 보고 질문지와 같은 기타 평가 방법을 추가할 경우 구조화된 면담에 증분 타당성을 제공할 수 있음을 시사하는 것이다. 예를 들어, ASI는 개인이 지난달에 특정 물질을 사용했는지를 평가하는 데 유용할 수 있으며, 자기 보고 질문지를 추가하는 것은 사용 빈도를 포착하는 것으로 유용성을 높일 수 있을 것이다(Ehrman, Robbins, & Cornish, 1997).

또 다른 인기 있는 면담 도구는 타임라인 추적(Timeline Follow-Back: TLFB; Sobell & Sobell, 1992)인데, 이 도구는 참가자에게 특정 기간(예: 최근 90일)에서 특정 물질 사용에 대해 질문하는 달력 기반 면담이다. TLFB가 말하는 강점은 달력 형식이 참가자에게 특정 날짜를 사용하여 물질 사용 패턴을 지정 기록하도록 도와주어서 물질 사용을 보다 정확하게 회상하도록 하는 데 도움이 된다는 것이다(Del Boca & Noll, 2000). TLFB는 실시간 모니터링과 비교했을 때, 지난 30일간의 음주(그렇다/아니다)를 보여 주는 타당한 지표로 입증되어 있다. 하지만 ASI와 마찬가지로, 음주 패턴 평가에는 덜 민감할 수도 있다—예를 들어, 양/빈도(Carney, Tennen, Affleck, Del Boca, & Kranzler, 1998). 알코올 이외의 약물에 대한 평가와 관련해서 최근 메타 분석에 따르면 TLFB가 약물 사용에 대한 생물학적 분석과 높은 일치도를 보인다고 나타났다(물질별 *k* 범위 =.74–.94). 특히, SUD로 진단받은 집단에서 높은 일치도를 보였다(Hjorthoj, Hjorthoj, & Nordentoft, 2012).

요약하면, TLFB는 최근 30일간의 물질 사용 여부를 결정하는 데 유용할 수 있으며 다른 방법과 비교해 상대적으로 저렴하고 시행이 쉽다는 장점이 있다. 하지만 ASI와 마찬가지로, 수많은 요인이 TLFB를 물질 사용 지수로서 사용하는 것의 타당성을 조절할 수 있다. 그러한 요인 중 한 가지는 실제 물질 사용과 관련된 평가 시점에 대한 것이다. Hjorthoj 등(2012)은 물질 사용과 물질 사용에 대한 평가 사이의 시간 프레임이 짧아질수록 TLFB와 생체표식 간의 일치도가 감소한다는 것을 발견했다. 이러한 결과에 대한 한 가지 해석은 생물학적 검사가 참가자의 실제 사용 시점에 더 가까워질수록 생물학적 검사의 민감도가 증가하여, 참가자가 부정했던 약물 사용을 탐지할 수 있었기 때문일 수 있다. 또 다른 한 가지 요인은 참가자가 회상해야 하는 기간의 길이라 할 수 있는데, 평가 기간이 길어질수록 보고된 물질 사용량이 감소한다는 것이다(Vinson, Reidinger, & Wilcosky, 2003). 다시 말해, 더 짧고 관리하기 쉬운 기간을 평가하는 것이 바람직한데, 이는 물질 사용자가 과거 시점이나 사용 이력과 비교해 최근 사용을 더 잘 기억할 수 있기 때문이다.

부수적 보고내용

자기 보고 방법 외에도 여러 정보 제공자(예: 중요한 타인, 가족, 또래, 임상가)로부터 받은 부수적 보고내용은 평가 대상의 물질 사용 평가에 유용할 수 있다. 이 방법은 자기 보고 방식에서 흔히 발생하는 가장과 사회적 바람직성 편향 문제를 명확히 없앨 수 있다. 하지만 이러한 보고내용이 자기 보고내용에 충분히 보탬이 되려면, 정보 제공자가 평가 대상의 해당 습관과 사용 패턴에 대해 충분히 잘 알고 있어야 한다—이는 물질 사용자가 자주 고립되어 있거나 도움을 줄 수 있는 정보 제공자를 지명할 수 있을 만큼 적절한 사회적 연결망이 부족한 경우가 많기에 복잡한 문제가 된다(Caroll, 1995). 또한, 3자는 특정 기간 평가 대상이 물질을 사용했는지에 관한 유용한 정보를 제공할 수 있지만, 그들은 ① 사용 패턴이나 남용 및 의존 증상 등의 좀 더 상세한 정보는 알지 못할 수 있으며(Rounsaville, Wilber, Rosenberger, & Kleber, 1981), ② 정보 제공자 역시 가장 가능성은 남아 있다.

일반적으로 자기 보고 평가와 부수적 보고내용 간의 일치 수준은 양호하다. 더욱이 연구 장면에서는, ① 참가자에게 부수적 정보가 수집될 수 있음을 알리고, ② 동일 면접자가 평가 전반에 걸쳐 해당 정보를 사용할 것이며, ③ 임상 훈련을 받은 면접자를 활용함으로써 일치도 수준을 증가시킬 수 있다(Fals-Stewart, O'Farrell, Freitas, McFarlin, & Rutigliano, 2000). 좀 더 일반적으로 살펴보면, 부수적 보고내용이 환자의 보고내용과 일치하고 환자 보고에 더해 유용한 정보를 제공하는 정도는 다양한 요인에 따라 달라진다. 예를 들어, 자기-부수적 일치 경향은 평가 대상이 선택한 약물과 관련하여 더 높은 경향이 있다. 아편 중독자 표본에서, 참여자의 약물 사용에 대한 자기 보고와 중요 타인의 보고 간에는 중간에서 강한 정도의 일치도가 나타났다(상관계수 범위 .55~.83; Darke, Heather, Hall, Ward, & Wodak, 1991); 하지만 참여자의 헤로인 사용에 대해서는 특히 중요 타인이 보고한 내용이 가장 유용한 것으로 나타났다. 부수적 보고내용의 유용성에 영향을 미치는 또 다른 문제는 3자와 평가 대상 간의 접촉 빈도이다. 정신과 외래 환자를 대상으로 한 연구에서, 3자와 참가자 간의 접촉 빈도가 주 1회 이상일 때 환자의 약물 사용에 대한 부수적 보고내용이 더 유용한 것(즉, 자기 보고내용을 입증해 주는)으로 나타났다(Carey & Simons, 2000). 특히, 이러한 경향은 참가자가 지명한 정신건강 치료 담당자에게도 확인되었는데, 이들은 가족이나 또래만큼 유익한 정보를 제공했다. 그렇다 하더라도 연구자들은 부수적 보고내용이 환자의 보고를 뛰어넘는 증분 예측력을 제공하는 경우는 드물다고 결론지었다. 따라서 부수적 보고내용은 물질 남용의 일부 측면을 평가하는 데에 유용할 수 있을 것이며, 특히 평가 대상이 물질 남용 사실을 보고할 수 없거나 꺼리는 상황에서 유용할 수도 있다. 하지만 해당 보고내용을 단독으로 사용해서는 안 된다. 이에 더해, 3자 간 일치도는 일반적으로 다양한 심리적 변수 전반에 걸쳐 적당 수준에 있다(Meyer et al., 2001). 하지만 이는 서로 다른 정보 제공자가 고유한 정보 출처를 제공할 가능성을 시사하므로 반드시 문젯거리라 할 수는 없다.

평가에서 생물학적 방법

자기 보고와 부수적 보고내용을 비교해 봤을 때 소변, 모발, 혈액과 같은 생물학적 표본은 자기 보고의 한계점(예: 의도적 누락, 회고적 회상 편향, 사회적 바람직성)에 영향을 받지 않는 '객관적' 자료를 제공한다. 이러한 이유로 생물학적 표본은 물질 사용 평가에서 종종 '최상의 기준'으로 보고 있다. 하지만 생물학적 방법 자체에는 몇 가지 한계점이 있다. 예를 들어, 생물학적 시료 수집은 다른 평가 방법보다 비용이 더 들고, 시간이 오래 걸리며, 침습적이면서 민감성이 제한적이다. 최근의 물질 사용을 평가할 때에만 유용함이 입증되었다(Schwartz, 1988). 가장 중요한 것이라고 한다면 생물학적 표본은 SUD 진단에 필수적인 사용 패턴이나 사용으로 인한 문제에 관한 정보를 제공할 수 없다는 점이다. 따라서 물질 사용과 물질-관련 행동 및 문제에 대한 세부 사항을 빈틈없이 평가하기 위해서 다른 평가 방법이 필요하다. 방법들을 통합하기 위한 한 가지 접근법은 자기 보고 측정을 시행하기 **전에** 생물학적 평가를 해 보는 것이다(Fals-Stewart et al., 2000). 예를 들어, 한 연구에서는 면담 **후에** 소변 검사를 시행했을 때 자기 보고와의 분석 결과의 일치율이 58%에 달했으나 소변 분석을 먼저 마쳤을 때는 일치율이 93%로 증가하였다(Hamid, Deren, Beardsley, & Tortu, 1999).

생물학적 표식을 준거 측정치로 하여 자기 보고 방법의 타당성을 평가한 연구들은 광범위한 임상 집단에서 상당한 과소보고가 존재할 수 있다는 것을 보여 주었다. Magura와 Kang(1996)은 메타 분석 검토에서 고위험 집단의 자기 보고와 모발 및 소변 검사를 비교했을 때 물질 사용 과소보고가 유의하게 나타난다는 것을 확인했다(중앙값 k = .42). 예를 들어, 고위험군 표본 사이에서 모발 표본은 자기 보고보다 거의 5배 더 많은 물질 사용을 탐지하는 것으로 나타났다(Fendrich, Johnson, Sudman, Wislar, & Spiehler, 1999).

SUD 치료를 받는 개인과 메타돈 유지 치료를 받는 개인의 경우(Chermack et al., 2000) 자기 보고와 생물학적 지표 간의 일치율이 치료 기간이 길어짐에 따라 감소하는 경향이 있다(예: Myrick, Henderson, Dansky, Pelic, & Brady, 2002; Schuler, Lechner, Carter, & Malcolm, 2009). SUD 치료에서 시간이 지남에 따라 자기 보고의 타당성이 감소하는 이러한 기간의 효과와 치료 제공자의 부정적 평가, 치료의 조기 종료, 금주 유지에 따른 잠재적 위험(예: 거주공간, 고용) 손실을 피하려고 의도적으로 과소보고했기 때문일 수 있다. 반대로, 개인이 SUD 치료에 들어왔을 때는 물질 사용 보고와 관련된 결과나 낙인에 대한 우려가 적고 치료 서비스를 받기 위해 자신의 물질 사용에 대해 솔직하게 보고하려는 동기가 더 강할 수 있다.

자기 보고 방법을 통해 물질 사용을 과소보고한 것으로 나타난 다른 집단으로는 현재 또는 과거에 형사 사법 제도에 연루된 개인(예: Pluddemann, Parry, 2003; Lu, Taylor, & Riley, 2001) 그리고 의료 서비스를 찾는 개인, 특히 응급실 내원자(Vitale, van de Mheen, van de Wiel, & Garretsen, 2006)나 장기 이식을 기다리는 개인(Webzell et al., 2011)이 있다. 이들 각 집단은 부정적 결과를 피하려는 명확한 동기로 인해 물질 사용을 과소보고할 경향이 있다. 따라서 이러한 집단에서 물질 사용이나 SUD를 평가할 때는 생물학적 검사를 포함한 다중방식 접근이 강력히 권장된다.

요약 및 결론

반사회적 행동 장애와 마찬가지로, 물질 사용과 오용의 평가에 관심이 있는 임상가와 연구자들은 특히 목표 집단에 적용할 때, 가용할 수 있는 다양한 방법의 강점과 한계점을 고려해야 한다. 그렇지만 일반적으로 보자면 해당 문헌에서 일맥상통하는 의견은 SUD의 복잡한 특성을 다루고 수집된 자료의 타당도를 높이기 위해서 물질 사용과 오용을 평가하는 데에 다중의 방법을 포함해야 한다는 것이다(Connors, Allen, Cooney, & DiClemente, 1994; Donovan, 2012).

성인 외현화 스펙트럼에 대한 평가를 통합하기: 성격과 정신병리의 위계 모델

지금까지 성인 외현화 스펙트럼에 대한 평가 문헌 검토는 이 스펙트럼의 정신병리학적 지표에만 초점을 맞추었다. 하지만 기존의 개념화는, ① 특정한 외현화 장애 간의 불연속성이 아닌 연속성이라는 점(Krueger et al., 2005), ② 충동성(예: 감각추구) 및 부정적 정서성(예: 공격성, 소외감)으로 특징지어지는 탈억제적 성격특성과 이러한 외현화 장애 간에 강한 상관관계가 있다는 점(Krueger, 1999; Sher & Trull, 1994)을 일관적으로 인식하고 있었다. 다시 말해, 외현화는 규준-범위의 성격특성이 '진단 가능한' 정신장애와 함께 이 스펙트럼의 지표로 쓰이는 차원적 구성개념으로 개념화될 수도 있다. 따라서 외현화 스펙트럼에 포괄적인 임상 평가는 반사회적 행동, 물질 사용, 그리고 탈억제 특성의 지표들을 단일 모델 내에 포함하는 다면적 접근을 담고 있어야 한다. 그러한 접근법은 이 스펙트럼에 더 광범위하게 적용할 수 있게 할 뿐만 아니라, 이 분야에서 앞으로 이루어질 다중방식평가 연구를 안내하는 통합 모델로서 역할도 할 수 있게 된다.

Krueger 등(2007)은 최근 자기 보고 영역에서 바로 이러한 모델을 제시하였다. 1,787명이 넘는 성인 참가자(남녀 수감자와 대학생)로부터 반복 수집한 자료를 사용하여 문헌에 보고된 모든 외현화 구성개념을 대상으로 요인분석과 문항-반응 이론 기법을 적용하여 다양한 자기 보고 문항을 분석하였다. 문항 분석을 통해 최종 23개의 단일 차원 양상의 척도가 도출되었는데, 총 415개 문항으로 구성된 외현화 스펙트럼 인벤토리(Externalizing Spectrum Inventory: ESI)로 만들어졌다. 이 23개 척도는 공격성, 공감, 소외감, 물질 사용, 충동성, 절도 및 부정직, 무책임, 반항성 등 영역에서 독립적이면서도 상호 연관된 다양한 특성과 행동적 구성개념을 담고 있다. 이뿐만 아니라 척도는 위계적으로 짜여 있으며 모든 하위 척도에 부하가 걸리는 상위 요인(일반적 탈억제 성향)과 냉혹함으로 표시되는 두 가지 하위 요인—공격성과 물질 남용—을 포함한다(Venables, Patrick, 2012). 이 모델의 핵심 특징은 특정 측면의 양상(예: 무책임, 문제적 충동성 하위 척도)이 일반적 외현화 취약성에 좀 더 직접적 지표를 제공한다. 반면에 다른 하위 척도들은 상위 요인과 독립적이고 고유한 잔차 분산을 포함하여 탈억제에 대한 일반적 위험과 공격성 및 또는 물질 남용에 대한 특정 위험을 이중으로 평가할 수 있다. Krueger 등(2007)의 작업 이후에 Venables와 Patrick(2012)은 외현화의 자기 보고 및 면담 기반 준거 측정치와 관련한 축약형 ESI(159문항)의 타당성에 대한 근거를 제시했다.

현재 ESI는 자기 보고 영역에서만 사용할 수 있게 되어 있다는 점을 다시 한번 강조해야 한다. 따라서 이 측정 모델을 기타 평가 양식으로 확장하기 위해서는 훨씬 더 많은 추가 연구가 필요하다. 그렇다고 하더라도 이 모델은 여러 장점을 가지며 평가 상황에서 잠재적인 함의를 담고 있다. 예를 들어, 성격과 정신질환 영역은 전통적으로 각기 다른 평가 방법(예: 자기 보고 질문지를 통한 성격, 구조화 면담을 통한 정신 장애)을 사용하여 평가했다. 하지만 ESI는 이러한 영역들이 단일 측정 모델로 통합된다. 외현화 스펙트럼에는 자기 보고와 면담을 모두 포함하는 평가에서 다중방식 접근법이 여전히 권장될 수 있지만 이러한 방법이 단일 영역이나 구성개념 설정에 제한되어서는 안 된다는 점은 분명하다. 또한, ESI 측정 모델은 외현화 스펙트럼의 심리생리학적 평가를 위한 유용한 참고자료로도 활용할 수 있을 것이다. 예를 들어, Patrick, Durbin과 Moser(2012)는 정신질환의 취약성에 대한 신경생물학적 측정법을 개발할 시 일반적 외현화 요인과 같은 광범위한 기질 성향적 구성개념을 주요 목표 개념으로 삼아야 한다고 주장하였다. 이 접근법은 이른바 **심리신경계측법**(psychoneurometrics)이라고 하며, 이는 뇌 반응과 외현화 스펙트럼과 관련된 다양한 문제 및 특성 간에서 관찰된 이질적 연구 결과를 통합하는 데에 도움이 될 수 있다. 최근 Nelson, Patrick과 Bernat(2011)는 서로 상관이 있는 세 가지 사건-관련 전위의 복합점수를 개발했다. 한 가지 특수 지표보다 오히려 외현화에 대한 일반적인 문제 해결을 목표로 하는 이러한 복합점수는 외현화 스펙트럼에 더욱 견고하고 신뢰할 수 있는 지표로서 신경생물학적 측정치를 만들어 낼 수 있다. 향후 이러한 복합점수는 외현화 평가에 대한 보다 전통적인 심리측정적 접근과 통합될 수 있을 것이다.

결론

이 장에서는 성인 외현화 스펙트럼의 평가 방법에 대한 광범위한 개요를 제공하고자 했으며 이러한 방법들을 임상 및 연구 장면에 통합하는 방안도 함께 안내하였다. 이 스펙트럼에 대한 다중방식평가는 기존 권고 사항 외에도, 특수한 개별 외현화 장애(예: 반사회적 행동, 물질 남용)를 표면적 증상만으로 보기보다는 ESI와 같은 통합 모델을 통해 다양한 특성과 행동의 구성개념에 초점을 두고 평가하는 것이 더 효과적임을 시사한다. 이러한 ESI는 공통적인 기질 성향적 구성개념과의 연관성을 기반으로 이 스펙트럼을 구성하고 있다. 하지만 현재로서는 이러한 접근법은 여러 제약 조건(예: 시간, 자원) 안에서 운영되어야만 하고 매우 제한된 평가 목표(예: 재범 위험 예측)를 갖는 임상 장면보다 연구 장면에서 더 실용적일 수 있다. 그렇다고 하더라도 외현화 스펙트럼 지표의 상관되는 본질적 속성에 주의하는 것과 이러한 지표들의 고유한 평가 과제에 대한 지식은 향후 이 분야의 평가 상황에서 다양한 방법을 통합하고 공고히 하기 위한 노력의 안내 지침이 될 수 있을 것이다.

감사의 말

Daniel M. Blonigen은 VA Office of Research and Development로부터 경력 개발상-2를 수상했다.

참고문헌

Alterman, A. I., Cacciola, J. S., & Rutherford, M. J. (1993). Reliability of the Revised Psychopathy Checklist in substance abuse patients. *Psychological Assessment, 5,* 442–448.

American Psychiatric Association. (2013). *Diagnostic and statistical manual of mental disorders* (5th ed.). Arlington, VA: Author.

Babor, R. F., Longabaugh, R., Zweben, A., & Fuller, R. K. (1994). Issues in the definition and measurement of drinking outcomes in alcohol treatment research. *Journal of Studies on Alcohol, Suppl. 12,* 101–111.

Babor, R. F., Steinberg, K., Anton, R., & Del Boca, F. (2000). Talk is cheap: Measuring drinking outcomes in clinical trials. *Journal of Studies on Alcohol, 61,* 55–63.

Babor, T. F., de la Fuente, J., Saunders, J., & Grant, M. (1992). *AUDIT—Alcohol Use Disorders Identification Test: Guidelines for use in primary health care.* Geneva: World Health Organization.

Babor, T. F., Stephens, R. S., & Marlatt, G. (1987). Verbal report methods in clinical research on alcoholism: Response bias and its minimization. *Journal of Studies on Alcohol, 48,* 410–424.

Benning, S. D., Patrick, C. J., Hicks, B. M., Blonigen, D. M., & Krueger, R. F. (2003). Factor structure of the Psychopathic Personality Inventory: Validity and implications for clinical assessment. *Psychological Assessment, 15,* 340–350.

Blackburn, R., Donnelly, J. P., Logan, C., & Renwick, S. J. D. (2004). Convergent and discriminative validity of interview and questionnaire measures of personality disorder in mentally disordered offenders: A multitrait-multimethod analysis using confirmatory factor analysis. *Journal of Personality Disorders, 18,* 129–150.

Blonigen, D. M., Patrick, C. J., Douglas, K. S., Poythress, N. G., Skeem, J. L., Lilienfeld, S. O., et al. (2010). Multimethod assessment of psychopathy in relation to factors of internalizing and externalizing from the Personality Assessment Inventory: The impact of method variance and suppressor effects. *Psychological Assessment, 22,* 96–107.

Bohn, M. J., Babor, T. F., & Kranzler, H. R. (1995). The Alcohol Use Disorders Identification Test (AUDIT): Validation of a screening instrument for use in medical settings. *Journal of Studies on Alcohol, 56,* 423–432.

Borum, R., & Grisso, T. (1995). Psychological test use in criminal forensic evaluations. *Professional Psychology: Research and Practice, 26,* 465–473.

Bradburn, N., Rips, L., & Shevell, S. (1987). Answering autobiographical questions: The impact of memory and inference on surveys. *Science*, *236*, 157-161.

Cacciola, J., Alterman, A., Habing, B., & McLellan, A. T. (2011). Recent status scores for version 6 of the Addiction Severity Index (ASI-6). *Addiction, 106*, 1588-1602.

Carey, K. B., & Simons, J. (2000). Utility of collateral information in assessing substance use among psychiatric outpatients. *Journal of Substance Abuse, 11*, 139-147.

Carney, M., Tennen, H., Affleck, G., del Boca, F. K., & Kranzler, H. R. (1998). Levels and patterns of alcohol consumption using timeline follow-back, daily diaries and real-time "electronic interviews." *Journal of Studies on Alcohol, 59*, 447-454.

Carroll, K. M. (1995). Methodological issues and problems in the assessment of substance use. *Psychological Assessment, 7*, 349-358.

Carroll, K. M., Rounsaville, B. J., Nich, C., & Gordon, L. T. (1994). One-year follow-up of psychotherapy and pharmacotherapy for cocaine dependence: Delayed emergence of psychotherapy effects *Archives of General Psychiatry, 51*, 989-997.

Caspi, A., Begg, D., Dickson, N., Harrington, H., Langley, J., Moffitt, T. E., et al. (1997). Personality differences predict health-risk behaviors in young adulthood: Evidence from a longitudinal study. *Journal of Personality and Social Psychology, 73*, 1052-1063.

Chermack, S. T., Roll, J., Reilly, M., Davis, L., Kilaru, U., & Grabowski, J. (2000). Comparison of patient self-reports and urinalysis results obtained under naturalistic methadone treatment condition. *Drug and Alcohol Dependence, 59*, 43-49.

Cleckley, H. (1976). *The mask of sanity* (4th ed.). St. Louis, MO: Mosby.

Cloninger, C. R., Svrakic, D. M., & Przybeck, T. R. (1993). A psychobiological model of temperament and character. *Archives of General Psychiatry, 50*, 975-990.

Colon, H. M., Perez, C. M., Melendez, M. M., Marrero, E. E., Ortiz, A. P., & Suarez, E. E. (2010). The validity of drug use responses in a household survey in Puerto Rico: Comparison of survey responses with urinalysis. *Addictive Behaviors, 35*, 667-672.

Connors, G. J., Allen, J. P., Cooney, N. L., & DiClemente, C. C. (1994). Assessment issues and strategies in alcoholism treatment matching research. *Journal of Studies on Alcohol, Suppl. 12*, 92-100.

Cooke, D. J., & Michie, C. (2001). Refining the construct of psychopathy: Towards a hierarchical model. *Psychological Assessment, 13,* 171-188.

Corse, S. J., Hirschinger, N. B., & Zanis, D. (1995). The use of the Addiction Severity Index with people with severe mental illness. *Psychiatric Rehabilitation Journal, 19*, 9-18.

Darke, S. (1998). Self-report among injecting drug users: A review. *Drug and Alcohol Dependence, 51*, 253-263.

Darke, S., Heather, N., Hall, W., Ward, J., & Wodak, A. (1991). Estimating drug consumption in opioid users: Reliability and validity of a "recent use" episodes method. *British Journal of Addiction, 86*, 1311-1316.

Del Boca, F. A., & Noll, J. A. (2000). Truth or consequences: The validity of self-report data in health services research on addictions. *Addiction, 95,* S347-S360.

Denis, C., Fatseas, M., Beltran, V., Bonnet, C., Picard, S., Combourieu, I., et al. (2012). Validity of the self-reported drug use section of the Addiction Severity Index and associated factors used under naturalistic conditions. *Substance Use and Misuse, 47*, 356-363.

Donovan, D. A. (2012). Primary outcome indices in illicit drug dependence treatment research: Systematic approach to selection and measurement of drug use end-points in clinical trials. *Addiction, 107*, 694-708.

Eaton, N. R., Krueger, R. F., Keyes, K. M., Skodol, A. E., Markon, K. E., Grant, B. F., et al. (2011). Borderline personality disorder co-morbidity: Relationship to the internalizing-externalizing structure of common mental disorders. *Psychological Medicine, 41,* 1041-1050.

Edens, J. F., Hart, S. D., Johnson, D. W., Johnson, J. K., & Olver, M. E. (2000). Use of the Personality Assessment Inventory to assess psychopathy in forensic populations. *Psychological Assessment, 12*, 132-139.

Edens, J. F., Poythress, N. G., & Lilienfeld, S. O. (1999). Identifying inmates at risk for disciplinary infractions: A comparison of two measures of psychopathy. *Behavioral Sciences and the Law, 17,* 435-443.

Ehrman, R. N., & Robbins, S. J. (1994). Reliability and validity of 6-month timeline reports of cocaine and heroin use in a methadone population. *Journal of Consulting and Clinical Psychology, 62*, 843-850.

Ehrman, R. N., Robbins, S. J., & Cornish, J. W. (1997). Comparing self-reported cocaine use with repeated urine tests in outpatient cocaine abusers. *Experimental and Clinical Psychopharmacology,* 5, 150-156.

Exner, J. E. (2003). *The Rorschach: A comprehensive system* (4th ed.). New York: Wiley.

Fals-Stewart, W., O'Farrell, T. J., Freitas, T. T., McFarlin, S. K., & Rutigliano, P. (2000). The Timeline Followback reports of psychoactive substance use by drug-abusing patients: Psychometric properties. *Journal of Consulting and Clinical Psychology, 68*, 134-144.

Fendrich, M., Johnson, T., Sudman, S., Wislar, J., & Spiehler, V. (1999). Validity of drug use reporting in a high-risk community sample: A comparison of cocaine and heroin survey reports with hair tests. *American Journal of Epidemiology, 149*, 955-962.

Finn, S. E. (2008, March). *Empathy, intersubjectivity, and the longing to be known: Why personality assessment works*. Paper presented at the annual meeting of the Society for Personality Assessment, New Orleans, LA.

First, M. B., Spitzer, R. L., Gibbon, M., Williams, J. B. W., & Benjamin, L. S. (1997). *Structured Clinical Interview for DSM-IV Axis II Personality Disorders (SCIDII).* Washington, DC: American Psychiatric Press.

Fowler, K. A., & Lilienfeld, S. O. (2007). The Psychopathy Q-sort: Construct validity evidence in a nonclinical sample. *Assessment, 14,* 75-79.

Fowler, K. A., Lilienfeld, S. O., & Patrick, C. J. (2009). Detecting psychopathy from thin slices of behavior. *Psychological Assessment, 21,* 68-78.

Gacono, C. B., & Meloy, J. R. (2009). Assessing antisocial and psychopathic personalities. In J. N.

Butcher (Ed.), *Oxford handbook of personality assessment* (pp. 567-581). New York: Oxford University Press.

Gavin, D. R., Ross, H., & Skinner, H. (1989). Diagnostic validity of the drug abuse screening test in the assessment of DSM-III drug disorders. *British Journal of Addiction*, *84*(3), 301-307.

Gray, J. A. (1981). A critique of Eysenck's theory of personality. In H. J. Eysenck (Ed.), *A model of personality* (pp. 246-276). New York: Springer.

Grove, W. M., & Tellegen, A. (1991). Problems in the classification of personality disorders. *Journal of Personality Disorders, 5*, 31-42.

Guthrie, P. C., & Mobley, B. D. (1994). A comparison of the differential diagnostic efficiency of three personality disorder inventories. *Journal of Clinical Psychology, 50,* 656-665.

Guy, L. S., Poythress, N. G., Douglas, K. S., Skeem, J. L., & Edens, J. F. (2008). Correspondence between self-report and interview-based assessments of antisocial personality disorder. *Psychological Assessment, 20*, 47-54.

Hamid, R., Deren, S., Beardsley, M., & Tortu, S. (1999). Agreement between urinalysis and self-reported drug use. *Substance Use and Misuse, 34*, 1585-1592.

Hare, R. D. (1991). *The Hare Psychopathy Checklist-Revised.* Toronto, Ontario, Canada: Multi-Health Systems.

Hare, R. D. (1998). The Hare PCL-R: Some issues concerning its use and misuse. *Legal and Criminological Psychology, 3*, 101-122.

Hare, R. D. (2003). *The Hare Psychopathy Checklist-Revised* (2nd ed.). Toronto, Ontario, Canada: Multi-Health Systems.

Harpur, T. J., Hare, R. D., & Hakstian, A. R. (1989). Two-factor conceptualization of psychopathy: Construct validity and assessment implications. *Psychological Assessment, 1,* 6-17.

Hart, S. D., Cox, D. N., & Hare, R. D. (1995). *Manual for the Psychopathy Checklist: Screening version (PCL:SV).* Toronto, Ontario, Canada: Multi-Health Systems.

Hjorthoj, C., Hjorthoj, A., & Nordentoft, M. (2012). Validity of Timeline Follow-Back for self-reported use of cannabis and other illicit substances: Systematic review and meta-analysis. *Addictive Behaviors, 37*, 225-233.

Hser, Y., Anglin, M., & Chou, C. (1992). Reliability of retrospective self-report by narcotics addicts. *Psychological Assessment, 4*, 207-231.

Hyler, S. E., & Rieder, R. O. (1994). *Personality Diagnostic Questionnaire-4+*. New York: Author.

James, W. (1983). *The principles of psychology*. Cambridge, MA: Harvard University Press. (Original work published 1890)

Jones, E. E., & Sigall, H. (1971). The bogus pipeline: A new paradigm for measuring affect and attitude. *Psychological Bulletin, 76*, 349-364.

Jones, S., & Miller, J. D. (2012). Psychopathic traits and externalizing behaviors: A comparison of self- and informant reports in the statistical prediction of externalizing behaviors. *Psychological Assessment, 24,* 255-260.

Karpman, B. (1941). On the need for separating psychopathy into two distinct clinical types: Symptomatic and idiopathic. *Journal of Criminology and Psychopathology, 3,* 112–137.

Kopta, S., Howard, K., Lowry, J., & Beutler, L. (1994). Patterns of symptomatic recovery in psychotherapy. *Journal of Consulting and Clinical Psychology, 62,* 1009–1016.

Kosson, D. S., Steuerwald, B. L., Forth, A. E., & Kirkhart, K. J. (1997). A new method for assessing the interpersonal behavior of psychopathic individuals: Preliminary validation studies. *Psychological Assessment, 9,* 89–101.

Kosten, T. R., Rounsaville, B. J., Babor, T. F., & Spitzer, R. L. (1987). Substance-use disorders in DSM-III-R: Evidence for the dependence syndrome across different psychoactive substances. *British Journal of Psychiatry, 151,* 834–843.

Krueger, R. F. (1999). The structure of common mental disorders. *Archives of General Psychiatry, 56,* 921–926.

Krueger, R. F., Hicks, B. M., Patrick, C. J., Carlson, S. R., Iacono, W. G., & McGue, M. (2002). Etiologic connections among substance dependence, antisocial behavior, and personality: Modeling the externalizing spectrum. *Journal of Abnormal Psychology, 111,* 411–424.

Krueger, R. F., Markon, K. E., Patrick, C. J., Benning, S. D., & Kramer, M. D. (2007). Linking antisocial behavior, substance use, and personality: An integrative quantitative model of the adult externalizing spectrum. *Journal of Abnormal Psychology, 116,* 645–666.

Krueger, R. F., Markon, K. E., Patrick, C. J., & Iacono, W. G. (2005). Externalizing psychopathology in adulthood: A dimensional-spectrum conceptualization and its implications for DSM-V. *Journal of Abnormal Psychology, 114,* 537–550.

Latzman, R. D., Lilienfeld, S. O., Latzman, N. E., & Clark, L. A. (2013). Exploring callous and unemotional traits in youth via trait personality: An eye toward DSM-5. *Personality Disorders: Theory, Research, and Treatment, 4,* 191–202.

Lilienfeld, S. O. (1994). Conceptual problems in the assessment of psychopathy. *Clinical Psychology Review, 14,* 17–38.

Lilienfeld, S. O., & Andrews, B. P. (1996). Development and preliminary validation of a self-report measure of psychopathic personality traits in non-criminal populations. *Journal of Personality Assessment, 66,* 488–524.

Lilienfeld, S. O., & Fowler, K. A. (2006). The self-report assessment of psychopathy: Problems, pitfalls, and promises. In C. J. Patrick (Ed.), *Handbook of psychopathy* (pp. 107–132). New York: Guilford Press.

Lilienfeld, S. O., Purcell, C., & Jones-Alexander, J. (1997). Assessment of antisocial behavior in adults. In D. M. Stoff, J. Breiling, & J. Maser (Eds.), *Handbook of antisocial behavior* (pp. 60–74). Hoboken, NJ: Wiley.

Lu, N. T., Taylor, B. G., & Riley, K. J. (2001). The validity of adult arrestee self-reports of crack cocaine use. *American Journal of Drug and Alcohol Abuse, 27,* 399–420.

Magura, S., Goldsmith, D. S., Casriel, C., & Goldstein, P. J. (1987). The validity of methadone clients' self-reported drug use. *International Journal of the Addictions, 22*, 727-749.

Magura, S., & Kang, S. (1996). Validity of self-reported drug use in high risk populations: A meta-analytic review. *Substance Use and Misuse, 31*, 1131-1153.

Magyar, M. S., Edens, J. F., Epstein, M., Stiles, P. G., & Poythress, N. G. (2012). Examining attitudes about and influences on research participation among forensic psychiatric inpatients. *Behavioral Sciences and the Law,* 30, 69-86.

Maisto, S. A., McKay, J. R., & Connors, G. J. (1990). Self-report issues in substance abuse: State of the art and future directions. *Behavioral Assessment, 12*, 117-134.

Makela, K. (2004). Studies of the reliability and validity of the Addiction Severity Index. *Addiction, 99*, 398-410.

Marcus, D. K., Lilienfeld, S. O., Edens, J. F., & Poythress, N. G. (2006). Is antisocial personality disorder continuous or categorical?: A taxometric analysis. *Psychological Medicine, 36,* 1571-1581.

Markon, K. E., Chmielewski, M., & Miller, C. J. (2011). The reliability and validity of discrete and continuous measures of psychopathology: A quantitative review. *Psychological Bulletin, 137,* 856-879.

McCord, W., & McCord, J. (1964). *The psychopath: An essay on the criminal mind.* Princeton, NJ: Van Nostrand.

McLellan, A., Luborsky, L., Cacciola, J., Griffith, J., Evans, F., Barr, H., et al. (1985). New data from the Addiction Severity Index: Reliability and validity in three centers. *Journal of Nervous and Mental Diseases, 173*, 412-423.

McLellan, A., Luborsky, L., Woody, G. E., & O'Brien, C. P. (1980). An improved diagnostic evaluation instrument for substance abuse patients: The Addiction Severity Index. *Journal of Nervous and Mental Diseases, 168*, 26-33.

Meehl, P. E. (1945). The dynamics of structured personality tests. *Journal of Clinical Psychology, 1*, 296-303.

Meyer, G. J., Finn, S. E., Eyde, L. D., Kay, G. G., Moreland, K. L., Dies, R. R., et al. (2001). Psychological testing and psychological assessment. *American Psychologist, 56,* 128-165.

Mihura, J. L., Meyer, G. J., Dumitrascu, N., & Bombel, G. (2013). The validity of individual Rorschach variables: Systematic reviews and meta-analyses of the Comprehensive System. *Psychological Bulletin, 139,* 548-605.

Miller, J. D., Jones, S. E., & Lynam, D. R. (2011). Psychopathic traits from the perspective of self and informant reports: Is there evidence for a lack of insight? *Journal of Abnormal Psychology, 120,* 758-764.

Miller, J. D., & Lynam, D. R. (2012). An examination of the Psychopathic Personality Inventory's nomological network: A meta-analytic review. *Personality Disorders: Theory, Research, and Treatment, 3,* 305-326.

Millon, T. (1987). *Millon Clinical Multiaxial Inventory II Manual.* Minneapolis, MN: National Computer Systems.

Morey, L. (2007). *Manual for the Personality Assessment Inventory.* Lutz, FL: Psychological Assessment Resources.

Myrick, H. T., Henderson, S., Dansky, B., Pelic, C., & Brady, K. T. (2002). Clinical characteristics of under-reporters on urine drug screens in a cocaine treatment study. *American Journal on Addictions, 11*, 255-261.

Nelson, L. D., Patrick, C. J., & Bernat, E. M. (2011). Operationalizing proneness to externalizing psychopathology as a multivariate psychophysiological phenotype. *Psychophysiology, 48,* 64-72.

Patrick, C. J., Durbin, C. E., & Moser, J. S. (2012). Reconceptualizing antisocial deviance in neurobehavioral terms. *Development and Psychopathology, 3,* 1047-1071.

Patrick, C. J., Fowles, D. C., & Krueger, R. F. (2009). Triarchic conceptualization of psychopathy: Developmental origins of disinhibition, boldness, and meanness. *Developmental and Psychopathology, 21,* 913-938.

Patrick, C. J., Hicks, B. M., Krueger, R. F., & Lang, A. R. (2005). Relations between psychopathy facets and externalizing in a criminal offender sample. *Journal of Personality Disorders, 19,* 339-356.

Patrick, C. J., Hicks, B. M., Nichol, P. E., & Krueger, R. F. (2007). A bifactor approach to modeling the structure of the Psychopathy Checklist-Revised. *Journal of Personality Disorders, 21*, 118-141.

Petroczi, A., & Nepusz, T. (2011). Methodological considerations regarding response bias effect in substance use research: Is correlation between the measured variables sufficient? *Substance Abuse Treatment, Prevention, and Policy, 6,* 1-11.

Pluddermann, A. H., & Parry, C. (2003). A short report: Self-reported drug use vs. urinalysis in a sample of arrestees in South Africa. *Drugs: Education, Prevention and Policy, 10*, 379-383.

Reinert, D. F., & Allen, J. P. (2002). The Alcohol Use Disorders Identification Test (AUDIT): A review of recent research. *Alcoholism: Clinical and Experimental Research, 26*, 272-279.

Reise, S. P., & Oliver, C. J. (1994). Development of a California Q-set indicator of primary psychopathy. *Journal of Personality Assessment, 62,* 130-144.

Richter, L., & Johnson, P. B. (2001). Current methods of assessing substance use: A review of strengths, problems, and developments. *Journal of Drug Issues, 31*, 809-832.

Rikoon, S. H., Cacciola, J. S., Carise, D., Alterman, A. I., & McLellan, A. (2006). Predicting DSM-IV dependence diagnoses from Addiction Severity Index composite scores. *Journal of Substance Abuse Treatment, 31*, 17-24.

Robins, L. N. (1966). *Deviant children grown up*. Baltimore, MD: Williams & Wilkins.

Rounsaville, B. J., Wilber, C. H., Rosenberger, D., & Kleber, H. D. (1981). Comparison of opiate addicts' reports of psychiatric history with reports of significant other informants. *American Journal of Drug and Alcohol Abuse, 8,* 51-69.

Schuler, M. S., Lechner, W. V., Carter, R. E., & Malcolm, R. (2009). Temporal and gender trends in concordance of urine drug screens and self-reported use in cocaine treatment studies. *Journal of Addiction Medicine, 3*(4), 211-217.

Schwartz, R. (1988). Urine testing in the detection of drugs of abuse. *Archives of Internal Medicine, 148*,

2407-2412.

Shadish, W. R., Cook, T. D., & Campbell, D. T. (2001). *Experimental and quasi-experimental designs for generalized causal inferences.* Berkeley, CA: Houghton Mifflin.

Sher, K. J., & Trull, T. J. (1994). Personality and disinhibitory psychopathology: Alcoholism and antisocial personality disorder. *Journal of Abnormal Psychology, 103,* 92-102.

Sherman, M. F., & Bigelow, G. E. (1992). Validity of patients' self-reported drug use as a function of treatment status. *Drug and Alcohol Dependence, 30,* 1-11.

Skinner, H. A. (1982). The Drug Abuse Screening Test. *Addictive Behaviors, 7,* 363-371.

Skinner, H. A. (1984). Assessing alcohol use by patient in treatment. In R. G. Smart et al. (Eds.), *Research advances in alcohol and drug problems* (pp. 183-207). New York: Plenum.

Sobell, L. C., & Sobell, M. B. (1992). Timeline follow-back: A technique for assessing self-reported alcohol consumption. In R. Z. Litten & J. P. Allen (Eds.), *Measuring alcohol consumption: Psychological and biochemical methods* (pp. 41-72). Totowa, NJ: Humana Press.

Tellegen, A. (1985). Structures of mood and personality and their relevance to assessing anxiety with an emphasis on self-report. In A. H. Tuma & J. D. Maser (Eds.), *Anxiety and the anxiety disorders* (pp. 681-706). New York: Routledge.

Venables, N. C., & Patrick, C. J. (2012). Validity of the Externalizing Spectrum Inventory in a criminal offender sample: Relations with disinhibitory psychopathology, personality, and psychopathic features. *Psychological Assessment, 84,* 88-100.

Verona, E., & Patrick, C. J. (2000). Suicide risk in externalizing syndromes: Temperamental and neurobiological underpinnings. In T. E. Joiner & D. Rudd (Eds.), *Suicide science: Expanding the boundaries* (pp. 137-173). Boston: Kluwer.

Vinson, D. C., Reidinger, C., & Wilcosky, T. (2003). Factors affecting the validity of a Timeline Follow-Back interview. *Journal of Studies on Alcohol, 64,* 733-740.

Vitale, S. G., van de Mheen, H. H., van de Wiel, A. A., & Garretsen, H. L. (2006). Substance use among emergency room patients: Is self-report preferable to biochemical markers? *Addictive Behaviors, 31,* 1661-1669.

Waldman, I. D., & Slutske, W. S. (2000). Antisocial behavior and alcoholism: A behavioral genetic perspective on comorbidity. *Clinical Psychology Review, 20,* 255-287.

Walters, G. D., Wilson, N. J., & Glover, A. J. (2011). Predicting recidivism with the Psychology Checklist: Are factor score composites really necessary? *Psychological Assessment, 23,* 552-557.

Ward, R. K. (2004). Assessment and management of personality disorders. *American Family Physician, 70,* 1505-1512.

Wezbell, I., Ball, D., Bell, J., Sherwood, R., Marsh, A., O'Grady, J., et al. (2011). Substance use by liver transplant candidates: An anonymous urinalysis study. *Liver Transplantation, 17,* 1200-1204.

Whiteside, S. P., & Lynam, D. R. (2001). The Five Factor Model and impulsivity: Using a structural model of personality to understand impulsivity. *Personality and Individual Differences, 30,* 669-689.

Widiger, T. A., & Corbitt, E. M. (1993). Antisocial personality disorder: Proposals for *DSM-IV. Journal of*

Personality Disorders, 7, 63-77.

Wong, S. (1988). Is Hare's Psychopathy Checklist reliable without the interview? *Psychological Reports, 62,* 931-934.

Wood, J. M., Lilienfeld, S. O., Nezworski, M. T., Garb, H. N., Allen, K. H., & Wildermuth, J. L. (2010). Validity of Rorschach inkblot scores for discriminating psychopaths from nonpsychopaths in forensic populations: A meta-analysis. *Psychological Assessment, 22,* 336-349.

World Health Organization. (1995). *International statistical classification of diseases and health related problems*. Geneva, Switzerland: Author.

Yudko, E., Lozhkina, O., & Fouts, A. (2007). A comprehensive review of the psychometric properties of the Drug Abuse Screening Test. *Journal of Substance Abuse Treatment, 32,* 189-198.

Zolondek, S., Lilienfeld, S. O., Patrick, C. J., & Fowler, K. A. (2006). The interpersonal measure of psychopathy: Construct and incremental validity in male prisoners. *Assessment, 13,* 470-482.

Zuckerman, M., & Kulhman, D. M. (2000). Personality and risk-taking: Common biosocial factors. *Journal of Personality, 68,* 999-1029.

제8장

사고 질에 대한 임상 평가
다중방식 접근

Mark A. Blais & Iruma Bello

'생각'이 인류를 위해 가져다준 지식은 광대하지만, 정작 우리는 '생각' 자체에 대해서 거의 알지 못한다. …… 그렇다고 하더라도 세상을 변화시키는 사고를 만들어 내는 그 꿈의 재료는 우리 모두의 내면에 실재한다. 뇌-손상 환자의 문장-파편들 속에도, 조현병 환자의 망상 속에도, 아이의 옹알이 속에도 실재한다. 이것이 바로 사고의 수수께끼다.

—DAVID RAPAPORT, 『Organization and Pathology of Thought』(1951, p. vii)

생각하는 것은 인간의 기본적인 능력이자 많은 성격 모델에서 중심적인 속성이다 (Blais & Hopwood, 2010; Freud, 1900/1959; Mayer, 2005). 생각한다는 것은 지각적 · 신경인지적 · 심리적 능력의 유동적이고 끊임없이 변화하는 혼합물로 구성된 복잡한 현상이다. 효과적인 생각을 하기 위해서는 논리적이면서도 비논리적이고, 조리 있으면서 연결이 풀려 있고, 목표-지향적이면서도 어느 것에도 제약을 받지 않고, 자생적이면서도 예측할 수 있고 이뿐만 아니라 환상적이면서도 대체로 인정하는 현실과 연합되어 있는 것 사이에서 사고가 통제되고 가역적인 방식으로 서로 번갈아 나타날 수 있어야 한다. 하지만 이와 동시에 생각한다는 것은 상당히 기본적인 인간종이 가진 처리 과정이기 때문에, 평상적인 일상에 대해 생각하는 경우에는 적어도 겉으로 보기에는 개인 간의 차이가 거의 없어 보인다. 우리의 많은 개인적 행동과 사회에서의 집단 행위는 대부분 사람이 세상을 매우 유사한 방식으로 생각한다는 가정에 기반하고 있다. 이 장에서는 사고 과정을 개념화하기 위한 다차원적 모델을 제시하고 사고의 질을 평가하는 데 보통 사용되는 임상 도구들을 검토할 것이다. 이에 더해, 다중방식평가 자료들이 어떠한 방법으로 사고의 질을 포괄적이고 상세한 가치평가를 도출하여 통합해낼 수 있는지를 보여 주는 임상 사례와 지침을 제공할 것이다.

인간 경험에서 생각하기의 중요한 역할을 고려해 보면, 사고의 질적 속성을 이해하려는 노력은 정신의학과 임상심리학이 시작된 이래로 중요한 부분을 차지해 온 것은 그리 놀랄 일이 아니다. 초기 관심은 가장 뚜렷한 사고장애 형태인 정신증에 집중되었다. 실제로 Kraepelin(1919)과 Bleuler(1950) 모두 무질서한 사고 또는 '연상 이완(loosening of associations)'을 조현병의 주요 징후로 생각했었다. 수년간의 체계적 관찰을 통해 조현병 환자의 언어에서 나타나는 장애적인 생각하기의 뚜렷한 특징을 분류하는 풍부한 기술적 어휘가 만들어졌었다. 이러한 범주들은 언어 빈곤(poverty of speech), 사고 이탈(derailment), 우원증(circumstantiality), 보속증(perseveration), 사고 목표 상실(loss of goals), 사고 차단(thought blocking), 신조어(neolgisms) 등에 초점을 맞추었다(Andreasen, 1979). 이러한 어휘를 사용하여 환자의 말하기를 항목화하는 것이 형태적 사고장애(Formal Thought Disorder: FTD)를 식별하는 표준 방법이 되었다. FTD의 존재는 정신병적 상태를 진단하는 것이 되었다. 개념적으로 FTD 개념은 사고와 아이디어 사이의 논리적 연결이 눈에 띄게 끊어지는 것이라 할 수 있다. FTD를 앓고 있는 환자는 사고와 아이디어의 조리 있고 연결된 흐름을 유지하지 못한다. 그 결과 그들의 생각은 혼란스럽고 비논리적이며 기이해진다. FTD 개념은 중복되고 부정확한 범주 정의로 인해 점점 더 의문이 제기되고 있지만(Rule, 2005), 현재까지도 임상 평가 장면에서 널리 사용되고 있다.

FTD에 대한 평가

전통적으로, FTD의 존재는 임상 관찰과 진단 면담을 통해 확인되었다(Andreasen, Flaum, & Arndt, 1992). 하지만 일반적으로 비구조화된 임상 면담은 진단적 일치도가 제한적이며(Meyer, 1996), FTD를 식별하는 과정에서 임상가마다 면담 스타일과 초점이 크게 달라지는 경향이 있다(Hurt, Holzman, & Davis, 1983). 이러한 한계를 인식하면서 FTD를 평가하기 위한 표준화된 평가 절차, 특히 구조화된 증상 평정 척도가 개발되었다(Andreasen et al., 1992; Hurt et al., 1983). 간이 정신과적 평정 척도(Brief Psychiatric Rating Scale: BPRS)는 가장 널리 사용되는 FTD 평정 척도 중 하나이다(Overall & Gorham, 1962).

BPRS는 환자의 보고와 임상가의 관찰을 바탕으로 정신병적 및 정서적 증상을 평가한다. BPRS는 평가자 간 신뢰도와 재검사 신뢰도가 우수하다는 것이 여러 연구를 통해 입증되었다(Bell, Lysaker, Beam-Goulet, Milstein, & Lindenmayer, 1993; Dingemans, Linszen, Lenior, & Smeets, 1995; Overall & Rhoades, 1982). 그리고 양성 증상, 음성 증상, 우울-불안, 초조로 구성된 4요인 구조를 가진다(Kopelowicz, Ventura, Liberman, & Mintz, 2008; Mueser, Curran, & McHugo, 1997; Thomas, Donnell, & Young, 2004). BPRS가 여전히 널리 사용되고 있지만, Kay, Fiszbein과 Opler(1987)는 BPRS와 다른 평정 척도를 토대로 양성 및 음성 증후군 척도(Positive and Negative Syndrome Scale: PANSS)를 개발하였다. PANSS는 조현병의 양성 및 음성 증상을 좀 더 완전하고 균형 있게 평가할 수 있도록 해 준다. PANSS는 탄탄한 심리측정적 질적 속성을 입증하였고 정신병적 증상을 식별하는 데에 타당한 측정 도구이다(Gottlieb, Fan, & Goff, 2010). 그렇다 할지라도 BPRS와 PANSS는 모든 환자에게 적합할 수 있는 사고의 질에 대한 종합적인 가치평가는 제공하지 못한다.

임상 경험과 연구가 더욱 체계화됨에 따라 장애적인 사고는 심각성의 연속선상에서 표현된다는 사실이 분명해졌다(Meehl, 1990). 이 연속선은 적응적으로 창의적이고 독창적인 것에서부터 정상적이고 관습적인 사고, 가벼운 인지적 실수(개별특수적 언어) 그리고 명백한 정신증(와해 및 환각)까지 이른다. 또한, 현재는 사고 질에 있어 의미 있는 차이가 조현병 스펙트럼 조건에 국한되지 않고 다양한 정신과적 장애 전반에 걸쳐 그리고 정신 장애 내에서도 존재한다는 점이 널리 인정되고 있다(Andreasen & Grove, 1986). 더욱이 사고의 질은 다차원적이며 어떤 단일 도구로도 사고의 질 전체 범위를 평가한다는 것이 적합하지 않다는 것은 상식적으로 널리 알려진 사실이다. 오히려 개인의 사고 질을 의미 있게 기술하고 정량화하기 위해서는 다중방식평가 접근이 필수적이다.

생각에 대한 다차원적 본질

사고의 질이 단일 구성개념이 아니라면, 사고의 본질을 이해하기 위한 다차원적 모델이 필수적으로 요구된다. Weiner(1966)는 사고의 질을 개념화하기 위한 다차원적 모델을 개발하였는데, 이는 인지적 초점 두기, 현실 검증, 추론, 개념 형성 등으로 사고 과정의 구성 성분을 분해하면서 다중방식 심리평가 전략을 활용하는 데에 상당한 관련성을 갖는다(Kleiger, 1999). 인지적 초점 두기는 환경 내에서 가장 관련성 높은 자극을 탐색하고 선택하며 주의 집중하는 동시에 무관한 자극을 선별 배제할 수 있는 능력을 의미한다. 이 생각하는 것의 구성 성분은 작업 기억, 처리 속도, 유연성과 같은 기본 신경인지 능력에 의존한다. 현실 검증은 감각 경험을 현실적이고 합의적 · 관습적 방식으로 지각하는 능력이다. 효과적인 현실 검증은 기본적인 신경생리학적 능력(감각 지각)과 심리적 과정(통각)의 상호작용이 필요하다. 여러 면에서 현실 검증은 지각적 정확성 개념과 유사하다. 추론과 개념 형성의 구성 성분은 서로 밀접하게 관련되어 있으며, 이 장에서는 이를 하나의 과정으로 다루었다. 추론과 개념 형성은 논리적 연상의 흐름을 유지하고 주어진 문제 해결이나 자신의 경험 전달에 필요한 적절한 수준의 추상화(일반화 또는 범주화)를 파악하는 능력을 포함한다. 생각하기, 추론하기 개념 형성 등 이러한 구성 성분은 일반적으로 그 본질에 있어 일차적으로 심리학적인 것이라 간주하고 있다. 생각하는 것에 대한 Weiner의 다차원적 사고 모델은 사고의 질을 구성하는 기본 요소를 식별하고, 이들 요소 간의 상호 관계를 이해하는 데 도움을 줄 뿐만 아니라 사고의 질을 가치 평가할 때 적절한 평가 도구를 선택하는 데에도 여러 가지 실질적인 이점을 가진다.

사고 질에 대한 다중방식평가

임상 성격 평가는 Rapaport-Menninger의 평가 전통(Rapaport, Gill, & Schafer, 1968)에서 발전한 임상적 통찰과 Campbell과 Fiske(Campbell & Fiske, 1959)의 경험적 측정 전통을 결합한 다특성-다방식 검사 배터리를 사용할 때 가장 효과적이다. 성격 평가에서 Rapaport-Menninger의 종합-배터리 접근법은 다양한 과제를 통해 의식적(외현적) 행동과 비의식적(암묵적) 행동을 모두 포착할 수 있는 여러 평가 도구의 사용 필요성을 강조한다. 또한, 이 전통은 시행 검사 과제가 피험자에게 제공되는 외적인 구조 수준이나 지침 수준에 따라 다양해야 할 필요성을 강조한다. 임상 평가에서 다중방식 접근법은 또한 증분 타당성의 중요성에 대한 Campbell과 Fiske의 심리측정학적 통찰을 반영한다(Campbell & Fiske, 1959). Campbell과 Fiske는 다중특질과 다중방식 접근법을 사용하여 구성 타당도를 측정함으로써 동일 심리적 구성개념을 측정하는 각기 다른 평가 방법 간의 상관관계는 제한적이지만, 예측력을 향상하기 위해 이들을 조합할 수도 있다는 것을 입증했다. 이러한 발견은 여러 연구에서 반복적으로 재현되었으며(Meyer, 1996), 연구와 임상 평가 장면 모두에서 방법 분산의 중요성을 다시 한번 더 강조하는 것이다.

이 장에서 설명하는 다중방식 성격 평가 접근법은 우리 평가 그룹인 심리학적 가치평가 및 연구 실험실(Psychological Evaluation and Research Laboratory: PEaRL)의 임상 경험과 연구 결과를 바탕으로 개발되었다. PEaRL은 성인 정신과 환자에게 심리평가를 제공하는 활발한 임상 서비스 및 연구 기관이다. 이러한 가치평가로 얻게 된 자료(입원 및 외래 환자)와 인구통계학적 정보는 IRB-승인을 받은 익명화된 데이터베이스에 입력된다(본 클리닉 절차에 대한 자세한 내용은 Stein, Slavin-Mulford, Sinclair, Siefert, & Blais, 2012 및 Slavin-Mulford et al., 2012 참조). 현재 이 데이터베이스에는 700건 이상의 사례가 포함되어 있다. PEaRL 평가 배터리는 웩슬러 축약형 지능검사-II(Wechsler Abbreviated Scale of Intelligence-II: WASI-II; Wechsler, 2011), 웩슬러 성인용 지능검사-IV(Wechsler Adult Intelligence Scale-IV: WAIS-IV)의 숫자, 동형찾기, 기호 쓰기 소검사(Wechsler, 2008); 선로 잇기 검사: A와 B 파트(Trail Making Test; Reitan & Wolfson, 2004); 스트룹 색상-단어 검사(Trenerry, Crosson, Deboe, & Leber, 1989), 성격평가 척도(Personality Assessment Inventory: PAI; Morey, 1991, 2007), NEO-5-요인 검사(NEO-Five-Factor Inventory: NEO-FFI; Costa & McCrae, 1992), 로르샤흐 잉크반점 검사(Rorschach, 1921/1942) 및 주제통각검사(Thematic Apperception Test: TAT; Murray, 1943) 등을 포함한 다중방식 도구의 핵심 묶음으로 구성되어 있다. 이 핵심 배터리는 필요에 따라 추가 검사로 보완되며, 입원 환자의 경우 수정되기도 하고 축소되기도 한다. 이 배터리는 사고 질 평가와 관련된 광범위한 정신병리학적·성격적·신경인지 기능적 구성개념에 대한 암묵적(수행 기반) 및 외현적(자기 보고) 자료를 모두 제공한다. 〈표 8-1〉은 일차적으로 사고의 질과 관련된 PEaRL 배터리 측정과 Weiner 모델과의 관련성을 보여 준다.

우리는 사고의 질에 대한 우리의 다중방식평가 접근법을 강조하기 위해 다음의 사례를 통해 살펴볼 것이다:

> Jones는 46세의 이혼한 여성이다. 그녀는 대학 졸업 후 현재 성공적인 자영업 소프트웨어 엔지니어다. 현재 그녀는 일시적으로 실직 상태이며 '개인 저축으로 생활'하고 있다. 약 20년 전 '항우울제 복용으로 유발된' 단일 시점 조증 삽화를 경험했다. 만성이나 급성의 의학적 문제는 없었다. 그녀는 정신과적 이유로 입원 또는 자살 시도를 한 이력은 전혀 없었다. 20대 초반 교통사고로 인한 두부 손상과 일시적인 의식 상실이 있었으나 당시 아무런 의료적 처치를 받지 않았다고 진술했다. 그녀는 최근 정신과 의사와 상담하여 약물치료를 다시 시작했고 진단의 명확성과 치료

표 8-1 Weiner의 사고 질 모델에 대한 개념적 구조와 이에 해당하는 다중방식평가 측정 도구

다중방식 측정 도구	인지적 초점	현실 접촉	추론 및 개념형성
측정능력: 처리 속도	숫자 동형찾기 기호 쓰기		
	선로: A 파트		
측정능력: 유연성	선로: B 파트		
	스트룹		
암묵적 측정 도구		RIM XA%	RIM *WSum6*
		RIM X−%	RIM LvL 2 요약 점수
		RIM 평범 반응	
외현적 측정 도구	NEO−개방성		NEO−개방성
	NEO−성실성		NEO−성실성
			PAI SCZ
		PAI−SCZ−P	
			PAI PAR
			PAI SCZ−T
			PAI ARD−T
			PAI MAN−A
			PAI ARD−O

* 주의: RIM, Rorschach Inkblot Method; PAI, Personality Assessment Inventory; NEO, NEO-Five-Factor Inventory

계획 수립을 목적으로 종합심리평가를 의뢰받았다. 평가 당시 그녀는 어떠한 정신과 약물도 복용하지 않은 상태였다.

인지적 초점 두기에 대한 측정

신경심리학적 검사 도구는 사고와 관련된 기본적인 신경인지 능력을 평가하는 데 사용된다. 이러한 도구는 표준화되어 있어 개인의 점수를 규준 자료와 비교하여 해석할 수 있다. 이러한 검사 결과는 수검자의 추정 병전 기능 수준과 비교함으로써 상대적인 경한 손상이나 상대적인 손상 정도를 탐지할 수 있다(Howieson & Lezak, 1992). 우리가 구성한 배터리에서 사용한 신경인지 도구는 주로 처리 속도와 인지적 유연성과 같은 유동적 인지 능력을 측정하도록 설계되어 있다. 유동적 인지 능력은 즉각적인 문제 해결과 적응적 기능 수행에 필수적이다(Carroll, 1993; Cattell, 1971). 이러한 능력은 광범위하고, 중간 정

도 복잡성을 가지며, 매우 다양한 행동을 다스리거나 영향을 미친다(Carroll, 1993). 유동적 신경인지 능력은 전전두피질(prefrontal cortex: PFC)과 관련된 신경 회로에 의존하는데, 이 영역은 성격 및 정신병리와도 관련이 있는 것으로 알려져 있다(DeYoung & Gray, 2009). 이에 더해 유동적 인지 능력은 정신질환 환자, 특히 조현병 환자에게서 흔히 손상되며(Putnam & Blais, 2010; Palmer et al., 1997), 이러한 능력은 기능적 생활의 손상에 대한 강력한 예측 지표이다(Harvey, Keefe, Patterson, & Heaton, & Bowie, 2009). 최근 일어나고 있는 연구에 따르면, 이러한 신경인지 능력은 사고장애의 특정 징후보다는 말하기에서 의미와 정보가 손실되는 등의 의사소통 실패와 더 밀접하게 관련될 수 있음을 시사한다(Docherty, 2005). 이러한 좀 더 일반적인 연관성은 인지적 초점 두기가 사고의 질을 형성하는 데에 도움이 되는 기본적인 신경 기반 또는 네트워크임을 강조한 Weiner의 사고 질 모델과도 일치한다. 이는 주의력과 정보처리 체계의 결함이 사고장애의 표현이 아니라 오히려 사고장애를 일으키는 원인이 될 수 있음을 시사하는 신경 영상 연구 결과와도 맥락을 같이 한다(Kuperberg, Deckersbach, Holt, Goff, & West, 2007).

처리 속도는 각기 다른 인지적 작업을 얼마나 빠르게 수행할 수 있는지를 의미한다(Dickinson, Ramsey, & Gold, 2007). 일반적으로 사용되는 두 가지 처리 속도 검사는 WAIS-IV의 숫자, 기호 쓰기, 소검사(Wechsler, 2008)와 선로 잇기 검사: A 파트(Reitan & Wolfson, 1985)이다. Dickinson과 동료들(2007)은 조현병에서 처리 속도 과제와 손상 정도를 다른 전통적 신경인지 과제와 비교하기 위해 메타 분석을 하였다. 메타 분석 결과, 숫자, 기호 쓰기 소검사가 모든 신경인지 검사 중에서 가장 큰 효과 크기(−1.57)를 보였고 따라서 조현병에서의 인지 손상에 가장 민감하게 반응하는 검사로 나타났다. 이에 더해 기호 쓰기 과제에서의 수행 저하는 해당 질병이 발생하지 않을 그들의 형제자매에서 향후 조현병을 겪게 될 개인을 구별하는 데에도 유용한 것으로 밝혀졌다(Niendam et al., 2003). 이러한 점에서 처리 속도 결함은 복잡한 고-수준의 인지 과제보다 사고 질을 더욱 특수하고 판별력 있게 드러낼 수 있다.

인지 유연성을 측정하는 데 보통 사용되는 두 가지 검사는 선로 잇기 검사: 파트 B(Reitan & Wolfson, 1985)와 스트룹 색상-단어 검사(Trenerry et al., 1989)이다. 선로 잇기 검사: 파트 B는 시각적 주시, 운동 속도, 정신적 유연성을 평가하는 검사이다. 이 검사의 타당도와 신뢰도는 오랜 기간에 걸쳐 확립되어 왔다(Reitan, 1992). 스트룹 색상-단어 검사는 인지 유연성의 한 형태인 선택적 주의와 억제를 평가하는 스트룹 검사의 표준화된 버전이다. 스트룹 검사는 적절한 검사-재검사 신뢰도(.90)를 가지며, 뇌 손상 환자와 정상 성인을 79~92%의 정확도로 구분할 수 있는 것으로 보고되었다(Trenerry et al., 1989).

마지막으로, 인지적 비효율성에 대한 외현적(자기 보고) 측정이 처리 속도나 작업 기억에 대한 능력 기반 측정법과 매우 제한적인 연관성을 가지고 있다는 것을 고려해 보면, 사고 질에 대한 다중방식평가에서 신경인지 능력 측정을 포함하는 것이 필수적이다. 예를 들어, Meyer 등(2001)의 메타 분석은 부주의에 대한 주관적 측정과 신경인지적 측정 간의 상관관계가 단지 0.06에 불과함을 보여 주었다. 이와 마찬가지로, Beaudoin과 Desrichard(2011)의 최근 메타 분석 결과, 자기 보고 기억 문제와 신경인지 기억 검사 점수 사이에는 작은(하지만 통계적으로 유의한) 상관관계(r = .15)만 있는 것으로 확인되었다. 그러므로 사고 질에 대한 신경인지적 기반을 의미 있게 측정하려면 기본적인 신경인지 능력 측정이 검사 배터리에 반드시 포함되어야 한다. 다행히도, 간결하고 저-부담의 검사 도구를 사용하여 이러한 중요한 신경인지 영역을 효율적으로 평가할 수 있다(Harvey, Keefe, Patterson, Heaton, & Bowie, 2009).

임상적으로 우리는 신경심리학적 손상을 식별하거나 간단한 측정 도구를 종합적인 신경심리학적 평가의 대체 수단으로 사용하려는 것이 아니다. 오히려 처리 속도와 인지 유연성의 비효율성이나 경한 상대적 약점을 확인하려고 한다. 이를 위해 WAIS 어휘 점수 또는 교육 성취 수준을 활용하여 환자의 병전 인지 능력을 추정한다. 그다음 우리는 평균 처리 속도(숫자, 동형찾기, 기호 쓰기와 선로 A의 평균)와 평균 인지 유연성(선로 B, 스트룹의 평균)을 비교하여 이 점수들이 추정하는 병전 능력 수준보다 0.75 표준편차 이상 낮은지 확인한다. 우리 임상 데이터베이스에 따르면 정신병력이 있는 환자의 27%는 처리 속도의 저하(앞에서 정의한 것으로서)를 보이고, 20%는 인지 유연성의 저하를 보인다. 정신병력이 없는 환자에서는 각각 17%와 14%로 나타났다. Jones는 교육 수준과 일치하는 언어 지능지수 118점을 받았다. 그녀는 처리 속도 측정에서 총점은 표준 점수(Standard Score: SS) 85점(평균하 범위)이었고, 인지 유연성 측정에서 총점은 90점(평균 범위)으로 확인되었다. 이러한 결과는 고차원적 지적 능력은 유지되지만, 유동적 인지 능력에서 상대적으로 경미한 어려움이 있음을 시사한다.

생각하기에 대한 암묵적 측정

생각하는 것은 주로 마음의 의식적 영역에서 일어나는 주관적 경험이며, 직접 자기 보고를 통해 우리가 써먹을 만한 모양으로 드러난다. 실제로 앞서 검토된 사고의 질에 관한 초기 연구는 사고의 질을 언어를 통해 쉽게 추론할 수 있고, 임상 면접을 통해 수검자와 함께 탐색할 수 있다는 가정에 따랐다. 하지만 Weiner의 다차원적 모델은 주의 두기와 지각 등 사고의 많은 구성 성분이 의식 밖에서 발생한다는 점을 지적한다. 최근 몇 년간 인지심리학자들은 지각, 사고, 행동이 서로 분리되어 있다 하더라도 어느 정도 상호 연관된 두 가지 정신 체계에서 비롯된다고 제안하였다(Pinker, 1997; Strack, Deutsch, 2004). 한 체계는 외현적 수준에서 작동하여 우리의 의식적 정신생활을 담당하고, 다른 체계는 암묵적 수준에서 작동하여 우리가 흐릿하게만 인식하는 방식으로 우리의 사고와 행동에 영향을 미친다. 사고의 질에 대한 다중방식평가는 사고의 암묵적 · 외현적 측면 모두와 맞닿아 있는 도구가 필요하다.

로르샤흐 잉크반점 기법(Rorschach Inkblot Method: RIM; Weiner, 1996)은 사고의 질과 관련된 암묵적 요인을 평가하는 데 탁월한 도구이다. 핵심적으로 RIM은 환자에게 10개의 표준적이지만 모호한 시각 자극(잉크반점)을 제시하고, 수검자에게 '무엇처럼 보이는지'와 '어떤 점이 그렇게 보게끔 했는지'를 말해 주도록 요청한다. 이와 함께, 이러한 두 가지 RIM 과제를 통해 사고 질의 두 가지 구성 성분인 지각적 정확성과 개념 형성을 뒷받침하는 암묵적 과정을 측정할 수 있다. RIM이 손상된 사고를 탐지하는 능력은 연구를 통해 충분히 지지받고 있으며, 이 검사의 비판가와 지지자 모두가 동의하는 몇 안 되는 사실 중 하나이다(Wood, Lilienfeld, Garb, & Nezworski, 2000). O'Connell, Cooper, Perry와 Hoke(1989)는 RIM에서 드러난 사고의 질이 구조화된 정신과 면담보다 정신병적 증상의 후기 발현을 더 잘 예측한다는 것을 확인했다. 신경 영상 연구에서 Kircher 등(2001)은 RIM 반응이 장애적인 사고의 신경-해부학적 상관과 연결되어 있음을 보였다. Hilsenroth, Eudell-Simmons, DeFife와 Charnas(2007)는 RIM의 복합점수인 지각-사고 지표(Perceptual-Thinking Index: PTI)가 비환자, 성격장애 환자, 정신병적 환자를 성공적으로 구분해 냈음을 확인하였다. 그리고 최근 메타 분석에서는 RIM의 PTI와 사고 질의 손상 지표로 간주하는 개별 변수들이 상당한 타당성이 있음이 밝혀졌다(Mihura, Meyer, Dumitrascu, & Bombel, 2013). RIM의 PTI는 개인의 장애 있는 사고에 대한 취약성을 평가하는 데 있어 가장 효과적인 단일 암묵적 측정치일 수 있다. 하지만 PTI는 지각적 정확성과 연상적 질(추론하기)과 관련된 변수를 조합한 복합 지표이므로, 사고장애의 심각도를 측정하는 데에 적합한 것이며, 이 장에서 논의하는 사고 질의 다차원적 가치평가에는 다소 적합하지 않다. 그렇다 하더라고 임상적으로는 RIM의 PTI 점수(0~5점)를 항상 검토해야 하고 PTI 점수가 3점 이상일 때마다 사고장애의 존재 여부를 확인해야 한다(Hilsenroth et al., 2007). Jones의 PTI 점수는 3으로, 잠재적 사고장애에 대한 추가적인 우려가 좀 더 커졌다.

현실 검증력에 대한 측정

적절한 현실 검증은 개인이 내적 · 외적 감각 경험에 대해 정확한 인상이나 해석을 형성할 수 있도록 한다. 개인은 자신과 타인 그리고 환경을 현실적이거나 대체로 그렇다고 여기는 방식으로 '보는' 능력이 필요하다. RIM 과제의 첫 단계인 '무엇'(잉크반점)이 '이것인 것 같은지'를 결정하는 과정에서 수검자는 모호한 시각적 이미지를 적당히 현실적인 지각으로 조직화해야 한다. 종합체계(Comprehensive System: CS; Exner, 2003)는 현재 RIM을 실시, 채점, 해석하는 데 가장 널리 사용되고 있으며 검증된 방법이다(Kleiger, 1999). CS는 두 가지 주요 차원을 통해 가치평가한다: 지각적 정확성과 연상의 질적 속성. 지각적 정확성은 수검자가 타인과 마찬가지로(즉, 정확하게) 로르샤흐 자극을 정확하게 인지하는 능력을 수량화한다는 점에서 현실 검증과 개념적으로 유사하다. CS에서 지각적 정확성은 주로 형태 질(Form Quality: FQ) 변수들로 측정한다. 각 RIM 반응은 잉크반점의 윤곽에 얼마나 잘 맞아 들거나 일치하는지에 따라 등급이 평정된다. 합리적으로 잘 맞는 반응은 타인이 세상을 보는 것처럼 세상을 보는 능력이 있음을 지적하는 일상적 반응(Odinary, Xo)에 해당하는 FQ 등급을 받는다; 해당 반점에 잘 맞아 들지만 약간의 개별특수적인 반응은 비일상적 반응에 해당하는 FQ를 받고(Xu), 이에 반해 잘 맞아 들지 않는 반응은 마이너스(X−)로 평정하는 FQ를 받는다. Xo와 Xu 모두 기본적으로 수용 가능한 FQ를 반영하므로 이 점수들은 XA%(Form Appropriate Extended, 적절한 확장 형태)로 통합된다. XA%는 전체 프로토콜에서 잉크반점에 비교적 '괜찮게' 맞아 드는 반응의 비율을 나타낸다. CS에서 XA%의 기댓값은 0.88(표준편차 [SD] = 0.07)이다. 연구에 따르면 XA%는 관습적 지각(현실 검증)을 보여 주는 좋은 암묵적 표식이며 중증 사고장애 환자와 비환자를 성공적으로 구별할 수 있다(Hilsenroth, 2007; Mihura et al., 2013).

RIM X−%는 프로토콜 내에서 왜곡되거나 빈약한 적합도 반응의 비율을 나타내며, 지각적 정확성의 경미한 손상을 더 민감하게 탐지할 수 있다. X−%는 현실 검증에서의 장애와 좀 더 직접적으로 연관되어 있으며, 비환자, 성격장애 환자, 정신병적 환자를 구분하는 것으로 나타났다(Mihura et al., 2013). CS에서 X−의 기댓값은 0.11(*SD* = 0.07)이며 X−%가 .20을 초과할 경우 지각적 정확성이 손상될 가능성이 커진다. FQ 평정은 암묵적 지각 과정과 맞닿아 있음을 강조하는 것이 중요하다. 그러므로 과도한 마이너스 FQ 반응(높은 X−%)을 나타내는 점수는 지각장애와 현실 검증의 결함을 시사한다. XA%와 X−%를 함께 사용하면 현실 검증이나 관습적 지각에 대한 섬세한 가치평가가 가능해진다.

RIM의 평범 반응 점수는 관습적 지각 또는 현실 검증에 대한 또 다른 유용한 측정값을 제공한다. CS에서는 충분히 유의한 정도의 평범 반응이라고 볼 수 있는 발생 개수는 13개이다. 평범 반응은 개인이 자신의 경험을 사회적으로 상식적이거나 관습적인 방식으로 변환하는 정도를 나타내며, 특히 관습적인 반응에 해당하는 지각적 단서가 명백히 드러날 때 그러하다. 평균적으로 비환자는 약 7개의 평범 반응을 만든다. 개인이 평범 반응을 4개 이하로 만들 경우, 이는 관습적이거나 사회적으로 기대하는 행동에 관여할 수 없거나 관여하기를 꺼린다는 것을 나타낸다. 평범 반응 수가 적고 X−%가 상승한 경우 환자가 현실 검증의 손상으로 고군분투하고 있다는 강력한 지표이다. 흥미롭게도 일부 사고장애 환자는 평균적인 평범 반응 수를 보이면서도 상승한 X−%를 보이기도 한다. 이러한 개인은 정신병원에서의 시행되는 전형적인 병상 면담과 같이 짧거나 고도로 구조화된 상호작용을 하는 동안에는 자신의 손상된 사고를 숨길 수도 있다.

RIM과 같은 암묵적 측정법은 사고 질에 기반을 둔 심리적 과정에 대한 중요한 통찰을 주지만 자기 보고 측정법은 환자의 현실 검증 정도에 대한 가치 있는 정보를 제공하기도 한다. 우리 클리닉에서는 정신병리와 성격 기능에 대한 외현적 측정 도구인 성격평가검사(Personality Assessment Inventory: PAI; Morey, 1991)를 선호한다. 하지만 미네소타 다면적 성격검사−2(Minnesota Multiphasic Personality Inventory−2: MMPI−2; Butcher, Dahlstrom, Graham, Tellegen, & Kaemmer, 1989) 또는 밀론 임상 다축 검사−III(Millon Clinical Multiaxial Inventory−III: MCMI−III와 같은 기타 광범위 포괄적 다중척도인 검사 도구)도 이 같은 역할을 할 수 있다. 사고 질을 평가하기 위해 PAI는 특정적으로 조현병(Schizophrenia: SCZ) 및 편집증(Paranoia: PAR) 두 척도를 사용하는데 이는 환자가 자기−귀속적 현실 검증을 측정한다. 연구 결과 이러한 PAI 척도가 사고 질을 평가하는 데에 유용성을 뒷받침한다. Slavin-Mulford 등(2012)은 PAI의 조현병(SCZ)과 편집증(PAR) 척도가 정신병적 경험(환각, 편집 사고)에 대한 병력과 의미 있게 관련되어 있음을 발견했다. Klonsky(2004)는 PAI−SCZ가 정신병적 입원 환자와 비정신병적 입원 환자를 구별할 수 있음을 입증했다.

PAI-SCZ의 하위 척도인 SCZ-P(Psychotic Experiences, 정신병적 경험)는 자기 보고된 현실 검증의 문제에 매우 민감한 것으로 나타났다. Slavin-Mulford 등(2012)에 따르면 PAI의 SCZ-P가 환각 병력과 0.39로 상관이 있고 편집적 관념 병력과는 0.31의 상관이 있는 것으로 확인했다. 이에 더해, 우리 클리닉의 임상 경험상 PAI의 SCZ 척도는 진단 집단 전체에 걸쳐 중등도의 상승을 보이는 경향이 있었고(우리의 데이터베이스에 등록된 모든 환자의 평균 T-점수 60.14), 이에 반해 SCZ-P는 하위 척도는 좀 더 규준적인 경향이 있는 것으로 나타났다(모든 환자의 평균 T-점수 48.20). 이는 SCZ-P가 비일상적 지각이나 손상된 현실 검증과 같은 일차적인 정신병적 결함에 더 구체적이라는 점을 뒷받침할 근거가 될 수도 있다. 우리는 보통 임상적으로 정신병적 증상이 존재할 가능성을 지적하기 위해 PAI의 SCZ 전체 척도 T-점수 ≥ 70와 SCZ-P T-점수 ≥ 65를 기준으로 사용한다.

공통의 구성개념에 대한 자기 보고와 암묵적 측정법 간의 상관관계는 개인 내적·사회적 상황적 요인의 영향을 많이 받는다(McClelland, 1980). 현실 검증과 맞닿아 있는 측정법의 경우 이러한 요소에는 질병에 대한 통찰력, 특정한 방식으로 자신을 표현하려는 의식적 동기, 가치평가의 특수한 맥락(병원 또는 법정의 절차)이 포함된다. 이에 따라 지각적 정확성/현실 접촉의 암묵적 및 외현적 측정법 간의 상관은 많아야 미미한 정도로 예측된다(Meyer, 1996). 흥미롭게도 우리 클리닉의 데이터베이스에서 PAI의 SCZ는 RIM 변수인 XA%(-0.21), X-%(0.16), 그리고 평범 반응(-0.16)과 상관을 보였다(SCZ와 XA% 간의 상관관계에서만 $p<.05$ 수준에서 통계적 유의성을 충족했다). 하지만 표본을 무-방어적 환자(PAI 긍정적 인상관리[PIM] T-점수 ≤ 45인 환자)로 제한하면 이러한 상관은 각각 -0.30, 0.22, -0.18로 증가하며 모두 통계적 유의성을 확보하게 된다. 이는 McClelland(1980)와 Meyer(1996)의 결과와 일치하며 개념적으로 관련된 암묵적 및 외현적 측정법은 최소한으로 연관되어 있으면서 암묵적 자료와 외현적 자료 간의 관계에 영향을 미치는 요인(방어성 같은 요인)에 대한 통찰을 제공해 줄 수도 있다.

앞서 언급했듯이 Jones의 RIM PTI 점수는 3점으로 잠재적 사고장애를 시사한다. RIM FQ 점수는 XA% 0.77과 X-% 0.23이었다. 두 가지의 FQ 점수 모두 손상된 현실 검증과 일치하는 범위에 있는 것이다. 하지만 그녀는 7개의 평범 반응이 나왔는데, 이는 명확한 지각 단서 존재할 경우 관습적으로 반응할 수 있음을 시사한다. PAI에서 그녀는 PIM *T*-점수 = 55로 다소 방어적이었다. 이에 따라 그녀는 자신의 정신과적 문제를 부정하거나 제한적인 통찰을 가졌을 수도 있다. 그녀의 PAI PAR(*T*-점수 = 63)이나 SCZ(*T*-점수 = 60) 척도 모두 임상적으로 상승해 있지 않았다. 그런데도 그녀의 프로파일을 고려해 보면,

이 범위의 점수는 손상된 현실 접촉의 단서라 볼 수도 있다. 하지만 그녀의 PAI SCZ-P 하위 척도 점수는 상승하지 않았으므로(T-점수 = 53), 그녀는 정신병적 경험을 공개적으로 인정하지 않았던 것이라 할 수 있다. 그녀의 암묵적 · 명시적 데이터를 함께 고려해 본다면 그 결과들은 다소 불일치하고 있다. 이러한 자료는 정신병적 수준의 현실 손상보다는 지각 정확성의 감소를 시사하는 것으로 보인다.

추론과 개념 형성에 대한 측정

추론과 개념 형성은 사람들이 자신의 경험을 이해하고 소통하는 방식을 반영한다. Weiner의 다차원적 사고 모델에서 이 구성 성분은 피검자가 자신의 지각 경험을 어떻게 해석하고, 구체화하며 표현하는지를 파악하는 현실 검증(지각적 정확성) 과정에 기반한다. 적절한 추론과 개념 형성은 개인이 자신의 (감각적) 경험, 관념, 사상들 사이의 관계에 대해 합리적인 결론을 내릴 수 있게끔 한다. 일상생활에서 끊임없이 진행되고 있는 경험에 대해 논리적이고 조리 있고 유연한 이해를 유지할 수 있다면 적응적이고 자기 주도적인 기능을 할 수 있다. 수검자가 일상 경험을 비논리적 · 비일관적 또는 지나치게 개인화된 방식으로 해석하는 데에 취약하다면 기능의 질이나 적응적 가치가 저하된다. 더 나아가 논리적으로 추론하고 본인의 생각을 명확하게 표현하는 능력이 손상되면 주관적 혼란, 자기 이해 불능 그리고 타인들 속에서 혼란을 끌어낸다. 추론과 개념 형성에 대한 완전한 평가는 암묵적 및 명시적 측정 모두에 달려 있다. 목적은 환자가 추론에 사용하는 과정(암묵적)과 자신의 추론을 타인에게 얼마나 잘 표현하는지(명시적)를 모두 정량화하는 것이다. 추론과 개념 형성을 평가하기 위해 본 연구에서는 암묵적 측정법으로 RIM을 사용하고 주 명시적 측정법으로 PAI(Morey, 1991)와 NEO-FFI(Costa & McCrae, 1992)를 사용한다.

RIM 과제의 두 번째 단계에서는 수검자가 검사자에게 자신의 반응이 '어떻게 그렇게 보였는지'를 설명해야 한다. 이 과제를 완수하기 위해 수검자는 초기 시각적 지각 내용을 언어로 자세히 설명하거나 풀어내야만 한다. 결과적으로, 언어화된 RIM 반응은 추론을 이끄는 암묵적 과정의 변동에 매우 민감하다. Exner의 CS는 수검자의 추론과 논리의 질을 측정하는 6가지 채점 범주(특수 점수, Special Scores: *SS*)를 포함한다. 이 중 네 가지 부적합한 조합(Incongruous Combinations: INCOM), 우화적 조합(Fabulized Combinations:

FABCOM), 자폐적 논리(Autistic Logic: ALOG), 혼태(Contamination: CONTAM)는 손상된 추론과 논리를 측정한다. 나머지 두 가지 SS[이탈된 언어화(Deviant Verbalization: DV)와 일탈반응(Deviant Responses: DR)]는 환자의 언어 반응에서 나타나는 이상함(즉, 낯설고, 장황하고, 중첩되고 또는 이탈된 언어화)을 포착한다. 이 모든 SS는 환자의 추론과 표현에서 나타나는 인지적 미끄러짐의 정도를 암묵적으로 측정하는 역할을 한다.

CS의 *SS*는 Rapaport(Rapaport, Gill, & Schafer, 1968)의 연구에 영향을 받았으며, 사고장애 지수(Thought Disorder Index: TDI; Johnston & Holzman, 1979)와 개념적으로 상당히 중첩된다. TDI는 자유 언어 반응에서 장애적인 사고를 측정하는 데에 경험적으로 가장 타당성이 높은 도구 중 하나이지만, 복잡한 채점으로 인해 임상에서 일상 정규적인 사용에 제한이 있었다(Hurt et al., 1983; Kleiger, 1999). 하지만 Exner의 *SS*는 채점이 덜 복잡하고 임상 평가에서 더 신뢰성 있게 적용될 수 있다. 비환자의 기록에서 *SS* 평균 개수는 2.5개이다. 성격장애 환자는 대개 3개 또는 4개의 *SS*를 갖고 정신병적 환자는 평균적으로 5개의 *SS*를 보인다. 모든 기이한 추론이나 특이한 언어화가 동등하게 손상을 의미하는 것은 아니다. 이러한 차이를 포착하기 위해 CS에서는 각 *SS*에 가중치를 부여한다. 비환자의 가중치가 부여된 특수 점수값(weighted special score: *WSum6*)의 평균은 7이고, 성격장애 환자의 평균 *WSum6* 값은 10에서 17 사이 그리고 정신병적 환자의 평균 *WSum6*는 44이다(Exner, 2003). 이러한 예상과 일치하게 Hilsenroth 등(2007)은 비환자의 평균 *WSum6*가 9.4인 반면 정신병적 환자는 40.1이라고 보고하였다. CS의 *SS*도 수준 1(Level 1, LvL1)과 수준 2(Level 2, LvL2)로 분류되며, LvL2 점수는 더 극단적인 인지적 실수를 반영한다. 비환자가 LvL2 *SS*를 한 개라도 보이는 경우는 극히 드물지만, 정신병적 환자는 평균적으로 5개의 LvL2 *SS*를 만들어 낸다. Mihura 등(2013)의 최근 메타 분석 역시 *WSum6*와 LvL2 *SS* 모두의 타당성을 뒷받침하였다. 임상적으로 *WSum6*가 17 이상이고 LvL2 *SS*가 2개 이상이면 추론 및 의사소통에서 의미 있는 손상이 존재할 가능성을 고려해야 한다. 해당 데이터베이스에서 *WSum6*와 LvL2 *SS*는 OMNI−IV(Loranger, 2001) 편집성 성격장애 척도와 중간 정도의 상관을 보였다(각각 0.38, 0.29). 또한, 해당 데이터베이스의 표본을 비방어적인 환자 집단(PAI PIM ≤ 45)으로 제한했을 때 *WSum6*와 LvL2 *SS* 모두 편집증 병력과 유의한 관련성을 보였다(각각 0.27, 0.22).

Weiner의 사고 질 모델에서 추론 및 개념 형성 구성 성분은 앞서 검토한 형태적 사고장애 범주와 개념적으로 가장 유사하다. 따라서 외현적 측정법은 추론능력에서의 장애를 정량화하는 데 더 큰 역할을 할 수 있다. 우리의 클리닉에서는 PAI(Morey, 1991)와

NEO−FFI(Costa, McCrae, 1992)를 사용하여 추론장애에 대한 주관적 경험을 평가한다. 특히, SCZ−T(사고장애), PAR−P(편집증), MAN−A(조증 활동 수준), ARD−T(불안 관련 장애−외상성 스트레스), ARD−O(불안 관련 장애−강박증)에 초점을 둔다. SCZ−T와 ARD−T가 모두 상승한 경우(T−점수 ≥ 70), 정신적 혼란과 침습적인 산만한 사고를 경험하고 있음을 시사한다. MAN−A 점수가 높아질 때 경쟁적 사고나 압박적 사고를 나타내고 점수가 낮을 때는 정신 활동의 빈약함을 나타낸다. PAI ARD−O는 정신적 통제에 대한 주관적 경험을 부분적으로 측정한다. 낮은 ARD−O 점수(T < 40)는 사고의 방향을 잡고 통제하는 능력이 저하되었음을 시사하고 T−점수 ≥ 70은 경직되고 융통성 없는 사고를 시사한다. 보통은 PAR 척도와 특별히는 PAR−P가 대인관계 상호작용에 대한 오해석을 포착한다. PAR−P의 T−점수 ≥ 70은 대인관계 경험의 오해석뿐만 아니라 사회적 상호작용 내 인과관계 원인−영향을 파악하는 데에 개념적 결함이 있음을 시사한다. Slavin-Mulford 등(2012)은 PAR−P가 편집적 사고 병력과 0.31의 상관관계를 보인다고 보고했고 Gay와 Combs(2005)는 피해망상이 있는 환자에서 PAR−P 하위 척도가 상승함을 확인했다.

규준적인 성격을 측정하는 도구인 NEO−FFI(Costa & McCrae, 1992)를 핵심 평가 배터리에 포함하는 것은 다소 이례적으로 보일 수 있다. 하지만 NEO−FFI는 고유한 외현적 정보를 포착하는 능력(Stein et al., 2012 참조)과 60문항이라는 간결함이 더해져 임상 현장에서 유용한 평가 도구가 된다. NEO−FFI는 성격을 기술하는 단어들로 구성된 다섯 가지 주요 차원(신경증, 외향성, 개방성, 우호성, 성실성)을 측정한다. 모든 Big 5 성격 영역이 사고 질과 관련된 정보를 포함하지만, 우리는 이 중에서 개방성(NEO−O)과 성실성(NEO−C) 두 차원이 환자의 사고방식과 사고 질을 평가하는 데 특히 유용함을 알아냈다. NEO−O는 창의적이고 확산적인 사고(Costa & McCrae, 1992) 그리고 측정된 지능(DeYoung & Gray, 2009)과 관련이 있었다. 우리 데이터베이스에서 NEO−O는 측정된 지능, 신경인지 능력과 유의한 상관이 있었던 몇 안 되는 자기 보고 척도 중 하나이다(NOE−O와 언어적 지능지수 r = .48, 선로 B [r = .20], Stroop [r = .22]). 이런 방식으로 NEO−O는 좀 더 기본적인 인지 능력과의 외현적 연관성을 제공한다. 임상적으로 사고장애의 다른 징후가 있을 때, NEO−O 점수의 상승(T−점수 ≥ 65)은 지나치게 추상적이고 확산적이며 통제되지 않은 사고를 시사하고, 낮은 점수(T−점수 < 40)는 구체적이고 경직된 사고를 시사한다. 우리 데이터베이스에서 NEO−C가 주관적 정신적 혼란에 대한 측정치(NEO−C와 SCZ−T [r = −.32] 그리고 ARD−O [r = −.24])와 관련이 있음을 발견했다. NEO−C가 낮을 때(T−점수 < 40) 환자는 주관적으로 혼란과 어려움을 경험하고(의도적으로 자신의 사고를

통제할 가능성이 크긴 하겠지만) 이러한 질적 특성이 신경인지 측정결과에서 명확하게 드러나지 않을 수도 있다.

Jones의 *WSum6*는 상승해 있었고(26), 그녀의 프로토콜에는 LvL2 *SS*가 2개 포함되어 있었다. 이러한 결과는 추론과 개념 형성을 뒷받침하는 암묵적 과정의 손상이 있음을 시사한다. 이에 더해, PAI 하위 척도인 MAN-A, SCZ-T, ARD-T 모두 *T*-점수 ≥ 70에서 상승했었다. 마찬가지로, 그녀의 NEO-개방성 척도에서 *T*-점수는 66이었고, NEO-성실성 척도에서는 *T*-점수가 40이었다. 외현적 측정 항목들을 종합해 보면, 모두 통제력이 부족한, 질주하는, 혼란스러운 비효율적인 사고를 시사한다. 추론과 개념 형성에 대한 모든 측정 항목(암묵적 및 외현적)을 종합해 보면 사고 질의 저하와 비논리적 · 비일관적 또는 지나치게 개인화된 사고에 대한 현저한 취약성을 강하게 시사한다. 이에 더해, 이러한 연구 결과의 일관성과 규모는 추론능력의 손상이 그녀의 일상 기능에 부정적인 영향을 미치고 있음을 시사한다.

사회인지: 사고 질의 평가에서 새롭게 주목하는 것

사회인지는 타인의 행동을 지각하고 해석하며 반응하는 것을 포함하며 사회적 상호작용의 기저에 있는 심리적 작용을 말한다. 사회인지는 자폐 스펙트럼 장애(autism spectrum disorders: ASD)와 정신병적 장애를 연구하는 연구자들에게 점차 더 큰 관심을 받고 있으며, 그렇기에 사고 질 더 광범위하게 측정하는 데 중요한 함의를 가질 수도 있다. 아직 완전히 정의되진 않았지만, 사회인지 영역은 일반적으로 마음 이론(Theory of Mind: ToM), 사회 지각 및 정서 지각의 정확성, 정보 처리 과정(Docherty et al., 2013)을 포함한다. 사회인지는 인간 고유의 능력(Tomasello & Herrmann, 2010)이며 여타의 좀 더 일반적인 신경인지 네트워크와는 다소 독립적으로 작동하는 특수화된 신경 기질에 의해 뒷받침된다는 근거가 있다(Uhlhaas et al., 2006). 국립정신건강연구소(National Institute of Mental Health: NIMH)가 후원하는 평가 배터리(조현병의 인지 개선을 위한 측정 및 치료 연구; Measurement and Treatment Research to Improve Cognition an Schizophrenia: MATRICS)에는 사회인지 측정이 포함되어 있지만(Geyer, 2012), 현재 임상 장면에서 일상 정규적으로 적용해 사용할 수 있는 잘 검증된 사회인지에 대한 측정 도구는 거의 없다.

우리 클리닉에서는 사회인지의 측정 도구로서 주제통각검사(Thematic Apperception

Test: TAT; Murray, 1943)의 유용성을 탐구하고 있다. Westen(1991, 1995)은 다양한 감정적, 대인관계적 상황 속에 다소 모호한 인물을 그려낸 TAT를 환자가 사회적 상호작용, 감정, 의도를 어떻게 이해하는지 파악하는 데에 독보적인 적합한 검사라고 주장했다. Westen(1991)은 사회인지와 대상관계에 대한 신뢰할 만하고 타당한 다차원적 척도(사회인지 및 대상관계 척도, Social Cognition and Object Relations Scale: SCORS; Westen, 1995)를 개발했다. SCORS는 7점 척도로 평정되는 8개의 변수로 구성되어 있으며, 낮은 점수(예: 1, 2 또는 3)는 좀 더 병리적인 반응을, 높은 점수(예: 5, 6 또는 7)는 건강한 반응을 나타낸다. 이 8가지 변수는 표상의 복잡성, 표상의 정서적 질, 관계에 대한 정서적 투자, 도덕적 기준에 대한 정서적 투자와 가치, 사회적 인과성, 공격적 충동의 경험과 관리, 자존감과 정체성, 자아의 응집성이다. SCORS 변인에 대한 더 자세한 설명과 훈련 예시는 Stein 등(2011)이 개발한 매뉴얼에서 확인할 수 있다. Stein 등(2012)이 보고한 연구 결과는 SCORS 영역이 대인관계 지각의 암묵적 측면을 포착한다는 예비적 근거를 제공한다. 하지만 이러한 결과의 임상적 함의를 명확히 하기 위해서는 추가적인 경험적, 개념적 연구가 필요하다. 로르샤흐 검사에서 마이너스 FQ 인간 움직임 반응(M−)은 왜곡된 대인관계 지각의 암묵적 측정치로도 가능성이 있을 수 있다. 하지만 Mihura 등(2013)은 M−의 타당성에 대한 실증적 근거는 다소 미미한 정도로 평정되었다. 따라서 사회적 오지각에 대한 암묵적 측정치로서 로르샤흐 M−의 잠재적 가치를 명확히 하기 위한 추가 연구가 필요하다. 사회인지에 대한 다른 잠재적 측정치로는 감정 재인을 측정하는 눈으로 마음읽기(Reading the Mind in the Eyes: RMET; Baron-Cohen, Wheelwright, Hill, Raste, & Plumb, 2001)와 정서 지능(emotional intelligence: EI)에 대한 좀 더 일반적인 측정치(Roberts, Schulze, & MacCann, 2008)가 있다. 하지만 현재로서는 일상 정규적으로 얻게 되는 변수(검사-점수)를 단일 검사나 검사 묶음을 구성한 것으로 임상 실무에서 사회인지를 평가하는 데 사용할 수 없다.

다중방식평가의 도전과제: 자료의 통합

다중방식평가의 일차적인 도전과제는 검사 배터리에서 생성된 방대한 자료를 통합하는 것이다. 예를 들어, RIM, PAI, NEO-FFI, WASI-II 및 앞서 검토했던 신경인지 측정 도구로 구성된 배터리는 약 132개의 점수 또는 데이터 포인트를 산출한다. 이러한 양의 정보를 이해하고, 조직화하고 통합하는 것은 평가 심리학자에게 상당한 도전과제이다. 앞서 우리는 사고의 다차원적 모델을 지침으로 사용해 다중방식 변수들의 부분 구성을 선택하고 통합하여 사고 질에 대해 상세한 가치평가를 수행할 수 있다고 주장했다. Weiner의 사고 과정 모델에 기반하여, ① 처리 속도(숫자, 동형찾기, 기호 쓰기, 선로 A)와 인지 유연성(선로 B와 스트룹 색상-단어 검사), ② 현실 접촉의 암묵적(RIM XA%, X-%, 평범 반응) 측정치와 외현적(PAI SCZ, SCZ-P, PAR) 측정치, ③ 추론 및 개념 형성의 암묵적(RIM *WSum6*, LvL2 *SS*) 측정치와 외현적(PAI MAN-A, SCZ-T, PAR-P, ARD-O, ARD-T, NEO-O, NEO-C) 측정치를 구별했다. 또한, 우리는 이러한 변수들에 대해 발표된 기존 타당도 자료를 검토하고 대규모 임상 데이터베이스에서 추가적인 실증적 자료를 제시했는데, 두 데이터 모두 개념적 타당성을 뒷받침한다. 해당 장에서는 이러한 변수들을 어떻게 합리적으로 조합하여 사고에 대한 상세한 기술을 밝혀낼 수 있는지도 보여 주었다. 하지만 이러한 이론/모델 기반 합리적 접근법은 경험적 뒷받침을 통해 더욱 강화되어야 한다.

이러한 변수들이 경험적으로 어떻게 조합되는지 보여 주기 위해 〈표 8-2〉는 우리의 데이터베이스(모든 참여자는 완전한 자료를 가짐)에서 118명 대상을 기초로 14개의 사고의 질적 속성 변수에 대한 주성분 분석(principal components analysis: PCA) 결과를 제시했다. 3개 구성 성분 추출은 병렬 분석으로 진행되었다(Horn, 1965); 구성 성분 간 상관은 최소한으로만 나타났고(가장 높은 상관은 구성 성분 1과 구성 성분 2 사이에서 $r = 0.16$였다), 이에 베리맥스 회전이 적용되었다. 〈표 8-2〉에서 볼 수 있듯이 구성 성분 1은 주로 RIM 변수(X-%, XA%, *WSum6*, LvL2 *SS*)로 구성되었지만, NEO-O에 대해서 이차 부하를 가졌다. 구성 성분 2는 신경인지 측정치(기호 쓰기, 스트룹, 선로 A와 B)와 NEO-O와 NEO-C에 해당하여 일차 부하를 가졌다. 구성 성분 3은 PAI 척도(SCZ, SCZ-P 그리고 PAR)로 드러났지만, RIM 평범 반응에 대해 일차 부하와 X-%, XA%에 대한 이차적 부하도 가졌다. 구성 성분 부하는 우리가 배터리에서 확인한 사고의 질적 속성 측정치의 기초가 상당히 명확하고 구별되는 차원이며 동시에 교차-방법상의 중첩이 존재함을 시사한다. 개념적으로 이러한 PCA 구성 성분은 Weiner의 사고 질 모델과 어느 정도 관련이 있는 것으로 보인다: 구성 성분 2는 인지적 초점과 관련되고, 구성 성분 1은 현실 검증(지각적 정확성)과 주로 관련되고, 구성 성분 3은 추론하기와 개념 형성과 일차적으로 관련된다. 어쩌면 해당 구성 성분들은 평가 방법의 차이를 반영하는 것으로 개념화할 수도 있다: 사고 질에 대한 신경인지적(구성 성분 2) 차원, 암묵적(구성 성분 1) 차원, 명시적(구성 성분 3) 차원.

다음으로 PCA 점수를 저장하고 단계적 중다회귀분석(multiple regression analysis: MRA)을 통해 전체 과거 정신병적 증상(보고된 환청, 환시, 편집적 관념의 합계)을 예측했다. MRA 결과 세 구성 성분 모두 과거 정신병적 증상에 대한 독립적 예측 요인임을 보여 주었다: 구성 성분 3(외현적)은 1단계에서 투입되었고($\beta = .269$, $p = .004$), 구성 성분 2(신경인지)는 2단계에서 투입되었고($\beta = .252$, $p = .007$), 구성 성분 1(암묵적)은 3단계에서 투입되었다($\beta = -.190$, $p = .04$). 최종 다중 R은 .418이었고 조정된 R^2은 .15였다($df = 3, 114$). 이러한 결과는 이렇게 경험적으로 조합된 사고 질 변수들이 정신병적 사고(병력)와 관련이 있음을 시사한다. 하지만 사고 질을 대표한 변수들의 분산 중 상당 부분은 설명되지 않았다.

우리의 임상적 예시로 돌아가 보면, Jones의 자료는 적응적 사고에 필요한 신경인지 능력은 분명하나 상대적인 결함, 정신병적 수준의 현실 손상에 대한 불명확하고 모호한 소견 결과, 추론 및 개념 형성 능력의 뚜렷한 장애를 강력하고 일관되게 시사함을 보여 준다. 그녀의 병력(이전 단일 시점의 조증 삽화, 우수한 학력, 성공적인 취업 기간)을 종합해 보면 이러한 자료는 정동성 양극성 장애와 관련된 사고장애에 가장 부합한다(Kleiger, 1999, pp. 256-273 참조). 진단적 명료화를 넘어, 이러한 다중방식평가 결과는 의미 있는

표 8-2 선정된 사고의 질 변수에 대해 베리맥스 회전을 설정한 주성분 분석

사고의 질 변인	성분 1: 암묵적	성분 2: 신경인지	성분 3: 명시적
Rorschach X−%	.83		.25
Rorschach XA%	−.78		−.34
Rorschach LvL2 SS	.73		
WSum6	.75		
숫자, 동형찾기, 기호 쓰기		.81	
선로 B		.77	
스트룹		.73	
선로 A		.69	
NEO−O	.33	.42	
NEO−C		−.29	−.24
PAI SCZ			.88
PAI SCZ−P			.81
PAI PAR			.78
평범 반응			−.38

주의: $N = 108$; 절댓값 ≥ .20인 부하량만 포함되었음.

치료 목표를 설정하고, 치료 진전 상황을 검열하는 정량적 지표로 활용될 수 있고 Jones가 현재 겪고 있을 수 있는 기능 손상의 정도를 통찰하는 데에 활용될 수 있다.

결론

반세기가 지난 지금도 "사고에 대한 우리의 지식은 매우 부족하다"라고 내린 Rapaport의 평결은 여전히 타당해 보인다. 하지만 이 장을 통해 해당 분야가 사고의 질을 이해하고 측정하는 데 있어 중요한 진전을 이루었음이 드러났길 바란다. 이에 더해, 우리는 위에서 제시한 것처럼 다중방식 임상 평가와 사고에 대한 이론이나 모델 그리고 엄격한 경험적 탐구를 통합하는 접근법이 사고 질을 이해하고 평가하는 장면에서 앞으로도 지속적인 진전을 이루게끔 하는 데 가장 큰 잠재력을 가진다고 믿는다.

참고문헌

Andreasen, N. C. (1979). Thought, language and communication disorders. *Archive of General Psychiatry, 36*, 1315-1321.

Andreasen, N. C., Flaum, M., & Arndt, S. (1992). The comprehensive assessment of symptoms and history (CASH): An instrument for assessing diagnosis and psychopathology, *Archive of General Psychiatry, 49*, 615-623.

Andreasen, N. C., & Grove, W. (1986). Thought, language and communication in schizophrenia: Diagnosis and prognosis. *Schizophrenia Bulletin, 12*, 348-359.

Baron-Cohen, S., Wheelwright, S., Hill, J., Raste, Y., & Plumb, I. (2001). The "Reading the Mind in the Eyes" test revised version: A study with normal adults and adults with Asperger syndrome of high-functioning autism. *Journal of Psychology and Psychiatry, 42*, 241-251.

Beaudoin, M., & Desrichard, O. (2011). Are memory self-efficacy and memory performance related?: A meta-analysis. *Psychological Bulletin, 137*(2), 211-241.

Bell, M. D., Lysaker, P. H., Beam-Goulet, J. L., Mistein, R. M., & Lindenmeyer, J. P. (1993). Five-component model of schizophrenia: Assessing the factorial invariance of the positive and negative syndrome scale. *Psychiatry Research, 52*(3), 295-303.

Blais, M. A., & Hopwood, C. J. (2010). Personality focused assessment with the PAI. In M. Blais, M. Baity, & C. J. Hopwood (Eds.), *Clinical applications of the Personality Assessment Inventory* (pp. 195-209). New York: Routledge.

Bleuler, E. (1950). *Dementia praecox, or the group of schizophrenias* (J. Zinkin, Trans). New York:

International Universities Press.

Butcher, J. N., Dahlstrom, W. G., Graham, J. R., Tellegen, A., & Kaemmer, B. (1989). *MMPI-2: Minnesota Multiphasic Personality Inventory: Manual for administration and scoring*. Minneapolis: University of Minnesota Press.

Campbell, D. T., & Fiske, D. W. (1959). Convergent and discriminant validation by the multitrait-multimethod matrix, *Psychological Bulletin, 56*, 81-105.

Carroll, J. B. (1993). *Human cognitive abilities: Their survey of factor-analytic studies*. Cambridge, UK: Cambridge University Press.

Cattell, R. B. (1971). *Abilities: Their structure, growth and action*. Boston: Houghton-Mifflin.

Costa, P. T., Jr., & McCrae, R. R. (1992). *NEO PI-R Professional Manual: Revised NEO Personality Inventory (NEO OI-R) and NEO Five-Factor Inventory (NEO-FFI)*. Lutz, FL: Psychological Assessment Resources.

DeYoung, C. G., & Gray, J. R. (2009). Personality neuroscience: Explaining individual differences in affect, behavior and cognition. In P. J. Corr & G. Matthews (Eds.), *The Cambridge handbook of personality psychology* (pp. 323-346). New York: Cambridge University Press.

Dickinson, D., Ramsey, M. E., & Gold, J. M. (2007). Overlooking the obvious: A meta-analytic comparison of digit symbol coding tasks and other cognitive measures in schizophrenia. *Archives of General Psychiatry, 64*, 532-542.

Dingemans, P. M. A. J., Linszen, D. H., Lenior, M. E., & Smeets, R. M. W. (1995). Component structure of the expanded Brief Psychiatric Rating Scale (BPRS-E). *Psychopharmacology, 122*, 263-267.

Docherty, N. M. (2005). Cognitive impairments and disordered speech in schizophrenia: Thought disorder, disorganization, and communication failure perspectives. *Journal of Abnormal Psychology, 11*, 269-278.

Docherty, N. M., McCleery, A., Divilbiss, M, Schumann, E. B., Moe, A., & Shakeel, M. (2013). Effects of social cognitive impairment on speech disorder in schizophrenia. *Schizophrenia Bulletin, 39*(3), 608-616.

Exner, J. (2003). *The Rorschach: A comprehensive system: Vol. 1. Basic foundations* (4th ed.). New York: Wiley.

Freud, S. (1959). *The interpretation of dreams* (Standard Edition, Vols. 4 and 5). London: Hogarth Press. (Original work published 1900)

Gay, N. W., & Combs, D. R. (2005). Social behavior in persons with and without persecutory delusions. *Schizophrenia Research, 80*, 361-362.

Geyer, M. A. (2012). New opportunities in the treatment of cognitive impairments associated with schizophrenia. *Current Directions in Psychological Science, 19*, 264-269.

Gottlieb, J. D., Fan, X., & Goff, D. C. (2010). Rating scales in schizophrenia. In L. Baer & M. A. Blais (Eds.), *Handbook of clinical rating scales and assessment in psychiatry and mental health* (pp. 209-238). New York: Humana Press.

Harvey, P. D., Keefe, R. S. E., Patterson, T. L., Heaton, R. K., & Bowie, C. R. (2009). Abbreviated neuropsychological assessment in schizophrenia: Prediction of different aspects of outcome. *Journal of Clinical and Experimental Neuropsychology, 31,* 462–471.

Hilsenroth, M., Eudell-Simmons, E., DeFife, J., & Charnas, J. (2007). The Rorschach Perceptual and Thought Index (PTI): An examination of reliability, validity, and diagnostic efficiency. *International Journal of Testing, 7,* 269–291.

Horn, J. L. (1965). A rationale and test for the number of factors in factor analysis. *Psychometrika, 30,* 179–185.

Howieson, D. B., & Lezak, M. D. (1992). The neuropsychological evaluation. In S. C. Yudofsky & R. E. Hales (Eds.), *The American Psychiatric Press textbook of neuropsychiatry* (2nd ed., pp. 127-150). Washington, DC: American Psychiatric Press.

Hurt, S. W., Holzman, P. S., & Davis, J. M. (1983). Thought disorder: The measurement of its changes, *Archives of General Psychiatry, 40,* 1281–1285.

Johnston, M. H., & Holzman, P. S. (1979). *Assessing schizophrenic thinking.* San Francisco: Jossey-Bass.

Kay, S. R., Fiszbein, A., & Opler, L. A. (1987). The Positive and Negative Syndrome Scale (PANSS) for schizophrenia. *Schizophrenia Bulletin, 13,* 261–276.

Kircher, T. T. J., Liddle, F. P., Brammer, M. J., Williams, S. C. R., Murray, R. M., & McGuire, P. K. (2001). Neural correlates of formal thought disorder in schizophrenia. *Archives of General Psychiatry, 58,* 769–774.

Kleiger, J. H. (1999). *Disordered thinking and the Rorschach.* Hillsdale, NJ: Analytic Press.

Klonsky, E. D. (2004). Performance of Personality Assessment Inventory and Rorschach indices of schizophrenia in a public psychiatric hospital. *Psychological Services, 1,* 107–110.

Kopelowicz, A., Ventura, J., Liberman, R. P., & Mintz, J. (2008). Consistency of Brief Psychiatric Rating Scale factor structure across a broad spectrum of schizophrenia patients. *Psychopathology, 41*(2), 77–84.

Kraepelin, E. (1919). *Dementia praecox and paraphrenia* (R. M. Barclay, Trans). Edinburgh: E&S Livingston Co.

Kuperberg, G. R., Deckersbach, T., Holt, D. J., Goff, D., & West, W. C. (2007). Increased temporal and prefrontal activity in response to semantic associations in schizophrenia. *Archive of General Psychiatry, 64,* 138–151.

Loranger, A. W. (2001). *OMNI-IV Personality Inventories: Professional manual.* Odessa, FL: Psychological Assessment Resources.

Mayer, J. D. (2005). A tale of two visions: Can a new view of personality help integrate psychology? *American Psychologist, 60,* 294–307.

McClelland, D. C. (1980). Motive dispositions: The merits of operant and respondent measures. In L. Wheeler (Ed.), *Review of personality and social psychology* (Vol. 1, pp. 10–41). Beverly Hills, CA: Sage.

Meehl, P. E. (1990). Toward an integrated theory of schizotaxia, schizotypy, and schizophrenia. *Journal of Personality Disorder, 4,* 1–99.

Meyer, G. J. (1996). The Rorschach and MMPI: Toward a more scientifically differentiated understanding of cross-method assessment, *Journal of Personality Assessment, 67*, 558-578.

Meyer, G. J., Finn, S. E., Eyde, L. D., Kay, G. G., Moreland, K. L., Dies, R. R., et al. (2001). Psychological testing and psychological assessment: A review of evidence and issues. *American Psychologist, 56,* 128-165.

Mihura, J. L., Meyer, G. J., Dumitrascu, N., & Bombel, G. (2013). The validity of individual Rorschach variables: Systematic reviews and meta-analyses of the comprehensive system. *Psychological Bulletin, 139,* 548-605.

Millon, T. (1994). *Millon Clinical Multiaxial Inventory-III: Manual*. Minneapolis, MN: Pearson Assessments.

Morey, L. C. (1991). *Personality Assessment Inventory: Professional manual.* Odessa, FL: Psychological Assessment Resources.

Morey, L. C. (2007). *Personality Assessment Inventory: Professional manual* (2nd ed.). Odessa, FL: Psychological Assessment Resources.

Mueser, K. T., Curran, P. T., & McHugo, G. J. (1997). Factor structure of the Brief Psychiatric Rating Scale in schizophrenia. *Psychological Assessment, 9*, 196-204.

Murray, H. A. (1943). *Manual for the Thematic Apperception Test.* Cambridge, MA: Harvard University Press.

Niendam, T. A., Bearden, C. E., Rosso, I. M., Sanchez, L. E., Hadley, T., Nuechterlein, K. H., et al. (2003). A prospective study of childhood neurocognitive functioning in schizophrenic patients and their siblings. *American Journal of Psychiatry, 160*, 2060-2062.

O'Connell, M., Cooper, S., Perry, J. C., & Hoke, L. (1989). The relationship between thought disorder and psychotic symptoms in borderline personality disorder. *Journal of Nervous and Mental Disease, 177*, 273-278.

Overall, J. E., & Gorham, D. R. (1962). The brief psychiatric rating scale. *Psychological Reports, 10*, 799-812.

Overall, J. E., & Rhoades, H. M. (1982). Use of Hamilton Rating Scale for classification of depressive disorders. *Comprehensive Psychiatry, 23*(4), 370-376.

Palmer, B. W., Heaton, R. K., Paulsen, J. S., Kuck, J., Braff, D., Harris M. J., et al. (1997). Is it possible to be a schizophrenic yet neuropsychologically normal? *Neuropsychology, 11,* 437-446.

Pinker, S. (1997). *How the mind works.* New York: Norton.

Putnam, M. C., & Blais, M. A. (2010). Neuropsychology in adult psychiatry. In E. A. Arzubi & E. Mambrino (Eds.), *A guide to neuropsychological testing for health care professionals* (pp. 323-342). New York: Springer.

Rapaport, D. (1951). *Organization and pathology of thought*. New York: Columbia University Press.

Rapaport, D., Gill, M., & Schafer, R. (1968). Diagnostic psychological testing. In R. R. Holt (Ed.), *Diagnostic psychological testing, Vols. 1 and 2* (rev ed.). New York: International Universities Press.

Reitan, R. M. (1992). *Trail making test: Manual for administration and scoring*. Tucson, AZ: Reitan

Neuropsychology Laboratory.

Reitan, R. M., & Wolfson, D. (1985). *The Halstead-Reitan Neuropsychological Test Battery: Theory and clinical interpretation.* Tucson, AZ: Neuropsychology Press.

Reitan, R. M., & Wolfson, D. (2004). Trail making test as an initial screening procedure for neuropsychological impairment in older children. *Archives of Clinical Neuropsychology, 19*, 281-288.

Roberts, R. D., Schulze, R., & MacCann, C. (2008). The measurement of emotional intelligence: A decade of progress? In G. J. Boyle, G. Matthews, & D. H. Saklofske (Eds.), *The SAGE handbook of personality theory and assessment* (Vol. 2, pp. 461-482). Thousand Oaks, CA: Sage.

Rorschach, H. (1942). *Psychodiagnostics.* Bern, Switzerland: Hans Huber. (Original work published 1921)

Rule, A. (2005). Ordered thoughts on thought disorder. *Psychairic Bulletin, 29*, 462-464.

Slavin-Mulford, J., Sinclair, S. J., Stein, M., Malone, J. C., Bello, I., & Blais, M. A. (2012). External validity of the Personality Assessment Inventory (PAI) in a clinical sample. *Journal of Personality Assessment, 94,* 593-600.

Stein, M. B., Hilsenroth, M., Slavin-Mulford, J., & Pinsker, J. (2011). Social cognition and Object Relations Scale: Global Rating Method (SCORS-G), 4th ed. Unpublished manuscript. Massachusetts General Hospital and Harvard Medical School, Boston.

Stein, M. B., Slavin-Mulford, J., Sinclair, S. J., Siefert, C. J., & Blais, M. A. (2012). Exploring the construct validity of the social cognition and object relations scale in a clinical sample. *Journal of Personality Assessment, 94,* 533-540.

Strack, F., & Deutsch, R. (2004). Reflective and impulsive determinants of social behavior. *Personality and Social Psychology Review, 8*, 220-247.

Thomas, A., Donnell, A. J., & Young, T. R. (2004). Factor structure and differential validity of the expanded Brief Psychiatric Rating Scale. *Assessment 2004, 11*, 177-187.

Tomasello, M., & Herrmann, E. (2010). Ape and human cognition: What's the difference? *Current Directions in Psychological Science, 19*, 3-8.

Trenerry, M. R., Crosson, B., Deboe, J., & Leber, W. (1989). *Stroop Neuropsychological Test (SNST).* Odessa, FL: Psychological Resources.

Uhlhaas, P. J., Phillips, W. A., Schenkel, L. S., & Silverstein, S. M. (2006). The theory of mind perceptual cognitive processing in schizophrenia. *Cognitive Neuropsychiatry, 11*, 416-436.

Wechsler, D. (2008). *Wechsler Adult Intelligence Scale*-4th Edition *(WAIS-IV).* San Antonio, TX: NCS Pearson.

Wechsler, D. (2011). *Wechsler Abbreviated Scale of Intelligence*-2nd Edition *(WASIII).* San Antonio, TX: NCS Pearson.

Weiner, I. B. (1966). *Psychodiagnosis in schizophrenia*. New York: Wiley.

Weiner, I. B. (1996). Some observations on the validity of the Rorschach Inkblot Method. *Psychological Assessment, 8,* 206-213.

Westen, D. (1991). Clinical assessment of object relations using the TAT. *Journal of Personality Assessment, 56*(1), 56-74.

Westen, D. (1995). *Social Cognition and Object Relations Scale: Q-sort for projective stories (SCORS-Q)*. Unpublished manuscript, Cambridge Hospital and Harvard Medical School, Department of Psychiatry, Cambridge, MA.

Wood, J. M., Lilienfeld, S. O., Garb, H. N., & Nezworski, M. T. (2000). The Rorschach test in clinical diagnosis: A critical review, with a backward look at Garfield (1947). *Journal of Clinical Psychology, 56*, 395-430.

제9장

회복탄력성에 대한 다중방식평가

개인차 모델로의 통합

Christy A. Denckla & Anthony D. Mancini

어느 시점에서, 삶의 우연성을 고려해 보면, 보이지 않는 다음 모퉁이에 도사리고 있는 위험은 사실상 모든 이들에게 부지불식간에 눈앞에 나타날 것이다. 우리는 사랑하는 사람을 잃거나, 심각한 사고나 질병을 겪거나, 범죄 피해자가 되거나, 자연재해로 삶의 터전을 완전히 잃어버리거나, 다른 사람에게 치명적으로 공격당할 수도 있다. 대부분 사람은 인생에서 적어도 한 번은 이러한 사건 중 하나를 경험하게 된다(Kessler, Sonnega, Bromet, Hughes, & Nelson, 1995). 이러한 경험이 거의 보편적으로 일어남에도 불구하고, 우리가 이러한 사건에 대처할 수 있는 역량은 오랫동안 과소평가되어 왔다(Bonanno, 2004).

예를 들어, 최근에 아버지를 떠나 보낸 17세의 아프리카계 미국인 남성 Damon을 상상해 보자. 관찰자의 눈에는 그가 단정하고 깔끔한 옷차림을 하고, 눈맞춤도 괜찮고, 다소 조용하면서도 분명한 목소리로 말하는 사람처럼 보일 수도 있다. 그는 상실감과 아버지의 죽음과 관련된 몇 가지 세부 사항, 즉 자동차 사고로 인한 갑작스러운 죽음 등을 다양한 정서적 표현을 담아 설명한다. 하지만 Damon은 적응적 기능 양상을 보이기도 한다. 그의 학업 성취도는 여전히 훌륭하며, 여러 과외 활동에 꾸준히 참여하고 있고, 또래 및 가족 구성원과 긍정적인 관계를 유지하고 있다. 또한, 임상적인 정신건강 문제는 겪고 있지 않다. 그의 기분은 안정적이고, 사고 내용은 논리적이고 목표 지향적이며, 수면 패턴이나 식욕에도 변화가 없다고 한다. Damon은 이 비극적인 사건을 "미래에 집중을 유지하고", 현재 상황에서 자신이 할 수 있는 최선을 선택함으로써 극복했다고 말한다. 또한, 그는 일반적으로 "웬만한 일은 제쳐두는" 편이라고 부연한다.

외상적 사건을 겪은 한 젊은이의 짧은 이야기는 회복탄력성의 특징을 잘 보여 주는데, 이번 장에서 더 자세히 다룰 것이다. 우리가 제시하는 회복탄력성의 정의는 대부분 사람이 급성 스트레스원에 의해 무력화되는 고통을 경험하고 모두가 보편적으로 장기간의 회복기가 필요하다는 일반적 가정과 다르다. 실제로, 스트레스 경험 후 고통이 없다는 것은 그 자체가 종종 병리적으로 여겨 왔으며, 향후 겪게 될 어려움의 징조이거나(Middleton, Moylan, Raphael, Burnett, & Martinek, 1993), 예외적으로 뛰어난 강인함의 결과로 여기면서 비교적 드문 일이라고 생각했다. 이러한 문화적 가정들은 오랫동안 주된 영향력을 가졌으나, 최근에는 매우 다른 관점으로 바뀌기 시작했다: 대부분 사람은 가장 극심한 스트레스원에서도 적응적으로 대처하며 비교적 빠른 시기에 이전 기능 수준으로 회복한다(Bonanno, 2004; Bonanno, Westphal, & Mancini, 2011; Mancini & Bonanno, 2009).

이러한 회복탄력성은 매우 다양한 스트레스 사건을 연구하는 학자들의 관심을 끌고 있다. 회복탄력성은 유방암(Deshields, Tibbs, Fan, & Taylor, 2006; Lam et al., 2010), 전염병(Bonanno et al., 2008), 테러 공격(Bonanno, Galea, Bucciarelli, & Vlahov, 2007), 사별(Bonanno et al., 2002; Mancini, Bonanno, & Clark, 2011), 외상성 손상(deRoon-Cassini, Mancini, Rusch, & Bonanno, 2010), 척수 손상(Bonanno, Kennedy, Galatzer-Levy, Lude, & Elfström, 2012), 군사 배치(Bonanno, Mancini, et al., 2012) 등 매우 다양한 사건에 대한 양상적 반응으로 관찰되었다. 빈곤, 방임, 학대 같은 어린 시절의 역경과 큰 스트레스 조건에 노출된 아동들 사이에서도 비슷한 수준의 회복탄력성이 있는 것으로 나타났고 대부분 아동이 적응적 발달 궤적을 보였다(Luthar & Zelazo, 2003; Masten, 2001).

이러한 결과는 회복탄력성이 보편적이고 일상적 대처능력의 산물임을 방증한다. 그러나 회복탄력성이 무엇을 의미하는지에 대한 핵심 질문은 남아 있다. 누군가의 회복탄력성을 어떻게 알 수 있는가? 중요한 질문인데, 회복탄력성을 어떻게 평가할 수 있는가? 그리고 누가 회복탄력성을 가질 가능성이 가장 큰가?

대부분 학자는 회복탄력성을 급성 외상 사건 노출 후의 상대적으로 안정적인 기능 수준이라고 정의한다. 예를 들어, Bonanno(2004)는 다음과 같이 정의한다:

> 회복탄력성은 일반적으로 정상적인 환경에 있던 성인이 가까운 사람의 죽음이나 폭력 또는 생명을 위협하는 상황과 같은 고립되고 잠재적으로 매우 파괴적인 사건에 노출되었을 때, 비교적 안정적이고 건강한 수준의 심리적 및 신체적 기능을 유지할 수 있는 능력을 의미한다. 또한, 회복탄력성은 단순히 정신병리가 없는 상태가

아님과 구분할 필요가 있다(p. 20).

다음 유사한 정의는 Luthar(2006)가 제시한 것이다: "**중대한 역경이나 외상 경험에서도 긍정적 적응**"(p. 242; 원문 강조). 두 정의 모두 급성 스트레스 사건과 정상 기능을 유지하는 능력을 요구하며, 회복탄력성이 적응의 원인이 아닌 결과임을 의미한다. 다시 말해, 회복탄력성은 개인이 급성 스트레스 사건에 직면하여 성공적으로 대처했을 때, 즉 사후에야 확인할 수 있다. 여기서 정의된 회복탄력성은 외상 후 성장(Tedeschi & Calhoun, 2004), 대담함(Kobasa, 1979), 강인함(Dienstbier, 1989), 그릿(GRIT; Duckworth, Peterson, Matthews, & Kelly, 2007) 등의 유사 개념과 구별된다.

이 장에서 우리는 회복탄력성을 급성 고난에 노출된 후 나타나는 결과 또는 과정으로 정의한다. 우선 급성 고난 사건에 대한 회복탄력성을 다른 반응 패턴과 구별한다. 그러고 나서 외상 후 스트레스성 장애와 우울증 등의 정신병리학적 증상과 역할 기능 및 삶의 질과 같은 긍정적 적응의 존재 여부를 고려하여 회복탄력성을 평가하는 방법을 고찰한다. 다음으로 성격, 긍정적 감정, 유연한 대처 전략 등의 회복탄력성의 결과에 기여하는 개인-중심 요인과 사회적 지지 및 물질적 자원 등의 외부 요인을 살펴본다. 우리는 잠재적 외상 사건(potentially traumatic event: PTE)에 노출된 후 개인의 기능에서 좀 더 신뢰할 수 있는 그림을 포착하기 위해 자기 보고, 임상 면접, 친구나 가족 보고, 암묵적 측정법과 수행 기반 측정법, 생리학적 접근법을 포함한 다중방식평가 접근법의 상대적 이점을 설명한다.

회복탄력성 평가에서 핵심 사항은 급성 스트레스 이후 나타나는 여타의 전형적인 반응 패턴과 다르다는 것이다. Bonanno와 연구진은 급성 스트레스 이후 네 가지 주요하고 포괄적인 반응 패턴에 대한 증거를 발견했다(Bonanno et al., 2011). 회복탄력성 외에도 회복, 만성적 심리적 고통, 그리고 지연된 반응을 포함한다. 회복(recovery)은 급성 외상의 요인 이후 증상이 악화하고 일부 기능 손상이 나타나며 이후 점진적으로 정상 기능 수준으로 돌아가는 것이 회복탄력성과 구별된다. 만성적 심리적 고통은 증상이 급격히 악화하고 수년간 지속할 수 있는 기능 손상을 특징으로 한다. 지연된 반응은 사건 직후 중등도 수준으로 상승한 증상이 나타나며 시간이 지남에 따라 점진적으로 악화한다는 것을 특징으로 한다. 하지만 회복탄력성을 가진 사람들도 급성 고난 사건과 관련된 특정 혼란감을 경험한다는 점을 강조하는 것이다. 그렇다고 하더라도 그들은 적응적 기능을 유지할 수 있는 방식으로 이러한 힘겨운 경험을 관리할 수 있다.

다중방식 접근법의 당위적 근거

외상성 사건 노출 후 정확한 평가의 중요성은 공중보건에 명백한 결과를 가져오며, 심각하고 지속적인 스트레스 반응을 예측하는 능력을 향상해야 한다는 데에 일반적 공감대가 형성되어 있다(Bonanno, Brewin, Kaniasty, & Greca, 2010). 다중방식평가는 이러한 접근법과 관련된 많은 이점으로 인해 노출 후 적응 평가에서 전형적으로 권장되고 있다(Barlow & Wolfe, 1981; Duckworth, Steen, & Seligman, 2005; Litz, Gray, Bryant, & Adler, 2002). 간단히 정의하면, 다중방식평가 배터리는 다양한 출처(자기 보고, 정보 제공자/관찰자, 수행-기반 측정, 생리심리학적 측정)의 데이터를 통합하여 개인 기능에 대한 종합적 분석을 쌓아 나간다(Blais, Hilsenroth, Castlebury, Fowler, & Baity, 2001; Bornstein, 2009; Campbell & Fiske, 1959; Meyer, 2000). 다중방식 접근법의 주요 장점은 여러 도구를 사용하면서 단일 측정만으로는 얻을 수 없는 증분 타당성을 제공한다는 점이다(Grilo, Masheb, & Wilson, 2001; Hopwood et al., 2008). 예를 들어, 암묵 연합 검사(Implicit Association Test: IAT; Greenwald & Banaji, 1995)와 자기 보고 측정은 일반적으로 결과 예측에서 증분 타당성을 제공하며, 각각은 서로 상대하는 측정법을 넘어서는 예측 준거 분산을 보인다(Greenwald, Poehlman, Uhlmann, & Banaji, 2009). 관련 연구 결과에서 Meyer(2000)의 메타분석에 따르면, 로르샤흐 예후 평정 척도(Rorschach Prognostic Rating Scale: RPRS; Klopfer, Kirkner, Wishman, & Baker, 1951)와 측정된 IQ는 모두 치료 결과 예측에 고유한 분산에 기여가 있는 것으로 나타났다. 특히, 측정된 IQ에서 얻을 수 있는 예측 정보를 고려한 후에도 RPRS가 정신건강 치료 결과를 추정하는 데에 고유한 설명력이 있음을 시사한다.

회복탄력성은 다양한 영역에 걸친 기능을 통해서 최적으로 측정되고 정의되기에 다중방식평가가 특히 회복탄력성을 평가하는 데 적합하다. 예를 들어, 회복탄력성은 자기 보고만으로 완전히 파악할 수 없다. 내적 기능에 대한 주관적 평가는 회복탄력성 경로의 한 측면일 뿐(중요한 측면이긴 하지만)이며, 회복탄력성 경로에는 정의상 행동 지표도 포함하기 때문이다. 둘째, 회복탄력성이 있는 개인은 적응적 기능 수준을 유지할 수 있다 하더라도 PTE에 노출된 결과 어느 정도의 내적 고통을 경험할 수 있다. 평가가 관찰 가능한 행동(예: 반구조화 면담이나 숙달된 정보 제공자 방법으로 측정된)이 포함되지 않는다면, 적응적 기능의 증거를 간과할 수 있다. 회복탄력성 평가에 사용된 도구의 전체 요약 내용은 다음 내용에서 논의되는 구성개념별로 정리된 〈표 9-1〉을 참조하면 된다.

표 9-1 회복탄력성에 대해 다중방식평가를 이용한 검사 도구의 구성개념별 요약 정리

<table>
<tr><th>회복탄력성 영역</th><th>구성개념</th><th>검사 도구</th><th>평가기법</th></tr>
<tr><td rowspan="2">증상적 기능</td><td>증상</td><td>PCL(Blanchard et al., 1996)
PAI(Morey, 2007)
MMPI-2
BDI(Beck, 1961)
PHQ(Spitzer et al., 1999)</td><td>질문지</td></tr>
<tr><td>정신병리</td><td>CAPS(Blake et al., 1995)
SCID(First et al., 2002)</td><td>임상가 면담</td></tr>
<tr><td rowspan="4">적응적 기능</td><td>자아 강도</td><td>MMPI-2의 Es 척도(Barron, 1953)</td><td>질문지</td></tr>
<tr><td>삶의 질</td><td>QOLS(Flanagan, 1978)</td><td>질문지</td></tr>
<tr><td>웰빙</td><td>SWLS(Diener et al., 1985)
PWB(Ryff & Singer, 1996)</td><td>질문지</td></tr>
<tr><td>PTE 적응의 경로</td><td>3자-평정(Bonanno, Rennicke, & Dekel, 2005)</td><td>3자-평가</td></tr>
<tr><td rowspan="4">회복탄력성 기여 요인</td><td rowspan="2">회복탄력성</td><td>ER-89(Block & Kreman, 1996)
CD-RISC(Connor & Davidson, 2003)
RSA(Friborg et al., 2003)
IIS-64(Hatcher & Rogers, 2009)</td><td>질문지</td></tr>
<tr><td>IAT(Greenwald, McGhee, & Schwartz, 1998)</td><td>암묵적</td></tr>
<tr><td>감정 조절</td><td>ERQ(Gross & John, 2003)</td><td>질문지</td></tr>
<tr><td>대처</td><td>PACT
(Bonanno, Pat-Horenczyk, & Noll, 2011)
Repressive Coping
(Weinberger, Schwartz, & Davidson, 1979)</td><td>질문지</td></tr>
</table>

* 주의: 로르샤흐 잉크반점 기법은 한 가지 영역 또는 구성개념에 특별히 제약되지 않으므로(Weiner, 1994 참조) 이 표에 포함되지 않았음.

임상적 맥락에서 회복탄력성 평가: 적응적 기능과 정신병리의 이중 역할

임상적으로 유용하기 위해서는 다중방식평가가 관심 대상 집단(회복탄력성 증거를 보이는 개인)과 유사 집단(PTE에 노출되어 임상 증상을 보이는 개인)을 가능한 한 많은 차원에서 구분해야 한다. 임상 맥락에서 회복탄력성에 대한 평가는 수많은 개념적 · 방법론적

도전과제를 안고 있다(Bonanno, 2012; Luthar, Cicchetti, & Becker, 2000; Luthar & Cushing, 2002; Lyons, 1991). 임상가와 연구자들은 PTE 이후 병리적 반응과 적응적 반응을 구별하는 것이 감별 진단의 문제이며 이에 대한 더 많은 임상적 지침이 필요하다고 알고 있다(Litz et al., 2002; Litz, Miller, Ruef, & McTeague, 2011; Mancini & Bonanno, 2006).

하지만 회복탄력성 관련 요인을 규정하기 전에 측정을 위한 전략으로 회복탄력성에 대한 우리의 조작적 정의를 다시 다듬어야 한다. 임상 맥락에서 회복탄력성 평가는 별개로 분리되어 있지만 서로 연관된 두 영역의 기능에 대한 상세한 평가가 따른다. 첫 번째 영역은 질병 관련 과정을 포괄하고 증상학[외상 후 스트레스 장애(PTSD), 애도, 우울증]과 건강(신체적 불평, 악화한 건강 문제, 질환)을 포함한다. 두 번째로 평가해야 하는 별개이면서도 연관된 영역은 적응 기능(역할 기능, 긍정적 감정, 삶의 기쁨)의 존재 여부이다. 적응적 기능은 단순히 증상적 기능의 부재로 정의될 수 없기에 이 두 영역을 평가하는 데에 사용되는 측정 전략과 척도는 각기 다른 접근법을 요구한다(Bonanno, 2012).

외상 후 기능의 측정

첫째, 심리적 고통 관련 과정의 측정 전략을 다룬다. 자기 보고 도구는 임상 맥락에서 외상 후 기능 평가에서 가장 널리 사용되는 도구 중 하나이다. 이 도구는 비교적 쉽게 시행할 수 있고 임상가에게 덜 부담스러우며, 우수한 구성 타당도와 신뢰도를 지니며, 외상 노출 후 신속하게 적용할 수 있다. 이에 더해 자기 보고 측정은 가끔 추가 평가 필요성을 확인해 보기 위해 사용하기도 한다(Widiger & Samuel, 2005). 이 도구는 주된 측정 질문이 신념, 가치관, 태도에 의존할 때 특히 유용한데, 이 도구의 본질이 응답자의 자기-귀속에 의존하기 때문이다(Lucas & Baird, 2006). 간편 선별 도구는 노출 직후(최소 1주 후)에 적응 장애 증상을 경험하는 개인을 구분하기 위해 사용할 수가 있다(Bonanno, 2012; Litz et al., 2011).

잘 검증된 수많은 자기 보고 임상 검사 도구가 일반적으로 외상 후 적응 문제를 평가하는 데 사용된다. 이러한 도구에는 외상 후 스트레스 장애 체크리스트(Posttraumatic Stress Disorder Checklist: PCL; Blanchard, Jones-Alexander, Buckley, & Forneris, 1996), 성격 평가 검사(Personality Assessment Inventory: PAI; Morey, 2007), 미네소타 다면적 인성 검사(Minnesota Multiphasic Personality Inventory: MMPI) 등이 있다. 이 세 척도 모두 PTSD 평가에서 타당성이 검증되었다. MMPI-2는 임상적 정신병리를 측정하는 데에 널리 사용

되는 광범위 포괄식 자기 보고 측정이다. PTSD 표본에서 타당성이 검증되었고(Keane, Malloy, & Fairbank, 1984), 특히 재향군인 사이에서 꾀병을 탐지하는 데 유용함을 보여 준다(Lyons & Wheeler-Cox, 1999; Thomas, Hopwood, Orlando, Weathers, & McDevitt-Murphy, 2012). PAI는 심리적 기능을 측정하는 344문항으로 구성된 도구로 군인 집단에서 타당성이 검증되었으며, PTSD 진단을 받은 재향군인과 무증상 전투-노출자를 판별할 수 있는 능력이 입증되었다(Morey et al., 2011). 마지막으로 PCL은 PTSD 선별에 가장 널리 사용되는 체크리스트 검사 도구이다. 이 도구는 『정신질환의 진단 및 통계 편람』 제4판, 개정판(Diagnostic and Statistical Manual of Mental Disorders, fourth edition, text revision: DSM-IV-TR; American Psychiatric Association, 2000)에 명시된 증상 군을 평가하는 17개 문항을 포함하며, 진단적 정확도는 적합하다(McDonald & Calhoun, 2010).

사랑하는 사람의 죽음이라는 상황에서 임상가는 장기간의 애도와 관련된 증상을 평가해야 할 수 있다. 지속적 애도의 진단 기준에는 유족과 관련된 사람의 사망 후 발생하는 임상적 손상이 포함될 수 있다. 구체적 증상으로는 고인에 대한 강렬한 그리움; 상실에 관한 생각에 사로잡힘; 고인에 대한 자신의 행동에 반복적 후회 또는 자기-비난; 극심한 고독감 또는 공허감 또는 무의미감 등이 포함된다(Horowitz, Bonanno, & Holen, 1993). 진단은 기존 확립된 결정 기준을 적용하여 얻을 수가 있다(Prigerson et al., 1999).

주요우울장애(Major depressive disorder: MDD)는 PTSD와 동반하는 경우가 많고 일반적으로 반구조화 또는 구조화된 임상가 시행 면담을 통해 평가된다(Litz et al., 2011). 우울 양상을 측정하는 데에 자주 사용되는 간편 자기 보고 측정 도구로는 벡 우울 척도(Beck Depression Inventory: BDI; Beck, 1961)가 있다. 25년간의 사용 결과는 해당 간편 측정 도구가 우울장애 존재 여부를 선별하는 효과적 도구임을 보여 준다(Beck, Steer, & Carbin, 1998). 환자 건강 질문지(Patient Health Questionnaire: PHQ) 또한 주요 우울 증상을 평가하며 임상가-평가에서 우울증 평정과 양호한 일치도를 보였다(Spitzer, Kroenke, & Williams, 1999).

앞서 언급한 자기 보고 측정법 외에도, 임상가가 시행하는 기능 평가는 정신병리 진단에 자주 사용된다. 임상가-시행 PTSD 척도(Clinician-Administered PTSD Scale: CAPS; Blake et al., 1995)는 특별히 PTSD 관련 진단 기준을 평가한다. 이 도구는 개발 이후 10년간 거의 200건의 연구에 사용되었다(Weathers, Keane, & Davidson, 2001). DSM-IV-TR 장애의 구조화 임상 면담(Structured Clinical Interview of DSM-IV-TR Disorders: SCID; First, Spitzer, Gibbon, & Janet, 2002)은 우울증 및 기타 장애뿐만 아니라 PTSD도 평가한다(자세한 내용

은 Litz et al., 2011 참조).

적응적 기능의 측정: 자기 보고

회복탄력성 기능 평가를 위해 권장되는 측정 전략의 두 번째 구성 요소는 적응 기능의 평가를 포함한다. 외상 노출 이후 적응 기능에 영향을 미치는 요인에는 사회적 자원과 개인적 자원이 모두 포함된다(Bonanno et al., 2007; Litz & Maguen, 2010). 특정 형태의 사회적 지지가 외상으로부터의 회복을 촉진한다는 증거가 점점 많아지고 있다(Charuvastra & Cloitre, 2008; Pietrzak, Russo, Ling, & Southwick, 2011). 하지만 모든 형태의 사회적 지지가 정신건강 증상에 대한 완충 효과를 주는 것은 아니다. 예를 들어, 한 연구에 따르면 정서적 지지를 받는 것이 여성에게는 우울 증상의 감소와 관련이 있었으나 남성에게는 그렇지 않은 것으로 나타났다. 이러한 결과는 사회적 지지 평가에서 맥락과 성별을 반드시 고려할 것을 시사한다(Fiori & Denckla, 2012). 사회적 및 개인적 자원 평가 외에도 다음과 같은 척도들이 적응 기능을 측정하는 데에 유용할 수 있다.

삶의 질

삶의 질 지표를 평가하는 수백 가지 척도(Berzon, Donnelly, Simpson, Simeon, & Tilson, 1995)가 존재하지만 그중 가장 널리 사용되는 것 중 하나는 삶의 질 척도(Quality of Life Scale: QOLS; Flanagan, 1978)이다. 이 척도는 삶의 질의 다섯 가지 개념적 영역을 평가하는 16개 문항으로 구성되어 있다: 물질적 및 신체적 웰빙; 타인과의 관계; 사회적, 공동체적, 시민 활동; 개인적 성장과 성취; 여가 활동. 따라서 건강상태의 인과적 지표와는 개념적으로 다르며, 대신 다양한 인간 경험 전반에 걸친 주관적 기능을 평가한다.

웰빙

주관적 웰빙을 측정하는 데에 널리 사용되는 두 척도는 삶의 만족도 척도(Satisfaction with Life Scale: SWLS; Diener, Emmons, Larsen, & Griffin, 1985)와 심리적 웰빙 척도(Psychological Well-Being Scale: PWB; Ryff & Singer, 1996)가 있다. SWLS는 전반적인 삶의

만족도를 평가하는 단축 5문항으로 구성된 척도이며, PWB는 웰빙에 대한 6차원을 평가한다. 이 두 척도는 서로 다른 두 가지 철학적 전통에 따라 웰빙을 평가한다: PWB는 삶의 실존적 도전에 대한 관여를 포함하는 행복론적(eudaimonic) 전통에서 비롯되었으며, SWLS는 삶의 만족과 관련된 정서적 상태를 포괄하는 쾌락론적(hedonic) 전통에서 유래한 것이다(Joseph et al., 2011).[1]

회복탄력성 기능에 기여 요인: 자기 보고

회복탄력성의 기능적 요소와 적응적 요소를 모두 평가하려면, 또 다른 측정 전략이 필요하다. 이 전략은 회복탄력적 결과에 영향을 줄 수 있는 요인을 평가한다. 예를 들어, 성격, 세계관, 긍정적 정서, 대처 방식 등이 있다. 이런 요인들은 회복탄력성에 도움이 될 수 있지만, 이것만으로 회복탄력성을 완전히 설명할 수는 없다. 이런 요인들을 평가하는 자기 보고, 관찰자 평가, 수행 기반, 암묵적 측정 방법들이 있다. 이 측정 방법들에 대해서는 다음 절에서 설명한다.

자아 회복탄력성

자아 회복탄력성(ego resiliency: ER)은 스트레스 요인에 대한 유연한 적응 능력으로 개념화하는 특성 관점을 이론적으로 정립한 개념이다(Block, Kremen, 1996; Klohnen, 1996). 자아 회복탄력성은 행동적 유연성, 문제해결 기술의 폭넓은 사용, 특정 상황에서 요구받은 즉각적 요구를 충족하기 위해 각성 수준을 조절하는 능력으로서 변화하는 맥락적 요구에 따라 자기-표상을 수정하는 능력을 의미한다(Letzring, Block, & Funder, 2005). ER은 유연성, 삶의 스트레스 요인과 새로운 상황에 대한 요령 있는 적응 충동 조절 등의 원리를 포괄하는데, 이는 회복탄력성과 관련된 유사한 특성을 보여 주는 다른 연구 결과와도 일치한다(Bonanno, Papa, Lalande, Westphal, & Coifman, 2004; Consedine, Magai, &

1 행복론적: 아리스토텔레스 철학에서 기원한 개념, '참된 의미의 행복'을 추구하는 실존적 성장을 강조함. 쾌락론적: 쾌락이나 즐거움을 추구하는 성향 또는 상태를 뜻하는 개념, 쾌락의 추구와 고통의 회피를 행복의 주요 원천으로 보는 관점.

Bonanno, 2002).

ER은 일반적으로 14문항으로 구성된 자아 회복탄력성 척도(Ego Resiliency Scale: ER-89; Block & Kremen, 1996)로 평가한다. 최근 ER-89는 신뢰도가 낮은 4개 문항을 제거하여 10개 문항으로 축약했다(ER89-R; Alessandri, Vecchione, Caprara, & Letzring, 2012). ER-89는 걸프전 종전 6년 후 쿠웨이트 아랍 학생 집단(Al-Naser & Sandman, 2000)과 스페인과 이탈리아 집단(Alessandri et al., 2012)을 포함하여 다양한 집단에서 광범위한 타당성이 입증되었다(Block & Kreman, 1996; Funder & Block, 1989). 최근 쌍둥이 연구에서는 1,394명의 노르웨이 쌍둥이 가족을 대상으로 ER-89로 평가한 회복탄력성과 정신건강 결과 간에 유전적으로 결정되는 연관성을 확인하였다(Waaktaar & Torgersen, 2012). 끝으로 자아 회복탄력성 점수가 높은 사람은 위협 신호에서 회복할 때 뇌섬엽(insula)에서의 뇌 활동이 감소하는 것으로 나타났다(Waugh, Wager, Fredrickson, Noll, & Taylor, 2008). 뇌섬엽은 감각 표상과 관련된 대뇌피질의 한 부분이다(Martin, 2003).

자아 강도

자아 강도(Ego Strength: Es) 척도는 MMPI의 보충 척도이며, 이 척도는 심리치료에 반응을 보이는 환자 임상 표본을 바탕으로 개발된 문항으로 구성되었다(Barron, 1953). 이 척도는 적응력, 개인적 자원 활용성, 효과적 대인관계 기능을 측정하도록 개념화되었다. 후속 분석(Colligan & Offord, 1987; Colligan, Osborne, Swenson, & Offord, 1983)에서 제기된 문제점을 해결하기 위해 개정된 척도는 문항 수가 줄면서 심리측정학적 특성이 개선되었으며 정신건강과의 관련성을 보여 주었다(Schuldberg, 1992). 다른 연구들은 높은 Es 점수, 보고한 정신건강 증상의 감소, 스트레스 대처능력의 향상 사이에 관련성이 있음을 보여 주었다(Graham, Ben-Porath, & McNulty, 1997).

코너-데이비슨 회복탄력성 척도

두 번째로 널리 사용되는 회복탄력성 자기 보고 척도는 25문항으로 구성된 코너-데이비슨 회복탄력성 척도(Connor-Davidson Resilience Scale: CD-RISC; Conno & Davidson, 2003)이다. 문항은 Kobasa(1979)의 강인성 개념, Ruter의 회복탄력성 이론(Rutter, 1985), Shackleton의 1912년 남극 탐험에 대한 기술적 기록 등 여러 출처에서 이론적 근거 없이 개발되었다(Connor, Davidson, 2003). 문제는 이 척도가 이론적으로 개발된 것이 아니라서 증상 없는 기능에 관한 기술적 상관관계를 모아 봤다는 것 외에는 이 척도가 정확히 무슨 구성개념을 측정하는지 불분명하다는 것이다(Bonanno et al., 2011; Mancini & Bonanno, 2010).

이러한 한계에도 불구하고, CD-RISC는 특히 의료 환경에서 널리 사용되고 있다. Campbell-Sills와 Stein(2007)은 세 개의 학부생 표본을 이용해 개발한 원래의 24개 문항 척도를 수정해서 24개 문항 척도와 비슷한 내적 신뢰도(α =.85)와 .44(변화에 적응할 수 있다)에서 .74(자신을 강인한 사람이라고 생각한다)까지의 요인 부하량을 보이는 단일 차원 10개 문항 척도를 개발했다. 해당 10문항 척도 외에도 2문항으로 구성된 약식 선별 도구(CD-RISC-2; Vaishnavi, Connor, & Davidson, 2007)가 개발되었다. Connor와 Davidson은 이 두 문항을 선택했는데 그 이유는 이 두 문항이 (변화에 적응할 수 있는 능력)과 (질병이나 고난을 겪은 후 회복하는 경향)이라는 '회복탄력성의 본질을 어원적으로 파악'한다고 보았기 때문이다(Vaishnavi et al., 2007, p. 294).

성인을 대상으로 한 회복탄력성 척도

성인용 회복탄력성 척도(Resilience Scale for Adults: RSA; Friborg, Hjemdal, Rosenvinge, & Martinussen, 2003)는 노르웨이 연구진이 개발한 척도로 성인의 회복탄력성을 촉진하는 보호 자원의 존재를 측정하기 위해 고안되었다. 저자들은 스트레스 요인이 존재함에도 정상적 발달을 유지하는 능력과 관련된 세 가지 항목의 보호 특징을 평가하고자 했다: 심리적/기질 성향 속성, 가족 지지, 외부 지원 체계(Garmezy, 1991). 따라서 이 척도는 ER-89나 CD-RISC 같은 회복탄력성을 하나의 특성으로 평가하는 성격 기반 척도에서 벗어나 회복탄력성 있는 성격특성과 사회적 지지 및 가족적 지지 등의 보호 요인을 통합적으로 평가한다. 첫 번째 척도는 45문항을 담고 있으며(Friborg et al., 2003), 이후 지역사회 및 외래 환자 표본 모두를 대상으로 하여 개정 및 타당화하였다(Hjemdal et al., 2011). 최종 척도는 37개 문항으로 구성되었고 원래의 45개 문항으로 구성된 척도에서 5요인 구조를 그대로 반영했다.

이후 RSA의 심리측정학적 특성을 분석하여 각 하위 척도의 신뢰도 계수를 도출하였으며, α 값은 .67에서 .90 사이였고, 각 요인에 대한 4개월 검사-재검사 신뢰도는 지역사회 표본에서 .69에서 .84 사이로 나타났다(Friborg et al., 2003). 해당 척도는 이후 페르시아 표본에서 타당성이 검증되었고, 노르웨이 표본에서 처음 확인된 것과 같은 5요인 구조와 유사한 신뢰도를 보였으며 대학생과 가출 여학생을 정확히 구분하는 것도 가능했다(Jowkar, Friborg, & Hjemdal, 2010). 한 실험 연구에서 고-RSA 개인은 저-RSA 그룹보다 높은 스트레스 상황에서 주관적 통증을 덜 느낀다고 보고했다(Friborg et al., 2006).

성격의 5요인 모델

많은 연구는 5요인 모델(five-factor model: FFM; Costa & McCrae, 1992) 관점에서 회복탄력성을 검토해 왔다. 회복탄력성과 관련된 전형적인 적응적 특성을 고려해 보면 회복탄력적 성격 프로파일이 FFM의 다섯 차원 모두에서 평균 이상 점수를 보이는 것은 당연해 보인다. 일반적으로 수렴하는 연구 결과는 친화성, 외향성, 개방성, 성실성에서 높은 점수를 받고 신경증에서 낮은 점수를 받는 프로파일로 나타난다(Cumberland-Li, Eisenberg, & Reiser, 2004; Davey, Eaker, & Walters, 2003; Riolli, Savicki, & Cepani, 2002; Torgersen & Vollrath, 2006). 실험실 연구 결과는 이와 같은 결로 나타난다: Williams, Rau, Cribbet과 Gunn(2009)은 개방성 점수가 높을수록 실험실 스트레스 상황에서 긍정적 정서가 다소 증가할 뿐만 아니라 혈압 반응성 감소 및 호흡성 동성 부정맥 증가와도 관련됨을 발견했다. 이에 더해 개방성 수준이 높은 참가자들은 실험실 환경에서 스트레스가 많은 사건을 이야기할 때 심장 반응성이 감소하는 것으로 나타났다.

Waaktaar와 Torgersen(2010)은 회복탄력성 척도가 FFM Big 5 특성 예측치를 뛰어넘는 적응도를 추정할 수 있는지에 대한 흔치 않은 연구를 수행했다. 구체적으로, 저자들은 ER-89로 평가된 회복탄력성이 청소년의 삶의 만족도, 외로움, 돌봄 관계, 의미 있는 기회, 학교 연결성 및 만족도를 예측하는 모델에서 설명 분산에 유의한 기여가 있음을 확인했다. 하지만 동일 연구에서는 회복탄력성 척도(Resilience Scale: RS; Wagnild & Young, 1993)가 FFM의 적응도 예측치에 있어 증분 타당도를 제공하지 못한다고 보고했다(Waaktaar & Torgersen, 2010). 이러한 결과는 FFM 특성에 비해 회복탄력성 척도의 수행에 어느 정도 변동성이 있음이 시사된다.

대인관계 강점에 대한 인벤토리 검사

사회적 지지의 보호적 역할의 중요성을 보여 주는 새로운 증거는 대인관계 자원이 적응 기능과 상관관계가 있음을 시사한다. 대인관계 강점 목록(Inventory of Interpersonal Strengths: IIS-64; Hatcher & Rogers, 2009)은 대인관계 순환원형(Leary, 1957)에 기반한 64문항의 자기 보고 측정 도구이다. 이 도구는 기존 대인관계 기능에 대한 서컴플렉스 설명을 긍정적 진술문으로 재구성하여 개발되었다. 최근 IIS는 64문항 측정 도구의 원래 특성을 유지하면서 34문항으로 구성한 더 간소화된 도구로 개정되었다(Hatcher & Rogers, 2012). 초기 타당화는 IIS가 대인관계 고통의 상대적 부재를 넘어서는 예측 타당성을 더했으며, 이는 결핍이 강점의 반대가 아니라는 이론가들의 주장을 뒷받침했다(Horowitz, 2004).

감정 조절: 자기 보고

감정 기능의 다양한 측면이 회복탄력성과 연관되어 있음을 시사하는 연구 결과가 점점 늘어나고 있다. 예를 들어, 9·11 테러 이후 회복탄력성에 대한 흔치 않은 유망한 평가에서는 감사, 관심, 사랑과 같은 긍정적 감정이 위기 이전의 특성 회복탄력성과 위기 이후 우울 증상 간의 예측 관계를 매개한다는 것을 보여 주었다(Fredrickson, Tugade, Waugh, & Larkin, 2003). 추가 연구에 따르면 긍정적인 정서성은 외상 사건의 부정적 영향에 완충 역할을 할 수 있음을 시사한다(Ong, Fuller-Rowell, & Bonanno, 2010). 이와 관련하여, 인지적 재평가 전략이 부정적 자극에 대한 반응으로서의 각성을 감소시키는 효과적 수단임을 시사하는 증거가 축적되고 있다(Ayduk & Kross, 2010; Kross, Davidson, Weber, & Ochsner, 2009; Ong, Fuller-Rowell, & Bonanno, 2010). 끝으로, 감정 억제는 PTSD 증상의 심각도 증가와 관련된 것으로 나타났다(Boden, Bonn-Miller, Kashdan, Alvarez, & Gross, 2012).

정서 조절 질문지

정서 조절 질문지(Emotion Regulation Questionnaire: ERQ; Gross & John, 2003)는 7점 분포의 척도로 구성된 10-문항 자기 보고 질문지이다. 이 도구는 인지적 재평가와 표현 억제의 습관적 사용에서 개인차를 평가하기 위해 설계된 것이다. 심리측정학적 분석은 가정적 2요인 구조를 지지한다: 재평가 요인(α =.80)은 양호한 신뢰도를 보였고, 억제 요인(α =.73)은 적절한 신뢰도를 보였다. 비록 임상 맥락에서 널리 사용되지는 않았지만, 인지적 재평가 사용의 증가와 감정 표현 불능증의 감소로 인해 PTSD 중증도가 낮은 군 참전용사 집단을 식별하는 데에 효과가 있는 것으로 나타났다(Boden, Bonn-Miller, Kashdan, Alvarez, & Gross, 2012). 예비 분석에 따르면 이 임상 도구는 외상 노출 집단에서 회복탄력성 기제를 식별하는 데에 유용할 수 있으며, 따라서 추가 연구의 필요성이 시사된다.

대처: 자기 보고

외상성 스트레스 요인에 따르는 회복탄력적 적응에서 또 다른 중요한 특징은 대처 방식의 개인차와 관련되는 데 특히 관련이 있는 것으로 확인된 특정 대처 유형이 있다. Skodol(2010)은 특성 회복탄력성과 대처 유형을 구분하며, 서로 다른 맥락에서 안정적인 기능 패턴을 나타내는 정도에 따라 구분 짓는다. 예를 들어, 성격특성은 비교적 지속적인 특성으로, 다양한 맥락에서 특정 대처 전략의 활용 가능한 정도에 영향을 미칠 수 있다. 다음 부분에서는 회복탄력적 진행 경로와 관련된 두 가지 구체적 대처 전략을 평가하기 위해 개발된 도구를 검토한다: 유연적/실용적 대처와 억압적 대처.

지각된 외상 대처능력 척도

지각된 외상 대처능력 척도(Perceived Ability to Cope with Trauma Scale: PACT; Bonanno, Pat-Horenczyk, & Noll, 2011)는 PTE 대처에 대해 겉보기에는 상이해 보이는 관점을 통합하는 것으로, 이는 이론적으로 도출된 2요인 척도이다. 이 두 관점 모두 외상 자체에 의도적으로 주목하는 것에 대한 장점을 강력히 뒷받침하며(Foa & Kozak, 1986; Gortner, Rude, & Pennebaker, 2006; Smyth, Pennebaker, & Arigo, 2012), 주의 분산 또는 회피를 사용하여 외상 초점을 최소화하는 것과 관련된 이점에도 강력한 지지를 보여 준다(Bonanno, 2004). 겉보기에 별개로 보이는 이러한 전략은 가설적 유연성 메커니즘을 통해 통합되는데, 이 기제는 두 대처 전략을 유연하게 활용하는 능력이 PTE 적응을 예측한다고 제안한다(Bonanno, Pat-Horenczyk, & Noll, 2011).

대규모 표본 및 현장에서 사용하기에 더 실용적인 도구를 개발하기 위해 Bonanno 등(2011)은 차별적인 여러 유형의 대처 전략 사용 능력에 대한 개인의 신념을 명시적으로 측정하는 도구를 개발하였다. 이 척도는 특정 대처 전략을 평가하지 않음으로써 회고적 편향으로 인한 혼란을 방지한다. 척도는 합산 점수와 차이점수를 단일 변수로 조합하는 기존 알고리즘을 사용해 채점된다(Thompson & Zanna, 1995). 이 계산에는 대처능력 점수 합계(두 요인 각각의 표준화 점수의 합)에서 대처 극단성 점수(각 척도의 표준화 점수 간의 차이의 절댓값)를 빼는 다단계 과정이 포함된다. 저자들은 각 대처 유형의 극단을 다른 하나에 대한 비율로 나타낸 극단성 점수가 외상 후 스트레스의 심각도와 정적 상관이 있음을 발견했는데, 이는 어느 한 전략에 지나치게 의존하는 것이 외상 후 스트레스와 관련이 있음을 시사한다(Bonanno et al., 2011).

억압적 대처 유형

회복탄력적 적응과 관련된 두 번째 대처 유형은 억압적 대처이다. 점점 더 많은 문헌에서 위협적 자극을 회피함으로써 부정적 정서를 최소화하는 동시에 생리적 각성을 증가시키는 대처 기제를 사용하는 개인들이 회복탄력적 성과를 경험함을 시사한다(Hock & Krohne, 2004; Tomarken & Davidson, 1994; Weinberger, Schwartz, & Davidson, 1979). 예를 들어, 사별한 남성 중 배우자의 사망과 관련된 임상 증상을 덜 호소하면서도 자신의 감정을 설명할 때 심박수와 피부 전도도가 증가한 개인들은 비억압적 대처 집단보다 시간이 지남에 따라 상실에 대한 적응이 더 잘 개선되었다(Bonanno, Keltner, Holen, & Horowitz, 1995). 억압이 주로 자동적 과정이고 인지적 자원을 거의 필요하지 않기 때문에, 한 가지 가설적 기제는 억압적 대처자가 인지적 재평가를 통해 자극의 위협적인 본질을 완화한다는 것이며, 이는 감정적 영향을 변화시키는 방식으로 자극을 해석하는 것과 관련된다(Folkman, Lazarus, Dunkel-Schetter, DeLongis, & Gruen, 1986; Lazarus & Alfert, 1964; Olff, Langeland, & Gersons, 2005).

억압적 대처는 Weinberger 등(1979)이 개발한 자기 보고 질문지를 통해 측정하는데, 이 질문지는 명시적 불안 척도(Taylor Manifest Anxiety Scale; Taylor, 1953)와 방어성 측정 도구(Marlowe-Crowne Social Desirability Scale; Crowne & Marlowe, 1960)를 조합한 것이다. 조합된 최종 척도는 58개 문항으로 구성되며, 두 척도에 대한 응답자의 반응을 중앙값과 비교하여 점수를 매긴다. 예를 들어, 억압적 대처자는 불안 점수가 규준 인구 집단의 중앙값보다 낮고 방어성 점수가 중앙값보다 높은 개인들이다. 억압적 대처는 재난으로 부상을 얻은 사람을 치료한 이스라엘 자원봉사자들의 PTSD 증상 감소와 관련 있는 것으로 나타났다(Solomon, Berger, & Ginzburg, 2007).

해박한-정보 제공자 평정

해박한-정보 제공자 전략은 자기 보고의 한계를 극복하기 위해 흔히 사용되며, 임상 장면에서 외상 관련 정신과적 증상을 평가할 때 빈번히 사용된다(Litz et al., 2011; Litz, Penk, Gerardi, & Keane, 1992). 다른 장면에서는 외상-노출 개인의 친구들이 해박한-정보 제공자 평정을 수행했으며, 이 평정에서 높은 신뢰도와 수렴 타당도를 보였다(Bonanno, Rennicke, & Dekel, 2005). 예를 들어, 9 · 11 테러 공격 당시 세계무역센터 내부/인근에 있던 사람들의 적응력을 평가한 친구와 친척 중에서, 회복탄력성이 있는 참가자 10명 중 8명에서 임상 평가와 정확히 일치했다(Bonanno, Rennicke, et al., 2005). 배우자를 잃은 사람들을 대상으로 한 또 다른 연구에서 친구들은 다른 유족들보다 상실 전후 회복탄력적인 개인의 적응에 대해 더 큰 평정 점수를 제공했다(Bonanno, Moskowitz, Papa, & Folkman, 2005). 종합적으로 보면, 회복탄력적인 개인은 상실의 여파 속에서도 특징적인 수준의 건강한 기능을 유지하는 경향이 있음을 시사한다. 친구 평가의 신뢰성과 타당성이 우수하다는 점은 다중방식 배터리가 해박한-정보 제공자 평가를 포함하는 것이 유익하다는 점을 시사한다.

해박한-정보 제공자 평정은 어떻게 획득할 수 있을까? Bonanno, Rennicke 등(2005)이 사용한 한 가지 접근법은 급성 스트레스 경험자에게 약식의 기능 측정 도구가 포함된 우편 봉투를 제공하는 것이다. 참가자는 이 측정 도구를 자신을 잘 아는 친구나 가족에게 전달해서 작성 후 반송해 주도록 요청한다. 친구/가족이 평정한 기능은 상당한 가치가 있고 그들의 인식이 내담자의 인식과 일치하는지에 대한 정보를 제공한다.

회복탄력성에 대한 수행 기반 평가와 암묵적 평가

수행 기반 기법을 사용한 평가 측정 도구를 포함하여 회복탄력성의 암묵적 과정에 초점을 맞춘 연구는 거의 이루어지지 않았다. 수행 기반 기법의 특징에 대해 혼재된 결과와 논란을 고려해 보면, 이 평가 접근법이 회복탄력성이라는 맥락에서 더 광범위하게 탐구되지 않은 것은 그리 놀라운 일도 아니다(Lilienfeld, Wood, & Garb, 2000). 하지만 실증적 문헌 검토 결과는 로르샤흐 잉크반점 기법(Rorschach Inkblot Method: RIM)의 특정 지표가 신뢰할 수 있고 타당한 평가를 보장할 만한 충분한 실증적 근거를 제시하는 것으로 나타났다(Bornstein, 2007, 2012; Mihura, Meyer, Dumitrascu, & Bombel, 2013). 성격 평가에서 수행 기반 과제를 사용하는 것은 모호한 자극이 특정한 사고, 느낌, 행동의 패턴을 생성하는 경향이 있는 심리적 구조를 활성화한다는 가정에 기반한다. 모호한 자극으로부터 의미 있는 지각을 만들어 내는 것은 여러 단계의 방향 잡힌 집중과 자기-검열을 포함하는 다단계 절차이다(Bornstein, 2009).

다중방식 관점에서 암묵적 측정법과 수행 기반 측정법을 통합하는 구체적인 이점은 여러 연구에서 이들 측정법이 현실-세계에서의 행동 평가에 증분 타당성을 제공한다는 점이 입증되었다. 이는 특히, 회복탄력성 평가 시 이러한 예측이 중요하다. 좀 더 구체적으로, 암묵적 평가는 조작적 행동을 예측하는 데에 더 낫지만 자기-귀속(자기 보고) 측정은 일반적으로 선택, 귀인, 가치관 같은 인지적으로 유도되는 행동 예측에 더 나은 경향이 있는 것으로 나타났다(McClelland, 1985). McClelland은 암묵적 동기가 시간에 걸쳐 행동 추세를 유지하는 경향이 있으며(조작적 행위 빈도), 반면 자기-귀속 동기는 인지적으로 기반한 선택이 결정 요인(반응적 행동)으로 작용하는 구조화된 상황에 대한 반응을 예측하는 경향이 있다고 제안했다. 예를 들어, McClelland, Koestner와 Weinberger(1989)는 자기 보고 측정에서 성취 지향적이라고 기술한 대학생들이 자기-귀속적 성취 지향이 낮은 학생들에 비해 외부 사회적 보상이 있는 단어 회상 과제에서 가장 좋은 성적을 거두었다는 점을 발견했다. 둘째, 수행 기반 성취(주제통각검사로 평가) 점수가 높은 개인들은 난도가 증가하는 퍼즐에서 더 나은 성적을 거두었으나 점수가 낮은 개인은 더 나은 성적을 얻지 못했다. 유사한 효과가 권력 동기에서도 입증되었다(McClelland, 1985). 마찬가지로, 입원 중인 경계선 환자들 사이에서 로르샤흐 구강 의존성 척도(Rorschach Oral Dependency Scale: ROD; Masling, Rabie, & Blondheim, 1967)로 평가된 의존성은 자기-귀속 의존성 측정치로 측정한 예측보다 도움-추구 행동에 대한 예측력이 더 우수한 것으로 나타났다(Fowler, Brunnschweiler, Swales, & Brock, 2005).

수행 기반 평가: RIM

PTE 이후 로르샤흐로 평가된 회복탄력적 기능에 관한 연구는 드물지만, 초기 사례 연구는 추가 연구가 필요함을 분명히 보여 준다(Odendaal, Brink, & Theron, 2011; Viglione, 1990; Viglione & Kates, 1997). 최근 PTE를 경험한 11세 아동에 대한 한 가지 사례 연구는 3회의 평가 기간에 걸쳐 종단적 설계에 통합되었다: 최초 평가, 7개월 후, 4년 후 추적 평가(Viglione, 1990). 임상 및 행동 관찰 결과, 아동의 최초 로르샤흐 검사에는 여러 병리 지표가 포함되어 있었지만, 임상적 장애는 보이지 않았다. 이러한 초기 지표는 다음 검사 시행에서 감소했으며 4년 후 추적 관찰에서는 더욱 감소했다. 이러한 결과는 회복탄력성 가설과 일치하며, 회복탄력성이 있는 개인이 PTE 노출과 관련된 내적 심리적 고통을 경험할 수 있으나 기능 유지가 가능하다는 것을 시사한다. Viglione(1990)은 외상 노출 후 시행된 로르샤흐 프로토콜에 반영된 모순되고 혼재된 자료가 임상가로 하여 최근 PTE를 경험한 개인의 정신병리를 과잉진단하게 만들 수 있다고 경고했다. 이에 더해, 외상에 대한 반응(예: 병적 반응, 높은 외상 지수)을 포함하는 로르샤흐 기록의 복잡성은 노출 후에 평가할 때 회복력의 지표로 작용할 수 있다. 이유인즉, 경험에 대한 개방성과 특정 내적 혼란을 견뎌낼 수 있는 능력이 회복탄력 기제의 특징일 수 있기 때문이다.

추가 연구에서는 군인 참전용사들의 회복탄력성을 탐지하기 위해 로르샤흐 검사를 사용하는 것에 대해 검토했다. PTSD 증상 없는 전투–노출 집단과 PTSD 진단을 받은 전투–노출 참전용사 집단 비교 집단을 비교한 결과, 무–PTSD 그룹은 로르샤흐 검사에서 외상적 반응이 적었을 뿐만 아니라 전투 관련 내용 반응을 보일 때 심박수가 감소했다(Goldfinger, Amdur, & Liberzon, 1998). 흥미롭게도, 전투 대조군이 확산 음영(Y) 반응(스트레스–관련 느낌과 연관; Weiner, 2003)이나 전투–관련 내용을 보고할 때 심박수가 감소했다. 지속적 주의력 과제 수행 중 심박수 감소가 보였던 선행 연구 결과를 고려해 보면, 저자들은 PTSD에 대한 저항성을 보이는 전투 대조군이 불안–유발 과제 수행 중에 지속적인 주의력 상태를 끄집어낼 능력이 있다고 제안했다(Goldfinger et al., 1998).

암묵적 평가: 암묵 연합 검사

사회인지적 관점은 사회적 행동이 암묵적 또는 비의식적 영향 아래 작동하며, 이러한 영향은 신뢰할 수 있게 평가될 수 있음을 시사하는 풍부한 증거를 축적해 왔다(Greenwald & Banaji, 1995; Kihlstrom, 1994). 암묵 연합 검사(Implicit Association Test: IAT; Greenwald, McGhee, & Schwartz, 1998)는 널리 사용되고 있는데, 두 가지 개념이 강하게 연합될 때 분류 작업과 관련된 정보 처리 시간이 단축되어 반응 시간이 빨라진다는 전제에 따른다(Greenwald et al., 2002). IAT는 투표 행동(Greenwald, Smith, Sriram, Bar-Anan, & Nosek, 2009), 콘돔 사용(Czopp, Monteith, Zimmerman, & Lynam, 2004), 수행 불안(Egloff & Schmukle, 2002) 등과 같이 수행에 대한 고정관념의 영향에 대한 예측력을 보여 주었다(Greenwald et al., 2009 참조). IAT의 예측 타당도에 대한 메타 분석은 IAT가 행동, 판단 및 생리적 측정에 대해 평균(r = .27) 예측력을 보인다고 결론지었다. 병렬적인 자기 보고 측정에서도 예측 타당도(r = .36)를 보였으나 변동성이 더 컸다. 하지만 사회적 민감성 및 인상관리가 중요한 상황에서는 IAT가 예측 타당성 측면에서 자기 보고 측정을 능가했다(Greenwald et al., 2009).

특정 연구에서는 IAT를 회복탄력성 평가에 적용했다(Ihaya, Yamada, Kawabe, & Nakamura, 2010; Xi, Zuo, & Sang, 2011). 일본 대학(원)생 24명을 대상으로 한 연구에서는 다양한 유형의 사회적 지지를 나타내는 대상에 대한 태도의 반응 시간을 측정했다(Ihaya et al., 2010). 이 연구는 회복탄력성이 사회적 자원에 대한 인식과 활용을 모두 나타낸다고 가정했다(Ihaya & Nakamura, 2008). 연구 결과는 가족, 친구 또는 동반자 등 인식 조건에 따라서 고-회복탄력성 집단과 저-회복탄력성 집단 간에서 IAT 수행에 유의한 집단 간 차이가 있음을 시사했다. 구체적으로 동반자를 지지원으로 간주하지 않는다고 명시적으로 답한 참가자(예: 본 연구에서 저-회복탄력성 집단)는 IAT에서 동일 대상과 평온한 태도를 연합시켰다. 회복탄력성을 '사회적 지지를 위해 타인에게 의존하는 능력'으로 조작적 정의를 했기 때문에 결과 해석이 어렵지만, 회복탄력성이 있는 사람과 없는 사람 간에 사회적 지지에 대한 태도에 개인차가 있음을 시사하는 예비적 증거를 제공한다.

두 번째 연구는 523명의 초등 3학년에서 8학년 사이 아동을 대상으로 관찰 역량, 자기평가 역량, 암묵적 역량을 비교했다(Xi et al., 2011). 이 연구는 보고된 스트레스와 역경 상황에서의 심리사회적 기능을 바탕으로 회복탄력성이 있는 아동을 식별했다. 회복탄력성이 있는 아동은 자기-일치 조건에서 무 회복탄력적 아동보다 역량 관련 용어(예: 독립성)에 대한 반응 시간이 유의하게 짧았다. 연구 결과는 스트레스와 역경에서 회복탄력성을 보이는 개인들이 자신을 과신하거나 부정적 증상을 회피하는 것으로 거짓 진술하는 것이 아니라, 회복탄력성이 있는 결과물을 보여 주기 위해 역량과 효능감의 안정적 자원을 활용하고 있음을 시사한다(Xi et al., 2011).

심리생리학적 평가

PTSD 환자와 외상-노출 개인 간에 생리적 각성의 고유한 패턴을 시사하는 증거가 점차 증가함에 따라 이러한 도구의 광범위한 사용은 외상-노출 환자의 정확한 감별 진단을 향상할 수 있을 것으로 보인다(Goldfinger et al., 1998). 하지만 PTSD와 무증상 외상의 생리심리학적 지표는 임상 평가에서 널리 사용되지 않는다. 임상 환경의 한계로 인해 이러한 측정 지표의 사용 범위가 제약되는 경우가 많지만, 일부 증거에 따르면 생리심리학적 측정 지표가 PTE 후 결과 예측에 증분 타당성을 제공할 수 있음을 시사한다.

한 집단-설계 연구에서는 PTSD 진단을 받은 재향군인, 무-PTSD 정신과 입원 환자, 무증상 전투-노출 재향군인 세 집단의 생리심리학적 지표를 비교했다(Malloy, Fairbank, & Keane, 1983). PTSD 결과에 대한 행동적, 생리심리학적, 자기 보고 측정을 사용하여 심박수 각성과 피부 전도도의 생리심리학적 지표는 세 연구 집단을 정확히 구별할 수 있는 것으로 나타났다. 전투 영상 시청을 종료하는 데에 걸린 시간(초)에 대한 행동적 측정 결과, PTSD 집단은 10건 중 8건에서 영상을 중단했던 반면, 무증상 또는 정신과 비교 집단은 중단하지 않았다. 또한, 전투 영상은 다른 두 집단보다 PTSD 재향군인에서 유의하게 높은 심박수를 유발했다. 끝으로, PTSD 집단은 다른 두 연구 집단과 비교해 공포가 더 심해졌다고 보고했다. 판별 분석 결과, 생리심리학적 지표, 자기 보고 지표, 행동 지표를 함께 사용했을 때 PTSD 개인을 100% 정확히 분류할 수 있었다. 하지만 저자들은 각 평가 접근법이 집단을 구분하는 데에 증분 타당성을 평가하지 않았다. 따라서 한 평가 접근법이 다른 접근법에 비해 상대적인 이점이 있는지에 대한 해석은 불가능하다.

다중방식 회복탄력성 자료의 통합

다양한 양식의 자료를 통합하는 것은 다중방식평가의 핵심적인 특징인데, 정보를 의미 있는 방식으로 조합하기를 요구한다(Blais & Baity, 2008; Campbell & Fiske, 1959). 특별히 회복탄력성의 경우, 자기 보고, 해박한-정보 제공자, 수행 기반 측정법으로 얻은 평가 자료는 증상적 기능, 적응적 기능, 회복탄력성 진행 경로를 정확하게 파악하는 기여 요인에 대한 증분 정보를 제공하며 이러한 요소들을 종합적으로 고려할 때에만 회복탄력성 진행 경로가 정확히 식별된다(〈표 9-1〉 참조). 예를 들어, 높은 자기 보고 회복탄력성과 높은 수준의 반구조화 임상 면접-평가의 PTSD 증상이 조합된 경우 회복탄력적인 경로를 보이는 개인에게는 정의적 기준이 적합하지 않을 것이다.

이 장에서 설명한 각기 다른 양식은 회복탄력적 개인을 정확히 식별하는 데에 상호 보완적이다. 예를 들어, 자기 보고 자료와 해박한-정보 제공자 자료를 함께 사용하면 관찰 가능한 기능(Bonanno, 2004)과 역경 대처에서의 자기-귀속 능력(Luthar et al., 2000)으로 정의되는 회복탄력성에 대한 수렴적 증거를 함께 제공하기 때문에 각각 단독으로 사용하는 것보다 더 우수하다. 마찬가지로, 자기 보고 자료와 수행 기반 자료를 조합하면 두 가지를 단독으로 사용하는 것보다 우수하다(Blais, Baity, 2008). 예를 들어, 지지를 인식하는 능력을 포착하는 수행 자료(Ihaya et al., 2010)를 해당 지지를 효과적으로 활용하는 능력을 평가하는 자기 보고 자료(예: Hatcher & Rogers, 2009)와 조합하면 평가에서 회복탄력성 기능을 더 정확히 반영할 수 있다.

다중방식평가가 당면한 도전과제

우리는 회복탄력성 평가에 다중방식평가 접근의 장점을 검토하고 자기 보고, 관찰자, 수행 기반 측정법이 회복탄력성 진전 과정을 정확하게 파악하는 데 제공하는 증분 타당성을 다루고 있다. 우리는 이러한 접근법이 극도로 불쾌한 사건 이후의 기능에 대한 임상적 및 이론적 개념화를 모두 진전시킨다고 주장했다. 하지만 다중방식평가의 광범위한 사용은 이러한 접근법이 제대로 자리 잡기 위해서는 상당한 난관에 봉착해 있다. 구체적 장애물로는 자원 부담, 잠재적인 보상의 부재, 훈련 요구 사항, 평가 대상자(평가 과정을 거치는 개인)의 피로감 등이 있다.

첫째, 지난 10년 동안 정신질환을 치료에 있어 심리학적 개입이 괄목할 만한 진전을 보였으나, 기존 의료 시스템은 과부하 상태이며 상대적으로 소수의 환자만 치료를 받고 있다(Kazdin & Blase, 2011). 이러한 자원의 한계는 전체적 평가에 대한 접근성의 부족, 다중방식평가 배터리 수행에 필요한 재정, 임상 자원을 갖춘 클리닉의 부족 등이 포함된다. 하지만 다른 임상 집단에서의 이루어지고 있는 진전은 가까운 미래에 이러한 딜레마에 대한 해결책이 나타날 것을 시사한다. 예를 들어, Widiger와 Samuel(2005)은 회복탄력성 평가에 잠재적으로 적용될 수 있는 성격장애 평가를 위한 근거 기반 지침 개발의 토대를 제공한다.

둘째, 관리형 의료로 인해 보상을 받을 수 있는 정신건강 서비스의 제한이 심화하였다. 성격 평가는 가장 큰 영향을 받는 서비스 중 하나인데 장기적인 측정에서 증상-중심의 약식 도구로 전환해야 한다는 요구가 있다(Piotrowski, 1999). 하지만 경험적 검증을 통해 이러한 추세를 역전시키고 있으며, 경험적 치료계획 및 개입 개발에서 성격 평가의 유용성을 입증하는 연구가 하나의 예시가 될 수 있다(Ben-Porath, 1997). 이러한 연구의 결과로 평가에 대한 공정한 보상이 어느 정도 진전을 보였다. 이에 더해, 정신건강 평등법 제정과 지속적인 옹호 활동의 결과로 이 분야의 성과가 나타나고 있다.

셋째, 대학원생을 위한 다중방식평가에서 적절한 훈련이 핵심적이다. 하지만 설문 조사에 따르면 대학원 프로그램이 심리평가 훈련을 지속해서 강조하고 있긴 하지만 일부 감소하는 추세가 나타났다. 이로 인해 학생들은 인턴십 시기 동안 기대치를 충족할 만한 준비가 부족하게 될 수도 있다(Belter & Piotrowski, 2001). 이렇듯 평가 훈련에서 불거지는 빈틈을 해소하고자 Krishnamurthy 등(2004)은 다중방식평가를 포함한 심리평가 수행에 대한 대학원생 수련 과정의 여러 가지 개선 권고안을 제시했다. 이 개선 사항을 다중방식평가에 적용하면 차세대 성격 평가자의 기술이 강화될 수 있다.

끝으로, 평가 대상자의 피로감은 다중방식평가 접근법이 지속적 진전을 위해 반드시 해결해야 할 네 번째 문제이다. 이 영역에서도 관련 평가 기술의 발전은 다중방식평가에 대해 가능한 해결책을 제시한다. 예를 들어, 치료적 평가(Finn, 2007)에 사용되는 기술은 목표 설정, 검사 결과 해석, 검사 결과 전달을 포함한 평가의 모든 단계에서 내담자의 적극적인 참여를 장려함으로써 평가자-내담자 관계를 강조한다. 이러한 기법은 개인이 상대적으로 자기 주도성이 거의 없는 다양한 배터리 검사를 수동적으로 받는 존재로 간주하는 전통적 패러다임을 변화시킨다. 다중방식 절차에서 평가 대상자의 역할을 재구성하면 평가 대상자의 피로감과 같은 장시간의 배터리 검사에 수반된 바람직하지 않은 결과를 줄이는 데에 도움이 될 수 있다.

참고문헌

Al-Naser, F., & Sandman, M. (2000). Evaluating resiliency patterns using the ER-89: A case study from Kuwait. *Social Behavior and Personality, 28*, 505-514.

Alessandri, G., Vecchione, M., Caprara, G., & Letzring, T. D. (2012). The Ego Resiliency Scale revised: A crosscultural study in Italy, Spain, and the United States. *European Journal of Psychological*

Assessment, 28, 139-146.

American Psychiatric Association. (2000). *Diagnostic and statistical manual of mental disorders* (4th ed., text rev.). Washington, DC: Author.

Ayduk, Ö., & Kross, E. (2010). Analyzing negative experiences without ruminating: The role of self-distancing in enabling adaptive self-reflection. *Social and Personality Psychology Compass, 4*, 841-854.

Barlow, D. H., & Wolfe, B. E. (1981). Behavioral approaches to anxiety disorders: A report on the NIMH-SUNY, Albany, Research Conference. *Journal of Consulting and Clinical Psychology, 49*, 448-454.

Barron, F. (1953). An ego-strength scale which predicts response to psychotherapy. *Journal of Consulting Psychology, 17*, 327-333.

Beck, A. T. (1961). *Beck Depression Inventory*. Philadelphia: Center for Cognitive Therapy.

Beck, A. T., Steer, R. A., & Carbin, M. G. (1998). Psychometric properties of the Beck Depression Inventory: Twenty-five years of evaluation. *Clinical Psychology Review, 8*, 77-100.

Belter, R. W., & Piotrowski, C. (2001). Current status of doctoral-level training in psychological testing. *Journal of Clinical Psychology, 57*, 717-726.

Ben-Porath, Y. S. (1997). Use of personality assessment instruments in empirically guided treatment planning. *Psychological Assessment, 9*, 361-367.

Berzon, R. A., Donnelly, M. A., Simpson, R. L., Simeon, G. P., & Tilson, H. H. (1995). Bibliography: Quality of life bibliography and indexes: 1994 update. *Quality of Life Research, 4*, 547-569.

Blais, M. A., & Baity, M. R. (2008). The projective assessment of personality structure and pathology. In G. J. Boyle & G. Matthews (Eds.), *The Sage handbook of personality theory and testing* (Vol. 2: Personality Measurement and Testing, pp. 556-586). Thousand Oaks, CA: Sage.

Blais, M. A., Hilsenroth, M. J., Castlebury, F., Fowler, J. C., & Baity, M. R. (2001). Predicting DMS-IV cluster B personality disorder criteria from MMPI-2 and Rorschach data: A test of incremental validity. *Journal of Personality Assessment, 76*, 150-168.

Blake, D. D., Weathers, F. W., Nagy, L. M., Kaloupek, D. G., Gusman, F. D., Charney, D. S., et al. (1995). The development of a clinician-administered PTSD scale. *Journal of Traumatic Stress, 8*, 75-90.

Blanchard, E. B., Jones-Alexander, J., Buckley, T. C., & Forneris, C. A. (1996). Psychometric properties of the PTSD checklist (PCL). *Behaviour Research and Therapy, 34*, 669-673.

Block, J., & Kremen, A. M. (1996). IQ and ego-resiliency: Conceptual and empirical connections and separateness. *Journal of Personality and Social Psychology, 70*, 349-361.

Boden, M. T., Bonn-Miller, M. O., Kashdan, T. B., Alvarez, J., & Gross, J. J. (2012). The interactive effects of emotional clarity and cognitive reappraisal in posttraumatic stress disorder. *Journal of Anxiety Disorders, 26*, 233-238.

Bonanno, G. A. (2004). Loss, trauma, and human resilience: Have we underestimated the human capacity to thrive after extremely aversive events? *American Psychologist, 59*, 20-28.

Bonanno, G. A. (2012). Uses and abuses of the resilience construct: Loss, trauma, and health-related adversities. *Social Science and Medicine, 74*, 753-756.

Bonanno, G. A., Brewin, C. R., Kaniasty, K., & Greca, A. M. L. (2010). Weighing the costs of disaster: Consequences, risks, and resilience in individuals, families, and communities. *Psychological Science in the Public Interest, 11*, 1-49.

Bonanno, G. A., Galea, S., Bucciarelli, A., & Vlahov, D. (2007). What predicts psychological resilience after disaster?: The role of demographics, resources, and life stress. *Journal of Consulting and Clinical Psychology, 75*, 671-682.

Bonanno, G. A., Ho, S. M. Y., Chan, J. C. K., Kwong, R. S. Y., Cheung, C. K. Y., Wong, C. P. Y., et al. (2008). Psychological resilience and dysfunction among hospitalized survivors of the SARS epidemic in Hong Kong: A latent class approach. *Health Psychology, 27*, 659-667.

Bonanno, G. A., Keltner, D., Holen, A., & Horowitz, M. J. (1995). When avoiding unpleasant emotions might not be such a bad thing: Verbal autonomic response dissociation and midlife conjugal bereavement. *Journal of Personality and Social Psychology, 69*, 975-989.

Bonanno, G. A., Kennedy, P., Galatzer-Levy, I. R., Lude, P., & Elfström, M. L. (2012). Trajectories of resilience, depression, and anxiety following spinal cord injury. *Rehabilitation Psychology, 57*, 236-247.

Bonanno, G, A., Mancini, A. D., Horton, J. L., Powell, T. M., Leardmann, C. A., Boyko, E. J., et al. (2012). Trajectories of trauma symptoms and resilience in deployed U.S. military service members: Prospective cohort study. *British Journal of Psychiatry: Journal of Mental Science, 200*, 317-323.

Bonanno, G. A., Moskowitz, J. T., Papa, A., & Folkman, S. (2005). Resilience to loss in bereaved spouses, bereaved parents, and bereaved gay men. *Journal of Personality and Social Psychology, 88*, 827-843.

Bonanno, G. A., Papa, A., Lalande, K., Westphal, M., & Coifman, K. (2004). The importance of being flexible: The ability to both enhance and suppress emotional expression predicts long-term adjustment. *Psychological Science, 15*, 482-487.

Bonanno, G. A., Pat-Horenczyk, R., & Noll, J. (2011). Coping flexibility and trauma: The Perceived Ability to Cope with Trauma (PACT) scale. *Psychological Trauma: Theory, Research, Practice, and Policy, 3*, 117-129.

Bonanno, G. A., Rennicke, C., & Dekel, S. (2005). Self-enhancement among high-exposure survivors of the September 11th terrorist attack: Resilience or social maladjustment? *Journal of Personality and Social Psychology, 88*, 984-998.

Bonanno, G. A., Westphal, M., & Mancini, A. D. (2011). Resilience to loss and potential trauma. *Annual Review of Clinical Psychology, 7*, 511-535.

Bonanno, G. A., Wortman, C. B., Lehman, D. R., Tweed, R. G., Haring, M., Sonnega, J., et al. (2002). Resilience to loss and chronic grief: A prospective study from preloss to 18-months postloss. *Journal of Personality and Social Psychology, 83*, 1150-1164.

Bornstein, R. F. (2007). Might the Rorschach be a projective test after all?: Social projection of an undesired trait alters Rorschach oral dependency scores. *Journal of Personality Assessment, 88*, 354-367.

Bornstein, R. F. (2009). Heisenberg, Kandinsky, and the heteromethod convergence problem: Lessons from within and beyond psychology. *Journal of Personality Assessment, 91*, 1-8.

Bornstein, R. F. (2012). Rorschach score validation as a model for 21st-century personality assessment. *Journal of Personality Assessment, 94*, 26-38.

Campbell, D. T., & Fiske, D. W. (1959). Convergent and discriminant validation by the multitrait-multimethod matrix. *Psychological Bulletin, 56*, 81-105.

Campbell-Sills, L., & Stein, M. B. (2007). Psychometric analysis and refinement of the Connor-Davidson Resilience Scale (CD-RISC): Validation of a 10-item measure of resilience. *Journal of Traumatic Stress, 20*, 1019-1028.

Charuvastra, A., & Cloitre, M. (2008). Social bonds and posttraumatic stress disorder. *Annual Review of Psychology, 59*, 301-328.

Colligan, R. C., & Offord, K. P. (1987). Resiliency reconsidered: Contemporary MMPI normative data for Barron's Ego Strength Scale. *Journal of Clinical Psychology, 43*, 467-472.

Colligan, R. C., Osborne, D., Swenson, W. M., & Offord K. P. (1983). *The MMPI: A contemporary normative study*. New York: Praeger.

Connor, K. M., & Davidson, J. R. T. (2003). Development of a new resilience scale: The Connor-Davidson Resilience Scale (CD-RISC). *Depression and Anxiety, 18*, 76-82.

Consedine, N. S., Magai, C., & Bonanno, G. A. (2002). Moderators of the emotion inhibition-health relationship: A review and research agenda. *Review of General Psychology, 6*, 204-228.

Costa, P. T., & McCrae, R. R. (1992). Normal personality assessment in clinical practice: The NEO Personality Inventory. *Psychological Assessment, 4*, 5-13.

Crowne, D. P., & Marlowe, D. A. (1960). A new scale of social desirability independent of psychopathology. *Journal of Consulting Psychology, 24*, 349-354.

Cumberland-Li, A., Eisenberg, N., & Reiser, M. (2004). Relations of young children's agreeableness and resiliency to effortful control and impulsivity. *Social Development, 13*, 193-212.

Czopp, A. M., Monteith, M. J., Zimmerman, R. S., & Lynam, D. R. (2004). Implicit attitudes as potential protection from risky sex: Predicting condom use with the IAT. *Basic and Applied Social Psychology, 26*, 227-236.

Davey, M., Eaker, D. G. R., & Walters, L. H. (2003). Resilience processes in adolescents: Personality profiles, self-worth, and coping. *Journal of Adolescent Research, 18*, 347-362.

deRoon-Cassini, T. A., Mancini, A. D., Rusch, M. D., & Bonanno, G. A. (2010). Psychopathology and resilience following traumatic injury: A latent growth mixture model analysis. *Rehabilitation Psychology, 55*, 1-11.

Deshields, T., Tibbs, T., Fan, M. Y., & Taylor, M. (2006). Differences in patterns of depression after treatment for breast cancer. *Psycho-Oncology, 15*, 398-406.

Diener, E., Emmons, R. A., Larsen, R. J., & Griffin, S. (1985). The Satisfaction with Life Scale. *Journal of Personality Assessment, 49*, 71-75.

Dienstbier, R. A. (1989). Arousal and physiological toughness: Implications for mental and physical health. *Psychological Review, 96*, 84-100.

Duckworth, A. L., Peterson, C., Matthews, M. D., & Kelly, D. R. (2007). Grit: Perseverance and passion for long-term goals. *Journal of Personality and Social Psychology, 92*, 1087-1101.

Duckworth, A. L., Steen, T. A., & Seligman, M. E. (2005). Positive psychology in clinical practice. *Annual Review of Clinical Psychology, 1*, 629-651.

Egloff, B., & Schmukle, S. C. (2002). Predictive validity of an implicit association test for assessing anxiety. *Journal of Personality and Social Psychology, 83*, 1441-1455.

Finn, S. E. (2007). *In our clients' shoes: Theory and techniques of therapeutic assessment*. Mahwah, NJ: Erlbaum.

Fiori, K. L., & Denckla, C. A. (2012). Social support and mental health in middle-aged men and women: A multidimensional approach. *Journal of Aging and Health, 24*, 407-438.

First, M. B., Spitzer, R. L., Gibbon, M., & Janet, W. B. (2002). *Structured clinical interview for DSM-IV-TR Axis I Disorders* New York: Biometrics Research, New York State Psychiatric Institute.

Flanagan, J. C. (1978). A research approach to improving our quality of life. *American Psychologist, 33*, 138-147.

Foa, E. B., & Kozak, M. J. (1986). Trauma focus of fear: Exposure to corrective information. *Psychological Bulletin, 99*, 20-35.

Folkman, S. L., Dunkel-Schetter, C., DeLongis, A., & Gruen, R. J. (1986). Dynamics of a stressful encounter: Cognitive appraisal, coping, and encounter outcomes. *Journal of Personality and Social Psychology, 50*, 992-1003.

Folkman, S., Lazarus, R. S., Dunkel-Schetter, C., DeLongis, A., & Gruen, R. J. (1986). Dynamics of a stressful encounter: Cognitive appraisal, coping, and encounter outcomes. *Journal of Personality and Social Psychology, 50*, 992-1003.

Fowler, J. C., Brunnschweiler, B., Swales, S., & Brock, J. (2005). Assessment of Rorschach dependency measures in female inpatients diagnosed with borderline personality disorder. *Journal of Personality Assessment, 85*, 146-153.

Fredrickson, B. L., Tugade, M. M., Waugh, C. E., & Larkin, G. R. (2003). What good are positive emotions in crisis?: A prospective study of resilience and emotions following the terrorist attacks on the United States on September 11th, 2001. *Journal of Personality and Social Psychology, 84*, 365-376.

Friborg, O., Hjemdal, O., Rosenvinge, J. H., & Martinussen, M. (2003). A new rating scale for adult resilience: What are the central protective resources behind healthy adjustment? *International Journal of Methods in Psychiatric Research, 12*, 65-76.

Friborg, O., Hjemdal, O., Rosenvinge, J. H., Martinussen, M., Aslaksen, P. M., & Flaten, M. A. (2006). Resilience as a moderator of pain and stress. *Journal of Psychosomatic Research, 61*, 213-219.

Funder, D. C., & Block, J. (1989). The role of ego-control, ego-resiliency, and IQ in delay of gratification in adolescence. *Journal of Personality and Social Psychology, 57*, 1041-1050.

Garmezy, N. (1991). Resilience in children's adaptation to negative life events and stressed environments. *Pediatric Annals, 20*, 459-466.

Goldfinger, D. A., Amdur, R. L., & Liberzon, I. (1998). Psychophysiologic responses to the Rorschach in

PTSD patients, noncombat and combat controls. *Depression and Anxiety, 8*, 112-120.

Gortner, E., Rude, S. S., & Pennebaker, J. W. (2006). Benefits of expressive writing in lowering rumination and depressive symptoms. *Behavior Therapy, 37*, 292-303.

Graham, J. R., Ben-Porath, Y. S., & McNulty, J. L. (1997). *MMPI-2 correlates for outpatient mental health settings*. Minneapolis: University of Minnesota Press.

Greenwald, A. G., & Banaji, M. R. (1995). Implicit social cognition: Attitudes, self-esteem, and stereotypes. *Psychological Review, 102*, 4-27.

Greenwald, A. G., Banaji, M. R, Rudman, L. A., Farnham, S. D., Nosek, B. A., & Mellott, D. S. (2002). A unified theory of implicit attitudes, stereotypes, self-esteem, and self-concept. *Psychological Review, 109*, 3-25.

Greenwald, A. G., McGhee, D. E., & Schwartz, J. L. K. (1998). Measuring individual differences in implicit cognition: The implicit association test. *Journal of Personality and Social Psychology, 74*, 1464-1480.

Greenwald, A. G., Poehlman, T. A., Uhlmann, E. L., & Banaji, M. R. (2009). Understanding and using the Implicit Association Test: III. Meta-analysis of predictive validity. *Journal of Personality and Social Psychology, 97*, 17-41.

Greenwald, A. G., Smith, C. T., Sriram, N., Bar-Anan, Y., & Nosek, B. A. (2009). Implicit race attitudes predicted vote in the 2008 U.S. presidential election. *Analyses of Social Issues and Public Policy, 9*, 241-253.

Grilo, C. M., Masheb, R. M., & Wilson, G. T. (2001). A comparison of different methods for assessing the features of eating disorders in patients with binge eating disorder. *Journal of Consulting and Clinical Psychology, 69*, 317-322.

Gross, J. J., & John, O. P. (2003). Individual differences in two emotion regulation processes: Implications for affect, relationships, and well-being. *Journal of Personality and Social Psychology, 85*, 348-362.

Hatcher, R. L., & Rogers, D. T. (2009). Development and validation of a measure of interpersonal strengths: The Inventory of Interpersonal Strengths. *Psychological Assessment, 21*, 554-569.

Hatcher, R. L., & Rogers, D. T. (2012). The IIS-32: A Brief Inventory of Interpersonal Strengths. *Journal of Personality Assessment, 94*, 638-646.

Hjemdal, O., Friborg, O., Braun, S., Kempenaers, C., Linkowski, P., & Fossion, P. (2011). The Resilience Scale for Adults: Construct validity and measurement in a Belgian sample. *International Journal of Testing, 11*, 53-70.

Hock, M. L., & Krohne, H. W. (2004). Coping with threat and memory for ambiguous information: Testing the repressive discontinuity hypothesis. *Emotion, 4*, 65-86.

Hopwood, C. J., Morey, L. C., Edelen, M. O., Shea, M. T., Grilo, C. M., Sanislow, C. A., et al. (2008). A comparison of interview and self-report methods for the assessment of borderline personality disorder criteria. *Psychological Assessment, 20*, 81-85.

Horowitz, L. M. (2004). *Interpersonal foundations of psychopathology*. Washington, DC: American

Psychological Association.

Horowitz, M. J., Bonanno, G. A., & Holen, A. (1993). Pathological grief: Diagnosis and explanation. *Psychosomatic Medicine, 55*, 260-273.

Ihaya, K., & Nakamura, T. (2008). Four scales measuring four aspects of resilience: Understanding and utilization of intra- and inter-personal resources. *The Japanese Journal of Personality, 17*, 39-40.

Ihaya, K., Yamada, Y., Kawabe, T., & Nakamura, T. (2010). Implicit processing of environmental resources in psychological resilience *Psychologica, 53*, 102-113.

Joseph, S., Maltby, J., Wood, A. M., Stockton, H., Hunt, N., & Regel, S. (2011). The Psychological Well-Being-Post-Traumatic Changes Questionnaire (PWB-PTCQ): Reliability and validity. *Psychological Trauma: Theory, Research, Practice, and Policy*. 4, 420-428.

Jowkar, B., Friborg, O., & Hjemdal, O. (2010). Cross-cultural validation of the Resilience Scale for Adults (RSA) in Iran. *Scandinavian Journal of Psychology, 51*, 418-425.

Kazdin, A. E., & Blase, S. L. (2011). Rebooting psychotherapy research and practice to reduce the burden of mental illness. *Perspectives on Psychological Science, 6*, 21-37.

Keane, T. M., Malloy, P. F., & Fairbank, J. A. (1984). Empirical development of an MMPI subscale for the assessment of combat-related posttraumatic stress disorder. *Journal of Consulting and Clinical Psychology, 52*, 888-891.

Kessler, R. C., Sonnega, A., Bromet, E., Hughes, M., & Nelson, C. B. (1995). Posttraumatic stress disorder in the National Comorbidity Survey. *Archives of General Psychiatry, 52*, 1048-1060.

Kihlstrom, J. F. (1994). The cognitive unconscious. *Science, 237*, 1445-1452.

Klohnen, E. C. (1996). Conceptual analysis and measurement of the construct of ego-resiliency. *Journal of Personality and Social Psychology, 70*, 1067-1079.

Klopfer, B., Kirkner, F. J., Wishman, W., & Baker, G. (1951). Rorschach Prognostic Rating Scale. *Journal of Personality Assessment, 15*, 425-428.

Kobasa, S. C. (1979). Stressful life events, personality, and health: An inquiry into hardiness. *Journal of Personality and Social Psychology, 37*, 1-11.

Krishnamurthy, R., Vandecreek, L., Kaslow, N. J., Tazeau, Y. N., Miville, M. L., Kerns, R., et al. (2004). Achieving competency in psychological assessment: Directions for education and training. *Journal of Clinical Psychology, 60*, 725-739.

Kross, E., Davidson, M., Weber, J., & Ochsner, K. (2009). Coping with emotions past: The neural bases of regulating affect associated with negative autobiographical memories. *Biological Psychiatry, 65*, 361-366.

Lam, W. W. T., Bonanno, G. A., Mancini, A. D., Ho, S., Chan, M., Hung, W. K., et al. (2010). Trajectories of psychological distress among Chinese women diagnosed with breast cancer. *Psycho-Oncology, 19*, 1044-1051.

Lazarus, R. S., & Alfert, E. (1964). Short-circuiting of threat by experimentally altering cognitive appraisal. *Journal of Abnormal and Social Psychology, 69*, 195-205.

Leary, T. (1957). *Interpersonal diagnosis of personality*. New York: Ronald Press.

Letzring, T. D., Block, J., & Funder, D. C. (2005). Ego-control and ego-resiliency: Generalization of self-report scales based on personality descriptions from acquaintances, clinicians, and the self. *Journal of Research in Personality, 39*, 395-422.

Lilienfeld, S. O., Wood, J. M., & Garb, H. N. (2000). The scientific status of projective techniques. *Psychological Science in the Public Interest, 1*, 27-66.

Litz, B. T., Gray, M. J., Bryant, R. A., & Adler, A. B. (2002). Early intervention for trauma: Current status and future directions. *Clinical Psychology Science and Practice, 9*, 112-134.

Litz, B. T., & Maguen, S. (2010). Early intervention for trauma. In M. J. Friedman, T. M. Keane, & P. A. Resick (Eds.), *Handbook of PTSD science and practice* (pp. 322-346). New York: Guilford Press.

Litz, B. T., Miller, M. W., Ruef, A. M., & McTeague, L. M. (2011). Exposure to trauma in adults. In M. M. Anthony & D. H. Barlow (Eds.), *Handbook of assessment and treatment planning for psychological disorders* (2nd ed., pp. 215-258). New York: Guilford Press.

Litz, B. T., Penk, W. E., Gerardi, R., & Keane, T. M. (1992). Behavioral assessment of PTSD. In P. Saigh (Ed.), *Post-traumatic stress disorder: A behavioral approach to assessment and treatment* (pp. 50-84). New York: Pergamon Press.

Lucas, R. E., & Baird, B. M. (2006). Global self-assessment. In M. Eid & E. Diener (Eds.), *Multi-method measurement in psychology* (pp. 29-42). Washington, DC: American Psychological Association.

Luthar, S. S. (2006). Resilience in development: A synthesis of research across five decades. In D. Cicchetti & D. J. Cohen (Eds.), *Developmental psychopathology, Vol 3: Risk, disorder, and adaptation* (2nd ed., pp. 739-795). Hoboken, NJ: Wiley.

Luthar, S. S., Cicchetti, D., & Becker, B. (2000). The construct of resilience: A critical evaluation and guidelines for future work. *Child Development, 71*, 543-562.

Luthar, S. S., & Cushing, G. (2002). Measurement issues in the empirical study of resilience. In M. D. Glantz & J. L. Johnson (Eds.), *Resilience and development* (pp. 129-160). New York: Springer.

Luthar, S. S., & Zelazo, L. B. (2003). Research on resilience: An integrative review. In S. S. Luthar (Ed.), *Resilience and vulnerability: Adaptation in the context of childhood adversities* (pp. 510-549). New York: Cambridge University Press.

Lyons, J. A. (1991). Strategies for assessing the potential for positive adjustment following trauma. *Journal of Traumatic Stress, 4*, 93-111.

Lyons, J. A., & Wheeler-Cox, T. (1999). MMPI, MMPI-2 and PTSD: Overview of scores, scales, and profiles. *Journal of Traumatic Stress, 12*, 175-183.

Malloy, P. F., Fairbank, J. A., & Keane, T. M. (1983). Validation of a multi-method assessment of posttraumatic stress disorders in Vietnam veterans. *Journal of Consulting and Clinical Psychology, 51*, 488-494.

Mancini, A. D., & Bonanno, G. A. (2006). Resilience in the face of potential trauma: Clinical practices and illustrations. *Journal of Clinical Psychology, 62*, 971-985.

Mancini, A. D., & Bonanno, G. A. (2009). Predictors and parameters of resilience to loss: Toward an individual differences model. *Journal of Personality, 77*, 1805-1832.

Mancini, A. D., & Bonanno, G. A. (2010). Resilience to potential trauma: Toward a lifespan approach. In J. W. Reich, A. J. Zautra, & J. S. Hall (Eds.), *Handbook of adult resilience.* (pp. 258-280). New York: Guilford Press.

Mancini, A. D., Bonanno, G. A., & Clark, A. (2011). Stepping off the hedonic treadmill: Individual differences in response to major life events *Journal of Individual Differences, 32*, 144-1582.

Martin, J. H. (2003). *Neurtoanatomy text and atlas* (3rd ed.). New York: McGraw-Hill.

Masling, J., Rabie, L., & Blondheim, S. H. (1967). Obesity, level of aspiration, and Rorschach and TAT measures of oral dependence. *Journal of Consulting and Clinical Psychology, 31*, 233-239.

Masten, A. S. (2001). Ordinary magic: Resilience processes in development. *American Psychologist, 56*, 227-238.

McClelland, D. C. (1985). How motives, skills and values determine what people do. *American Psychologist, 40*, 812-825

McClelland, D. C., Koestner, R., & Weinberger, J. (1989). How do self-attributed and implicit motives differ? *Psychological Review, 96*, 690-702.

McDonald, S. D., & Calhoun, P. S. (2010). The diagnostic accuracy of the PTSD checklist: A critical review. *Clinical Psychology Review, 30*, 976-987.

Meyer, G. J. (2000). Incremental validity of the Rorschach Prognostic Rating Scale over the MMPI ego strength scale and IQ. *Journal of Personality Assessment, 74*, 356-370.

Middleton, W., Moylan, A., Raphael, B., Burnett, P., & Martinek, N. (1993). An international perspective on bereavement related concepts. *Australian and New Zealand Journal of Psychiatry, 27*, 457-463.

Mihura, J. L., Meyer, G. J., Dumitrascu, N., & Bombel, G. (2013). The validity of individual Rorschach variables: Systematic reviews and meta-analyses of the comprehensive system. *Psychological Bulletin, 139*, 548-605.

Morey, L. C. (2007). *The Personality Assessment Inventory professional manual.* Lutz, FL: Psychological Assessment Resources.

Morey, L. C., Lowmaster, S. E., Coldren, R. L., Kelly, M. P., Parish, R. V., & Russell, M. L. (2011). Personality Assessment Inventory profiles of deployed combat troops: An empirical investigation of normative performance. *Psychologial Assessment, 23*, 456-462.

Odendaal, I. E., Brink, M., & Theron, L. C. (2011). Rethinking Rorschach interpretation: An exploration of resilient black South African adolescents' personal constructions. *South African Journal of Psychology, 41*, 528-539.

Olff, M., Langeland, W., & Gersons, B. P. R. (2005). Effects of appraisal and coping on the neuroendocrine response to extreme stress. *Neuroscience and Biobehavioral Reviews, 29*, 457-467.

Ong, A. D., Fuller-Rowell, T. E., & Bonanno, G. A. (2010). Prospective predictors of positive emotions following spousal loss. *Psychology and Aging, 25*, 653-660.

Pietrzak, R. H., Russo, A. R., Ling, Q., & Southwick, S. M. (2011). Suicidal ideation in treatment-seeking Veterans of Operations Enduring Freedom and Iraqi Freedom: The role of coping strategies, resilience, and social support. *Journal of Psychiatric Research, 45*, 720-726.

Piotrowski, C. (1999). Assessment practices in the era of managed care: Current status and future directions. *Journal of Clinical Psychology, 55*, 787-796.

Prigerson, H. G., Shear, M. K., Jacobs, S. C., Reynolds, C. F., Maciejewski, P. K., empirical test. *British Journal of Psychiatry, 174*, 67-73.

Riolli, L., Savicki, V., & Cepani, A. (2002). Resilience in the face of catastrophe: Optimism, personality and coping in the Kosovo crisis. *Journal of Applied Social Psychology, 32*, 1604-1627.

Rutter, M. (1985). Resilience in the face of adversity: Protective factors and resistance to psychiatric disorders. *British Journal of Psychiatry, 147*, 598-611.

Ryff, C. D., & Singer, B. (1996). Psychological well-being: Meaning, measurement, and implications for psychotherapy research. *Psychotherapy and Psychosomatics, 65*, 14-23.

Schuldberg, D. (1992). Ego strength revised: A comparison of the MMPI-2 and the MMPI-1 versions of the Baron Ego Strength scale. *Journal of Clinical Psychology, 48*, 500-505.

Skodol, A. E. (2010). The resilient personality. In J. W. Reich, A. J. Zautra, & J. S. Hall (Eds.), *Handbook of adult resilience* (pp. 112-125). New York: Guilford Press.

Smyth, J. M., Pennebaker, J. W., & Arigo, D. (2012). What are the health effects of disclosure? *Handbook of health psychology* (2nd ed., pp. 175-191). New York: Psychology Press.

Solomon, Z., Berger, R., & Ginzburg, K. (2007). Resilience of Israeli body handlers: Implications of repressive coping style. *Traumatology, 13*, 64-74.

Spitzer, R. L., Kroenke, K., & Williams, J. W. (1999). Validation and utility of a self-report version of PRIME-MD: The PHQ primary care study. *Journal of the American Medical Association, 282*, 1737-1744.

Taylor, J. A. (1953). A personality scale of manifest anxiety. *Journal of Abnormal Psychology, 48*, 285-290.

Tedeschi, R. G., & Calhoun, L. G. (2004). Posttraumatic growth: Conceptual foundations and empirical evidence. *Psychological Inquiry, 15*, 1-18.

Thomas, K. M., Hopwood, C. J., Orlando, M. J., Weathers, F. W., & McDevitt-Murphy, M. E. (2012). Detecting feigned PTSD using the Personality Assessment Inventory. *Psychological Injury and Law*, 5, 192-201.

Thompson, M. M., & Zanna, M. P. (1995). The conflicted individual: Personality-based and domain-specific antecedents of ambivalent social attitudes. *Journal of Personality, 63*, 259-288.

Tomarken, A. J., & Davidson, R. J. (1994). Frontal brain activation in repressors and nonrepressors. *Journal of Abnormal Psychology, 10*, 339-349.

Torgersen, S., & Vollrath, M. (2006). Personality types, personality traits, and risky health behavior. In M. Vollrath (Ed.), *Handbook of personality and health* (pp. 215-233). Chichester, UK: Wiley.

Vaishnavi, S., Connor, K., & Davidson, J. R. (2007). An abbreviated version of the Connor-Davidson Resilience Scale (CD-RISC), the CD-RISC2: Psychometric properties and applications in psychopharmacological trials. *Psychiatry Research, 152*, 293-297.

Viglione, D. J. (1990). Severe disturbance or trauma-induced adaptive reaction: A Rorschach child case study. *Journal of Personality Assessment, 55*, 280.

Viglione, D. J., & Kates, J. (1997). A Rorschach child single-subject study in divorce: A question of psychological resiliency. In J. R. Meloy, M. W. Acklin, C. B. Gacono, J. F. Murray, & C. A. Peterson (Eds.), *Contemporary Rorschach interpretation*. Mahwah, NJ: Erlbaum.

Waaktaar, T., & Torgersen, S. (2010). How resilient are resilience scales?: The Big Five scales outperform resilience scales in predicting adjustment in adolescents. *Scandinavian Journal of Psychology, 51*, 157-163.

Waaktaar, T., & Torgersen, S. (2012). Genetic and environmental causes of variation in trait resilience in young people. *Behavior Genetics, 42*, 366-377.

Wagnild, G. M., & Young, H. M. (1993). Development and psychometric evaluation of the Resilience Scale. *Journal of Nursing Measurement, 1*, 165-178.

Waugh, C. E., Wager, T. D., Fredrickson, B. L., Noll, D. C., & Taylor, S. F. (2008). The neural correlates of trait resilience when anticipating and recovering from threat. *Social Cognitive and Affective Neuroscience, 3*, 322-332.

Weathers, F. W., Keane, T. M., & Davidson, J. R. (2001). Clinician-administered PTSD scale: A review of the first ten years of research. *Depression and Anxiety, 13*, 132-156.

Weinberger, D. A., Schwartz, G. E., & Davidson, R. J. (1979). Low-anxious, high-anxious, and repressive coping styles: Psychometric patterns and behavioral and physiological responses to stress. *Journal of Abnormal Psychology, 88*, 369-380.

Weiner, I. B. (1994). The Rorschach Inkblot Method (RIM) is not a test: Implications for theory and practice. *Journal of Personality Assessment, 62*, 498-504.

Weiner, I. B. (2003). *Principles of Rorschach interpretation* (2nd ed.). New York: Routledge.

Widiger, T. A., & Samuel, D. B. (2005). Evidence-based assessment of personality disorders. *Psychologial Assessment, 17*, 278-287.

Williams, P. G., Rau, H. K., Cribbet, M. R., & Gunn, H. E. (2009). Openness to experience and stress regulation. *Journal of Research in Personality, 43*, 777-784.

Xi, J., Zuo, Z., & Sang, B. (2011). Perceived social competence of resilient children. *Acta Psychologica Sinica, 43*, 1026-1037.

제 3 부 임상적 관리

제10장

다중방식평가와 치료계획

Joni L. Mihura & Robert A. Graceffo

이 장에서 우리는 심리치료를 계획하는 과정에서 각기 다른 다양한 방식의 평가를 통합하는 것에 관해 설명한다. 이러한 방식은 현재까지 비교적 새로운 시도인데, 평가와 치료를 직관적으로 연결 짓기 어렵기에 이러한 시도가 다소 어색하게 느껴질 수도 있을 것이다. 이렇듯 다중방식평가와 치료계획의 관계를 '함축적이면서 명확하게' 설명하려는 시도는 특별하다고 볼 수 있다. 이 장의 기본 원칙은 서로 다른 평가 방법이 성격의 각기 다른 측면과 맞닿아 있고, 개인의 경험과 기능에 특정한 의미를 부여하며, 이를 통해 사례 개념화 및 치료계획을 만들어 간다는 것이다. 우리의 초이론적 접근은 해당 장면에서 활동하는 실무자와 연구자 모두 여러모로 관련될 수 있는 내용이며, 그럼 지금부터 설명해 보겠다.

심리평가 문헌에서 평가법의 위상

심리평가 관련 문헌에서 교과서를 살펴보면, 개인을 이해하는 데에 있어 방법의 역할을 설명하는 방식이 다양하다. 기초 심리평가 교재는 보통 검사 도구 별로 구성되어 있다. 교과서에 소개된 검사들은 해당 검사가 평가하는 방법에서 (사소한 차이점은 있을지 몰라도) 큰 차이가 없다. 예를 들어, 많은 검사는 자기 보고 또는 내성법[예: Minnesota Multiphasic Personality Inventory, Second Edition(MMPI-2), Millon Clinical Multiaxis

Inventory(MCMI), Personality Assessment Inventory(PAI)]을 사용한 검사이며, 이 검사들은 서로 구분하여 개별 장에서 설명하고 있다. 반면, 웩슬러 성인용 지능검사(Wechsler Adult Intelligence Scale: WAIS)나 로르샤흐와 같은 검사와 같이 각각 다중의 방법을 포함하고 있는 검사는 전형적으로 온전히 단일한 검사로서 소개하고 있다. 검사들이 가진 서로 다른 방식(예: MMPI-2의 합리적이고 경험적으로 도출된 척도, WAIS의 언어적 소검사와 수행적 소검사, 로르샤흐의 반응 내용을 다루는 방식과 구조적으로 다루는 방법)은 동일 검사 내에서 비교되어 있지만, 다른 검사를 사용한 같은 방식[예: MMPI-2, PAI, Beck Depression Inventory(BDI)]은 서로 함께 종합하여 정리하지 않는다. 평가 교재의 장 구성이 평가 방식에 따르지 않고 검사 별로 구성된 경우 측정 검사가 평가법과 같은 것이라 비칠 수 있다. 당연히 검사와 평가가 같은 것으로 보여서는 안 된다.

다양한 심리평가 방법의 임상적 함의는 기초 심리측정 그리고 일반 심리검사에 이미 친숙한 독자를 대상으로 한 고급 전문 서적에서 주로 다루고 있다. 이 고급 전문 서적은 '개념화, 보고서 작성, 치료적 제언' 등의 적용 단계에 초점을 맞추고 있다(Blais & Smith, 2008; Finn, 1996; Ganellen, 1996; Wiggins, 2003). 심리평가의 다중방식 접근과 대조되는 것은 사람들을 이해(또는 범주화)하기 위한 대중적인 비이론적 접근이다. 여기에서 구조화된 면담은 내담자에게 적절한 DSM 중심, 매뉴얼화된 치료를 연결해 주기 위해 『정신질환의 진단 및 통계 편람(DSM)』에 분류된 진단을 만들어 가는 데에 사용된다(Chambless & Ollendick, 2001). 이러한 구조화된 면담 접근법의 목표는 증상과 행동이 서로 맞물리고 상호작용하는 방식을 통해 특정 개인을 이해하려는 게 아니다. 그 대신에 구조화된 면담은 자기 보고에 크게 의존하는(자주 개별적으로 시행됨) 분자적이고 목록-분류 방식(즉, 개별 DSM 기준)을 통해 구성개념을 평가한다.

전문 서적에서는 치료계획과 평가 방법 간의 관계를 심리검사와 심리치료의 관계로 비현실적으로 구분하고 있다. 몇몇 문헌에서만 치료계획 상황에서 평가 방법의 역할을 설명하고 있다. 이는 임상가가 내담자에 대한 모든 정보의 출처나 방법을 포함하여 가용할 수 있는 모든 정보를 따져 보기 시작하면 임상가 본인이 가진 기술을 좀 더 효과적으로 구현할 수 있을 텐데 이렇게 평가 방법에 대한 미미한 관심이 참 안타깝게 느껴진다. 예를 들어, 한 남자가 "우울한"이라고 보고하면 여자친구는 남자친구가 보통 "초조하고 걱정하는"이라고 말하고(타인-보고), 회기 중에 그의 태도를 보면 "불안해하고" 있다는 것을 알 수 있고(관찰), 과거 양극성 장애로 진단받은 기록이 있다면(기록 검토), 우리가 이 중에서 한두 정보만 알고 있을 때와는 다르게 생각해 볼 수도 있다. 이론적 지향과 관계없이 모든 출처의 정보를 사용하면 문제가 무엇인지 보다 정확하게 파악하고 적절한 치료 방법을 활용하는 데 도움이 된다. 따라서 넓게 보면 치료 접근법과 상관없이 치료계획 상황에서 평가 방법의 중요성에 초점을 두는 전문적인 문헌이 필요하다. 이렇게 이와 관련한 문헌이 거의 없는 상황이기에 이 장에서는 구체적으로 치료계획과 관련하여 평가 방법의 더 넓은 의미를 논의하려고 하고 방법 그 자체에 대해 더 많은 기초를 마련한다는 의미를 담았다.

기존의 심리평가 방법은 무엇인가

심리평가 장면에서 방법(Method)이라는 용어가 명확하게 정의되지 않았기에 심리평가 방법을 정확하게 분류하는 것이 어렵다. 일부 심리학자들이 평가 방법을 분류해 보려고 했으나(Bornstein, 2007; Campbell, 1950, 1957; Lilienfeld, Wood, & Garb, 2000; McClelland, Koestner, & Weinberger, 1989; McGrath, 2008; Meyer & Kurtz, 2006), 현재까지 보편적으로 받아들여지고 있는 구분은 없다. 그 대신에 심리학자들은 서로 연결 지을 만한 방법을 구분하기보다 오히려 심리학적 구성개념의 특성 측면을 세분화하는 데에 관심을 기울여 왔다. 종종 심리적 특성(예: 우울, 사회적 지지, 우호성)의 구체화된 내용은 진실의 핵심 사항이라 여겨지지만, 그와 연관된 '방법'은 중요하게 보지 않는다. 하지만 이러한 생각은 한 개인을 다소 평면적으로 이해하는 것이다. 이는 본질적인 맥락에서 벗어난 것이다. 그가 자신을 바라보는 방식인가? 그가 자신을 언어적으로 어떻게 표현하는가? 그가 자신을 행동적으로 어떻게 표현하는가? 다른 사람들이 그를 어떻게 바라보는가? 이 모든 질문은 인간 이해에 도움을 주는데, 이는 성격의 각기 다른 대인관계 수준을 설명한 대인관계 이론가인 Timothy Leary(1957)가 설명한 것과 같다.

평가 방법의 종합적이고 응집성 있는 모델이 개발될 때까지 연구자와 실무자는 관심을 두는 심리적 특성(예: 당사자의 마음에 병적 이미지가 있는 것)과 평가 방법의 반응 과정(예: 잉크반점을 보고 병적 이미지를 보고함)을 연결 짓는 일반적 지침을 따르기를 권장한다. 기존 설문 조사(예: Archer, Buffington-Volum, Stredny, & Handel, 2006, Archer & Newsom, 2000, Camara, Nathan, & Puente, 2000, Norcross, & Karpiak, 2012)에 따르면, 우리는 가장 인기 있는 평가 방법이 임상 면담과 PAI, BDI와 같은 도구를 포함하는 자기 보고 평가법임을 잘 알고 있다. 아동과 청소년 문헌에서는 3자의 정보 전달자(예: 교사나 부모) 평정이 주로 사용하는 평가 방법으로 보여 준다. 그 외에 널리 사용하는 외적 평가법은 행동 관찰, 지능검사, 신경학적 영상촬영법 그리고 로르샤흐가 있다. 정보를 구분 짓는 기타 방법 특성으로는 자기-평정과 3자 평정(예: 자신, 배우자, 교사, 부모)의 출처와 그러한 정보를 얻게 된 맥락(예: 직장, 가정, 놀이, 병원) 등이 있다.

여러 방법과 해당 방법이 가진 증분 정보 간의 통계적 관련성

심리평가 영역에서는 일반적으로 차별적인 두 가지 유형의 연구가 있다. 한 유형은 해당 검사의 심리측정에 중점을 둔 것으로 검사-중점 유형이다. 다른 한 가지는 특정 검사를 주로 심리적 상태나 특징을 알아보기 위해 사용한다는 점에서 준거-중점이라 한다. 현재까지 대부분 임상 평가 연구는 검사의 '방법'이 성격의 다양한 측면과 어떻게 관련되는지에 초점을 두지 않았다. 대신, 각기 다른 평가의 방법은 종종 해당 방법이 개인의 '실제' 또는 '진실'을 평가하는지 아니면 해당 방법이 제공하는 다양한 유형의 정보를 설명할 수 있는지를 논의하였다. 특히, '투사적' 방법을 논의할 때, 각 검사가 성격의 다양한 측면을 어떻게 표적으로 삼는지 고려하기보다는 검사들끼리 서로 비교하는 경우가 많다(예: Lilienfeld et al., 2000). 그러므로 우리는 주요 검사들의 비교 가능한 척도가 어느 정도 연관되는지에 대한 아이디어는 얻었지만, 이것이 성격에 대해 무엇을 의미하는지는 거의 아는 바가 없다.

다음은 임상심리학, 실험 심리학(사회, 성격) 그리고 조직 관리(인사 선발)에 사용해 온 평가 방법을 다룬 메타 분석 결과를 간략하게 요약한 것이다. 효과 크기 기준점으로는 small(.10), medium(.30), large(.50)에 대한 Cohen(1988)의 r 값이나 Hemphill(2003)의 심리평가 연구 문헌에서 타당성 효과 크기의 1/3 중간점에 대한 보고서를 참조할 수 있다.

통계적 관련성

실험적 연구와 임상 연구에서는 종종 내성적(introspective, 자기 보고) 성격 특징과 행동 간에 관련성이 적은 것으로 나타나는데, 쉽게 말하자면 사람들은 자신에 대해 말하는 것과 실제 행동은 다를 수 있음을 의미한다(예: Nisbett & Wilson, 1977; Wilson & Dunn,

2004). 몇몇 메타 분석 결과도 이러한 현상을 말해 주고 있다. 예를 들어, 자기 보고로 측정된 성취동기는 직무 수행 등의 자발적 성취 행동과 상관이 낮은 것으로 나타났다($r = .15$, $k = 104$)(Meyer et al., 2001; Spangler, 1992). 자기 보고와 행동적으로 평가된 충동성($r = .10$, $k = 608$; Cyders & Coskunpinar, 2011)과 기억력($r = .15$, $k = 673$; Beaudoin & Desrichard, 2011)의 상관도 낮았다. 자기 보고 성격 특징과 로르샤흐, 스토리텔링 이야기 방식(예: Thematic Apperception Test: TAT)과 유사한 특성 간 관련성(r)은 각각 .08($k = 386$)과 .09($k = 36$)로 나타났다(Meyer et al., 2001; Spangler, 1992; Mihura, Meyer, Dumitrascu, & Bombel, 2013). 흥미롭게도 같은 메타 분석에서 로르샤흐, 스토리텔링 이야기 방식과 외부적으로 평가한 특성 및 행동 간의 관련이 자기 보고로 측정된 결과보다 훨씬 더 높았다(각각, r's = .27과 .22, k's = 770과 82). 마지막으로, Freund와 Kasten(2012)은 지능 영역에서 이와 유사한 현상(즉, 사람들의 말하는 것과 그들이 수행하는 것을 비교하는 것)을 조사한 결과, 자기 보고 지능과 수행 기반 지능은 중간 정도의 관련성($r = .33$, $k = 154$)만 유지하는 것으로 나타났다.

행동 평정을 넘어 이제 3자-보고로 설명해 보면 Klonsky, Oltmanns와 Turkheimer(2002)의 연구에서는 성격장애에 대한 자기와 3자의 평정 간을 차원적으로 평가할 때 중간 정도의 관련이 있었고($r = .36$, $k = 11$), 범주적으로 평가할 때는 약한 수준의 관련이 있었다($r = .14$, $k = 6$). 아동, 청소년 평가 문헌을 살펴보면, 서로 다른 보고 출처(예: 아동/청소년, 부모, 교사, 임상가, 또래 등) 간의 효과 크기 관련성(r)의 범위는 일관적으로 .20~.35 정도로 나타났다(Achenbach, McConaughy, & Howell, 1987; Meyer, 2002).

수행 성격검사와 관련하여 전통적인 '투사적' 항목에 속하는 모든 검사 방식을 단일 방식으로 묶어서 생각하고 싶을 것이다. 하지만 역사적으로나 현대나 전문가들은 그렇게 생각하지 않는다(예: Bornstein, 2007; Campbell, 1957; Lilienfeld et al., 2000). 이후 장들에서 논의와 같이 수행 기반 성격검사는 각기 다른 여러 가지 방법을 사용한다. 지금까지 이 주제를 다룬 메타 분석은 없지만, 해당 문헌에서 암묵적 방법에 대한 좀 더 미묘한 이해를 할 수 있을 것이다. 최근 메타 분석의 사례를 살펴보면, 로르샤흐의 자율적 상호작용 척도(Graceffo, Mihura, & Meyer, 출간 예정)는 임상가 평정($r = .25$, $k = 63$)과 진단($r = .24$, $k = 15$) 등의 기타 기준 변수보다 TAT($r = .10$, $k = 51$)와 연관성이 훨씬 낮았다.

일반적으로 여러 방법을 고려해 볼 때 비교 가능한 척도에 관하여 검사 방식 중첩 정도가 높을수록 통계적 관련성이 더 커야 하고 그 반대의 경우라면 더 낮을 것이라 논리적으로 예상할 수 있다. 이는 50년 전 Campbell과 Fiske(1959)가 다특성-다방식 매트릭스

(multitrait-multimethod matrix: MTMM)에 대한 설명과 같은 의미이다. 그들의 주장은 동일 특성을 평가하는 데에서 가장 큰 차이가 있는 두 방법 간에 일치도의 수준에 따라 타당성을 설명하고 있다. 방법이 유사할수록, 두 검사의 관련 정도는 타당도가 아닌 신뢰도를 더 잘 보여 준다.

임상심리학 장면에서 이 주제를 함께 알아보려는 진심 어린 노력은 없었다. 하지만 예를 들어 Rogers, Salekin와 Sewell(1999)은 MCMI에 대한 메타 분석을 발표했는데, 여기서 그들은 **검사 도구**(test)와 **검사 방법**(method)을 같은 것이라 여겼다. Mihura 등(2013)은 Rogers와 동료들의 검사 결과를 평가 방법별로 정리하였는데 그 결과, MCMI 척도와 자기 보고 측정법 간의 평균 효과 크기 관련성(r)은 .57(k = 118)로 나타났고, 반구조화 면담은 .36(k = 105)으로, 임상가 평정은 .12(k – 35)였다. 두 번째 예로, Hillcr, Rosenthal, Bornstein, Berry와 Brunell-Neuleib(1999)은 MMPI와 로르샤흐의 타당도를 비교한 메타 분석한 결과를 보면, 진단과 기타 자기 보고 방법을 준거 기준으로 사용한 연구에서는 로르샤흐보다 MMPI와 훨씬 더 강한 상관을 보였으며, 반면에 객관적 정보(실제 삶에서의 사건을 담은 객관적 정보; 예: 입원 횟수 등)를 준거 기준으로 사용한 연구에서는 MMPI보다 로르샤흐와 더 높은 상관을 가진 것으로 나타났다. 이러한 결과는 비교가 가능한 척도에서의 방법 간 중첩도가 높을수록 통계적 상관이 높아야 하고 그 반대의 경우라면 상관이 더 낮아야 한다는 아이디어와 일치한다.

Mihura 등(2013)은 로르샤흐가 다른 외부적 평가 측정치(r = .27, k = 770)와 중간 정도의 상관이 있으나, MMPI와는 작은 상관(r = .07, k = 212)을 가진다는 결과도 확인했다. 저자들이 지적했듯이, 이러한 결과는 MMPI의 타당도 척도를 포함한 상황에서 로르샤흐가 관련 준거 변수를 함께 예측해야 할 경우라면, 논리적으로 MMPI를 넘어서는 증분 타당도를 보여야 한다는 점을 시사한다. 이런 증분 타당도에 대한 논리는 심리평가의 모든 타당화 방법 전반에 걸쳐 적용되어야 하며 지금부터는 이 주제를 살펴볼 것이다.

증분 타당도

심리평가 영역에서 증분 타당도 연구는 또 다른 측정법을 추가하는 것이 진단이나 치료 결과 등의 준거 변수를 잘 예측할 수 있는지를 설명하려는 목적이 있다(Hunsley & Meyer, 2003). 증분 타당도 연구는 때때로 **특성** 또는 **증상**에 초점이 맞추어져 있고 예측 변수와 준거 변수를 평가할 때 중복된 평가법을 사용하여 발생하는 영향을 무시하고 있다. 예를 들어, 연구에서 자기 보고 도구 외에도 진단에 추가적인 정보를 제공하는 로르샤흐의 설명력을 살펴보았다. 그리고 완전히 구조화된 면담으로부터 진단(한 가지 방법 즉, 자기 보고식 정보)한 것이면서 단일 방법에 기초한 진단한 경우라면, 완전히 구조화된 면담 진단을 예측할 때 자기 보고 도구가 로르샤흐 척도보다 통계적으로 증분되는 정보를 제공할 것이라 예상할 수 있다. 하지만 개인을 이해하는 것에 있어서 증분 정보는 더 적어진다. 이유인즉, 자기 보고 검사에서 얻은 정보의 상당 부분은 완전히 구조화된 면담을 통해 이미 얻은 정보이다. 이러한 방법은 내담자를 알아가는 데에 유사한 방법(즉, 자기-귀속 정보를 통한 방법)을 제공했을 뿐이다. 통계적으로 증분된 정보의 향상은 입증되었지만, 임상적으로 볼 때 이러한 정보는 부가적 가치가 거의 없다.

이러한 문제를 염두에 두고 발표한 많은 연구에서 각기 다른 임상 평가 방법의 증분 타당성을 직간접적으로 다루고 있다. 이러한 연구의 몇 가지 리뷰가 있지만(Garb, 1984, 2003; Johnston & Murray, 2003; Lilienfeld et al., 2000; Viglione & Hilsenroth, 2001; Viglione & Meyer, 2008) 메타 분석 결과는 없다. 이 장의 범위를 벗어나긴 하지만 이러한 결과에 대한 종합적인 요약을 간단히 살펴보면, 지난 수십 년 동안 많은 연구가 특히 각기 다른 평가 방법의 증분 타당도에 초점을 맞추었다. 예를 들어, 그 연구들에서는 로르샤흐 변수는 자살 행동(Blasczyk-Schiep, Kazén, Kuhl, & Grygielski, 2011; Fowler, Hilsenroth, & Piers, 2001), 정신병적 진단(Dao, Prevatt, & Home, 2008; Meyer, 2000a; Ritsher, 2004), 치료 성과(Meyer, 2000b; Perry & Viglione, 1991; Stokes, Pogge, Grosso, & Zaccario, 2001)를 예측하는 데에 자기 보고 측정치보다 증분 타당도가 더 높다는 것을 말해 준다.

임상 및 비임상 영역 모든 장면(예: 사회 및 성격심리학; 인사 선발)에서 보면, 상당수의 연구에서는 자기 보고를 통해 알게 된 결과를 보완하는 관찰자의 판단 능력을 검토했다. 일반적으로 해당 연구 결과는 심리 내부에 존재하는 것이면서 관찰 가능성이 낮은 성격특성, 즉 불안하고 우울한 생각과 감정 등을 자기 보고 방법이 가장 잘 평가한다는 점을 시사한다. 하지만 관찰자 판단은 직무 수행, 지능, 성취도, 대인관계 기능과 같이 외부적으로 드러나는 구성개념을 측정하고자 할 때는 자기 보고 방법보다 더 향상된다(예: Connelly & Ones, 2010; Kurtz, Puher, & Cross, 2012; Leising, Krause, Köhler, Hinsen, & Clifton, 2011; Miller, Pilkonis, & Clifton, 2005; Oh, Wang, & Mount, 2011; Vazire, 2010).

결론

Campbell과 Fiske(1959)의 MTMM 가정을 가치 평가하는 포괄적인 대규모 분석은 아직 발표되지 않았지만, 기존 평가 메타 분석 결과는 신뢰도와 타당도가 '방법'을 조절 변수로 하는 연속선상에 위치한다는 생각과 일맥상통한다. 평균적으로, 유사한 특성을 측정하는 각기 다른 평가법 간에 중간 정도의 상관(r: .21~.33)이 있을 것으로 예측되었다(Hemphill, 2003; Meyer et al., 2001). 같거나 상당히 유사한 방법을 공유하는 평가법들은 서로 매우 높은 상관(대체 형식 신뢰도에서 확인되는 정도 내에서)을 보일 것이며, 반대로 좀 더 이질적인 평가법들은 서로 낮은 상관을 보일 것이다(Hiller et al., 1999; Meyer, 2002; Mihura et al., 2013; Rogers et al., 1999). 이와 같은 경험적 결과를 바탕으로, 다양한 분야[예: (성인 및 아동) 임상, 실험 그리고 조직 관리 분야]의 전문가들이 다중방식 접근법이 평가 실무에 적합하다고 주장하면서 평가법들을 통합하기 위한 몇 가지 초기 제안이 있었다(Achenbach, Krukowski, Dumenci, & Ivanova, 2005; Bing, LeBreton, Davison, Migetz, & James, 2007; Chang, Connelly, & Geeza, 2012; Erdberg, 2008; Kraemer et al., 2003; Meyer, 2002). 이 작업은 초기 단계에 있으며 다학제 간 협력이 필요하다. 하지만 해당 근거에 따르면 임상가들이 내담자를 이해하기 위해 평가 데이터를 통합하고 적용할 때 평가의 고유한 방식을 강조해야 한다는 것을 지적한다.

두 가지 주요 방식의 차이점: 내성적 평가 대 외부적 평가

다음 주제는 측정 방법, 특히 내성(개인이 자기 보고한 평가)을 통해 얻게 된 정보인지, 외부적인 방식의 평가(개인의 외부 출처)로 얻게 된 정보인지에 대한 것인데, 이는 모든 심리학적 정보들을 구분하는 속성이다. 역사적으로 성격 측정법을 **객관적** 그리고 **투사적** 항목으로 분류해 왔으며, 현재는 기존 항목 분류에 포함한 검사들을 **자기 보고** 그리고 **수행 기반**(Meyer, & Kurtz, 2006) 항목으로 분류해 볼 수 있다. 내성적 방법은 자기 보고 인벤토리 검사와 임상 면담 상황에서 언어적으로 보고받은 정보를 포함한다. 외부적 방법은 꼭 아래 나열한 방법만을 의미하는 것만은 아니지만, 여기에는 3자 평정, 지능검사, 로르샤흐, TAT, 암묵 연합 검사(Implicit Association Test: IAT; 신경영상촬영), 기관 기록물 등을 포함한다. 임상 면담은 일반적으로 내담자 정보를 수집하는 방식으로 내성적 그리고 외부적 의미 모두를 포함한다; 그렇기에 두 부분으로 나누어 논의하면서 각 방법이 성격을 이해하고 치료계획에 대해 어떠한 함의가 있는지 살펴볼 것이다.

내성적 평가

내성적 또는 자기 보고 방법은 자신에 대한 개인의 언어적 기술을 통해 정보를 얻는 언어 기반 측정이다. 대략 자기 보고 또는 내성적 방법에는 두 가지 유형이 있다: 임상 면담과 자기 보고 인벤토리. 임상 면담도 면담 과제가 가진 구조화된 정도에 따라 내성적으로–외부적으로 평가되는 연속선 상의 위치가 정해진다. 임상 면담의 구조가 더 촘촘해져 가는 방향으로 비구조화 면담, 반구조화 면담 그리고 완전히 구조화된 면담으로 구성된다. 임상 면담의 구조가 촘촘해짐에 따라 면담은 더욱더 순수하게 내성적 방법으로 보게 된다. 이는 평가의 양태가 달라 보일지라도 완전히 구조화된 면담과 자기 보고 인벤토리는 상당 수준 중첩되는 공통점이 있음을 의미한다. 완전히 구조화된 면담은 비구조화된 면담보다는 자기 보고 인벤토리의 오디오 버전과 더 비슷하다고 볼 수 있다. 평가가 외부적으로 연속선의 극단 쪽으로 가까워지면 면담이 좀 더 비구조화된다는 것이고 임상적 판단과 행동 관찰 등의 외부적 평가 방법과 더 가깝게 설명된다.

내담자가 자기 보고한 정보 영역의 경우, 내담자가 보고할 수 있는 각기 다른 유형의 자료(예: Campbell, 1957; Mayer, 2004, 2005)가 있지만 모든 유형이 내성법으로서 적합한 것만은 아니다. 우리의 측정 목적을 고려해 보면, 가장 관련이 높은 유형의 자기 보고 자료는 자신의 경험과 행동에 대한 정보를 추론적으로 떠올려보면서 그러한 정보가 자신의 성격에 대해 무엇을 의미하는지 결정한 것으로부터 도출된 정보이다. 예를 들어, 내담자는 자신이 다른 사람들보다 얼마나 '겸손한지' 보고하도록 요청받을 수 있다. 여기에는 겸손(추상적인 개념)에 대한 당사자의 개인적 관념을 떠올리게 하여 자신과 다른 사람들에게 적용한 다음 끝으로 관념과 해당 대상을 비교하는 과정이 포함된다. 반대로, 자기 보고 자료의 두 번째 유형은 구체적인 과거 정보나 Mayer(2004)가 '생활–공간' 자료라고 했던 정보(예: 형제자매 수, 거주 장소, 직업 유형 등)를 포함한다. 매우 구체적인 것과 매우 추상적인 것 사이에 특정된 행동의 빈도를 측정 정보로 하는 내담자–보고 자료의 세 번째 유형이 있는데, 이는 Mayer가 '행위–빈도' 자료라고 한 정보이다. 해당 관심 사건은 그들의 추상성에 따라 달라질 수 있다(예: 얼마나 교회 예배에 참석하는지 대 얼마나 자주 언어적으로 누군가에게 언어적 공격을 행사하는지). Mayer는 성격특성을 추상화한 정보로 만들어 내

는 평가법만 여기서 설명했던 자기 보고 방법('자기'에 대한 보고)이라고 보았다.[1]

회고적으로 보고한 정보와 관련하여 임상가는 과거 경험에 대한 회상(회고적 방법) 정보와 실제 과거 경험(당시 경험의 주체자로서 본인의 보고 여부; 부모 또는 중요한 타인의 보고; 의료, 법률 및 기타 기록; 예: Hardt & Rutter, 2004; Henry, Moffitt, Caspi, Langley, & Silva, 1994; Widom & Morris, 1997; Widom & Shepard, 1996) 간에 낮은 상관이 있다는 증거가 많음을 잘 알고 있어야 한다. 예를 들어, Henry 등(1994)은 아동기에 수집된 자료와 18세 때의 회상 정보 간에 상관을 조사했다. 자기 보고한 아동기 때의 우울/불안, 과잉행동과 18세 때에 이상의 증상에 대한 회상 정보 사이에 상관은 각각 단지 $r = .06$과 .05에 불과했다. 그들이 아동이었을 때 이상의 증상에 대한 어머니의 보고와 해당 개인의 회고 정보 간에 상관은 각각 $r = .11$, .08에 불과했다. 일반적으로 회고적 회상에 대한 거짓-긍정오류는 거짓-음성 오류 비율보다 적다. 즉, 사람들은 발생한 사건을 보고(또는 회상함)하는 것이 해당 사건을 보고하지 않는 것보다(또는 회상하지 않음) 훨씬 더 적은 경향이 있다. 임상가는 이 연구의 기본적 결과를 통해 각기 다른 유형의 내담자-보고 정보가 가진 함의에 친숙해져 있어야만 한다.

양식이 있는 자기 보고 인벤토리는 완전히 구조화된 임상 면담과 방법적으로 상당 부분 중첩되는 공통점이 있다. 핵심적인 방법 차이는, ① 임상 면담에서 응답자는 자기 보고 인벤토리 대신 개인이 가진 정보를 면담자에게 공유해 준다(보통 응답자는 면담자가 자신의 응답을 알고 있다는 것을 인식하고 있더라도); 한 가지 함의는 대인관계적 역동(개인적 다양성 포함)이 자기 보고 인벤토리 방법에 영향을 덜 미치는 경향이 있다는 것이다. ② 면담과는 대조적으로 대부분의 광범위 포괄적 자기 보고 인벤토리는 타당도 척도를 포함한다; 그리고 ③ 자기 보고 인벤토리는 임상적 판단 대신에 규준을 통해 통계적 비교를 하여 반응에 대한 임상적 유의성을 결정한다. 하지만 추가적인 차이점으로서 지금 좀 더 생각해 봐야 할 내용은 평가자가 자기 보고 방법의 다면적인 본질적 속성과 사례 개념화 그리고 관련 치료계획에 해당하는 관련 함의를 알고 있어야만 한다는 것이다.

타당도 척도가 포함된 검사 중 대중적인 광범위 포괄적 자기 보고 인벤토리는 PAI, MMPI-2 그리고 MCMI-III이다. 타당도 척도가 없는 검사 중 대중적인 증상-중점 인벤

1 하지만 Mayer와 다르게 우리는 자기 보고 방법을 언어로 보고된 정보와 관련짓는 더 넓은 관례를 따르고 있으며, 이에 반해 Mayer는 자기 보고를 내성적 방법과 외부적 방법 두 가지 모두를 포함한 성격에 대한 함의가 있는 자료로 설명한다.

토리는(치료 진전 과정을 추적하는 데 사용하곤 한다) BDI-II와 Beck Anxiety Inventory(BAI)이다(Archer et al., 2006; Archer & Newsom, 2000; Camara et al., 2000). 이러한 자기 보고 인벤토리 전반 걸친 주요 방법은 직접 평가 방법과 간접 평가 방법으로 구분한다. 보통 간접 자기 보고 문항은 MMPI나 Balanced Inventory of Desirable Responding(Paulhus, 2002)의 타당도 척도와 같은 반응 편향을 탐지하는 데 사용한 것들이다. 정신병리를 간접적으로 평가하는 문항의 경우 MMPI-2 모호 문항이 적합하다. 예를 들어, 누군가 우울해하고 있을 때면 "나는 농담이나 애교로 이성의 관심을 끌고 싶어 한다"라는 문항에 거짓으로 답변하는 것이 좀 더 일상적이지만, 그렇다 하더라도 해당 문항이 우울증으로 채점될 것인지는 직관적으로 분명하지는 않다. MMPI-2 임상 척도에 담긴 모호 문항은 합리적이거나 이론적 기반으로 선택된 것이 아닌 경험적 방식으로 척도가 구성되어 있기 때문이다. 응답자에게 명백한 의도가 없는 정신병리 문항은 임상가에게 매력적이긴 하지만, 증상-중점의 타당도 척도와 달리 연구 문헌에서는 강력한 타당성이 뒷받침되지 못했다(Hawes & Boccaccini, 2009; Nelson, Hoelzle, Sweet, Arbisi, & Demakis, 2010).

성격 이해를 위한 일반적 함의

대부분의 심리평가 교재는 방법으로서 자기 보고에 초점을 맞추기보다 인상관리와 오기억 등과 같은 측정상의 문젯거리는 없는지 그리고 'T'로 표기할 수 있는 '진실'을 평가하는지에 더 중점을 두었다(Paulhus & Vazire, 2007; Stone et al., 2000). 개인이 자기 보고 측정법에서 어떻게 반응할지 의식적으로 왜곡할 수 있다는 것은 사실이지만(Hawes & Boccaccini, 2009; Nelson et al., 2010), 그리고 오기억이 과거 사건을 회상하거나 자신의 정보를 통합하는 능력을 해칠 수 있다는 점도 사실이지만(Stone et al., 2000), 우리가 심리적 구성개념을 평가할 때면 이렇게 정의된 구성개념은 '마음에 의해 구성된' 것임을 강조한다. 우리가 '정확하게 평가'할 수 있는 구체적 형태의 구성개념은 존재하지 않는다. 내담자 자신에 대한 언어적 설명은 그들을 이해하는 단편일 뿐이다. 이러한 관점에서 볼 때 자기 보고된 정보는 실제적 성격이라 불리는 객관적인 것을 반영하지 않는다. 오히려 그것은 그 자체로 성격의 구성 성분인 것이다. 자기 보고를 통해 사람들이 자신을 어떻게 보는지, 다른 사람에게 어떻게 보이고 싶은지를 보여 줄 수 있으며, 이를 통해 자신의 마음이 특정 개념들(예: '공격성'은 오만한 힘, 청소년 시기에서의 유치한 미숙함, 부도덕함, 또는 기타 등등의 개념들)로 구성해 둔 방식을 엿볼 수도 있다. 이 목표를 달성하기 위해 무언가를 감추려는 동기를 가질 만한 맥락이 없다거나 더 좋은 기억력을 가졌다는 것은 더 명확한 이해를 제공할 수 있다. 하지만 사람들이 자기 보고를 통해 자신을 어떻게 표현하는지 아는 것은 필수적이며, 주관적인 개인적 의미를 밝혀 주는 것이다. 따라서 자기 보고에 대해 우리가 묻고자 하는 것은 이와 같다: '참'인지 '거짓'인지 관계없이, 이 사람이 특정한 관점으로 자신을 보여 준다는 것은 무엇을 의미하는가?

자신의 의식적인 자기-정의는 행동에서도 특수한 역할을 한다. 예를 들어, 사회인지 영역의 연구에서 사람들은 일반적으로 자신의 행동에서 일관성을 보이기 위해 노력하고(Gawronski & Strack, 2012), 그렇기에 특정 유형의 정보에 차별적으로 주의를 기울이는 등의 편향을 유지한다. 구체적으로, 우리는 우리의 의식적인 개념을 유지해 주는가에 초점을 맞추면서 이에 맞는 행동은 수용하고, 이에 반대되는 행동을 무시하거나 의식적으로 떨쳐버리거나 거부하는(예: 합리화 또는 말 돌리기) 경향이 있다. 문제의 '진실'과 관계없이 개인의 의식적 자기-이해를 아는 것이 중요한데 이유인즉, 이는 개인이 유지하고 싶어 하는 자기-관점을 이해하고 다른 사람의 반응을 해석하는 방식을 이해하는 데에도 유용하기 때문이다.

앞서 언급했듯이 내성 또는 자기 보고 방법은 불안과 같은 내적인 경험적 상태를 평가하는 데 더 좋고, 반면 외부적 방법은 기능을 평가하고 자생적 행동을 예측하는 데 더 나은 방법이다(예: Chang, Connelly, & Geza, 2012; Helzer & Dunning, 2012; McClelland et al., 1989; Mihura et al., 2013; Miller et al., 2004; Schneider & Schimack, 2009; Vazire, 2010). 그러나 이론적으로 누군가가 동기부여가 되어 있으면서 자신의 내면 상태를 평가하고 언어화할 수 있다면, 그 사람은 이러한 정보를 타인과 공유할 수 있고 자기-평정과 3자-평정의 일치도가 높아질 것이다. 이러한 생각을 지지하는 것으로 Human와 Biesanz(2011)의 연구를 보면, 잘 적응하는 사람은 관찰 가능성이 낮은 정보를 새로운 인맥 대상과 공유할 가능성이 더 크며, 이를 통해 그 새로운 지인이 해당 사람의 의식적인 자기감에 더 부합하는 판단을 내릴 수 있음을 발견했다(즉, 자기-평정과 3자-평정이 더 밀접하게 일치했음).

치료적 함의

논의한 바와 같이, 자기 보고는 성격을 평가할 때 다양한 목적에 따라서는 꼭 필요한 방법이며, 또한 이는 치료를 위한 함의를 갖는다. 첫째, 자기 보고된 정보는 그 자체로 성격의 한 측면이며, 단순히 '정확한' 정보를 얻으려는 방법이 아니다. 내담자 스스로 자기 자신과 자신의 세계를 어떻게 해석하는지 이해하는 것은 우리가 내담자의 주관적인 개인적 의미를 이해하는 데에 도움이 된다. 둘째, 내담자의 성격 그리고 그러한 성격과 관련된 행동을 의식적으로 어떻게 이해하고 있는지를 아는 것은 내담자가 어떤 영역에서 일관성을 위해 노력하는지를 예측하는 데에 도움이 된다. 이러한 일관성을 유지하기 위한 노력은 내담자가 좀 더 안정적인 자기감을 경험할 뿐만 아니라 다른 여러 이점도 있다. 하지만 이러한 이점은 적절한 피드백을 통해 자신의 행동이나 지각 수준을 조정하지 못하는 대가가 따를 수 있다. 내담자가 스스로 진정 바꿨으면 하는 행동 패턴을 바꾸지 않고 계속 유지할 때 내담자와 치료자 모두에게 직관적으로 무언가 잘못된 것처럼 보일 수 있다. 그러므로 내담자와 치료자가 이러한 인간의 경향성을 잘 인식하는 것이 중요하다.

셋째, 내담자가 자기 보고를 통해 타인에게 자신을 어떻게 보여 주려는지 아는 것은 내담자가 다른 사람에게 기대하는 반응이 무엇인지 이해할 수 있게 한다. 예를 들어, 한 여성이 자신이 순종적이라고 보고하고 정말로 그렇게 느낀다면, 다른 사람들이 그녀에게 도전적이거나 공격적인 방식으로 반응할 때 혼란스러워할 수 있다. 그녀의 반응은 "나는 너무 수줍어하고 내성적인데, 저 사람들은 나에게 왜 저렇게 반응하는 거야!?"일 수도 있다. 또한, 치료자가 내담자의 자기 보고를 통해 내담자를 순종적인 사람으로 바라보게 되었는데, 다른 사람들에게서 내담자가 도전적이거나 지배적이거나 방어적인 행동을 보인다는 말을 듣게 되면 치료자도 혼란스러울 수 있다. 치료자가 내담자 자신의 지배적이거나 경쟁적인 행동이 타인의 이러한 반응을 어떻게 유발하는지 알 수 있도록 도와줄 수 있다면, 상황은 덜 혼란스러워지고 내담자는 이제 새로운 정보를 바탕으로 어떻게 반응할지 선택할 수 있다. 마지막으로, 해당 정보가 개인 보고로 얻은 것이든 검사를 통해서 얻은 것이든 간에 자기 보고 방법은 내담자만이 알 수 있는 정보인데, 즉 정서적 고통과 같은 부정적인 감정이나 경외감과 같은 긍정적인 감정을 포함하는 주관적 경험을 제공할 수 있다.

일반적으로 내성법은 작업 동맹에 필수 사항이며, 심리치료 전반에 걸쳐 중요한 공통 요소를 구성하고 문제점들을 보여 준다(Flückiger, Del Re, Wampold, Symonds, & Horvath, 2012). 예를 들어, 치료자는 내담자의 주관적인 경험과 치료 목표를 잘 알고 있어야만 하며, 치료자가 내담자의 자기-평가에 동의하는지도 파악해야 한다. 이뿐만 아니라 치료자와 내담자의 사적인 내성적 정보를 공유함으로써 내담자는 치료 과정의 환경을 구축하는 연결감과 신뢰를 느낄 수 있게 된다.

동시에, 내담자로부터 내성적 정보를 단순히 얻는 것만으로는 전체로서 개인을 이해한다고 할 수 없다. 진정한 이해와 공감을 발전시키려면 치료자는 단순히 자기 보고의 내용뿐만 아니라 자기 보고에 동기를 유발하는 근본적인 역동을 제대로 이해하고 있어야 한다. 예를 들어, "나는 불친절하다"라고 말하는 모든 내담자가 이 정보를 보고할 때 같은 동기나 목적을 가지는 것만은 아니다. 누군가는 그 말을 믿으면서 편히 진술할 수도 있다; 다른 내담자는 그 말을 믿긴 하겠지만 치료자가 동의하지 않기를 바랄 수도 있다(예: 교정적 경험을 위한 유도); 다른 누군가는 그 말을 믿지 않으면서 치료자가 동의해 주기를 바랄 수도 있다(예: 치료자를 공격하거나 자신이 상처받은 사람으로 보게끔 정당화하기 위해).

내담자의 문화가 자기-구성개념을 형성한다는 점을 알고 있는 것도 중요한데, 이는 자기-귀속에 영향을 준다(Markus & Kitayama, 1991). 의미인즉, 예를 들어 이러한 구성개념의 현저한 문화적 차이의 기능으로서 아시아계 미국인 내담자와 미국 출생의 내담자를 비교할 경우 두 집단에서 '개인성'에 대한 서로 다른 특성을 기대할 수도 있다. 이뿐만 아니라 내담자가 자신의 삶에 관한 민감한 정보를 공유하는 것을 편안하게도 불편하게도 느낄 수 있기에 특정 문화, 공동체, 가족 단위 내에서 자신을 개방할 수 있는 정도는 자기 보고 방법에 영향을 준다(문화 및 자기개방에 대한 논의는 Sue & Sue, 2012 참조). 자기 보고에서 특정 동기가 있다 하더라도 그들이 자신의 관찰하기 어려운 특성을 공유할 경우, 첫인상으로 더 잘 이해된다는 점을 고려한다면(Human & Biesanz, 2011), 내담자와 접촉하고 내담자가 해당 자료를 보여 주어도 안전하다고 느낄 수 있도록 도와주는 것이 매우 중요하다.

우리의 목표가 치료 방향을 비교하는 것은 아니긴 하지만, 내성적 방법이 어떤 방식으로 개념화될 수 있고 각기 다른 다양한 치료 접근법을 사례에 적용할 수 있는지 비교해 보는 것은 생각해 볼 만한 시사점이 있다. 인지치료(Cognitive Therapy: CT)에서는 자기 보고 정보가 치료의 중요 주제이지만, CT는 사람들이 그들 자신에 대해 알고 있는 모든 것을 알아야 한다는 전제는 애초에 필요하지 않다. 내담자는 그들 자신의 자동적 사고를 잘 인식하지 못할 수도 있고, 이를 이해하기 위해서는 도움을 받아야만 한다. 하지만 CT는 인식되지 않는 이러한 자료의 잠재적 의미에 초점을 맞추지 않는다. CT에서 내담자의 자기 보고에 놓친 '이런저런 내용'은 인간의 실수와 유사하다. 정신역동치료(Psychodynamic Therapy: PDT)에서는 이 모든 정보가 전체 인간으로서 개인을 이해하는 데 매우 중요하다. 예를 들어, 자기 보고는 사람들이 의식 수준에 두려는 정보를 밝혀내거나 타인에게 어떻게 보이고 싶어 하는지를 보여 줄 수 있다. 따라서 이를 통해 방어 기제의 작동으로 인해 의식으로 알아차리지 못하게 보호되어야만 하는 것이 무엇인지에 대한 초기 단서를 얻을 수 있다. 치료가 진전하고 작업 동맹이 형성됨에 따라 치료자는 내담자가 암묵적으로 내재된 특성을 스스로 발견하도록 도울 수 있다. CT에서는 이러한 유형의 불일치가 치료에 덜 근본적인 것으로 보기에 탐색하지 않을 수 있다. 따라서 자기 보고 정보는 CT와 PDT 모두에서 중요하지만 그에 해당하는 함의는 서로 다르다.

외부적 평가

많은 평가 방법은 내담자와 그들의 생활 상황에 대한 정보를 수집하는 외적 평가 수단을 이용한다. 이러한 평가 수단 중 거의 대다수는 다른 사람의 판단에 따른다. 임상가의 판단을 활용하는 외부적 평가 방법의 예로는 치료에서 이야기 주제를 기호화하는 것, 임상가 평정 척도, WAIS 및 로르샤흐 같은 수행 검사 그리고 정신과 기록에서 확인되는 가치평가와 메모 등이 있다. 임상가가 활용하지 않는 외부 평가 방법의 예로는 부모, 교사, 주요 타인이 제공한 3자-보고 그리고 의료, 법률 그리고 학업 기록 등이 있다.

임상 면담과 3자 평정

내성적 평가를 설명할 때와 같이 임상 면담을 먼저 다루어 볼 것인데, 여기서는 외부적 평가법들에 맞추어 살펴보고자 한다. 앞서 언급했듯이 면담이 덜 구조화될수록 비구조화된 행동 관찰과 직접 면담을 통한 임상적 판단 등의 외부적 평가법이 더 많이 사용되는 경향이 있다. 이뿐만 아니라 정신과적 진단 자체는 본질적으로 각각의 증상 세트가 특정 방법에 따라 잘 맞아 들어가는 정도에 따라 달라진다. 예를 들어, 정신증 진단의 핵심적 속성은 병식의 결함, 즉 내담자가 아닌 임상가에 의해 결정되는 판단력 부족이다. 망상은 고착, 거짓 믿음이 본질이며, 임상가는 그 진실성을 판단해야 한다. 환각은 오로지 마음에 의해서만 발생하는 경험이며 현실에는 존재하지 않는다. 와해된 말하기도 임상가가 결정하는 또 다른 진단적 판단이다. 기타 정신병적 진단에서, 특히 우울증이나 불안과 관련된 증상의 존재 여부는 임상가의 판단보다는 전형적으로 자기 보고를 통해 평가된 내담자 자신의 내적 경험에 좀 더 많이 따른다. 이러한 정신과 진단 전반에서 평가 방법의 다양성은 로르샤흐와 같은 외부 평가 방법이 자기 보고 측정법보다 정신증을 탐지하는 데 왜 더 높은 추가적 예측력을 갖는지(Dao et al., 2008; Meyer, 2000a; Ritsher, 2004), 그리고 우울증 진단을 탐색할 경우 보통은 로르샤흐보다 자기 보고 측정법이 왜 더 강점이 있는지 설명하는 데에 유용할 수도 있다(예: Gross, Keyes, & Greene, 2000; Mihura et al., 2013).

3자-보고는 성인보다 어린이를 대상으로 한 평가에서 훨씬 더 일반적이다. 아동·청소년 평가에서 정보 제공자(아동/청소년, 부모, 교사, 임상가, 동료) 간 일치도에 관한 메타 분석은 타당도 효과 크기(*r*'s)가 약 .20~.35로 드러났다. 따라서 많은 전문가는 아동, 청소년을 평가할 때 다양한 3자들을 참여시켰다(Achenbach et al., 1987; Kraemer et al., 2003; Meyer, 2002). 성인 평가의 경우 법정 및 신경심리학적 장면 등 3자-보고가 도움 될 수 있는 몇 가지 장면이 있다. 이 생각과 같이 Jorm(1997)의 메타 분석 결과, 3자 평가가 치매 선별 과정에 있어서 약식 인지 검사만큼 효과적인 것으로 나타났다. 더해, 기존 연구들은 법정 상황에서 있는 환자가 3자들보다 성격 병리를 현저히 적게 보고하고, 이러한 평정 간 일치도도 낮음을 보여 준다. 실제로 자기-평정과 3자 평정은 편집성 성격장애와 부적 상관을 보였다(Allard & Grann, 2000; Keulen-de-Vos et al., 2011). 앞서 언급했듯, 타인이 실시한 외부적 가치평가는 다양한 영역[지적·대인관계적(사회적·연애 관계적)·직업적·일반적인 것 이상의 성격 및 행동 손상 등]의 기능 수준을 더 잘 예측하는 데에 있어 본인의 자기 보고보다 더 좋으며, 이와 달리 자기 보고 방법은 내부적 경험 상태를 평가하는 데에 더 좋게 나타났다(예: Connelly & Ones, 2010; Helzer & Dunning, 2012; Kurtz, 2012; Lawton, Shields, & Oltmanns, 2011; Leising, 2011; Miller, 2004, 2005; Oh, 2011; Vazire, 2010).

치료적 함의

이러한 결과는 많은 함의를 갖지만, 한 가지 중요한 사항은 내담자가 아닌 타인이 이들을 판단하는 데에 도움이 되거나 심지어 필수적인 심리적 특성의 본질을 이해해야 한다는 점이 중요하다는 것이다. 일반적으로 진단을 만들어 가거나 개인을 개념화할 때, 임상가가 심리적 고통을 평가할 때는 내담자의 자기 보고에 더 많이 의존할 수 있지만, 역기능을 평가할 때는 내담자 본인의 판단(그리고 기타 3자의 판단)을 포함해야만 한다. 정신병리의 더 광범위한 고-순위 분류(Wright et al., 2013)에 따르면, 외부적 평가법은 내면화된 증상보다 외현화 특성 및 정신증적 특성에 더 중요한 것으로 보인다.

앞서 논의한 바와 같이, 3자-보고(그리고 좀 더 일반적으로 외부적 평가 방법)는 법정 및 신경심리학과 같은 특정 환경에서 좀 더 중요할 수 있다. 하지만 일반적으로 내담자의 자기 보고와 내담자에 대한 타인의 판단 간의 상대적 일치는 여러 가지 치료적 함의를 갖는다. 내담자는 타인이 자신을 어떻게 그리고 왜 그렇게 이해하고 있을까?에 대해 이해하기 위해서 어느 정도의 정신화(mentalization)와 마음 이론이 필요하다. 타인이 자신을 어떻게 인식하는지 이해하는 데에 어려움이 있다는 것은 내담자의 만족도와 대인관계 기능에 부정적인 영향을 미치며, 이는 치료 관계로까지 확대될 수 있다. 더욱이 이러한 불일치가 치료 목표에 더 큰 영향을 미칠수록(예: 내담자의 친밀 관계, 사회적 또는 업무적 관계와 관련된 문제를 보이는 경우), 치료는 내담자가 타인에게 어떻게 경험되며, 왜 그렇게 경험되는지를 그리고 그것이 내담자의 삶과 치료 목표에 미치는 영향을 스스로 이해하도록 돕는 데 더 집중해야 한다.

실무적으로 임상가는 일반적인 외래 장면에서 성인 내담자의 정보를 3자로부터 얻게 될 일은 거의 없다(그리고 모든 상황에서 권장되는 것은 아니다). 우리는 3자-보고가 특정한 상황과 환경(주로 외현화, 성격장애, 인지적 손상 그리고 정신증적 상태와 법정 및 신경심리학적 장면)에서는 특별히 이점이 될 수 있다고 주장해 왔다. 하지만 보통 임상가는 내담자의 유일한 정보 제공자이다. 그러므로 임상가는 내담자의 경험과 관점을 잘 공감하기 위해, 아주 조금씩이라도, 자기 보고 및 3자-보고의 일치성에 관한 연구를 활용하려고 해야 한다. 일례로, 치료자를 포함한 다른 사람들이 내담자의 성격과 행동에 관해 서로 다른 관점을 가지고 있는 경우라도 해도 그리 심각하게 볼 만한 것이 아니다. 이는 충분히 예상되는 상황이다. 더해, 이러한 일이 발생한다면 이러한 관점의 차이는 가치 있는 정보가 된다. 회기 중에 치료자는 내담자에 대해 자기 보고한 정보와 외부적으로 평가된 정보의 불일치를 적극적으로 찾아내려고 해야 한다. 임상 면담에서, 내담자의 자기 보고가 자신의 행동이나 그와 결부된 정서와 일치하지 않을 경우거나 내담자의 자기 보고된 경험이 유사 상황에 당면한 사람들의 보편적인 경험과 사뭇 다른 경험으로 보일 경우라면(예: 어릴 때 괴롭힘을 당했다거나 사랑하는 사람이 죽음 등 상황에서 아무런 반응이 없다는 보고) 해당 내용을 알아차리는 것 등을 말한다.

마지막으로, 치료자는 때로는 내담자와 함께 있을 때 비일상적 생각과 느낌을 경험할 수도 있다. 이러한 내담자와의 경험이 혼란스러울 수 있지만, 치료자는 내담자와 함께 있을 때 타인들이 어떻게 느끼고 반응할지 이해하는 데에 도움 되는 정보를 얻을 수도 있다. 역사적으로 정신분석적 문헌은 회기 내에서 내담자의 심리 내적, 대인관계 역동에 대해 배울 수 있는 정보를 가장 많이 제공해 왔다(Eagle, 2000; Gabbard, 1995). 하지만 이러한 지식과 관련 연구는 치료 개념을 넘어서야 한다. 결론적으로, 이러한 판단을 만들어 갈 때 임상가는 사람들이 판단을 내릴 때 불필요하게 저지르는 편향을 숙지하고 있어야 한다(예: Garb, 1998). 특히, 치료자의 실수와 관련하여 Hamilton과 Kivlighan(2009)의 연구를 보면, 치료자는 자신의 대인관계적 역동을 내담자에게 투사하는 경향이 있음을 발견했다. 스스로 개인 치료를 받은 치료자들은 자신의 역동을 내담자에게 투사할 가능성이 약했는데, 이는 꾸준히 반복해야 할 중요한 결과이다. 본 연구에서는 내담자의 대인관계 역동을 개념화하는 표준화된 접근법을 배우는 것을 강조하면서 다음 부분에서 이어 설명한다.

이야기식 접근법

평가 상황에서 여러 이야기식 접근법 중에서도 기본적으로는 두 가지 주요 방법을 들 수 있다. 첫 번째는 그림 자극[예: TAT 카드 또는 최신 AAP(Adult Attachment Projective Picture System: AAP); George & West, 2012]을 제공받은 후 상상적 이야기를 구성하는 것이고, 두 번째는 핵심 갈등 관계 주제법(Core Conflictual relationship theme method: CCRT; Luborsky, Popp, Luborsky, & Mark, 1994)이나 McAdams(2012)의 인생 서사 이야기와 같은 실제-인생 이야기를 만들어 내는 것이다. 사회 인지 연구에 따르면, 본인의 이야기는 자기의 고유한 측면, 특히 시간에 따른 자기에 대한 정신적 표상을 나타내며 이러한 표상은 개념적 자기-지식과 다른 자기이다(Prebble, Addis, & Tippett, 2013). 따라서 이야기식 접근법은 자기 보고 도구와는 다른 성격의 고유한 측면과 맞닿아 있다. 추상적이고 요약된 이야기는 자신의 삶에 의미를 부여한 것이기도 하다.

치료적 함의

관계성 이야기는 치료 상황에서 내담자의 주요 핵심 내용이 대인관계일 때 특별히 관련이 있다. 하지만 일반적으로 이야기법은 거의 모든 방향의 치료적 접근법에 걸쳐 적용할 수 있다. 예를 들어, 인지-행동 치료(CBT)의 핵심이 공황 발작이나 강박 행동 등의 증상을 구체적으로 개선하는 데에 있을 때조차도, 내담자가 오래 유지된 증상을 상당 수준 개선할 수 있다면 이렇게 자기에 대한 새로운 감각을 이야기하도록 만들도록 해 주는 것은 이러한 변화를 유지하는 데에 당연히 도움이 될 것이다. 이렇다 해도 이야기식 접근법은 치료에 고유한 함의가 있는 독특한 방법을 구성한다.

수행 검사

수행 검사는 언어적 자기-기술에 의존하는 자기 보고 방법과 다르게 정보를 얻기 위해 무언가 '하도록' 요청한다. 인지 수행 검사의 예로는 지능 및 성취도 검사가 있다. 현대의 많은 심리학자는 투사적 측정법이 수행 기반 성격검사 영역에 포함된다고 생각한다(예: McGrath, 2008; Meyer & Kurtz, 2006).

수행 방법 영역에서 지능검사는 객관적인 기준을 사용한다는 점에서 성격검사와 다르다. 지능검사는 사람들의 **능력**이 측정될 수 있게끔 검사를 실제로 수행하기를 요청한다. 로르샤흐나 스토리텔링 검사 등 성격검사와 다르게 지능검사는 개인의 수행에 정, 오답이 존재한다. Campbell(1957)은 이 방법 분류를 **객관적**(내담자가 정답을 말해 줘야 하는 과제) 대 **자발적**(내담자가 자극에 대해 자기만의 개인적 해석을 해야 하는 과제) 방식으로 구분했다. Bornstein(2007)은 로르샤흐 또는 TAT와 같은 검사를 **자발적** 방법의 과정을 '자극 귀속'이라 불렀다. 예를 들어, 내담자가 로르샤흐 검사 상황에서 많은 병적인 지각 대상을 봤다고 한다면, 이 결과는 그 보고의 정확성과 관련된 것이 아닌(예: WAIS와 같이) 심리적 의미에 관해서만 고려하는 것이다.

지능검사

일반적으로 말해 보면, 지능을 성격과 별도로 구분되는 무엇인가로 생각해야 할 의무는 당연히 없다. 역사적으로, 지능검사는 전체로서 개인을 이해하기 위한 심리검사 배터리에 흔히 포함되었다(Rapaport, Gill, & Schafer, 1945/1946). 이제는 시간과 비용을 고려하여 좀 더 약식인 도구를 사용하여 특정한 심리평가 배터리를 구성하므로(Piotrowski, Belter, & Keller, 1998), 일반적인 수행 검사(지능 및 성격검사 모두)가 검사 배터리에 포함될 가능성이 훨씬 줄게 되었다. 그렇다 하더라도 많은 저명한 평가 심리학자들은 지능을 성격의 구성 요소로 봐 왔고 그 구성 요소를 성격 자기 보고 인벤토리에 포함했다(Cattell, 1973; Wechsler, 1950; Austin et al., 2011 참고). 좀 더 현대에는 Big Five 성격 모델의 다섯 번째 요소(Goldberg, 1992)인 **지능**은 개인의 지적 능력과 관심사에 대한 인식에 기반을 두고 있다.

지능검사는 다양한 정신적 조작을 측정하며 각각의 정신적 조작에는 외부적 평가의 본연의 방법이 요구된다. 따라서 지능검사 자체가 다중방식평가 측정법이라 할 수 있다. 예를 들어, '언어적 지능'과 '비언어적 지능'은 (전통적인) 지능 구조에서 구분되는 지능이다. 말로써 문제를 추론할 때는 지각적으로 문제를 추론할 때와는 다른 인지 기능이 사용된다. 따라서 지능검사는 수검자가 언어(예: WAIS-IV 어휘) 및 비언어(예: WAIS-IV 행렬 추론) 기능 모두와 맞닿아 있는 과제를 수행할 수 있어야만 한다.

또한, 성격 구성개념과 개념적으로 좀 더 명백하게 중복되는 다른 지능—관련 구성개념이 있다—**감정 지능**(Emotional intelligence)(Mayer, Roberts, Barsade, 2008) 그리고 새로운 또 한 가지 구성개념인 **개인 지능**(Personal intelligence)(Mayer, Panter, & Caruso, 2012). 감정

지능은 자신과 타인의 감정, 느낌을 지각하고 이해하며 조절할 수 있는 능력이다. 개인 지능은 성격과 성격 관련 정보에 대해 추론하는 능력이다. 감정 지능은 자기 보고 측정법으로 추정할 수 있지만, 감정 지능의 자기 보고 측정법과 수행 측정법은 서로 미미한 상관(r = .12, k = 14)을 보인다(Josep & Newman, 2010). 능력과 마찬가지로 감정 지능과 개인 지능은 정, 오답이 있는 수행 측청법으로 가장 잘 평가된다.

끝으로, **심리학적 마음가짐**(psychological mindedness)은 역동 또는 정신 내적 구성 요소를 식별할 수 있는 능력이면서 이를 개인의 어려움과 연결할 수 있는 능력이다(McCalum, Piper, 1990). 심리학적 마음가짐은 해당 구성개념의 범주에 포함되는 것은 아니지만, 사실상 지능이나 능력의 한 형태로서 '정신역동적 지능'이라고도 부를 수 있다. 이는 자신과 타인이 소망, 욕구, 두려움, 의도, 갈등, 방어 등을 가진 대상으로 생각할 수 있는 능력이다.

치료적 함의 다양한 종류의 심리치료가 성공적이려면 내담자의 인지적 능력이 중요하다. 내담자가 가진 지능의 중요성은 치료 요구 사항의 복잡성에 따라 다른데, 정신분석적 작업이나 아니면, 각기 다른 주의 사항, 상호작용 및 부작용이 있는 다양한 복용 계획에 따라 복용 계획을 조정하는 작업부터 발달 장애가 있는 내담자를 위한 행동 수정 치료 등 인지적 능력에 의존하지 않아도 되는 치료에 이르기까지 다양하다(예: Gale, Batty, Tynelius, Deary, & Rasmussen, 2010; Green, Kern, Braff, & Mintz, 2000; McCallum, Piper, Ogrodniczuk, & Joyce, 2003; Stilley, Bender, Dunbar-Jacob, Sereika, & Ryan, 2010; Valbak, 2004). 흥미로우면서도 당연한 결과이지만, 연구에 따르면 치료자의 감정 지능이 내담자의 긍정적인 치료 결과를 예측하는 것으로 나타났다(Kaplowitz, Safran, & Muran, 2011; Rieck & Callahan, 2013). 이 연구 결과, 심리치료사를 선별하고 훈련하는 과정에서 심리평가를 활용해야 한다는 주장을 뒷받침한다. 이 분야에서 최근 연구에서는 치료를 계획하고 치료 효과를 가치평가 할 때 치료자를 사례 공식화 내용에 포함해야 함을 시사한다(Del Re, Flückiger, Horvath, Symonds, & Wampold, 2012).

잉크반점 검사

앞서 언급했듯이 로르샤흐는 전통적으로 투사적 방법으로 분류해 왔지만, 현대 심리학자들은 **수행 기반** 또는 **자극-귀속 등의** 용어를 사용한다(Bornstein, 2007; Meyer & Kurtz, 2006). 로르샤흐의 이러한 현대적 관점을 더욱 확장해서 우리는 로르샤흐가 지능검사와 같이 실제로 차별적인 한 가지 이상의 방법을 사용하며, 각 방법은 서로 다른 시사점을 지닌다고 제안한다. 예를 들어, 임상가가(Meyer, Hsiao, Viglione, Mihura, & Abraham, 2013) 선호하면서도 경험적으로 가장 지지받는 방법(Mihura et al., 2013)에는 정신적 복잡성, 왜곡된 지각과 및 사고장애(또는 의사소통의 응집성과 명확성)의 정신병적 지표, 암묵적인 정신적 표상을 평가하는 방법이 있다. 이 로르샤흐 방법은 뒷부분에서 별도로 하나씩 논의하였다.

치료적 함의 정신적 복잡성을 평가하는 로르샤흐의 결과 변수는 지능검사의 결과 변수 해석과 상당히 유사한 면이 있다. 다양한 유형의 로르샤흐 복잡성 지표(예: *Synthesis, Blends, Form%*)가 있지만, 이러한 반응을 만들어 내는 것은 일반적으로 고차원적인 인지 과정(즉, 자극 간의 관련성을 보는 것, 뉘앙스에 주의를 기울이는 것, 좀 더 복잡한 아이디어를 분명히 표현해내는 것)을 시사한다. 로르샤흐 복잡성 지표는 IQ, 교육 수준 등의 지능 및 인지 능력의 측정치들과 정적 상관이 있었고, 알츠하이머병 및 폐쇄성 두부 손상과 같은 인지 손상 지표와는 부적 상관이 있었다(Meyer, Viglione, Mihura, Erard, & Erdberg, 2011; Mihura et al., 2013). 연구에 따르면, 로르샤흐의 복잡성 지표는 내담자가 심리치료에 참여할 수 있고 치료를 통해 이득을 얻을 수 있는 능력을 보여 주는 긍정적 지표로서 역할을 한다(Alpher, Perfetto, Henry, & Strupp, 1990; Gerstle, Geary, Himelstein, & Reller-Geary, 1988; LaBarbera, & Cornsweet, 1985; Nygren, 2004).

왜곡된 지각(또는 현실 검증 문제)에 대한 로르샤흐 측정치는 해당 반점(예: '박쥐')에 대한 수검자의 지각적 적합성뿐만 아니라, 다른 사람들이 해당 반점 영역에서 그것을 얼마나 평범하고 쉽게 보는가를 포함한 방법을 사용한다(Meyer et al., 2011). 따라서 이러한 점수는 내담자가 다른 사람들과 같은 방식으로 그것을 보는지(FQo%) 또는 약간의 노력만으로 다른 사람들이 쉽게 볼 수 있는지(FQu%)에 대한 정도를 가리킨다. 만약 내담자가 현실 검증에 문제가 있다면 치료자를 포함한 다른 사람들보다 매우 다른 방식으로 상황을 이해하고 있다는 것으로 결론 내릴 수 있다. 그들의 왜곡된 지각의 의미와 영향을 스스로 얼마나 탐색하려고 하고 할 수 있는지에 따라 다양한 내담자가 있을 것이다. 하지만 조금만 생각해 보면 많은 내담자가 이러한 결과와 관련된 일상생활 속에서의 예시를 찾을 수 있을 것이다. 특히, 전형적으로 다른 사람과 시선을 마주치지 않는 대인관계에서 그러하다. 하지만 오지각이 더 극단적이고 경직될수록 내담자는 자신의 경험에 대한 관점을 요구하는 모든 유형의 치료에서 진전을 보기가 더 어려울 수 있다.

로르샤흐에서 사고장애는 잉크반점에 반응하는 동안 내담자 의사소통의 조리성과 명확성에서의 문제를 지적한다(인지 점수). 좀 더 구체적으로 말하면, 언어적 장황함이나 혼란스럽고 비현실적인 지각적 이미지 또는 비상식적인 방식으로 조합한 이미지이다. 이러한 반응을 검토하면서 일상생활에서도 같은 방식으로 벌어지는 경험을 이야기하고 치료 상황에서 발생할 수 있는 이러한 현상을 탐색할 수 있는 가교역할을 할 수 있다. 약물반응을 예측하기 위해 로르샤흐를 사용하는 것과 관련된 철저한 연구는 아직 없지만 그렇다 하더라도 로르샤흐에서 정신증적 수준의 사고장애를 보이는 내담자는 항정신병 약물치료에 적합한 대상이 될 수가 있을 것이다.

마지막으로, 로르샤흐 변수는 손상된 대상을 보거나(Morbid) 사람들이 위압적이고 파괴적인 대상으로 봤을 때(Mutuality of Autonomy Pathology: MAP)와 같이 그들이 반응한 주제 내용으로 내담자의 암묵적인 정신적 표상을 평가한다. 이러한 반응에 대한 해석은 그들이 평가받은 방법에 따라 크게 달라진다. 즉, 이러한 반응은 내담자가 마음속에 이러한 이미지를 가지고 있다는 것을 시사하지만 이미지에 대한 내담자의 태도나 그들이 이와 관련된 행동을 실제로 한다는 것을 지적하는 것은 아니다. 내담자가 손상된 대상을 많이 본다면, 내담자가 손상되는 것을 두려워하고, 다른 사람을 해치는 것을 즐기고 또는 전쟁과 학대에 저항하여 싸우기를 원한다는 것을 의미할 수도 있다. 다양한 현대 심리치료는 정신역동적 치료와 인지 치료를 모두 포함하면서 주로는 내담자의 인지에 중점을 두고 있다. 하지만 일반적으로 심상은 사람들의 일상적 삶에서 핵심적인 중요성을 가진다. 그리고 심상이 내담자가 가진 치료의 중점 사항이 되는 많은 상황(예: 플래시백, 악몽, 꿈, 환상, 강박사고)이 있다. 그렇기에 이 로르샤흐 방법으로 얻은 정보는 특별히 많은 내담자에게 추가적인 도움을 준다. 이 장의 뒷부분에서 소개한 두 가지 사례는 이와 관련된 예시가 될 수 있다.

기타 평가 방법

우리는 이 장에서 많은 평가 방법을 다루었는데 또 다른 다양한 방법들도 있다. 인기 있는 평가 방법 중 한 가지는 특정한 생물학적 상태 또는 과정에 대한 생화학적, 유전적 또는 분자적 지표(예: 신경영상촬영, 신경생리학, 신경심리학적 평가의 사용)와 같은 바이오마커를 사용하는 것이다. 현재 바이오마커를 사용하는 것이 인기 있고 유의한 것으로 밝혀진 영역은 치매, 조현병, 우울증에 대한 평가와 치료계획이다. 예를 들어, 정신증 위험성이 있는 개인을 선별하는 것(Carter et al., 2011; Klöppel et al., 2012; Luck et al., 2011). 신경영상촬영 및 신경생리학적 방법이 인기가 있는 반면에 전통적인 신경심리학적 평가 측정법을 사용한 신경인지 패턴 재인(neurocognitive pattern recognition)도 지켜볼 만하다(Koutsouleris, 2012).

디지털 시대의 강점을 활용한 IAT(Greenwald, McGhee, Schwartz, 1998), 전자 일기작성(Piasecki, Hufford, Solhan, & Trull, 2007), 가상현실 환경(Schönbrodt & Asendorpf, 2011, 2012)과 같은 여타의 평가 방법을 사용하는 것도 가능하다. 예를 들어, Schönbrodt와 Asendorpf(2011, 2012)는 내담자의 애착 역동을 평가하는 데 사용할 수 있는 상호적 가상사회환경을 설명하고 검토해 보았다. 내담자는 역동적 가상관계 환경에서 상호작용할 수 있었고 자발적으로 행동할 때와 문제 행동 패턴을 변화시키려고 시도할 때, 자신이 어떻게 반응하고 무엇을 경험하는지 배울 수 있다. 규준을 수집하기 위해 일반적인 관계 시나리오를 프로그래밍하는 것 외에도 내담자의 개별특수적 관계 패턴을 목표로 하는 더 많은 사적 시나리오를 프로그래밍할 수도 있다. 가상 현실 방법을 사용하면 치료사가 다양한 상황에 있는 사람을 이해할 수 있다는 상당한 이점이 있다. 이러한 이점은 전통적인 임상 환경에서는 제공되지 않지만, 이는 성격의 중요한 구성 요소이다(Mischel, 1973; Mischel & Shoda, 1995). 끝으로, 당연히 심리학과 정신의학에서 사용되는 평가 방법의 영역을 넘어 학술적 · 의학적 그리고 법률 기록을 통해서도 사람들을 알아갈 수 있다.

치료계획에 대한 다중방식 접근법의 실무적 과제

다중방식평가가 임상 사례에 제공할 수 있는 이점에도 불구하고 이 모델을 필요로 하는 만큼 자유롭게 적용하는 데는 현실 상황의 장해물이 있다. 첫째, 일선에서 활동하는 개인 임상가가 직면하는 실무적 애로 사항이다. 명백한 실무적인 고민은 심리평가 절차를 추가할 때 3자 배상 제한 범위를 넘어서지 않는 재정적 문제이다(Yates & Taub, 2003; Piotrowski et al., 1998). 임상가는 개별 내담자에게 사용할 도구의 우선순위를 선정하는 데에 어려운 선택을 해야만 한다. 또 다른 재정적 문제는 검사 도구 구매비용이다. 내담자 중심의 다중방식평가를 진행하려면 광범위한 평가 도구를 갖춰 두고 있어야만 한다. 이것은 임상가가 검사 업데이트를 위해 꾸준히 추가 비용을 지출해야만 하기에 비용이 발생할 수밖에 없다. 또한, 임상가는 심리측정학, 행정 업무, 채점, 해석에 대해 배워야 하는데(더해, 각 검사에 대한 경험적 근거 문헌을 꾸준히 살피는 것) 다양한 검사 절차를 배워야 한다는 것이 큰 부담일 수 있다. 건강 분야에서 이와 관련된 정보가 널리 알려져서 머지않은 언젠가 임상가들이 이러한 평가 방법을 편히 진행할 수 있는 효율적인 방법이 생기길 바란다.

임상심리학 수련 프로그램의 강조 사항에서 전문적 이념들의 변화를 살펴볼 수 있는데, 실무에 초점을 둔 사람들(예: 실무자-과학자 또는 실무자-학자)은 다른 프로그램(예: 임상 과학자 또는 과학자-실무자)에서의 수행보다 성격 평가에 좀 더 중점을 둔다(Mihura, Graceffo, & Smith, 2014). 설문 조사에서는 박사 프로그램이 지도 교수진 및 이론적 지향점의 변화로 인해 이러한 검사의 역할이 줄어들어 왔음을 보여 준다(Belter & Piotrowski, 2001). 이와 관련하여 임상적 치료에서 '의료-모델'과 '인간-중심 모델' 간의 논쟁은 이러한 이데올로기가 개별특수적 정보의 중요성에 차별적 가중치를 얼마나 두는지에 따라 평가 수련의 의사결정이 이루어짐을 보여 준다(Westen, Novotny, & Thompson-Brenner, 2004, 해당 논쟁에 대한 검토).

가장 많은 연구를 수행하는 프로그램에서 성격 평가 훈련이 감소함에 따라 나타나는 실질적 결과 중 하나는 성격 평가 연구의 감소이다. 지속적인 연구 없이는 심리평가가 존재할 수 없다. 치료계획을 위한 심리평가의 이점은 애초에 연구에서 어려운 도전 거리이다. 이러한 과제는 다양한 문제 해결을 목표로 한 근거 기반 평가 절차를 다양한 방법을 사용하여 지속해서 개발하는 데에 상응하는 경제적 비용과 맞물려 있다. 한 가지 해결책은 일반적인 장면에서 검사나 척도의 이름 대신 각 평가 방법에 해당하는 반응 과정에 좀 더 초점을 두는 것이다(Borsboom, Mellenbergh, & van Heerden, 2004 참조). 이는 심리치료 연구에서 다양한 치료법의 브랜드 이름(예: CBT, 정신역동, 대인관계)을 넘어 치료 상황에서 실제로 어떤 일이 발생하는지에 초점을 맞춘 접근법과 유사하다(예: Ablon, Levy, & Katzenstein, 2006; Thoma & Cecero, 2009). 이러한 방식으로 구체적인 치료법 브랜드명을 꾸미는 것에 집중하기보다 다양한 심리학적 방법과 검사에서 공통으로 나타나는 기본적인 작동과정을 연구하고 그 결과를 일반화하는 것이 필요하다.

치료계획 과정에서 다중방식 접근법 사용을 위한 지침

현재의 임상 실무와 경제적 상황으로 인해 치료를 의뢰한 모든 사람이 포괄적인 다중방식 심리평가를 받을 수 있는 것은 아니다. 그렇지만 우리는 임상가가 모든 사례를 개념화하고, 내담자와 의사소통하며, 치료 목표를 공식화할 경우 다중방식평가 틀을 사용해야만 한다고 주장한다. 임상가는 반드시 그들의 정보 출처를 기억해야만 한다. 예를 들어, 내담자가 지난 주말 자신의 아내가 심드렁했고 화를 냈다고 말한다면, 임상가는 평가 보고서에서 '내담자의 아내가 심드렁했으며 화를 내는 방식으로 행동했다'라고 기록하지 않을 것이다. 왜냐하면 해당 정보는 직접 관찰한 것이 아닌 자기 보고에 근거한 정보이기 때문이다. 또는 임상가가 내담자의 눈에 눈물이 가득 차 있는 것을 관찰했다 하더라도 내담자가 슬픔을 느꼈다고 가정할 수 없다. 이 중 상당수는 명백하고 직관적인 것처럼 보이겠지만 때로는 임상가가 심리검사나 면담 내용에 담긴 구성개념을 곧이곧대로 구체화해버리는 마법에 걸려들기도 한다.

그렇다면 임상가는 임상 면담 외의 평가 방법을 포함할지 말지 어떻게 결정해야 할까? 심리학자들은 내담자가, ① 복잡한 문제를 겪고, ② 치료 진전 과정에서 어려움에 봉착했고, ③ 자신을 더 잘 이해하고 싶은 동기가 있을 때 광범위한 다중방식평가를 수행해 보기를 권장한다(Finn, 2007; Fischer, 1994; Haynes, Leisen, & Blaine, 1997; Meyer et al., 2001). 더해, 내담자가 자기 보고한 정보가 치료자의 행동 관찰과 상충하거나 내담자가 설명하는 치료실 밖에서 경험이 현재 드러난 해당 문제를 이해하는 방법으로써 마땅하지 않은 것 같을 때 다른 평가 방법을 포함해 볼 것을 제안한다. 이러한 권장 사항과 일맥상통하는 성격 연구가 있다. 특히, 이 연구는 ① 성격적 역기능이 나타나고 ② 그들의 내적 경험에 대한 감각을 분명히 떠올려보기 어려우면서 내적 경험을 끄집어내기 어려운 내담자는 자기 보고한 정보가 충분하지 않을 수 있음을 보여 준다(예: Berant, Noven, & Orgler, 2008; Human & Biesanz, 2011; Lawton et al., 2011; Meyer, Rhessmiller, Brooks, Benoit & Handler, 2000).

그렇다면 어떤 추가적인 방법 및 검사가 포함되어야 할까? 인지 평가의 경우 일반적으로 평가의 중점이 되는 목표(예: 기억력, 주의력, 집중력)가 있으며, 검사 관련 선택 옵션은 매우 한정적이다. 성격 평가의 경우, 방법 및 관련 검사를 선택하는 것에 좀 더 많은 옵션이 있다. 복잡한 사례의 경우에는 타당성 척도를 가진 검사들과 함께 각기 다른 여러 방법을 사용해 폭넓은 구성개념을 측정해 낼 수 있는 포괄적 접근법을 권장한다. 이 장에서는 많은 잠재적 평가 방법을 보여 주고 있다. 우리는 최소 하나의 자기 보고와 하나의 수행 검사를 포함하는 것을 권장한다(Mihura, 2012; Weiner, 2005). 임상가는 내담자에게 가장 중요한 문제를 목표로 삼는 방법을 응당 함께 다루어야 한다. 예를 들어, 내적 경험과 행동 빈도 자료는 자기 보고(면담 과정에서 자기 보고, 질문지, 일기 작성에서 자기 보고)로 평가할 수가 있다. 사고장애는 면담이나 로르샤흐 검사에서 내담자가 했던 말의 명확성이나 조리성을 가늠하는 것으로 평가할 수가 있다. 관계 문제는 CCRT와 TAT 또는 AAP와 같은 대인관계 주제에 초점을 둔 스토리텔링 과제로 평가할 수가 있다. 주의력과 집중력은 수행 기반 인지적 평가법으로 평가할 수 있다.

평가 시행 전에 평가 맥락 그리고 이와 관련된 방법들을 고려하여 가설을 공식화하는 것이 중요하다. 그러한 과정에서 임상가는 결과를 얻게 되는 방법을 특별히 더 중요하게 고려하면서 내담자의 검사 결과를 예측해 보려고 해야만 한다. 예를 들어, 임상가는 면담 과정에서 내담자가 평온한 사람으로 드러난 자기 보고 정보를 얻었다면 내담자의 PAI 공격성 점수가 평균보다 낮을 수도 있음을 예측할 수 있을 것이다. 하지만 내담자가 아동기에 공격적인 사건과 관련한 사건이 빈번한 주제로 언급했다면 임상가는 로르샤흐에서 평균보다 더 많은 공격적인 이미지를 보고할 것으로 예측할 수도 있다. 이러한 수행은 임상가가 내담자를 풍부하고 입체적 방식으로 개념화할 수 있게끔 도와줄 것이다. 이러한 방식으로 가설을 검토해 나가면 추가적 평가 도구가 필요한 영역과 필요하지 않은 영역을 알아차릴 수 있다. 검사 결과가 나오면 임상가는 자신이 어디에서 '잘못한' 것인지 배울 수 있으며 내담자에 관해 더 많은 것을 배울 수 있을 것이다.

평가를 시행한 다음 사용한 방법과 내용 모두에 기반하여 결과를 통합해야 한다. 예를 들어, 주의력-결핍/과잉행동장애에 대한 평가를 시행할 때는 자기 보고(면담과 질문지), 3자-보고, 수행 기반의 각각 방법별로 넓게 구성해야 한다. 임상가는 Ganellen(1996)과 Finn(1996)의 MMPI-2와 로르샤흐 자료를 통합에 대한 지침 사항을 참고할 수도 있다. 이 두 가지 특정 검사의 사용 여부와 관계없이 이상의 출처에는 내부적 및 외부적 평가 방법으로 얻게 된 데이터를 통합하는 방법의 틀을 제공하며, 여기에서는 여러 방법 간에 일치하거나 불일치하는 결과를 이해하는 방법이 담겨 있다. 예를 들어, Ganellen은 임상가들에게 MMPI-2와 로르샤흐에서 유사한 이름을 가진 두 척도가 불일치한 결과로 나타난 것은, ① 다소 다른 내용 영역, ② 다양한 심리측정적 특성, ③ 심리적 갈등, ④ 서로 다른 인식 수준 또는 ⑤ 내담자가 의도적으로 자신의 결과를 왜곡한 것 때문이 아닌지를 고려하도록 안내하고 있다. Ganellen은 방법 간의 결과가 일치하면 임상가는 자신의 발견에 대해 더 확신할 수 있다고 제안했고, Finn은 좀 더 수월하게 내담자에게 피드백할 수 있다고 하였다. 우리는 임상가가 내담자와 평가 결과를 논의할 때 평가 방법의 맥락을 항상 조심스럽게 생각해야 함을 강조한다. 각기 다른 평가 방법이 내담자에게 어떤 의미가 있을지에 초점을 두어야 한다. 기술적 용어는 그 용어가 가진 방법과 별도로 사용되지 않아야 한다(Kagan, 1988).

치료 과정 전반에 걸쳐 내담자가 다중방식평가를 통해 임상가에게 제공하는 풍부한 정보를 염두에 두는 것이 중요하다. 이 과정을 돕기 위해 임상가는 내담자의 평가 자료를 주기적으로 다시 검토해야 한다. 특히, 내담자가 자기 보고가 아닌 다른 평가 방법으로 드러난 어떠한 결과를 이해하기 시작했다면, 이 자료를 해당 치료 상황 안으로 접목해 볼 멋진 기회의 순간인 것이다. 예를 들어, 내담자가 자신의 마음에 있는 이미지를 설명했고 로르샤흐 상황에서도 유사한 이미지를 묘사했다면, 치료자는 이에 대한 연관성을 마음속으로 떠올릴 수 있을 것이다. 우리는 아래의 간략한 사례에서 이러한 절차의 예시를 소개하였다.

임상적 적용: 두 가지 관련 사례

사례 개념화 및 개입에 있어서 평가 방법의 중요성을 설명하기 위해, PAI에서 공격성 점수가 낮았지만, 로르샤흐에서 많은 공격적인 이미지를 보고한 두 명의 실제 내담자를 선정하였다. 이 경우, 두 가지 방법은 내담자의 공격성의 정도와 관련하여 서로 상충하는 것으로 보인다. 하지만 각 내담자가 보인 이러한 결과의 의미를 이해하려고 할 때, 우리는 어떤 결과가 '옳은지'를 결정하는 것에만 그쳐서 안 된다. 오히려 이러한 평가 방법이 이러한 결과의 의미를 이해하는 데에 필수적이라 생각한다. 이를 위해 우리는 반응 과정과 내담자의 특성(예: 젠더, 교육, 문화적 배경), 호소한 문제(예: 우울증, 악몽, 트라우마), 평가에 대한 이유(예: 임상, 법정)의 잠재적 상호작용에 초점을 둔다. PAI 공격성 척도의 경우, 내담자는 언어적 진술(예: "사람들은 내가 화내는 것을 두려워한다.", "나는 할 수 있다면 항상 논쟁 상황을 회피한다.")로 반응한다. 이 진술은 내담자가 언어적 진술로 반응하는 것이며, 언어적으로 이해해야만 하는 것이고, 그러한 이해를 바탕으로 자기와 타인을 가치평가하고, 그 진술이 자신에게 '아니다'에서 매우 '그렇다'까지 4점 척도 중 어느 정도에 맞는지를 결정하게 된다. 이러한 공격성 문항은 안면 타당도가 높기에, 당연히 내담자는 자신을 어떻게 표현하고 싶은지를 고민하여 결정할 수 있다. 로르샤흐에서 내담자는 잉크반점이 자신에게 무엇처럼 보이는 특정 이미지를 보고해야 한다. 이는 자신의 마음에 있는 공격적인 이미지의 정도를 반영할 수 있다. 하지만 앞서 언급했듯이 내담자가 이러한 이미지에 동일시하는지, 이러한 이미지를 두려워하는지, 또는 이러한 것이 내담자의 특정 태도를 반영한 것인지는 명확하지 않다. 이제 두 내담자에 관해 설명하면서 평가 방법이 그들의 사례 및 관련 개입법에 대한 이해에 어떠한 의미가 있는지를 논의해 볼 것이다.

사례 1

첫 번째 내담자는 성인 남성이며 매우 온순하고 온화한 태도로 치료에 들어왔다. 그는 수개월 동안 우울증을 앓아 왔다고 보고했다. 그의 우울은 아내가 두 남자에게 폭행과 강도를 당하는 동안 무력하게 지켜만 보고 있었는데 그 일이 겪은 직후부터 시작되었다. 그는 우울증 외에도 수면을 방해하는 악몽을 꾸기도 하였다. 그 악몽은 끔찍했다. 악몽의 주제 분석은 자신이 아끼는 여자를 해치겠다고 위협하면서 예상치 못하게 나타난 다수의 남자를 내담자가 폭력적으로 공격하는 내용임을 설명해 주었다. 악몽을 꾼 후, 그는 항상 침대에서 일어나 문단속을 했다. 그의 검사 결과와 함께 이러한 자료를 생각해 보면, 이제 여러분은 이 남성의 낮은 PAI 공격성 점수 고려할 때 이 점수가 내담자에게 무슨 의미인지가 궁금할 것이다. 당신은 이 남성이 스스로 매우 차분하고 평정심을 유지할 수 있음을 자랑스럽게 생각한다는 점을 알고 있다. 그는 어렸을 때 자신의 어머니를 정서적으로 불안정하고 변덕스러웠다고 묘사했다. 그는 어머니를 그런 사람이라 판단하면서 '엄마처럼 되는 건' 싫다고 했다. 아내가 폭행당하는 동안 그가 느꼈으면서도 표현하지 못했던 분노가 이제 악몽에서 반복적으로 벌어지고 있음은 당연한 것처럼 보이지만, 내담자는 이럴 수 있다는 가능성을 탐색하는 것을 원하지 않았고 실제로도 화가 나지 않는다고 주장하였다. 그는 차분한 사람인 것이다. 그는 분노를 느끼고 폭력적 행동을 저지르는 꿈을 왜 꾸는지 이해할 수 없었다.

치료사는 그의 악몽을 다루기 위해 한 회기 내에서 습득 가능한 기법인 이미지 시연 기법(Imagery Rehearsal Technique: IRT; Krakow, Kellner, Pathak, & Lambert, 1995)을 알려주었다. IRT에서는 자신이 원하는 방식으로 매일 새로운 이야기와 그리고 그와 관련된 이미지를 정신적으로 반복연습하도록 악몽을 '재각본화'한다. 현재 내담자의 경우, 치료자 또한 이 개입이 내담자의 악몽에 기반한 것으로 추정하는 외상 경험을 처리하는 데에 도움이 될 것이라 보고 있다. 이러한 개입 이후, 매우 짧은 시간 만에 내담자의 악몽은 완벽하게 줄어들었고 우울증도 완화됐지만, 완벽히 사라지지는 않았다. 그는 자신을 보호적인 남성상으로서의 실패자로 여기면서 이로 인해 여전히 우울감을 겪고 있었다. 우울증은 주로 수치심에 기인했으며 이로 인한 발기부전을 초래했다. 이제 이후 치료는 이 문제를 다루는 방향으로 진행하게 된다.

사례 2

두 번째 내담자는 우울하고 불안해 보이는 성인 남성이다. 그는 순종적이고 회유적인 성격이며, 다소 엉큼하면서 흥분되어 보였다. 가장 큰 문제는 머릿속에 아무런 생각이나 이미지가 떠오르지 않는다고 보고했는데, 스스로 이러한 능력을 잃어버렸다고 생각했다. 그는 심히 걱정하고 있었다. 그는 주요우울장애 진단 기준을 충족하였다. 치료가 시작되면서 치료자는 그의 우울감을 다루려고 행동 활성화를 위한 개입을 이끌어 갔다. 목표 중 하나로, 내담자는 건강 관리 센터의 운동 일정을 잡았다. 다음 회기에서 내담자는 러닝머신에서 달리는 동안 형을 살해하는 이미지가 떠올랐다고 불안한 모습으로 보고했다. 이러한 생각 때문에 두려움에 사로잡혀 센터 운동을 중단했다. 그는 낙담했다. 자기 자신과 자신의 공격성을 두려워했다. 내담자는 괜찮은 심리학적 마음가짐과 이해하려는 동기를 지니고 있었다. 따라서 해당 회기에서 여러분은 이 남성이 로르샤흐에서 보고한 공격적인 이미지를 상기할 수 있을 것이다. 그 이미지는 처음에 누군가에게 총을 겨누고 있는 것이었고 그런 후 해당 이미지는 공중에 수동적으로 매달려 있는 총으로 바뀌었다가 그 총을 한 사람이 자신의 목을 겨누는 것으로 바뀌었다. 여러분은 다른 사람을 겨냥하고 있던 공격성이 결국에는 자신에게 향해 돌아오는 상황에서 유사성을 주목해야 한다. 또한 그가 공격적인 느낌, 생각, 행동을 매우 적게 보고했던 PAI 결과가 떠올릴 수 있을 것이다.

이제 내담자가 당신을 더 신뢰하기 시작하면서 그 남성은 이러한 공격적인 생각과 느낌이 있다는 것을 밝히겠지만, 치료자가 이 사실을 알게 되면 자신을 무서워하게 될 것 같아서 두려워했다. 또한, 그는 중학교 시절 형과 친구들이 자신을 조롱하기 시작했던 때를 떠올렸다. 어느 순간 스스로 통제력을 잃을 것 같은 너무 큰 분노를 느꼈고, 그래서 무서운 느낌이 사라질 때까지 방에서 머물렀다고 하였다. 이 과정을 이해하는 방법으로서 로르샤흐에서 공격적인 이미지와 그에 해당하는 주제를 치료 과정에서 탐색하였다. 내담자는 당신이 자신의 로르샤흐 반응을 기억해 줘서 큰 도움이 되었다고 하며 감사해 한다. 치료자는 내담자가 마음에서 일어나는 여타의 자아-이질적 이미지와 충동이 있다는 것과 강박장애(Obsessive-compulsive disorder: OCD)의 진단 기준에도 충족한다는 것을 알게 되었다. 이후 치료는 두 갈래로 접근하게 된다: 첫째, 형을 향하는 강한 분노를 처리하는 것, 둘째, 마음챙김 접근법을 사용하여 그의 강박사고를 다루는 것. 이러한 접근법은 OCD 증상만 아니라 해당 순간을 경험할 수 있게 하여 그의 '텅 비어 있는 마음'에 도움이 될 것이다.

결론

이상의 사례에서 예시는 평가 방법의 맥락에서 구성개념(이 예시에서는 공격성)을 이해하고, 개별 사례에 맞게 해석을 조정하는 것이 얼마나 중요한지를 보여 준다. 일반적으로 평가 상황과 결과 데이터는 내담자 삶의 축소판으로 생각해야만 한다. 우리가 삶에서 의미를 찾아내는 것은 자신과 타인에 대한 언어적 이해, 우리 자신과 타인에 대한 행동 관찰, 정신적 이미지와 표상, 우리에 대한 타인의 반응, 다양한 과제에서 우리의 수행을 포함한 다양한 유형의 정보에 기반한다. 이러한 각 유형의 정보는 심리평가 과정에서 고유한 위치를 차지하고 있다. 임상가와 연구자는 우리 자신과 내담자를 이해하는 방법에 특별한 주의를 기울여야 한다. 이 장을 시작하면서 언급했듯이, 각기 다른 평가 방법은 성격의 서로 다른 측면에 닿아 있고 개인의 경험과 기능에 영향을 미치며, 이는 결국 다시 돌아와 사례 개념화와 치료계획에 반영되어야만 한다.

감사의 말

이 장의 원본은 2013년 3월 22일 California 주 San Diego에서 열린 Society for Personality Assessment 연차대회에서 발표되었다.

참고문헌

Ablon, J. S., Levy, R. A., & Katzenstein, T. (2006). Beyond brand names of psychotherapy: Identifying empirically supported change processes. *Psychotherapy: Theory, Research, Practice, and Training, 43*, 216-231.

Achenbach, T. M., Krukowski, R. A., Dumenci, L., & Ivanova, M. Y. (2005). Assessment of adult psychopathology: Meta-analyses and implications of cross-informant correlations. *Psychological Bulletin, 131*, 361-382.

Achenbach, T. M., McConaughy, S. H., & Howell, C. T. (1987). Child/adolescent behavioral and emotional problems: Implications of cross-informant correlations for situational specificity. *Psychological Bulletin, 101*, 213-232.

Allard, K., & Grann, M. (2000). Personality disorders and patient-informant concordance on DIP-Q self-report in a forensic psychiatric inpatient setting. *Nordic Journal of Psychiatry, 54*, 195-200.

Alpher, V. S., Perfetto, G. A., Henry, H. P., & Strupp, H. H. (1990). The relationship between the Rorschach and assessment of the capacity to engage in short-term dynamic psychotherapy. *Psychotherapy: Theory, Research, Practice, Training, 27*, 224-229.

Archer, R. P., Buffington-Vollum, J. K., Stredny, R. V., & Handel, R. W. (2006). A survey of psychological test use patterns among forensic psychologists. *Journal of Personality Assessment, 87*, 84-94.

Archer, R. P., & Newsom, C. R. (2000). Psychological test usage with adolescent clients: Survey update. *Assessment, 7*, 227-235.

Austin, E. J., Boyle, G. J., Groth-Marnat, G., Matthews, G., Saklofske, D. H., Schwean, V. L., et al. (2011). Integrating intelligence and personality. In T. M. Harwood, L. E. Beutler, & G. Groth-Marnat (Eds.), *Integrative assessment of adult personality* (pp. 110-151). New York: Guilford Press.

Beaudoin, M., & Desrichard, O. (2011). Are memory self-efficacy and memory performance related?: A meta-analysis. *Psychological Bulletin, 137*, 211-241.

Belter, R. W., & Piotrowski, C. (2001). Current status of doctoral-level training in psychological testing. *Journal of Clinical Psychology, 57*, 717-726.

Berant, E., Newborn, M., & Orgler, S. (2008). Convergence of self-report scales and Rorschach indexes of psychological distress: The moderating role of self-disclosure. *Journal of Personality Assessment, 90*, 36-43.

Bing, M. N., LeBreton, J. M., Davison, H. K., Migetz, D. Z., & James, L. R. (2007). Integrating implicit and explicit social cognitions for enhanced personality assessment: A general framework for choosing measurement and statistical methods. *Organizational Research Methods, 10*, 346-389.

Blais, M. A., & Smith, S. R. (2008). Improving the integrative process: Data organizing and report writing. In R. P. Archer & S. R. Smith (Eds.), *Personality assessment* (pp. 405-440). New York: Routledge.

Blasczyk-Schiep, S., Kazén, M., Kuhl, J., & Grygielski, M. (2011). Appraisal of suicide risk among adolescents and young adults through the Rorschach test. *Journal of Personality Assessment, 93*, 518-526.

Bornstein, R. F. (2007). Toward a process-based framework for classifying personality tests: Comment on Meyer and Kurtz (2006). *Journal of Personality Assessment, 89*, 202-207.

Borsboom, D., Mellenbergh, G. J., & van Heerden, J. (2004). The concept of validity. *Psychological Review, 111*, 1061-1071.

Camara, W. J., Nathan, J. S., & Puente, A. E. (2000). Psychological test usage: Implications in professional psychology. *Professional Psychology: Research and Practice, 31*, 141-154.

Campbell, D. T. (1950). The indirect assessment of social attitudes. *Psychological Bulletin, 47*, 15-38.

Campbell, D. T. (1957). A typology of tests, projective and otherwise. *Journal of Consulting Psychology, 21,* 207-210.

Campbell, D. T., & Fiske, D. W. (1959). Convergent and discriminant validation by the multitrait-multimethod matrix. *Psychological Bulletin, 56,* 81-105.

Carter, C. S., Barch, D. M., Bullmore, E., Breiling, J., Buchanan, R. W., Butler, P., et al. (2011). Cognitive neuroscience treatment research to improve cognition in schizophrenia II: Developing imaging biomarkers to enhance treatment development for schizophrenia and related disorders. *Biological Psychiatry, 70,* 7-12.

Cattell, R. B. (1973). *Personality and mood by questionnaire.* San Francisco: Jossey-Bass.

Chambless, D. L., & Ollendick, T. H. (2001). Empirically supported psychological interventions: Controversies and evidence. *Annual Review of Psychology, 52,* 685-716.

Chang, L., Connelly, B. S., & Geeza, A. A. (2012). Separating method factors and higher order traits of the Big Five: A meta-analytic multitrait-multimethod approach. *Journal of Personality and Social Psychology, 102,* 408-426.

Cohen, J. (1988). *Statistical power analysis for the behavioral sciences* (2nd ed.). Hillsdale, NJ: Erlbaum.

Connelly, B. S., & Ones, D. S. (2010). Another perspective on personality: Meta-analytic integration of observers' accuracy and predictive validity. *Psychological Bulletin, 136,* 1092-1122.

Cyders, M. A., & Coskunpinar, A. (2011). Measurement of constructs using self-report and behavioral lab tasks: Is there overlap in nomothetic span and construct representation for impulsivity? *Clinical Psychology Review, 31,* 965-982.

Dao, T. K., Prevatt, F., & Horne, H. L. (2008). Differentiating psychotic patients from nonpsychotic patients with the MMPI-2 and Rorschach. *Journal of Personality Assessment, 90,* 93-101.

Del Re, A. C., Flückiger, C., Horvath, A. O., Symonds, D., & Wampold, B. E. (2012). Therapist effects in the therapeutic alliance-outcome relationship: A restricted-maximum likelihood meta-analysis. *Clinical Psychology Review, 32,* 642-649.

Eagle, M. N. (2000). A critical evaluation of current conceptions of transference and countertransference. *Psychoanalytic Psychology, 17,* 4-37.

Erdberg, P. S. (2008). Multimethod assessment as a forensic standard. In C. B. Gacono, F. Evans, N. Kaser-Boyd, & L. A. Gacono (Eds.), *The handbook of forensic Rorschach assessment* (pp. 561-566). New York: Routledge.

Finn, S. E. (1996). Assessment feedback integrating MMPI-2 and Rorschach findings. *Journal of Personality Assessment, 67,* 543-557.

Finn, S. E. (2007). *In our clients' shoes: Theory and techniques of therapeutic assessment.* Mahwah, NJ: Erlbaum.

Fischer, C. T. (1994). *Individualizing psychological assessment: A collaborative and therapeutic approach.* Mahwah, NJ: Erlbaum.

Flückiger, C., Del Re, A. C., Wampold, B. E., Symonds, D., & Horvath, A. O. (2012). How central is the alliance in psychotherapy?: A multilevel longitudinal meta-analysis. *Journal of Counseling*

Psychology, *59*, 10-17.

Fowler, J. C., Hilsenroth, M. J., & Piers. C. (2001). An empirical study of seriously disturbed suicidal patients. *Journal of the American Psychoanalytic Association, 49,* 161-186.

Freund, P. A., & Kasten, N. (2012). How smart do you think you are?: A meta-analysis on the validity of self-estimates of cognitive ability. *Psychological Bulletin*, *138*, 296-321.

Gabbard, G. O. (1995). Countertransference: The emerging common ground. *International Journal of Psychoanalysis, 76,* 475-485.

Gale, C. R., Batty, G. D., Tynelius, P., Deary, I. J., & Rasmussen, F. (2010). Intelligence in early adulthood and subsequent hospitalization for mental disorders. *Epidemiology*, *21*, 70-77.

Ganellen, R. J. (1996). *Integrating the Rorschach and the MMPI-2 in personality assessment*. Hillsdale, NJ: Erlbaum.

Garb, H. N. (1984). The incremental validity of information used in personality assessment. *Clinical Psychology Review, 4,* 641-655.

Garb, H. N. (1998). *Studying the clinician: Judgment research and psychological assessment.* Washington, DC: American Psychological Association.

Garb, H. N. (2003). Incremental validity and the assessment of psychopathology in adults. *Psychological Assessment, 15,* 508-520.

Gawronski, B., & Strack, F. (Eds.). (2012). *Cognitive consistency: A fundamental principle in social cognition*. New York: Guilford Press.

George, C., & West, M. L. (2012). *The Adult Attachment Projective Picture System: Attachment theory and assessment in adults.* New York: Guilford Press.

Gerstle, R. M., Geary, D. C., Himelstein, P., & Reller-Geary, L. (1988). Rorschach predictors of therapeutic outcome for inpatient treatment of children: A proactive study. *Journal of Clinical Psychology, 44,* 277-280.

Goldberg, L. R. (1992). The development of markers for the Big-Five factor structure. *Psychological Assessment, 4,* 26-42.

Graceffo, R. A., Mihura, J. L., & Meyer, G. J. (in press). A meta-analysis of an implicit measure of personality functioning: The Mutuality of Autonomy Scale. *Journal of Personality Assessment.*

Green, M. F., Kern, R. S., Braff, D. L., & Mintz, J. (2000). Neurocognitive deficits and functional outcome in schizophrenia: Are we measuring the "right stuff"? *Schizophrenia Bulletin*, *26*, 119-136.

Greenwald, A. G., McGhee, D. E., & Schwartz, J. L. K. (1998). Measuring individual differences in implicit cognition: The Implicit Association Test. *Journal of Personality and Social Psychology, 74,* 1464-1480.

Gross, K., Keyes, M. D., & Greene, R. L. (2000). Assessing depression with the MMPI and MMPI-2. *Journal of Personality Assessment, 75,* 464-477.

Hamilton, J., & Kivlighan, D. M. (2009). Therapists' projection: The effects of therapists' relationship themes on their formulation of clients' relationship episodes. *Psychotherapy Research*, *19*, 312-322.

Hardt, J., & Rutter, H. (2004). Validity of adult retrospective reports of adverse childhood experiences:

Review of the evidence. *Journal of Child Psychology and Psychiatry, 45,* 260–273.

Hawes, S. W., & Boccaccini, M. T. (2009). Detection of overreporting of psychopathology on the Personality Assessment Inventory: A meta-analytic review. *Psychological Assessment, 21,* 112–124.

Haynes, S. N., Leisen, M. B., & Blaine, D. (1997). The design of individualized behavioral treatment programs using functional analytic clinical case models. *Psychological Assessment, 9,* 334–348.

Helzer, E. G., & Dunning, D. (2012). Why and when peer prediction is superior to self-prediction The weight given to future aspiration versus past achievement. *Journal of Personality and Social Psychology, 103,* 38–53.

Hemphill, J. F. (2003). Interpreting the magnitudes of correlation coefficients. *American Psychologist, 58,* 78–79.

Henry, B., Moffitt, T. E., Caspi, A., Langley, J., & Silva, P. A. (1994). On the "remembrance of things past": A longitudinal evaluation of the retrospective method. *Psychological Assessment, 6,* 92–101.

Hiller, J. B., Rosenthal, R., Bornstein, R. F., Berry, D. T. R., & Brunell-Neuleib, S. (1999). A comparative meta-analysis of Rorschach and MMPI validity. *Psychological Assessment, 11,* 278–296.

Hollrah, J. L., Schlottmann, R. S., Scott, A. B., & Brunetti, D. G. (1995). Validity of the MMPI subtle items. *Journal of Personality Assessment, 65,* 278–299.

Human, L. J., & Biesanz, J. C. (2011). Target adjustment and self-other agreement: Utilizing trait observability to disentangle judgeability and self-knowledge. *Journal of Personality and Social Psychology, 101,* 202–216.

Hunsley, J., & Meyer, G. J. (2003). The incremental validity of psychological testing and assessment: Conceptual, methodological, and statistical issues. *Psychological Assessment, 15,* 446–455.

Johnston, C., & Murray, C. (2003). Incremental validity in the psychological assessment of children and adolescents. *Psychological Assessment, 15,* 446–455.

Jorm, A. F. (1997). Methods of screening for dementia: A meta-analysis of studies comparing an informant questionnaire with a brief cognitive test. *Alzheimer Disease and Associated Disorders, 11,* 158–162.

Joseph, D. L., & Newman, D. A. (2010). Emotional intelligence: An integrative meta-analysis and cascading model. *Journal of Applied Psychology, 95,* 54–78.

Kagan, J. (1988). The meanings of personality predicates. *American Psychologist, 43,* 614–620.

Kaplowitz, M. J., Safran, J. D., & Muran, C. J. (2011). Impact of therapist emotional intelligence on psychotherapy. *Journal of Nervous and Mental Disease, 199,* 74–84.

Keulen-de-Vos, M., Bernstein, D. P., Clark, L. A., Arntz, A., Lucker, T. P. C., & de Spa, E. (2011). Patient versus informant reports of personality disorders in forensic atients. *Journal of Forensic Psychiatry and Psychology, 22,* 52–71.

Klonsky, E. D., Oltmanns, T. F., & Turkheimer, E. (2002). Informant-reports of personality disorder: Relation to self-reports and future research directions. *Clinical Psychology: Science and Practice, 9,* 300–311.

Klöppel, S., Abdulkadir, A., Jack, C. R., Koutsouleris, N., Mourão-Miranda, J., & Vemuri, P. (2012).

Diagnostic neuroimaging across diseases. *NeuroImage, 61*, 457-463.

Koutsouleris, N., Davatzikos, C., Bottlender, R., Patschurek-Kliche, K., Scheurecker, J., Petra Decker, P., et al. (2012). Early recognition and disease prediction in the at-risk mental states for psychosis using neurocognitive pattern classification. *Schizophrenia Bulletin, 38,* 1200-1215.

Kraemer, H. C., Measelle, J. R., Ablow, J. C., Essex, M. J., Boyce, W. T., & Kupfer D. J. (2003). A new approach to integrating data from multiple informants in psychiatric assessment and research: Mixing and matching contexts and perspectives. *American Journal of Psychiatry, 160*, 1566-1577.

Krakow, B., Kellner, R., Pathak, D., & Lambert, L. (1995). Imagery rehearsal treatment for chronic nightmares. *Behaviour Research and Therapy, 33*, 837-843.

Kurtz, J. E., Puher, M. A., & Cross, N. A. (2012). Prospective prediction of college adjustment using self- and informant-rated personality traits. *Journal of Personality Assessment, 94,* 630-637.

LaBarbera, J. D., & Cornsweet, C. (1985). Rorschach predictors of therapeutic outcome in a child psychiatric inpatient service. *Journal of Personality Assessment, 49*, 120-124.

Lawton, E. M., Shields, A. J., & Oltmanns, T. F. (2011). Five-factor model personality disorder prototypes in a community sample: Self- and informant-reports predicting interview-based DSM diagnoses. *Personality Disorders: Theory Research and Treatment, 2,* 279-292.

Leary, T. (1957). *Interpersonal diagnosis of personality: A functional theory and methodology for personality evaluation*. New York: Ronald Press.

Leising, D., Krause, S., Köhler, D., Hinsen, K., & Clifton, A. (2011). Assessing interpersonal functioning: Views from within and without. *Journal of Research in Personality, 45*, 631-641.

Lilienfeld, S. O., Wood, J. M., & Garb, H. N. (2000). The scientific status of projective techniques. *Psychological Science in the Public Interest, 1,* 27-66.

Luborsky, L., Popp, C., Luborsky, E., & Mark, D. (1994). The core conflictual relationship theme. *Psychotherapy Research, 4,* 172-183.

Luck, S. J., Mathalon, D. H., O'Donnell, B. F., Hämäläinen, M. S., Spencer, K. M., Javitt, D. C., et al. (2011). A roadmap for the development and validation of event-related potential biomarkers in schizophrenia research. *Biological Psychiatry, 70*, 28-34.

Markus, H. R., & Kitayama, S. (1991). Culture and the self: Implications for cognition, emotion, and motivation. *Psychological Review, 98*, 224-253.

Mayer, J. D. (2004). A classification system for the data of personality psychology and adjoining fields. *Review of General Psychology, 8*, 208-219.

Mayer, J. D. (2005). A tale of two visions: Can a new view of personality help integrate psychology? *American Psychologist, 60*, 294-307.

Mayer, J. D., Panter, A. T., & Caruso, D. R. (2012). Does personal intelligence exist?: Evidence from a new ability-based measure. *Journal of Personality Assessment, 94,* 124-140.

Mayer, J. D., Roberts, R. D., & Barsade, S. G. (2008). Human abilities: Emotional intelligence. *Annual Review of Psychology, 59,* 507-536.

McAdams, D. P. (2012). Exploring psychological themes through life-narrative accounts. In J. A.

Holstein & J. F. Gubrium (Eds.), *Varieties of narrative analysis* (pp. 15-32). London: Sage.

McCallum, M., & Piper, W. E. (1990). The Psychological Mindedness Assessment Procedure. *Psychological Assessment, 2*, 412-418.

McCallum, M., Piper, W. E., Ogrodniczuk, J. S., & Joyce, J. S. (2003). Relationships among psychological mindedness, alexithymia and outcome in four forms of short-term psychotherapy. *Psychology and Psychotherapy, 76*, 133-144.

McClelland, D. C., Koestner, R., & Weinberger, J. (1989). How do self-attributed and implicit motives differ? *Psychological Review, 96*, 690-702.

McGrath, R. E. (2008). The Rorschach in the context of performance-based Personality assessment. *Journal of Personality Assessment, 90*, 465-475.

Meyer, G. J. (2000a). On the science of Rorschach research. *Journal of Personality Assessment, 75*, 46-81.

Meyer, G. J. (2000b). The incremental validity of the Rorschach Prognostic Rating Scale over the MMPI Ego Strength Scale and IQ. *Journal of Personality Assessment, 74*, 356-370.

Meyer, G. J. (2002). Implications of information-gathering methods for a refined taxonomy of psychopathology. In L. E. Beutler & M. Malik (Eds.), *Rethinking the DSM: Psychological perspectives* (pp. 69-105). Washington, DC: American Psychological Association.

Meyer, G. J., Finn, S. E., Eyde, L. D., Kay, G. G., Moreland, K. L., Dies, R. R., et al. (2001). Psychological testing and psychological assessment: A review of evidence and issues. *American Psychologist, 56*, 128-165.

Meyer, G. J., Hsiao, W., Viglione, D. J., Mihura, J. L., & Abraham, L. M. (2013). Rorschach scores in applied clinical practice: A survey of perceived validity by experienced clinicians. *Journal of Personality Assessment, 95*, 351-365.

Meyer, G. J., & Kurtz, J. E. (2006). Advancing personality assessment terminology: Time to retire "objective" and "projective" as personality test descriptors. *Journal of Personality Assessment, 87*, 223-225.

Meyer, G. J., Riethmiller, R. J., Brooks, R. D., Benoit, W. A., & Handler, L. (2000). A eplication of Rorschach and MMPI-2 convergent validity. *Journal of Personality Assessment, 74*, 175-215.

Meyer, G. J., Viglione, D. J., Mihura, J. L., Erard, R. E., & Erdberg, P. (2011). *Rorschach Performance Assessment System: Administration, coding, interpretation, and technical manual.* Toledo, OH: Author.

Mihura, J. L. (2012). The necessity of multiple test methods in conducting assessments:The role of the Rorschach and self-report. *Psychological Injury and Law*, 5, 97-106.

Mihura, J. L., Graceffo, R., & Smith, J. D. (2014). *The current status of psychological assessment training in clinical psychology.* Manuscript in preparation.

Mihura, J. L., Meyer, G. J., Dumitrascu, N., & Bombel, G. (2013). The validity of individual Rorschach variables: Systematic reviews and meta-analyses of the Comprehensive System. *Psychological Bulletin, 139*, 548-605.

Miller, J. D., Pilkonis, P. A., & Clifton, A. (2005). Self- and other-reports of traits from the five-factor model: Relations to personality disorder. *Journal of Personality Disorders, 19,* 400–419.

Miller, J. D., Pilkonis, P. A., & Morse, J. Q. (2004). Five-factor model prototypes for personality disorders: The utility of self-reports and observer ratings. *Assessment, 11,* 127–138.

Mischel, W. (1973). Toward a cognitive social learning reconceptualization of personality. *Psychological Review, 80,* 252–283.

Mischel, W., & Shoda, Y. (1995). A cognitive-affective system theory of personality: Reconceptualizing situations, dispositions, dynamics, and invariance in personality structure. *Psychological Review, 102,* 246–268.

Nelson, N. W., Hoelzle, J. B., Sweet, J. J., Arbisi, P. A., & Demakis, G. J. (2010). Updated meta-analysis of the MMPI-2 symptom validity scale (FBS): Verified utility in forensic practice. *Clinical Neuropsychologist, 24,* 701–724.

Nisbett, R. E., & Wilson, T. D. (1977). Telling more than we can know: Verbal reports on mental processes. *Psychological Review, 8,* 231–259.

Norcross, J. C., & Karpiak, C. P. (2012). Clinical psychologists in the 2010s: 50 years of the APA Division of Clinical Psychology. *Clinical Psychology: Science and Practice, 19,* 1–12.

Nygren, M. (2004). Rorschach Comprehensive System variables in relation to assessing dynamic capacity and ego strength for psychodynamic psychotherapy. *Journal of Personality Assessment, 83,* 277–292.

Oh, I. S., Wang, G., & Mount, M. K. (2011). Validity of observer ratings of the five-factor model of personality traits: A meta-analysis. *Journal of Applied Psychology, 96,* 762–773.

Paulhus, D. L. (2002). Socially desirable responding: The evolution of a construct. In H. Braun, D. Jackson, & D. Wiley (Eds.), *The role of constructs in psychological and educational measurement* (pp. 49–69). Mahwah, NJ: Erlbaum.

Paulhus, D. L., & Vazire, S. (2007). The self-report method. In R. W. Robins, R. C. Fraley, & R. F. Krueger (Eds.), *Handbook of research methods in personality psychology* (pp. 224–239). New York: Guilford Press.

Perry, W., & Viglione, D. J. (1991). The Ego Impairment Index as a predictor of outcome in melancholic depressed patients treated with tricyclic antidepressants. *Journal of Personality Assessment, 56,* 487–501.

Piasecki, T. M., Hufford, M. R., Solhan, M., & Trull, T. J. (2007). Assessing clients in their natural environments with electronic diaries: Rationale, benefits, limitations, and barriers. *Psychological Assessment, 19,* 25–43.

Piotrowski, C., Belter, R. W., & Keller, J. W. (1998). The impact of "managed care" on the practice of psychological testing: Preliminary findings. *Journal of Personality Assessment, 70,* 441–447.

Prebble, S., Addis , D. R., & Tippett, L. J. (2013, October). Autobiographical memory and sense of self. *Psychological Bulletin,139,* 815–840.

Rapaport, D., Gill, M. M., & Schafer, R. (1945/1946). *Diagnostic psychological testing* (2 vols.). Chicago: Year Book.

Rieck, T., & Callahan, J. L. (2013). Emotional intelligence and psychotherapy outcomes in the training clinic. *Training and Education in Professional Psychology, 7,* 42-52.

Ritsher, J. B. (2004). Association of Rorschach and MMPI psychosis indicators and schizophrenia spectrum diagnoses in a Russian clinical sample. *Journal of Personality Assessment, 83*, 46-63.

Rogers, R., Salekin, R. T., & Sewell, K. W. (1999). Validation of the Millon Clinical Multiaxial Inventory for Axis II disorders: Does it meet the *Daubert* standard? *Law and Human Behavior, 23,* 425-443.

Schneider, L., & Schimmack, U. (2009). Self-informant agreement in well-being ratings: A meta-analysis. *Social Indicators Research*, *94*, 363-376.

Schönbrodt, F. D., & Asendorpf, J. B. (2011). Virtual social environments as a tool for psychological assessment: Dynamics of interaction with a virtual spouse. *Psychological Assessment, 23*, 7-17.

Schönbrodt, F. D., & Asendorpf, J. B. (2012). Attachment dynamics in a virtual world. *Journal of Personality, 80,* 429-463.

Spangler, W. D. (1992). Validity of questionnaire and TAT measures of need for achievement: Two meta-analyses. *Psychological Bulletin, 112,* 140-154.

Spengler, P. M., White, M. J., Ægisdóttir, S., Maugherman, A. S., Anderson, L. A., Cook, R. S., et al. (2009). The meta-analysis of clinical judgment project: Effects of experience on judgment accuracy. *Counseling Psychologist, 37*, 350-399.

Stilley, C. S., Bender, C. M., Dunbar-Jacob, J., Sereika, S., & Ryan, C. M. (2010). The impact of cognitive function on medication management: Three studies. *Health Psychology, 29,* 50-55.

Stokes, J. M., Pogge, D. L., Grosso, C., & Zaccario, M. (2001). The relationship of the Rorschach schizophrenia index to psychotic features in a child psychiatric sample. *Journal of Personality Assessment, 76*, 209-228.

Stone, A. A., Turkkan, J. S., Bachrach, C. A., Jobe, J. B., Kurtzman, H. S., & Cain, V. S. (Eds.). (2000). *The science of self-report: Implications for research and practice*. Mahwah, NJ: Erlbaum.

Sue, D. W., & Sue, D. (2012). *Counseling the culturally different: Theory and practice* (6th ed.). Hoboken, NJ: Wiley.

Thoma, N. C., & Cecero, J. J. (2009). Is integrative use of techniques in psychotherapy the exception or the rule?: Results of a national survey of doctoral-level practitioners. *Psychotherapy*, *46*, 405-417.

Valbak, K. (2004). Suitability for psychoanalytic psychotherapy: A review. *Acta Psychiatrica Scandanavica, 109,* 164-178.

Vazire, S. (2010). Who knows what about a person?: The self-other knowledge asymmetry (SOKA) model. *Journal of Personality and Social Psychology, 98*, 281-300.

Viglione, D. J., & Hilsenroth, M. J. (2001). The Rorschach: Facts, fictions, and future. *Psychological Assessment*, *13*, 452-471.

Viglione, D. J., & Meyer, G. J. (2008). An overview of Rorschach psychometrics for forensic practice. In C. B. Gacono & F. B. Evans with N. Kaser-Boyd & L. A. Gacono (Eds.), *Handbook of forensic Rorschach psychology* (pp. 21-53). Mahwah, NJ: Erlbaum. Wechsler, D. (1950). Cognitive, conative, and non-intellective intelligence. *American Psychologist, 5,* 78-83.

Weiner, I. B. (2005). Integrative personality assessment with self-report and performance-based measures. In S. Strack (Ed.), *Handbook of personology and psychopathology* (pp. 317-331). Hoboken, NJ: Wiley.

Westen, D., Novotny, C. M., & Thompson-Brenner, H. (2004). The empirical status of empirically supported psychotherapies: Assumptions, findings, and reporting in controlled clinical trials. *Psychological Bulletin*, *130*, 631-663.

Widom, C. S., & Morris, S. (1997). Accuracy of adult recollections of childhood victimization: Part 2. Childhood sexual abuse. *Psychological Assessment, 9,* 34-46.

Widom, C. S., & Shepard, R. L. (1996). Accuracy of adult recollections of childhood victimization: Part 1. Childhood physical abuse. *Psychological Assessment, 8,* 412-421.

Wiggins, J. S. (2003). *Paradigms of personality assessment*. New York: Guilford Press.

Wilson, T. D., & Dunn, E. W. (2004). Self-knowledge: Its limits, value, and potential for improvement. *Annual Review of Psychology, 55,* 493-518.

Wright, A. G. C., Krueger, R. F., Hobbs, M. J., Markon, K. E., Eaton, N. R., & Slade, T. (2013). The structure of psychopathology: Toward an expanded quantitative empirical model. *Journal of Abnormal Psychology*, *122*, 281-294.

Yates, B. T., & Taub, J. (2003). Assessing costs, benefits, cost-effectiveness, and cost-benefit of psychological assessment: We should, we can, and here's how. *Psychological Assessment, 15*, 478-495.

제11장

심리치료 진전 상황 및 과정 평가

Antonio Pascual-Leone, Terence Singh, Shawn Harrington, & Nikita Yeryomenko

심리치료 진전 상황과 과정을 평가하는 이유는 무엇인가

심리치료 장면에서 진전 상황과 과정의 평가는 현재 진행 중인 치료에 대한 정보를 얻기 위해 자료를 수집하고 검토하는 작업이다. 한편, 심리치료 **진전 상황** 평가에는 단기적인 결과를 추적하기 위한 목적으로 지속적이고 주기적인 자료 수집을 포함한다(예: 몇 차례의 회기마다 내담자의 우울 증상 수준을 추적하기). 이러한 가치평가는 일반적으로 사전-사후 측정으로 설계된 것으로서, 치료 효능(예: "내담자가 나아졌는가?")이나 프로그램 자체에 대한 가치평가(예: "치료가 효과적이었는가?")에 중점을 둔 최종적인 결과 평가와는 다르다. 반면에 심리치료 **과정**에 대한 평가는 결과 자체에 관심을 두는 것이 아니라 당면 회기 내에서 순간에서 순간 시점 간에 발생하는 사건(주요 사건)에 관심을 둔다. 즉, 주요 사건은 연구나 이론에 근거하여 결과를 예측할 수 있다고 보는 것이다. 심리치료 과정 변수는 일반적으로, ① 내담자(또는 치료자)의 감정 상태와 같은 내적 경험에 대한 평가, 또는 ② 치료자가 내담자의 인지에 초점을 두는 것 등 해당 순간에서 순간 시점 간의 사건에 대한 관찰이다.

심리치료 평가에 대한 이러한 접근법은 진전되고 있는 변화 기제와 내담자의 진전 상황에 대한 체계적 측정 및 소통을 명시적으로 포함하고 있다. 그렇지만 임상적 유용성이 뻔히 보이더라도 현재까지 치료 진전 상황 및 과정 평가에 대한 담론은 주로 연구 프로그램과 심리치료 변화에 대한 이론적 이해에 그친다. 그래서 임상적 관점 안으로 이런 기법을 통합하고 받아들임으로써 얻을 수 있는 이점과 문제들에 대한 논의는 거의 이루어지지 않았다(Kazdin, 2008). 그 결과 표준화된 진전 상황 및 과정 평가는 심리치료 연구의 핵심적 요소로 자리 잡았지만, 독립적으로 실무에서 이러한 측정법을 사용한다고 보고한 임상가는 여전히 낮은 비중에 불과하다(Phelps, Eisman, & Kohout, 1998). 치료 진전 상황과 과정 측정법을 정규적으로 사용하는 임상가들 사이에서도 '측정의 혼란'(Hatfiel & Ogles, 2004, p. 489)이 자연스러운 현상처럼 보인다. 연구 문헌에서는 흔치 않은 다양한 측정법이 개별화된 표적 행동에 대한 비표준화 평정과 함께 사용되는 경우가 꾸준히 보고되고 있다(Hatfield & Ogles, 2004).

임상 실무에 특정 기법을 적용하여 얻을 수 있는 이점을 자세히 설명하지 않았다는 점을 고려하면, 현재 진행 중인 다중방식평가가 아직 최상의 모범적 표준으로 받아들여지지 않고 있다는 것은 그리 놀라운 일이 아니다. 이렇게 연구와 실무 사이의 단절로 인해 발생한 가장 명백한 결과라면, 임상가 중에서 좋은 의도로 이러한 측정 방법을 개별특수적으로 사용한다는 것인데, 이는 신뢰할 수 없는 정보나 잘못 선택된 측정법에 기초하여 치료 결정을 내릴 수가 있다. 진행 중인 치료에 대한 의사결정은 여러 방식으로 가능하며 신뢰할 수 있고 타당한 결과 측정치를 통해 도움을 받을 수 있다. 이 장에서는 심리측정학적으로 탄탄한 여러 가지 진전 상황 및 과정 측정법을 자세히 살펴보고 각 지표의 적절한 임상적 적용 사례를 제시한다. 하지만 진전 상황 및 과정 평가를 실제로 사용하는 임상가는 확실히 얼마 되지 않는다. 따라서 훨씬 더 많은 임상가에게 치료 과정 평가의 쟁점, 목적, 당위성을 함께 논의해 보는 것이 매우 중요하다. 다음 논의에서는 치료 진전 상황 및 과정 평가를 심리치료에 통합해야 하는 당위적 근거와 임상적 유용성을 검토해 볼 것이다. 특히, 경험적으로 뒷받침되는 측정법이 가진 권고 사항과 그러한 측정법을 임상 실무안으로 통합하는 방법의 사례를 소개할 것이다.

심리치료 상황 안으로 평가를 통합하기: 임상가의 관점으로부터 변화

흔히 언급되듯이 심리학자들이 직면한 가장 어려운 문제 중 하나는 연구자와 실무자 간의 '간격'이며, 이는 임상가가 연구 결과물을 정규적인 실무 내에서 챙겨보는 것이 어렵다는 점이다(Teachman et al., 2012). 이 지속해서 발생하고 있는 불일치, 즉 간격에 대해 자주 언급하지 않고 있다는 것은 실무자가 심리치료 연구를 통해 응당 중요한 치료 요인의 중요성을 확인하지 못해 왔다는 것이다. 거시적 측면에서 보면, 모든 종류의 심리치료법이 효능 면에 있어서 대체로 동등하다는 소위 도도새 판단은 임상 집단에서는 쉽게 받아들여지지 않는다(Budd & Hughes, 2009). 미시적 측면에서 보면, 치료자의 해석, 자기개방 그리고 자기-상에 대한 초점 두기 등 회기에서 치료자의 지대한 기여는 훌륭한 치료 결과와 일관된 통계적 연관성을 보여 주지 못했다(Stiles, Honos-Webb, & Surko, 1998). 치료자의 이론적 지향, 경력 기간, 수련 수준과 같은 치료자의 다양한 특성뿐만 아니라 성별, 민족성, 나이 등의 다양한 내담자 특성에서도 유사한 결과가 관찰되었다(Bergin & Garfield, 1994). 이것이 의미 있다고 하더라도, 이러한 결과물의 부족은 회기에서 관련 있다고 생각하는 것과 상충하는 상황이 너무나 많다.

연구 결과와 임상적 판단 간의 불일치에 대한 두 가지 주요 주장이 제기되었다. 한 가지는 **반응성 비평**(responsiveness critique)인데 심리치료 변화의 재귀적 본성을 강조하면서 심리치료 과정이 전통적인 평가 기법에 제기하는 문제점을 강조한다. 치료자가 적절하게 반응한다면, 치료자는 의뢰 내담자의 요구에 맞춰 개입 방식을 조정할 것이다. 따라서 Stiles(1996)의 간결히 지적했듯이, '더 좋은 것'은 내담자가 아직 충분히 받지 못했을 때만 좋은 것이다. 예를 들어, 내담자가 심한 불안을 호소한다면, 측정할 수 있는 성과를 얻기 위해 집중적인 개입이 필요할 수 있다. 하지만 낮은 수준의 불안을 경험하는 내담자에게 같은 집중적 개입을 한다고 하더라도, 덜 관여하는(덜 관여해도 적절한 수준의) 접근법과 별반 다르지 않을 수 있다. 보통 연구에서처럼 이러한 효과를 평균화하면, 순효과는 더 강도가 높은 개입이 더 나은 결과와 관련된다는 통계적 수준이 낮아지거나 아예 관련성이 없다는 것이다. 심리치료가 새로운 맥락에 영향을 받는 방식으로 진행된다는 인식은 최종 치료 결과와 선형적인 관련성이 없음에도, 내담자와 치료자의 특성 그리고 치료 과정의 구성 성분(예: 치료자의 개입)들의 중요성을 보여 주는 데 도움이 된다. 또 한 가지 주장은 **다양한 수준에서 치료 '결과'를 개념화하는 것**의 임상적 이점에 관한 것이다. 그리고 이러한 표식 기반 접근법이 내담자의 진전 상황을 평가하고 진행 중인 임상 사례 공식화를 담당 임상가에게 보여 줄 수 있다는 이점에 관한 것이다.

심리치료의 변화는 선형적이지 않다!

Stiles와 동료들(예: Stiles, 1996, 2009; Stiles et al., 1998)은 일련의 통찰력 있는 논문에서 심리치료 상황에서 치료자와 내담자 간의 상호작용이 체계적으로 반응적임을 설득력 있게 주장했다. 여기서 **반응성**이란 인간 상호작용의 역동적 본질이며 내담자와 치료자 모두가 서로의 행동을 보며 끊임없이 변하는 지각에 영향을 받는 방식을 말한다. 심리치료에서 치료가 진전됨에 따라 치료의 내용과 과정은 함께 만들어져 가는데, 매뉴얼화(무선적 임상 시행)하려는 노력에도 불구하고 좋은 심리치료는 사전에 완벽하게 계획될 수 없다. 임상 장면에서 공리라 할 수 있는 "내담자가 고통을 겪고 있다면, 내담자가 특정한 감정을 묘사할 수 있는 단어로 자신의 감정적 경험을 분명히 표현하도록 격려해야 한다"라는 말은 회기 중 치료자의 반응성을 반영한다. 마치 두 가지 대화 상황이 완전히 똑같을 수 없는 듯 두 명의 내담자가 똑같은 치료를 받을 일도 없다. 치료 결과 연구에서 설명한 대로 집단 효과의 평균을 적용하면 이러한 차이가 없어질 것으로 예상하지만, 이러한 차이는 임상가가 내담자의 고통에 직면하고 서로 마주 앉아 있을 상황에서 가장 중요해진다.

따라서 심리치료 과정에 내재된 반응성 효과는 치료 과정 변수와 치료 결과 간의 관계를 선형적으로 평가한다고 해서 탐지되지 않는다는 위험이 있다. 특히, 일상적 대화 상대와는 달리 치료자는 증상 완화와 같은 구체적인 결과를 얻는 데 집중하기 때문에 특히 그렇다. 치료자는 **적절한 반응성**, 즉 치료적 역동을 지속하여 검열하고 내담자의 치료 문제와 현재 역량 두 가지 모두에 적합한 치료 전략을 선택하는 능력을 보여 주어야 한다. 이러한 과정은 내담자가 만들어 내는 표현 방식에 대한 조율이 필요하다.

심리치료의 변화를 비선형적이고 반응적인 것으로 볼 때, 진전 상황 및 과정 평가의 중요성을 더욱 강조할 수 있게 된다. 예를 들어, 특정 과정 변수(예: 분노)가 치료적으로 중요하다는 제안은 치료자의 관심에 따라 치료 결과가 영향을 받는다는 것을 시사한다. 하지만 Stiles(1996)가 언급했듯이, 그들의 경험에서 이러한 구성 요소에 더 많은 주의를 기울이는 내담자가 그렇지 않은 내담자보다 반드시 더 좋은 치료 결과를 거두는 것만은 아니다. 주어진 이슈에 대한 치료적 주의를 더 많이 기울이는 것은 내담자가 충분한 주의를 기울이지 못할 경우일 때만 이득이 있다. 내담자가 이미 그 문제에 대해 적절히 주의를 기울이고 있다면, 더 깊이 주의한다고 해서 더 좋아지는 것은 아니다. 마찬가지로, 이미 특정 이슈에 충분한 주의를 받는 내담자의 경우, 그 문제에 주의를 덜 주더라도 더 많이 주의를 받는 내담자보다 치료 결과가 더 나쁘지는 않을 것이다. 일반적인 선형적 평가로는 심리치료 과정에서 반응성이 높아 심리치료 과정 변수와 치료 결과 간의 맥락적 관계가 가려질 가능성이 크다.

무엇을 결과물이라 볼 것인가

심리치료의 변화가 비선형적이라고 본다면, 변화가 '언제', '어떻게', '왜' 일어나는지(Hayes, Laurenceau, Feldman, Strauss, & Cardaciotto, 2007; Pascual-Leone, 2009)를 전통적인 사전-사후 치료 연구 설계를 통해서는 해석할 수 없다는 점은 임상가에게 중요한 함의를 갖는다. 내담자를 위한 더 좋은 치료를 찾으려는 임상가는 심리치료 변화에 대한 평가에서 차별적인 접근법이 필요한데, 이는 주어진 사례의 심리치료 변화 과정에서의 예측 변수, 매개 변수, 조절 변수를 밝혀낼 수 있는 잠재력을 가진 접근법이어야 한다.

Greenberg와 Pinsof(1986)는 변화의 다양한 수준에서 치료 '결과'를 구별하려는 유용한 용어를 제시했다. 바로 대문자 *O*와 소문자 *o*를 사용하기로 한 것이었다. 회기 내 사건 결과(즉, 중간 결과, 또는 소문자 *o*)와 최종 치료 결과(즉, 대문자 *O*)를 대조하면, 연구자들은 다층적 방식으로 치료 결과를 개념화할 때, 최종 치료 결과(즉, 좋은 치료 대 나쁜 치료; 대문자 *O*)를 고려할 수도 있으며, 이뿐만 아니라 좀 더 세부적인 분석 수준에서 회기 결과 또는 회기 내 사건(즉, 좋은 회기/사건 vs. 나쁜 회기/사건; 작은 *o*)도 함께 고려할 수 있다는 점을 제시했다.

물론, 최종 결과가 치료의 목표이긴 하지만 임상가의 실제 작업은 개별 회기와 사건(소문자 *o*) 수준에서 벌어진다. 따라서 이러한 중간 결과를 평가함으로써 임상가는 치료 과정 사건 그 자체를 회기 내 결과로 다룰 수 있게 된다. 예를 들어, 특수한 인지-행동적 개입이 끝난 상황에서 내담자가 흑백 논리의 사고에서 벗어나 좀 더 균형 잡힌 사고로 바꿀 수 있게 되었을 때, 이는 해당 개입 자체의 결과(소문자 *o*)로 간주할 수도 있고, 좋은 최종 치료 결과(대문자 *O*)를 향한 생산적인 변화 과정으로 볼 수도 있으며, 이상 두 가지 모두를 한꺼번에 고려해 볼 수도 있다. 이러한 결과 평가에 대한 이슈는 어려운 내담자를 대상으로 하는 대인관계 치료나 경험적 치료에서 더 명확히 두드러질 수 있다. 이러한 치료에서 좋은 관계를 구축하는 것은 중간 결과(소문자 *o*)이자 더 큰 성격 변화를 위한 전제 조건(대문자 *O*)이다. 치료 맥락이 어떠하든 간에 다층적 평가 전략을 통해 임상가는 개입의 즉각적 영향(소문자 *o*)과 치료 종결 시 좋은 결과에 미치는 영향(대문자 *O*)을 모두 검토할 수 있다.

진전 상황 평가의 유용성: 내담자의 변화에 대한 지속적 관여

심리치료 회기 중 발생한 사건을 중간 결과로 본다면, 심리치료 진행 상황 평가는 즉각적인 임상적 역할 수행에 활용할 수 있다. 내담자의 진전 과정에 관해 시의적절한 피드백을 임상가에게 제공해 주면 현재 진행 중인 치료를 위한 회기별 모니터링을 가능하게 해 준다. 이러한 진전 상황 평가의 사용은 질적 수준-관리 활동 연구의 임상적 확장을 의미하며, 내담자 치료 결과를 개선하는 데에도 도움을 줄 수 있다. 임상가가 내담자의 치료 반응을 가치평가한 후 치료 강도를 올리거나 낮추는 임상 치료 모델에서는 이러한 평가 접근법이 특히 적합할 수 있다(Otto, Pollack, & Maki, 2000).

진전 상황 평가의 유용성은 회기별 중간 결과 평가에만 해당하는 것이 아니다. 첫째, 진전 상황 평가는 최종 치료 결과를 추적하는 것도 포함된다. 오히려 이러한 기법을 통해 평가가 좀 더 일상 정규적이고 상세하게 이루어질 수가 있다. 임상가는 접수 시점부터 최종 치료 결과까지 내담자의 비선형적 변화 패턴을 추적할 수 있다. 이러한 정보는 특히 초기 치료에 반응하는 사람에게 유용할 수 있다.

진전 상황 평가는 긍정적인 결과를 촉진할 뿐만 아니라 임상가에게 잘못될 상황을 줄일 기회를 알려 주는 용도로도 효과적이다. 혁신적 연구를 통해 회기당 10분도 걸리지 않아 완료할 수 있는 효율적인 평가 시스템 여러 가지가 개발되었다. 예를 들어, 전산화된 자기 보고 측정을 통해 회기를 시작할 때 내담자의 정보를 수집하면, 실무자는 긍정적인 결과를 예상하는 일반적 흐름에서 벗어날 것 같은 환자에 대한 회기 전 '경고 신호'를 체계적으로 제공받을 수 있게 된다. 이러한 내담자의 경우, 진전 상황 평가를 일상적 정신건강 관리에 통합하면 긍정적인 결과를 확실하게 개선하고 부정적인 결과를 줄일 수 있는 것으로 나타났다(Lambert, 2012).

게다가 현대의 많은 기술은 임상가에게 추가적인 시간이나 노동 부담을 거의 주지 않으면서 그러한 추적 검토를 가능하게끔 한다. 예를 들어, Lambert(2012)는 임상가가 전산화된 진전 상황 소프트웨어를 사용할 경우, 회기 전 내담자 자료를 적절히 평가하는 데에 평균 18초밖에 걸리지 않는다고 보고했다. 그래서 진전 상황 정보는 최소한의 시간과 에너지를 투자하여 임상가의 사례 공식화와 회기 내에서 피드백을 얻을 수 있다는 점에서 도움이 된다.

끝으로, Finn과 Kamphus(2006)는 임상가와 내담자가 서로 개방적인 대화를 통해 심리평가 결과를 나누는 것 그 자체로도 유익한 효과를 얻을 수 있다고 했다. 이를 **치료**

적 평가라고 명명했으며, 그 이후로부터 많은 경험적 지지를 쌓아 왔다(Hanson, Poston, 2011). 마찬가지로, Hilsenroth(2007)는 내담자를 치료 평가에 참여시키는 것 자체가 치료의 역동을 긍정적인 방향으로 변화시킬 수 있는 개입임을 확인했다. 따라서 내담자에게 정규적으로 측정한 진전 상황과 과정은 치료의 진행 과정 동안 내담자가 자신을 좀 더 돌이켜보고 자기 검열을 하게끔 하면서 마음을 다잡게 도와줄 수 있다. 게다가 어떤 임상가는 치료실 내에서 진행되는 측정 상황을 불편해하거나 치료 동맹을 깨뜨릴 수도 있을 것이라 보고 있기에, 이에 대해 걱정하거나 이러한 걱정을 딱히 겉으로 드러내지 않을 수도 있다(Hatcher, 1999). 이와 다르게, 협력적 피드백 회기가 가치 있고 효과적이었다고 보고하는 내담자는 좀 더 긍정적인 치료적 관계를 경험했다고 보고하는 경향이 있었다(Stiles & Snow, 1984). 따라서 평가 피드백을 치료에 통합하는 것이 실제로 치료 동맹을 강화할 수 있을 것이다.

회기-내 과정 평가의 유용성: 내담자를 따라가며 살피기

심리치료의 한 부분으로서 순간에서 순간 시점 간 과정 평가를 사용하는 것은 연구 기반 치료의 새로운 지평을 보여 준다. 순간에서 순간 시점 간 평가를 위한 도구인 과정 측정에 익숙해진다는 것은 내담자의 경험과 행동에서 핵심 측면을 집중 조명할 수 있는 새롭고 실현 가능한 전략을 도입한다는 중요한 함의를 갖는다. 최근까지도 심리치료 과정 측정에 능숙하다는 것은 전문적 기술로서 여겨졌다. 하지만 치료의 축어록, 오디오, 영상으로 기록하여 과정 측정을 적용하면 임상가의 지속적인 교육은 물론이고(Hilsenroth, 2007), 치료의 모니터링과 질적 관리를 위한 유용한 전략으로 보려는 관점이 점점 더 늘어나고 있다.

표식-도출적(marker-driven)인 것과 과정-지향적(process-directive)인 것

치료자가 회기 내에서 방향을 잡는 데에 도움을 받기 위해 과정 측정을 공식적 지표로 사용하는 것은 본질적으로 '표식-도출적' 개입의 접근법이다. 이 아이디어는 주로 정서-중심치료 장면에서 가장 잘 개발되고 논의된 것인데, 다른 치료적 지향에서도 적합하게 적용할 수가 있다. 표식 기반 개입법을 사용하는 치료자는 다양한 유형의 감정 상태, 인지 전략 그리고 이러한 것들과 관련된 처리상의 어려움에 대해 지속 평가해야 한다(Greenberg & Paivio, 1997; Paivio & Pascual-Leone, 2010). 처리상의 어려움을 분명히 하는 것은 특정 치료적 개입을 시작하기 위한 회기 내 표식으로서 역할을 한다. 이러한 'if-then' 접근법은 특정 사례를 이해하는 더 넓은 맥락에서 "만약 내담자가 *X* 표식을 보이면 치료자는 *Y* 개입을 해야 한다"는 것을 제안한다. 이러한 방식으로 생산적인 과정의 순간을 촉진하는 것 자체가 작은 결과물(즉, 긍정적 치료 효과)로 여긴다. 여기에는 적응적 감정에 접근하기, 핵심 역기능적 신념 탐색 및 변화시키기, 전이, 자기-비판 또는 애착 손상과 같은 복잡한 어려움을 좀 더 주의를 두는 것을 포함한다. 이러한 처리상의 어려움은 전반적인 진단 범주보다 개입법 측면에서 더 많은 정보를 제공한다. 예를 들어, Paivio와 Pascual-Leone(2010)의 설명에 따르면, 미해결된 애착 손상과 자기-비판적 과정은 외상 후 스트레스 장애(Post Traumatic Stress Disorder: PTSD)나 주요우울장애의 근본 원인이 될 수 있다. 하지만 모든 PTSD 환자가 애착 문제를 가진 것이 아니며, 모든 주요우울장애가 자기-비판으로 인한 것도 아니다. 하지만 애착 손상의 증거를 관찰하는 것은(종종 그렇게 해야만 하는 것임) 순간에서 순간 시점 간의 개입에 직접으로 영향을 줄 수 있다.

이러한 순간에서 순간 시점 간의 과정에 주의를 기울이면 아주 구체적인 개입을 해 볼 수 있게 된다. 이러한 접근을 사용하는 감정-중심치료에서 치료자는 지속적인 '과정 진단'을 만들어 가며, 이를 통해 내담자의 전개되는 정서 상태와 잠재적 개입에 대한 준비 수준을 검토하고 주의를 기울인다(Elliott, Watson, Goldman, & Greenberg, 2004; Paivio & Pascual-Leone, 2010 참고). 생산적 내담자든 문제적 내담자든 이들의 처리 과정 방식을 나타내는 '표식'에 친숙해지면 치료자가 내담자의 새로운 변화 패턴을 이해하는 데 도움이 될 수 있다(Pascual-Leone, 2009). 게다가 이러한 표식은 치료자가 과정 기반 개입을 선택하는 데에 도움을 줄 수가 있다(예: "해당 이슈가 나타날 때, 내담자가 자신이 저지른 문제에 대한 주관적 경험을 탐색하도록 돕는 것이 더 생산적일까? 아니면 잘못한 주체자가 가진 동기를 탐색하도록 돕는 것이 더 생산적일까?"). 치료자는 회기 진행 과정을 암묵적으로 평가함으로써 중요한 순간에 대한 인식을 더 높이고 이를 통해 좀 더 정밀한 개입이 가능해진다.

지도 감독, 훈련, 및 지속적인 교육을 위한 도구

심리치료 연구는 주로 치료법 개발과 검증에 집중되었는데, 심리치료를 교육하는 것과 회기 내 과정 평가 기법을 개발하는 데에 전문가들에게 최상의 도움이 되는 방법을 연구하는 것에서는 놀라울 정도로 관심이 없었다(Pascual-Leone & Andreescu, 2013). 심리치료 교육 분야에서는 어느 정도 진전이 있었지만, 심리치료 교육학은 과정 연구의 획기적인 발전에 큰 공적은 없었다(Pachankis & Goldfried, 2007 참고). 이후 논의하게 될 잘 알려진 여러 과정 측정법 대부분은 임상가의 지속적인 발전을 위한 도구로 사용될 수 있다.

대부분 과정 측정 도구는 특정 연구 질문을 탐구하기 위해 고안되었지만, 핵심 구성개념과 관찰 가능한 회기 내 사건들을 상대적으로 전문 용어 없이 조작화하여 접근했고 직관적인 설명을 제공한 경우가 많았다. 이는 임상가가 치료 과정과 관련된 **지각적 정밀성**(perceptual acuity)의 한계를 극복하는 효율적인 방법이 될 수 있다. 이는 새로운 치료 접근법(보통 각기 다른 지각적 작업 틀을 포함)을 활용한 개입법 배우는 과정에서 거의 다루지 않는 장해물이 된다. 따라서 치료자는 수년에 걸쳐 조금씩 쌓여 가는 임상적 경험에만 의존하기보다 쉽게 접근할 수 있는 과정 연구 도구를 활용해서 얻게 되는 임상적 명확성으로 도움을 받을 수 있다.

진전 상황 평가: '목적지에 곧 도착해 가는가'

Greenberg와 Pinsof(1986)가 크고 작은 결과물에 대한 초기 논의에 따르면, 진전 상황 평가는 본질적으로 단기 평가라 할 수 있다. 이러한 주기적 평가는 매회기나 몇 회마다 정규적으로 시행되며, 치료 목표로부터 내담자의 진전 상황에 대한 지속적인 가치평가인 것이다. 진전 상황 평가에는 크게 세 가지 항목이 있다: ① 치료 만족도; ② 증상 변화–가장 중요한 항목; ③ 변화에 대한 이론 기반의 기능 평가. 치료 만족도 평가는 치료자가 얼마나 잘 치료 수행하고 있는지 또는 치료 과정이 얼마나 잘 진전하고 있는지에 대한 내담자의 지각을 말해 준다. 증상 변화 평가는 치료의 한 시점과 다른 시점 간에 증상과 기능의 변화를 평가하는 것이다. 각 범주에는 다양한 양적, 질적, 구조화된, 반구조화된, 개방형 및 자기 보고식 도구를 사용할 수 있으며 언어적, 수기식, 컴퓨터 기반 시행법도 있다.

왜 진전 상황을 평가해야 하는가

내담자의 진전 상황 평가는 내담자와 치료자 모두에게 큰 부담없이 유용한 것이다. 첫째, 회기 결과가 치료 결과에 미치는 영향에 관한 기존 연구(Lambert, 2012; Pos, Greenberg, & Warwar, 2009)와 진전 상황 평가가 치료를 더 향상한다는 사실(Shimokawa,

Lambert, & Smart, 2010)을 고려해 보면, 내담자가 치료에 투자한 시간과 비용을 극대화함으로써 이득이라 할 수 있다. 둘째, 대부분의 진전 상황 측정은 완료하는 데 2분(예: Partners for Change Outcome Management System: PCOMS; Miller, Duncan, Sorrell, & Brown, 2005)에서 15분(예: Beck Depression Inventory–II: BDI–II; Beck, Steer, & Brown, 1996) 정도만 소요되기에 내담자가 시간적 부담을 갖지 않아도 된다. 현대의 대부분 진전 상황 측정은 온라인으로 시행하고 자동으로 채점되므로 치료자도 추가 시간을 투자할 필요가 없다. 그러한 평가법은 장기적으로 치료자의 시간을 절약해 줄 수도 있다: 비교 치료 연구에서는 치료 과정 상황에서 예상한 성과를 보인 후 치료자에게 진전 상황에 대한 피드백을 받은 통제 집단의 내담자는 예상과 비슷한 성과를 보였지만 치료자에게 진전 상황에 대한 피드백을 받지 않은 내담자보다 평균적으로 한 번의 회기가 적게 필요했다(Lambert, 2012 참고).

또한, 결과 측정의 또 다른 이점은 내담자가 치료자에게 지난 회기 이후나 진전 상황 측정 이후에 자신의 최근 기분, 태도, 또는 어려움을 논의할 수 있는 동기를 갖게 할 수 있다는 것이다. 회기 전 진전 상황 측정에 대한 내담자의 반응을 검토하면, 치료자는 최근의 특정 변화를 미리 파악할 수 있다. 마지막으로, 내담자의 진전 상황을 잘 기억하면서 내담자의 염려 사항이나 얻게 된 이득에 대해 소통하려는 치료자의 노력은 치료 동맹을 강화할 수 있고 이는 치료 결과에 상당한 영향을 미친다(Norcross & Wampold, 2011). 게다가 내담자의 진전 상황을 체계적으로 평가하면 임상가는 내담자의 요구에 따라 치료계획을 좀 더 면밀하게 살펴 가며 조정할 수 있다.

만족도 평가 도구

만족도 평가 도구는 내담자가 치료 회기에 얼마나 만족하는지 또는 치료가 얼마나 도움이 되었다고 받아들이는지를 측정한다. 주어진 회기에서 높은 만족도가 보장된다면, 내담자의 목표가 달성되고 있으며 내담자가 기대하는 대로 치료가 진전되고 있음을 시사한다. 서로 다르지만 널리 사용되는 세 가지 내담자 만족도 평가 도구는 회기 가치평가 질문지(Session Evaluation Questionnaire: SEQ; Stiles, 1980), 치료에 대한 도움 측면 질문지(the Helpful Aspects of Therapy: HAT; Elliott, 1985; Llewelyn, 1988), 회기 평정 척도(the Session Rating Scale: SRS; Miller, Duncan, Sorrell, & Brown, 2005)이다.

회기 평가 질문지(SEQ)

현재 사용되는 형식인 SEQ의 5판 버전(Dill-Standiford, Stiles, & Rorer, 1988; Stiles et al., 1994)은 치료 회기 후 7점 양극점 척도로 21개 문항에 내담자가 평정하도록 구성되어 있다. 이 수기 설문지는 온라인 용으로 쉽게 적용할 수 있다. 문항 내용은 두 부분으로 나눈다: ① 진행 회기의 깊이(즉, 회기의 효과성; Stiles, Gordon, & Lani, 2002)와 자연스러움(즉, 해당 회기에서 경험한 편안함 수준; Stiles et al., 2002)을 기준으로 회기의 가치를 평가하는 영역, ② 이론적으로 확립된(Larsen & Diener, 1992) 두 가지 기분 차원을 기준으로 진행 회기 후 기분을 평가하는 영역: 긍정성과 각성.

점수는 네 가지 차원에 대한 평정의 평균값이며 높은 점수는 깊이, 자연스러움, 긍정성 및 각성이 더 크다는 것을 지적한다. 보통 한 회기의 평정만으로는 충분하지 않지만, 4~6회의 회기에 걸쳐 확인한 평정은 내담자의 전형적인 치료 경험을 대표하는 것으로 볼 수 있다(Stiles & Snow, 1984). SEQ의 각 차원의 내적 일치성 신뢰도는 다양한 환경과 조건에서 모두 높은 수준으로 확인되었다(Stiles et al., 2002). 초기 연구에서는 엇갈린 결과가 나타났으나(예: Stiles, Shapiro, & Firth-Cozens, 1990), 정신역동적 치료의 초기 회기 진전 상황에 대한 최근 연구(Pesale, Hilsenroth, & Owen, 2012)에 따르면 SEQ로 측정한 내담자의 진전 상황이 정신병리, 대인관계, 사회적 및 직업적 기능에서의 개선 결과와 관련이 있는 것으로 나타났다.

치료에 대한 도움 측면 질문지

HAT(Helpful Aspects of Therapy; Elliott, 1985; Llewelyn, 1988) 설문지는 질적-양적 요소가 혼합된 측정이다. 이 질문지는 내담자에게 진행 회기에서 도움이 되었던 사건을 설명하도록 하여 그 경험들이 얼마나 유용했는지를 1 = **약간 도움 됨**부터 4 = **매우 도움 됨**까지의 4점 척도로 표시하도록 요청한다. 이 측정의 다음 단계에서는 방해가 되었었거나 의미 없었던 사건에 대한 설명을 요청한 후 그 방해가 얼마나 컸었는지에 대해 1 = **매우 방해됨**부터 4 = **약간 방해됨**까지의 4점 척도로 평정하도록 한다.

최근의 대규모 연구(Castonguay et al., 2010)에서 내담자와 치료자가 각 회기 후에 HAT의 수정 버전을 사용하여 도움이 되었거나 방해가 되었던 사건들을 기록했다. 그 결과에서 내담자는 자기-알아차림, 문제 명료화, 문제 해결을 치료에서 가장 도움이 되었던 사건으로 보았다. Llewelyn(1988)의 연구에서는 내담자가 진술한 가장 도움이 되었던 치료 측면은 안심, 문제 해결, 통찰에 대한 경험이었다. 치료자와 내담자가 경험했던 도움 사건과 방해 사건에 대한 전체적인 검토는 Llewelyn의 연구와 함께 이와 비교할 만한 연구인 Castonguay와 동료들(2010)의 연구를 참조하면 된다. 또 다른 연구(Holowaty & Paivio, 2012)에서는 HAT를 사용하여 아동 학대 외상 생존자를 위한 감정-중심치료에서 가장 도움이 되는 사건을 확인했다. 상상적 직면을 통한 아동 학대 재료를 탐색하고 자신에게 해당하는 고통과 슬픔을 느낄 수 있도록 하며 두 의자 대화를 통해 자기-갈등을 탐색하는 것이 내담자들이 규정했던 가장 도움이 되었던 사건으로 꼽았다.

단일 사례에서 이 질문지의 주된 효용성은 내담자가 치료자에게 치료 과정에서 무엇을 좋아하고 싫어하는지에 대한 매우 개인화되고 개별특수적인 질적 피드백을 제공해 준다는 것이며, 종종 잠재적인 치료 방향을 제시해 준다는 점이다. 따라서 HAT를 사용한 연구가 모든 회기에서 필수 시행한 것은 아니었지만 임상 실무에서는 분명하고 당연히 유용할 수 있다. 내담자가 도움이 되지 않는다고 생각하는 사건에 대해서 주의를 기울이는 것은 치료 동맹을 견고하게 하는 추가적 이점이 있다(Norcross & Wampold, 2011).

회기 평정 척도

SRS는(Session Rating Scale; PCOMS의 일부; Miller et al., 2005)는 종합적인 회기 평정뿐만 아니라 세 가지 치료 영역(관계, 목표/주제, 접근/방법)에서 내담자 만족도를 평가한다. 각 영역에서 내담자는 해당 진술문이 회기 내에서 경험(예: "나는 치료자가 내 말을 잘 들어줬다고 느꼈으며 이해받고 존중받았다고 느꼈다"; "치료자와 함께 내가 다루고 싶었고 이야기하고 싶었던 것에 관해 다루거나 이야기를 하지 않았다"; "치료자의 접근 방식은 나에게 적합했다")의 특징이 어느 정도였는지를 평정하도록 요청받는다. 전반적인 평가에는 평정 척도의 한 극단에 "오늘 회기에서 뭔가 빠뜨린 것이 있었다"라는 방향의 갈래가 있으며, 또 다른 한쪽 끝에는 "전반적으로 오늘 회기는 나에게 적합했다"라는 방향의 갈래가 포함되어 있다. 이 측정법은 온라인 및 수기 형식으로 제공되며 시행시간은 1분도 걸리지 않는다. 신뢰성은 적절한 수준에서 우수한 신뢰도까지로 확인되었고 타당성도 충분한 수준으로 확인되었다(Campbell & Hemsley, 2009; Duncan et al., 2004).

만족도 측정: 이점과 약점

HAT와 SRS에 비해 SEQ의 강점은 내담자 만족도를 평가하는 데에 좀 더 포괄적이라는 것이다. 게다가 다른 두 가지 측정법과 비교해 이론적으로 도출된 영역에 기반하고 있으며 정량적으로 더 많은 정보를 제공한다고 볼 수 있다. SEQ와 HAT와 비교한 SRS의 이점은 여러 영역을 측정하는 가장 간단하고 사용자에게 익숙한 측정법이며 완료하는 데 소요 시간이 가장 짧다는 것이다. 다른 두 가지 측정법과는 달리 HAT는 내담자가 만족도를 표현할 수 있는 개방형 형식으로 제시된다. 그러한 질적 정보는 임상가에게 내담자의 만족도를 좀 더 풍부하고 기술적 방식으로 정보를 제공할 수 있다는 잠재력이 있다.

증상 변화

많은 증상 변화 측정법은 '결과'를 측정하는 것으로 분류하지만, 치료 진행 과정 전반에 걸쳐서나 주기적으로나 개별 회기 후에 내담자의 증상을 점검하는 데에 사용한다. 이러한 측정은 크게 두 가지의 유형으로 분류할 수가 있다: ① 대부분 임상가가 익숙해하는 수기식의 전통적인 결과 측정법과 ② 좀 더 현대적이고 종합적인 증상 변화의 여러 방식의 측정법.

전통적 결과 측정법

내담자의 증상 변화를 추적하기 위해 잘 알려진 여러 평가 도구들을 사용할 수 있다. 이들 중 다수는 최신 진행 상황 검열 패키지(아래에서 논의함)의 타당성을 확립하는 데 활용되었다. 이러한 전통적인 측정 도구는 일반적으로 덜 종합적이고 목표한 증상 영역에 특화되어 있다. 또한, 이러한 측정 도구는 대부분 수기식으로 시행되며 내담자의 점수는 공시된 절단점수 및 임상 규준과 비교된다. 많은 측정 도구가 임상가들에게 익숙할 것이기에 여기서는 선별한 몇 가지 주요 도구만 소개한다: Beck Depression Inventory(BDI-II; Beck, Steer, & Brown, 1996), Beck Anxiety Inventory(BAI; Beck & Steer, 1990), Hamilton Depression Rating Scale(HAM-D; Hamilton, 1960), Hamilton Anxiety Rating Scale(HAM-A; Hamilton, 1959), Center for Epidemiologic Studies Depression Scale-Revised(CES-D-R; Radloff, 1977), 그리고 Brief Symptom Inventory(BSI; Derogatis, 1993; a short version of the Symptom Checklist 90-Revised) 등이 있다.

BSI를 제외한 대부분의 전통적 측정 도구는 불안이나 우울 증상 중 하나를 평가하는 데 그친다. 하지만 내담자가 불안이나 우울 증상만으로 고통받고 있다고 임상가가 확신할 수 있다면, 드러나는 심리적 문제에 맞는 이러한 측정 도구 중 한 가지를 선택하는 것을 권장한다. HAM-D, HAM-A, CES-D-R의 장점은 해당 도구 모두 무료로 이용할 수 있다는 것이다. 이를 통해 임상가는 일상 정규적 실무에 진전 상황 평가를 도입하여 자유롭게 실험해 볼 수 있다. 이러한 측정 항목 중 두 개 이상을 시행하기로 할 경우, 임상가는 측정 항목 사이에서 중첩 정도를 고려해야 한다: 예를 들어, BDI-II와 BAI 등 불안 및 우울증에 대한 자기 보고 측정 도구 간에는 $r = .66$의 상관이 있다(Beck, Steer, Ball, & Ranieri, 1996).

결과 질문지-45

결과 질문지(Outcome Questionnaire-45: OQ-45; Lambert et al., 2004)는 45개 문항으로 구성된 내담자용 자기 보고 측정 도구이며 OQ-Analyst(OQ-A; Lambert, 2012) 컴퓨터 프로그램을 통해 본격적 회기 시작 전에 시행할 수 있다. 이 질문지는 치료 상황에서 성인 내담자의 진전 과정을 추적하기 위해서 설계되었으며, 내담자의 개선이나 악화를 알려주는 치료자 친화적 인터페이스를 포함한다. OQ-45는 세 가지 영역을 평가하는 세 개의 하위 척도로 구성되어 있다: **심리적 증상 불편감**(주로 불안과 우울), **대인관계**, **사회적 역할 기능**. 각 하위 척도와 함께 전체 점수를 얻을 수 있고 점수가 높을수록 더 큰 어려움이 있음을 의미한다. OQ-A로 시행되는 OQ-45는 내담자의 진전 상황에 대한 피드백을 제공한다. 진전 상황은 내담자의 사전 평가와 비교하는 것뿐만 아니라 내담자의 예상되는 변화 궤적에 관해 수집해 둔 규준 데이터와도 비교하여 다룬다. 이러한 방식으로 OQ-A는 경험적이고 합리적인 알고리즘을 사용하여 어떤 내담자가 위험에 처해 있는지 예측한다. 따라서 이 프로그램은 규준과 비교하고 색상-코드 체계를 사용하여 규준 표본과의 비교를 기반으로 치료자에게 내담자에 대한 네 가지 메시지 중 하나를 제공한다: ① 내담자가 규준 범위에 있으며, 종료를 고려해야 함, ② 내담자가 예상대로 진전을 보이며, 변경할 필요가 없음, ③ 내담자가 예상대로 적절한 진전을 보이지 않으며, 현재 치료를 재검토를 권고함, 현재 치료 형태로는 내담자가 어떤 이득도 얻기 어렵다고 경고, ④ 내담자가 해야 하는 대로 진행되지 않으며, 내담자가 치료를 중단할 수 있다는 경고와 치료 개선을 위한 제안. OQ-45는 강한 내적 일관성과 적절한 검사-재검사 신뢰도, 강한 동시 타당도의 증거가 있다(Lambert et al., 2004). 또한, 연구 결과에 따르면 이 측정법은 다양한 임상 집단의 변화를 정확하게 탐지했지만, 치료받지 않는 개인 집단에서는 안정적인 점수가 유지되었다(Vermeersch et al., 2004).

최근에 OQ-45의 효과성에 관한 연구가 많이 수행되었는데 그 결과는 매우 긍정적이었다. 가장 최근의 메타 분석과 메가 분석 검토에 따르면(Shimokawa et al., 2010), 진전이 순조롭지 않았지만 이러한 사실을 치료자에게 피드백해 준 경우의 내담자는 이러한 진전 상황에 대해 치료자가 피드백 받지 못했던 내담자보다 훨씬 더 좋은 결과를 보였다. 마찬가지로 피드백과 몇 가지 추가 임상 지원 도구를 모두 포함한 OQ-45의 OQ-A 시행을 분석한 결과에서도 비슷한 결과가 나타났다. 이와 더불어 OQ-45에서 사용한 알고리즘은 부정적 결과가 발생하기 전에 치료 실패 위험이 있는 내담자의 85~100%를 식별할 수 있었다(Lutz et al., 2006). 그리고 OQ-45는 이러한 사례를 식별할 때 단순히 임상적 판단만을 사용하는 때보다 더 우수한 것으로 확인되었다(Spielmans, Masters, & Lambert, 2006). 이 도구는 미국에서 개발한 것이지만 이후 캐나다, 유럽, 남미에도 도입되었고 모든 연구에서 이 측정 도구를 사용하면 치료 실패율을 감소하는 것으로 나타났다.

일상 정규적 가치평가 과정에서 임상적 결과-결과 측정

일상 정규적 가치평가에서 임상적 결과-결과 측정 도구(Clinical Outcomes in Routine Evaluation-Outcome Measure: CORE-OM; Barkham et al., 1998)는 최종의 치료 결과를 평가하기 위하여 설계된 34개 문항의 자기 보고식 질문지이긴 하지만, 치료의 전체 과정에 걸쳐 사용할 것을 권장한다. 이는 수기 또는 전자식으로 시행할 수 있다. 내담자는 네 가지 영역의 진술문에 동의하는 정도를 5점 척도로 평정한다. 1 = **전혀 그렇지 않다**에서 5 = **대체로 또는 항상 그렇다**. CORE-OM은 다음 영역을 측정한다: ① 주관적 웰빙; ② 문제/증상(주로 우울과 불안이며 신체적 문제와 외상도 포함); ③ 생활 기능; 그리고 ④ 자기/타인 위험 요소. 총점도 얻을 수 있으며 점수가 높을수록 심리적 불편감 수준이 더 높다는 것을 나타낸다. 내담자의 진전 상황에 대한 피드백은 이러한 점수를 바탕으로 치료자에게 제공된다. CORE-OM은 괜찮은 수렴 타당도와 함께 좋은 내적 신뢰도와 검사-재검사 신뢰도가 확증되었다(Evans et al., 2002). 이 도구는 영국에서 표준화되었고 현재는 전국적으로 적용되고 있다. 또한 광범위한 정신건강 서비스 영역에서 사용되고 있다(Mellor-Clark & Barkham, 2012).

치료 결과 패키지

치료 결과 패키지(Treatment Outcome Package: TOP; Kraus, Seligman, & Jordan, 2005)는 심리적 기능을 종합적으로 평가하기 위해 설계된 58개의 질문으로 구성되어 있다. 이 패키지는 컴퓨터로 시행하여 전산(또는 종이와 팩스) 처리되며 각 12개 영역을 개별적 척도로 평가한다: 우울증, 공항, 정신증, 자살 관념, 폭력, 조증, 수면, 물질 중독, 사회적 갈등, 작업 기능, 성적 기능, 삶의 질(Youn, Kraus, & Castonguay, 2012). 내담자의 증상 점수는 추적되고 임상가는 측정 완료 후 내담자의 진전 상황에 대한 정보를 전달받는다. 이는 좋은 검사-재검사 신뢰도와 적합한 판별 및 수렴 타당도가 입증되었다(Kraus et al., 2005). 또한, TOP는 신뢰할 수 있는 변화를 추적할 수 있고 임상과 비임상 집단을 구분할 수 있다.

증상 변화의 측정: 이점과 단점, 그리고 시사점

좀 더 전통적이고 집중적인 수기형 측정법과 비교했을 때, 현대적이고 전자적으로 시행되는 진전 상황 검열 패키지는 여러 추가적인 이점이 있다. 첫째, 일반적으로 좀 더 종합적이다. 둘째, 컴퓨터를 통해 치료자가 쉽게 실시하고 추적할 수 있다. 셋째, 내담자의 진전 상황을 임상가에게 알려 줌으로써 결과물에 대한 채점과 평가를 자동화할 수 있다. 마지막으로 쉽게 해석할 수 있는 그래픽 시간 추적이나 잠재적인 권고 사항을 제공한다.

이상의 세 가지 진행 상황 검열 도구들은 각각 그 자체로 증상 변화를 강력하고 편리하게 측정한다. 증상 측정 도구들과 마찬가지로 이상의 측정법은 치료 방향과 관련하여 비이론적이라 할 수 있고 내담자 경험의 다양한 측면과 맞닿아 있다. 세 가지 측정법 모두가 연구를 통해 괜찮은 지지를 받고 있다. OQ-45와 비교하여 CORE-OM과 TOP는 불안, 우울 외에도 다른 영역에서 증상 변화를 측정한다. TOP는 각기 다른 증상 영역을 평가한다는 점에서 더 우수하다. CORE-OM과 TOP가 평가하는 영역과 다소 겹치긴 하나 OQ-45는 대인관계 기능에 중점을 두고 있다는 점에서 이점으로 볼 수 있다. OQ-45와 비교하여 CORE-OM과 TOP는 타인에 대한 자살 가능성과 폭력성을 평가하는 문항이 더 많다. OQ-45의 고유한 특징은 치료 실패 위험이 있는 내담자를 식별하도록 예측 알고리즘이 설계되어 있다는 점인데, 이는 개업 실무 장면에서 임상가의 필요에 더 적합할 수 있다. 이와 반대로 CORE-OM은 치료의 질적 관리를 다면적으로 효율적 비교를 할 수 있도록 설계되었다. 마지막으로, TOP는 조증과 같은 증상을 평가하는 좀 더 종합적인 증상 측정 도구이지만 문항 수가 가장 많고 수행을 완료에 더 많은 시간이 걸린다. 이러한 진전 상황 모니터링 측정 및 이와 유사한 여타 측정 도구에 대한 좀 더 종합적인 검토는 www.mpprg.mcgill.ca/progress%20monitoring.html에 방문하여 확인하거나 Overington와 Ionita(2012)의 연구를 참조할 수 있다.

기존 이론적 관점으로부터 기능적 변화

지금까지 설명한 대부분의 측정 도구는 증상 중심적이고 치료의 지향과 관련해서 비이론적이었다. 하지만 현실에서는 실제로 많은 치료자가 적어도 일정 부분은 특정 접근법을 사용하여 치료 수행을 하고 있다. 이에 따라서 내담자에게 적용된 이론적 지향에 따라 내담자의 진전 상황이 드러나는 기능적 변화를 알아차리는 것이 중요하다. 예를 들어, 인지 치료자들은 주기적으로 내담자의 태도를 평가하는 것이 유용함을 알고 있다. 역기능적 태도 척도-단축형(Dysfunctional Attitude Scale-Short Forms)은 인지 이론에서 개념화한 우울 과정을 측정하는 신뢰할 수 있는 측정법으로 알려져 있고, 이는 9개 문항으로 구성된 두 가지 자기 보고 척도이다(Beevers, Strong, Myer, Pilkonis, & Miller, 2007).

마찬가지로, 감정-중심치료의 관점에서는 내담자가 과거의 대인관계 트라우마나 원한(즉, '미해결 문제')을 얼마나 극복했는가는 진전 과정에서 중요한 양태를 보여 준다. 해결 정도 척도(Degree of Resolution Scale; Singh, 1994)는 내담자가 주요 회기 후에 완료하는 11개 항목으로 구성되어 있다(어떤 경우에는 치료자가 평가함). 이는 내담자가 부정적인 감정과 충족되지 않은 욕구로 인해 얼마나 괴로움을 느끼는지, 그리고 특정 타인과 관련하여 자신이 가치 있게 느끼고 수용 받는다고 느끼는 정도를 평가한다. 이러한 진전 상황에 대한 이해는 사례 공식화와 치료계획의 중요한 부분을 뒷받침한다. 이 척도는 연구 도구로 자주 인용되지만, 이 접근법은 임상가가 치료 진전 상황을 측정하는 위한 지표로 오랫동안 사용해 온 것이다. 그러하듯 이 척도는 감정-중심치료의 여러 치료 매뉴얼에서 반복하여 소개되어 있다(예: Paivio & Pascual-Leone, 2010의 〈부록 C〉 참조). 이와 비교해 보면, 정신역동적 임상가들은 치료 과정 전반에서 내담자의 전이 패턴이 내담자의 변화에 중요하다고 본다(예: Gelso, Kivlighan, Wine, Jones, & Friedman, 1997 참조). 이러한 변화는 비이론적 진전 상황 측정법으로는 포착할 수 없지만, 특히 해당 특정 치료 방향에서 진전 상황을 평가하고 치료계획을 이끄는 데에 사용된다면 임상가에게는 여전히 의미가 있다. 비록 경험적으로 도출된 측정법이 이러한 합리적이고 임상적 기반의 측정법보다 더 정확한 것으로 받아들일 수도 있지만, 내담자의 진전 상황을 평가하는 데에 있어 임상적 지혜를 가볍게 여겨서는 안 된다.

진전 상황 평가에 대한 결론적 생각: 다중방식 접근의 필요성

실제 변화와 지각된 변화의 차이를 유념하는 것도 중요하다(Kazdin, 1999). 내담자 만족도는 지각된 변화를 나타내며, 놀랍게도 실제 증상 변화와 항상 직접으로 관련이 있는 것은 아니다(Lunnen & Ogles, 1998). 따라서 내담자의 관점을 해석하는 데에는 분명 어려움이 따르며, 증상 변화에 대한 객관적 측정 결과(자기 보고를 통한 측정)와도 상충할 수 있다. 하지만 Kazdin(1999)이 본 것처럼, 특히 엄격한 치료 연구를 통해 모델화된 증상 변화의 강조는 종종 연구자의 관점을 반영한다. 따라서 증상 변화 측정은 신뢰할 수 있지만, 특정 내담자에게 실제로 가장 중요한 그 무엇인가에 항상 적합하게 반영하지 못할 수도 있다. 따라서 임상가가 내담자의 만족도를 단일 척도로 사용하는 것은 현명하지 못하지만(사용하기가 가장 쉬운 방법일지라도), 특히 외래 심리치료를 받는 성인 대상에게는 내담자가 가진 관점을 이해하기 위해 노력하는 것이 필수적이다.

결론적으로, 치료 과정의 다면적인 속성을 이해하기 위해서는 다양한 접근법을 통해 진전 상황을 평가하는 것이 필요하다. 시간 경과에 따른 목표 증상 변화에 대한 정보, 내담자 만족도, 적용되는 이론적 맥락에 따른 내담자 기능에 대한 측정값들은 각각의 진전 상황과 관련된 상호 보완적인 관점을 제공한다. 단독 평가 방법만 사용하는 경우, 임상가가 나무만 보면서 숲을 보지 못할 위험이 있으며, 그렇지 않다면 다른 방법으로는 쉽게 파악할 수 있는 임상적으로 중요한 변수들을 간과할 위험이 있다. 다중방식평가는 임상가에게 종합적이고 지속적인 사례 개념화를 도와주고, 치료계획 수립에 도움을 줄 뿐만 아니라 시간 경과에 따른 변화를 신뢰성 있는 기록을 제공하여 임상가 스스로 노력을 평가할 수 있도록 해 준다.

과정 평가: 지금 무슨 일이 벌어지고 있는가

진전 상황 평가는 내담자가 증상 변화나 만족도 측면에서 '올바른 방향'으로 가고 있는지 측정하는 반면, 과정 평가는 순간에서 순간 시점 사이에서 발생하는 사건들로 확인되며, 치료의 진전 상황과 결과를 예측하는 '방법'과 '내용'으로 여겨진다. 따라서 과정 평가는 보통 내담자나 치료자의 내적 경험(예: 감정 상태, 대인관계 경험, 전이, 병식) 또는 순간에서 순간 시점 사이의 관찰 내용(예: 과정에 대한 관찰된 깊이, 관점의 중요한 변화, 인지 틀)을 평가한다. 예를 들어, 치료 관계의 질은 효과적인 치료의 필수적인 부분이지만(즉, 과정), 그 자체가 미래에 보려는 최종 치료 결과는 아니다. 마찬가지로, 내담자가 새로운 통찰을 얻는 것은 중재 요인으로서 역할을 하는 회기 내 중요 사건(과정 표식, 즉 작은 'o')이지만, 이는 행동 변화나 증상 변화와 같은 치료 진전 상황(큰 'O')과 같다고 볼 수는 없다. 이 장에서 다루는 목적상(그리고 회기 내 과정을 차별적으로 평가하고 촉진하기 위한 치료 접근법의 범위를 유념하는 것), 우리는 과정 평가 도구를 두 가지 범주로 구성한다: ① 치료적 관계, ② 치료의 작업 단계에서 점차 더 중요해지는 회기 내 내담자 과정이라고 통칭하는 다양한 범주이다.

치료적 관계

잘 알려진 공통 요인 중 치료 동맹은 심리치료 결과와 관련된 가장 잘 확립된 회기 내 과정으로서 예측 상관계수는 .22~.29 범위에 있다(Horvath, 2005). 괜찮은 수기식 측정 도구가 여러 가지 존재하지만, 일상 정규적 실무 장면에서는 Horvath와 Greenberg (1989)의 원판 척도를 기반으로 한 단축판 자기 보고 도구인 작업 동맹 검사-단축판(Working Alliance Inventory-Short Revised Version: WAI-SR; Hatcher & Gillaspy, 2006)을 권장한다. 이 검사를 완료하는 데 1~2분이 소요되며, WAI-SR은 내담자와 치료자 간의 치료적 관계의 깊이를 측정하도록 설계되었다. 이 도구는 1점(전혀 동의하지 않음)에서 5점(매우 동의함)까지의 12개의 리커트 척도로 구성되어 있으며, 내담자는 목표 설정 과정, 문제를 해결 과제, 대인관계 유대감에 대한 협력적 절차를 평가한다. 이 측정 도구의 신뢰도 계수는 만족스러운 수준(.88~.92)에 속하고 있으며 구성 타당성도 탄탄하다. 치료 동맹은 보통 회기 전후에 측정한다. 흔히 편의상 진전 상황 검열 측정과 같이 실시한다; 하지만 자기 보고 형식임에도 불구하고 치료 동맹 평가는 실제로 회기 과정 동안 활성화되는 변수를 말하는 것이므로 과정 측정(그리고 증상 진전 상황에 관한 중간 결과)이 된다. 치료 초기에 좋은 관계를 평가하는 것은, 특히 5회기 이내에 중요하고 예측할 수 있는 과정 정보를 얻을 수 있다. 치료 후반기에서도 훌륭한 치료 과정의 필수적 조건으로 여김으로써 다른 긍정적 과정-결과 관계를 매개하는 경우가 많고, 이 때문에 문제를 배제하기 위해 여전히 사용할 수 있다(예: Pos et al., 2009의 매개 모델 참조).

회기 내 내담자 과정

회기 내 과정 평가는 왜 해야 할까

심리치료 연구자들은 심리치료의 질을 높이거나 훈련을 목적으로 과정 측정을 재구성하여 사용하기를 권장하는 경우는 드물다. 그렇기는 하지만 명시적으로 인정하지 않고 있는데도 불구하고, 특히 연구와 임상 수련이 '한 지붕 아래'에서 이루어질 때 실제 현장에서는 종종 사용된다. Hilsenroth(2007)는 이러한 유형의 전이를 명시적으로 제안한 몇 안 되는 연구자 중 한 명이다: 그는 비교 심리치료 과정 척도(Comparative Psychotherapy Process Scale: CPPS)를 수련생에게 인지-행동적 개입과 대인관계적-정신역동적 개입을 변별하는 특징에 친숙해지도록 하는 훈련 도구로 사용할 것을 제안했다. 하지만 이 아이디어는 더욱더 발전시킬 수가 있다: 과정이나 개입을 측정하는 방법(CPPS 등)은 수련생이 치료자로서 무엇을 해야 할지를 파악하고 이해하는 데 도움이 될 수 있는 반면에, 내담자 과정 측정은 임상가가 내담자와의 회기 동안 무슨 일이 일어나고 있는지를 인식하는 데 도움이 된다.

Pascual-Leone와 Andreescu(2013)가 설명했듯이, 현재 심리치료 훈련의 현재 접근법은 개입 기술을 강조하는 경향이 있는 반면에, 임상가의 지각적 정밀성, 즉 핵심적인 내담자 과정을 인식하고 이해하는 능력을 개발하는 문제는 너무 주목받지 못하고 있다. 그들은 이러한 불균형이 임상가의 지각적 정밀성과 민감성을 높이고 회기 내 현상을 인식하고 해석하는 데에 도움이 될만한 공식적 전략의 부족 때문일 수도 있다고 주장한다. 이러한 측면에서 내담자 과정 측정이 특히 유용할 수 있다. 따라서 과정 평가를 공식적 · 비공식적으로 활용하는 한 가지 목적은 임상가가 심리치료와 진단 면담 과정에서 순간에서 순간 시점 간에 발생하는 중요한 치료적 사건을 파악하는 능력을 기르는 것이다.

과정 측정법의 사용

과정 연구 측정법은 경험적 그리고 정신역동적 치료에서 가장 큰 영향을 받았다. 이러한 이유로 아래에 설명한 많은 도구는 이러한 전통에서 비롯된 구성개념을 기반으로 한다. 이 측정법들은 근본적인 내담자 관찰을 반영하기에 우리는 측정법들이 통찰 지향적 심리치료에 쉽게 적용될 수 있다고 생각한다. 게다가 모든 측정법이 탄탄한 심리측정학적 근거가 있고 치료 결과와도 중요한 관련성이 있다고 알려져 있는데, 이 장에서 우리의 목표는 권장할 만한 도구를 강조하면서 그 기본 아이디어와 잠재적 활용 방안을 전달하는 것이다. 과정 평가를 개선하려는 임상가는 결정된 측정법에 대한 관련 기호화 기준을 고려하면서 치료 회기의 영상이나 음성 기록을 검토하기를 바란다. 연구 절차에서 설명하는 기호화 신뢰도는 이러한 실무 상황의 경우 굳이 언급하지 않지만, 시간이 지나면서 임상가는 회기 내 과정 표식에 민감해질 것이다. 이는 임상가의 지각적 정밀성을 향상하고 궁극적으로 생동감 있는 회기 내 관찰 또는 순간에서 순간 시점 간 '과정 진단'을 할 수 있도록 도와준다.

내레이티브와 화법에 대한 과정 측정

한창 수련 중인 치료자들은 종종 내담자가 자극적인('핫한') 내용에서 벗어나려는 것을 즉각 알아차리지 못하는 경우가 많다. 하지만 내레이티브 과정 측정법(Angus, Levitt, & Hartke, 1999)은 임상가가 내담자의 자생적인 내레이티브 유형의 변화에 주의하도록 하는 데에 도움이 될 수 있다. 첫째, 이러한 연구 측정법은 내담자가 외현적 내레이티브(즉, 줄거리 구성과 등장인물)에서 좀 더 내부적 내레이티브(즉, 의미와 경험)로 미묘한 변화를 주는 것에 대해 임상가가 이를 지각하고 인식하며 추적하는 데에 도움을 줄 수 있다. 둘째, 이러한 통각적 작업 틀은 임상가가 개입하여 내담자가 좀 더 괜찮아질 만한 과정(즉, 내적 이야기, 뜨거운 인지)으로 정교히 꾸밀 수 있게 적극적으로 촉진해 준다면, 그 순간에 맞춰 방향을 잡는 데에 도움 되는 시각을 제공한다.

비슷한 예로, 매우 외향적이고 빠르게 말하며 강의하는 듯한 목소리와 부드럽고 탐색적이면서도 잠시 멈춰 가며 말하고 내부에 집중하는 목소리와 같은 특정 내담자의 음성적 속성은 각각 비생산적인 과정과 생산적인 과정으로 조작화하는 것과 연결된다(Rice & Kerr, 1986). 이러한 음성적 특성에 대한 설명은 내담자의 내적 과정과 순간에서 순간 시점 간의 개입에 대한 필요성에 대해 매우 직관적이고 쉬운 단서를 제공할 수 있다. 같은 맥락에서 초보 치료자는 종종 치료 회기 동안 침묵을 불안해한다. 내담자의 생산적인 침묵과 방해가 되는 침묵에 관한 연구(Levitt, 2001)에 익숙해지면 수련생은 내담자에게 무슨 일이 일어나고 있는지, 회기 내에서 발생하는 침묵에 어떻게 대응해야 하는지에 대한 실용적이고 즉각 적용할 수 있는 정보를 제공한다.

좋은 경험적 과정과 관여를 평가하기

심리치료 내에서 내담자의 경험 수준은 개인적인 심리적 고통과 관련된 느낌과 의미에 관여하고 탐색하는 정도를 말한다. 내담자 경험 척도(The client experiencing scale; Klein, Mathieu-Coughlan, & Kiesler, 1986)는 특정 유형의 처리 과정이 다른 과정에서보다 더 많이 관여되고 더 의미 있게 진행된다고 본다. 7점 관찰자 평정 척도는 오랜 기간 효과적인 치료 과정의 훌륭한 표준으로 사용되어 왔다. 경험 수준이 가장 낮은 경우 내담자는 감정을 포함한 자신의 내부 경험을 말하지 않는 대신 감정이 제거된 방식으로 외적 사건을 이야기한다. 경험 수준이 가장 높은 경우 내담자는 자신의 내부 경험의 모든 측면에 깊이 관여할 뿐만 아니라 새롭게 떠오르는 요소들을 통찰력 있고 의미 있는 방식으로 통합한다. 평정은 서면이나 오디오 텍스트 자료를 바탕으로 시행되지만, 이 척도에 매우 익숙한 임상가들은 실제 상황에서 바로 평정할 수 있다.

최근 11개의 과정-결과 연구와 458명의 내담자를 대상으로 한 메타 분석(Yeryomenko, 2012)에 따르면, 회기 내에서 내담자의 경험 수준이 높게 평가될수록 경험적, 정신역동적 · 인지적 치료 접근법에서 좋은 치료 결과를 예측할 수 있음을 볼 수 있다. 게다가 경험 척도의 예측 효과 크기는 $r = .24$로 추정되었고, 이는 치료 동맹의 예측력(Horvath, 2005)과 비슷한 수준이다. 이러한 관찰자 평정 척도를 능숙하게 사용하는 것은(특히 경험적 전통에서) 치료자가 내담자의 해당 순간의 과정에서 방향을 잡도록 도와주고 이것이 정서적이든 인지적이든 간에 본질적인 것으로서 회기 내에서 내담자의 의미 탐색 수준을 의도적으로 더 깊이 탐구하도록 도와주는 것으로 알려져 있다. 이는 정서적이든 인지적이든 모두 해당하는 사항이다. 하지만 오늘날 감정-중심치료를 연구하는 임상가들은 이러한 연구 교육이 가능할 때마다 해당 경험 척도를 사용하여 연습하도록 권장한다. 게다가 이 평정 척도가 여러 치료 매뉴얼(예: Elliott et al., 2004; Paivio & Pascual-Leone, 2010)에 재수록되어 있다는 사실은 치료 과정을 평가하고 치료를 수행해 나가는 데에 중요성을 방증한다.

전이 패턴 평가하기

핵심 갈등 관계 주제(The core conflictual relationship theme: CCRT; Luborsky, Popp, Luborsky, & Mark, 1994) 방법은 프로이트의 전이 가설을 검증하고 확인하기 위한 새로운 심리치료 과정 연구 도구로 처음 소개되었다. 그 이후로, 역동적 치료를 배우는 임상가들에게 전이 구성개념을 명확히 소개하고 사례 공식화를 돕는 방법으로 점점 더 많이 사용되고 있다. CCRT 과정 측정 도구 사용의 자연스러운 전환(연구 목적에서 훈련 및 실무로의 전환)은 치료 매뉴얼이나 교육 문헌에서 자주 언급되지는 않았다. 그런데도 CCRT를 축어록에 적용하여 능숙하게 사용할 수 있게 되면 임상가들은 정신역동적 치료에 중요한 지각적 작업 틀에 민감해질 수 있다. 이러한 지각적 작업 틀은 우리가 제안하는 훈련 및 지속적 교육 전략의 핵심 요소이다.

회기-내 관계적 단절 평가하기

치료적 관계의 일반적인 상태는 앞서 설명한 대로 내담자 보고를 통해 평가할 수 있지만, 연구에 따르면 내담자는 관계 단절이 발생했을 때 이를 공개적으로 말할 가능성이 훨씬 낮은 것으로 나타났다(Safran, Samstag, Muran, & Stevens, 2001). 하지만 회기 내 관계

단절을 연구하기 위해 사용한 연구 기준(Safran et al., 2001)은 이제 특정 모범 사례에 반영되었다. 따라서 대인관계 단절을 인지하고 관리하기 위한 원래의 연구 기준은 다양한 역동적 · 경험적 · 통합적-인지적 접근(예: Castonguay et al., 2004)에 영향을 미쳤다. 임상가들이 내담자와 치료자 간에서 다양한 유형의 관계단절을 탐지하고 분류하기 위해 사용된 초기 연구 기준과 치료적 관계를 회복하는 단계에 익숙해진다면, 핵심적인 관계적 특징을 파악하고 다루는 데에 구체적인 지침을 얻을 수 있다.

과정 평가 도구 사용을 위한 근거

우리가 논의한 모든 과정 평가 도구에 대해, 주어진 현상과 관련된 근거를 단순히 학습하는 데 그치지 말고 임상가는 임상 실무에서 얻게 된 녹음기록이나 영상 편집본을 기호화하거나 평정하는 연구 관련 교육 실습에 포함시키는 것이 좋다. 이는 임상가 내담자에게 적재적소에 예리한 개입을 위해 필수적인 지각 훈련을 제공하기 위함이다. 이러한 도구 중 상당수는 이미 치료 접근법에 담겨 있거나 과정 연구자와 학생들 사이에서 비교적 비공식적으로 사용되고 있지만, 아직 실증적 연구는 거의 없다. 하지만 Pascual-Leone와 Andreescu(2013)의 연구에 따르면, 이러한 접근법은 8~10주에 걸친 모듈 방식으로 초보 임상가의 훈련 과정으로서 쉽게 통합될 수 있다.

실무 장면에서의 통합적 적용

대학 기반 클리닉에 있는 많은 실무 연구 네트워크는 이제 연구와 치료자를 훈련하기 위해 사용되는 표준화된 진전 상황 및 과정 측정법을 도입하고 있다(예: Castonguay et al., 2010 참조). 이러한 환경에서 임상 프로토콜 예시들은 임상가가 연구-실무 간의 격차를 어떻게 메울 수 있는지 설명하는 데에 도움이 된다(Teachman et al., 2012). 최근에 우리는 대학 치료 클리닉에 이러한 일상 정규적 평가를 도입했다. 한 사례로 중등도 우울증, 잦은 알코올 남용, 자해 병력으로 힘들어하는 22세 여성 'Stacey'의 치료는 진전 상황 및 과정 평가를 통해 분명히 나아진 모습을 보였다. Stacey는 치료를 시작하기 전부터 도움을 요청하는 데에 강한 양가적 마음을 표현했기에, 이는 중도 탈락 가능성의 위험이 드러난 주제였다. 하지만 우리 클리닉에서 정기적 진전 상황 평가에 따라 Stacey는 치료 회기 시작 10분 전에 와달라고 요청받았다. 대기실에서 기다리는 동안 인터넷이 연결된 노트북으로 진전 상황 측정(OQ-45)을 작성했다. 치료자는 그녀를 만나기 직전에 개인 사무공간에서 즉각 채점하고 피드백을 할 수 있었다. 이 도구를 통해 치료자는 Stacey의 당면 상황과 그녀의 전반적인 기능에서 특정 중요한 변화를 경고해 주었을 뿐만 아니라, 그녀가 인정한 특정 결정적 문항(예: 폭음이나 자살 사고와 관련된 것)을 두드러지게 다룰 수 있었다. 각 회기가 끝날 때마다 Stacey는 5분을 더 들여 내담자 만족도(HAT)에 대한 수량적 측정을 완료했고 치료 동맹에 대한 과정 측정(WAI-RS)도 함께 시행했다.

Stacey의 치료 진전 상황이 초기 몇 회기 동안 답보 상태에 있을 때, OQ-A의 알고리즘은 그녀가 표준 진행 궤도와 비교해서 진전되지 않았음을 가리키는 '적색 깃발'을 보여 주었고 내담자 중도 탈락의 위험을 경고했다. 그 결과 치료자는 좀 더 시급하게 이러한 우려를 탐색할 수 있었고, WAI-RS와 HAT는 회기가 끝날 때마다 치료에 대해 내담자가 갖게 된 인상과 함께 취약한 치료 관계를 검토하기 위한 피드백을 제공했다. Stacey의 특정 사례에서 측정 결과는 치료 동맹과 관련하여 느리지만 꾸준한 향상을 보였다(WAI-RS 점수는 24/60에서 36/60으로 상승했지만 이러한 결과는 개선이 되었다 해도 여전히 미미한 것이다). 그러나 HAT 피드백에서는 Stacey가 "과제수행을 통해서 내 문제를 통제할 수 있다고 느꼈다"라는 느낌을 보고했고 겉으로 표현하고 싶어 하면서도 주저하는 듯 보였다(예: "정말로 나를 괴롭히는 것에 관해 이야기할 수 없음"). 이 정보를 바탕으로 치료자는 치료를 위한 새로운 과제를 제안하고, 솔깃해할 만한 방식으로 치료 관계에 대해 명확히 이야기를 나누었다.

우리 클리닉에서 근무하는 치료자들은 핵심 과정 측정법을 충분히 활용할 수 있도록 훈련받았으며, 슈퍼비전을 진행하기 전에 회기 영상을 검토할 때 회기 중 눈에 띄는 과정 표식을 파악하는 데 이러한 측정 도구를 사용하도록 권장한다. Stacey가 자신의 고통을 이해하도록 돕기 위해, 치료자는 순간에서 순간 시점 간의 관찰 과정 측정 도구(내담자 경험 척도와 CCRT)를 지각적 가이드로 사용하여 내담자의 스쳐 가는 해당 순간의 과정을 파악하였다. 슈퍼비전은 또한 치료에서의 주요 사건(예: 낮은 수준으로 경험한 기간, 치료 동맹의 어려움)을 강조하기 위해 과정 도구를 활용하였고, 치료자가 Stacey의 치료 요구사항을 다루기 위한 구체적인 제안을 해 주었다. 치료 접근법을 변경하면서 치료 동맹 평정은 개선되었고(51/60), OQ-A는 Stacey가 '정상 궤도 위로' 재진입했음을 지적했다. 중도 탈락 위험을 방지한 것이다. 이러한 측정법은 본질적으로 치료의 활력 징후를 평가하기 위한 일련의 도구 세트를 제공한다: 진단 재정의, 치료계획수립에 기여, 위험도 검열, 실제 삶에서 행동의 근간이 되는 의미, 맥락 또는 동기를 명확히 하는 데 도움이 되는 정보.

결론

이런 종류의 지속하여 진행되는 평가는 아직 널리 실무에 사용되지는 않고 있다. 실제 측정을 하는 수행과 관련된 자원의 부담(예: 잠재적 보상의 부족, 내담자 피로, 데이터 저장 및 관리)이 이러한 측정법을 장착하여 사용하는 데 명백한 장애물처럼 보일 수 있지만, 실제로는 우리가 살펴본 것처럼 그리 큰 부담은 아니다. 우리가 비공식적인 설문 조사와 학술회의 토론에 참여한 결과를 고려해 보면, 진전 상황과 과정 측정을 실제로 실무에 도입하는 데 가장 큰 장애물은 실무가의 학습 곡선일 수도 있다. 이 문제는 새로운 도구 사용에 대한 익숙함의 부족, 교육의 필요성 그리고 지속적인 평가가 일상적으로 자리 잡기 전까지 실제 치료 과정에서 집중도를 떨어트릴 수 있다는 우려를 하게 한다.

이러한 상황임에도 불구하고 진전 상황 및 과정 평가는 기존 관행을 변경한다는 것을 의미하면서도 동시에 임상적 작업에서 여러 가지 뚜렷한 이점을 제공한다. 연구 및 질적 관리 프로그램에서 사용되는 사전-사후 결과 평가와 달리, 진전 상황 모니터링은 치료에 대한 내담자의 만족도와 치료 동안의 증상 변화에 대한 정규적인 피드백을 제공한다. 어떤 형태로든 치료에서 일상 정규적 평가를 사용하면 임상가가 다음 회기에서 신속하게 다루어야 할 중요한 변화(예: 증상 및 치료에 대한 만족도)를 알아차릴 수 있을 것이다.

지금까지 내담자 과정 측정은 심리치료의 개선을 위한 방법으로 비공식적으로 소개되었는데, 하지만 진전 상황 모니터링과 함께 이는 분명히 심리치료 평가의 최전선에 서 있다. 과정 평가 도구는 독특한 이점을 제공하며, 실무 치료자의 날카로운 통찰력을 개발하는 데에 아주 유용할 뿐만 아니라 교육 및 슈퍼비전 등 공식적인 목적으로도 매우 유용하다. 이러한 도구는 임상가가 해당 회기 내 현상에 민감하게 반응하도록 하며 지도감독자가 내담자 과정의 관련 표식을 관찰한 후 구체적 개입을 제안하는 데에 도움을 줄 수 있다. 앞서 설명한 임상 사례처럼 실무자들은 몇 가지 측정법을 신중하게 선택하고 이러한 평가의 목적이 치료를 촉진하는 것임을 명심해야 한다. 진전 상황 및 과정 평가 도구는 최상의 치료 실무를 선도하고 있으므로, 일상 정규적 심리치료의 보조적 도구로 간주해야 한다.

참고문헌

Angus, L., Levitt, H., & Hartke, K. (1999). The narrative processes coding system: Research applications and implications for psychotherapy practice. *Journal of Clinical Psychology, 55*(10), 1255-1270.

Barkham, M., Evans, C., Margison, F., Mcgrath, G., Mellor-Clark, J., Milne, D., et al. (1998). The rationale for developing and implementing core outcome batteries for routine use in service settings and psychotherapy outcome research. *Journal of Mental Health*, *7*(1), 35-47.

Beck, A. T., & Steer, R. A. (1990). *Manual for the Beck Anxiety Inventory*. San Antonio, TX: Psychological Corporation.

Beck, A. T., Steer, R. A., Ball, R., & Ranieri, W. F. (1996). Comparison of Beck Depression Inventories-IA and -II in psychiatric outpatients. *Journal of Personality Assessment*, *67*(3), 588-597.

Beck, A. T., Steer, R. A., & Brown, G. K. (1996). *Manual for the Beck Depression Inventory* (3rd ed.). San Antonio, TX: Psychological Corporation.

Beevers, C. G., Strong, D. R., Myer, B., Pilkonis, P. A., & Miller, I. W. (2007). Efficiently assessing negative cognition in depression: An item response theory analysis of the dysfunctional attitude scale. *Psychological Assessment, 19*, 199-209.

Bergin, A. E., & Garfield, S. L. (1994). *Handbook of psychotherapy and behaviour change* (4th ed.). New York: Wiley.

Budd, R., & Hughes, I. (2009). The dodo bird verdict-controversial, inevitable and important: A commentary on 30 years of meta-analyses. *Clinical Psychology and Psychotherapy, 16*, 510-522.

Campbell, A., & Hemsley, S. (2009). Outcome Rating Scale and Session Rating Scale in psychological practice: Clinical utility of ultra-brief measures. *Clinical Psychologist*, *13*(1), 1-9.

Castonguay, L. G., Boswell, J. F., Zack, S. E., Baker, S., Boutselis, M. A., Chiswick, N. R., et al. (2010). Helpful and hindering events in psychotherapy: A practice research network study. *Psychotherapy: Theory, Research, Practice, Training*, *47*(3), 327-344.

Castonguay, L. G., Schut, J. A., Aikins, E. D., Constantino, J. M., Laurenceau, P. J., Bologh, L., et al. (2004). Integrative cognitive therapy for depression: A preliminary investigation. *Journal of Psychotherapy Integration, 14(1)*, 4-20.

Derogatis , L. R. (1993*). Brief Symptom Inventory: Administration, scoring and procedures manual* (4th ed.) Minneapolis, MN: NCS, Pearson.

Dill-Standiford, T. J., Stiles, W. B., & Rorer, L. G. (1988). Counselor-client agreement on session impact. *Journal of Counseling Psychology*, *35*(1), 47-55.

Duncan, B. L., Miller, S. D., Reynolds, L., Sparks, J., Claud, D., Brown, J., et al. (2004). The session rating scale: Psychometric properties of a "working" alliance scale. *Journal of Brief Therapy*, *3*(1), 3-12.

Elliott, R. (1985). Helpful and nonhelpful events in brief counseling interviews: An empirical taxonomy. *Journal of Counseling Psychology*, *32*(3), 307-322.

Elliott, R., Watson, J., Goldman, R. N., & Greenberg, L. S. (2004). *Learning emotion focused therapy: A process experiential approach to change.* Washington, DC: American Psychological Association.

Evans, C., Connell, J., Barkham, M., Margison, F., McGrath, G., Mellor-Clark, J., & Audin, K. (2002). Towards a standardised brief outcome measure: Psychometric properties and utility of the CORE-OM. *British Journal of Psychiatry, 180*(1), 51-60.

Finn, S. E., & Kamphus, J. H. (2006). Therapeutic assessment with the MMPI-2. In J. N. Butcher (Ed.), *MMPI-2: A practitioner's guide* (pp. 165-191). Washington, DC: American Psychological Association.

Gelso, C. J., Kivlighan, D. M., Wine, B., Jones, A., & Friedman, S. C. (1997). Transference, insight, and the course of time-limited therapy. *Journal of Counseling Psychology, 44*, 209-217.

Greenberg, L. S., & Paivio, S. C. (1997). *Working with emotions in psychotherapy.* New York: Guilford Press.

Greenberg, L. S., & Pinsof, W. M. (1986). Process research: Current trends and future perspectives. In L. S. Greenberg & W. M. Pinsof (Eds.), *The psychotherapeutic process: A research handbook* (pp. 3-20). New York: Guilford Press.

Hamilton, M. (1959). The assessment of anxiety states by rating. *British Journal of Medical Psychology, 32*, 50-55.

Hamilton, M. (1960). A rating scale for depression. *Journal of Neurology, Neurosurgery, and Psychiatry, 23*, 56-62.

Hanson, W. E., & Poston, J. M. (2011). Building confidence in psychological assessment as a therapeutic intervention: An empirically based reply to Lilienfeld, Garb, and Wood (2011). *Psychological Assessment, 23*(4), 1056-1062.

Hatcher, R. (1999). Therapists' views of treatment alliance and collaboration in therapy. *Psychotherapy Research, 9*, 405-423.

Hatcher, R. L., & Gillaspy, J. A. (2006). Development and validation of a revised short version of the working alliance inventory. *Psychotherapy Research, 16*(1), 12-25.

Hatfield, D. R., & Ogles, B. M. (2004). The use of outcome measures by psychologists in clinical practice. *Professional Psychology: Research and Practice, 35*(5), 485-591.

Hayes, A. M., Laurenceau, J., Feldman, G., Strauss, J. L., & Cardaciotto, L. (2007). Change is not always linear: The study of nonlinear and discontinuous patterns of change in psychotherapy. *Clinical Psychology Review, 27*, 715-723.

Hilsenroth, M. J. (2007). A programmatic study of short-term psychodynamic psychotherapy: Assessment, process, outcome, and training. *Psychotherapy Research, 17*(1), 31-45.

Holowaty, K. A. M., & Paivio, S. C. (2012). Characteristics of client-identified helpful events in emotion-focused therapy for child abuse trauma. *Psychotherapy Research, 22*(1), 56-66.

Horvath, A. O. (2005). The therapeutic relationship: Research and theory. An introduction to the special issue. *Psychotherapy Research, 15*(1-2), 3-7.

Horvath, A. O., & Greenberg, L. S. (1989). Development and validation of the Working Alliance Inventory. *Journal of Counseling Psychology, 36*, 223-233.

Kazdin, A. E. (1999). The meanings and measurement of Clinical Significance. *Journal of Consulting and Clinical Psychology, 67*(3), 332-339.

Kazdin, A. E. (2008). Evidence-based treatment and practice: New opportunities to bridge clinical research and practice, enhance the knowledge base, and improve patient care. *American Psychologist, 63*(3), 146-159.

Klein, M. H., Mathieu-Coughlan, P., & Kiesler, D. J. (1986). The experiencing scales. In L. S. Greenberg & W. M. Pinsof (Eds.), *The psychotherapeutic process: A research handbook* (pp. 21-71). New York: Guilford Press.

Kraus, D. R., Seligman, D. A., & Jordan, J. R. (2005). Validation of a behavioral health treatment outcome and assessment tool designed for naturalistic settings: The treatment outcome package. *Journal of Clinical Psychology*, *61*(3), 285-314.

Lambert, M. J. (2012). Helping clinicians to use and learn from research-based systems: The OQ-analyst. *Psychotherapy*, *49*(2), 109-114.

Lambert, M. J., Morton, J. J., Hatfield, D., Harmon, C., Hamilton, S., Reid, R. C., et al. (2004). *Administration and scoring manual for the Outcome Questionnaire-45.* Salt Lake City, UT: OQ Measures.

Larsen, R. J., & Diener, E. (1992). Promises and problems with the circumplex model of emotion. In M. S. Clark (Ed.), *Emotion: Review of personality and social psychology,* No. 13 (Vol. IX, pp. 25-59). Thousand Oaks, CA: Sage.

Levitt, H. M. (2001). Sounds of silence in psychotherapy: The categorization of clients' pauses. *Psychotherapy Research, 11*, 295-309.

Llewelyn, S. P. (1988). Psychological therapy as viewed by clients and therapists. *British Journal of Clinical Psychology*, *27*(3), 223-237.

Luborsky, L., Popp, C., Luborsky, E., & Mark, D. (1994). The core conflictual relationship theme. *Psychotherapy Research, 4*(3&4), 172-183.

Lunnen, K. M., & Ogles, B. M. (1998). A multiperspective, multivariable evaluation of reliable change. *Journal of Consulting and Clinical Psychology, 66,* 400-410.

Lutz, W., Lambert, M. J., Harmon, S. C., Tschitsaz, A., Schürch, E., & Stulz, N. (2006). The probability of treatment success, failure and duration: What can be learned from empirical data to support decision making in clinical practice? *Clinical Psychology and Psychotherapy*, *13*, 223-232.

Mellor-Clark, J., & Barkham, M. (2012). Using the CORE system to support service quality development. In C. Feltham & I. Horton (Eds.), *Handbook ofcounselling and psychotherapy* (pp. 210-228). London: Sage.

Miller, S. D., Duncan, B. L., Sorrell, R., & Brown, G. S. (2005). The Partners for Change Outcome Management System. *Journal of Clinical Psychology*, *61*(2), 199-208.

Norcross, J. C., & Wampold, B. E. (2011). Evidence-based therapy relationships: Research conclusions and clinical practices. *Psychotherapy*, *48*(1), 98-102.

Otto, M. W., Pollack, M. H., & Maki, K. M. (2000). Empirically supported treatments for panic disorder:

Costs, benefits, and stepped care. *Journal of Consulting and Clinical Psychology, 68*, 556-563.

Overington, L., & Ionita, G. (2012). Progress monitoring measures: A brief guide. *Canadian Psychology/ Psychologie Canadienne*, *53*(2), 82-92.

Pachankis, J. E., & Goldfried, M. R. (2007). On the next generation of process research. *Clinical Psychology Review, 27*, 760-768.

Paivio, S. C., & Pascual-Leone, A. (2010). *Emotion focused therapy for complex trauma: An integrative approach.* Washington, DC: American Psychological Association.

Pascual-Leone, A. (2009). Dynamic emotional processing in experiential therapy: Two steps forward, one step back. *Journal of Consulting and Clinical Psychology*, *77*, 113-126.

Pascual-Leone, A., & Andreescu, C. (2013). Repurposing process measures to train psychotherapists: Training outcomes using a new approach. *Counselling and Psychotherapy Research, 13*(3), 210-219.

Pesale, F. P., Hilsenroth, M. J., & Owen, J. J. (2012). Patient early session experience and treatment outcome. *Psychotherapy Research*, *22*(4), 417-425.

Phelps, R., Eisman, E. J., & Kohout, J. (1998). Psychological practice and managed care: Results of the CAPP practitioner survey. *Professional Psychology: Research and Practice, 29*, 31-36.

Pos, A. E., Greenberg, L. S., & Warwar, S. H. (2009). Testing a model of change in the experiential treatment of depression. *Journal of Consulting and Clinical Psychology, 77*(6), 1055-1066.

Radloff, L. S. (1977). The CES-D scale: A self-report depression scale for research in the general population. *Applied Psychological Measurement*, *1*, 385-401.

Rice, L. N., & Kerr, G. P. (1986). Measures of client and therapist vocal quality. In L. S. Greenberg & W. M. Pinsoff (Eds.), *The psychotherapeutic process: A research handbook* (pp. 73-105). New York: Guilford Press.

Safran, J. D., Samstag, W. L., Muran, C. J., & Stevens, C. (2001). Repairing alliance ruptures. *Psychotherapy Research, 28*(4), 406-412.

Shimokawa, K., Lambert, M. J., & Smart, D. W. (2010). Enhancing treatment outcome of patients at risk of treatment failure: Meta-analytic and mega-analytic review of a psychotherapy quality assurance system. *Journal of Consulting and Clinical Psychology*, *78*(3), 298-311.

Singh, M. (1994). *Validation of a measure of session outcome in the resolution of unfinished business*. Unpublished doctoral dissertation, York University, Toronto, Canada.

Spielmans, G. I., Masters, K. S., & Lambert, M. J. (2006). A comparison of rational versus empirical methods in the prediction of psychotherapy outcome. *Clinical Psychology and Psychotherapy*, *13*, 202-214.

Stiles, W. B. (1980). Measurement of the impact of psychotherapy sessions. *Journal of Consulting and Clinical Psychology*, *48*(2), 176-185.

Stiles, W. B. (1996). When more of a good thing is better: Reply to Hayes et al. (1996). *Journal of Consulting and Clinical Psychology, 64*, 915-918.

Stiles, W. B. (2009). Responsiveness as an obstacle for psychotherapy outcome research: It's worse than you think. *Clinical Psychology: Science and Practice, 16*(1), 86-91.

Stiles, W. B., Gordon, L. E., & Lani, J. A. (2002). Session evaluation and the Session Evaluation Questionnaire. In G. S. Tryon (Ed.), *Counseling based on process research: Applying what we know* (pp. 325-343). Boston: Allyn & Bacon.

Stiles, W. B., Honos-Webb, L., & Surko, M. (1998). Responsiveness in psychotherapy. *Clinical Psychology: Science and Practice*, *5*, 439-458.

Stiles, W. B., Reynolds, S., Hardy, G. E., Rees, A., Barkham, M., & Shapiro, D. A. (1994). Evaluation and description of psychotherapy sessions by clients using the Session Evaluation Questionnaire and the Session Impacts Scale. *Journal of Counseling Psychology*, *41*(2), 175-185.

Stiles, W. B., Shapiro, D. A., & Firth-Cozens, J. A. (1990). Correlations of session evaluations with treatment outcome. *British Journal of Clinical Psychology*, *29*(1), 13-21.

Stiles, W. B., & Snow, J. S. (1984). Counseling session impact as viewed by novice counselors and their clients. *Journal of Counseling Psychology, 31*, 3-12.

Teachman, B. A., Drabick, D. A., Hershenberg, R., Vivian, D., Wolfe, B. E., & Goldfried, M. R. (2012). Bridging the gap between clinical research and clinical practice: Introduction to the special section. *Psychotherapy, 49*(2), 97-100.

Vermeersch, D. A., Whipple, J. L., Lambert, M. J., Hawkins, E. J., Burchfield, C. M., & Okiishi, J. C. (2004). Outcome Questionnaire: Is it sensitive to changes in counseling center clients? *Journal of Counseling Psychology*, *51*(1), 38-49.

Yeryomenko, N. (2012). Does the depth of client experiencing predict good therapy outcomes?: A meta-analysis of treatment outcomes. (Unpublished master's thesis). University of Windsor, Canada.

Youn, S. J., Kraus, D. R., & Castonguay, L. G. (2012). The treatment outcome package: Facilitating practice and clinically relevant research. *Psychotherapy*, *49*(2), 115-122.

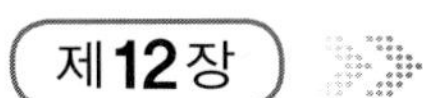

제12장

왜곡에 대한 다중방식평가

면담, 부가 기록, 표준화 평가 도구로 수집한 자료를 통합하기

Danielle Burchett & R. Michael Bagby

심리평가는 의뢰자나 해당 서비스를 이용하는 기타 소비자들에게 중요한 정보를 제공할 수 있는 잠재력을 가진 활동이다. 여기에는 다른 전문 분야의 실무가들(예: 정신과 의사, 사회복지사, 간호사), 교사, 고용주, 법 분야 종사자들(예: 변호사, 판사, 교도관)이 포함된다. 하지만 심리평가 결과의 타당성과 유용성을 저해할 수 있는 다양한 요인이 있다. 예를 들어, 평가 배터리에 사용된 도구 자체의 고유한 심리측정학적 한계점이 있으며, 많은 평가 맥락 조건에서 심리검사 결과의 유용성은 검사 반응 편향(과대보고 또는 과소보고)으로 인해 손상될 수 있다. 해당 예로, 각기 다른 형태의 정신병리를 평가하기 위해 설계된 척도의 점수는 인위적으로 높이거나 낮출 수 있으며, 그렇기에 무-내용 기반(non-content-based) 또는 내용 기반(content-based)의 부정확한 반응으로 인해 해당 척도가 측정하려 했던 구성개념의 예측력이 낮아질 수가 있다(Burchett & Ben-Porath, 2010; Wiggins, Wygant, Hoelzle, & Gervais, 2012). 따라서 성격 평가를 수행할 때는 부정확한 증상 보고가 임상적으로 가장 중요한 척도의 정확성에 영향을 미쳤는지 확인하기 위해 타당도 척도(반응 왜곡 지표들)를 검토하는 것이 아주 중요하다. 즉, 정신병리 및 성격 기능장애의 실질적 측정치.

타당도 척도는 실질적 척도 검사 점수의 예측 타당성에 대한 정보를 제공하는 것뿐만 아니라 수검자의 자기 보고의 정확성에 대한 임상적으로 유의한 자료를 제공해 줄 수 있다. 예를 들어, 임상 장면에서 과장된 보고는 '도움 요청'(Graham, 2006), 안정적 성격 유형(Morey, 2007), 또는 이차적 이익을 위한 의도적 왜곡을 지적할 수도 있다(APA, 2013).

그래서 반응 왜곡의 평가는 두 가지 주요 기능을 갖는다: ① 실질적 검사 결과가 진성 증상을 측정하는 데에 유효성 여부를 판단하고, ② 치료 과정이나 법적 의사결정에 영향을 미칠 수 있는 평가 대상자의 증상 발현에 대한 정보 제공하는 것.

이 장에서는 먼저 다양한 유형의 타당하지 않은 반응, 이러한 반응이 발생하는 증상 영역, 그리고 그 원인을 설명하는 기존 모델을 살펴본다. 이어서 타당하지 못한 반응을 탐지하기 위해 사용되는 전략과 도구를 살펴보고, 반응 왜곡에 대한 다중방식평가를 소개하고 구체적인 사례를 제시하면서 마무리한다.

반응 왜곡의 유형

Ben-Porath(2003; 〈표 12-1〉)은 자기 보고 성격 평가에서 프로토콜의 타당성을 위협하는 요인을 논의하면서, **무-내용 기반**과 **내용 기반**의 타당치 못한 반응을 포함하였다. 무-내용 기반의 타당하지 않은 반응은 타당하지 않은 개인의 검사 반응이 문항과 관련이 없을 때 발생한 것이다. **무응답**, **무선반응**, **고정반응**은 프로토콜의 타당도를 해칠 수 있다. 무응답은 평가 대상자가 문항에 응답하지 않았을 때 나타나는 것이며, 무선반응은 수검자가 다양한 답변을 가진 문항에 분별력 없이 반응한 경우에 발생한다(예: 무선적인 그렇다-아니다-그렇다-그렇다-아니다 패턴). 고정반응은 문항의 내용과 무관하게 동일 응답을 반복하는 경우이며, 여기에는 **순응성**(예: 모두 '그렇다' 반응)과 **역순응성**(counteracquiescence)(예: 모두 '아니요' 반응)이 포함된다. 이 같은 반응 유형은 리커트-형 척도에서도 잘 나타나며 수검자가 문항 내용을 고려하지 않고 무선으로 응답하거나 같은 수준의 응답만을 선택할 때도 관련된다(Ben-Porath, 2003).

수검자가 문항의 내용에 주의를 기울이지만 실제 기능을 왜곡하여 묘사하는 반응을 보통 **내용 기반의 타당하지 않은 반응**이라고 한다. 이런 반응은 의도적일 수도 있고 비의도적일 수도 있으며, 증상의 **과대보고**와 **과소보고**를 포함하고 있다.[1] **과대보고**는 수검

1 Rogers, Sewell과 Gillard(2010)은 '과대보고'와 '과소보고'라는 용어가 무특정적(nonspecific)이라는 이유로 사용하지 않기를 권장했다. 대신, '위장하기(dissimulation)'는 의도적인 반응 왜곡을, '가장하기(feigning)'는 의도적인 증상 과장을 설명하는 데 사용하기를 제안했다. 이 장에서는 검사 결과가 의도를 말해 줄 수 없다는 점 때문에 '과대보고'와 '과소보고'라는 용어를 계속 사용하고 있다. 우리는 평가자가 의도와 증상 유형(예:

표 12-1 성격과 정신병리 평가 결과를 타당하지 않게 할 수 있는 반응 유형

무-내용 기반의 부정확한 반응(Non-Content-Based Invalid Responding: NCBI)	
의도적 NCBI 반응	비의도적 NCBI 반응
의도적 무응답	비의도적 무응답
의도적 무선반응	비의도적 무선반응
의도적 고정반응	비의도적 고정반응
의도적 순응성	비의도적 순응성
의도적 역순응성	비의도적 역순응성

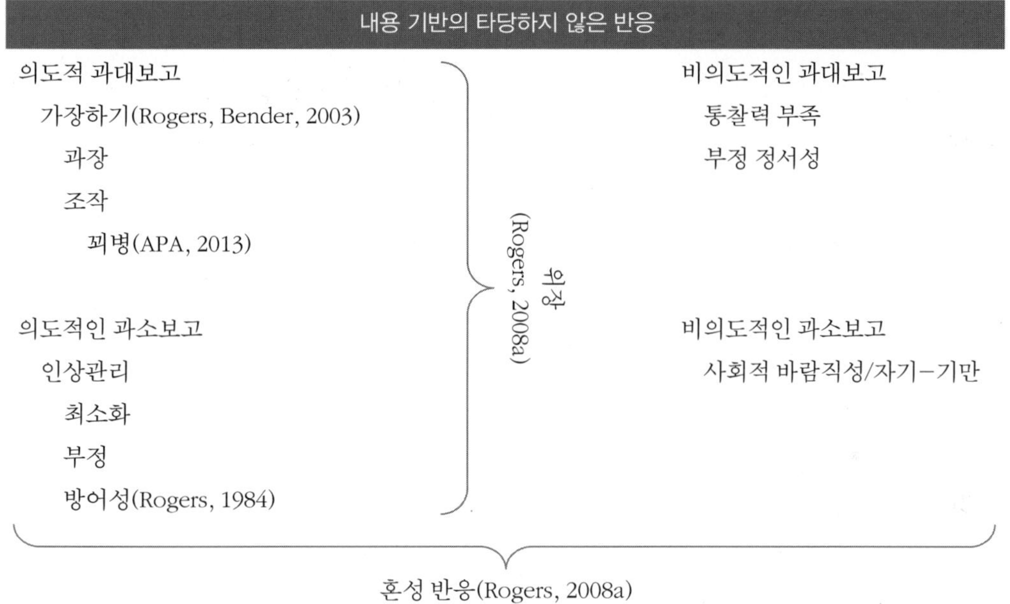

내용 기반의 타당하지 않은 반응		
의도적 과대보고	위장 (Rogers, 2008a)	비의도적인 과대보고
가장하기(Rogers, Bender, 2003)		통찰력 부족
과장		부정 정서성
조작		
꾀병(APA, 2013)		
의도적인 과소보고		비의도적인 과소보고
인상관리		사회적 바람직성/자기-기만
최소화		
부정		
방어성(Rogers, 1984)		
혼성 반응(Rogers, 2008a)		

* 주의: Ben-Porath (2003) 확장한 내용임.

자의 반응이 실제보다 더 나쁜 것처럼 보이게 할 때 발생한다. **가장하기**(Rogers, Bender, 2003)는 증상을 의도적으로 과장하거나 조작하는 것이다(수검자의 동기에 대해서 아무런 가정이 없음). **꾀병**은 가장하기의 하위 범주이며 외적으로 동기화된 것으로 정의하고 증상을 맥락-특수적인 의도적 과대보고로 본다(American Psychiatric Association, 2013). 과대보고는 자신의 증상에 대한 **통찰력 부족**이나 **부정적 정서성**으로 인해 의도치 않게 발생할 수도 있는데, 이로 인해 개인은 자신이 실제 모습보다 더 상태가 안 좋다고 믿게 된다

인지적 · 신체적 · 정신병리학적)을 각각 판단할 수 있을 때 이를 구체적으로 명시할 것을 권장하며, 의도는 검사 결과만으로 결정할 수 없고 또 다른 부수적인 정보에 의해서만 결정할 수 있다는 것을 경고한다.

(Ben-Porath, 2003; Tellegen, 1985).

과소보고는 개인의 반응 유형이 자신이 실제보다 더 좋은 것으로 보이게끔 할 때 발생한다. **인상관리**는 긍정적인 이미지를 만들려고 하거나 정신건강을 입증하려는 시도로써 의도적으로 문제를 최소화하거나(실제 보이는 증상보다 더 적은 증상을 보고하거나 보고된 증상의 심각성을 최소화하는 것) **부정**(모든 증상을 부정하는 것)하는 것을 포함한다(Ben-Porath, 2003). Rogers(1984)는 **방어성**을 꾀병과 반대되는 개념으로 설명했었다: 증상에 대한 의도적 최소화. 비의도적인 과소보고는 **자기-기만**과 **사회적 바람직성**으로 분류되며, 증상을 자신도 모르게 무심코 감추는 것으로 본다(Strong, Greene, Hoppe, Johnston, & Olesen, 1999). 의도적인 인상관리는 상황-특수적 전략으로 보고 있으며, 이와 달리 자기-기만은 안정적인 성격특성으로 본다(Paulhus, 1988). Rogers(2008a)는 수검자가 두 가지 이상의 반응 유형을 활용하는 **혼성반응**을 보일 수도 있을 것이라고 했다(예: 대부분 영역에서는 정직하게 응답하지만 물질 남용에 대해서 과소보고하는 것).

반응 왜곡 영역

내용 기반의 타당하지 않은 반응은 세 가지 일반적인 증상 영역과 관련하여 발생할 수도 있다: 보고된 신체적 불편감, 인지적 불편감, 정신병리(예: Hoelzle, Nelson, & Arbisi, 2012; Rogers, Sewell, & Gillard, 2010). 신체적 · 인지적 반응 왜곡을 탐지하는 것이 중요하지만, 이 책의 범위를 넘어서는 것이다.[2] 따라서 이 장에서는 타당하지 않은 반응이 발생할 수 있는 세 번째 영역(정신병리를 보고하는 상황)에 중점을 둔다. 간결한 설명을 위해, 수행 기반 성격검사 도구(예: 로르샤흐 검사, 주제통각검사)에 대해서는 논의하지 않았다.

반응 왜곡 모델

타당하지 않은 반응의 출처를 설명하기 위해 지금까지 여러 가지 모델이 제안되었다.

2 이 주제에 관심 있는 독자는 이러한 영역 내의 평가 방법을 정리해 둔 여러 출처를 참고할 수 있다(예: Boone, 2007; Hall & Poirier, 2001; Larrabee, 2007; Morgan & Sweet, 2009).

이러한 모델은 일반적으로 세 가지 주요 범주로 나뉜다: 반응 왜곡의 이유로는 다음 항목이 있다(Rogers, 1990, 2008a). ① 기저 정신병리(예: 병원적 모델, Bash, Alpert, 1980; 대인관계 관리 모델, Heinze, 1999), ② 정신병질, 반사회적 성격, 범죄 행동(예: 범죄학적 모델; American Psychiatric Association, 1980), ③ 개인적 요인과 혼합된 잠재적 위험 및 이득의 비용-편익 분석(예: 적응적 모델, Rogers, Cavanaugh, 1983; 지원자 가장의 상호작용 모델, Snell, Sydell, & Lueke, 1999; 항목-수준 반응 왜곡의 상호작용 모델; Tett et al., 2006).

일부 연구에서 적응 모델에 대한 지지가 있었지만(예: Thomas-Peter, Jones, Campbell, & Oliver, 2000), DSM-5(American Psychiatric Association, 2013)는 범죄학적 모델을 채택하고 있다. DSM-5는 꾀병을 "외부적 이득에 의해 동기화되어 있는 거짓이나 심하게 과장된 신체적 또는 심리학적 증상을 의도적으로 만들어 내는 것"으로 정의하고 있으며(p. 726), 과소보고는 다루지 않는다. DSM에 따르면, 다음 중의 어떤 조합이든 꾀병으로 의심하게 된다: ① 드러난 의료법적 맥락, ② 호소하는 스트레스나 문젯거리와 객관적 결과 간에 현저한 불일치, ③ 진단 평가에 과정에서나 식이/운동 처방을 준수하는 과정에서 협조 부족, ④ 반사회성 성격장애의 존재. 연구에 따르면, 이러한 표식은 민감하지만, 꾀병의 구체적인 예측 요인은 아닌 것으로 나타났다(예: Kucharski, Duncan, Egan, & Falkenbach, 2006; Vitacco, 2008).

Berry와 Nelson(2010)은 지난 DSM-IV-TR 지침에 대해 몇 가지 추가적 우려 사항을 말한 적이 있다. 예를 들어, DSM은 과대보고할 수 있는 영역(신체적, 인지적, 정신병리)을 구별하지 않으며, 각각의 영역은 각기 다른 기술을 사용하여 평가해야 한다는 것이었다. 게다가 DSM은 검사자가 **고의성**과 **동기**를 결정하도록 요구하는데, 이는 정신병리 과대보고 검사로는 평가할 수 없고, 특정 상황에서 자기 보고나 부가적 정보를 통해서만 결정할 수 있다(Rogers et al., 2010). 더해 Berry와 Nelson(2010)은 **외적 동기**에 의한 꾀병과 **내적 동기**에 의한 신체형 장애를 구별하는 것이 어렵다고 논했다.

Berry와 Nelson(2010)은 DSM의 꾀병 V 코드를 다음과 같이 바꾸도록 제안했다. 정신병리학적 영역 내에서 그들은 다음 사항에 중점을 두기를 권고했었다: ① 의도나 동기를 추론할 필요가 없는 잘 타당화된 기법을 사용할 것, ② 다양한 탐지 전략의 유용성과 관련된 문헌을 고려할 것, ③ 정확도를 높이고 거짓-긍정 비율을 최소화하기 위해 다양한 탐지 전략을 활용할 것, ④ 거짓 증상이 기록된 영역을 구체적으로 명시할 것, ⑤ 평가자의 확신 수준(가능성 있음, 가능성 큼, 확실함)과 과대보고의 심각도(경도, 중등도, 심도)를 문서화할 것. 우리는 이 제안에 동의하며, 임상가는 세 가지 영역에 걸쳐 과대보고 그리고 과소보고를 평가하기 위해 잘 타당화된 다양한 탐지 전략과 부가적 정보 및 행동 관찰을 활용해야 한다고 생각한다.

성격 평가에서 반응 왜곡을 탐지하기 위한 전략

수검자가 다양한 방식으로 임상적 표현을 왜곡할 수 있다는 점 때문에, 이를 탐지하기 위한 몇 가지 전략이 개발되어 있다. 반응 왜곡과 관련하여 유용한 다중방식평가는 당면 평가과정에서 여러 가지 전략을 활용해야 하기에, 이러한 전략들의 차별점을 이해하는 것이 중요하다.

과대보고된 정신병리 탐지하기

정신증, 우울증 또는 불안 등의 과대보고된 정신과적 증상을 탐지하기 위한 타당성 척도와 개별 도구를 개발하는 데에 수많은 방법이 사용되었다. **준-희소 증상**(Quasi-rare symptom) 척도는 규준적 표본에서 드물게 나타나는 증상을 반영하는 항목으로 만들어진다. 이 척도는 '규준적' 개인과 심각한 문제를 보고하는 개인을 구별할 수 있지만, 상승한 결과가 과장한 것인지 아니면 실제 정신병리 때문인지 명확히 할 수 없다. **희소 증상**(Rare symptoms) 척도는 임상 표본에서도 거의 보고하지 않는 증상을 반영하는 문항을 포함함으로써 이러한 문제를 해결하려고 한다. 이러한 유형의 척도는 실제 정신병리와 혼동될 가능성을 줄일 수 있다. **희박 증상**(improbable symptoms) 접근법은 희소 증상 접근법과 유사하지만, 문항이 터무니없거나 얼토당토않은 속성을 갖는다. 분명히, 이러한 문항에 많이 인정하는 개인은 자신의 증상학적 면을 부정확하게 보고하는 것이다. 하지만 이러한 항목은 너무 비현실적인 경향이 있어서, 어느 정도 정교화된 꾀병을 부리는 사람들은 이를 탐지하면서 그러한 문항에 인정하지 않을 수 있다(Rogers, 2008b).

증상 조합(symptom combinations) 전략은 두 가지 증상이 섞인 문항을 만드는 것을 의미하며, 해당 두 증상은 흔히 발생하는 것이지만 조합되어 발생하는 경우는 드물다. **정신병리 허위 패턴** 방법은 이와 유사하지만, 꾀병을 부리는 개인이 보고하는 항목 조합은 관련되면서도 진성 환자들은 보고하지 않는다. **비판별 증상 인정**(indiscriminant symptom endorsement) 접근법은 꾀병 부리는 사람이 진성 정신병리를 지닌 사람들보다 더 높은 비율로 증상을 인정하는 경향이 있다는 가정에 따라 만들어졌다. **증상 심각도**(symptom severity) 척도는 인정한 증상의 심각한 증상의 심각도나 개수를 측정한다. 이러한 심각한 증상에 대한 문항에 많이 인정한 사람은 증상을 과대보고했을 가능성이 크다. **명백 증상**(obvious symptoms) 탐지 방법은 안면-타당한 증상을 '단독으로 사용하거나' 또는 '좀 더 미묘한 증상과 조합하여 진성 환자와 과대 보고자(정신병리와 명확하게 관련된 많은 증상을 인정할 가능성이 더 큼)를 구별한다. **보고 대 관찰** 방법 두 가지 측정법은 임상가가 보지 못한 다양한 문제를 보고하는 개인이 증상을 과장하거나 조작할 것이라는 가정하에 자기 보고 문제와 임상적 관찰 간의 차이를 측정한다. **잘못된 고정관념**(erroneous stereotypes) 탐지 방법은 개인이 종종 진성 정신병리와 관련이 있다고 믿는 증상을 묻긴 하지만, 실제로는 관련이 없는 증상을 질문하는 것이다(Rogers, 2008b).

과소보고된 정신병리 탐지하기

수검자가 문제를 축소하거나 긍정적인 속성을 과장하는 상황을 파악하기 위해 여러 가지 탐지 전략이 개발되었다(Rogers, 2008b). 특정 타당도 척도는 **사소한 결점/개인적 결점을 부정하는** 전략을 활용하여 과소보고를 탐지한다. 이러한 사소한 결점을 인정하지 않는 개인들은 자신을 의도적으로 자신을 호의적으로 표현할 가능성이 크다(Graham, 2006). **시뮬레이션 적응 전략의 허위 패턴**은 방어적인 환자에게서 나타나지만, 임상 및 지역사회 표본에서는 흔치 않은 척도 구성이다. **정신병리/환자 독특성의 부정** 방법은 이미 알려진 정신병리 환자 중 규준 범위 내의 점수를 가진 개인(따라서 과소보고한 것이라 보는)과 규준적 표본 간을 서로 구별하기 위한 문항을 사용한다. 이 방법의 목표는 일반적으로 증상이 없는 사람과 증상이 있지만 이를 부정하는 사람을 구별하는 것이다. **사회적 바람직성** 방법은 매우 호감적인 이미지를 보여 주려는 수검자를 식별하고자 한다. Rogers(2008b)는 또한 **도덕적인 행동과 개인적 결점 부정의 혼합** 방법을 설명했는데, 이는 도덕적 행동과 개인적 결점에 대한 문항을 동일 척도 안으로 조합한 방법이다.

왜곡 탐지를 위한 다중방식의 사용

반응 왜곡의 복잡한 본질을 고려할 때, 많은 연구자는 반응 왜곡을 탐지하기 위한 다면적인 접근법을 지지해 왔다(Bender & Rogers, 2004; Mihura, 2012; Ray, 2009). 아래에서 우리는 임상 면담, 행동 관찰, 부가 자료 등에서 얻을 수 있는 정보를 논의하고, 반응 왜곡을 탐지하는 데 사용되는 여러 도구에 대한 정보를 제시한다. 이러한 척도와 이를 통해 측정하려는 반응 왜곡 영역은 〈표 12-2〉에 제시해 놓았다.

임상 면담과 행동 관찰

아이러니하게도 표준화된 평가 방법의 유용성을 옹호한 것으로 가장 잘 알려진 인물 중 한 명인 Paul Meehl(1996)은 "내가 정신장애 환자를 진단하라는 요청을 받게 될 경우, MMPI 프로파일을 받거나 아니면 정신상태 검진을 시행할 수 있다고 한다면 나는 후자를 선택하겠다"라고 말한 바 있다. 그는 수검자와의 대화와 그들의 행동을 관찰하는 것으로 얻을 수 있는 매우 풍부한 정보를 높이 평가했다. 반응 왜곡의 맥락에서 주요 정신건강상태와 일치하지 않는 행동 패턴에 주목하고 산만함, 성격 패턴 또는 기타 요인이 부정확한 검사 결과에 영향을 미치고 있는지 관찰하는 것이 중요하다. 이에 더해, 상황이 허락한다면 수검자가 해당 상황에서 자신의 모습을 왜곡할 생각을 못할 수도 있으므로 공식적 검사 회기 밖에서 수검자의 행동을 관찰하는 게 유용할 수 있다. 검사 장면 안팎에서 불일치를 관찰하면 수검자의 왜곡이 의도적이라는 증거를 확인할 수도 있다.

부수적 정보

치료 기록 그리고 직원 및 가족 구성원과의 상담은 수검자의 병력에 대한 중요한 배경 정보를 제공할 수 있다. 기록 자료는 가치평가 당시의 정신 상태와 행동을 문서화한 것이기도 하며, 가치평가 당시 자기 보고된 문제와 행동이 일치하는지를 파악하는 데에 도움이 될 수 있다. 주의할 점은 가족 구성원이 수검자의 정신건강 병력에 관한 정보를 제공할 수 있겠지만, 그들이 수검자를 혈연으로 지지하려는(반대하는) 의도가 있거나 수검자의 정신건강 병력에 대한 이해가 부족할 수도 있다. 마지막으로, 맥락적 정보(예: 평가 결과가 수검자의 자유에 영향 미칠 것인가에 대한 여부)를 이해하면 잠재적인 동기부여 요인을 확인할 수 있다.

표 12-2 평범 성격 및 정신병리 인벤토리 그리고 독립형 측정법으로 측정된 반응 왜곡의 영역

	무-내용 기반 타당하지 않은 반응			과대보고			과소보고	
	무응답	무선 반응	고정 반응	정신병리	인지적 불평	신체적 불평	비일상적 미덕	정신병리 부정
MMPI−2	CNS/(?)	VRIN	TRIN	F, FB, FP	FBS	FBS	L, S	K, S
MMPI−2−RF	CNS/(?	VRIN−r	TRIN−r	F−r, FP−r	FBS−r, RBS	FBS−r, ES	L−r	K−r
PAI	결측 문항	ICN, INF		NIM, MAL, RDF		MPRDF	PIM, DEF, CDF	DEF, CDF
MCMI−III		V		X, Z			X(low), Y	X(low), Y
SNAP		VRIN, II	TRIN, II	DEV, II			DRIN, RV, II	DRIN, II
SNAP−2		VRIN, II	TRIN, II	DEV, BDEV, II			DRIN, RV, II	DRIN, II
NEO−PI−R	반응 개수; 문항 A, B, C	반응 개수; 문항 A, B, C	반응 개수; 문항 A, B, C	문항 A			문항 A	문항 A
SIRS		INC		RS, SC, IA, BL, SU, SEL, SEV, RO, DA, OS, SO SS Index			DS	
SIRS−2		INC		RS, SC, IA, BL, SU, SEL, SEV, RO, DA, OS, RS, Total, MT Index	IF		DS	
SIMS				P, Af	N, Am, LI			
M−FAST				RO, ES, RC, UH, USC, NI, S, Total Score				

* 주의: 전체−척도 명과 설명은 본문 참조. II는 프로토콜의 타당성을 나타내는 복합 점수이며, 여러 유형의 반응 왜곡으로 인해 상승할 수도 있음.

자기 보고 측정치 내에 포함된 타당성 지표

미네소타 다면적 인성검사-2[3]

미네소타 다면적 인성검사-2(Minnesota Multiphasic Personality Inventory-2: MMPI-2; Butcher et al., 1989, 2001)는 567문항으로 구성된 자기 보고식 성격 및 정신병리 인벤토리이다. 이 검사에는 무-내용 기반의 타당하지 않은 반응을 측정하기 위해 설계된 세 가지 척도를 포함하고 있다. 무응답(Cannot Say, CNS/?)은 누락 했거나 '그렇다'와 '아니다'를 모두 선택한 문항의 수를 더한 것이다. 많은 문항을 누락 했거나 중복답변했다면 불완전한 정보의 기반이 마련될 것이므로 척도 점수의 타당성에 의문을 남긴다. 무선반응 비일관성(Variable Response Inconsistency: VRIN)은 편차가 심한 반응을 측정하기 위해 설계된 것이며 유사하거나 반대되는 내용을 가진 문항 쌍으로 구성되었다. 해당 점수는 수검자가 이러한 문항 쌍을 경험적으로나 개념적으로나 비일관적인 방식으로 응답할 때 채점한다. 고정반응 비일관성(True Response Inconsistency: TRIN)은 내용 면에서 반대되는 문항 쌍으로 구성되어 있다. 해당 점수는 문항 쌍에 해당하는 두 문항 모두에 동일 방향으로 응답할 경우 채점된다. 이는 인정과 역인정의 모든 방향을 측정하기 위해 설계되었다.

MMPI-2에는 몇 개의 과대보고 지표가 포함되어 있다. 비전형(Infrequency, F)은 **준-희소 증상** 전략을 활용하여 개발되었고 MMPI-2 규준 표본에서 드물게 인정하는 문항들로 구성되어 있다. 또한 **준-희소 증상** 접근법을 사용하여 개발된 후반부 비전형(Back Infrequency, F_B)은 MMPI-2 검사지의 후반부에서 비전형적으로 인정하는 문항으로 구성되어 있기에 F를 보완한다. 비전형 정신병리(Infrequency Psychopathology: F_P; Arbisi & Ben-Porath, 1995)는 **희소 증상** 접근법을 사용해 개발된 것이며, MMPI-2 규준 표본과 정신과 입원 환자 표본 모두에서 비전형적으로 인정되는 문항으로 구성되어 있다. 이러한 설계는 정신병리로 인해 F보다 상승할 가능성을 낮추어 거짓-긍정 결과가 적게 나오도록 했다. 증상 타당도[Symptom Validity(Faking Bad Scale: FBS); Lees-Haley, English, Glenn, 1991]는 **비일상적인 증상 조합** 접근법을 사용하여 합리적인 문항 선택을 통해 개발되었다. 원래는 개인 상해 소송 중인 사람들의 위장된 감정적 불편감을 탐지하기 위해 설계되

3 문헌에 몇 가지 추가적 MMPI-2 타당도 척도가 있지만 표준 검사 프로토콜에 포함된 척도만 간략하게 논의했다.

었으며, FBS는 신체적 · 인지적 과대보고를 탐지하는 데 유용한 것으로 나타났다(Ben-Porath, Graham, & Tellegen, 2009).

MMPI-2는 과소보고를 탐지하기 위해 의도한 척도도 포함하고 있다. 부정(Lie: L)은 방어성(과소보고)을 평가하기 위해 개발되었다. **사소한 결점의 부정**을 사용하여 설계되었고 바람직하지만 일상적이지 않은 속성을 묘사하는 문항을 포함하고 있다. **정신병리의 부정** 방법은 교정(Correction: K) 척도를 개발하기 위해 활용되었고, 이는 진성 증상이 없는 사람과 증상이 있지만 이를 부정하는 사람을 구별하기 위해 설계되었다. Butcher와 Han(1995)은 과장된 자기 제시(Superlative: S) 척도를 개발하기 위해 **도덕적 행동에 대한 긍정과 개인적 결점 부정의 혼합** 전략을 사용하였다. 이는 항공기 조종사 지원자와 규준 표본의 사람들을 구별하는 문항을 포함한다. 이후 연구에서는 S가 과소보고에 대한 효과적인 지표임이 확인하였다(Ben-Porath, 2012).

MMPI-2 무-내용 기반의 타당하지 않은 반응 타당도 척도의 유용성을 조사한 연구는 상대적으로 적다. Dragon, Ben-Porath와 Handel(2012)은 CNS 상승이 MMPI-2/MMPI-2-RF 재구성 임상(Restructured Clinical: RC) 척도에 미치는 영향을 조사했다. 연구에 따르면 결측치가 증가하는 것에 비교해서 핵심적 척도의 타당성이 상대적으로 강건하다는 것을 확인했었지만, 결측치가 검사 프로토콜의 해석을 바꿀 정도로 점수를 낮추는 경향이 있음을 발견했다(Berry et al., 1992; Gallen & Berry, 1996 참고). 여러 연구에서 VRIN이 무선반응에 민감하다는 점을 입증했다(Berry et al., 1992; Gallen & Berry, 1996). Handel, Arnau, Archer와 Dandy(2006)는 TRIN이 '그렇다' 또는 '아니다' 문항 응답 입력 시뮬레이션에서 민감하다는 것을 입증했다. 해당 문헌의 한계점은 그러한 반응 양식에 대한 외부 기준을 확보하는 것이 어렵기에 결측치나 무선 또는 고정반응을 생성하기 위해 시뮬레이션 설계에 의존해야 한다는 것이다.

MMPI-2 과대보고 타당도 척도는 정직하게 응답하도록 요청받은 대학생과 증상을 과대보고하도록 요청받은 대학생을 구별하는 것으로 나타났다(Bagby, Buis, Nicholson, 1995). 이뿐만 아니라 법정 공판 전의 피고인과 정신과 입원 환자를 구별하였다(Nicholson et al., 1997). 이 척도는 진성 정신병리와 가장된 우울(Bagby, Marshall, & Bacchiochi, 2005), 가장된 외상 후 스트레스 장애(posttraumatic stress disorder: PTSD; 예: Arbisi, Ben-Porath, & McNulty, 2006; Bury, Bagby, 2002; Elhai, Gold, Sellers, & Dorfman, 2001; Marshall & Bagby, 2006)를 구별하는 데도 효과인 것으로 나타났다. 그리고 보고 증상에 대한 구조화 면담(Structured Interview of Reported Symptoms: SIRS)-분류에서 과대

보고자와 진실하게 응답한 사람을 더 정확하게 구별하는 것으로 나타났다(Barber-Rioja, Zottoli, Kucharski, & Duncan, 2009). 메타 분석 결과를 바탕으로 Rogers, Sewell, Martin, Vitacco(2003)는 F_P를 사용하는 것이 F 또는 F_B를 사용하는 것보다 임상적으로 더 효과적이라고 권장했다. 이유인즉, F_P가 분류율이 좀 더 좋기 때문이기도 하고 F_B가 진성 정신병리로 인해 이와 혼합되어 나타나기 때문이다.

MMPI-2 과소보고 타당도 척도는 과소보고를 하도록 가장한 대학생과 표준 지시를 받은 대조군을 구별하는 데 효과적이라고 입증되었다(Baer, Wetter, Nichols, Greene, & Berry, 1995; Bagby, Buis, & Nicholson, 1995). Baer와 Miller(2002)의 과소보고 타당도 척도 문헌에 대한 메타 분석 검토에서 몇 개의 척도가 중간 정도로 효과적인 분류 정확도를 보였으나 타당도 척도에 대한 코칭이 있는 경우에 그 효과가 삼소했나고 언급했다. 연구자들은 기존 알고 있는 집단들, 차별적 유병률, 비학생 가장 집단 설계를 사용한 향후 연구를 권장하였고, 코칭의 영향 그리고 다양한 MMPI-2 표준 타당도 척도와 보충적인 과소보고 타당도 척도를 함께 조합하여 사용하는 것에 대해 검토하기를 권장하였다.

미네소타 다면적 인성검사-2 재구성판[4]

338-문항으로 구성된 MMPI-2 재구성판(Minnesota Multiphasic Personality Inventory-2 Restructured Form: MMPI-2-RF; Ben-Porath & Tellegen, 2008)은 몇 개의 개정된 MMPI-2 타당도 척도(CNS, VRIN-r, TRIN-r, F-r, F_P-r, FBS-r, L-r, K-r)를 포함한다. 또한, 비전형 신체적 반응(Infrequent Somatic Responses: F_S; Wygant, Ben-Porath, & Arbisi, 2004)은 희소 증상을 사용하여 신체적 불편감을 과대보고하는 사람들을 구별하도록 설계되었으며, 의학적 환자들이 보통 잘 인정하지 않는 신체적 문항을 포함하고 있다. 반응 편향 척도 Response Bias Scale(RBS; Gervais, Ben-Porath, Wygant, & Green, 2007)는 장해 보험 청구 심사에 통과하지 못한 사람과 증상 타당성 검사에 합격한 사람을 구별하는 문항을 선택하여 경험적으로 도출된 것이다.

몇몇 연구에서는 이러한 비교적 새로운 도구가 무-내용 기반 및 내용 기반의 타당하지 않은 반응을 탐지하는 데에 유용한지 살펴보았다. Dragon 등(2012)은 MMPI-2-RF CNS의 상승이 실질적인 검사 결과의 해석 가능성을 변화시킨다는 것을 발견했다.

4 역자 주: 국내판 검사 도구에 포함되지 않은 척도: RBS-r

Handel, Ben-Porath, Tellegen과 Archer(2010)는 가장된 무선 및 고정반응 수준을 증가시키는 것이 VRIN-r 및 TRIN-r 점수에 미치는 영향을 조사하였고 해당 척도가 실제로 가장된 무-내용 기반의 타당하지 못한 반응에 민감하다는 사실을 발견했다. Ben-Porath(2012)는 F-r이 광범위한 과대보고에 가장 민감하며 F_P-r는 정신병리의 과대보고에 특히 민감하다고 보고했다. Sellbom과 Bagby(2008b)는 L-r 및 K-r이 표준 지침에 따라 검사를 완료한 조현병 환자와 과소보고하라는 지침에 따라 검사를 완료한 환자를 구별할 수 있다는 것을 발견했다. 연구자들은 표준 지침에 따라 검사를 받은 학생과 ① 과소보고로 가장하라고 지시받은 대학생, 이와 함께 ② 자녀 양육권 소송 당사자를 구분하는 데에 있어서 해당 척도에 대해 유사한 수준의 지지 근거를 확인하였다. 해당 기존 문헌은 유망한 측면이 있지만, 사용 장면 전반에 걸쳐 MMPI-2-RF 타당도 척도의 점진적 유용성과 타당성을 검토하기 위한 더 많은 추가 연구가 필요하다.

성격평가 질문지

성격평가 질문지((Personality Assessment Inventory: PAI; Morey, 1991, 2007)는 344문항으로 구성된 성격 및 정신병리 자기 보고 인벤토리이며, 8개의 타당도 척도 및 지표를 포함하고 있다. 비일관성(Inconsistency: ICN)은 MMPI-2의 VRIN 척도와 비슷한데 내용이 유사하거나 반대되는 문항 쌍을 사용하여 일관적인 반응을 탐지하기 위해 설계되었다.

저빈도(Infrequency: INF)는 정신병리를 가리키는 것이 아니라 부주의한 반응을 탐지하기 위해 설계된 척도로 규준 표본 및 임상 표본의 대상이 거의 인정하지 않는 매우 기이한 문항으로 구성되어 있다. 부정적 인상(Negative Impression: NIM)은 **희소 증상** 과대보고 탐지 전략을 사용하여 개발된 것이다. 이는 정신병리나 사적 문제 내용을 담은 문항으로 구성되어 있으며, 그 문항 내용은 비현실적으로 심각하고 정신병리의 어떤 특정 유형으로도 특정하지 못하는 내용이다. 꾀병 지표(Malingering Index: MAL)는 **허위 정신병리 패턴** 전략을 사용하여 만들었다. 정직한 응답자보다 가장된 과대 보고자가 더 일반적으로 인정하는 8가지 기준 중 하나를 충족한다면 채점한다(Morey, 1996). 로저스 판별 함수(Rogers Discriminant Function: RDF; Rogers, Sewell, Morey, & Ustad, 1996)는 **허위 정신병리 패턴 전략**을 사용하여 개발되었으며, 특정 장애를 가장하라고 지시받은 사람과 정직하게 응답한 사람을 가장 잘 구별하는 지표를 포함한다. 긍정적 인상관리(Positive Impression Management: PIM)는 **사소한 결점 부정** 과소보고 탐지 전략을 사용하여 개발되었고 규준 표본 및 임상 표본에서 드물게 인정하는 자기-호의적 문항들로 만들어졌다. 캐쉘 판별 함수(Cashel Discriminant Function: CDF; Cashel, Rogers, Sewell, & Martin-Cannici, 1995)는 6개의 척도를 규정하는 경험적 접근법을 활용하여 개발되었다(PIM와 5가지 주요 척도). 이는 정직한 응답과 가장한 과소보고를 가장 잘 구별한다(Morey, 1996). 방어 지표(Defensiveness Index: DEF)는 8가지 프로파일 기준으로 만들어졌고 이는 정직하게 반응한 것보다 과소보고한 반응에서 좀 더 자주 발생한다(Morey, 1996). DEF는 특정 과소보고 탐지 전략을 따르지 않지만, 도덕적 행동에 대한 긍정과 개인적 결점 부정의 혼합 전략과 비슷하다(Sellbom & Bagby, 2008a). 최근 Mogge, Lepage, Bell과 Ragatz(2010)에 의해 개발된 부정 왜곡 척도(Negative Distortion Scale: NDS)는 희소 증상 접근법을 활용하여 개발되었다. 그리고 Hopwood, Orlando와 Clark(2010)는 허위 정신병리 패턴 접근법을 사용하여 꾀병 통증-관련 장애-판별 함수(Malingered Pain-Related Disability-Discriminant Function: MPRDF)를 개발했다. 연구 초기에 결과가 유망하다고 할지라도 이러한 타당도 지표들이 일상 정규적으로 임상적 사용을 권장할 수 있으려면 추가적인 타당성 검증이 반드시 선행되어야 한다.

Sellbom과 Bagby(2008a)는 반응 왜곡과 관련된 PAI의 문헌을 검토했는데 INF가 무선반응을 탐지하는 지표로 강력한 근거를 지지하는 반면 ICN은 무선반응을 분류하는 정확도가 약하다고 보고했다. 연구자들은 INF와 ICN이 높은 수준의 무선반응을 제외하고 부분적으로만 무선반응을 보이는 경우는 식별할 수가 없다고 하였다. Morey와 Hopwood(2004)가 개발한 새로운 전략은 후반부 무선반응을 탐지하는 데 유망하다는 결과를 보였으나 그 결과를 재현할 추가적 연구가 필요하다.

Hawes와 Boccaccini(2009)는 정신병리를 과대보고하는 경향성을 탐지하는 NIM, MAL, RDF 척도의 활용에 대한 메타 분석을 시행하였고, 이 세 가지 척도가 과대 보고자와 표준-지침 응답자 사이에서 큰 차이를 보인다고 밝혔다. 추가 연구에서는 정신증, 우울증, 일반화된 불안장애, 외상 후 스트레스장애 등 특정 장애의 과대보고 상황에서 평균 PAI 타당도 척도 점수 상승이 나타났다(예: Lange, Sullivan, & Scott, 2010; Rogers et al., 1996; Thomas, Hopwood, Orlando, Weathers, & McDevitt-Murphy, 2012). 주목할 점은 Sellbom과 Bagby(2008a)는 높은 거짓-긍정률은 PAI가 꾀병을 선별 배제하는 데는 효과적이지만 꾀병을 선별 추출하는 데는 덜 효과적일 수 있다는 결론을 지었다. 이와 마찬가지로 연구자들은 PAI가 과소보고를 탐지할 때도 높은 거짓-긍정률을 보이지만 선별 도구로서 가능성은 유망하다는 결론을 내렸다.

PAI 타당도 척도는 다양한 탐지 전략을 사용하여 설계되었으며 이는 현재 반응 왜곡 도구로 사용할 수 있는 도구 중 가장 잘 연구된 도구이다. 하지만 코치를 받았거나 정교한 과대보고(Rogers et al., 1996; Thomas et al., 2012; Veltri & Williams, 2013) 혹은 과소보고(Baer & Wetter, 1997)를 탐지할 수 있는 PAI의 능력에 관한 연구 결과는 혼재하고 있다. 코칭의 영향과 각 척도의 증분적 활용성과 관련된 추가적 연구는 반응 왜곡에 대한 다중방식평가에서 향후 PAI의 유용성을 가치평가하는 데에 유용할 것이다(Sellbom, Bagby, 2008a).

밀론 임상 다축 검사-III[5]

밀론 임상 다축 검사-III(Millon Clinical Multiaxial Inventory-III: MCMI-III; Millon, 1994; Millon, Davis, & Millon, 1997)는 임상 장면에서 정신병리와 성격 역기능을 측정하기 위해 설계된 자기 보고 인벤토리로 네 가지 타당도 지표가 포함되어 있다. 타당도 지표(Validity Index, V 척도)는 세 가지의 매우 **비현실적 증상**을 통해 무-내용 기반의 타당하지 않은 반응을 평가하도록 구성되었다. 노출 지표(Disclosure Index, X 척도)는 환자가 자신의 증상을 개방하고 자기-노출로 반응했는지 아니면 비밀스러운 방식으로 반응했는지를 탐지하기 위해 **비판별 증상 인정** 전략을 사용하여 개발되었다. 바람직성 지표(Desirability Index, Y 척도)는 **사소한 결함의 부정** 전략을 사용해 개발되었는데 이는 "사회적으로 매혹적이고, 도덕적이며, 정서적으로 안정된 환자의 성향"을 측정한다(Millon, 1994). 그리고 비하 지표(Debasement Index, Z 척도)는 "객관적인 검토를 통해 드러나는 경향보다 더 까다롭거나 감정적이고 사적인 문제를 보여 줌으로써 스스로 폄하하고 평가절하하려는 경향"을 탐지하기 위해 가장된 **희소 증상** 전략을 사용해 설계되었다(Millon, 1994).

타당하지 않은 반응들의 개별적인 측면을 측정하기 위해 개발된 것임에도 불구하고 X, Y, Z는 각각 상호 관련이 있고 MMPI-2 F, F_B와도 관련되어 있어서, 이들 세 가지 척도가 모두가 준-희소 과대보고된 정신병리에 민감하다는 것을 의미한다(Craig, 1999; Morgan, Schoenberg, Dorr, & Burke, 2002). Y 척도는 MMPI-2의 과소보고하는 타당도 척도와 어느 정도의 상관을 보이며 과소보고할 때보다 과대보고의 경우에 더 민감할 수도 있음을 지적한다(Craig, 1999). 시뮬레이션 연구에서는 X, Y, Z가 과대보고 **그리고** 과소보고와 상관이 있다는 결과를 발견했다(Bagby et al., 1991; Daubert & Metzler, 2000).

5 역자 주: 국내판 검사명은 '밀론 다축 임상성격검사'이다.

Sellbom과 Bagby(2008a)는 MCMI-III 기존 문헌을 검토하면서 Y 척도가 과소보고를 측정하기에는 부적합하며 분류 정확도 결과에서도 문제가 있다는 결론을 내렸다. X 척도(개방을 측정하기 위해 의도된)는 Z 척도(과대보고를 측정하기 위해 의도된)보다 과대보고의 더 강력한 지표일 가능성일 수도 있다고 언급했다. 연구자들은 분류 정확도에 문제가 있다는 결과 때문에, 이러한 척도를 일상 정규적으로 사용하지 말 것을 권고했다. 게다가 연구자들은 기존 알려진 그룹을 활용한 연구와 코칭의 효과에 대한 검증을 활용한 연구뿐만 아니라 더 많은 교차-타당성 연구를 촉구했다.

적응-부적응 성격 목록 검사-2판

적응-부적응 성격 목록 검사(Schedule for Nonadaptive and Adaptive Personality: SNAP; Clark, 1993)와 SNAP-2판(2nd Edition, SNAP-2; Clark, 1993; Clark, Simms, Wu, & Casillas, 출판 예정)은 성격장애와 관련된 특성을 측정하기 위해 설계된 자기 보고 검사 도구이다. MMPI 계열과 유사하게 SNAP에는 개별적으로 변동 및 고정 무-내용 기반의 타당하지 않은 반응을 측정하는 VRIN과 TRIN 척도가 포함되어 있다. 바람직한 반응 비일관성(Response Inconsistency: DRIN) 척도는 수검자가 사회적으로 바람직한 문항은 일관되게 지지하면서도 사회적으로 덜 바람직한 문항은 부정하는지를 탐지하도록 설계되었다. MMPI-2의 L 척도와 개념적으로 유사한데 희소 도덕성(Rare Virtues: RV) 척도는 **개인적 결함 부정** 전략으로 설계되었으며, 드물면서 사회적으로 매우 바람직한 문항으로 구성되어 있다. 일탈(Deviance, DEV)은 **준-희소 증상** 접근법을 사용하여 과대보고된 문제를 탐지한다. SNAP-2에 새롭게 추가된 후반부 일탈(Back Deviance: BDEV) 또한 **준-희소 증상** 접근법을 사용하여 검사 도구의 후반부 내에서 과대보고를 탐지한다.

VRIN, RV, DEV, BDEV, II, 특정 수준에서 DRIN은 극단적인 수준의 무-내용 기반의 타당하지 않은 반응을 탐지하는 데 민감하다. 대부분 척도는 100% 인정하거나 100% 역인정하는 반응에 민감할 뿐만 아니라 교차하는 반응 패턴에도 민감하다(Clark et al., 출판 예정). 가장 집단과 통제 집단을 비교했을 때 DEV와 RV의 평균 점수에 차이가 있었으며, DEV는 높은 민감도와 특이도를 보였고 RV는 높은 특이도를 보였지만 민감도는 다소 낮았다. 더해, DEV는 MMPI-2의 F와 관련이 있는 것으로 나타났으나 RV는 다양한 과소보고 측정치와 관련이 있었다. 현재 DRIN의 유용성을 뒷받침할 근거는 거의 없으며, 사용자는 사회적으로 바람직한 반응에 대한 부가적인 근거를 찾아보도록 권고되고 있다(Clark et al., 출판 예정; Simms & Clark, 2001). 초기 연구에서 긍정적인 결과가 나왔다고는 하지만 SNAP과 SNAP-2의 타당도 지표를 검증하기 위해서는 다양한 장면에 걸친 더 많은 연구가 필요하다.

개정판 NEO 성격검사

개정판 NEO 성격검사(NEO PI-R; Costa & McCrae, 1992)는 다섯 가지 성격 영역을 측정하는 240개의 항목으로 구성되어 있다. 저자들은 명백히 타당하지 않은 검사를 걸러내기 위해 세 가지 단일-문항의 '타당성 확인'과 무선반응을 탐지하기 위한 지침을 포함 시켰지만, 과소보고 또는 과대보고를 탐지하기 위한 좀 더 포괄적인 타당도 척도는 의도적으로 제외했다. 그보다 오히려 "응답자가 검사를 이해하지 못할 가능성이 있거나 자신에 대한 거짓 이미지를 보이려는 강한 동기가 있는 경우" 자기 보고 형식을 시행하지 말라고 경고했다(Costa & McCrae, 1992). 이러한 타당도 척도의 부족(Ben-Porath & Waller, 1992)에 대한 비판과 NEO의 실질적 척도가 반응 왜곡에 취약하다는 증거(Paulhus, Bruce, & Trapnell, 1995)에 대응하여 Schinka, Kinder와 Kremer(1997)는 세 가지 NEO PI-R 타당도 척도를 개발했다: 기존 문항 구성 내에서 비일관성(Inconsistency: INC; 유사한 내용을 가진 문항 쌍으로 구성), 긍정적 인상관리(Positive Presentation Management: PPM; 사회적 바람직성을 나타내는 준-희소 긍정 속성으로 구성), 부정적 인상관리(Negative Presentation Management: NPM; 준-희소 증상 문항으로 구성). 이러한 타당도 척도는 검사 보고서에 포함되는 것은 아니며, Pearson이나 NEO PI-R의 저자가 보증하는 것도 아니기에 여기에서는 해당 척도들을 검토하지 않는다.

반응 왜곡을 탐지하기 위한 독립적 측정법

보고 증상에 대한 구조화 면담

보고 증상에 대한 구조화 면담(Structured Interview of Reported Symptoms: SIRS; Rogers, Bagby, & Dickens, 1992)은 정신병리를 가장하려는 시도를 탐지하기 위해 설계된 172문항의 구조화된 면담이다. SIRS의 주요 척도는 8가지 과대보고를 탐지하기 위한 전략을 사용하여 설계되었으며, 희소 증상(Rare Symptoms: RS), 증상 조합(Symptom Combinations: SC), 희박하거나 터무니없는 증상(Improbable or Absurd Symptoms: IA), 노골적인 증상(Blatant Symptoms: BL), 미묘한 증상(Subtle Symptoms: SU), 증상의 심각성(Severity of Symptoms: SEV), 증상의 선택성(Selectivity of Symptoms: SEL), 보고된 증상 대 관찰된 증상

(Reported versus Observed Symptoms: RO)을 포함한다. 또한, 이 검사에는 수검자의 반응 유형에 대한 추가 정보를 제공하기 위하여 몇 가지 보조 척도를 포함하고 있다.

연구에 따르면 SIRS 요인 점수는 MMPI-2의 F 그리고 F_P 점수와 연관이 있는 것으로 나타났다(McCusker, Moran, Serfass, & Peterson, 2003). 다른 장에서 설명했던 대로, SIRS는 종종 과대보고의 최상의 기준으로 여겨 왔으며, 기준 집단으로 환자를 분류하여 다른 검사 도구(예: SIMS, M-FAST, MMPI-2, PAI)의 유용성을 평가하는 데에 사용되었다. 현재까지 SIRS의 분류 정확성을 가장 종합적으로 분석한 연구는 Green과 Rosenfeld(2011)가 수행한 메타 분석으로, 이들은 1990년부터 2009년까지 발표된 SIRS 연구와 논고를 검토하였다. 해당 연구는 SIRS 원판의 타당성 연구뿐만 아니라 1992년 SIRS가 처음 발표된 후 재수행된 분석을 포함한다; 이후 연구들은 기존의 연구와 비교했을 때 특이도는 낮았지만, 민감도 값은 더 큰 것으로 나타났다. 그리고 SIRS 총점과 주요 척도의 평균 점수의 복합 효과 크기는 상당히 크다고 나타났다. 저자들은 SIRS의 사용에 대한 상당한 지지 근거가 있지만 다른 검사 도구(예: MMPI-2)가 비슷한 수준의 유용성을 보여 주었고, 가장한 인지적 결함을 탐지하는 데에 좀 더 적합할 수가 있으므로 이를 꾀병 탐지의 최상의 표준으로 지정하는 데에는 주의해야 한다고 결론지었다.

보고 증상에 대한 구조화 면담, 2판

보고 증상에 대한 구조화 면담, 2판(Structured Interview of Reported Symptoms, 2nd edition: SIRS-2; Rogers, Sewell, & Gillard, 2010)은 개발 과정에서 네 가지 주요 변화가 이루어졌다: 분류 척도(진성 증상이지만 비정형적이고 가장된 표현 양상을 구별하기 위해 설계된 희소 증상의 총점), 두 가지 지표(수정된 전체 지표와 보충 척도 지표), 인지 왜곡에 대한 보충 척도(비현실적 실패)와 임상가가 결론을 내리는 데에 도움을 주는 의사결정 모델을 추가하였다.

2010년 출간 이래로 SIRS-2와 해당 매뉴얼은 여러 비판을 받아 왔다. DeClue(2011)와 Rubenzer(2010)는 SIRS-2 의사결정 규칙을 개발할 때 거짓으로 증상을 가장한 것이라 의심되는 단지 36명만을 대상으로 한 점, 기준 집단 형성의 빈약함, 임상 규준 표본의 일반화 가능성 문제(표본 중 절반이 해리성 정체감 장애로 진단됨), 그리고 분류 정확성 분석에서 제외된 명확하지 않은 사례 수가 많아져 민감도 추정치가 과장되었다는 점 등의 우려 사항을 지적했다. 게다가 DeClue(2011)는 동일 데이터를 사용한 SIRS와 SIRS-2의 분류 정확도를 비교한 정보는 없었다고 보고했다. Green, Rosenfeld와 Belfi(2013)는 법의학

입원 환자와 과대보고를 하도록 가장하도록 요구받은 일반인 집단을 대상으로 한 준거-집단 연구에서 SIRS와 SIRS-2 점수를 비교했다. SIRS-2는 동일 점수에 대해 SIRS 기반 분류와 비교했을 때 재판 전 법정 환자를 진성 증상이 있는 응답자 또는 불명확한 응답자로 특정하는 경향이 더 컸다. SIRS-2는 특이도가 우수하였으나 민감도는 빈약했으며, 이는 SIRS에 비해 훨씬 더 낮은 것이었다. 또한, SIRS 총점이 새로운 SIRS-2의 MT 지표보다 더 유용함을 발견했다. 다양한 환경에 걸쳐 이러한 새로운 도구의 유용성을 임상가들에게 알리기 위해서는 추가 연구가 필요하다.

꾀병 증상에 대한 구조화 목록

꾀병 증상에 대한 구조화 목록(Structured Inventory of Malingered Symptomatology: SIMS; Widows & Smith, 2005)은 임상 및 법정 장면에서 과대보고된 정신병리와 신경심리학적 증상을 측정하기 위해 개발된 75문항의 자기-시행 인벤토리이다. 이 도구는 과대보고된 정신병리의 다양한 하위 영역의 선별을 위해 설계된 다섯 척도를 포함하고 있다. 해당 척도는 정신증(Psychosis: P; 실제 정신과 환자에게서 보통 나타나지 않는 기이한 정신병적 증상), 신경학적 손상(Neurologic Impairment: N; 심하게 비정형적이거나 비논리적인 신경학적 문제), 기억 상실 장애(Amnestic Disorders: Am; 실제 뇌 손상 환자에게서 나타나지 않는 기억 손상), 낮은 지능(Low Intelligence: LI; 단순히 일반적 지식 부족), 정서장애(Affective Disorders: Af; 비정형적인 우울 및 불안 발현)를 포함한다. 이러한 척도들은 **비현실적 증상과 진성 증상에 가까운 모방**과 같은 탐지 전략을 조합하여 설계되었다(Smith & Burger, 1997). 해당 점수는 총점에 귀속되며 이러한 총점은 꾀병에 대해 좀 더 완전한 평가가 필요한지를 결정하는 데 도움이 될 수 있다(Smith, 2008).

SIMS 척도는 PAI와 SIRS 척도와 예상 가능한 상관을 보여 준다(Edens, Poythress, & Watkins-Clay, 2007). 더해 SIMS는 가장된 정신병리 과대 보고자와 통제군을 구별할 수 있었으며(Clegg, Fremouw, & Mogge, 2009; Edens, Otto, & Dwyer, 1999; Smith Burger, 1997), 이뿐만 아니라 SIRS 점수로(Alwes, 2006; Lewis, Simcox, & Berry, 2002) 그리고 임상가에 의해(Heinze & Purisch, 2001) 과대보고하는 집단과 정직한 보고 집단으로 분류할 수 있었다. Lewis 등(2002)은 SIMS는 민감도와 NPP가 우수하였으나 특이도와 PPP는 낮다는 것을 발견하였고, 점수 상승 시 좀 더 광범위한 후속 검사 실시를 조치할 선별 도구로 SIMS 사용을 제안했다. 현재 SIMS 관련 문헌은 매우 부족하다. 더 많은 연구가 진행된 다음에 다양한 환경에서 분류 정확도를 알 수 있을 것이다.

밀러의 법정 증상 평가 검사

밀러의 법정 증상 평가 검사(Miller Forensic Assessment of Symptoms Test: M-FAST; Miller, 2001)는 법정 장면에서 과장된 정신병리를 선별하기 위해 개발된 25문항의 구조화된 면담 도구이다. 이 도구는 다양한 과장 보고 전략을 바탕으로 개발된 7가지 타당성 지표를 포함한다. M-FAST 척도는 다음을 포함한다: 보고된 증상 대 관찰된 증상(Reported versus Observed: RO), 극단적인 증상(Extreme Symptomatology: ES), 희소 조합(Rare Combinations: RC), 비일상적 환각(Unusual Hallucinations: UH), 비일상적인 증상 경과(Unusual Symptom Course: USC), 부정적 이미지(Negative Image: NI), 피암시성(Suggestibility: S). M-FAST 척도는 MMPI-2, PAI와 SIRS 척도와 예상 가능한 상관을 보였다(Gaines, 2009; Miller, 2001, 2004; Veazey, Hays, Wagner, & Miller, 2005). 여러 연구에서는 M-FAST가 과대보고된 정신병리를 가장한 반응과 정직한 반응을 구별할 수 있으며(Guy et al., 2006), SIRS-분류된 과대보고 집단과 정직한 반응 집단을 구별할 수도 있었다(Clark, 2006; Guy & Miller, 2004; Miller, 2004). M-FAST는 선별 도구로 설계되었으므로 점수가 높게 나오는 경우 과대보고에 대해 좀 더 상세한 가치평가를 수행하는 것을 권장한다(Miller, 2001). M-FAST 척도의 유용성과 코칭에 의한 취약성을 포함하여 특히, 단일 문항으로 구성된 척도에 관한 추가 연구가 필요하다.

다중의 도구를 통합하기

이 장에서 우리의 목표는 반응 왜곡에 대한 다중방식평가에서 견실한 실무용 도구를 제안하는 것이다. 앞서 우리는 다양한 표준화 도구의 개별적 유용성에 관한 연구를 검토했다. 그리 자세히 다룬 것은 아니라도 여러 검사 내에서 다양한 척도의 증분 타당성에 대한 상당히 중요한 문헌도 있다(예: F에 대한 MMPI-2 F_p의 증분적 유용성).

공교롭게도 다양한 검사를 함께 사용할 때의 증분적 유용성에 대한 정보를 임상가에 제공하는 연구는 상대적으로 적다. 제한된 문헌에 따르면, MMPI-2와 PAI의 타당도 지표는 과대보고를 하도록 가장한 대상과 정신과 입원 환자를 구별하거나(Blanchard, McGrath, Pogge, & Khadivi, 2003), SIRS로 확인된 정직한 프로토콜과 과대보고한 프로토콜을 구별해야 하는 상황에서(Boccaccini, Murrie & Duncan, 2006), 개별적으로 각 검사 도구를 사용하는 것보다 조합하여 사용할 때 더 많은 분산을 설명하는 것으로 나타났다.

또한, PAI의 꾀병 지표(Malingering Index: MAL)는 M-FAST 총점에 증분적인 추가 설명을 한다고 나타났다(Gaines, 2009). SIRS는 통계적으로 유의미하지만, SIMS와 PAI에 비해 실질적으로 작은 증분 정보를 추가하는 반면에(Edens, Poythress, & Watkins-Clay, 2007), M-FAST는 과대보고를 탐지하는 상황에서 MMPI-2보다 증분적으로 향상된다(Clark, 2006).

이 도구들이 과소 보고를 탐지하는 데 있어 증분적 유용성에 관해서는 잘 알려진 바가 없는데, PAI와 MMPI-2 과소보고 타당도 지표 간의 상관관계는 중간 정도이며(예: Weiss, Serafino, & Serafino, 2000), 이는 이러한 검사들이 과소보고의 고유한 영역을 측정할 수도 있다는 점을 시사한다. 여러 도구를 조합하여 사용하는 것이 과소보고를 탐지하는 데에 정확도를 향상하는지를 파악하기 위해서는 추가 연구가 필요하다.

반응 왜곡의 다중방식평가를 위한 권고 사항

반응 왜곡은 요구 특성(demand characteristics)[6]에 의해 영향을 받는 다면적인 현상이다. 따라서 수검자는 다양한 가치평가 상황에서 자신의 표현 방식을 바꿀 수 있다. 또한, 수검자가 반응을 왜곡하는 구체적인 방식은 다양하며 세 가지 영역(정신병리적 · 인지적 · 신체적)에서 발생할 수 있다. 이러한 현상의 복잡성으로 인해 성격 및 정신병리 가치평가 상황에서 반응 왜곡의 다중방식평가를 위한 몇 가지 권고 사항을 제시한다.

- 의도적 또는 비의도적 반응 왜곡에 관한 이유를 설명할 수 있는 증거를 제공할 수 있는 잠재적 동기 요인을 파악할 수 있는 배경 정보를 수집하라(예: 이차적 이득의 가능성이 있는가? 수검자가 이전 치료 제공자들에게 일관되게 자기-비하적 태도를 보였는가?). 잠재적인 동기부여 요인에 대한 가설을 세우면 이와 관련된 적절한 면담 질문을 만드는 데 도움이 될 수 있고 어떤 반응 왜곡 영역에 가장 주목해야 하는지 알아

6 역자 주: 심리학에서 '요구 특성'은 실험 참가자가 실험의 목적을 해석하면서 그러한 해석에 맞춰 자신의 행동을 바꿔 가는 실험상에서의 인공적으로 꾸며진 내용을 의미한다. '요구 특성'이 발생하는 원인 중에서는 참가자 스스로가 받게 될 평가 내용에 대해 자신이 원하는 대로 평가받을 수 있도록 방법을 찾아내려는 현상이다. 원하는 방향은 실험자의 기대에 일치하는 방식일 수도 있고 사회적, 윤리적으로 책임감 있는 사람으로 비치는 방식일 수도 있다.

낼 수도 있다.

- 가치평가를 반복적인 과정이라 생각하라. 상황적 요인, 의뢰된 질문 그리고 초기 정보는 면담 질문의 선정, 사용된 선별 검사 도구 그리고 얻을 수 있는 부수적 자료 출처에 영향을 미칠 수도 있다. 초기 검사 결과는 종합적인 검사 사용에 대한 필요성을 지적하는 것일 수도 있다. 일단 반응 왜곡에 대한 충분한 증거가 정리된다면(오차율이 알려진 검증된 측정법을 활용하여) 추가 검사는 과도하거나 불필요할 수 있다. 초기 결과에 따라 계획된 검사 실시를 변경할 가능성에 준비되어 있어야 한다는 점이 중요하다.
- 문해력 수준(자기 보고 도구를 실시할 경우)과 무-내용 기반의 타당하지 않은 반응을 평가한다. 면담에서 보인 반응과 행동 관찰내용을 참고하여 검사에 관여할 능력이 있는 수검자인지에 대해 최종 결론을 확고히 한다.
- 현시점에서 관련 최신 문헌은 어떤 도구의 조합이 다양한 형식의 반응 왜곡을 가장 잘 탐지하는지에 대한 정보를 거의 주지 않는다. 따라서 해당 검사 상황에서 개별적으로 검증된 다양한 도구를 선택하는 것이 최선일 것이다. 또한, 반응 왜곡의 각 유형(예: 과소보고, 일반적 과대보고, 특정 증상에 대한 과대보고) 중 최소 하나에 민감하게 반응할 수 있는 도구를 선정하여 조합해야 한다. 더해, 수검자는 다양한 방식으로 반응을 왜곡할 수 있기에 다양한 탐지 전략을 사용한 개발된 도구를 선택하는 것이 유용하다. 왜곡은 보통 여러 영역에서 발생하기 때문에, 최소한 인지적 · 신체적 불편함에 대한 과대보고를 선별하고 필요한 경우 신경심리학적 가치평가를 의뢰한다.
- Meehl(1955)과 Ray(2009)가 권고한 바와 같이, 법정 장면에서는 더욱 복합적으로 평가해야 할 수검자가 누구인지 선별 도구를 사용하여 파악해야 한다. 선별 도구의 절단 점수는 종종 낮은 값으로 설정되어 거짓 부정을 최소화하는 반면에 거짓 긍정은 증가한다. 따라서 선별 검사 도구(예: M-FAST, SIMS)의 사용은 비용-효율적일 수 있는 반면에, 양성 반응을 보인 사람들은 좀 더 종합적인 검사를 통해 추가 평가하여 거짓 긍정에 대해 좀 더 낮은 수준의 절단 점수를 활용하는 것이 중요하다.
- 경험적으로 뒷받침되는 도구를 선택하라. 〈표 12-2〉에서 볼 수 있듯이 타당도 지표는 반응 왜곡의 서로 다른 영역을 측정한다. 하지만 모든 도구가 모든 장면에서 동일 수준으로 검증되거나 검토된 것은 아니다. 해당 환경에서 경험적으로 검증된 도구를 신중하게 선택하고 공시된 오류율을 잘 알고 있어야 한다. 더해, 타당하지 않은 반응의 기저율이 장면에 따라 다르다는 점을 인지하고 있어야 한다. 비현실적

인 기저율을 사용한 연구에서 얻은 분류 정확도 결과는 임상가가 속한 장면에 일반화하지 못할 수도 있다. 만약 타당도 지수가 명확하게 증명되지 않은 실질적인 도구를 사용할 경우(예: 로르샤흐나 BDI), 반응 편향을 평가하기 위해 잘 타당화된 타당도 지표를 함께 사용해야 한다.

- DSM-5 꾀병 V 코드의 한계를 인식하라. 임상가가 꾀병에 대한 문제가 있는 DSM-5 지침을 사용해야 한다고 하더라도, Berry와 Nelson(2010)의 권장 사항을 적용하여 꾀병을 개념화하고 평가하는 것이 유용할 수 있다. 또한, 동기부여 요인이나 의도에 대한 정보를 모은다는 것은 매우 어려울 수도 있다는 점을 잘 알고 있어야 한다. 따라서 광범위한 과거력 정보 없이 꾀병 그리고 여타의 설명(예: 신체형 장애, 허위성 장애)을 구별하는 것은 상당히 곤란한 문제가 될 수 있다.
- 문화가 반응 유형에 미치는 영향을 염두에 두라. 연구에 따르면, 서로 다른 문화권의 개인들은 반응의 극단성, 순응성, 문제의 과소보고 경향성에서 차이를 보이는 경향이 있었다(Aday, Cliu, & Anderson, 1980; Johnson, Kulesa, Cho, & Shavitt, 2005; Jürges, 2007; Mercado, 2000). 개인의 문화적 배경에 대한 정보를 수집하는 것은 그들의 문화적 규준이 증상 표현에 미치는 영향을 판단하는 데 도움을 줄 수 있다는 점에 중요성이 있다.

사례 예시

우리는 반응 왜곡에 대한 평가 상황에서 7가지 결정적 개념의 중요성을 보여 주는 사례를 선정하였다.

의뢰 문제 이해하기

Shaw는 33세 남성으로 법정 상황과 관련된 병원 환자이며 재판 출석 능력(competency to stand trial: CST)과 꾀병에 대한 평가를 위해 의뢰되었다.

가용한 배경 정보를 꼼꼼히 검토하기 I: 사전 평가

Shaw는 세 건의 중범죄를 저지른 혐의로 기소되었는데 유죄가 확정될 경우 수년의 징역형을 선고받을 수 있었다. 그는 이번 평가 이전에 21개월 동안 7번의 재판 능력 평가와 1번의 입원 평가를 받았다. 일부 평가자들은 Shaw가 죽은 사람들과 대화할 수 있다는 믿음, 불안, 경계심, 격앙 초조, 편집증적인 태도, 가만히 앉아 있지 못함, 내적 자극에 반응하는 것 등의 심각한 정신건강 증상을 호소했다고 보고했다. 또한, 그는 평가자에게 TV에서 자살하는 메시지를 받는 등의 환청을 경험한다고 보고했다. 더해 두 명의 평가자는 Shaw가 사건에 대한 자세한 정보를 기억하는 데 어려움을 겪고 있으며 혼란스러워 보였다고 말했다. 한 평가에서는 그가 혐의 내용을 기억할 수 없다고 보고했다.

다른 평가에서는 억지로 꾸민 듯한 증상(예: 검사자의 요청에 응해 사망자와 대화하기, 인지 처리가 느린 것처럼 보이게끔 답변을 지연하기)을 보고한 것으로 드러났다. 한 검사자는 그가 동료들과 대화하는 것처럼 보였지만 의료진과 이야기할 때는 우울하고 손상된 것처럼 기분이 바뀐 모습을 보였다고 했다. 그는 M-FAST 검사에서 총점 15점을 받았는데 "꾀병으로서 정신병리가 매우 크게 시사되었다"(Miller, 2001). 그는 어떠한 진성의 인지적 결함도 보이지 않았다. 자신의 어린 시절이나 입원, 약물 관리에 대해 중요한 이력 정보를 제공했으며, 무능한 환자로서의 자신의 상태, 탄원에 대한 선택 가능한 조건, 법정 관계자의 역할 등 법정 직원과의 논의에 대하여 구체적인 정보를 제공했다. Shaw는 현재의 기소된 혐의와 그 중대성을 명확히 진술할 수 있었으며 유죄 판결을 받았을 때 수감 기간도 예측할 수 있었다. 그는 자신의 변론 가능한 조건 사항을 정확히 알고 있었고 그 의미를 설명할 수도 있었으며, 법원 직원과 그들의 역할도 정확하게 분별하여 이해할 수 있었다. 그는 추상적으로 생각하는 것에 능했고 훌륭한 통찰력, 판단력 그리고 충동 조절 능력을 갖추고 있었다.

결론적으로, 이전 평가에 대한 의견은 엇갈렸다. 여러 차례에 걸쳐 평가자들은 그의 정신증적 · 인지적 증상이 재판에 참여할 능력이 없는 것으로 판단했는데, 이후 그는 재판 능력 재활을 위해 구치소에서 정신병원으로 이송되었다. 다른 평가자들이 Shaw가 재판을 받을 능력이 있다고 판단해 다시 교도소로 돌려보냈다. 몇몇 평가자들은 그가 가장한 꾀병을 의심했다. 현재 평가 시점에서 그는 최근 병원에 재입원한 상태였고 치료팀은 그가 정신병적 증상과 인지적 문제에 대한 꾀병을 부린다고 의심했다.

가용한 배경 정보를 꼼꼼히 검토하기 II: 기타 기록

법적 이력

기록에 따르면, Shaw는 청소년기와 성인기 동안 체포당했던 광범위한 이력이 있으며, 법적 체계를 다루고 법정에 출석하는 데 상당한 이력이 있는 것으로 나타났다.

Shaw의 인지 능력에 대해 직접 보고했거나 관찰되었던 병원 이력

병원 기록에 따르면, Shaw는 동료들로부터 병동 대표로 선출된 적이 있는데, 이 직책은 누구나 탐내는 직책이었으며 특권이 부여되고 사회적 환경을 잘 다룰 수 있는 능력이 요구되는 자리였다. 이 직책은 대체로 다른 사람들에 대해 의심이 심하거나, 급성 정신병을 앓고 있거나 심한 우울증을 겪고 있는 환자가 맡는 경우는 드물다. 기록에는 Shaw가 법정 역량 강화와 퇴원 계획 집단에는 거의 참여하지 않았지만, 여가 활동에는 적극적으로 참여하며 흥미를 보였고 언어적 표현도 풍부했다고 기록되어 있었다. 그는 기억력 문제를 겪고 있어서 법정 절차에 대한 정보를 기억할 수 없다고 주장했다. 하지만 그는 약물 복용 이력, 질병 발병 연령, 주요 사건의 시간적 정보, 자신의 일상과 관련된 질문에는 빠르고 쉽게 대답할 수 있었다.

Shaw의 정신병리에 대해 직접 보고했거나 관찰되었던 병원 이력

Shaw는 직원들에게 목소리가 들린다고 보고했으나 심리 내부의 자극에 몰두하는 모습은 관찰되지 않았다. 그는 과거에 꾀병 V 코드를 받은 것에 불평했지만 병원에 처음 입원했을 때 정신병적 증상을 조작했다고 인정하기도 했다.

임상적 면담 시행

이번 평가의 목적은 Shaw가 재판 출석할 수 있는 현재 역량을 파악하는 것이었지만, 법정 절차에 참석하고 변호사에 협조하는 것을 방해하는 진짜 문제가 있는지 이해하기 위해 인지적 · 정신병리적 증상 병력에 대해 필수적으로 질문해야 했었다.

자기 보고된 인지적 결함

Shaw는 10대 시절 뇌진탕 병력이 있다고 밝혔다. 자신의 사건과 관련되어 기억에 결함이 있는지 묻자, 배심원이 뭔지도 모르겠고 그 배심원이라는 게 한 명 이상인지도 모른다고 대답했다. 그는 자신이 왜 피고인이 되었는지 모르지만, 판사라는 단어는 "들어 본 적이 있다"라고 대답했다. 그는 자신의 국선 변호인은 "유죄로 만들려는 사람"이라고 표현하며 "왜냐하면 기억을 못하고 있고, 아직 모든 자료를 다 알지 못하기 때문이다"라며 무능하다고 말했다.

자기 보고된 정신병적 증상

Shaw는 8세경부터 목소리가 들리기 시작해서 매일 그런 소리가 들린다고 말했다. 그는 이전에 양극성 장애 진단을 받았고 자살 시도 이력이 있다고 했다. 최근의 증상을 설명하며, "정부가 내 가족을 노리고 있다고 생각합니다. 대부분 그렇다고 생각해 왔습니다. 요원들의 이름이 들리기 시작하면 정신이 빠질 정도입니다"라고 보고했다.

왜곡에 대한 잠재적 동기와 관련된 자기 보고된 정보

Shaw는 교도소보다 병원이 더 좋다고 말했는데 "24시간 감방에 갇혀 있는 것보다 병원에 있는 게 덜 스트레스받기 때문에……"라고 했다. 그는 병원에서 더 좋은 치료를 받고 적절한 의료 서비스와 심리치료를 받는다고 말했다. 또한, 그는 자신의 여자 친구라고 밝혔던 병원 동료에 대해서도 자세히 이야기했다.

행동 관찰에 유념하라

수검자가 보고한 증상과 행동이 일치하는지를 살펴보는 것은 중요한 평가 방법이다. 이러한 정보는 수검자가 거짓 증상을 보고하는지를 판단하는 데 매우 중요할 수 있다. Shaw의 경우, 다음의 행동 관찰내용이 알려 주는 정보들이다.

인지 능력

평가자가 Shaw를 만나 짧은 대화를 나누고 검사 시간을 정한 다음 날, 병원 건물 내에서 평가자를 만났다. Shaw는 대뜸 "내일 9시 30분 맞죠?"라고 말을 걸었는데, 이는 익숙하지 않은 직원을 알아보고 예약 진료시간을 기억하고 있다는 점을 보여 준다. 많은 질문에 "잘 모르겠는데요"라고 대답한 것과는 달리 Shaw는 진행 중인 검사 과정을 매우 잘 알고 있는 것같이 보였다. M-FAST 검사를 실시 과정에서 그는 "여기 처음 왔을 때 한 번

받아 봤어요"라고 정확하게 진술했는데, 이는 말하며 몇 달 전에 실시한 검사의 첫 페이지를 기억하고 있음을 시사한다. Shaw는 문항에 집중할 수 있었고 검사 지침을 스스로 따를 수 있었으며, 최대 90분 동안 검사 문항에 집중을 지속할 수 있었다. 그는 훌륭한 기억력, 주의력, 집중력을 보여 주었다. 표면상으로는 법적 체계에 대해 지식이 거의 없는 것처럼 보였던 면담 과정에서와는 달리 Shaw는 과거 체포 이력, 범죄 경위, 탄원 협상 과정에 대해 상당히 자세하게 설명할 수 있었다.

정신병리

Shaw는 최근 면담 과정에서 평가자의 질문을 반복하며 말하는 목소리가 들린다고 진술했다. 하지만 그는 평가가 진행된 몇 시간 동안 내적 자극에 주의가 산만해진 모습은 전혀 보이지 않았다. 법적 관계자들이 자신에게 부당하게 사형을 선고하고 돈을 훔치며 가족을 죽이려고 한다는 매우 가혹한 피해망상을 보고했는데도 불구하고 의자에 구부정하게 기대어 앉아 팔짱을 낀 채 편안한 자세로 질문에 대답했다. 그는 면담 내내 정서적으로 안정된 상태를 유지했고 불안, 우울 또는 조증 증상은 전혀 보이지 않았다.

시행할 검사 도구 결정하기

이전 평가자들은 Shaw의 증상학적 측면의 진실성에 대해 다양한 결론에 가졌었다. 검토 가능한 유일한 표준화 검사는 병원에 접수 시 시행된 M-FAST였다. 그는 매우 높은 점수인 15점을 받았는데 이는 정신병리학적 과대보고의 증거로 볼 수 있었지만, M-FAST는 상태-의존 선별 도구이므로 왜곡을 더욱 종합적으로 평가하기 위해 추가 검사가 필요했다. 또한, 기억에 어려움을 겪고 있다고 보고했음에도 불구하고, 인지 반응 왜곡에 대해 평가한 사전 검사는 없었다.

Shaw의 재판 참여 능력에 장해 요소를 정확히 평가하기 위해서는 그가 현재 인지적 또는 정신건강 문제를 과장하거나 조작하고 있는지를 평가해야 했다. 신체적 증상의 과대보고하거나 과소보고를 종합적으로 평가할 필요성은 없었다. 〈표 12-3〉의 항목과 같이, 선택된 영역 내에서 여러 탐지 방법이 선택되었다. 이는 가장한 사람들이 여러 방식의 접근법을 사용하여 각 반응을 왜곡할 수도 있고 각기 다른 검사들이 여러 가지 왜곡 접근 방식에 차별적으로 민감하기 때문이다. 주목할 점은 검사와 면담 질문 선정은 하나의 반복 과정이라는 것이다. 평가과정의 초기에 Shaw의 행동과 검사 결과는 이후 질문

표 12-3 Shaw가 실시한 검사 도구와 결과

도구 명	도구 설명	Shaw의 점수	점수 기본 해석
인지 영역			
레이 15항목 암기 검사 Rey Fifteen Item Memorization Test(FIT)	인지기능 검사에서 노력 의도의 스크리닝 검사	재인과 회상 조합 점수: 23	의심할 만한 시도의 증거가 없음.
기억 꾀병 검사 Test of Memory Malingering(TOMM)	기억력 및 기타 인지 검사에서 의심스러운 노력에 대한 강제-선택형 선별 검사	시행 1: 41/50 시행 2: 40/50 파지: 27/50	해당 검사 점수는 Shaw가 최선을 다하지 않았고 자신에게 해당하지 않으면서도 기억력의 결함이 있는 것처럼 비치려고 시도했을 수도 있음을 가리킴(최대한의 노력을 기울이지 않았으며, 그의 기억 결핍이 실제가 아닐 가능성을 보여 줌)
타당성 지표 프로파일 Validity Indicator Profile(VIP)	인지 검사에서 노력과 의도에 대한 강제-선택형 측정 도구	비언어: 88; 순응적 언어: 67; 순응적	Shaw는 순응적 반응 스타일을 보였음. 억제, 무선반응 또는 뚜렷한 비일관성에 대한 그럴듯한 증거는 없음.
사법 지식 검사 Inventory of Legal Knowledge(ILK)	재판 참여 역량 평가를 받는 피고인의 반응 스타일에 대한 강제-선택형 측정 도구	28/61(45.9%)	Shaw의 점수는 28/61점으로, 무선으로 반응한 수검자의 점수와 유사했음. 이는 진성 정신장애를 겪는 대부분 수검자가 받은 점수보다 낮았음. 해당 점수는 그의 진짜 지식이나 능력을 입증하려는 노력을 기울이지 않았음을 시사하며 가장하거나 무관한 반응 방식에 대해 심각한 우려가 됨.
정신병리 영역			
밀러 법정 증상 평가 Miller Forensic Assessment of Symptoms Test (M-FAST)	정신병리의 과대보고를 신속히 선별하기 위한 목적으로 설계된 구조화 면담 선별 도구	사전: 15 현재: 8 • RO: 1 • ES: 2 • RC: 3 • UH: 2	Shaw는 M-FAST에서 꾸며낸 정신질환 가능성을 나타내는 항목에 인정했음. M-FAST 8점은 임상 표본에서 꾸며낸 정신질환을 강하게 시사하는 점수임. 보고 대 관찰(Reported versus Observed: RO)에는 자기 보고된 문제가 관찰된 행동과 불일치함을 나타내는 문항을 포함하고 있음. 극단적 증상(Extreme Symptomatology: ES) 척도는 매우 극단적이고 비상식적 증상을 포함함. 희소 조합(Rare Combinations: RC) 척도

			는 조합된 상태로 나타나는 경우가 드문 심리적 증상을 포함함. 비일상적 환각(Unusual Hallucination: UH) 척도는 진성 정신과적 집단에서는 극히 드물게 나타나는 증상을 포함함. 해당 M-FAST 점수를 바탕으로 살펴보면, Shaw는 꾀병을 부리고 있을 가능성을 평가하기 위한 추가 검사가 권고됨.
보고 증상에 대한 구조화 면담 Structured Interview of Reported Symptoms(SIRS)	정신병리를 과대보고하는 반응 스타일(그리고 덜 종합적으로, 방어성)을 평가하기 위해 설계된 종합적인 구조화 면담	'확실'(Rare Symptoms, 희소 증상)과 3가지 '가능성 있음' (뻔한 증상, 증상의 선택성, 증상의 심각성)	Shaw는 희소 증상(Rare Symptoms)에서 현저히 높은 점수를 받았으며 이 점수는 보통 정신병적 내용을 담은 매우 심각한 증상에 인정하는 경향성을 측정함. 이러한 점수 상승은 정신장애를 가장하는 개인의 특징이며 진실하게 반응하는 내담자에게서는 거의 볼 수 없는 특징임. 그는 또한 뻔한 증상(Blatant Symptoms; 주요 정신질환과 관련된 여러 증상에 인정하는 것)과 증상의 선택성(Selectivity of Symptoms; 광범위한 정신과적 증상에 인정하는 것) 그리고 증상의 심각성(Severity of Symptoms; 여러 증상이 극단적이고 견디기 힘들다고 인정하는 것)에서 중등도 수준의 높은 점수를 받았음. 이러한 상승 점수의 조합은 정신 장애를 가장하려는 개인의 특징이며 진실하게 반응하는 내담자에게서는 거의 볼 수 없는 특징임.

과 검사를 선정하는 데에 영향을 미쳤다. 〈표 12-3〉은 각 검사에서 Shaw의 점수와 기본적인 해석적 결과를 보여 준다. 우리는 Shaw의 인지적 증상 영역의 결과에 크게 주목하지는 않을 것이다(그가 할 수 있는 만큼 수행하기 위해 노력하지 않았음을 시사한다). 그보다는 오히려 우리는 정신병리 영역에서 Shaw의 결과에 주목할 것이다.

Shaw는 먼저 증상에 대한 밀러 법정 평가 검사(Miller Forensic Assessment of Symptoms Test: M-FAST) 검사를 받았다. 이번 검사 점수는 이전의 15점보다 훨씬 낮은 8점이었는데 여전히 정신병리 증상을 과대보고했음을 시사했다. M-FAST가 간단한 선별 도구로 설계되었기 때문에, Shaw는 추가로 보고 증상에 대한 구조화 면담(Structured Inventory of Reported Symptoms: SIRS)도 함께 실시하였다. 이 검사에서 그는 8개의 주요 척도 중 하나에서 과대보고에 대해 '확정' 범위에 속하는 점수를 받았으며, 다른 세 가지 척도에서는 과대보고에 대해 '가능성 있음' 범위에 속하였다. 이는 정신병리 반응 왜곡에 대해 더 종합적인 활용으로써 Shaw가 접근했던 방식에 대한 더 많은 정보를 제공했다. 이번 평가에서는 시행하지 않았지만, 각기 다른 접근법을 활용하는 자기 보고식 다축 성격검사 도구(예: MMPI-2-RF: PAI)를 추가해서 실시해 볼 수도 있었을 것이다. 하지만 우리는 이미 정신병리적 증상을 과대보고했다는 상당한 증거를 가지고 있었고 환자에게 불필요한 검사를 시키지 않으려고 다른 추가 검사를 시행하지 않았다.

행동 관찰과 기록 내용을 담은 다중방식 검사 결과 해석하기

가용한 근거를 바탕으로 Shaw가 병원에 남으려고 인지적 문제와 정신병리를 의도적으로 꾸며냈거나 과장했다고 결론지었다. 이 결론은 세 가지 주요 근거 영역으로 나눌 수 있다. 주목할 점은 세 가지 영역 모두가 각 평가 영역에서 명확하게 결정되지는 않을 것이다:

행동

Shaw의 인지적 문제 왜곡에 대한 측정치 그리고 검사 과정 동안과 공식적으로 평가하는 상황이 아닌 경우에서, 행동 간의 불일치는 Shaw가 정신병리 증상을 과대보고하고 있고 인지적 측정에서 괜찮은 결과를 얻기 위해 최선을 다하지 않았음을 시사한다. 그는 이전 법정 절차에 관해 상당한 수준의 지식을 가졌음을 보여 주었는데, 이는 이번 평가에서 보고한 지식 수준보다 훨씬 더 뛰어났다. 그의 기억이 온전하게 유지되고 있음이 관찰되었고 그가 이전에 알고 있던 법적 정보를 잊어버렸다는 것을 시사하는 생리적·정신의학적 기록이 없다는 점을 고려한다면 해당 정보를 잊었을 가능성은 의심스러운 것이다.

왜곡 의도

기록에 따르면 Shaw는 과거에 의도적으로 정신병리를 과대보고했다고 인정했다. 그의 검사 결과에 따르면, 그는 정신과적 문제를 과대보고했을 가능성이 크고 인지기능 측정에서 기대할 수 있는 만큼의 성과를 보이지 못했음을 보여 준다. 하지만 **Shaw의 반응 왜곡 검사 결과는 그의 의도를 직접으로 보여 주지 못했다.** 우리는 공식적인 평가의 과정 동안과 그 외의 상황 간 행동의 불일치를 바탕으로 그리고 증명된 인지 능력의 차이를 바탕으로 그의 의도를 추론해야 했다.

행동에 대한 동기

기록 내용과 이번 평가과정 동안 그의 자기 보고에 따르면, Shaw는 교도소보다 병원에 남아 있고 싶어 했다고 진술했다. 이러한 (당연히 드문) 진술은 그의 왜곡 동기에 대해 직접적인 결론을 내릴 수 있게 했다. 다소 덜 직접적인 증거(예: 여자 친구와 시간을 보내는 것을 즐겼다는 인식 내용)나 가설(예: 유죄 판결을 무효화 하려고 재판을 지연하고자 바랐던 것)은 추론할 수 있지만, 더 직접적인 증거가 없이는 그렇다 할 만한 동기를 확인할 수 없다.

Shaw에게 진성 정신과적 증상이 있었는지 확실히 결론 내릴 수는 없었지만, 그의 진술은 그가 외부적 이점으로 인해 정신질환과 기억 결핍 증상을 과도하게 과대보고하고 있음을 시사했다. 그렇기에 우리는 그가 재판을 받을 역량이 된다고 판단했다. 더해, 우리는 그의 치료 팀에 그의 진단서에 꾀병 V 코드 추가를 고려해 보기를 권고했다.

결론

이 장과 사례 전반에 걸쳐 강조했듯 반응 왜곡 평가는 다양한 출처의 정보를 고려해야 하는 다면적인 작업이다. 이 작업은 불완전하고 실행하기 어렵게 기술되어 있는 지침(예: DSM-5)으로 인해 더욱 복잡해진다(Berry & Nelson, 2010). 다행히 이 도전과제를 기꺼이 수행하려는 임상가들을 위한 몇 가지 잘 타당화된 방법이 있다. 면담, 행동 관찰, 보조 자료에서 수집한 정보와 함께 표준화된 도구를 신중하게 선택한다면 임상 및 법정 실무에서 반응 왜곡의 존재 여부, 심각성, 유형에 대한 풍부하고 유용한 정보를 얻을 수 있다.

참고문헌

Aday, L. A., Cliu, G. Y., & Anderson, R. (1980). Methodological issues in health care surveys of the Spanish-descent population. *American Journal of Public Health, 70,* 367-374.

Alwes, Y. R. (2006). *The utility of the Structured Inventory of Malingered Symptomatology as a screen for the feigning of neurocognitive deficit and psychopathology in a civil forensic sample*. Master's Thesis, University of Kentucky (Paper No. 394).

American Psychiatric Association. (1980). *Diagnostic and statistical manual of mental disorders* (3rd ed.). Washington, DC: Author.

American Psychiatric Association. (2013). *Diagnostic and statistical manual of mental disorders* (5th ed.). Arlington, VA: Author.

Arbisi, P. A., & Ben-Porath, Y. S. (1995). An MMPI-2 infrequent response scale for use with psychopathological populations: The Infrequency-Psychopathology Scale, F(p). *Psychological Assessment, 7*, 424-431.

Arbisi, P. A., Ben-Porath, Y. S., & McNulty, J. (2006). The ability of the MMPI-2 to detect feigned PTSD within the context of compensation seeking. *Psychological Services, 3,* 249-261.

Baer, R. A., & Miller, J. (2002). Underreporting of psychopathology on the MMPI-2: A meta-analytic review. *Psychological Assessment, 14,* 16-26.

Baer, R. A., & Wetter, M. W. (1997). Effects of information about validity scales on underreporting of symptoms on the Personality Assessment Inventory. *Journal of Personality Assessment, 68,* 402-413.

Baer, R. A., Wetter, M. W., Nichols, D. S., Greene, R., & Berry, D. T. R. (1995). Sensitivity of MMPI-2 validity scales to underreporting of symptoms. *Psychological Assessment, 7,* 419-423.

Bagby, R. M., Buis, T., & Nicholson, R. A. (1995). Relative effectiveness of the standard validity scales in detecting fake-bad and fake-good responding: Replication and extension. *Psychological Assessment, 7,* 84-92.

Bagby, R. M., Gillis, J. R., Toner, B. B., & Goldberg, J. (1991). Detecting fake-good and fake-bad responding on the Millon Clinical Multiaxial Inventory-II. *Psychological Assessment, 3,* 496-498.

Bagby, R. M., Marshall, M. B., & Bacchiochi, J. R. (2005). The validity and clinical utility of the MMPI-2 Malingering Depression Scale. *Journal of Personality Assessment, 85,* 304-311.

Barber-Rioja, V., Zottoli, T. M., Kucharski, L. T., & Duncan, S. (2009). The utility of the MMPI-2 Criminal Offender Infrequency (FC) Scale in the detection of malingering in criminal defendants. *International Journal of Forensic Mental Health, 8,* 16-24.

Bash, I. Y., & Alpert, M. (1980). The determination of malingering. *Annals of the New York Academy of*

Sciences, 347, 86-99.

Bender, S. D., & Rogers, R. (2004). Detection of neurocognitive feigning: Development of a multi-strategy assessment. *Archives of Clinical Neuropsychology, 19,* 49-60. Ben-Porath, Y. S. (2003). Assessing personality and psychopathology with self-report inventories. In I. B. Weiner (Series Ed.) & A. M. Goldstein (Vol. Ed.), *Handbook of psychology: Vol. 11. Forensic psychology* (pp. 485-508). Hoboken, NJ: Wiley.

Ben-Porath, Y. S. (2012). *Interpreting the MMPI-2-RF*. Minneapolis: University of Minnesota Press. Ben-Porath, Y. S., Graham, J. R., & Tellegen, A. (2009). *The MMPI-2 Symptom Validity (FBS) scale development, research findings, and interpretive recommendations*. Minneapolis: University of Minnesota Press. Ben-Porath, Y. S., & Tellegen, A. (2008). *MMPI-2-RF manual for administration, scoring, and interpretation*. Minneapolis: University of Minnesota Press.

Ben-Porath, Y. S., & Waller, N. G. (1992). "Normal" personality inventories in clinical assessment: General requirements and the potential for using the NEO Personality Inventory. *Psychological Assessment, 4,* 14-19.

Berry, D. T. R., & Nelson, N. W. (2010). DSM-5 and malingering: A modest proposal. *Psychological Injury and Law, 3,* 295-303.

Berry, D. T. R., Wetter, M. W., Baer, R. A., Larsen, L., Clark, C., & Monroe, K. (1992). MMPI-2 random responding indices: Validation using a self-report methodology. *Psychological Assessment, 4,* 340-345.

Blanchard, D. D., McGrath, R. E., Pogge, D. L., & Khadivi, A. (2003). A comparison of the PAI and MMPI-2 as predictors of faking bad in college students. *Journal of Personality Assessment, 80,* 197-205.

Boccaccini, M. T., Murrie, D. C., & Duncan, S. A. (2006). Screening for malingering in a criminal-forensic sample with the Personality Assessment Inventory. *Psychological Assessment, 18,* 415-423.

Boone, K. B. (Ed.). (2007). *Assessment of feigned cognitive impairment: A neuropsychological perspective*. New York: Guilford Press.

Burchett, D. L., & Ben-Porath, Y. S. (2010). The impact of overreporting on MMPI- 2-RF substantive scale score validity. *Assessment, 17*, 497-516.

Bury, A. S., & Bagby, R. M. (2002). The detection of feigned uncoached and coached posttraumatic stress disorder with the MMPI-2 in a sample of workplace accident victims. *Psychological Assessment, 14,* 472-484.

Butcher, J. N., Dahlstrom, W. G., Graham, J. R., Tellegen, A., & Kaemmer, B. (1989). *Manual for the restandardized Minnesota Multiphasic Personality Inventory: MMPI-2*. Minneapolis: University of Minnesota Press.

Butcher, J. N., Graham, J. R., Ben-Porath, Y. S., Tellegen, A., Dahlstrom, W. G., & Kaemmer, B. (2001). *MMPI-2 manual for administration, scoring, and interpretation* (rev. ed.). Minneapolis: University of Minnesota Press.

Butcher, J. N., & Han, K. (1995). Development of an MMPI-2 scale to assess the presentation of self in a superlative manner: The S scale. In J. N. Butcher & C. D. Spielberger (Eds.), *Advances in personality assessment* (Vol. 10, pp. 25-50). Hillsdale, NJ: Erlbaum.

Cashel, M. L., Rogers, R., Sewell, K., & Martin-Cannici, C. (1995). The Personality Assessment Inventory and the detection of defensiveness. *Assessment, 2*, 333-342.

Clark, J. A. (2006). *Validation of the Miller Forensic Assessment of Symptoms Test (M-FAST) in a civil forensic population*. Master's Thesis. Retrieved from University of Kentucky (Paper No. 399).

Clark, L. A. (1993). *Schedule for Nonadaptive and Adaptive Personality: Manual for administration, scoring, and interpretation*. Minneapolis: University of Minnesota Press.

Clark, L. A., Simms, L. J., Wu, K. D., & Casillas, A. (in press). *Schedule for Nonadaptive and Adaptive Personality: Manual for administration, scoring, and interpretation* (2nd ed.). Minneapolis: University of Minnesota Press.

Clegg, C. B., Fremouw, W., & Mogge, N. (2009). Utility of the Structured Inventory of Malingered Symptoms (SIMS) and the Assessment of Depression Inventory (ADI) in screening for malingering among outpatients seeking to claim disability. *Journal of Forensic Psychiatry and Psychology, 20*, 239-254.

Costa, P. T., & McCrae, R. R. (1992). *NEO-PI-R and NEO-FFI: Professional manual*. Odessa, FL: Psychological Assessment Resources.

Craig, R. J. (1999). Essentials of MCMI-III assessment. In S. Strack (Ed.), *Essentials of Millon Inventories Assessment* (pp. 1-51). New York: Wiley.

Daubert, S. D., & Metzler, A. E. (2000). The detection of fake-bad and fake-good responding on the Millon Clinical Multiaxial Inventory-III. *Psychological Assessment, 12*, 418-424.

DeClue, G. (2011). Harry Potter and the Structured Interview of Reported Symptoms? *Open Access Journal of Forensic Psychology, 3*, 1-18.

Dragon, W. R., Ben-Porath, Y. S., & Handel, R. W. (2012). Examining the impact of unscorable item responses on the validity and interpretability of MMPI-2/ MMPI-2-RF Restructured Clinical (RC) scale scores. *Assessment, 19*, 101-113.

Edens, J. F., Otto, R. K., & Dwyer, T. (1999). Utility of the Structured Inventory of Malingered Symptomatology in identifying persons motivated to malinger psychopathology. *Journal of the American Academy of Psychiatry and the Law, 27*, 387-396.

Edens, J. F., Poythress, N. G., & Watkins-Clay, M. M. (2007). Detection of malingering in psychiatric unit and general population prison inmates: A comparison of the PAI, SIMS, and SIRS. *Journal of Personality Assessment, 88*, 33-42.

Edwards, A. L. (1970). *The measurement of personality traits by scales and inventories*. New York: Holt, Rinehart, & Winston.

Elhai, J. D., Gold, S. N., Sellers, A. H., & Dorfman, W. I. (2001). The detection of malingered posttraumatic stress disorder with MMPI-2 fake bad indices. *Assessment, 8*, 221-236.

Gaines, M. V. (2009). *An examination of the combined use of the PAI and the M-FAST in detecting malingering among inmates*. Unpublished doctoral dissertation. Texas Tech University, Lubbock, TX.

Gallen, R. T., & Berry, D. T. R. (1996). Detection of random responding in MMPI-2 protocols. *Assessment, 3,* 171-178.

Gervais, R. O., Ben-Porath, Y. S., Wygant, D. B., & Green, P. (2007). Development and validation of a Response Bias Scale (RBS) for the MMPI-2. *Assessment, 14,* 196-208.

Graham, J. R. (2006). *MMPI-2: Assessing Personality and Psychopathology* (4th ed.). New York: Oxford University Press.

Green, D., & Rosenfeld, B. (2011). Evaluating the gold standard: A review and meta-analysis of the Structured Interview of Reported Symptoms. *Psychological Assessment, 23,* 95-107.

Green, D., Rosenfeld, B., & Belfi, B. (2013). New and improved?: A comparison of the original and revised versions of the Structured Interview of Reported Symptoms. *Assessment, 20*, 210-218.

Guy, L. S., Kwartner, P. P., & Miller, H. A. (2006). Investigating the M-FAST: Psychometric properties and utility to detect diagnostic specific malingering. *Behavioral Sciences and the Law, 24,* 687-702.

Guy, L. S., & Miller, H. A. (2004). Screening for malingered psychopathology in a correctional setting: Utility of the Miller-Forensic Assessment of Symptoms Test (M-FAST). *Criminal Justice and Behavior, 31,* 695-716.

Hall, H. V., & Poirier, J. G. (2001). *Detecting malingering and deception* (2nd ed.). Boca Raton, FL: Taylor & Francis.

Handel, R. W., Arnau, R. C., Archer, R. P., & Dandy, K. L. (2006). An evaluation of the MMPI-2 and MMPI-A True Response Inconsistency (TRIN) scales. *Assessment, 13,* 98-106.

Handel, R. W., Ben-Porath, Y. S., Tellegen, A., & Archer, R. P. (2010). Psychometric functioning of the MMPI-2-RF VRIN-r and TRIN-r scales with varying degrees of randomness, acquiescence, and counter-acquiescence. *Psychological Assessment, 22,* 87-95.

Hawes, S. W., & Boccaccini, M. T. (2009). Detection of overreporting of psychopathology on the Personality Assessment Inventory: A meta-analytic review. *Psychological Assessment, 21,* 112-124.

Heinze, M. C. (1999). "Yet there's method in his madness ... ": Dimensions of deception and dangerousness. *Aggression and Violent Behavior, 4*, 387-412.

Heinze, M. C., & Purisch, A. D. (2001). Beneath the mask: Use of psychological tests to detect and subtype malingering in criminal defendants. *Journal of Forensic Psychology, 1,* 23-52.

Hoelzle, J. B., Nelson, N. W., & Arbisi, P. A. (2012). MMPI-2 and MMPI-2-Restructured Form validity scales: Complimentary approaches to evaluate response validity. *Psychological Injury and Law, 5,* 174-191.

Hopwood, C. J., Orlando, M., & Clark, T. C. (2010). The detection of malingered pain-related disability with the Personality Assessment Inventory. *Rehabilitation Psychology, 55,* 307-310.

Johnson, T., Kulesa, P., Cho, Y. I., & Shavitt, S. (2005). The relation between culture and response styles: Evidence from 19 countries. *Journal of Cross-Cultural Psychology, 36,* 264-277.

Jürges, H. (2007). True health vs response styles: Exploring cross-country differences in self-reported health. *Health Economics, 16,* 163-178.

Kucharski, L. T., Duncan. S., Egan, S. S., & Falkenbach, D. M. (2006). Psychopathy and malingering of psychiatric disorder in criminal defendants. *Behavioral Sciences and the Law, 24,* 633-644.

Lange, R. T., Sullivan, K. A., & Scott, C. (2010). Comparison of MMPI-2 and PAI validity indicators to detect feigned depression and PTSD symptom reporting. *Psychiatry Research, 176,* 229-235.

Larrabee, G. L. (Ed.). (2007). *Assessment of malingered neuropsychological deficits.* New York: Oxford University Press.

Lees-Haley, P. R., English, L. T., & Glenn, W. J. (1991). A fake bad scale on the MMPI-2 for personal-injury claimants. *Psychological Reports, 68,* 203-201.

Lewis, J. L., Simcox, A. M., & Berry, D. T. R. (2002). Screening for feigned psychiatric symptoms in a forensic sample by using the MMPI-2 and the Structured Inventory of Malingered Symptomatology. *Psychological Assessment, 14,* 170-176.

Marshall, M., & Bagby, R. M. (2006). The incremental validity and clinical utility of the MMPI-2 Infrequency Posttraumatic Stress Disorder scale. *Assessment, 13,* 417-429.

McCusker, P. J., Moran, M. J., Serfass, L., & Peterson, K. H. (2003). Comparability of the MMPI-2 F(p) and F scales and the SIRS in clinical use with suspected malingerers. *International Journal of Offender Therapy and Comparative Criminology, 47,* 585-596.

Meehl, P. E. (1955). Antecedent probability and the efficiency of psychometric signs, patterns, or cutting scores. *Psychological Bulletin, 52,* 194-216.

Meehl, P. E. (1996). Preface. In *Clinical versus statistical prediction: A theoretical analysis and a review of the evidence.* Northvale, NJ: Jason Aronson. (Original work published 1954)

Mercado, M. M. (2000). The invisible family: Counseling Asian American substance abusers and their families. *Family Journal: Counseling and Therapy for Couples and Families, 8,* 267-272.

Mihura, J. L. (2012). The necessity of multiple test methods in conducting assessments: The role of the Rorschach and self-report. *Psychological Injury and Law, 5,* 97-106.

Miller, H. A. (2001). *Miller-Forensic Assessment of Symptoms Test (M-FAST): Professional manual.* Odessa, FL: Psychological Assessment Resources.

Miller, H. A. (2004) Examining the use of the M-FAST with criminal defendants incompetent to stand trial. *International Journal of Offender and Comparative Criminology, 48,* 268-280.

Millon, T. (1994). *Millon Clinical Multiaxial Inventory-III manual.* Minneapolis, MN: National Computer Systems.

Millon, T., Davis, R., & Millon, C. (1997). *Millon Clinical Multiaxial Inventory-III manual* (2nd ed.). Minneapolis, MN: National Computer Systems.

Mogge, N. L., Lepage, J. S., Bell, T., & Ragatz, L. (2010). The negative distortion scale: A new PAI validity scale. *Journal of Forensic Psychiatry and Psychology, 21,* 77-90.

Morey, L. C. (1991). *Personality Assessment Inventory professional manual.* Odessa, FL: Psychological Assessment Resources.

Morey, L. C. (1993, August). *Defensiveness and malingering indices for the PAI.* Paper presented at the annual convention of the American Psychological Association, Toronto, Ontario, Canada.

Morey, L. C. (1996). *An interpretive guide to the Personality Assessment Inventory.* Odessa, FL:

Personality Assessment Resources.

Morey, L. C. (2007). *Personality Assessment Inventory professional manual* (2nd ed.). Odessa, FL: Psychological Assessment Resources.

Morey, L. C., & Hopwood, C. J. (2004). Efficiency of a strategy for detecting back random responding on the Personality Assessment Inventory. *Psychological Assessment, 16,* 197-200.

Morgan, C. D., Schoenberg, M. R., Dorr, D., & Burke, M. J. (2002). Overreport on the MCMI-III: Concurrent validation with the MMPI-2 using a psychiatric inpatient sample. *Journal of Personality Assessment, 78,* 288-300.

Morgan, J. E., & Sweet, J. J. (Eds.). (2009). *Neuropsychology of malingering casebook*. New York: Psychology Press.

Nicholson, R. A., Mouton, G. J., Bagby, R. M., Buis, T., Peterson, S. A., & Buigas, R. A. (1997). Utility of MMPI-2 indicators of response distortion: Receiver operating characteristic analysis. *Psychological Assessment, 9,* 471-479.

Paulhus, D. L. (1988). *Assessing self-deception and impression management in self-reports: The Balanced Inventory of Desirable Responding*. Unpublished manual, University of British Columbia, Vancouver, Canada.

Paulhus, D. L., Bruce, M. N., & Trapnell, P. D. (1995). Effects of self-presentation strategies on personality profiles and their structure. *Personality and Social Psychology Bulletin, 21,* 100-108.

Ray, C. L. (2009). The importance of using malingering screeners in forensic practice. *Journal of Forensic Psychological Practice, 9,* 138-146.

Rogers, R. (1984). Towards an empirical model of malingering and deception. *Behavioral Sciences and the Law, 2,* 93-112.

Rogers, R. (1990). Models of feigned mental illness. *Professional Psychology: Research and Practice, 21,* 182-188.

Rogers, R. (2008a). An introduction to response styles. In R. Rogers (Ed.), *Clinical assessment of malingering and deception* (3rd ed., pp. 3-13). New York: Guilford Press.

Rogers, R. (2008b). Detection strategies for malingering and defensiveness. In R. Rogers (Ed.), *Clinical assessment of malingering and deception* (3rd ed., pp. 14-38). New York: Guilford Press.

Rogers, R., Bagby, R. M., & Dickens, S. E. (1992). *Structured Interview of Reported Symptoms professional manual*. Odessa, FL: Psychological Assessment Resources.

Rogers, R., & Bender, S. D. (2003). Evaluation of malingering and deception. In I. B. Weiner (Series Ed.) & A. M. Goldstein (Vol. Ed.), *Handbook of psychology: Vol. 11. Forensic psychology* (pp. 109-132). Hoboken, NJ: Wiley.

Rogers, R., & Cavanaugh, J. L. (1983). "Nothing but the truth" ... A reexamination of malingering. *Journal of Law and Psychiatry, 11,* 443-460.

Rogers, R., Sewell, K. W., & Gillard, N. D. (2010). *Structured Interview of Reported Symptoms* (2nd ed.). Odessa, FL: Psychological Assessment Resources.

Rogers, R., Sewell, K. W., Martin, M. A., & Vitacco, M. J. (2003). Detection of feigned mental disorders:

A meta-analysis of the MMPI-2 and malingering. *Assessment, 10,* 160-177.

Rogers, R., Sewell, K. W., Morey, L. C., & Ustad, K. L. (1996). Detection of feigned mental disorders on the Personality Assessment Inventory: A discriminant analysis. *Journal of Personality Assessment, 67,* 629-640.

Rubenzer, S. (2010). Review of the Structured Inventory of Reported Symptoms-2 (SIRS-2). *Open Access Journal of Forensic Psychology, 2,* 273-286.

Schinka, J. A., Kinder, B. N., & Kremer, T. (1997). Research validity scales for the NEO-PI-R: Development and initial validation. *Journal of Personality Assessment, 68,* 127-138.

Sellbom, M., & Bagby, R. M. (2008a). Response styles on multiscale inventories. In R. Rogers (Ed.), *Clinical assessment of malingering and deception* (3rd ed., pp. 182-206). New York: Guilford Press.

Sellbom, M., & Bagby, R. M. (2008b). Validity of the MMPI-2-RF (Restructured Form) L-r and K-r scales in detecting underreporting in clinical and nonclinical samples. *Psychological Assessment, 20,* 370-376.

Simms, L. J., & Clark, L. A. (2001). Detection of deception on the Schedule for Nonadaptive and Adaptive Personality: Validation of the validity scales. *Assessment, 8,* 251-266.

Smith, G. P. (2008). Brief screening measures for the detection of feigned psychopathology. In R. Rogers (Ed.), *Clinical assessment of malingering and deception* (3rd ed., pp. 323-342). New York: Guilford Press.

Smith, G. P., & Burger, G. K. (1997). Detection of malingering: Validation of the Structured Inventory of Malingered Symptomatology (SIMS). *Journal of the American Academy of Psychiatry and the Law, 25,* 183-189.

Snell, A. F., Sydell, E. J., & Lueke, S. B. (1999). Towards a theory of applicant faking: Integrating studies of deception. *Human Resource Management Review, 9,* 219-242.

Strong, D. R., Greene, R. L., Hoppe, C., Johnston, T., & Olesen, N. (1999). Taxometric analysis of impression management and self-deception on the MMPI-2 in child custody litigants. *Journal of Personality Assessment, 73,* 1-18.

Tellegen, A. (1985). Structure of mood and personality and their relevance to assessing anxiety, with an emphasis on self-report. In A. H. Tuma & J. D. Maser (Eds.), *Anxiety and the anxiety disorders* (pp. 681-706). Hillsdale, NJ: Erlbaum.

Tett, R. P., Anderson, M. G., Ho, C.-L., Yang, T. S., Huang, L., & Hanvongse, A. (2006). Seven nested questions about faking in personality tests. In R. L. Griffith & M. H. Peterson (Eds.), *A closer examination of applicant faking behavior*. Greenwich, CT: Information Age.

Thomas, K. M., Hopwood, C. J., Orlando, M. J., Weathers, F. W., & McDevitt-Murphy, M. E. (2012). Detecting feigned PTSD using the Personality Assessment Inventory. *Psychological Injury and Law, 5,* 192-201.

Thomas-Peter, B. A., Jones, J., Campbell, S., & Oliver, C. (2000). Debasement and faking bad on the Millon Clinical Multiaxial Inventory III: An examination of characteristics, circumstances and motives of forensic patients. *Legal and Criminological Psychology, 5,* 71-81.

Veazey, C. H., Hays, J. R., Wagner, A. L., & Miller, H. A. (2005). Validity of the Miller Forensic

Assessment of Symptoms Test in psychiatric inpatients. *Psychological Reports, 96,* 771-774.

Veltri, C. O. C., & Williams, J. E. (2013). Does the disorder matter?: Investigating a moderating effect on coached malingering using the MMPI-2 and PAI. *Assessment, 20*, 199-209.

Vitacco, M. J. (2008). Syndromes associated with deception. In R. Rogers (Ed.), *Clinical assessment of malingering and deception* (3rd ed., pp. 39-50). New York: Guilford Press.

Weiss, W. U., Serafino, G., & Serafino, A. (2000). A study of the interrelationships of several validity scales used in police selection. *Journal of Police and Criminal Psychology, 15,* 41-44.

Widows, M., & Smith, G. P. (2005). *Structured Inventory of Malingered Symptomatology (SIMS): Professional manual*. Odessa, FL: Psychological Assessment Resources.

Wiggins, C. W., Wygant, D. B., Hoelzle, J. B., & Gervais, R. O. (2012). The more you say the less it means: Overreporting and attenuated criterion validity in a forensic disability sample. *Psychological Injury and Law, 5,* 162-173.

Wygant, D. B., Ben-Porath, Y. S., & Arbisi, P. A. (2004). *Development and initial validation of a scale to detect infrequent somatic complaints*. Poster presented at the 39th annual symposium on recent developments of the MMPI-2/MMPI-A, Minneapolis, MN.

제13장

다중방식 폭력 위험성 평가

Michael L. Stanfill, Suzanne O'Brien, & Donald J. Viglione, Jr.

Weiner와 Greene(2008)는 다음과 같이 성격검사와 성격 평가를 구분하여 설명하였다. "성격검사(personality testing)는 개인의 성격특성을 확인하기 위해 심리검사(test)를 사용하는 것을 말하며, 반면 성격 평가는 가치평가를 받게 되는 한 사람에 대한 성격 기반의 결론과 권고 사항들에 맞게끔 여러 종류의 정보를 통합하는 것을 포함한다(p. 19)" 의뢰 문제에 폭력 위험성 평가가 포함되면, 평가의 목표는 단순히 진공 상태에서 위험 추정치를 제시해 주는 것이 아니라, 그가 속한 문화, 배경, 삶의 경험을 고려한 맥락에서 해당 개인을 이해하여 어떤 상황에서 자신이나 타인에게 해를 끼칠 수 있는지 더 깊이 이해하는 것이다. 그렇기에 철저한 위험성 평가를 실행하려면 다양한 양식을 사용하여 다양한 출처로부터 정보를 통합하는 것이 필수적이라는 것은 말할 필요도 없다.

일반적으로 검사 배터리를 설계할 때는 신뢰도와 검사 타당도 문제를 고려하고 각기 다른 측정법을 통해 수집한 정보가 중복되는지, 평가 대상의 다면적인 모습을 완성하는 데에 도움이 되는지 판단해야 한다. 유사한 양식의 측정법을 사용하여 개인을 평가할 경우 특정 정보가 중복되어 임상적 그림의 풍부함을 크게 향상하지 못할 수도 있다. 평가에서 다중방식 접근법을 사용하면 다양한 출처로부터 풍부한 양의 자료를 수집하여 개인에 대해 더욱 응집력 있고 정확한 그림을 그릴 수 있으며, 이를 통해 자신과 타인에 대한 위험성을 가장 명확하게 추정할 수 있다.

폭력 위험을 추정하는 데 자주 사용되는 몇 가지 측정법은 연구를 통해 폭력과 관련이 있다고 입증된 경험적 지지 변수를 참고하여 재범 위험을 추정해 보는 것이다. 종종

Static-99, 개정판(Static-99R; Hanson, Phenix, & Helmus, 2009)이나 폭력 위험성 감정평가 지침(Violence Risk Appraisal Guide: VRAG; Quinsey, Harris, Rice, & Cormier, 2006) 등의 측정 도구들은 회귀방정식을 활용해 위험성을 추정하며 임상가의 판단은 거의 필요하지 않다. VRAG는 원래 경험적 연구 문헌 검토를 통해 설계되었으며, 이후 여러 연구 결과를 바탕으로 계량적 측정 방식에 따라 '가중치'를 적용했다는 점이 주목할 만하다(Quinsey et al., 2006). 폭력성 예측 분야의 다른 연구자들은 분류 트리(classification tree) 접근법을 활용하여 위험성을 평가할 것을 제안한다(Steadman et al., 2000). 회귀방정식 접근법을 활용한 위험 평가는 중등도의 효용성을 보이기에 널리 사용되고 있다(Babchishin, Hanson, & Helmus, 2011). 이러한 측정 도구 사용의 기저에는 평가 대상 개인에게 위험 요인이 동일 예측 가치를 가지며, 이러한 도구를 사용해 가치 평가된 모든 사람은 동일 특성에 대해 동일 방식으로 평정된다고 가정한다. 이와 다르게, 분류 트리 접근법은 어떤 위험 요인이 일부 개인에게는 관련이 있지만 모든 개인에게 해당하는 것만은 아니라는 가정을 기반하기 때문에 좀 더 개별특수적인 접근이다.

연구 문헌에서는 폭력 위험 분석과 관련된 특정 위험 요인을 지속하여 확인해 왔다. 이러한 위험 요인에는 주로 사이코패시, 분노 조절의 문제, 폭력적인 사고에 대한 집착 및 망상, 폭력 관련 환각, 성격장애, 물질 남용 장애, 성별, 아동기 학대 경험, 조건부 석방 기각이나 취소, 그리고 과거 폭력 경험도 당연히 포함된다(예: Borum, 1996; Gretton, Hare, Catchpole, 2004; Vitacco, Erickson, Kurus, & Apple, 2012). 폭력에 대해 철저한 분석을 위해서는 다양한 출처로부터 이러한 변수들을 수집하고, 문서를 검토하는 과정에 좀 더 많이 신경 써야만 할 것이다.

과거력, 임상 면담, 그리고 계량적 측정의 역할

폭력 또는 자살 위험성 평가에서, 환자의 과거력 그리고 가능하다면, 임상 면담은 다양한 계량적 예측 지표를 만들어 내는 데에 필요한 정보를 모을 때 필수적이다(Harris & Lurigio, 2007). 이러한 각 부분은 종합적인 다중방식 위험성 평가에서 중요한 역할을 한다. 하지만 각 부분의 중첩되는 분산으로 인해 환자의 과거력, 임상 면담 그리고 통계적 점수 간의 상호 관련성을 설명하기 위해서는 이를 총체적으로 한꺼번에 논의하는 것이 가장 좋다.

과거력과 임상 면담

1990년대 초중반 이전까지 많은 연구에서 다양한 과거력 관련 변수와 현재 그리고 또는 미래의 폭력 행위에 대한 위험성 간의 관련성을 평가했다(Link, Andrews, & Cullen, 1992; Monahan, 1993; Swanson, Holzer, Ganju, & Jono, 1990). 그러나 이러한 연구들은 연구 집단, 표본 추출 기법, 평가된 변수들 사이에 약간의 일관성만 있었다(Harris & Lurigio, 2007). 이러한 문제를 해결하기 위해 미국 전역의 연구자들이 모여 다년간의 대규모 연구를 진행했는데 이 연구는 이후에 맥아더 폭력 위험성 평가 연구(MacArthur Violence Risk Assessment Study; Monahan et al., 2001)로 알려지게 되었다. 연구진은 개인이 특정 유형의 공공 보건 시설(예: 교도소나 정신병원)에서 퇴원한 후 1년 동안 어떤 요인이 미래 폭력을 예측하는지 파악하기 위해 10가지 범주의 변수를 연구했다. 해당 변수는 사전에 선정된 것이었지만, 평가된 범주의 주요 변수는 과거력 그리고 또는 고정적 변수였다.

연구자들이 평가한 과거력 변수 중 다수가 미래 폭력 위험과 정적 또는 부적 상관을 보였다. 미래 폭력 위험과 정적 상관을 보인 과거력 변수는 다음과 같았다: 이전 폭력 행동; 아동기의 심각하고 빈번한 신체적 학대; 폭력적 아버지 존재, 물질 남용, 범죄; 열악한 지역사회에서 거주; 그리고 통제하거나 조절하기 어려운 극심한 분노의 과거력(Monahan et al., 2001). 다른 변수들은 더 엇갈린 결과를 보였다. 예를 들어, 이전에 조현병이나 기타 주요 정신질환 진단을 받은 적이 있는 경우 폭력 위험성이 낮아졌고, 이에 반해 성격장애나 적응장애 진단을 받은 경우는 위험이 증가했다. 이와 유사한 혼재된 결과 중, 남성일 경우에는 가족 구성원에 대한 폭력 위험성이 증가했으나 타인에게는 그렇지 않았다.

다른 연구자들은 문헌 검토와 임상가의 심사숙고를 통해 과거력 관련 위험 요인을 평가했다. 아래에서 더 자세한 설명이 되어 있는데, 역사적, 임상적, 위험 관리-20(Historical, Clinical, Risk Management-20: HCR-20; Webster, Douglas, Eaves, & Hart, 1997)의 개발 과정에서, 해당 도구의 저자들은 많은 과거력 변수를 평가했다. 궁극적으로 문헌 검토를 바탕으로 봤을 때 다음 사항들을 특히 고려해야 한다고 결론지었다: 과거의 폭력, 어린 나이에 발생한 첫 폭력 사건; 관계 불안정성; 고용 문제; 약물 남용 문제; 주요 정신질환; 사이코패시; 초기 부적응; 성격장애; 그리고 사전 관리 감독의 실패(Webster et al., 1997).

이러한 변수 대부분은 문헌 검토와 부수적 정보를 통해 얻을 수 있지만, 평가 대상자의 현재 심리 상태를 더욱 자세히 평가하기 위해서는 철저한 임상 면담을 시행하는 것이 필수적이다(Papapietro, 2012). 위험성 그리고 또는 자해 위험에 대한 평가는 전형적으로 대립적인 맥락에 있으며 평가받는 개인에게 종종 매우 중대한 대가가 따른다. 예를 들어, 위험성 평가는 가석방 대 강제 구금 또는 격리 시설에서의 치료 대 외래 치료 사이에서 차별적인 결과를 만들 수 있다. 이러한 상황에서는 법정 선고에 영향을 미칠 수 있다. 이러한 맥락을 고려해 보면, 피평가자는 자신의 진술을 완전히 솔직하게 밝히고 싶어 하지 않을 수 있다. 따라서 임상 면담이 진행되는 동안 모아진 정보는 해당 개인의 진술에 대한 신뢰성과 타당성 측면에서 이러한 대립적 맥락을 염두에 두고 다루어야만 한다.

정신과적 질병, 증상, 특성학적 문제 그리고 현재 대처능력의 역할을 평가하는 것은 철저한 위험 평가에서 필수 사항이다(Papapietro, 2012). 정신병적 장애가 폭력이나 공격적 행동에 미치는 폭넓은 영향에 대한 증거가 혼재되어 있지만(Harris & Lurigio, 2007; Monahan et al., 2001), 현재 폭력에 관한 망상이나 폭력 관련 피해망상을 경험하고 있는 경우 위험성은 증가한다(Harris & Lurigio, 2007; Monahan, 1993; Monahan et al., 2001). 이와 유사하게, 특정 성격장애(예: 반사회성 또는 경계선 성격장애)는 위험을 증가시키는 반면, 다른 성격장애(예: 강박성 성격장애)는 실제로 위험성을 줄인다(Monahan et al., 2001; Torrey, Stanley, Monahan, & Steadman, 2008). 과거력의 부수적 정보는 이러한 진단 중 하나를 확인하는 데 도움이 될 수 있지만, 해당 장애가 개인의 현재 기능에서 어떤 기능을 하는지 그 영향을 확인하기 위해 임상 면담이 필수적이다. 평가 대상자의 현재 대처능력이 잘 확립되어 있고 강력하다면, 이는 다른 임상적 위험 요인이 존재하더라도 보호 요인으로 작용할 수 있을 것이다.

임상 면담은 위험성 가치평가에서 일반적으로 사용되는 측정 도구를 시행하는 데도 매우 중요하다. 예를 들어, 사이코패시 체크리스트(Psychopathy Checklist: PCL-R; Hare, 2003)는 문서 살펴보는 것만으로도 작성할 수 있지만, 임상 면담 없이는 여러 변수를 평가하기 어렵다(Gretton et al., 2004; Hare, 2003). 이러한 변수 중 일부는 면담 내용(예: 빈번하게 거짓말)과 관련이 있지만, 면담으로 측정한 대부분 변수는 평가를 받는 개인의 맥락과 표현(예: 과장된 자기감) 방식과 관련이 있다. 대화의 내용보다는 평가를 받는 개인의 표현 방식에 좀 더 초점을 맞춤으로써 이러한 변수 중 특정 변수에 대해 더욱 신뢰할 수 있는 정보를 모을 수 있을 것이다.

어떠한 평가 도구도 없는 상태에서의 임상적 판단은 신뢰할 수 없고 부정확하다는 것이 잘 알려져 있다(Meehl, 1954). 특히, 임상적 판단만으로 이루어진 매우 부실한 위험성 평가에서 더욱 그렇다(Grob, 1995). Quinsey 등(1998)은 정신건강 전문가들의 치료 가능

표 13-1 다중양식 위험성에서 고려해야 할 요인, 측정 도구, 척도

과거력 요인

- 폭력적 행동 표출의 과거력
- 학대적이거나 약물 남용자인 아버지의 존재
- 과거 분노 문제
- 현재 또는 과거 약물 남용
- 열악한 지역사회에서 거주
- **젠더**
- **정신과적 진단**

임상적 요인

- 참여자에 대한 개방성 및 참여 의지
- 대안적 증거임에도 불구하고 꾸밈 또는 과장된 표현
- 과대성 또는 냉담성
- 자기 보고가 다른 형태의 정보와의 일치성

계량적 및 구조화된 전문가용 판단 도구

- PCL-R
- VRAG
- COVR
- Static-99R
- Structured Risk Assessment: Forensic Version-Light
- START
- HCR-20

자기 보고

- MMPI-2
  - 척도 4, 6, 8, 9
  - **O-H**
- PAI
  - AGG
  - DOM
  - VPI
  - ANT
  - BOR

수행 평가 도구
- 로르샤흐 공격성 지표
  - **AGC, AGM (AG), AGP**, AG 잠재성
  - **MOR**
  - MAP
- 로르샤흐 개별특수적 공격성 평가
  - 인지 처리(Complexity R, F%, Blends, Sy, M, MC, MC−PPD)
  - 사고장애(EII−3, TP−Comp, WSumCog, SevCog, X−%, WD−%)
  - 심리적 불편감 또는 절망감(m, Y, MOR, YTVC′, CritCont%)
  - 대인관계(SR, PHR/GPHR, M−, V−Comp, H, MAP, PER, r)

* 주의: 굵게 표시된 항목은 특수 특성이나 환경에 따라 증거나 지지가 혼재되어 있는 항목이다.

성 및 폭력 재범에 대한 예측이 일반인의 경우와 비교해 더 정확하지 않다는 것을 보여주는 수많은 사례를 문헌에서 지적하고 있다. 임상가들의 이러한 부정확한 예측의 주요 원인 중 하나는 많은 임상가가 특정 행동의 기저율과 빈도를 제대로 이해하지 못하는 데에 있다. 앞서 언급했듯이 이는 임상 면담이 무용지물이라는 것을 의미하는 것은 아니다. 오히려, 〈표 13−1〉에서 보이는 것처럼 임상 면담을 다른 측정 도구와 조합하는 것이 핵심이라는 것이다.

위험 평가에 도움이 되는 모든 특수 도구들이 타당한 것인데, 현재 실무에서 이러한 도구만을 사용하여 임상적 판단을 하는 것은 비윤리적 관행으로 보고 있다. Cote, Crocker, Nicholls와 Seto(2012)가 지적했듯, 위험성 평가 측정 도구는 임상가가 법정 소견을 만들어 갈 때 체계적이고 신뢰할 수 있으며 타당한 접근법을 사용하는지를 확인하는 데 도움이 된다.

계리학적 방법

재범 가능성을 예측하기 위한 효과성과 특수성을 향상하기 위한 노력의 일환에서 계리학적 측정법이 상당한 인기를 얻었다. 다양한 과거력 변수를 활용하여 덜 형식적인 임상적 접근법에 대한 비판을 해결하기 위해 많은 측정 지표가 개발되었다(Harris & Lurigio, 2007; Harris, Phenix, Hanson, & Thornton, 2003; Monahan, 1993; Monahan et al., 2001; Torrey et al., 2008). VRAG나 Static−99R(Harris et al., 2003; Quinsey et al., 2006)와 같은 측정치 다

수는 연구에서 볼 수 있듯이, 폭력 또는 성폭력 재범률을 비교적 잘 예측하는 것으로 나타난 과거력 변수나 고정 변수에만 의존한다. 한 가지 방법은 환자의 과거력과 범죄 기록에 관해 일련의 질문에 답하고, 회귀 분석을 기반으로 재범률에 대한 전반적인 추정치를 얻는 것이다.

이러한 과거력에 기반한 예측이 유용하기는 하지만, 특히 보호 요인 관점에서 역동적 또는 심리적 특성을 고려하는 것 또한 중요하다. 예측을 넘어 이러한 역동적 변수 중 다수는 범죄자 관리, 감독, 치료 그리고 그에 따른 위험성 감소에도 중요한 역할을 한다. 하지만 이러한 변수 중 상당수는 상당히 가변적이어서 시간이 지남에 따라 크게 변동할 수 있다. 게다가 각 변수의 중요성은 사람마다 다를 수 있다. 예를 들어, 평소에는 정신증적 증상도 없고 조리 있는 범죄자가 메스암페타민에 중독되어 매우 정신병적이고 망상적이며 잠재적으로 폭력적으로 변할 수 있다.

일부에서는 위험성을 평가할 때 일차적으로 계리학적 방식을 사용해야 한다고 주장했다. 예를 들어, Meehl(1954)의 전통에 따라, Quinsey 등(1998)은 임상가에게 임상적 판단을 계리학적 방법으로 완전히 대체할 것을 권고하였고, "계리학적 방법은 아주 뛰어나고 임상적 판단은 너무 빈약하기에 계리학적 방법이 임상적 판단을 오염시킬 위험은 없다"라고 지적했다(p. 171). 하지만 이러한 측정법은 어떤 면에서도 결코 절대 완벽하지 않으며 미래의 폭력성을 완전히 예측할 수 있다고 보장하지 않는다. 계리적 방법은 중등도의 타당성을 보이며(Yang & Mulvey, 2012), 다양한 위험 평가 측정치는 AUC에서 ROC 곡선이 .70에서 .80로 측정됐을 때 일관되게 평탄해지는 것을 보여 주었다(Buchanan, 2008; Mossman, 2009; Yang & Mulvey, 2012). Yang과 Mulvey(2012)는 다음 등의 요인에 기인한다고 설명하였다: "① 아직 확인되지 않은 객관적인 표식의 항목이 있을 수 있음, ② 분산이 완전히 우연적일 수도 있고 식별 가능한 규칙성이 없음, 또는 ③ 사회적 상황에 대한 조건적 반응의 개인차가 아직 충분히 정확한 방식으로 설명되지 않았음"(p. 199). 이뿐만 아니라 연령 증가가 행동화 감소에 미치는 영향은 여러 집단에서 입증되었다(Helmus, Thornton, Hanson, & Babchishin, 2012). 이러한 측정치 중 일부는 연령에 따른 공격성 감소를 교정하려는 시도가 있었으나(Hanson & Morton-Bourgon, 2009; Harris et al., 2003), 그 효과는 미미했다. 게다가 임상적 판단에 관한 논쟁과 관련하여, PCL-R 자체가 임상적 판단을 상당 수준 포함하고 있다는 사실이 중요하다.

특정 행동의 기저율은 계리적 측정법과 관련된 추가적인 문젯거리이다. 폭력 재범의 기저율을 논의할 때는 연구 집단과 재범 발생률을 함께 고려하는 것이 중요하다. 폭력 재범의 기저율은 전형적으로 낮지만, 재범이 발생할 경우, 특히 지역사회의 안전이나 안전에 대한 인식 측면에서 큰 대가를 치러야 할 수 있다. 폭력 재범이나 위험성에 관한 문헌은 문제의 결과에 대한 기저율이 매우 낮을 때 발생하는 예측의 어려움에 대한 경고로써 과할 만큼 강조하고 있다(Tengström, 2001).

가용한 여러 가지 폭력 위험성 평가 도구가 있지만, 그중 특정 한 가지 측정 도구가 다른 것들보다 사용에 더 나은 이점이 있는지는 여전히 불분명하다. Yang, Wong과 Coid(2010)는 2세대 및 3세대 위험 평가 도구와 그 구성 요소에 대한 메타 분석을 시행했는데, 이는 다음의 측정 도구 중에서 폭력을 가장 정확하게 예측할 수 있는 도구가 무엇인지 알아내는 것이 목표였다. Psychopathy Checklist-Revised(PCL-R; Hare, 2003), Offender Group Reconviction Scale-Version 2(OGRS; Copas & Marshall, 1998), Violence Risk Assessment Guide(VRAG; Harris et al., 1993), Risk Matrix 2000 for Violence (RM2000V), Historical, Clinical, and Risk Management Violence(HCR-20; Webster et al., 1997), Psychopathy Checklist: Screening Version(PCL:SV; Hart, Cox, & Hare, 1995), Level of Service Inventory-Revised(LSI-R; Andrews & Bonta, 1995), General Statistical Information for Recidivism(GSIR; Bonta, Harman, Hann, & Cormier, 1996), Violence Risk Scale(VRS; Wong & Gordon, 2001, 2006), Static-99(Hanson et al., 2009)가 포함되었다. 메타 분석 결과, 연구에 포함된 모든 도구가 중등도의 효과 크기를 보였는데 어떤 도구도 두드러지게 뛰어나지 않았다. 전반적으로, 연구자들은 "연구 속성의 차이 또는 다층 회귀 분석으로 설명되지 않은 무선 효과를 고려한 후, 9가지 도구의 폭력 예측 효율성을 비교하였을 때 주목할 만하거나 임상적으로 유의한 차이는 없었다"라고 결론지었다(p. 759). 핵심적으로 이러한 측정 도구는 폭력 예측에 있어 상호 교환 가능하다고 여겼었다. 연구자들은 측정 도구가 수행할 수 있는 관련 임상적, 사법적, 위험 관리 기능에 따라 그에 맞는 한 가지 도구를 다른 것들보다 우선 선택할 것을 권장했다. 따라서 임상가가 사례 관리 과정에 관심이 있다면 LS/CMI 또는 HCR-20이 다른 도구보다 유용할 수 있다. 물론 성범죄 재범의 위험을 평가하는 경우 Static-99R이 보통 최우선의 선택지가 된다. 한편, 성격특성에 관심이 있거나 치료가 도움이 될지, 제약이 될지를 알고 싶다면 PCL-R이 적합할 수 있다. VRAG나 HCR-20과 같은 도구는 PCL-R(Hare, 2003) 측정치에 포함하여 산출되므로 다른 위험 평가 도구를 완료하지 않고도 PCL-R을 독립적으로 채점하는 것이 필요할 수도 있다.

위험성 평가를 위해 설계된 일부 계리적 측정 도구를 사용하는 것에 이점이 있지만,

이러한 도구들은 몇 가지 중요한 한계점도 있다. 예를 들어, 이러한 측정 도구가 위험을 예측하는 기간은 제한적이다. 또한, 개인에게 얻은 상대적 위험성 추정치는 해당 평가 대상이 위험성 추정치의 기반이 되는 표본과 일치하는지 아니면 연구 표본과 일치하는지에 따라 크게 달라진다. 예를 들어, 여성 성범죄자의 재범 위험을 평가할 때, 일반적인 계리적 위험성 평가 도구에 의존하는 것은 신뢰하기 어렵다. 이러한 측정 도구의 타당성 증거는 남성 범죄자에게만 기반하고 있으며, 남성과 여성 성범죄 간의 특성과 위험 요인을 구별한 연구는 제한적이기 때문이다. 또한, 이러한 도구들은 다양한 모집에서 유용할 것으로 추정하는 단일 회귀방정식(Steadman et al., 2000)에만 의존한다는 비판을 받아왔다. 그렇긴 하지만 최근 연구는 이러한 계리적 측정 도구가 단독으로 사용될 때의 한계점을 지적하고 있다(Hanson, Morton-Bourgon, 2009; Harris & Lurigio, 2007). 전체적으로 이 분야는 좀 더 구조화된 전문가 판단 모델로 옮겨 가고 있다(Harris & Lurigio, 2007; Torrey et al., 2008).

구조화된 전문가 판단

계리적 예측의 대안으로 최근 몇십 년간 부상하여 실무에서 일상 정규적으로 사용되고 있는 또 다른 방법은 구조화된 전문가 판단 모델(Douglas, Ogloff, & Hart, 2003)이다. 이 모델은 경험적으로 검증된 폭력 위험 요인에 초점을 둔 가이드형 임상적 접근법이라 할 수 있다. 잘 알려진 구조화된 전문가 판단 도구 중 하나는 캘리포니아와 워싱턴의 법정 정신과 환자들에게 널리 사용되고 있는 HCR-20(Webster et al., 1997)이다. HCR-20은 과거력 변수(혹은 고정 변수), 임상적 문항, 위험 관리 문항과 관련된 총 20개의 문항으로 구성되어 있다. 하지만 계리적 측정과 다르게 HCR-20은 결과를 예측하려고 다양한 위험 요인을 회귀방정식에 조합하지 않으며 재범과 관련된 구체적인 확률값을 제공하지도 않는다. 그 대신 위험 수준을 범주형(즉, 낮음, 중간, 높음)으로 평가한다. 최종 위험 수준을 결정은 반드시 존재하는 위험 요인의 개수로 확정되는 것은 아니며 각 문항이나 점수에 의해 영향을 받을 필요도 없다.

HCR-20의 초기 단계에서 Borum(1996)은 "이 도구의 잠재력은 위험성과 위험 평가를 위한 개념적 모델이나 체계에 기초하고 있다는 점; 경험적 연구에 기반을 두고 있다는 점; 신뢰도를 높이는 데 도움을 주는 조작적 정의에 기반한 코딩 시스템을 갖추고 있다는 점; 훈련된 보조 인력이 시간 소모적인 자료 수집을 수행할 수 있도록 허용한다는 점

등의 간결한 실용성에 있다"라고 언급했다(기록 검토를 통한 H와 R 변수)(p. 950). 계리적 측정 도구와 마찬가지로 HCR-20도 폭력을 예측할 때 적당히 높은 정확성을 제공할 수 있다(Mills, Kroner, & Hemmati, 2007).

Rufino, Boccaccini와 Guy(2011)가 논의한 바와 같이 HCR-20의 한 가지 잠재적 한계점은 임상 및 위험 관리 척도의 일부 항목은 주관적으로 채점된다는 점인데, 이는 전반적인 예측 타당성을 저해할 수 있다. 그렇다고 하더라도 저자들은 Douglas와 Reeves(2010)의 연구를 포함하여 적절한 평정자 간 일치도를 보여 주는 연구를 인용했다. 그리고 이들은 유용한 HCR-20 연구들의 평정자 간 일치도를 검토하여 총점에 대해 평정자 일치도 계수(급간 내 상관계수, intra-class correlation coefficient: ICC)의 중간값이 .85임을 발견했다. 놀라울 것도 아니라 평정자 일치도 계수는 본질적으로 주관적인 다른 두 척도(임상 척도의 경우 .74, 위험 관리 척도의 경우 .68)보다 개인사적 문항(.86)에서 높았다.

HCR-20의 또 다른 장점은 해당 개인과 관련된 특정 위험 요인을 식별하고, 임상가가 잠재적 피해자 집단을 식별하며, 치료 중 위험 관리를 위한 적절한 중재 전략을 수립하는 데 도움을 줄 수 있다는 점이다(Guy, Packer, & Warnken, 2012). 또한, HCR-20은 오늘날 발표된 대부분 계리적 위험 평가 측정법과는 달리 남성의 미래 위험도를 평가할 때 예측 타당성이 여성보다 약간 더 높긴 하지만 여성 범죄자에게 사용할 수도 있다(de Vogel & de Ruiter, 2004; Garcia-Mansilla, Rosenfeld, & Cruise, 2011).

지금 이 분야에서는 위험 분석에 보호 요인을 포함시킴으로써 위험 평가의 균형을 맞출 필요성을 인식하고 있다(Rogers, 2000). 이러한 요구를 반영하여 구조화된 전문가 판단 측정 도구인 위험 및 치료 가능성의 단기 평가(Short-Term Assessment of Risk and Treatability: START; Webster, Martin, Brink, Nicholls, & Middleton, 2004; Webster et al., 2009)가 개발되었다. 이 도구는 위험과 관련된 여러 영역(예: 타인과 자신에 대한 위험)에서 내담자의 강점과 취약점을 모두 포착하며 고정적 및 역동적 보호 요인과 위험 요인을 모두 포함하도록 개발되었다(Desmarais, Nicholls, Wilson, & Brink, 2012). 이 측정 도구는 심리적 기능, 적응력, 사회적 기능, 외부 자원, 전반적인 관여에 중점을 둔다. 이러한 다양한 영역을 다룸으로써 가치평가를 받는 대상은 한 영역에서 위험성이 증가한 것으로 평정 받으면서도 또 다른 영역에서 보호 요인을 가진 것으로 평정될 수 있다. 예를 들어, 한 사람이 자해 위험을 높이는 심각한 정신질환을 앓고 있을 수 있다고 하더라도 이러한 위험성은 다른 내적 및 외적 자원과 전반적인 적응력으로써 희석될 수 있다. 이 측정 도구의 예비 연구에서는 HCR-20과 PCL:SV를 뛰어넘는 예측 타당성과 증분 타당성이 입증되었다.

자기 보고 성격검사

맥아더 폭력 위험성 평가 연구(MacArthur Violence Risk Assessment Study)에서 도출된 한 가지 결과는 특정 정신질환에 동반되는 화학물질 남용이 미래의 폭력 위험 요인이라는 점이었다(Monahan, 1993). 해당 연구에서 조현병 진단 자체가 미래의 폭력의 위험 요인이 아니었지만, 명령 환청, 폭력적 사고, 비망상적 의심은 모두 미래 폭력성과 관련이 있다고 나타났다. 하지만 심리학자들은 정신질환을 앓고 있는 범죄자들을 대상으로 폭력 위험성을 평가하고 분석해 달라는 요청을 종종 받는다. 이를 요청받은 평가자는 폭력 위험을 증가시킬 가능성이 있는 질병 유형(예: 공존 활성 물질 남용을 동반한 조증 삽화)과 폭력 위험을 감소시킬 수 있는 질병 유형(예: 정신운동 지체를 동반한 심도의 우울증)을 고려해야 한다.

미네소타 다면적 인성검사, 2판(Minnesota Multiphasic Personality Instrument, Second Edition: MMPI-2; Butcher, Dahlstrom, Graham, Tellegen, & Kaemmer, 1989)과 성격 평가 검사(Personality Assessment Inventory: PAI; Morey, 2007)와 같은 광범위 포괄적 검사 도구는 정신과적 문제나 행동의 빈도, 깊이, 범위 그리고 심각도를 평가한다. 이 도구들은 임상 평가에서 필수적 도구이다. 의뢰 목적 그리고 대립적 평가 맥락을 이해하면 어떤 측정 도구를 선택해야 할지, 가장 적절한 측정 도구가 무엇인지 선택하는 데 도움이 된다. 이러한 도구들이 폭력적으로 될 위험이 있는 사람을 식별하기 위해 특별하게 설계된 것은 아니지만, 이 도구로부터 얻은 성격 데이터는 현실적인 치료 목표를 설정하고 적절한 개입 방안을 개발하며 치료 진전 상황을 평가하는 데 도움이 될 수 있다는 점에서 법정 장면에서 중요하고 고유한 기여점이 있다. 이러한 도움은 결국 사례 관리를 다루고 지역사회에 대한 지속적인 위험 정도를 검열하는 데에 도움이 될 수 있다(Nieberding, Moore, & Dematatis, 2002).

광범위 포괄적 심리검사의 장점 중 하나는 반응 유형을 평가할 수 있다는 것이다. 이 두 검사 도구 모두의 반응 유형 전략에 관한 많은 연구가 진행되었다(Meyer et al., 2001). 응답자가 얼마나 정확하고 솔직하게 응답했는지 평가할 수 있다면, 응답자의 심리적 불안정 정도를 파악하는 데에 도움이 될 수 있으며, 다른 요인(예: 집중력 부족, 이해력 부족, 긍정적 또는 부정적 인상관리)도 고려해야 하는지를 결정하는 데에 도움이 될 수 있다.

대부분의 광범위 포괄적 검사는 폭력적 행동을 예측하기 위한 목적으로 개발된 것은 아니지만, 이러한 심리검사는 연구 결과로부터 위험성과 자해와 관련 있다고 나타난 특정 구성개념에 대한 정보를 제공해 준다는 점에서 위험성과 자해에 대한 일반법칙적 이해에 도움이 될 수 있다. 그런 변수 중 한 가지는 계속 지속해 온 정신질환이다. 주요 정신질환을 겪고 있는 모든 사람이 폭력적인 것은 아니며, 폭력적인 사람 모두가 정신질환을 겪는 것도 아니지만, 일부 연구에서는 정신질환과 폭력 간의 연관성을 보여 주고 있다(Harris & Lurigio, 2007; Link et al., 1992; Monahan, 1993). 광범위 포괄적 성격 평가 측정 도구는 정신병리와 관련하여 임상적 · 법의학적 그림에 풍부한 정보를 제공할 수 있는 잠재력을 가지고 있다.

연구에 따르면 특정한 임상적 조건은 여타 조건보다 위험성 및 자해에 해당하는 문제와 더 밀접한 관련이 있는 것으로 나타났다. 예를 들어, 명령 환청이나 망상을 실제로 경험하는 개인이 폭력에 대한 위험성의 정도에 관한 결과는 엇갈리는데, 이와 다르게 물질 사용 장애 진단을 받은 개인, 반사회성 성격장애가 있는 개인, 충동 조절 능력이 부족하거나 중간에서 높은 수준의 사이코패시를 보이는 개인은 다른 사람들의 안전을 위협할 가능성이 더 크다(Monahan et al., 2001; Hare, 2003; Harris & Lurigio, 2007). 이와 반대로 음성 증상을 보이는 개인은 폭력적일 가능성이 더 낮다(Shah, 1993; Swanson et al., 2006, Conroy & Murrie, 2007에서 인용). 해당 프로파일에서 나타나는 임상적 그림을 철저히 검토하면 개인의 위험성이나 자해 위험을 증가시키거나 감소시키는 성격 요인이 있는지를 확인할 수 있다. 특히, 해당 개인이 주요 정신장애의 병력이 있는 경우, 즉각적인 위험을 판단하기 위해 환자의 현재 정신 상태, 정신질환 병력, 과거의 폭력에 대해 명확하게 이해하는 것이 중요하다(Conroy & Murrie, 2007).

이에 더해 광범위 포괄적 측정 도구는 공격적 행동, 충동 조절 문제, 반사회적 태도, 충동성/무모함, 망상적 사고, 환각 등 폭력 위험과 관련된 여타의 구성개념과 맞닿아 있다(Butcher et al., 1989). 이러한 측정 도구는 물질 남용과 관련서는 표면적으로는 타당하지만, 위험 감수, 흥분-추구, 충동성과 같은 물질 남용자들 사이에서 공통으로 나타나는 몇몇 특징들을 파악할 수가 있다(Butcher et al., 1989; Meyer et al., 2001).

Graham(2006)은 수많은 연구에서 MMPI-2가 법정 장면에서 가장 널리 인정받는 심리검사 중 하나임이 확인되었다고 했다. 실제로, "MMPI-2 기반 법정 평가는 개인이 자신을 바라본 후 타인과 자기-관찰 경험을 기꺼이 공유하려는 심리적 적응을 밝혀낼 수 있기에"(Pope, Butcher, & Seelen, 2006, p. 37) 개인 상해, 근로자 보상, 가족 양육권 및 형사 책임 사건 등에서 널리 사용되었다. MMPI-2는 위험성 관련 문제를 직접 다루지는 않지만, 치료와 위험 관리에 영향을 미칠 수 있는 임상 척도와 하위 척도에서 광범위의 심각한 정신병리 및 성격특성을 평가한다(Nieberding et al., 2002). 예를 들어, Megargee, Mercer과 Carbonell(1999)은 다음 척도에서 점수가 높게 나타나는 경우 억제나 행동 통제의 부족을 시사하며, 따라서 공격성과 연관될 수 있음을 확인했다: 비전형성(F), 사회병질적 이탈(4), 편집증(6), 조현병(8), 경조증(9). 적대감 과잉통제 척도(O–H) 연구는 엇갈린 결과가 있으며, Graham은 "수감자 집단이 아닌 집단에서 O–H 척도 점수가 높다고 해서 폭력적 행동과 연관된다는 증거는 없다"라고 결론지었다(p. 203).

PAI(Morey, 2007)는 위험 평가에서 점점 더 인기를 얻고 있다. 타당도 척도 외에도 임상 척도(및 해당 척도의 하위 척도), 치료 고려 척도, 대인관계 척도를 포함한다. PAI는 잠재적 꾀병 가능성뿐만 아니라 폭력성과 자해 위험, 법정 유용성 척도를 평가하는 척도를 포함하고 있다. 예를 들어, 자살 가능성 지수(Suicide Potential Index: SPI)는 자살과 관련된 것으로 밝혀진 공통 양상들을 포함하도록 개발되었다. 이 지표에 관한 연구는 제한적이지만, SPI는 자살 사고와 시도 그리고 정신과 입원 병력 유무에 따른 집단을 구분하는 데에 도움이 된다는 증거가 있다(Hopwood, Baker, & Morey, 2008; Sinclair et al., 2012). 또한, 외상성 뇌 손상 병력이 있는 재향군인 대상의 자살 행동을 강력하게 예측하는 요인으로 밝혀졌다(Breshears, Brenner, Harwood, & Gutierrez, 2010).

PAI는 폭력 위험을 평가하기 위해 만들어진 특수 지표들과 미래 폭력 가능성을 평가하는 데에 유용하다고 밝혀진 특정 대인관계 척도를 포함한다. 폭력 잠재력 지수(Violence Potential Index: VPI)는 핵심적으로 폭발적인 분노, 공감 부족, 충동성, 물질 남용, 감각 추구 등 문헌에서 폭력과 관련이 있다고 나타난 구성개념과 맞닿아 있는 PAI 변수를 포함한 이론적 지표이다(Edens, Hart, Johnson, Johnson, & Oliver, 2000). VPI의 활용성에 관한 연구는 엇갈려 있다(Hopwood et al., 2008; Boccaccini, Murrie, Hawes, Simpler, & Johnson, 2010; Sinclair et al., 2012). 긍정적인 측면에서 보면, 반사회적 행동(Antisocial Behaviors: ANT)은 DSM 장애의 구조화 임상 면담, 2판(Structured Clinical Interview of DSM Disorders, Second Edition: SCID–II; Guy, Poythress, Douglas, Skeem, & Edens, 2008)에서 반사회적 성격 증상 수와 강하게 관련이 있었으며, ANT 척도는 수감 여성들 사이에서 기관 내 불법 행위를 예측하는 가장 좋은 지표라고 보았다(Skopp, Edens, & Ruiz, 2007). 하지만 외상 후 스트레스 장애(Posttraumatic Stress Disorder: PTSD)로 평가받게 된 재향군인 집단에서는 공격성(AGG) 복합 척도가 PTSD 심각성, 인구 통계학적 변수, 공격성과 외향적 분노와 관련된 MMPI–2 척도의 효과를 넘어선 증분 타당성을 제공했는데, VPI는 다른 예측 변수들에 대해 추가 설명력은 제공하지 못했다(Crawford, Calhoun, Braxton, & Beckham, 2007).

AGG, 지배성(Dominace: DOM), ANT를 포함한 여타 PAI 변수는 성범죄자의 Static-99보다 더 나은 폭력 예측성을 가진 것으로 밝혀졌다(Boccaccini et al., 2010). 실제로 저자들은 Walters(2006)의 메타 분석을 인용하는데 이 분석은 "PAI와 같은 내용-관련 자기 보고 측정 점수가 폭력이나 재범 위험을 평가하도록 특별히 설계된 임상가-채점 측정치만큼 폭력, 부정행위, 재범을 잘 예측하는 경향이 있다"라고 설명한다(p. 142). 이에 더해, PAI는 노동-집약적 검사가 아니기에 선별 도구로써 사용할 수 있다. 폭력 지표가 상승한 경우, 좀 더 집중적이고 폭력 위험에 초점을 둔 평가가 필요하다는 신호일 수 있다(Douglas, Hart, & Kropp, 2001).

수행 기반 성격검사

로르샤흐 잉크반점 검사는 로르샤흐 수행평가체계(Rorschach Performance Assessment System: R-PAS; Meyer, Viglione, Mihura, Erard, & Erdberg, 2011)와 종합체계(Comprehensive System: CS; Exner, 2003)로 구성되어 있는데, 위험성 평가에 사용할 때 확연히 두드러지는 기회와 정보를 제공한다. 로르샤흐는 자기 보고 검사와 비교해서 거짓 자기-표상이나 인상관리에 덜 취약한 것으로 입증되었다(Meloy, 1992; Viglione, 1999). 이러한 이유로 로르샤흐는 법정 평가에 자주 사용되었다(Gacono & Evans, 2008). 법정 연구 실무 정보를 보면 로르샤흐를 법정에서 적용한 역사가 오래되었다는 것을 쉽게 알 수 있다. 그렇다고 하더라도 법정에서 로르샤흐를 사용하는 것에 대한 의문이 제기되어 왔다. Weiner, Exner와 Sciara(1996)는 지난 1945년까지 거슬러가는 대략 8,000건의 법원 사건(그중 절반은 형사 사건)에서 로르샤흐에 대한 이의가 제기된 사례는 거의 없었고(0.08%), 대부분 사례에서 증거 불인정 판결이 난 적도 없었다(0.01%)는 점을 확인했다. 로르샤흐의 '법적 영향력'은 관련된 설문 조사에서 뒷받침되었는데, 이 조사에서는 법적 판결에서 논의될 만큼 중요한 의미를 지닌 경우가 많았다(Meloy, Hansen, & Weiner, 1997). 최근에 Gacono와 Evans(2008)는 로르샤흐가 법정 용도로 사용할 수 있는 다양한 적용법을 자세하게 설명했다. 2012년에는 Erard가 법정에서 R-PAS를 사용하는 근거를 명확하게 전달했다(Erard, 2012).

최소 7건의 메타 분석이 로르샤흐 검사의 타당성을 지지하고 있다(Atkinson, Quarrington, Alp, & Cyr, 1986; Bornstein, 1996, 1999; Diener, Hilsenroth, Shaffer, & Sexton, 2011; Hiller, Rosenthal, Bornstein, & Berry, 1999; Mihura, Meyer, Dumitrascu, & Bombel, 2013; Parker, Hanson, & Hunsley, 1988). 이러한 메타 분석의 핵심 결과는 로르샤흐의 여러 변수가 자기 보고 척도보다 오히려 외부적으로 평가된 특성을 강조하는 기준을 적용한 점이 더 타당하고 유용했다는 것이다. 이러한 사실은 로르샤흐가 자기 보고 척도 양식의 자기-귀속 또는 내성적 특성보다 생태학적으로 타당한 현실 세계에서의 행동 사건과 삶의 결과에 더 잘 맞아 든다는 주장으로 이끌었다. 따라서 위험성 평가에서 로르샤흐 자료는 사람들이 자신에 대해 말하는 내용보다는 실제로 하는 행동에 부합할 가능성이 크다. 이러한 결론은 로르샤흐를 성격에 대한 수행검사로 분류하는 아이디어를 뒷받침하는 것인데, 이는 웩슬러 검사가 지능에 대한 수행검사인 것과 같은 분류 방식이다(Meyer & Kurtz, 2006; Meyer & Viglione, 2008; Weiner & Greene, 2008; Viglione, & Rivera, 2012). 이러한 검사는 응답자가 성격과 관련된 행동 표본을 생성하기 위한 특정 과제를 수행하는 것을 포함한다. 따라서 로르샤흐는 '행동하는 성격'을 추출, 관찰, 특징화 그리고 수량화하는 것과 관련되며, 이러한 수행은 실제 삶에서의 행동으로 일반화된다. 게다가 로르샤흐를 통해 대인관계 행동과 태도를 관찰할 수 있는데, 이는 위험성 표현에 수반되는 것으로 추정되는 냉담, 둔감, 자기애, 적대감, 편집증, 비협조적인 행동을 드러낼 수 있다.

거의 확실한 메타 분석은 Mihura 등(2013)이 『심리학회보(Psychological Bulletin)』에 발표한 논문이다. 포괄적이고 어마어마한 이 작업은 CS 변수에 대한 동료-검토의 경험적 타당성 문헌의 95개의 개별 메타 분석을 조합한 것이다(Exner, 2003). 그들은 외부적으로 평가된 특성의 평균 타당성 계수가 $r = .27$인 반면, 자기 보고 척도와 완전히 구조화된 면접 기준의 평균 타당성 계수는 $r = .08$에 불과하다는 것을 발견했다. 가장 강력한 지지를 받은 변수는 주로 인지적 특성, 사고 지각 문제와 정신병적 장애를 평가하는 변수였다. 다른 연구 결과(Meyer et al., 2011; Viglione, 1999)와 마찬가지로 평가 대상과 반응 과정이 가장 유사한 변수들의 타당도가 가장 높았다(예: 부정확한 형태[FQ-]와 정신증; 손상, 다침, 슬픔 등의 반응 속성과 우울증[MOR], 통합 반응[Sy 또는 CS[1]에서 DQ+] 그리고 정교한 사고). 하지만 분노성을 측정할 때 사용되는 자기-중심성(CS에서 Egocentricity Index: R-PAS에는

1 이 장에서는 R-PAS 변수 기호가 먼저 나열되며, 이름이 다른 경우 이에 대응하는 종합체계(Comprehensive System: CS) 변수들이 뒤따라 소개된다. 두 버전은 기호화되거나 계산되는 방식이 약간 다를 수 있다.

제외됨)과 충동성(CS에서 Zd, R-PAS에는 없음)을 포함한 많은 CS 변수들은 사실상 메타 분석에서 유의한 수준의 지지를 받지 못했다. 다시 돌아와서, 이 메타 분석은 최근 발표된 R-PAS에 어떤 변수를 포함할지 결정하는 주 변수 선택 도구로 사용되었다(Meyer et al., 2013).

물론 실제-삶의 행동 측정이 더 훌륭하다고 주장하려면 로르샤흐가 자기 보고 기준을 넘어서는 증분 타당성을 입증해야 한다. 증분 타당도를 입증하는 증거는 Mihura 등(2013)과 다른 연구자들(Blais, Hilsenroth, Castlebury, Fowler, & Baity, 2001; Meyer, 2000; Viglione & Hilsenroth, 2001; Weiner, 2001)에 의해 소개되었다.

로르샤흐가 가진 마지막 주의점은 CS의 규준 데이터(Exner et al., 2001)가 해석을 병리화하는 것으로 나타났다는 것인데(Meyer, Erdberg, & Shaffer, 2007; Shaffer, Erdberg, & Haroian, 2007; Viglione, Hilsenroth, 2001; Viglione & Meyer, 2008; Wood, Nezworski, Garb, & Lilienfeld, 2001) 특히, 다양한 문화적 배경을 가진 응답자들의 생성한 프로토콜의 경우 더욱 그러했다. 이러한 문제를 최소화하기 위해서 CS 또는 R-PAS 규준에 해당하는 대규모 국제 기록 표본에서 얻은 규준(Meyer et al., 2007)을 사용해야 한다(Meyer et al., 2011). 이는 동일 국제 데이터의 하위 그룹에서 도출된 것이다.

로르샤흐를 위험성 평가에 적용할 경우 두 가지 주요 전략을 사용할 수도 있다. 첫 번째는 공격성 참조 내용을 공격적 집착이나 위험을 드러내는 지표로 직접 관찰하는 방법이다. 두 번째는 보다 개별특수적이거나 개별화된 접근 방식과 관련된다. 이 접근법에서는 과거 폭력과 관련된 심리적 과정이나 특징의 증거가 재발하는지를 평가하여 미래의 폭력으로 이어지는 기제나 경로에 대한 결론을 얻을 수 있을 것이다.

로르샤흐 공격성 지표

수년에 걸쳐 로르샤흐 반응에서 공격적인 내용과 이와 관련된 내용을 채점하기 위해 여러 중첩되는 방식들이 등장했다(예: Elizur, 1949; Exner, 2003; Gacono & Meloy, 1994; Holt, 1977; Meloy & Gacono, 1992). 현재 널리 사용되는 R-PAS와 CS에서의 공격성 점수는 공격적 움직임(Aggressive Movement: AGM, CS에서는 AG), 공격적 내용(Aggression Content: AGC, CS에는 포함되지 않음, Gacono & Meloy, 1994; Meloy & Gacono, 1992), 그리고 자율적 상호관계-병리성(Mutuality of Autonomy Pathology: MAP, CS에는 포함되지 않음, Urist, 1977)이다. Urist의 자율적 상호관계 개념 중 가장 심각한 수준의 점수를 포함하는

MAP는 통제적, 악의적, 적대적 또는 파괴적 관계나 상호작용에 대한 참조 사항이다. 드물게, 병적인 반응(Morbid Response: MOR)에 해당하는 로르샤흐 이미지에서 개인이 자동발생적으로 표현된 손상이나 다치는 것에 관심 또는 심지어 즐거움을 표현할 수도 있는데, 이러한 반응은 공격적인 관심을 가리킬 수 있다. 특정 MOR 반응에서 공격적 구성성분은 MOR과 공격적 과거 반응(Aggression Past, R-PAS나 CS에는 포함되지 않음, 하지만 Gacono, Meloy, 1994 그리고 Meloy, Gacono, 1992를 참조할 수 있다.)과 겹치는 부분에서 알아볼 수 있다.

이러한 모든 점수의 배경이 되는 이론은 이에 해당하는 공격적인 참조내용을 공격적 사고와 연합되고 어느 정도는 공격적 행동 및 동기와도 연합되어 있다. 이러한 공격적 참조 사항은 경쟁심, 대인관계적 우세성, 전문성 숙달과 자기계발 노력과 같은 덜 문제적 특성과도 연결된다(로르샤흐 기반 위험 평가에서 잠재적인 변별 타당도 문제). 정신역동적 이론과 인지-행동적 이론 모두 공격적 경향성이 공격적인 지각과 연합되어 있고, 이는 로르샤흐 자극을 공격적으로 해석하도록 이끌 것이라 제안한다. 마찬가지로, 로르샤흐를 수행검사로 보는 반응 과정 또는 행동적 표상 접근법에 따르면, 공격적인 반응은 현실 세계에서의 행동을 반영한다. 즉, 로르샤흐에서 정보를 처리할 때 공격적 지각과 공격성에 대한 몰두는 현실 세계에서 공격적 인지로 표현될 가능성이 크다. 반대로, 위험한 개인들 사이에서는 자애롭거나 협력적인 상호작용 또는 묘사(COP)가 나타날 가능성은 크지 않다.

이론적인 연결성에도 불구하고, 이러한 공격적인 로르샤흐 점수와 공격성에 관한 연구는 실제 공격적 또는 폭력적 행동과 작거나 종종 유의하지 않은 상관을 보여 준다(Kiss, Mihura, & Meyer, 2013; Mihura et al., 2013; Viglione, 1999). 관련 연구에서 Wood 등(2010)은 R-PAS나 CS에 포함되지 않는 낮은 기저율 변수(Gacono & Meloy, 1994; Meloy & Gacono, 1992)인 잠재적 공격성(Aggressive Potenial)에 대한 근거를 발견했다. 이 변수는 임박했거나 미래의 공격성(예: '물고기를 덮치려는 곰')에 대해 기호화한다. 한편, AGM은 사이코패시와 상관관계가 있다는 근거는 발견되지 않았다. 실제로, 이 메타 분석에서 정반대의 결과도 지지했다: COP 점수 0점은 사이코패시와 관련이 있었다. 그렇다 하더라도 효과 크기만으로는 다른 강력한 지표 없이 공격적인 로르샤흐 반응만 가지고 위험 가능성을 시사하는 것이라고 정당화할 수 없다.

연구는 수검자가 로르샤흐에서 공격적 내용, 성적 내용, 여타의 저속하거나 노골적으로 쾌락적인 내용의 표현을 통제할 수 있다는 견해를 뒷받침한다(Exner, 2003; Gacono &

Meloy, 1994; Meloy, 1992; Viglione, 1999). 이처럼 거칠고 사회적으로 바람직하지 않은 내용과 이를 참조한 반응을 걸러내는 능력은 이러한 점수의 부적 예측력과 특이도를 제한한다. 예를 들어, 최근의 재검사 연구(Benjestorf, Viglione, Lamb, & Giromini, 2013)에서는 법정 상황 역할 연기 상황에서 자신을 위험하지 않게 보이도록 요청받았을 때 폭력 범죄자와 비폭력 범죄자 모두에게 공격적 내용의 약 절반가량이 주로 빈번히 AGC 형태로 억제되었음을 보여 주었다. 또한, 의미론적 텍스트 분석 결과, 억제 조건에 있는 개인은 부정적이고, 문제가 있으며, 위협적이고, 해부학적 내용은 억제하면서 동시에 긍정적이고 유쾌한 설명을 추가하는 경향이 있었다.

Benjestorf 등(2013)과 Viglione(1999)의 연구는 범죄자들이 더 단순하고 제한된 반응을 만들어 낸다는 점을 보여 주었다. 이러한 단순성은, ① 적대적인 맥락에서 정보 개방을 제한하려는 시도, 또는 ② 생체 내적으로 강제적이거나 공격적인 도구적 문제 행동으로 이어지는 미숙한 대처 및 처리 능력 때문일 수도 있다. 이를 종합적으로 볼 때, 위험성 평가에서 단순한 기록을 보인 로르샤흐 검사에서 높은 수준의 공격적 내용은 행동 조절 장애와 공격적 행동의 잠재성을 나타내는 구체적 지표일 수는 있지만, 민감도가 높지 않다는 점을 시사한다.

위험성에 대한 개별특수적 평가

앞서 언급한 바와 같이, 위험성 평가의 두 번째 접근법은 특정 수검자가 어떻게 공격적이거나 폭력적으로 변할 수 있는지를 고려하는 개별특수적이고 개인화된 관점을 포함하고 있다. 전형적으로 이는 이전에 공격적인 성향을 보였거나 폭력적 행동을 저지른 사람에게 적용된다. 이전 폭력이 미래의 폭력을 예측한다는 일반적 논리에 따라, 이러한 상황에서는 이전 폭력 행위 당시 존재했던 심리적 상태의 재발을 새로운 공격성의 지표로서 생각해 볼 수도 있다. 이 접근법에서 검사자는 과거 폭력과 관련된 심리적 과정이나 특징의 증거가 재발하는지 평가하여 미래의 폭력으로 이어지는 기제나 경로에 대한 결론을 도출한다.

따라서 폭력 위험을 예측하는 관여 및 인지 처리 변수 전반에서 판단력 부족과 충동성, 단순성, 제한된 처리 능력, 경직된 흑백 사고 그리고 미성숙함이 관찰될 수도 있을 것이다. 이러한 제한은 낮은 복잡성(Complextity: CS에는 없음), 반응 수(R), 형태 비율(F%, CS에서 Lambda), 다중 결정인 반응(조합반응), 통합 반응(Sy, CS에서 DQ+ 그리고 Dv/+), 인간 움직임(M), 인간의 움직임과 가중치가 부여된 유채색 반응의 합(MC, CS에서 EA), MC와 잠재적인 문제적 결정인 간의 차이(MC−PPD, CS에서 D− 점수)로 표현될 수도 있다; 이뿐만 아니라 색채−우세 유채색 반응이 형태−우세 유채색 반응(즉, CF+C가 SumC 보다 큼, CS에서 FC가 CF+C보다 작음)이 더 많다.

정신병적 삽화로 정의될 수 있는 폭력을 보인 개인의 현시점의 폭력 위험성을 평가하기 위해 정신병적이거나 사고장애 또는 판단력 장애 지표에 해당하는 지각 및 사고 문제 영역을 검토해야 하는데, 이는 높은 점수의 자아 손상 지표(Ego Impairment Index: EII−3; CS에는 없음); 사고 및 지각 복합 지수(Thought and Perception-Composite: TP−Comp; CS에서 지각 및 사고 지수); 가중치가 부여된 인지 코드의 합(Weighted Sum of Cognitive Codes: WSumCog; CS에서 WSum6); 심각한 인지 코드(Severe Cognitive Codes: SevCog; CS에서 Lvl2); 왜곡된 형태질의 비율(FQ%; CS에서 X−%); 전체/평범 반응 영역에서 왜곡된 형태질의 비율(WD%; CS에서 WDA%); 그리고 FQo%와 P에 점수로 표현된다. 게다가 이러한 경우에서는 과거 폭력적인 정신병적 삽화와 관련된 망상이나 집착에 대한 참조내용을 반응 이미지에서 찾아볼 수 있다(예: Link et al., 1992; Monahan et al., 2001). '어둠 속에 숨어 있는 검은 영혼'에 관한 망상과 관련된 묘사가 결국 살인으로 이어졌다고 가정해 보자. 이후 따르는 로르샤흐에서 두려운 암시나 어둠, 흐릿한 이미지에 대한 언급이 나타나면, 이러한 위험 인지가 다시 활성화되어 폭력에 대한 실제적 위험이 있을 수 있다는 결론을 내릴 수 있을 것이다.

심리적 고통과 절망 또는 '감정적 붕괴'는 일부 개인의 경우 공격적인 행동을 유발할 수 있다. 따라서 이러한 과거력이 있는 사람들에게는 스트레스와 심리적 불편감을 나타내는 변수들(무생물 움직임[m], 음영 확산[Y], 병적 내용[MOR], 음영과 무채색[YTVC', CS에서 Shading], 그리고 조잡하고 문제적 반응 내용[CritCont%, CS에는 없음])이 공격성을 자극할 수 있다. 반대로 자살 염려 척도(Suicide Concern Scale, SC−Comp, CS에서 S−Con)에서 극도로 높은 상승은 자기 자신에 대한 위험을 암시할 수 있다.

폭력으로 이어지는 경로는 극단적인 의존성; 갈등, 불안정 또는 편집증적인 대인관계적 관계성; 냉담하거나 자기애적인 성향; 타인을 교묘하게 착취하는 행동; 또는 자기 자신과 타인을 반대로 오해하는 것 등과 관련된 대인관계와 자기−개념과 관련될 수도 있다(Gacono, Gacono, Meloy, & Baity, 2008; Meloy & Gacono, 1992). 이러한 모든 것이 어느 정도까지는 로르샤흐의 자기 표상 및 타인 표상 변수(예: 공간 역전[SR; CS에 없음], 좋은−나쁜 인간 표상[PHR/GPHR; CS의 HRR], 왜곡된 인간 움직임 반응[M−], 경계성 조합 점수[V−Comp, CS

의 과경계 지표], 전체적인 현실적 인간 내용[H], 협동적 움직임[COP]), 이뿐만 아니라 앞서 논의한 공격성 변수, 특히 관계적 주제의 관점에서 해석하는 MAP와 자율적 상호 관계-건강성(MAH, CS에는 없음) 등 전반에 걸쳐 접근할 수 있을 것이다(Bombel, Mihura, & Meyer, 2009; Graceffo, Mihura, & Meyer, 출간 예정). 이에 더해, 자기-개념과 대인관계적 상은 검사 반응기록과 검사자와의 상호작용을 통해 질적으로 드러난다. 대인관계 문제 및 폭력과 관련하여, 높은 개인적 지식의 정당화 반응(PER)과 낮은 재질 반응을 동반한 상승과 반사(r, Mihura et al., 2013) 및 이상화와 평가 절하의 형태로 나타나는 자기애적 내용(Hilsenroth, Fowler, Padawer, & Handler, 1997)에 대한 연구 근거가 있다(Wood et al., 2010).

결론

미래 행동의 예측은 언제나 어려운 과제이며, 고-위험 조건이기도 하면서도 단박에 '정확하게' 예측해야 한다는 압박을 느끼게 되는 과제라 할 수 있다. 게다가 지난 20년간의 연구에서 몇몇 서로 다른 연구 그룹이 폭넓은 구성개념을 제시했는데, 이러한 개념들을 다양하게 조합하여 한꺼번에 살펴볼 경우, 개인의 미래 폭력성과 공격성에 대한 위험을 증가시키는 것으로 나타났다(Gacono & Evans, 2008; Hare, 2003; Harris & Lurigio, 2007; Harris et al., 2003; Monahan et al., 2001). 이 과정이 어렵게 느껴지더라도 평가자는 이러한 과정을 피하려거나 압도당하지 않아야 한다.

철저한 다중양식의 심리평가 맥락을 통해 미래 위험성에 관여하는 위험 요소를 평가할 수 있다. 이는 평가자가 단순히 모든 가능 위험 요소를 평가하고 이를 더해서 총 위험지수를 산출해야 한다는 것을 의미하지 않는다. 모든 위험 요인이 똑같이 영향을 미치는 것은 아니며, 특정 위험 요인은 다른 요인보다 미래의 더 큰 위험성을 시사한다(Monahan et al., 2001). 또한, 여러 '위험' 구성개념은 서로가 공유하는 분산을 가지므로, 한 개의 측정치가 위험을 시사하지만 동일 구성개념을 측정하는 몇 가지 다른 측정치들은 위험을 시사하지 않는다면, 각 구성개념을 평가하는 것은 중복적이고 잠재적으로 혼란스러워질 것이다.

완성된 다중양식의 심리학적 위험 요소 평가는 다양한 출처와 양식에서 얻은 정보를 포함해야 한다(Meehl, 1954). 임상 면담을 완료하면 평가받는 대상의 평가에 접근하는 방식, 말만 많음, 전반적인 관여도 그리고 검사자와의 상호작용과 관련된 기타 대인관계적 정보를 얻을 수 있다. 또한, 면담은 PCL-R(Hare, 2003)과 같은 특정 도구의 점수를 구하는 과정에서도 유용할 수 있다. 이렇게 얻어진 정보는 계리적 점수 및 여타 다른 위험 요소-중심 측정치와 조합되어 구조적인 전문가 판단을 만들어 갈 수 있다. 초기에는 좀 더 광범위한 성격 구성개념을 평가하기 위해 설계되었지만, 여러 가지 자기 보고 검사 도구(예: MMPI-2, PAI)와 수행 기반 성격검사 도구(예: 로르샤흐)는 개인의 위험 요소를 평가할 때 유용한 추가 정보를 제공한다. 이러한 노력에는 특수한 공격성-관련 척도 점수(예: MMPI-2의 O-H, PAI의 VPI, 로르샤흐의 AGC)를 평가하는 것만이 아니라 미래의 폭력성에 관여하는 성격 및 정신병리 구성개념(예: MMPI-2의 AAS/APS, 로르샤흐의 TPI)에 대한 평가에도 포함된다. 여타 평가 실무와 마찬가지로 상충되는 정보를 고려해야만 한다. 보호 요인의 중요성은 아무리 강조해도 지나치지 않으며, 이는 위험성 평가에서 필수적인 부분이다. 이러한 접근법을 취하면 평가자는 가장 잘 알려진 정보를 바탕으로 위험 요소와 관련된 의뢰 질문에 답할 수 있을 것이다.

참고문헌

Andrews, D. A., & Bonta, J. (1995). *Level of Service Inventory—Revised*. Toronto, ON: Multi-Health Systems.

Atkinson, L., Quarrington, B., Alp, I. E., & Cyr, J. J. (1986). Rorschach validity: An empirical approach to the literature. *Journal of Clinical Psychology, 42,* 360-362.

Babchishin, K. M., Hanson, R. K., & Helmus, L. (2011). *The RRASOR, Static-99R and Static-2002R all add incrementally to the prediction of recidivism among sex offenders* (Corrections Research User Report 2011-01). Ottawa, ON, Canada: Public Safety.

Benjestorf, V., Viglione, D. J., Lamb, J. D., & Giromini, L. (2013). Suppression of aggressive Rorschach responses among violent offenders and non-offenders. *Journal of Interpersonal Violence, 28*(15), 2891-3003.

Blais, M. A., Hilsenroth, M. J., Castlebury, F., Fowler, J. C., & Baity, M. R. (2001). Predicting *DSM-IV* Cluster B personality disorder criteria from MMPI-2 and Rorschach data: A test of incremental validity. *Journal of Personality Assessment, 76,* 150-168.

Boccaccini, M. T., Murrie, D. C., Hawes, S. W., Simpler, A., & Johnson, J. (2010). Predicting recidivism with the Personality Assessment Inventory in a sample of sex offenders screened for civil commitment as sexually violent predators. *Psychological Assessment, 22*(1), 142-148.

Bombel, G., Mihura, J. L., & Meyer, G. J. (2009). An examination of the construct validity of the Rorschach Mutuality of Autonomy (MOA) Scale. *Journal of Personality Assessment, 91,* 227-237.

Bonta, J., Harman, W. G., Hann, R. G., & Cormier, R. B. (1996). The prediction of recidivism among federally sentenced offenders: A re-validation of the SIR scale. *Canadian Journal of Criminology, 38,* 61-79.

Bornstein, R. F. (1996). Construct validity of the Rorschach Oral Dependency scale: 1967-1995. *Psychological Assessment, 8,* 200-205.

Bornstein, R. F. (1999). Criterion validity of objective and projective dependency tests: A meta-analytic assessment of behavioral prediction. *Psychological Assessment, 11*, 48-57.

Borum, R. (1996). Improving the clinical practice of violence risk assessment: Technology, guidelines, and training. *American Psychologist, 51,* 945-956.

Breshears, R. E., Brenner, L. A., Harwood, J. E. F., & Gutierrez, P. (2010). Predicting suicidal behavior in veterans with traumatic brain injury: The utility of the Personality Assessment Inventory. *Journal of Personality Assessment, 92,* 349-355.

Buchanan, A. (2008). Risk of violence by psychiatric patients: Beyond the "actuarial versus clinical" assessment debate. *Psychiatric Services, 59*(2), 184-190.

Butcher, J. N., Dahlstrom, W. G., Graham, J. R., Tellegen, A., & Kaemmer, B. (1989). *MMPI-2: Minnesota Multiphasic Personality Inventory-2: Manual for administration and scoring.* Minneapolis: University of Minnesota Press.

Conroy, M. A., & Murrie, D. C. (2007). *Forensic assessment of violence risk: A guide for risk assessment and risk management.* Hoboken, NJ: Wiley.

Copas, J., & Marshall, P. (1998). The Offender Group Reconviction Scale: The statistical reconviction score for use by probation officers. *Journal of the Royal Statistical Society, 47C,* 159-171.

Cote, G., Crocker, A., Nicholls, T., & Seto, M. (2012). Risk assessment instruments in clinical practice. *Canadian Journal of Psychiatry*, *57*(4), 238-244.

Crawford, E. F., Calhoun, P. S., Braxton, L. E., & Beckham, J. C. (2007). Validity of the Personality Assessment Inventory Aggression Scales and Violence Potential Index in veterans with PTSD. *Journal of Personality Assessment*, *88* (1), 90-98.

Desmarais, N., Nicholls, T. L., Wilson, C. M., & Brink, J. (2012). Using dynamic risk and protective factors to predict inpatient aggression: Reliability and validity of START assessments. *Psychological Assessment, 24*(3), 685-700.

de Vogel, V., & de Ruiter, C. (2004). Differences between clinicians and researchers in assessing risk of violence in forensic psychiatric patients. *Journal of Forensic Psychiatry and Psychology, Crime and Law*, *8*, 93-111.

Diener, M. J., Hilsenroth, M. J., Shaffer, S. A., & Sexton, J. A. (2011). A meta-analysis of the relationship between the Rorschach Ego Impairment Index (EII) and psychiatric severity. *Clinical Psychology and Psychotherapy*, *18*, 464-485.

Douglas, K. S., Hart, S. D., & Kropp, P. R. (2001). Validity of the Personality Assessment Inventory for forensic assessments. *International Journal of Offender Therapy and Comparative Criminology*, 45(2), 183-197.

Douglas, K. S., Ogloff, J. R., & Hart, S. D. (2003). Evaluation of a model of violence risk assessment among forensic psychiatric patients. *Psychiatric Services*, *54*(10), 1372-1379.

Douglas, K. S., & Reeves, K. (2010). The HCR-20 violence risk assessment scheme: Overview and review of the research. In R. K. Otto & K. S. Douglas (Eds.), *Handbook of violence risk assessment* (pp.147-185). New York: Routledge/Taylor and Francis Group.

Edens, J. F., Hart, S. D., Johnson, D. W., Johnson, J., & Oliver, M. E. (2000). Use of the PAI to assess psychopathy in offender populations. *Psychological Assessment, 12*, 132-139.

Elizur, A. (1949). Content analysis of the Rorschach with regard to anxiety and hostility. *Rorschach Research Exchange and Journal of Projective Techniques, 13*, 247-287.

Erard, R. E. (2012). Expert testimony using the Rorschach Performance Assessment System in psychological injury cases. *Psychological Injury and Law, 5,* 122-134.

Exner, J. E. (2003). *The Rorschach: A comprehensive system*: Vol. 1: *Basic foundations* (4th ed.). Hoboken, NJ: Wiley.

Exner, J. E., Colligan, S. C., Hillman, L. B., Metts, A. S., Ritzler, B., Rogers, K. T., et al. (2001). *A Rorschach workbook for the Comprehensive System* (5th ed.). Asheville, NC: Rorschach Workshops.

Gacono, C. B., & Evans, F. B. (2008), *Handbook of forensic Rorschach psychology*. Mahwah, NJ: Erlbaum.

Gacono, C. B., Gacono, L. A., Meloy, J. R., & Baity, M. (2008). Appendix A: The Rorschach assessment of aggression: The Rorschach extended aggression scores. In C. B. Gacono & F. B. Evans (Eds.), *Handbook of forensic Rorschach psychology*. Mahwah, NJ: Erlbaum.

Gacono, C. B., & Meloy, J. R. (1994). *The Rorschach assessment of aggressive and psychopathic personalities*. Hillsdale, NJ: Erlbaum.

Garcia-Mansilla, M., Rosenfeld, B., & Cruise, K. R. (2011). Violence risk assessment and women: Predictive accuracy of the HCR-20 in a civil psychiatric sample. *Behavioral Sciences and the Law*, *29*, 623-633.

Graceffo, R. A., Mihura, J. L., & Meyer, G. J. (in press). A meta-analysis of an implicit measure of personality functioning: The Mutuality of Autonomy Scale. *Journal of Personality Assessment*.

Graham, J. R. (2006). *MMPI-2: Assessing personality and psychopathology* (4th ed.). New York: Oxford University Press.

Gretton, H. M., Hare, R. D., & Catchpole, R. E. H. (2004). Psychopathy and offending from adolescence to adulthood: A 10-year follow-up. *Journal of Consulting and Clinical Psychology, 72*(4), 636-645.

Grob, G. (1995). *The mad among us: A history of the care of America's mentally ill*. Cambridge, MA: Harvard University Press.

Guy, L., Packer, I. K., & Warnken, W. (2012). Assessing risk of violence using structured professional judgment guidelines. *Journal of Forensic Psychology Practice. 12*, 270-283.

Guy, L. S., Poythress, N. G., Douglas, K. S., Skeem, J. L., & Edens, J. F. (2008). Correspondence between self-report and interview-based assessments of antisocial personality disorder. *Psychological Assessment, 20*, 47-54.

Hanson, R. K., & Morton-Bourgon, K. E. (2009). The accuracy of recidivism risk assessments for sexual offenders: A meta-analysis of 118 prediction studies. *Psychological Assessment, 21*, 1-21.

Hanson, R. K., Phenix, A., & Helmus, L. (2009, October). *Static-99(R) and Static-2002(R): How to interpret and report in light of recent research*. Preconference workshop at the 28th Annual Research and Treatment Conference of ATSA, Dallas, TX.

Hare, R. D. (2003). *Manual for the Revised Psychopathy Checklist* (2nd ed.). Toronto, ON: Multi-Health Systems.

Harris, A., & Lurigio, A. J. (2007). Mental illness and violence: A brief review of research and assessment strategies. *Aggression and Violent Behavior, 12*, 542-551.

Harris, A., Phenix, A., Hanson, R. K., & Thornton, D. (2003). *Static-99 coding rules: Revised-2003*. Ottawa, ON: Corrections Directorate.

Harris, G. T., Rice, M. E., & Quinsey, V. L. (1993). Violent recidivism of mentally disordered offenders: The development of a statistical prediction instrument. *Criminal Justice and Behavior, 20,* 315-335.

Hart, S., Cox, D., & Hare, R. (1995). *The Hare Psychopathy Checklist: Screening version* (PCL:SV). Toronto, ON: Multi-Health Systems.

Hastings, M. E., Krishman, S., Tangney, J. P., & Stuewig, J. (2011). Predictive and incremental validity of the Violence Risk Appraisal Guide scores with male and female jail inmates. *Psychological Assessment, 23*(1), 174-183.

Helmus, L., Thornton, D., Hanson, R. K., & Babchishin, K. M. (2012). Improving the predictive accuracy of Static-99 and Static-2002 with older sex offenders: Revised age weights. *Sexual Abuse: A Journal of Research and Treatment, 24*(1), 64-101.

Hiller, J. B., Rosenthal, R., Bornstein, R. F., & Berry, D. T. (1999). A comparative meta-analysis of Rorschach and MMPI Validity. *Psychological Assessment, 11,* 278-296.

Hilsenroth, M. J., Fowler, J. C., Padawer, J. R., & Handler, L. (1997). Narcissism in the Rorschach revisited: Some reflections on empirical data. *Assessment, 9*, 113-121.

Holt, R. R. (1977). A method for assessing primary process manifestations and their control in Rorschach responses. In M. A. Rickers-Ovsinkina (Ed.), *Rorschach psychology* (pp. 375-420). Huntington, NY: Krieger.

Hopwood, C. J., Baker, K. L., & Morey, L. C. (2008). Extra test validity of selected personality assessment inventory scales and indicators in an inpatient substance abuse setting. *Journal of Personality Assessment, 90,* 574-577.

Kiss, A., Mihura, J., & Meyer, G. J. (2013, March). *An expanded meta-analytic review of the AGC Score and its relationship to real life violence*. Paper presented at the annual meeting of the Society for Personality Assessment, San Diego, CA.

Link, B., Andrews, H., & Cullen, F. (1992). The violent and illegal behavior of mental patients reconsidered. *American Sociological Review* (57), 275-292.

Meehl, P. E. (1954). *Clinical versus statistical prediction: A theoretical analysis and a review of the evidence*. Minneapolis: University of Minnesota Press.

Megargee, E. I., Mercer, S. J., & Carbonell, J. L. (1999). MMPI-2 with male and female state and federal prison inmates. *Psychological Assessment, 11*, 177-185.

Meloy, J. R. (1992). *Violent attachments*. Northvale, NJ: Jason Aronson.

Meloy, J. R., Hansen, T. L., & Weiner, I. B. (1997). Authority of the Rorschach: Legal citations during the past 50 years. *Journal of Personality Assessment, 69*, 53-62.

Meloy, J., & Gacono, C. B. (1992). The aggression response and the Rorschach. *Journal of Clinical Psychology*, *48*(1), 104-114.

Meyer, G. J. (2000). On the science of Rorschach research. *Journal of Personality Assessment, 75*, 46-81.

Meyer, G. J. (2004). The reliability and validity of the Rorschach and TAT compared to other psychological and medical procedures: An analysis of systematically gathered evidence. In M. Hilsenroth & D. Segal (Eds.), Personality assessment. Volume 2 in M. Hersen (Ed.-in-Chief), *Comprehensive handbook of psychological assessment* (pp. 315-342). Hoboken, NJ: Wiley.

Meyer, G. J., & Archer, R. P. (2001). The hard science of Rorschach research: What do we know and where do we go? *Psychological Assessment, 13*, 486-502.

Meyer, G. J., Erdberg, P., & Shaffer, T. W. (2007). Toward international normative reference data for the Comprehensive System. *Journal of Personality Assessment, 89*(S1), 201-216.

Meyer, G. J., Finn, S. E., Eyde, L. D., Kay, G. G., Moreland, K. L., Dies, R. R., et al. (2001). Psychological testing and psychological assessment: A review of evidence and issues. *American Psychologist, 56*(2), 128-165.

Meyer, G. J., & Kurtz, J. E. (2006). Guidelines Editorial—Advancing personality assessment terminology: Time to retire "objective" and "projective" as personality test descriptors. *Journal of Personality Assessment*, *87*, 1-4.

Meyer, G. J., & Viglione, D. J. (2008). An introduction to Rorschach assessment. In R. P. Archer & S. R. Smith (Eds.), *Personality assessment* (pp. 281-336). New York: Routledge.

Meyer, G. J., Viglione, D. J., Mihura, J. L., Erard, R. E., & Erdberg, P. (2011). *Rorschach Performance Assessment System: Administration, coding, interpretation, and technical manual*. Toledo, OH: Rorschach Performance Assessment System.

Mihura, J. L., Meyer, G. J., Dumitrascu, N., & Bombel, G. (2013). The validity of individual Rorschach variables: Systematic reviews and meta-analyses of the comprehensive system. *Psychological Bulletin*, *139, 548-605*.

Mills, J. F., Kroner, D. G., & Hemmati, T. (2007). The validity of violence risk estimates: An issue of item performance. *Psychological Services, 4*(1), 1-12.

Monahan, J. (1993). Mental disorder and violence: Another look. In S. Hodgins (Ed.), *Mental disorder and crime* (pp. 287-302). Newbury Park, CA: Sage.

Monahan, J., Steadman, H., Silver, E., Appebaum, A., Robbins, P., Mulvey, E. P., et al. (2001). *Rethinking risk assessment: The MacArthur study of mental disorder and violence*. New York: Oxford University Press.

Morey, L. C. (2007). *The Personality Assessment Inventory professional manual*. Lutz, FL: Psychological

Assessment Resources.

Mossman, D. (2009). The imperfection of protection through detection and intervention. Lessons from three decades of research on the psychiatric assessment of violence risk. *Journal of Legal Medicine, 30*(1), 109–140.

Nieberding, R. J., Moore, J. T., & Dematatis, A. P. (2002). Psychological assessment of forensic psychiatric outpatients. *International Journal of Offender Therapy and Comparative Criminology, 46*, 350–363.

Papapietro, D. J. (2012). The value of the clinical interview. *Journal of the American Academy of Psychiatry and the Law, 40*, 215–220.

Parker, K. C. H., Hanson, R. K., & Hunsley, J. (1988). MMPI, Rorschach and WAIS: A meta analytic comparison of reliability, stability and validity. *Psychological Bulletin, 103*, 367–373.

Pope, K. S., Butcher, J. N., & Seelen, J. (2006). *The MMPI, MMPI-2, and the MMPI-A in Court* (3rd ed.). Washington, DC: American Psychological Association.

Quinsey, V. L., Harris, G. T., Rice, M. E., & Cormier, C. A. (2006). Violence risk appraisal guide. In V. L. Quinsey, G. T. Harris, M. E. Rice, & C. A. Cormier (Eds.), *Violent offenders: Appraising and managing risk* (2nd ed.). Washington, DC: American Psychological Association.

Rogers, R. (2000). The uncritical acceptance of risk assessment in forensic practice. *Law and Human Behavior, 24*, 595–605.

Rufino, K., Boccaccini, M., & Guy, L. (2011). Scoring subjectivity and item performance on measures used to assess violence risk: The PCL-R and HCR-20 as exemplars. *Assessment, 18*(4), 453–463.

Shaffer, T. W., Erdberg, P., & Haroian, J. (2007). Rorschach Comprehensive System data for a sample of 283 adult nonpatients from the United States. *Journal of Personality Assessment, 89*(S1), S159–S165.

Shah, A. K. (1993). An increase in violence among psychiatric inpatients: Real or apparent? *Medicine, Science and the Law, 33*(3), 227–230.

Sinclair, S. J., Bello, I., Nyer, M., Slaven-Mulford, J., Stein, M. B., Renna, M., et al. (2012). The Suicide (SPI) and Violence Potential Indices (VPI) from the Personality Assessment Inventory: A preliminary exploration of validity in an outpatient psychiatric sample. *Journal of Psychopathology and Behavioral Assessment, 34*, 423–431.

Skopp, N. A., Edens, J. F., & Ruiz, M. A. (2007). Risk factors for institutional misconduct among incarcerated women: An examination of the criterion-related validity of the Personality Assessment Inventory. *Journal of Personality Assessment, 88*(1), 106–117.

Steadman, H. J., Silver, E., Monahan, J., Appelbaum, P. S., Clark Robbins, P., Mulvey, E. P., et al. (2000). A classification tree approach to the development of actuarial violence risk assessment tools. *Law and Human Behavior, 24*(1), 83–100.

Swanson, J., Holzer, C., Ganju, V., & Jono, R. (1990). Violence and psychiatric disorder in the community: Evidence from the Epidemiologic Catchment Area surveys. *Hospital and Community Psychiatry, 41*, 761–770.

Swanson, J. W., Swartz, M. S., Van Dorn, R. A., Elbogen, E. B., Wagner, H. R., Rosenheck, R. A., et al. (2006). A national study of violent behavior in persons with schizophrenia. *Archives of General Psychiatry, 63,* 490-499.

Tengström, A. (2001). Long-term predictive validity of historical factors in two risk assessment instruments in a group of violent offenders with schizophrenia. *Nordic Journal of Psychiatry, 55,* 243-249.

Tong, D. (2007). The penile plethysmograph, Abel Assessment for Sexual Interest, and MSI-II: Are they speaking the same language? *American Journal of Family Therapy, 35,* 187-202.

Torrey, E. F., Stanley, J., Monahan, J., & Steadman, H. J. (2008). The MacArthur Violence Risk Assessment Study revisited: Two views ten years after its initial publication. *Psychiatric Services, 59,* 147-152.

Urist, J. (1977). The Rorschach test and the assessment of object relations. *Journal of Personality Assessment, 41,* 3-9.

Viglione, D. J. (1999). A review of recent research addressing the utility of the Rorschach. *Psychological Assessment, 11,* 251-265.

Viglione, D. J., & Hilsenroth, M. J. (2001). The Rorschach: Facts, fictions, and future. *Psychological Assessment, 13,* 452-471.

Viglione, D. J., & Meyer G. J (2008). An overview of Rorschach psychometrics for forensic practice. In C. B. Gacono & F. B. Evans with N. Kaser-Boyd (Eds.), *Handbook of forensic Rorschach psychology* (pp. 22-54). Mahwah, NJ: Erlbaum.

Viglione, D. J., & Rivera, B. (2012). Performance assessment of personality and psychopathology. In I. B. Weiner (Ed.-in-Chief), J. R. Graham, & J. A. Naglieri (Vol. Eds.), *Comprehensive handbook of psychology: Assessment psychology* (2nd ed., Vol. 10, pp. 600-621). Hoboken, NJ: Wiley.

Vitacco, M. J., Erickson, S. K., Kurus, S., & Apple, B. N. (2012). The role of the Violence Risk Appraisal Guide and Historical, Clinical, Risk-20 in the U.S. courts: A case law survey. *Psychology, Public Policy and Law, 18,* 361-391.

Walters, G. D. (2006). Coping with malingering and exaggeration of psychiatric symptomatology in offender populations. *American Journal of Forensic Psychology, 24*(4), 21-40.

Webster, C. D., Douglas, K. S., Eaves, D., & Hart, S. D. (1997). *HCR-20: Assessing the risk for violence (Version 2).* Vancouver: Mental Health, Law, and Policy Institute, Simon Fraser University.

Webster, C. D., Martin, M. L., Brink, J., Nicholls, T. L., & Desmarais, S. L. (2009). *Manual for the Short-Term Assessment of Risk and Treatability (START)* (Version 1.1). Port Coquitlam, Canada: British Columbia Mental Health & Addiction Services.

Webster, C. D., Martin, M. L., Brink, J., Nicholls, T. L., & Middleton, C. (2004). *Manual for the Short-Term Assessment of Risk and Treatability (START)* (Version 1.0 Consultation Edition). Port Coquitlam, Canada: Forensic Psychiatric Services Commission and St. Joseph's Healthcare.

Weiner, I. B. (1999). What the Rorschach can do for you: Incremental validity in clinical applications. *Assessment, 6,* 327-339.

Weiner, I. B. (2001). Advancing the science of psychological assessment: The Rorschach Inkblot Method as exemplar. *Psychological Assessment*, *13*, 327-339.

Weiner, I. B., Exner, J. E., & Sciara, A. (1996). Is the Rorschach welcome in the courtroom? *Journal of Personality Assessment*, *67*, 422-424.

Weiner, I., & Greene, R. (2008). *Handbook of personality assessment*. Hoboken, NJ: Wiley.

Wong, S., & Gordon, A. (2001). The Violence Risk Scale. *Bulletin of the International Society for Research on Aggression*, *23*, 16-20.

Wong, S. C. P., & Gordon, A. (2006). The validity and reliability of the Violence Risk Scale: A treatment friendly violence risk assessment tool. *Psychology, Public Policy and Law*, *12*, 279-309.

Wood, J. M., Lilienfeld, S. O., Nezworski, M. T., Garb, H. N., Allen, K. H., & Wildermuth, J. L. (2010). Validity of Rorschach Inkblot scores for discriminating psychopaths from nonpsychopaths in forensic populations: A meta-analysis. *Psychological Assessment*, *22*, 336-349.

Wood, J. M., Nezworski, M. T., Garb, H. N., & Lilienfeld, S. O. (2001). The misperception of psychopathology: Problems with norms of the Comprehensive System for the Rorschach. *Clinical Psychology: Science and Practice*, *8*(3), 350-373.

Yang, M., Wong, S. C. P., & Coid, J. (2010). The efficacy of violence prediction: A meta-analytic comparison of nine risk assessment tools. *Psychological Bulletin*, *136*(5), 740-767.

Yang, S., & Mulvey, E. P. (2012). Violence risk: Re-defining variables from the first-person perspective. *Aggression and Violent Behavior*, *17*(3), 198-207.

다중방식평가 결과의 통합과 치료적 제안
경험적으로 지지받는 작업 틀과 사례 예시

Justin D. Smith & Stephen E. Finn

심리평가 도구는 내담자의 관점에서 그들의 경험을 이해할 수 있는 수단이다(Finn, 2007). 각 평가 방법과 도구는 내담자의 경험의 다양한 측면을 바라보고 이해할 수 있는 고유한 시선을 제공한다. 모든 평가 도구는 고유한 강점과 한계점을 가지고 있기에, 다중방식평가는 내담자에 대한 좀 더 전체적인 그림을 그려 볼 수 있다. 이는 평가 결과를 내담자나 그들의 중요한 타인과 소통할 때 도움이 된다. 기존 연구에 따르면 임상가가 단일 평가 방법을 사용할 경우, 내담자를 불완전하고 편향된 방식으로 이해할 가능성이 크다(Meyer, Riethmiller, Brooks, Benoit, & Handler, 2000). 피드백 과정에서 이처럼 제한된 방식으로 내담자를 이해하게 된다면 내담자는 평가자에게 오해받고, 존중받지 못하고, 평가자가 경청하지 않는다고 느낄 수 있으며, 이는 평가의 치료적 효과를 감소시키게 된다(Finn & Tonsager, 1997).

이번 장에서는 다중방식평가를 통해 얻은 결과를 내담자에게 전달하기 위한 경험적으로 뒷받침되는 작업 틀을 제시한다. 우리는 이 방법이 내담자가 이해받고 있다고 느끼게 하고, 나아가 평가가 내담자의 삶에 실질적이고 중요한 변화가 나타날 가능성을 최상으로 향상하게끔 도울 수 있다고 생각한다. 본 모델의 개념적 토대는 자기-검증 이론(Swann, Chang-Schneider, & McClarty, 2007)과 다양한 평가 방법의 기여점에 대한 이해인데, 특히 평가 시행 과정에서 신경생물학적 · 대인관계적 · 동기적 요인을 포함한 다양한 평가 방법의 기여도에 대한 이해인 것이다. 이 같은 개념화와 기법은 강박장애(OCD)와 심각한 섭식장애로 치료를 받고 있는 성인 여성의 치료적 평가(Therapeutic Assessment:

TA; Finn, 2007) 사례에 잘 나타나 있다. 이 여성은 10대 시절에 어머니를 잃은 트라우마에서 여전히 벗어나지 못하고 있었다.

다중방식평가의 당위적 근거

먼저 다중방식평가가 무엇을 의미하는지 정의해 보자. 성격 평가자들 사이에서 다중방식평가라는 용어는 일반적으로 MMPI(Butcher, Dahlstrom, Grahm, Tellegen, & Kaemmer, 1989) 또는 PAI(Morey, 1991) 등의 광범위 포괄적 자기 보고 성격검사 그리고 로르샤흐 등의 수행 기반 도구를 함께 포함하는 평가 상황에서 사용한다. 다른 심리학자들은 다중방식평가 용어를 더 넓은 의미로 사용하기도 하여 틀이 잡힌 평가 도구뿐만 아니라 임상 면담이나 내담자의 직접적인 행동 관찰에 기반한 평가를 포함한다. 우리는 임상 면담이 포괄적인 다중방식평가에서 필수적이지만, 충분 요소는 아니라고 본다. 이 장의 후반부에서는, 특히 다수의 참여자(즉, 부부나 가족)를 포함하는 평가 상황에서 관찰 기반 평가기법의 유용성을 논의할 것이다. 앞으로 논의하겠지만, 우리는 유사한 구성 요소(예: 우울, 자존감)가 문제의 출처가 각기 다른 방법(예: 자기 보고와 관찰 평정, 또는 자기 보고와 수행 기반 검사)으로 공식적으로 측정될 때 다중방식평가라는 용어가 가장 적합하게 사용되었다고 본다.

다중방식평가의 한 가지 도전과제는 각기 다른 방법을 통해 얻은 결과를 능숙하게 통합하는 것이다. Beutler와 Berren(1995), Finn(1996), Meyer(1997) 등은 이 문제의 다양한 측면에 주목해 왔다. 특히, 각기 다른 평가 방법에서 불일치한 결과가 도출될 때 이를 통합하는 과정은 더욱 복잡해지는데, 실제 연구에 따르면 이러한 불일치는 매우 흔히 발생한다. 반세기 전, Campbell과 Fiske(1959)는 여러 방식이 상대적으로 각기 독립적인 결과를 보이는 경향을 이해하기 위한 경험적 접근법을 제시했다: 수렴 타당도와 판별 타당도를 평가하는 다특성-다방식 매트릭스(multimethod-multitrait matrix). 해당 연구 분야에서는 각기 다른 유형의 검사 간 불일치를 흔히 방법 편향(method bias)이라고 한다. Meyer 등(2001)은 임상 평가에 적용되는 이 문제에 대해 명확하고 유용한 논의를 보여 주었다. 그들은 단일 방식 평가의 잠재적 편향을 강조하고, 일반법칙적 평가의 구성 타당도는 평가자의 다양한 방법과 조작적 정의를 사용함으로써 향상된다(Cook & Campbell, 1979 참고). 그리고 심리학자가 임상 실무에서 일반적으로 평가하는 구성개념의 복잡성이 낮은 교차-방법 상관관계에 어떠한 기여가 있는지를 강조했다. 더 나아가, Meyer와 동료들(2001)은 각기 다른 평가 방법이 여타의 출처에서는 얻을 수 없는 독특하고 고유한 자료를 제공한다는 점을 경험적으로 입증하였다.

이 분야에서 대표적 연구 중 하나는 McClelland, Koestner와 Weinberger(1989)의 연구인데, 각각 자기 보고와 그림에 쓰인 이야기에서 도출한 자기-귀속 및 암묵적 동기와 행동 간의 연관성을 검토한 것이다. 연구자들은 두 가지 다른 방법에 내재한 참여자들의 동기 차이로 인해 유의한 상관관계가 부족했을 것이라고 결론 내렸다. 즉, 자기 보고는 인지적으로 더 정교화된 구성개념에 기반을 두는 반면, 암묵적 측정 방법은 좀 더 일차적이고 정서적으로 이끌리는 체계를 활용한다. 이러한 결론에 따라 Meyer와 Kurtz(2006)는 성격검사에서 일반적으로 사용되는 '객관적' 또는 '투사적'이라는 분류가 시대에 뒤떨어지고 오해의 소지가 있다고 주장했다. 따라서 그들은 평가 자극의 본질과 평가자가 결과를 해석하는 방식을 좀 더 정확하게 기술할 수 있는 새로운 용어를 제안했다(예: 자기 보고 또는 부모-보고). 성격 평가 분야에서 수행 기반 평가라는 용어가 이전의 '투사적' 평가라는 용어를 대체하는 목적으로 점점 더 많이 사용되고 있다. '객관적' 검사에는 이제 자기 보고 또는 부모-보고 등 더 구체적인 명칭이 붙는다. 그리고 보완적인 분류 체계도 제안되었다. 예를 들어, Bornstein(2002)의 과정 기반 작업 틀은 반응에 관련된 귀인 과정에 따르고 있다. 자기 보고 측정은 수검자가 형용사, 행동 진술, 기타 묘사된 자극이 자신에게 얼마나 적용되는지를 의식적으로 평가하는 자기-귀속 과정을 포함한다. 반면, 수검자가 외부 자극(예: 잉크반점, 그림)의 귀속된 속성에 반응하도록 요구하는 평가 방법은 자극-귀속 검사로 분류되며, 이는 수검자가 언어적 반응을 만들어 낼 때 비의식적인 인지 체계를 활용한다는 가정을 전제로 한다. Schultheiss(2007)는 널리 사용되고 있는 인간 기억 체계 모델에 따라 검사를 분류할 것을 제안하며, 선언적 방법(의식적으로 접근 가능한 기억 체계)과 비선언적 방법(즉, 개인의 수행에 반영되는 비의식적 기억 체계)을 구분하기도 했다.

최근 Finn(2012)은 애착, 영아 발달, 그리고 발달 신경생물학 연구를 바탕으로 다양한 심리평가 방법이 특정 뇌 기능을 활성화하는 방식과 평가 심리학자가 치료적 변화를 더욱 효과적으로 끌어올릴 방법을 개념화했다. Finn이 요약한 바에 따르면, Schore(2003, 2009), Siegel(2012), Cicchetti(1994) 등의 연구는 영아기의 애착 관계가 감정 조절, 공감, 사회적 관계 형성, 도덕성 발달, 행동 조절과 같은 중요한 기능의 기초가 되는 뇌 발달의 핵심 영역에 영향을 미친다는 것을 보여 준다. 아동기에 이러한 기능이 충분히 발달하지 못하면 이후 다양한 문제가 발생하고 유지하는 경향이 있다(Cicchetti & Toth, 1998; Shaw, Gilliom, Ingoldsby, & Nagin, 2003).

Schore는 뇌의 우반구가 애착 각성과 기타 정서적 경험, 특히 트라우마와 관련된 경험을 처리하는 데 우세하다는 점을 보여 주는 방대한 증거를 쌓아 왔다. 우반구는 뇌의 변연계 및 피질 하 영역과 밀접하게 상호 연결되어 있는데, 이들 영역은 정서와 혹은 미묘한 대인관계 신호를 의식하에서 처리하며, 이는 언어를 통해 쉽게 접근할 수는 없다(Schore, 2009). 이에 더해, Schore(2009), Bromberg(2006) 등은 초기 애착 트라우마를 경험한 개인의 성공적인 심리치료를 위해서는 치료자가 내담자와 안전한 보조적 애착 관계를 형성해야 하고, Schore의 용어를 빌리면 '우반구에서 우반구로' 비언어적 연결을 해야 한다고 설명했다. 이러한 비언어적 의사소통은 내담자의 부정적인 정서 상태를 조절하고, 긍정적인 정서 상태를 강화하며 우반구가 정서를 처리하는 방식을 재구조화할 수 있도록 돕는 역할을 한다(Schore, 2003). Diener, Hilsenroth와 Weinberger(2007)가 실시한 최근 메타 분석에 따르면, 치료자가 내담자의 주의를 현재 정서 상태로 이끄는 것으로 정의되는 정서 초점은 치료 결과와 유의한 상관관계가 있는 것으로 드러났다($r = .30$). 이는 심리적 개입에서 우뇌 처리 과정을 활성화하는 것의 중요함을 강조한다.

이 연구의 함의는 다양하며, 이 장의 후반부에서 더 자세히 논의할 것이다. 다시 본론으로 돌아가면, 신경생물학적 연구는 다양한 평가 방법에 따라 활성화되는 뇌 영역이 다르다고 주장한다(Finn, 2012). MMPI나 PAI와 같은 일반적인 자기 보고 검사를 언어적·비정서적으로 자극하는 방식으로 시행하면 좌뇌 대뇌 피질 기능이 더 활성화하는 것으로 보인다. 반면, 로르샤흐나 성인 애착 투사 그림 체계(Adult Attachment Projective Picture System: AAP; George & West, 2012)과 같은 검사는 시각적·정서적으로 자극하는 특성과 시행 과정에서 대인관계적 요구가 크기 때문에 우뇌와 피질하 기능을 더 활성화하는 것으로 나타났다(Fowler, Hilsenroth, & Handler, 1996; Meyer, 1997 참조). 결과적으로 수행 기반 검사는 자기와 타인에 대한 암묵적 도식을 활성화하는데, 이는 평가자와 수검자 간의 대인관계 패턴뿐만 아니라 검사 자극에 대한 특정 반응에서도 반영된다. 예를 들어, 무시형 애착을 가진 특정 개인의 경우, 이러한 암묵적 패턴이 자기 보고 검사에서 보고한 의식적으로 접근 가능한 인식과 상당히 불일치하게 나타날 수 있다(예: Dozier & Lee, 1995). 따라서 수행 기반 검사는 불안정 애착과 발달적 외상 경험이 있는 내담자의 우반구 기능 장애와 피질하 조절 문제를 포착할 수 있는 창으로서 역할을 할 수 있으며, 이러한 정보는 다른 방법으로는 쉽게 얻을 수 없다.

로르샤흐 잉크반점을 자극으로 사용한 기능적 자기공명영상(fMRI) 및 뇌파검사(EEG) 연구는 감정적 각성을 불러일으키는 특정 지각을 보고할 때 피질하 영역이 활성화된다는 일관된 결과를 보여 주었다. Asari 등(2008)는 로르샤흐의 형태질 점수가 낮은 개인일수록 편도체 크기가 더 큰 것으로 확인되었는데(편도체 활성화 빈도 증가의 징후), 이는 감정적 활성화가 현실 왜곡 정도에 더 큰 영향을 미친다는 점을 시사한다. 부정적 피드백을 받는 것과 관련된 연구에서 Jimura, Konishi, Asari와 Miyashita(2009)는 로르샤흐에서 C' 점수가 높은 개인의 경우, 부정적 감정 처리에 관여하는 영역인 후방 내측 전전두엽 피질의 활성화가 더 활발하다는 점을 발견했다. 마지막으로, 로르샤흐에서 나타나는 인간 움직임 반응(M)은 오랫동안 발달적으로 향상되는 인지 능력을 가리키는 지표로 여겨져 왔다. 움직임 반응은 상상하는 능력(정적인 자극에 대한 움직임)과 공감 능력(모호한 잉크반점에서 인간상을 식별하는 능력이 가진 함의에 따른) 등을 의미한다. EEG를 사용한 연구에 따르면, 참가자가 인간의 움직임을 지각했을 때(즉, M 결정인에 해당하는 지각을 보고했을 때) 뮤파(mu wave)가 유의하게 억제되는 것을 관찰했다(Giromini, Porcelli, Viglione, Parolin, & Pineda, 2010). 이러한 연구들은 로르샤흐 점수에 대해 유지해 온 기존 해석의 타당성을 뒷받침할 뿐만 아니라, 심리적 건강과 웰빙, 그리고 평가 및 심리치료에서 중요한 기능과 관련된 뇌 영역의 활성화를 보여 준다.

애착 안정성 평가는 각기 다른 신경해부학적 구조의 활성화가 방법 간의 불일치를 설명할 수도 있는 대표적인 사례이다. 애착 안정성은 애착 '유형'을 산출하는 자기 보고 측정법 또는 애착 '항목' 또는 '상태'를 산출하는 수행 기반 측정법[예: AAP 또는 성인 애착 면담(Adult Attachment Interview: AAI)]을 통해 평가할 수 있다. 자기 보고 애착 유형과 AAI 안정성 분류의 실증적 중첩에 대한 메타 분석 결과는 미미한 연관성만을 보였다($r = .09$) (Roisman et al., 2007). 이러한 결과는 두 방법이 애착 안정성의 각기 다른 측면을 평가하며, 자기 보고 애착 유형이 AAP를 통해 얻은 결과와 유사하지 않음을 시사한다.

신경생물학적 연구 결과는 애착 분류 평가에 관여하는 뇌 처리 과정을 이해하는 데 또한 번 더 유용한 정보를 제공한다. Buchheim 등(2006)은 fMRI 환경에서 AAP를 시행하였다. 비임상 성인 여성 16명을 대상으로 한 한 연구에서 6명은 조직화된 애착 상태(안정형, 무시형, 집착형)로 분류되었고, 5명은 미해결 또는 비조직화된 애착 상태로 분류되었는데, 이는 특히 과거의 트라우마 및 다양한 형태의 정신병리와 관련이 있다(나머지 5명 여성의 영상은 과도한 머리 움직임으로 인해 분석되지 않았다; Buchheim et al., 2006). fMRI 결과는 비조직화 애착 항목에 분류된 여성에서 조직화된 애착 항목에 분류된 여성들보다 보통 우측 편도체와 해마를 중심으로 한 변연계의 활성화가 증가한 것으로 나타났었다. 이 두 가지 뇌 영역은 각각 공포와 자서전적 기억과 관련이 있다. 따라서 AAP가 비조직화 애착 항목에 분류된 여성들에게 '미해결된' 트라우마나 부정적인 자서전적 기억을 재활성화했을 수도 있다. 두 번째 fMRI 연구에서는 경계선 성격장애(BPD) 진단을 받은 여성 11명과 비임상 여성 17명 사이에서 AAP의 '단독' 사진과 '두 사람' 간의 사진을 보여 줬을 때, 두 집단의 신경 반응에 차이가 있음을 발견했다. BPD 집단은 비임상 그룹과 비교하여 단독의 사진에 대한 반응에서 전두엽 중대상 피질의 활성화가 유의하게 더 높았으며, 오른쪽 상측두구의 활성화가 더 높았고, 우측 해마 이랑의 활성화는 더 감소한 것으로 나타났다. 이러한 활성화 패턴은 BPD 집단에서 통증 및 공포와 관련된 뇌 영역의 활성화가 더 높았음을 지적한다. 또한, BPD 집단은 단독의 사진을 보았을 때 언어적 반응에서 트라우마 관련 표식이 더 많았는데, 이는 애착 트라우마를 시사한다(George & West, 2012). 신경생물학 및 뇌 영상 기술의 발전으로 평가 심리학자가 각기 다른 다양한 평가 절차를 사용할 때 활성화되는 과정을 더욱 깊이 이해할 수 있게 되었다.

방법 간의 불일치는 자기 보고 기반 검사와 수행 기반 검사를 비교하는 것에만 국한되지 않는다. 평가 방법을 비교한 문헌에서 가장 일반적으로 자기 보고와 임상가 또는 기타 정보 제공자의 관찰을 비교했을 때, 종종 두 방법 간의 상관이 대체로 작거나 중간 정도의 수준으로 나타났다(예: Achenbach, McConaughy, & Howell, 1987). 다중방식평가의 임상적 함의를 보여 주는 대표적인 사례는 임상 면담에서 내담자가 보고한 자살 사고 및 자살 성향과 MMPI-2 반응을 분석한 연구이다(Glassmire, Stolberg, Greene, & Bongar, 2001). 이 연구에서는 두 방법 간의 불일치율이 9.6%에서 19.1%에 달했다. Glassmire와 동료들은 MMPI-2의 자살 성향 문항 6개가 구두 자기 보고를 통해 얻은 정보보다 더 가치 있는 정보를 제공한다고 결론지었다.

잘 구성된 다중방식평가를 시행한 후, 평가자는 다양한 출처와 평가법에서 도출된 풍부한 계리적 자료와 더불어 임상적 직관, 관찰, 그리고 내담자의 과거 정보를 바탕으로 일반 법칙적 결과에 맥락과 생태학적 타당성을 갖추게 된다. 미국심리학회의 윤리 규정(American Psychological Association, American Educational Research Association, National Council on Measurement in Education, 1999)에 따르면, 평가자는 반드시 내담자에게 평가 결과에 대한 피드백을 제공해야 한다고 명시하고 있다. 따라서 이제 중요한 당면 과제는 내담자의 이익을 위해 결과를 어떻게 가장 효과적으로 제시할 것인가이다.

경험적으로 입증된 작업 틀

경험적으로 도출된 이론과 기법에 기반한 모델의 중요성은 일반적으로 심리평가의 치료적 효과 그리고 특히 협력적이고 치료적 평가 모델에 대한 증거 기반이 확대됨에 따라 더욱 명확해지고 있다. 성인과 청소년 1,496명을 대상으로 한 17개의 연구의 메타 분석에서 Poston과 Hanson(2010)은 심리평가를 비교 조건과 비교했는데, 심리평가의 치료적 효과를 뒷받침하는 유의한 전반적 효과를 확인했다(Cohen's $d = 0.423$). 연구자들은 검사 결과 제시에 깊이 관여하는 개인 맞춤형 협력적 피드백이 임상적으로 유의한 효과를 가져온다고 결론지었다. 이 장에서 설명하는 경험적으로 입증된 작업 틀을 활용한 해당 메타 분석에 포함된 연구(예: Finn & Tonsager, 1992; Newman & Greenway, 1997)는 특히 심리적 고통을 줄이고 자존감을 높이는 데에 가장 큰 집단 간 차이가 보였다.

이 장에서 설명하는 평가 피드백을 안내하는 작업 틀은 Finn과 그의 동료들의 연구(Finn, 1996, 2007; Finn & Tonsager, 1992, 1997)에 기반을 두고 있으며, 이는 내담자의 자기-검증을 위한 동기를 강조한다(예: Swann et al., 2007). 자기-검증 이론에서는 인간은 본질적으로 자신에 대한 관점과 세상을 경험하는 방식이 정확하다거나 적어도 타인과 공유하고 있음을 확인하고자 하는 동기를 가졌다고 가정한다. 사람들은 자기-관점과 선입견이 도전받거나 산산 조각나는 경험을 하게 되면, 매우 불안해하고 혼란한 느낌을 받게 되며, 이로 인해 세상을 비현실적으로 경험하고 자신이 무너지고 있는 느낌을 받게 된다. Kohut(1977)은 이러한 경험을 붕괴 불안(disintegration anxiety)이라고 명명했다. 내담자의 자기-검증에 대한 본질적 탐색과 이와 관련된 붕괴 불안으로부터 자신을 방어하려는 욕구는 Finn이 '정보 수준'이라고 명명한 유용한 접근법을 사용하여 피드백 전달 과정을 이끌어 간다.

정보의 수준

Finn(1996)은 검사 피드백이 내담자의 기존 자기 인식과 같은 결에 맞춰졌을 때 내담자에게 더욱 강력하고 유용할 것이라고 가정했다. Schroeder, Hahn, Finn과 Swann(1993)은 대학생들이 성격특성에 대한 피드백을 이러한 방식으로 받았을 때 더 긍정적인 영향을 받는 것으로 나타났다. 결과적으로 Finn은 대부분 경우 평가에서 얻은 정보를 내담자에게 점진적으로 더 높아지는 '수준'으로 제시할 것을 권장했다. 1수준(Level 1, L1) 정보는 내담자의 기존 자기–관점과 일치하는 내용으로서 일반적으로 쉽게 수용되는 것이다. 2수준(Level 2, L2) 피드백은 내담자의 자기–관점과 다소 차이가 있는 정보로서 평소 내담자의 생각하는 방식을 수정하거나 증폭시키는 경우가 많다. 이러한 피드백은 논의할 만한 가설로 제시될 때 대체로 잘 수용되는 것이다. 내담자의 L2 결과를 거부하는 경우는 거의 없는데, 핵심 신념이나 자존감에 위협이 될 가능성이 작기 때문이다. Finn은 평가 피드백 회기에서 대부분 결과가 L2여야 한다고 권고했다.

3수준(Level 3, L3) 결과는 내담자의 평소 생각하는 방식과 크게 어긋나는 정보이다. 이러한 피드백은 일반적으로 내담자에게 상당한 불안감을 유발하고 특징적인 적응 기제를 활성화하는 경우가 많다. 평가자는 L2에서 L3로 정보가 제시될 때 내담자가 얼마나 압도당하고 있는지 검토하며 살피고 내담자의 상황을 새로운 시각과 이해 방식으로 계속 전달해야 할지를 결정해야 한다. 피드백을 L1에서 L2, 그리고 L3 순서로 전달하는 것은 내담자가 평가자에게 지지와 이해를 받는다고 느끼게 함으로써 내담자의 감정적 각성을 조절하는 한 가지 방법이 될 수 있다. Finn(2007)은 다음 수준으로 크게 한 발 나서기보다는 '반걸음 단계'를 거치면서 내담자와 함께 평가 결과를 논의할 것을 권장한다. 본 장의 후반부에서는 L3 수준 피드백을 제시하는 과정에 담겨 있는 어려움과 잠재적인 위험 요소를 다룰 것이다.

나중에 논의하겠지만, 어떤 검사이든 L1, L2, L3 정보를 얻을 수 있지만, 평가 방법과 도출되는 결과 수준 간에는 상관이 있는 것으로 나타난다. 즉, 수행 기반 방법은 자기 보고 검사보다 더 많은 L2와 L3 정보를 만들어 내며, 자기 보고 검사는 L1 정보를 더 많이 제공한다. 이러한 이유로 Finn(1996)은 평가자가 대부분 평가에서 자기 보고와 수행 기반 검사를 병행하여 사용하는 것을 강력하게 권고한다.

피드백을 수용하도록 내담자를 준비시키기

TA에서, Finn과 그의 동료들은 내담자가 L2와 L3 정보를 수용할 수 있도록 돕는 방법에도 특별히 주의했다. 피드백을 위해 내담자를 준비시키는 과정은 초기 면담에서 시작하여 다양한 기법을 사용하여 평가 과정 전반에 지속하면서 진행된다. 이 주제를 완전히 논의하는 것은 이 장의 범위를 벗어나지만, 특별히 유용한 세 가지 기법을 소개하고자 한다. 첫째, 평가를 통해 다루었으면 하는 자기 스스로나 자신을 둘러싼 상황에 대한 구체적인 질문을 해달라고 요청하면 피드백을 아주 손쉽게 진행할 수 있다. Finn(2007)은 평가 과정 초기에 내담자가 이러한 질문을 받게 되면 내담자의 호기심을 자극하고 방어적 태도를 줄일 수 있으며, 내담자는 자신의 질문과 관련 있다고 인식하면 평가 과정 후반부에 L2, L3 정보를 좀 더 편히 수용한다는 것을 발견했다. 둘째, (일반적으로 표준화된 검사 시행이 완료된 후) 실제 검사 반응, 경험, 그리고 검사 행동에 대해 내담자와 직접 논의하게 하는 것은, 사후 피드백 회기에서 해당 정보가 단독으로 전달될 시 위협적일 수 있는 정보를 파악하는 데에 도움이 될 수가 있다(Fischer, 1985/1994; Smith & George, 2012). Finn(2007)은 이 기법이 계획 없이 자생적으로 자연스레 수행될 경우 '확장된 탐색'이라고 부르고, 잠재적인 L3 정보를 강조할 목적으로 신중하게 계획된 경우에는 '평가 개입'이라고 부른다(Finn, 2003, 2011; Smith, Finn, Swain, & Handler, 2010 참고).

셋째, 부부나 가족 평가에는 다소 독특한 절차 설정이 있다: 관찰과 영상 피드백. 아동, 가족 TA 모델에서 Finn(2007)과 Tharinger 등(2012)은 부모에게 일방거울이나 영상 링크를 통해 평가실 구석 자리에서 자녀의 검사 과정을 직접 관찰하도록 요청한다. 이러한 방식은 부모가 평가 결과를 직접 듣고 볼 수 있도록 하여 평가자로부터 직접적 피드백을 받는 것보다 덜 위협적이다. 예를 들어, 부모는 자녀가 '나쁜 아이'라는 이유로 반항적이고 순응하지 않는다고 생각할 수 있다. 자녀가 로르샤흐 1번 카드에서 '슬픈 고양이'를 보면서 울적한 주제로 그림에 관해 이야기하는 것을 보고 나면 부모는 자녀의 문제 행동 기저에 깔린 우울 정서가 반영된 모습이라 이해하게 될 수도 있다.

가족 기반 개입에서 사용되는 특정 개입 기법 중 한 가지는 영상 피드백인데 이 기법은 부모가 임상가와 함께 자신과 자녀 간의 상호작용이 녹화된 영상을 시청하는 방식으로 진행되며, 이를 통해 양육 기술을 향상하게끔 하고 가족관계의 질을 개선하는 것을 목표한다. Tharinger 등(2012)은 관찰 기법이 부모가 '한발 물러서서' 자녀와 가족 간의 상호작용을 새로운 시각으로 바라볼 수 있도록 돕는다고 주장했다. Smith, Dishion, Moore, Shaw와 Wilson(2013)은 유아의 문제 행동에 대한 가족 기반 협력적 평가 개입 피드백 회기에 영상 피드백 요소를 추가했을 때 어떤 증분 효과를 가져오는지 연구했다. 보호자에게 자녀가 2세 무렵일 때 제공된 영상 피드백은 자녀가 3세 때 보호자의 부정적인 관계 도식(즉, 자녀에 대한 귀인)이 감소시켰고, 이는 자녀가 5세가 되었을 때 평가된 보호자의 강압적인 양육 행동이 감소하는 결과로 이어졌다. 영상 피드백은 평가자가 바람직하고 긍정적인 양육 행동의 예시로 선정한, 사전에 영상 녹화된 가족 상호작용 과제의 일부를 부모님이 시청하는 방식으로 이루어졌다. Smith 등(2013)은 영상 피드백 등의 관찰 기법을 통해 부모가 감정적으로 부담스러운 자녀와의 상호작용에서 벗어날 수 있게 한다고 가정했다. 이러한 상호작용에서 부모의 반응은 과도하게 학습된 관계 패턴에 기반한 것이며, 이는 자녀의 행동에 대한 부정확한 믿음으로 이어진다. 신경생물학적 관점에서 보았을 때, 이러한 과정은 정보 처리를 변연계에서 전전두엽 피질로 이동시켜 간다고 가정할 수 있다. Smith 등(2013)과 Tharinger 등(2009, 2012), Holigrocki, Crain, Bohr, Young과 Bensman(2009)은 모두 평가자가 평가 과정에서 부모가 자녀를 관찰하도록 지원했을 경우, 부모는 자녀의 문제에 대한 이해를 바꿀 수 있고 가족 전체 체계가 긍정적인 방향으로 변화할 수 있음을 발견했다.

다중방식평가 결과 통합하기

앞서 논의한 것처럼 다중방식평가는 평가자가 다양한 평가 방법의 한계점을 보완하고 각 방법의 강점을 통합하는 데에 도움이 되기 때문에 임상적으로 유용하다고 생각한다. 이러한 통합적 접근 방식을 효과적으로 풀어낸 한 가지 예시는 자기 보고와 수행-기반 성격 평가법 결과의 일치 또는 불일치를 살펴보는 작업이다. 앞서 우리는 이 두 가지 평가 방법의 일차적인 신경생물학적, 대인관계적, 인지적, 그리고 동기적 요인들을 살펴보았다. 이제 이러한 요인들이 다양한 평가 결과를 이해하고, 내담자와 논의할 때 어떤 영향을 미치는지를 자세히 살펴보려고 한다. Finn(1996)은 MMPI-2와 로르샤흐 결과를 통합하는 모델을 제안했다. 하지만 이 모델은 일반적으로 여타 다른 자기 보고 검사와 수행 기반 성격검사를 조합해서 적용할 수 있다. 두 검사에서 나타나는 심리적 고통과 장애 수준에 따라 네 가지 주요 패턴을 구분해 볼 수 있다([그림 14-1] 참조). 심리적 고통과 장애는 일반적으로 살펴볼 수도 있고 특정 문제 영역(예: 사고장애, 분노 조절 문제)과 관련하여 살펴볼 수도 있다. 두 개의 수렴하는 칸(A와 D)은 두 검사 결과 모두 높거나 낮은 수준의 장애를 나타내는 평가 상황을 나타낸다. 이러한 결과를 먼저 해석하고 나면 나중에 내담자와 논의하기가 비교적 쉬워진다. A 영역은 내담자의 문제가 일상생활에서 명확하게 드러나고 이러한 문제를 자각하고 있으며, 자기 보고 검사에 기꺼이 보고할 의지와 능력이 있음을 나타내고 있다. 이는 자발적으로 의뢰된 도움을 요청하는 내담자들에게서 흔히 관찰되는 패턴이다. D 영역에 해당하는 검사 결과는 내담자가 대인관계적 상호작용이 있는지와 관계없이 구조화된 상황과 덜 구조화된 상황 모두에서 원활하게 기능할 수 있으며, 임상 환경에서는 거의 발견되지 않는 유형을 보여 준다. 두 가지 경우 모두 결과가 수렴한다면 내담자는 평가 결과에 대한 피드백을 들은 후에도 놀라지 않는 경향이 있다.

B와 C 두 영역은 두 가지 유형의 검사 간에 명백한 불일치를 보인다는 것을 가리킨다. B 영역은 자기 보고에서 낮은 수준의 어려움을 보고한 것이며 수행 기반 검사에서는 높은 수준의 장해가 나타난 경우를 보여 준다. 이러한 결과는 내담자가 덜 구조화되고, 대인관계가 원활하지 않고, 감정적으로 자극받는 상황에서 드러나는 정신병리가 있음을 시사한다. 하지만 내담자는 감정적 각성을 관리하기 위해 지적 자원을 활용할 수 있는 구조화된 상황에서는 상대적으로 잘 기능하는 모습으로 보인다. 이러한 내담자는 종종 자신의 어려움의 심각성을 완전히 인식하지 못하는 경우가 많아 직접 보고할 수가 없다. 이러한 내담자에게 피드백을 제공하기란 복잡한 작업인데 근본적인 어려움을 논의하기 위한 자기-검증이 되지 않을 수도 있기 때문이다(즉, 이러한 정보는 L3 정보일 수도 있음). 또한, 이러한 내담자는 평가자가 자신의 근본적인 문제를 논의하려 할 때 압도당하거나, 당황하거나, 혼란스러워하거나, 방어적인 태도를 보일 가능성이 크다.

C 영역은 자기 보고 도구에서 높은 수준의 어려움이 있고 수행 기반 검사에서 낮은 수준의 어려움이 나타나는 경우를 가리킨다. 이는 임상 환경에서는 가장 드물게 나타나는 구성이며, 장애 등급을 신청하려는 내담자나 법정, 소송 목적의 평가를 받는 내담자에게서 더 자주 발견된다. C 영역은 수행 기반 검사에 대한 내담자의 관여 수준을 설명하기 위해서 더 세분화할 수 있다. 예를 들어, 로르샤흐의 경우, 프로토콜의 복잡성은 반응 수

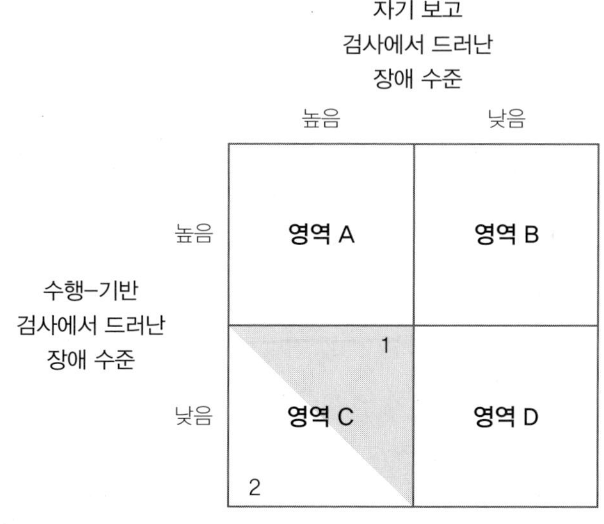

그림 14-1 자기 보고 및 수행 기반 평가 결과의 구성

(R), 순수 형태 반응(Pure Form)의 비율, 그리고 유채색 결정인 기호의 양 등을 통해 명확하게 드러난다. 로르샤흐 검사에 적절하게 관여하였더라도 심리적으로 고통스러워하고 불안해하는 자기 보고 결과는 '도움 요청'을 나타내는 것일 수도 있다. 그리고 평가 맥락이 심각한 정신장애를 보일 동기가 있는 맥락일 때 의도적으로 꾀병을 부리는 가능성을 보여 주는 것일 수도 있다. 내담자의 로르샤흐 반응에서 관여 및 복잡성 수준이 낮은 경우, 내담자는 수행 기반 검사 수검 과정에서 매우 높은 자극적인 대인관계적 · 감정적 요구에 대한 반응으로 위축되거나 제한되고 또는 해리된 반응을 보였을 수 있다. 이러한 상황에서는 일반적으로 자기 보고 검사에서 내담자의 주관적 고통과 장애를 믿고 인정할 수 있어야 하며, 타인이 내담자의 심리적 고통 수준을 매번 알아차리지 못할 수 있다는 가설을 세워 보는 것이 좋다. 평가자가 자기 보고 측정에서 증상이 의도적으로 과대보고한 것이라 언급하면 내담자는 크게 오해를 받았다고 느낄 것이다.

지속 가능한 변화를 위해 적절하고 깊이 있는 개입이 필요하다

Lilienfeld, Garb과 Wood(2011)는 Poston과 Hanson(2010)의 메타 분석에서 입증된 평가 피드백의 치료적 이점을 바넘 효과로 설명할 수 있다고 제안했다. 바넘 효과란 많은 사람에게 적용될 수 있는 진술을 보고 개인이 그 속에서 자신만의 의미를 찾는 주관적 타당화의 한 유형을 의미한다. 이러한 문구는 종종 바넘 진술이라고 불린다. 바넘 진술의 예로는 "당신은 사람들이 자신을 좋아하고 존경해 주기를 바라지만 동시에 자신 스스로에 대해서는 비판적인 경향이 있습니다" 등이 이에 해당한다. 내담자가 성격검사 피드백에 긍정적으로 반응하는 것이 바넘 효과 때문이라는 주장은 지난 수십 년간 이어져 왔으나 이에 대한 실증적 근거는 뒷받침되지 않았다(Furnham & Schofield, 1987). 최근 바넘 효과와 관련된 연구는 부족한데 이는 아마도 25년 전에 이 효과가 대체로 받아들여지지 않았기 때문이다. 진행된 연구들은 바넘 효과에 반대하는 증거를 제시한다(예: Andersen & Nordvik, 2002; Schroeder et al., 1993). Schroeder 등(1993)의 연구 결과는 피드백 대부분이 L2일 때 가장 큰 치료적 효과를 보인다는 것을 지적한다. L2 피드백이 현재 자기-관점과 약간 벗어난 정도로 개념화되어 있어서 내담자에게 어느 정도 불안을 유발할 가능성이 있음을 고려할 때, 이 결과는 평가의 치료적 결과가 피드백 중 적당한 감정적 각성을 유발하는 것에 어느 정도는 의존하고 있음을 시사한다. 이러한 결과는 더 나은 치료적 결과가 내담자의 회기 중 감정적 표출과 관련이 있다는 Diener 등(2007)의 메타 분석 결과와 일치한다. 평가에서 이러한 현상은 피드백이 상당히 개별화되어 있으면서 본 연구의 작업 틀에 맞춰 제시될 때 드러난다.

다중방식평가의 이점

특히, 피드백 절차에서 다중방식평가는 단독 측정법이나 임상적 판단에만 의존하는 것보다 뚜렷한 장점들이 있다. 우리가 소개하는 작업 틀이 갖는 한 가지는 과제라면 각 내담자에게 어떤 수준의 검사 결과 정보가 적합할지 결정해야 한다는 것이다. 다행히도 다중방식평가의 각기 다른 평가 방식은 이 문제를 해결할 수 있는 발판을 제공한다. 각기 다른 방법으로 얻는 결과의 수렴은 그 결과와 내담자의 자기-관점의 일치성을 결정하는 핵심 요소이다. 예를 들어, 자기 보고 측정법은 검사 당시 내담자의 일반적인 자기-관점과 자기-표상(타인이 자신을 어떻게 볼 것이라는 믿음)을 보여 준다. 따라서 자기 보고 측정법으로 얻은 대부분 주요 결과는 L1과 L2에 해당한다. 자기 보고 문항에 대한 인정은 반응의 군집 구성의 경험적 상관관계 때문에 L2일 수가 있다. 내담자가 특정 개별 문항에는 인정했다고 하더라도 다른 응답과 함께 고려하게 되면 해당 의미를 충분히 이해하지 못할 수도 있다. 예를 들어, 내담자가 자기 보고 질문지에서 피로감, 수면장애, 무기력, 울적함을 경험했다고 응답했다 해도 본인이 우울증에 빠져 있다고 생각하지 않을 수가 있다. 이러한 결과를 적절히 준비하고 제시하더라도, 평가자가 이러한 결과를 L1이라고 성급히 결론을 내리면 해당 결과를 쉽게 기각되어 버릴 것이다.

[그림 14-1]의 모델로 돌아가서, A와 D 영역으로 검사 결과가 수렴하는 경향은 내담자가 결과의 출처(즉, 검사 도구)와 관계없이 평가 결과를 받아들일 가능성이 큼을 시사한다. 다양한 방법(B와 C 영역)에 따른 결과 간에 불일치가 있다면, 평가자는 수행 기반 검사 결과를 제시하기 전에 자기 보고 검사 결과를 먼저 확인해야 한다. B 영역의 경우, 내담자가 알아차리지 못하거나 적어도 문제되는 수준을 보고하기 꺼리는 기저 병리가 시사된다면, 평가자는 신중하게 진행해 나가야 하고 내담자를 충분히 준비시켜 줘야 한다. 이러한 접근 방식은 우리의 사례에서도 잘 설명하고 있다.

또한, 수행 기반 평가 방법을 포함하면 내담자별로 고유한 개별화된 자료를 얻을 수 있다. Finn(1996)은 임상 면담 및 수행 기반 검사 반응에서 내담자가 사용한 언어, 이미지, 은유를 활용하여 평가 결과를 전달할 것을 제안했다. 예를 들어, MMPI-2 검사로부터 내담자가 심각한 우울 상태에 있다는 점을 알 수 있지만, 로르샤흐의 I번 카드에 대한 내담자의 첫 반응과 같은 언어를 사용하여 이 문제에 관해 먼저 이야기해 볼 수도 있다: "이 검사 결과를 보면, 최근 당신이 겪었던 '전쟁'으로 인해 많이 지치고 힘든 시간을 보내고 있을 것인데, 앞으로 계속 버텨 나갈 수 있을지 걱정하고 있는 모습으로 보입니다". 이처럼 내담자가 만들어 낸 언어, 이미지, 은유를 사용하면 내담자는 자신이 깊이 반영, 이해받고 있다고 느낄 수 있으며, 누군가가 자신의 어려운 감정 상태를 '유지'하거나 '조절'하는 데에 도움을 주고 있다고 느낄 수 있다. 이러한 효과는 L3 결과를 전달할 때 특히 두드러질 수 있다. 내담자가 대인관계에서 조절된 상태를 유지할 수 있다면, L3 결과를 자신의 기존 자기-개념으로 수용하고 통합할 가능성이 더 큽니다. 내담자와 평가자 사이의 '우뇌에서 우뇌로'의 소통이 이러한 기능이 작동되게 한다. 은유 또한 내담자가 주상적이거나 복잡한 심리적 과정을 이해하고 받아들이는 데 도움이 될 수 있다.

다중방식평가 피드백의 도전과제

다중방식평가의 필요성을 강조했지만, 평가자에게 여러 가지 어려움이 있음을 인정하는 것도 중요해 보인다. 어떤 평가자는 면담이나 자기 보고 측정법 등의 단 한 가지 방법만을 사용할 때가 있기 때문이다.

시간과 비용

첫째, 다중방식평가, 특히 수행 기반 도구를 포함하는 경우 단독 방식 평가보다 더 많은 시간이 소요되며 그에 따라 비용도 더 많이 든다는 점을 인정해야 한다. 다행히 전산화된 코딩 시스템과 같은 기술적 진보와 함께 로르샤흐 해석을 위한 새롭고 간결한 시스템[로르샤흐 수행평가체계(Rorschach Performance Assessment System: R-PAS); Meyer, Viglione, Mihura, Erard, & Erdberg, 2011]이 등장하면서 이러한 평가 방식의 효율성을 향상하였다. 또한, AAP는 애착 상태를 평가하는 데 있어 기존 가장 훌륭한 표준 측정법이었던 AAI보다 훨씬 짧은 시간이 소요된다. 하지만 서비스 수요가 높고 심리학자가 부족한 특정 환경에서는 다중방식평가가 특히나 어렵거나 난해한 내담자 대상에 한정해서만 적용할 수 있을 것이다.

피드백 제공에 요구되는 더 많은 기술

또한, 수행 기반 측정법은 더 많은 L3 정보를 만들어 내기 때문에, 내담자에게 결과에 대한 피드백을 전달하기 위해서는 더 높은 수준의 기술과 민감함이 필요하다. 사실, 다중방식평가를 활용하여 내담자에게 피드백을 제공하고자 하는 평가자는 심리평가 훈련뿐만 아니라 심리치료 교육도 큰 도움이 될 것이라 믿는다. 그리고 수행 기반 방식과 암묵적 방식을 통해 얻은 정보는 내담자의 조절 능력을 떨어트릴 가능성이 더 크기 때문에, 평가자는 내담자가 L3 정보를 통합하게끔 준비시키는 데에 도움이 되는 기술, 예를 들어 확장된 탐색에 대한 교육이 필요하다. 앞서 언급했듯이, 평가자는 L1, L2, L3 정보가 무엇인지 사전에 판단하는 기술과 이러한 결과를 피드백 회기에서 적절히 전달하는 법에 대한 훈련이 필요하다. 끝으로, 협력적 평가 방법에 대한 교육이 매우 중요하다고 생각한다. 협력적 피드백은 일방적인 '택배식' 피드백보다 내담자에게 훨씬 더 큰 영향을 미친다는 증거가 이제 명확해졌다(Hanson, Claiborn, & Kerr, 1997). 또한, 내담자가 받은 검사 결과를 그들의 일상생활의 경험 및 사건과 연결하도록 평가자가 도와준다면, 검사 피드백은 내담자에게 더 이해하기 쉽고, 기억하기 쉬워지며, 실제로 유용한 정보가 될 것이다(Fischer, 1985/1994).

평가자 관련 요구 사항

다중방식평가는 단일-방식 평가보다 더 많은 시간이 소요되는데, Finn(2007)은 다중방식평가가 감정적으로 더 큰 부담을 준다고 말했다. 평가자는 자신이 평가해야 할 내담자에 대해 더 깊이 고민하고 느끼게 되며, 특히 EMP(Early Memory Procedure), 로르샤흐, 그리고 AAP에 대해 유발되는 감정적으로 자극된 반응은 내담자에게 전달하기 어려울 수도 있다. 다중방식평가를 통해 알게 된 모든 내용을 내담자에게 말할 수 없다는 점도 많은 평가자가 어려워한다; 어떤 L3 정보는 평가 시점에서 내담자에게 너무 혼란스러운 내용이 되어서 평가자가 '담아둬야' 할 수도 있다. 이러한 상황에서는 의뢰한 전문가가 있다면 해당 전문가와 정보를 공유하여 내담자가 나중에 심리치료에서 해당 정보를 들을 준비가 될 때까지 '보관'할 수 있도록 하면 큰 도움이 될 것이다. 이러한 이유로 Finn(2007)은 치료적으로-지향하는 다중방식평가는 유사한 목표와 경험을 공유하는 동료 집단 장면에서 가장 괜찮게 수행해 볼 수 있을 것이라고 제안했다.

사례 예시

우리는 임상 환경에서 가장 흔한 평가 구성 중 하나(자기 보고와 수행 기반 결과의 불일치; B 영역)를 사용하여 피드백을 뒷받침하는 경험적 접근 방식을 설명한다. 그리고 다중방식평가 결과는 어떻게 내담자가 받은 진단의 원인을 명확히 하였는지, 담당 심리학자와 지속적인 심리치료를 제공했는지 설명해 준다. 이번 사례의 평가는 제1 저자(JDS)가 진행한 것이고, 1인칭 대명사는 모두 저자 본인을 말하는 것이다.

의뢰 목적

Karen은 57세의 실직 상태인 여성으로 초기 성인기의 세 딸을 둔 어머니이다. 그녀는 자신의 진단을 더 잘 이해하고 싶어 했고, 2년간 진행해 온 심리치료가 정체되면서 목표와 개입 방식을 명확히 하기 위해 심리평가를 의뢰받았다. Karen은 현재 담당 심리치료사와 치료를 시작한 직후 OCD 진단을 받았다. 진단 자체는 정확해 보였지만 노출 치료 및 인지 재구조화를 중심으로 구성된 인지행동치료는 강박 증상을 눈에 띄게 감소시키지 못했다. 마찬가지로 그녀는 여전히 직업을 유지할 수 없었고 장애 수당, 위자료, 그리고 점점 줄어드는 신탁 기금에 의존해야 했었다. 우리는 주로 Karen이 언급한 평가 질문 중 하나에 답해 주었던 구술 피드백에 초점을 맞출 것이다: "어머니의 죽음이 나의 강박장애 발달에 어떤 영향을 미쳤을까요?"

배경 정보 및 어린 시절 기억

Karen은 외동딸이었다. 그녀의 아버지는 과학자, 어머니는 고등학교 교사였다. Karen의 보고서와 초기 기억 절차(Early Memory Procedure: EMP; Bruhn, 1992)에 대한 그녀의 반응은, 어머니는 비판적이고 엄격한 한편 아버지는 냉담하고 분석적이며 목표 지향적인 사람임을 보여 주었다. Karen은 부모님이 기능적으로는 훌륭하게 보살펴 주었지만, 정서적으로는 지지받는다고 느낀 적이 없었다고 떠올렸다. 그녀는 EMP 동안 이러한 감정과 일치하는 여러 기억을 떠올렸다. EMP는 생애 초기 자서전적 기억을 검사하는 것으로서, 내담자에게 가장 오래된 구체적인 한 시점의 기억이나 사건 다섯 가지를 떠올리면서 해당 사건을 가능한 한 자세히 설명해 주도록 요청한다. EMP는 초기 아동기 경험 및 가족력 관련 정보를 수집하고 탐색하는 초기 평가 절차로 사용할 수 있다. Karen에게 가장 생생하 기억 중 하나는 네 살 무렵의 사건이었다. 가족이 함께 생선을 먹다가 작은 가시가 Karen의 목에 걸렸다. 이에 관해 설명하길, "엔지니어였던 아버지는 니들노즈플라이어(길고 뾰족한 집게 공구)와 손전등을 가져와 제 목구멍 안으로 집어넣어 가시를 빼내려고 했어요". 플라이어가 목구멍에 들어갈 때마다 계속 헛구역질을 하니까 부모님은 짜증내면서 결국에는 응급실로 데려가 제거 수술을 받았었다. Karen은 이때 자신도 어쩔 수 없는 일이었는데도 죄책감을 느꼈었다. 그녀는 부모님이 자신을 탓하기보다는 자신의 두려움과 무력감을 수용해 줬으면 좋았을 거라고 기록했다.

EMP의 여섯 번째 기억은 내담자의 인생에서 특히 중요하고 생생한 기억인데, Karen은 어머니가 돌아가신 것에 대해 써 보기로 했다. 그녀는 그 이미지가 마음속에서 너무나 생생하다고 말했다: Karen은 학교에서 돌아와서 아버지가 현관에 서 있는 모습을 보고 그 순간 어머니가 돌아가셨다는 사실을 알게 되었는데(아버지는 평소에 그 시간에 집에 있지 않았다), 나는 차도에서 아버지를 보고 나서 달려갔을 때 길바닥에 쓰러졌었고, 그날 밤 내내 울었다. 나중에 그녀와 이 기억에 관해 이야기하면서, 나는 Karen의 어머니가 고통스러운 암을 앓고 있었다는 것을 알게 되었다. 모르핀으로도 통증이 가라앉지 않자, 그녀의 어머니는 극단적인 방법을 택했었다: 어깨 아래 척수를 절단하는 수술을 받았지만, 통증은 가라앉지 않았고 결국, 온종일 간호를 받아야만 했다. 낮 동안에는 간호사가 집으로 와서 어머니를 돌보았다. Karen이 학교에서 돌아오면 아버지가 퇴근할 때까지 3~4시간 동안 어머니를 돌봐야 했다. 당시 Karen의 나이가 겨우 열두 살이었다. 그녀는 모르핀과 같은 진통제를 투여하는 역할도 했는데 모르핀은 아주 정밀한 투여량이 요구되는 작업이었다. 약물이 조금이라도 부족하면 어머니가 극심한 고통을 느꼈고, 너무 많으면 어머니가 죽을 수도 있었다.

Karen은 어머니가 세상을 떠난 후 슬픈 모습을 보이지 않았다고 했는데 이유인즉, 아버지가 '무너져 내리는' 상황이었기에 자신은 강인해야 한다고 생각했었다고 했다. 어머니의 죽음에 대해 아무도 말하지 않았고 어머니 죽음 후 얼마 있지 않아 어머니의 사진도 모두 치워 없애버렸다. Karen의 아버지는 약 9개월 동안 과음을 했고 그 기간에 Karen의 완벽주의와 신체 이미지에 대한 문제는 더욱 심해졌다. 어머니가 진단받기 전이었던 Karen이 11세 무렵, 친구들에게 인정받으려면 살을 빼야 한다고 어머니가 말했던 것을 떠올렸다. Karen은 체중이 95파운드(약 43kg, Karen의 키는 163cm)를 넘지 않아야 한다고 강조했다. 어머니가 병을 앓기 시작하면서 Karen은 매일 제한된 삶을 살고 운동을 시작했다. Karen은 어머니를 간병하던 시기의 어느 날, 속옷과 브래지어만 입고 방에 들어갔던 모습을 떠올렸다. 어머니는 미소를 지으며 Karen에게 예쁘다고 말했다. Karen은 그때에서야 적정 체중(90파운드)에 도달했음을 느꼈고 그 후에도 체중을 유지하기 위해 무엇이든 했다. 고등학교, 대학, 그리고 성인 초기까지 거식증과 폭식증으로 고생했으며, 대학 시절에는 체중이 위험할 정도로 감소하여 몇 차례 단기 입원도 했었다. Karen은 어머니의 죽음이 자신의 강박장애 발병에 중요한 촉발 계기가 되었다고 스스로 평가했는데 충분히 가능성 있는 설명이었다.

평가 결과 요약

Karen의 TA는 인지 기능, 성격특성, 애착 상태에 대한 다중방식평가로 구성되었다. 이러한 기능 영역은 Karen이 의뢰한 평가 물음의 전체 목록에 맞닿아 있는 영역이다. 웩슬러 성인 지능검사 4판(Wechsler Adult Intelligence Scales, 4th Edition; Wechsler, 2008)의 결과는 전체 지능지수(Full-Scale IQ)는 115였으며 언어 이해(Verbal Comprehension, 127) 지수와 지각 추론(Perceptual Reasoning, 98) 지수 사이에 상당한 불일치가 있었다. 그녀의 MMPI−2 프로파일은 타당했지만, Karen이 자신의 심리적 고통과 사회적으로 바람직하지 않은 문제를 최소화하고 자신을 '모든 것을 갖춘' 사람으로 비치려고 노력하는 경향이 있음을 시사했다(L = 52 [T−점수], F = 44, K = 74, S = 68). 이러한 반응 패턴과 일관되게, 상승한 임상 척도는 없었다. 3번(Hy = 61) 척도와 7번(Pt = 62) 척도가 가장 높았는데, 이는 강박적 경향, 불안, 공포증, 비합리적인 두려움, 완벽주의 그리고 심리적 증상을 신체적 또는 건강상 문제로 나타내는 경향(HEA = 53; 내용 척도 중 가장 높은 점수)을 나타낸다. Karen의 강한 의존 욕구(Hy = 63)와 분노 과잉통제(Hy = 62, $O-H$ = 63, $AGGR$ = 38)도 주목할 만한 결과였다. 보충 척도 중 유일하게 억압(Repression: R = 86) 척도만 임상적으로 상승했다. 이는 Karen이 억압, 부정, 합리화 기제를 사용하며 과잉통제하고 통찰력이 부족함을 시사했다.

R−PAS(Meyer et al., 2011)를 사용하여 채점한 로르샤흐 결과는 심각한 심리적 손상을 가리켰다. Karen은 33개의 반응 프로파일(R = 124T; Pu = 98T)을 보였으며, 심각한 지각 및 사고 문제($EII-3$ = 130T, $TP-Comp$ = 122T, $WSumCog$ = 129T, $SevCog$ = 138T), 그리고 병적인 사고 및 이미지 그리고 느낌(MOR=123T), 타인의 행동과 의도를 잘못 해석하는 경향($M-$ = 123T), 자신의 신체 또는 기능의 취약성에 대한 집착(An = 133T)이 확인되었

다. 그녀는 또한 드문드문 과거 트라우마와 관련된 측정치에서 매우 높은 점수를 받았다 (*CritCont%* = 134*T*).

Karen의 AAP는 미해결형으로 판정되었는데 이는 애착 체계가 활성화될 때 정서 조절에 상당한 어려움을 겪고 방어 패턴이 조직화되어 있지 않았음을 의미한다. 이러한 결과를 보이는 사람들은 애착 체계가 활성화된 후 일관적으로 재구조화할 수 없고 그 결과 예상치 못한 압도감과 지남력이 저하된 정서를 경험하는 경향이 있다. 또한, 애도 실패(즉, 애착 대상에 대한 미해결된 상실)의 증거가 확인되었는데, 이는 의식적인 애도의 부재와 비활성화 방어(즉, 감정 회피와 성취 규칙, 그리고 '올바른' 방식대로 행동하려는 데에 몰두하는 것)를 수반하는 초연한 심리적 상태를 의미한다. 이러한 유형의 미해결 애착 상태는 심리적 안전감을 위협하는 애착 대상에 의한 유기와 관련이 있는 것으로 나타났다. 실패한 애도에 관한 경험적 연구와 일관되게 Karen은 신체적 스트레스 반응, 섭식 문제, 그리고 자신의 욕구를 충족하는 대신 타인을 돌봐야 한다는 강박적 욕구를 경험하였다(George, West, 2012). 표준 시행 후(즉, 확장 탐색 과정 동안) Karen의 APP 경험 이야기를 할 때, Karen과 나는 Karen의 현재 어려움을 과거 경험과 연결하면서 그녀의 경험을 인정하고 자기-연민을 만들어 내는 데에 도움을 줄 수 있었다. Karen은 어머니가 돌아가신 후 자신의 삶을 통제하려는 시도가 "폭발했다"라고 말했으며, 그녀는 고통스러운 감정을 회피하며 완전히 자립하기 위해 노력했기 때문에, 또 다른 파괴적인 상실의 위험을 감수하지 않을 수 있었던 것이라고 말했다.

피드백 계획하기

표준화된 검사 결과에서 특히 자기 보고와 수행 기반 평가 방법 간의 불일치가 나타났다는 점은 Karen에게 피드백을 제공할 때 자기-검증 이론에 따라 그녀의 심리적 어려움을 체계적으로 정리하는 것이 매우 중요하다는 점을 시사했다. 우리는 Karen이 외상적 애착 경험과 애도 실패에 대한 반응으로 강박적인 방어 기제를 발달시켰고 이는 아마도 OCD에 대한 유전적 소인(그녀의 아버지도 OCD를 진단받았음)과 조합이 되었을 가능성이 있다. Karen의 OCD는 오염 공포증과 지각된 위협 그리고 감정적으로 각성하게 만드는 자극 상황에 대한 행동적 · 정서적 회피로 구성되어 있었다. 기본적으로 검사에서는 그녀가 강한 느낌에 쉽게 압도당하고 조절 능력을 잃어버려 감정을 회피하는 것이라 나타났다. 이러한 상황이 발생하면, 그녀는 감정 조절의 방법으로써 강박적 방어 기제를 사용하게 되었다("내 삶의 모든 측면을 통제할 수만 있다면 더 안전할 거야"). 하지만 이러한 방어 기제 자체가 심리적으로 고통스럽고 불편한 것이었다. MMPI-2는 그녀의 강박적 불안, 완벽주의, 건강 염려가 그녀의 자기-관점과 일치하는 반면, 애도 실패 그리고 그와 관련된 애정 욕구는 잘 통합되지 않았다는 점을 가리켰다. 이제부터 우리는 어머니의 죽음이 그녀의 OCD 발달에 미친 영향에 대한 Karen의 일차적 평가 물음을 중점으로 논의 요약하고 보충 설명을 포함한 축어록을 보여 줄 것이다. 우리는 각각 결과들의 정보 수준에 주목하도록 하면서 이와 함께 평가자가 Karen에게 현재의 자기-관점과 어긋나는 피드백을 받았을 때 발생할 수 있는 붕괴 불안을 예방하기 위해 그녀가 이해받고 존중받는다고 느낄 수 있게 도왔던 방법에 신경을 썼다.

다중방식평가로 피드백 전달

평가자: 당신이 궁금해했던 질문에 관한 결과를 보여 주기 전에, 해당 답변 중에서 당신이 가장 최선이라 생각하는 답변은 무엇인지 말씀해 주시겠어요? [이런 유형의 질문은 평가자가 평가 과정에서 내담자가 어떤 새로운 정보를 통합했는지 가늠하는 데 도움이 되고 평가자가 결과의 수준을 판단하는 데에도 도움이 된다.]

Karen: 제 생각에는 그게 큰 영향을 미쳤을 거라고 생각하는데요. 예전에는 음식 통제하는 게 부족했고 학교에서는 항상 완벽해야 한다고 생각했어요. 그리고 정말 완벽했어요. A를 받는 것만으로는 부족했거든요. 항상 만점을 받아야 했어요. 그런데 엄마가 돌아가신 후에는 OCD가 제멋대로 내 생활에 들어와 버린 거죠.

평가자: Karen, 당신이 지금 관련지어 말해 준 것을 이번 평가 결과와 나에게 공유해 준 경험을 바탕으로 보자면 정확한 설명인 것 같습니다. [내담자의 자기-관점을 검증하기] 그런데 OCD가 왜 제멋대로 찾아오게 된 건지 감이 잡히는가요? [내담자의 표현을 그대로 사용함으로써 내담자는 이해받고 있다고 느끼게끔 하는 데에 도움이 된다.]

Karen: (웃으며) 글쎄요, 제가 선택할 수 있는 게 많지 않았던 것 같아요. 아버지는 점점 무너져가고 나는 아버지와 둘이서 계속 살아가야만 했어요.

평가자: 어머니가 돌아가신 후 정말 힘든 상황이었네요. 아버지가 그렇게 힘든 시간

을 보내고 있었기에 누군가는 단단하게 버텨내면서 가정이 무너지지 않도록 해야만 했다고 봅니다. [L1: Karen은 자신의 말을 잘 듣고 있다고 느낀다; 맥락적 고려 사항을 추가하면 자기-연민을 발달시키는 데 도움이 된다.] 당시 당신은 무서운 상황을 극복해내기 위해 최선을 다해 견뎌내셨던 것 같아요. [주요 애착 대상을 잃은 후 아버지의 보살핌을 받지 못하는 상황의 무서움을 알려 줌] 그러니까, 스스로 다잡으려 했으며 학교에 집중하면서[L1], 평정심을 유지하려고 했던 거군요. [Karen은 감정적으로 조절되는 느낌을 설명하기 위해 평정심이라는 단어를 사용했었다.] 때때로 OCD와 관련된 행동과 사고, 예를 들어 학교에서의 완벽주의나 음식과 체중에 대한 집착은 매우 강렬한 경험, 감정, 혹은 상황을 견뎌내기 위한 필수적인 것들이었겠네요. [L2: OCD를 하나의 대처 전략으로 설명해 준다.] 이런 설명이 본인의 경험과 맞는 것 같나요?

Karen: 그런 것 같네요. 정말 끔찍한 시기였었어요. 제가 달리 뭘 할 수 있는지 몰랐어요.

평가자: 당시 어느 정도 무력감과 외로움을 느꼈었던 것 같네요. [L2: 애착 외상]

Karen: 저는 혼자였어요. 아버지가 있긴 했다만 엄마가 돌아가신 후 한동안은 특히, 술에 취해 있을 제정신이 아니셨거든요.

평가자: 왜 다른 선택지가 없다고 생각했는지 알 것 같습니다. 어떻게든 버텨야 했으니까 그냥 해야 할 일을 한 것이겠지요. [검증] 인생에서 그 시기를 혼자 겪어야 했다는 게 너무나 안타깝습니다.

Karen: (눈물을 글썽) 저는 엄마에 관해 이야기를 나누고, 그리고 엄마 없이 사는 게 얼마나 무서운 건지 같이 이야기 나눌 사람이 있었으면 좋았을 텐데.

평가자: 그럼요 당연하죠. 어머니를 먼저 보내고 나서 슬픔과 상실감, 그리고 어머니가 없을 때면 어떻게 살아가야 할지에 대한 두려움이 엄청나게 밀려왔을 겁니다. (Karen이 울면서 잠시 침묵) 검사 결과에서는 만약 당신이 실제고 그런 느낌을 느낀다면 여전히 마음속에 평정심을 위협할 만큼 강렬한 감정들이 많이 남아 있다는 것을 말해 줍니다. [L2: 정서 회피; 미해결 애도] 또한, 이 검사 결과는 우리가 한참 이야기했던 OCD 증상들이 당신이 해당 감정들을 상자 밖으로 꺼내버리면 그 감정에 압도당할 수 있다고 걱정하는 이런 고통스럽고 두려운 감정으로부터 자신을 안전하게 보호해 주는 방법이

> 라는 것을 말해 줍니다. [Karen은 EMP에 대한 장시간 질문을 하는 동안 자신의 감정을 뚜껑이 꽉 닫힌 상자에 보관한다는 비유를 사용했었다.] 당신은 아버지처럼 슬픔에 잠겨 무너지고 싶지 않다는 걸 잘 알겠습니다. [검증] 이 모든 감정을 그 작은 상자 안에 담아 두려면 많은 에너지가 필요할 거예요. [이해].

평가자는 Karen의 OCD 행동(예: 살충제나 방사능과 같은 자신에게 위험할 수 있는 실제 상황을 회피하는 것)을 자신이 도움 없이 한꺼번에 표출해 버리면 관리하기가 상당히 어려운 근본적인 감정으로부터 자신을 보호하려는 욕구와 연결 지었다. 이러한 대처 기제는 Karen이 아버지로부터 간절히 바랐지만 받지 못했던 도움의 "빈 공간을 메워 주었다." 평가자는 Karen이 어린 시절의 공허함을 애도하는 과정을 가질 수 있도록 도왔고, 또한 그녀가 이제 타인, 심지어 치료사들을 정서적 지지의 대상으로 보기 어려워한다는 사실을 깨닫도록 도왔다. 이 사례에서 평가자는 Karen의 미미한 통찰력과 강력한 대처 기제로 인해 L3 정보 제시가 지나치게 위협적일 수 있다고 판단했다. 평가자는 Karen이 슬픔을 가다듬은 후에 L3 결과(Karen의 부모에 대한 근본적인 분노, 이는 시행된 모든 검사에서 명확히 드러났음)를 치료사와 공유하기로 했다. 치료사는 평가 결과를 보고 나서 OCD 행동을 특히 애도와 지지에 대한 바람에 대한 정서적 회피로 개념화하였고, 그녀의 자립을 위협하고 또다시 스스로 심각한 손상을 입을 위험에 빠뜨렸다는 점을 반영하여 치료 목표를 재구성했다.

결론

경험적으로 뒷받침되는 다중방식평가 피드백 지침으로서 이러한 작업 틀을 사용하면 내담자의 삶에 긍정적인 영향을 미치고 이후 치료 결과를 개선할 가능성을 높인다. 상호보완적인 신경생물학적 과정, 기억 체계, 그리고 동기적 요인들을 활용하는 자기 보고와 수행 기반 검사로 구성된 다중방식평가 배터리를 선택하는 것은, ① 변화에 대한 내담자의 딜레마를 완전히 이해하고, ② 핵심 결과의 정보 수준을 결정하는 데에 핵심 사항이 된다. 우리의 작업 틀의 핵심적인 측면은 이전에 가지고 있는 자기-관점을 확인하는 결과를 먼저 제시한 다음, 내담자의 이야기에서 수정이 필요한 좀 더 불일치하는 결과를 점차적으로 제시한다는 것이다. 실증 연구에 따르면, 평가자는 주로 L1과 L2 소견을 제공해야 하며, L2 소견은 치료적 효과를 얻는 데에 필수적이라 할 수 있다(Schroeder et al., 1993). 끝으로 평가자는 평가 피드백 과정에서 내담자에게 부정적인 영향을 주는 조건을 조절할 수 있도록 대인관계 행동을 연습해야만 한다. 피드백 과정은 어떤 상황이든지 간에 본질적으로 불안을 유발할 수 있고, 특히 Karen의 사례에서처럼 내담자의 기존 자기-도식과 상충할 때는 더욱 그렇기 때문이다.

감사의 말

Justin D. Smith는 Elizabeth Stormshak에게 수여된 National Institute of Mental Health의 연구 훈련 보조금 MH20012를 통해 이 장을 준비하는 데에 지원을 받았다.

참고문헌

Achenbach, T. M., McConaughy, S. H., & Howell, C. T. (1987). Child/adolescent behavioral and emotional problems: Implications of cross-informant correlations for situational specificity. *Psychological Bulletin, 101*(2), 213-232.

American Psychological Association, Amercian Educational Research Association, & National Council on Measurement in Education. (1999). *Standards for educational and psychological testing*. Washington, DC: American Educational Research Association.

Andersen, P., & Nordvik, H. (2002). Possible Barnum effect in the five factor model: Do respondents accept random NEO Personality Inventory—Revised scores as their actual trait profile? *Psychological Reports, 90*(2), 539-545.

Asari, T., Konishi, S., Jimura, K., Chkazoe, J., Nakamura, N., & Miyashita, Y. (2008). Amygdalar enlargement associated with unique perception. *Cortex, 30*, 1-6.

Beutler, L., & Berren, M. (1995). *Integrative assessment of adult personality*. New York: Guilford Press.

Bornstein, R. F. (2002). A process dissociation approach to objective-projective test score interrelationships. *Journal of Personality Assessment, 78*(1), 47-68.

Bromberg, P. M. (2006). *Awakening the dreamer: Clinical journeys*. New York: Analytic.

Bruhn, A. R. (1992). The Early Memories Procedure: A projective test of autobiographical memory, part 1. *Journal of Personality Assessment, 58*(1), 1-15.

Buchheim, A., Erk, S., George, C., Kächele, H., Ruchsow, M., Spitzer, M., et al. (2006). Measuring attachment representation in an fMRI environment: A pilot study. *Psychopathology, 39*(3), 144-152.

Butcher, J. N., Dahlstrom, W. G., Grahm, J. R., Tellegen, A., & Kaemmer, B. (1989). *The Minnesota Multiphasic Personality Inventory-2 (MMPI-2): Manual for administration and scoring*. Minneapolis:

University of Minnesota Press.

Campbell, D. T., & Fiske, D. W. (1959). Convergent and discriminant validation by the multitrait-multimethod matrix. *Psychological Bulletin, 56*, 81-105.

Cicchetti, D. V. (1994). Integrating developmental risk factors: Perspectives from developmental psychopathology. In C. A. Nelson (Ed.), *Minnesota symposium on child psychology: Vol. 27. Threats to optimal development* (pp. 285-325). Mahwah, NJ: Erlbaum.

Cicchetti, D. V., & Toth, S. L. (1998). The development of depression in children and adolescents. *American Psychologist, 53*(2), 221-241.

Cook, T. D., & Campbell, D. T. (Eds.). (1979). *Quasi-experimentation: Design and analysis issues for field settings*. Chicago: Rand-McNally.

Diener, M. J., Hilsenroth, M. J., & Weinberger, J. (2007). Therapist affect focus and patient outcomes in psychodynamic psychotherapy: A meta-analysis. *American Journal of Psychiatry, 164*, 936-941.

Dozier, M., & Lee, S. W. (1995). Discrepancies between self- and other-report of psychiatric symptomatology: Effects of dismissing attachment strategies. *Development and Psychopathology, 7*, 217-226.

Finn, S. E. (1996). Assessment feedback integrating MMPI-2 and Rorschach findings. *Journal of Personality Assessment, 67*(3), 543-557.

Finn, S. E. (2003). Therapeutic assessment of a man with "ADD" [Case Reports]. *Journal of Personality Assessment, 80*(2), 115-129.

Finn, S. E. (2007). *In our client's shoes: Theory and techniques of therapeutic assessment*. Mahwah, NJ: Erlbaum.

Finn, S. E. (2011). Journeys through the valley of death: Multimethod psychological assessment and personality transformation in long-term psychotherapy. *Journal of Personality Assessment, 93*(2), 123-141.

Finn, S. E. (2012). Implications of recent research in neurobiology for psychological assessment. *Journal of Personality Assessment, 94*(5), 440-449.

Finn, S. E., & Tonsager, M. E. (1992). Therapeutic effects of providing MMPI-2 test feedback to college students awaiting therapy. *Psychological Assessment, 4*(3), 278-287.

Finn, S. E., & Tonsager, M. E. (1997). Information-gathering and therapeutic models of assessment: Complementary paradigms. *Psychological Assessment, 9*(4), 374-385.

Fischer, C. T. (1985/1994). *Individualizing psychological assessment*. Mahwah, NJ: Erlbaum.

Fowler, J. C., Hilsenroth, M. J., & Handler, L. (1996). Two methods of early memories data collection: An empirical comparison of the projective yield. *Assessment, 3*(1), 63-71.

Furnham, A., & Schofield, S. (1987). Accepting personality test feedback: A review of the Barnum effect. *Current Psychological Research and Reviews, 6*(2), 162-178.

George, C., & West, M. L. (2012). *The Adult Attachment Projective Picture System: Attachment theory and assessment in adults*. New York: Guilford Press.

Giromini, L., Porcelli, P., Viglione, D. J., Parolin, L., & Pineda, J. A. (2010). The feeling of movement:

EEG evidence for mirroring activity during the observations of static, ambiguous stimuli in the Rorschach cards. *Biological Psychology, 85*(2), 233–241.

Glassmire, D. M., Stolberg, R. A., Greene, R. L., & Bongar, B. (2001). The utility of MMPI-2 suicide items for assessing suicidal potential: Development of a suicidal potential scale. *Assessment, 8*(3), 281–290.

Hanson, W. E., Claiborn, C. D., & Kerr, B. (1997). Differential effects of two test-interpretation styles in counseling: A field study. *Journal of Counseling Psychology, 44*, 400–405.

Holigrocki, R., Crain, C., Bohr, Y., Young, K., & Bensman, H. (2009). Interventional use of the Parent-Child Interaction Assessment-II Enactments: Modifying an abused mother's attributions to her son. *Journal of Personality Assessment, 91*(5), 397–408.

Jimura, K., Konishi, S., Asari, T., & Miyashita, Y. (2009). Involvement of the medial prefrontal cortex in emotion during feedback presentation. *NeuroReport, 20*, 886–890.

Kohut, H. (1977). *The restoration of the self*. New York: International Universities Press.

Lilienfeld, S. O., Garb, H. N., & Wood, J. M. (2011). Unresolved questions concerning the effectiveness of psychological assessment as a therapeutic intervention: Comment on Poston and Hanson (2010). *Psychological Assessment, 23*(4), 1047–1055.

McClelland, D. C., Koestner, R., & Weinberger, J. (1989). How do self-attributed and implicit motives differ? *Psychological Review, 96*(4), 690–702.

Meyer, G. J. (1997). On the integration of personality assessment methods: The Rorschach and the MMPI. *Journal of Personality Assessment, 68*(2), 297–330.

Meyer, G. J., Finn, S. E., Eyde, L. D., Kay, G. G., Moreland, K. L., Dies, R. R., et al. (2001). Psychological testing and psychological assessment: A review of evidence and issues. *American Psychologist, 56*(2), 128–165.

Meyer, G. J., & Kurtz, J. E. (2006). Advancing personality assessment terminology: Time to retire "objective" and "projective" as personality test descriptors. *Journal of Personality Assessment, 87*(3), 223–225.

Meyer, G. J., Riethmiller, R. J., Brooks, R. D., Benoit, W. A., & Handler, L. (2000). A replication of Rorschach and MMPI-2 convergent validity. *Journal of Personality Assessment, 74*(2), 175–215.

Meyer, G. J., Viglione, D. J., Mihura, J., Erard, R. E., & Erdberg, P. (2011). *Rorschach Performance Assessment System: Administration, coding, interpretation, and technical manual*. Toledo, OH: Rorschach Assessment System.

Morey, L. C. (1991). *Personality Assessment Inventory professional manual*. Odessa, FL: Psychological Assessment Resources.

Newman, M. L., & Greenway, P. (1997). Therapeutic effects of providing MMPI-2 test feedback to clients at a university counseling service: A collaborative approach. *Psychological Assessment, 9*(2), 122–131.

Poston, J. M., & Hanson, W. E. (2010). Meta-analysis of psychological assessment as a therapeutic intervention. *Psychological Assessment, 22*(2), 203–212.

Roisman, G. I., Holland, A., Fortuna, K., Fraley, R. C., Clausell, E., & Clarke, A. (2007). The Adult

Attachment Interview and self-reports of attachment style: An empirical rapprochement. *Journal of Personality and Social Psychology, 92*(4), 678-697.

Rorschach, H. (1921/1942). *Psychodiagnostics* (5th ed.). Berne, Switzerland: Verlag Hans Huber. (Original work published 1921)

Schore, A. N. (2003). *Affect regulation and repair of the self.* New York: Norton.

Schore, A. N. (2009). Right brain affect regulation: An essential mechanism of development, trauma, dissociation, and psychotherapy. In D. Fosha, M. Solomon & D. Siegel (Eds.), *The healing power of emotions: Integrating relationships, body, and mind: A dialogue among scientists and clinicians* (pp. 112-144). New York: Norton.

Schroeder, D. G., Hahn, E. D., Finn, S. E., & Swann, W. B. J. (1993). *Personality feedback has more impact when mildly discrepant from self views.* Paper presented at the fifth annual convention of the American Psychological Society, Chicago, IL.

Schultheiss, O. C. (2007). A memory-systems approach to the classification of personality tests: Comment on Meyer and Kurtz (2006). *Journal of Personality Assessment, 89*(2), 197-201.

Shaw, D. S., Gilliom, M., Ingoldsby, E. M., & Nagin, D. S. (2003). Trajectories leading to school-age conduct problems. *Developmental Psychology, 39*(2), 189-200.

Siegel, D. (2012). *The developing mind: How relationships and the brain interact to shape who we are* (2nd ed.). New York: Guilford Press.

Smith, J. D., Dishion, T. J., Moore, K. J., Shaw, D. S., & Wilson, M. N. (2013). Video feedback in the Family Check-Up: Indirect effects on observed parent-child coercive interactions. *Journal of Clinical Child and Adolescent Psychology, 42*(3), 405-417.

Smith, J. D., Finn, S. E., Swain, N. F., & Handler, L. (2010). Therapeutic assessment in pediatric and primary care psychology: A case presentation of the model's application. *Families, Systems, and Health, 28*(4), 369-386.

Smith, J. D., & George, C. (2012). Therapeutic assessment case study: Treatment of a woman diagnosed with metastatic cancer and attachment trauma. *Journal of Personality Assessment, 94*(4), 331-344.

Swann, Jr., W. B., Chang-Schneider, C., & McClarty, K. (2007). Do people's self-views matter? Self-concept and self-esteem in everyday life. *American Psychologist, 62*(2), 84-94.

Tharinger, D. J., Finn, S. E., Arora, P., Judd-Glossy, L., Ihorn, S. M., & Wan, J. T. (2012). Therapeutic assessment with children: Intervening with parents "behind the mirror." *Journal of Personality Assessment, 94*(2), 111-123.

Tharinger, D. J., Finn, S. E., Gentry, L., Hamilton, A. M., Fowler, J. L., Matson, M., et al. (2009). Therapeutic assessment with children: A pilot study of treatment acceptability and outcome. *Journal of Personality Assessment, 91*(3), 238-244.

Wechsler, D. (2008). *Wechsler Adult Intelligence Scale, 4th edition (WAIS-IV).* New York: Psychological Corporation.

다중방식 임상 평가 자료 통합을 위한 작업 틀을 향하여

Christopher J. Hopwood and Robert F. Bornstein

이 책은 아이러니하면서도 걱정스러움이 한꺼번에 밀려오는 세 가지 사실로부터 시작되었다: ① 성인의 성격과 정신병리에서 개인차는 임상심리학 장면의 기초가 되는 많은 원칙과 평가의 방법을 쌓아 온 원재료이다(Cronbach & Meehl, 1955; Loevinger, 1957); ② 이 중 가장 중요한 원칙은(때로는 직접적으로 언급되고, 때로는 암시적인) 다중방식평가의 가치이다(Campbell & Fiske, 1959; Messick, 1995); ③ 성인의 성격과 정신병리에 대한 임상 평가는 근거 기반 다중방식평가를 사용하는 면에서 신경심리학, 아동 임상심리학, 의학에 비해 뒤처져 있다. 성인의 성격, 정신병리 및 치료에 대한 다양한 평가 방법의 가치를 보여 줌으로써 우리는 다중방식평가 방법을 교육, 실무 및 연구에 사용하기를 장려하고자 한다.

이 책에서 우리는 광범위한 연구와 임상 경험을 가진 전문가들을 한 자리에 모셔 그들의 전문 분야에 대한 다중방식평가의 잠재력을 설명하였다. 우리는 성인의 성격 및 정신병리에서 가장 중요한 영역을 다루었고, 광범위한 전통적 평가 방법과 참신한 새로운 평가 방법을 검토하였다. 그리고 임상 실무 및 평가 연구 모두에서 많은 경력을 쌓으셨고 다양한 이론적 방향을 종합적으로 보여 주신 한 분 한 분과 함께 하고자 했다. 이번 마지막 장에서는 이 책의 내용이 각 차원에서 평가의 가치를 어떻게 보여 주는지 강조하고, 임상 환경에서 다중방식평가를 적용하기 위한 포괄적인 작업 틀을 구축하는 데에 기여하고자 한다. 이 작업 틀은 세 단계로 구성된다: ① 사례 공식화와 관련된 주요 평가 영역 결정하기, ② 해당 영역을 경험적으로 검증된 다중방식평가 절차에 연결하기, ③ 풍부하면서도 효율적인 공식화와 가설 검증을 허용하는 근거 기반 휴리스틱 모델을 사용하여 평가 데이터를 통합하기.

주요 평가 영역 다루기

효과적인 평가를 위해서는 가용한 모든 재료를 통합하는 이상적(그리고 이상주의적) 목표와 가장 중요한 재료에 중점을 두는 현실적인 목표 사이에서 균형을 맞춰야 한다. 중구난방식이거나, 아니면 사례의 특수 사항들과 관계없이 자신이 선호하는 검사를 사용하거나, 또는 검사 자료를 구성하기 위한 근거 기반 휴리스틱 모델이 부족한 평가자는 비효율적일 뿐만 아니라, 사례 공식화의 결정적 측면을 놓칠 수도 있다. 이는 현시점에서 보상 계획과 수련 범위를 기준으로 예측 가능한 것이고, 이보다 더 흔한 문제는 예측, 권고, 중재, 그리고 진전 상황과 변화에 대한 가치평가에 확신을 줄 수 있는 복잡한 환자의 독특성을 적절하게 평가하지 못한다는 것이다. 정신건강 전문가들은 습관, 비용 또는 시간을 기준으로 광범위한 평가 절차나 특정 심리적 영역을 자연스럽게 일상적으로 외면해 버린다(심지어 장기적으로는 그렇게 외면했던 영역과 절차가 시간과 비용을 절약할 수 있다는 연구 결과가 있음에도 불구하고). 따라서 우리는 이 책에서 세 가지 영역에 걸쳐 평가 구성개념과 접근 방식을 광범위하게 다룰 수 있는 목표를 세웠다: 성격과 개인차, 정신병리와 회복 탄력성, 임상 관리.

이러한 영역 전반에서의 주제는 과학과 실무 간의 상호작용이다. Kosloff, Maxfield와 Solomon은 실험실의 근본적인 목표 중 하나가 "기본적인 실험 결과를 신체적 · 심리적 안녕을 증진하는 실용적 접근법으로 전환하는 것"(제4장, p. 121)이라고 주장했다. 반대로, 그들은 실무자의 근본적인 목표 중 하나가 실험실 결과를 '실험실에서 병상으로'(즉, 진료실 안으로) 가져오는 것이어야 한다고 지적한다.

우리는 효과적인 평가가 평가를 받는 사람에 대한 감각에서 시작되어야 한다는 가정하에 성격 및 개인차 제목으로 제1부를 시작했다. 이를 위해서는 해당 개인의 병리뿐만 아니라, 그 개인 자체를 이해해야 한다. 성격 과학은 좀 더 전체론적인 관점을 제공하는 것 외에도 특수한 방식으로 임상 실무를 개선할 수 있는 주요한 미지의 잠재력을 가지고 있다. 예를 들어, Galione와 Oltmanns가 지적했듯이, "현대 성격 분야의 방향은 타당성을 높이는 한도 내에서 다양한 측정 도구가 제공하는 분산을 수용한다"(제1장, p. 22). 이러한 연구가 계속 축적됨에 따라 최적의 평가 절차를 선택하는 방법에 대한 임상적 결정은 더욱 효율적이고 근거 기반이 될 것이다.

성격 과학이 임상 평가에 긍정적인 영향을 미칠 수 있는 가장 분명한 방법 중 한 가지는 정신병리에 대한 조직화이다. 현대 정신의학에서 여러모로 비판받고 있는 다의적·범주적 모델(polythetic/categorical model)은 사전적 용어에 관한 학부생 자기-평정과 환자에게 얻은 진단적 자료에서 상당히 유사한 구조를 보이는 정량적 심리학의 멋들어진 요인 모델과 대조해 볼 수 있다(예: Wright et al., 2013). 게다가 이러한 모델에서 확인되는 고-순위의 특성들의 작은 집합은 임상 신경과학에서 개념화한 광범위의 조절 체계와 유사하다(Patrick & Bernat, 2010). 구체적인 구조는 방법에 따라 다소 다르지만, 일반적으로 이러한 영역에는 부정적 감정의 경험과 조절(신경증, 행동 억제, 내면화 정신병리), 활성화, 감각 추구 및 보상(외향성, 긍정적 기질, 행동 활성화), 행동 조절 및 충동 통제(억제/탈억제, 외현화 정신병리), 친사회적 행동(친화성/적대감, 성격 병리), 사고의 질(개방성, 지성, 정신병)을 포함하는 생물 심리 사회적 체계가 포함된다(Harkness, Reynolds, & Lilienfeld, 2014).

규준적인 성격, 정신과적 증상, 신경 행동적 구성개념에 걸쳐 공통적인 구조를 제공하는 영역을 규정하는 것은 정신병리 분류에 중요한 함의를 갖는다(Clark, 2007; Harkness et al., 2014). 특히, 이 연구에서 확인된 개인차를 중심으로 평가 방법을 조직화하는 것은 『정신질환의 진단 및 통계 편람(Diagnostic and Statistical Manual of Mental Disorders: DSM-5)』(American Psychiatric Association, 2013)의 기술적, 증상-초점 접근법으로 발생하는 여러 문제를 해결할 수 있는, 더욱 근거 기반의 성격 및 정신병리 모델에 잠재적 기여가 될 수 있다. 한 가지 함의는 우울증과 범불안 장애와 같은 장애들이 동시에 발생하는 것은 이들이 동일(예: 신경증적) 정신병리 스펙트럼에 속한다는 사실로 설명될 수 있다는 것이다(Cramer, Waldorp, van der Maas, & Borsboom, 2010 참조). 또 다른 함의는 차원 모델이 진단 범주가 다양한 기저 영역의 영향을 받을 때 발생하는 진단 이질성을 설명하는 데 도움이 된다는 것이다. 예를 들어, 경계선 성격장애는 부정적 정서에 대한 강한 성향과 탈억제 경향성 모두와 관련이 있다(Samuel & Widiger, 2008). 따라서 경계선 성격장애 진단을 받은 개인의 유형 분류에 이러한 특성을 가진 개인이 포함되는 경향이 있다는 것은 놀라운 일이 아니다(Lenzenweger, Clarkin, Yeomans, Kernberg, & Levy, 2008). 진단과 관련 없는 특성도 임상적으로 유용한 이질성을 묘사하는 데에 도움이 될 수 있다. 예를 들어, 우울증을 앓는 개인이 타인에게 얼마나 지배적이거나 복종적인지에 따라 다르게 보일 때가 있다(예: Cain et al., 2012).

따라서 제2부의 정신병리 및 회복탄력성 부분은 각개의 진단 항목보다는 내면화, 외현화 및 사고장애를 포함한 증거 기반 정신병리 스펙트럼을 중심으로 구성되었다. 각 장에서는 해당 스펙트럼을 넘어 증후군으로 일반화되는 평가 원칙에 중점을 둔다. 효과적인 공식화의 결정적인 요소임에도 불구하고 공식적인 임상 평가에서 일상적으로 무시되는 한 가지 영역은 개인의 적응 잠재력을 나타내는 강점, 자원 및 기타 특징을 담고 있다. 이러한 특징에 대한 다중방식평가를 장려하기 위해 문제와 증상에 초점을 맞춘 제2부의 장들은 회복탄력성에 대한 근거 기반 다중방식평가의 장으로 채워 넣었다. 제3부에서는 임상 관리와 관련된 문제를 다루었다. 제3부는 진단 목적으로 접수 회기에서 평가되는 변수 외에도 치료 진전, 치료 과정, 위험 관리 및 왜곡 등 다양한 변수에 중점을 두었다.

안정적 특성과 역동적 과정

이 책의 목표에는 임상적으로 가장 관련성이 높은 시간 척도나 해결책 수준에서 임상적으로 관심 있는 행동 유형에 더욱 근접한 측정 방법의 사용을 장려하는 것도 포함된다. 대부분 임상 평가는 평가되는 구성개념 내에 특정 수준의 안정성을 암묵적으로 가정하고 있다. 가장 일반적으로 평가되는 구성개념은 중간 정도로 안정적이라고 추정한다. 이렇게 추정하는 이유인즉, 안정적인 변수는 한 번 또는 가끔만 평가하면 되기 때문에 매 세션, 매일 또는 밀리 초마다 측정해야 하는 변수보다 부담이 적기 때문이다. 예를 들어, 전형적인 접수 절차에서 대부분 변수는 일반적으로 비교적 안정적(예: 인구 통계, 성격특성)이거나 특정된 목적을 이루기 위한 개입(예: 우울, 치료적 동맹)을 통해서만 대체로 변하는 변수라고 가정한다.

일반적으로 평가되는 구성개념은 보통 법칙발견적이다: 이러한 법칙발견적 구성개념은 임상가에게 해당 개인의 위치가 모집단 분포에서 어느 정도인지 알려 준다. 이와 반대로 임상적으로 연관된 많은 역동적 변수는 개별특수적인데, 평가를 받는 특정 내담자에게 중요한 정도에 따라 선택해야 함을 의미한다. 역동적 개별특수적 평가는 개인의 이러한 구성개념에 해당하는 상태가 밀리 초에서 수개월에 이르는 시간 눈금에 따라 달라질 수 있기에 중요하다. 예를 들어, 기분은 순간의 흥분, 대화의 흐름, 계절의 변화에 영향을 받을 수 있다. 이러한 변화에 대한 다양한 방법의 민감성을 주의 깊게 고려하면 더욱 정확한 예측이 가능할 것이고, 임상가가 평가 질문에 가장 적합한 안정성 수준을 포착하는 접근법을 선택하는 데 도움이 될 것이다.

실제로 Stanfill 등이 언급했듯이 "역동적 변수는 관리, 지도 감독 및 치료와 관련이 있다. …… 하지만 이러한 변수 중 상당수는 매우 가변적이고 시간이 지남에 따라 크게 변동할 수가 있다. 게다가 각 변수의 중요성은 사람마다 다를 수 있다"(제13장, p. 384). 다행히도 여러 장에서 강조했듯이 "순간에서 순간 시점의 과정 평가의 사용은 …… 연구 기반 치료에 있어 새로운 지평을 제시해 주었다"(Pascual-Leone et al., 제11장, p. 324). 이러한 평가는 임상적 및 경험적 가치뿐만 아니라 이러한 방법에 적합한 기술의 가용성이 증가하기 때문에 오늘날 평가 연구에서 가장 유망한 분야 중 하나이다. 예를 들어, 스마트폰 기술이 널리 보급됨에 따라 대인관계 및 정서적 과정에 대한 역동적 평가가 실제 사례에 점점 더 많이 적용될 것이다. 기술의 발전으로 온라인 신경생리학적 평가가 더욱 접근하기 쉬워졌고, 생체 내 행동 평가도 더욱 정교해지고 있다. 이러한 혁신은 개별 여러 장에 걸쳐 설명되어 있다.

평가 영역을 평가 방법에 연결하기

임상 평가에서 시간을 더욱 신중하게 생각하는 것에 대한 특별한 중요성을 강조하여, 이번 결론 장에서 우리는 좀 더 역동적인 사고, 느낌 및 행동보다는 좀 더 안정적인 사고, 느낌, 행동을 평가 가능한 방법을 구별하기 위해 Bornstein(2009, 2011)의 평가 방법 분류법을 확장한다. 〈표 1〉은 일반적인 평가 접근법을 명시적 자기-귀속 측정법뿐만 아니라 구성적 접근법, 자극 귀속 도구, 행동 관찰, 3자-보고와 같은 좀 더 암묵적 측정법을 포함한 몇 가지 넓은 범위로 유형을 분류한다. 어떤 경우에는 평가 방법의 넓은 분류 항목들이 자기-귀속 검사 내의 면담 및 자기-보고 방법 등의 서로 다른 하위 유형으로 구분된다.

각 분류 항목 내에서는 비교적 안정적인 특성과 역동적인 특성을 모두 평가하도록 설계된 측정법의 예를 보여 주고 있다.[1] 〈표 1〉을 간략히 살펴보면, 일부 칸에는 다른 칸보다 선택 가능한 검사 도구의 범위가 더 넓지만, 빈칸인 곳은 하나도 없는 것을 알 수 있습니다. 이는 각 주요 검사 절차에서 안정적인 특성과 역동적인 과정을 모두 평가할 수

1 안정성 그 자체가 차원적 구성개념이기 때문에 '안정적'과 '역동적' 사이에 모호한 영역이 존재한다는 것을 우리는 잘 알고 있다. 따라서 최소의 간격을 결정하는 데에 어려움이 있다.

표 1 안정적 그리고 역동적 개별적 차이에 따른 평가 전략

항목	하위 항목	안정적 특성/문제	역동적 과정
외현적			
자기-귀속	자기-보고	특성 질문지 정신병리 질문지 태도, 흥미, 가치 측정 도구	
	면담	진단적 면담 Q-sort	
암묵적			
구성적		비구조화 면담 그림 그리기	시간적으로 민감한 기호화 체계
자극 귀속		암묵 연합 검사 로르샤흐 잉크반점 기법 스토리텔링 절차	시간적으로 민감한 기호화 체계
행동적	관찰	기능적 분석	
	인지적 수행	신경학적, 지능 평가	
	신경생리학	양전자방출단층촬영 자기공명영상	
정보제공자(3자)		특성 질문지 문제 체크리스트	3자 생태학적 순간 시점 평가

있는 유효한 평가 절차가 있음을 시사한다.

〈표 1〉의 또 다른 근본적인 구분은 외현적 구분과 암묵적 구분이다. 평가의 주요 목표 중 하나는 내담자가 자신을 더 잘 이해하도록 돕고, 이를 통해 더욱 깊이 있는 마음가짐을 갖고, 정보에 입각한 선택을 할 수 있도록 돕는 것이므로, 성찰과 통찰에 의존하는 측정법에서 얻은 자료와 내담자가 인식하지 못할 가능성이 큰 자료를 보완하는 점이 중요하다. 〈표 1〉의 구조화는 외현적 자료가 자기-귀속 검사에서 가장 직접적 방식으로 도출되는 경향이 있으며 반면, 다른 네 가지 검사 분류 항목은 다양한 수준에서 암묵적인 자료를 제공한다는 점을 전제한다(이 문제에 대한 논의는 Erdelyi, 2004 참조). 개인의 인식 범위를 벗어난 내용을 평가하는 데 사용할 수 있는 방법의 다양성은 Cogswell과 Emmert가 쓴 것처럼 "성격 연구자들은 오랫동안 개인이 내성을 통해 접근할 수 없는 관찰 불가능한 현상을 신뢰성 있게 평가하고 싶어 했다(제5장, p. 154)"라는 사실 때문일 가능성이 크다. 이러한 여러 다양한 기술이 이용 가능하다고 하더라도 이 책의 여러 저자가 논의

했듯이 자기-귀속 검사는 여전히 가장 일반적인 평가 방법으로 자리 잡고 있다.

표준화된 절차를 사용하는 대부분의 평가에는 자기-귀속 검사가 포함되는데(서론에서 언급했듯이) 이유인즉, 자신의 어려움과 평가 질문과 관련된 기타 요인에 관한 내담자의 진술을 파악하는 것은 거의 항상 중요하기 때문이다. 자기-귀속 검사는 실용성, 용이성, 비용, 그리고 검사 행동에 대한 해석 또는 검사 시행과 관련된 오류의 최소화와 같은 여러 장점이 있다. 더욱이 내담자의 자기 보고에 대한 일상적인 비판 중 상당수는 자주 과장되는데, Blonigen과 Wytiaz의 다음 구절을 예로 들어 볼 수가 있다: "전반적으로 검토는 알코올 …… 및 불법 약물 …… 사용과 관련된 결과 자료를 평가하는 자기 보고 방법의 신뢰성과 타당성을 뒷받침한다. 생물학적 지표(예: 소변 검사)와 비교했을 때 일치율이 높으며, 과소보고율은 낮다는 것을 보여 준다(제7장, p. 216)." 하지만 이 책 전체에서 강조했듯이, 자기-귀속 검사에만 의존하는 평가는 웬만해서는 불완전한 평가가 되어 버릴 것이다.

면담도 자기-귀속을 포함하지만, 질문지와는 여러 면에서 다르다. 첫째, 임상가가 평가 대상자의 반응을 해석하고 채점해야만 하기에 면담은 이러한 과정과 연관된 오류가 발생할 가능성이 있다(Garb, 1998 참조). Blais와 Bello가 지적했듯이, "특히 비구조화 임상 면담은 진단적 일치도가 제한적인 경향이 있으며 …… 구조화 면담은 보통 임상가마다 일관성 없이 사용되는 경우가 많다." 면접은 또한 좀 더 직접적인 자기 보고보다 생활 속 문제에 덜 민감한 경향이 있다. 이 분야의 특정 장면에서는 이러한 결과를 자기 보고가 '과잉 병리화'한다는 점을 말해 주는 것으로 해석해 왔지만, 증거에 따르면 질문지나 면담 모두가 '최상의 표준'으로서 특권적 지위를 가질 자격은 없다(예: Hopwood et al., 2008). 실제로 어떤 특정 평가 도구에 그러한 지위를 부여한다는 것은 다중방식평가의 근간이 되는 명제에 어긋난다(각기 다른 방식을 함께 사용하는 평가법은 여타 단일 평가 방법을 사용할 때는 완전히 접근할 수 없는 고유한 정보 영역을 활용한다는 명제). 자기 보고는 내담자의 관점에서 생활상의 어려움을 초기 시점에 평가하는 데 가장 적합할 수 있으며, 이후 좀 더 보수적인 면담을 통해 진행할 수 있다. 자기-귀속 검사에서 얻은 정보를 어떻게 조합하든, 연구자들은 "질문지와 진단/임상 면담을 사용했다고 '다중방식'의 평가라 여기고 이에 만족해서는 안 된다"(Moser et al., 제6장, p. 179).

개방형 '온라인' 행동과 관련되는 구성형 검사는 내담자 반응의 중요한 측면을 포착하지만, 내담자의 검사 행동이 대체로 제약받지 않기 때문에 검증하기가 가장 어려운 검사 중 하나이기도 하다. 비구조화 면담과 같은 절차는 적용 장면에서 가장 흔히 사용되는 평가 방법 중 한 가지이지만, 표준화된 채점 및 해석이 거의 적용되지 않기에 신뢰도 및 타당도 관련 문제가 발생한다(Rogers, 2003 참조). 구성형 평가의 중요성과 표준화된 기호화 절차의 가용성에도 불구하고, 이 책에서는 이를 크게 강조하지 않았다.

자극-귀속 검사에 대해서만 꼭 그렇다고 할 수 없긴 하지만, 그래도 자극-귀속 검사는 오랫동안 임상 의료비품 중에서 기본적인 도구로 존재해 왔으며 연구와 실무에서 근거 기반의 부활을 만들어 가고 있다. 이러한 검사 중에서도 가장 첫째가는 검사라면 로르샤흐 잉크반점인데, 이 책의 여러 장에서 로르샤흐 검사의 사용을 강조했다. 몇몇 저자는 로르샤흐와 같은 자극-귀속 검사가 다른 방법으로는 얻을 수 없는 증분 정보를 제공하는 방법이라는 점에서 중요한 논점을 풀어냈다. 이는 교육, 시행 및 채점 측면에서 일반적으로 더 광범위한 노력이 필요하다는 점을 고려할 때에 핵심 사항이 된다. 예를 들어, Blonigen과 Wytiaz는 Mihura, Meyer, Dumitrascu와 Bombel(2013)의 최근 메타분석이 "개별 로르샤흐 변수의 타당성을 뒷받침하고 이러한 타당성은 내성적으로 평가된 특성(예: 자기 보고)보다 외부적으로 평가된 특성(예: 관찰자 평가)과 관련하여 더 높다는 것을 명확히 했다"라고 언급했다(제7장, p. 215). 마찬가지로, Smith와 Finn은 최근 "신경생물학 연구에 따르면 각기 다른 평가 방법은 뇌의 각기 다른 영역을 활용한다"라고 보고했으며, "MMPI나 PAI 등의 일반적인 자기 보고 검사 도구의 언어적이고 무감정적으로 자극하는 방식의 시행은 좌반구 피질 기능이 더 활성화하고 반면, 로르샤흐나 성인 애착 투사 그림 체계(Adult Attachment Projective Picture System: AAP)와 같은 검사는 시각적이고 감정적으로 자극하는 특성과 검사 시행 과정에서의 대인관계적 요구 때문에 우반구와 피질하 기능이 더 활성화된다"라고 언급했다(제14장, p. 406). 이러한 유형의 연구는 응용 임상 평가에 자극-귀속 검사를 통합하는 데 대한 새롭고 설득력 있는 근거를 제공한다(이 문제에 대한 자세한 논의는 Meyer, Viglione, Mihura, Erard, & Erdberg, 2011 참조).

Smith와 Finn의 미래지향적 접근 방식(Finn, 2012 참조)에 따라, 우리는 상당한 근거 기반을 갖춘 전통적인 성인 평가의 검증된 방법(예: MMPI, PAI, 로르샤흐)과 응용 임상 평가에 상당한 가능성을 지닌 기초 과학의 참신하고 선구적인 방법을 포함하려고 했다. 자극-귀속 영역에서 비교적 신인급의 아이템은 암묵적 연합 검사(Implicit Association Test: IAT)인데, Cogswell과 Emmert가 제5장에서 근거의 기반과 임상적 잠재력 측면에서 자세히 검토했다. 이러한 종류의 검사와 관련된 주요 과제는 쉽게 숙달하고 효율적으로 시행할 수 있는 신뢰할 수 있고 타당한 절차를 개발하는 것이므로, 이러한 형태의 평가는 임상 및 연구 장면에서 자극-귀속 방법으로서 상당한 잠재력을 가지고 있다.

행동 검사에는 관찰 가능한 행동의 직접적 기호화, 인지 및 신경심리학적 기능에 대한 수행 기반 측정, 신경생리학적 평가 등 매우 다양한 절차가 포함된다. 안타깝게도 특별히 확인된 신경심리학적 평가를 제외하면 이러한 절차들이 실제 장면에서 마땅히 사용해야 한다는 점에 미치지 못할 정도이지만, 기술의 발전으로 이러한 절차의 사용이 점점 더 가능해지고 있다. 현대 평가 과학에서 흥미로운 발전은 점점 더 정교해지는 행동 기호화 패러다임(Durbin, 2010; Sadler, Ethier, Gunn, Duong, & Woody, 2009; Pincus et al., 이 책 제2장)과 점점 더 접근하기 쉬워지는 신경생리학적 평가(Moser et al., 이 책 제6장)의 개발이다. 이는 심리평가 영역에서 확실히 성장하는 분야이다.

〈표 1〉의 마지막 부분은 3자-보고를 포함하는데, 이는 여러 장에서 설명되었으며 점점 더 기본적인 성격 연구의 주요 내용으로 자리 잡고 있다. 이 연구는 임상 실무에서 지식이 풍부한 타인이 제공한 정보를 활용하는 데 있어 몇 가지 중요한 근거 기반 원칙을 제시했다. 첫째, 모든 조건이 같다면 3자는 외부에서 관찰 가능한 행동을 평가하는 데 가장 효과적인 경향이 있으며 반면, 개인은 내적 경험을 평가하는 데 있어 3자를 능가하는 경향이 있다는 것이다(Vazire, 2010). 따라서 3자에게 지인의 감정 표현 불능증이나 지루함을 가치평가 해달라고 하기보다 물질 사용 문제를 설명해 달라고 하는 것이 더 유용할 수 있다. 이러한 맥락에서, 모든 조건이 같다면, 평가 대상을 좋아하지 않는 3자는 평가 대상을 좋아하는 3자보다 쓸모없는 정보가 더 적고 종종 더 정확한 정보를 제공하는 경향이 있다(Leising, Erbs, & Fritz, 2010). 이로 인해 임상 평가에서 골칫거리가 발생하는데, 3자는 일반적으로 평가를 받는 사람에 의해 선정되기 때문이다(물론 반드시 그래야 할 필요는 없다).

Smith와 Finn이 제14장에서 강조했듯이, 다중방식평가는 "오류의 원인이 각기 다른 방법을 사용하여 유사한 구성개념(예: 우울증, 자기-존중감)을 형식에 맞추어 측정할 때 가장 적합하다(예: 자기-보고 및 관찰 평정, 자기-보고 및 수행 기반 검사)"(p. 404). 게다가 Burchett과 Bagby가 왜곡과 관련하여 강조했듯이, '이러한 전략 간의 차이점을 이해하는 것'과 '요구받은 특정 평가를 진행하는 동안 여러 전략을 사용하는 것'이 중요하다(제12장, p. 349). 이를 위해 Mihura와 Graceffo는 "연구자와 실무자가 평가 방법의 반응 과정(예: 잉크반점에 병적인 이미지를 보고하는 것)과 관심을 두는 심리적 특성(예: 마음속에 병적인 이미지가 있는 것)을 지도화해야 한다"라고 제안했다(제10장, p. 287). 이 책에 설명된 권고 사항들을 종합해 보면, 단일 정보 출처만으로는 기껏해야 불완전한 그림만 얻게 된다는 점을 시사한다. 따라서 임상 평가자가 가져야 할 핵심 질문은 잘못된 추론-결정을 내리는 데 드는 비용 대비 좀 더 철저한 평가를 위해 드는 비용에 관한 것이며, 이를 위해서는 응집력 있으면서도 근거 기반의 개념 모델이 필요하다.

개념적 모델

Galione과 Oltmanns가 지적했듯이, "이상적으로, 연구자와 임상가는 다중적 성격 평가에서 얻은 중복되는 정보와 중복되지 않은 정보를 표준화되고 실용적인 방식으로 해석할 수 있게 될 것이다"(제1장, p. 44). 어떤 개념적 모델은 영역과 방법을 완전히 넘나든다. 예를 들어, Lang(1968)의 불안 평가를 위한 3-체계 접근법은 주관적 경험, 행동, 심리생리학적 반응을 통합하고 있다. 이러한 논리는 서론(Bornstein & Hopwood, 이 책)에서 강조된 과정-해리 절차(process-dissociation procedures)와 잘 맞아 든다. 이 절차에서는 대조적인 방법을 통해 얻은 자료의 불연속성을 활용하여 개인이 검사 점수를 산출하는 과정을 더 잘 이해할 수 있다.

역사적으로, 각기 다른 이론적 모델은 특정 한 가지 종류의 자료를 어떤 다른 종류보다 더 선호하는 것과 관련되는 것으로 나타났다: 일반적으로 행동주의자들은 관찰 자료를 선호하고, 특성 심리학자들은 질문지 자료를 선호하며, 정신과 의사들은 면담 및 신경생리학적 자료를 선호하고, 정신분석학자는 암묵적 과정에 대한 추론적 자료를 선호한다. 이 책에는 이러한 각 방향의 측면들을 제시하였다. 하지만 우리가 전달하고자 하는 중요한 메시지 중 하나는 임상 과학이 발전함에 따라 이러한 관점 간의 경계가 모호해지고 있다는 것이다. 20세기에는 눈에 띄는 이론적 관점이 임상 연구 및 실무에 대한 가설을 수립하는 데 중요한 역할을 했지만, 21세기에는 더 광범위하고 통합적인 관점을 희생하면서까지 특정 관점을 고수하려는 것은 생산적이지 않음을 주장하는 바이다. 더욱이, 전통적인 이론적 모델은 그 경계가 모호해질 정도로 여러 갈래로 나뉘어 있고, 많은 혼합적인 접근법이 개발되었다.

20세기 평가에서는 모든 환자에게 일상적으로 적용될 수 있는 선호 평가 도구나 배터리가 일반적이었다(예: Rappaport, Gill, & Schafer, 1945). 우리 저자 중 한 명은 1980년대 초반 대학원 교육과정에서 임상 평가에는 항상 WAIS, 로르샤흐, MMPI, 간단한 신경학적 선별 검사로 구성된 표준화 검사 배터리가 포함된다고 배웠던 기억을 떠올렸다—평가를 받게 되는 환자(또는 문제)와 관계없이. 이제 그런 시대는 지났고 효율성에 대한 압박과 다양하고 참신한 특정 평가 도구의 등장으로 임상가는 다양한 목적에 맞춰 다양한 방법을 해당 목적에 맞도록 좀 더 쉬우면서도 철저하게 적용해야 할 것이다.

하나의 방법을 이론적 모델에 연결하는 위험성을 보여 주는 교훈적인 예시는 로르샤흐에서 불거졌다. 로르샤흐 잉크반점은 원래 정신병적 장애와 관련된 근본적인 지각적 변칙 특징을 연구하기 위해 개발되었지만(그리고 이것이 아마도 여전히 가장 독특하고 강력한 응용 분야일 것이다), 20세기 중반 정신분석 자아 심리학자들에 의해 주요 임상 평가 방법으로 적용되었다. MMPI와 관련된 경험주의의 '더스트 보울(dust bowl)'에서의 반응은 회의적이고 적대적이었다. 시간이 지남에 따라 두 도구 모두 처음부터 근거 기반한 검사였고 타당성 측면에서 거의 유사한 결과를 계속해서 보였음에도 불구하고(Hiller, Rosenthal, Bornstein, Berry, & Brunell-Neuleib, 1999), MMPI와 로르샤흐는 해당 분야에서 더 추론적인 관점 대 덜 추론적인 관점 간의 영역 안에서 근본적인 이론적 긴장을 점점 쌓아 왔다. 20세기 후반 정신분석의 인기가 쇠퇴하면서 로르샤흐를 비판하는 것이 인기를 얻었다(예: Wood, Nezworski, Lilienfeld, & Garb, 2003). 이러한 비판의 많은 측면은 타당했으며, 그러한 경우 로르샤흐 평가의 괄목할 만한 개선과 비판받은 타당성에 대한 더 명확한 입증으로 이어졌다(Meyer et al., 2011; Mihura et al., 2013). 하지만 특정 비판이 가진 더 논쟁적인 측면이 이 도구에 대해 널리 퍼진 오해를 더욱 확고히 하는 데 힘을 보태기도 했다.

로르샤흐가 단순히 도판에 잉크로 그려 놓은 것에 불과하다는 역사적 짐은 차치하고서, 그 가치는 상담실 밖의 행동과 이미지에 대한 반응이 어떻게 관련되는지에 대한 근거 기반 추론을 만들 수 있다는 사실로부터 드러난다(Bornstein & Masling, 2005; Mihura et al., 2013). 로르샤흐가 현대 임상심리학에서 널리 무시당했음에도 불구하고, 이러한 평가 접근법은 기초 인지과학에 잘 맞게 떨어진다. Cogswell과 Emmert가 지적했듯이, "로르샤흐와 TAT와 같은 도구 사용을 대체로 거부했던 많은 학자와 임상가들이 최근 몇 년 동안 비의식적이고 관찰할 수 없는 현상에 점점 더 주목하고 있다는 점은 흥미롭다. 다만 이러한 현상을 다른 방식으로 개념화했을 뿐이다"(제5장, p. 155). 다시 말해, 표준화된 모호한 자극을 근거 기반 채점 및 해석 절차와 결합하는 것은 기초 실험 과학자들 사이에서는 논란의 여지가 없는데, 이런 임상 분야에서 금기시되어야 할 이유가 있을까?

자기 보고 평가도 역시 광범위한 타당도 지원에도 불구하고 일부에서 비판을 받아왔다. 질문지의 경우, 환자가 자신의 어려움과 특성에 대한 올바른 통찰력을 갖기 어렵기에 질문지는 '피상적'이라는 비판이 있었다. 질문지에 대한 다음과 같은 비판이 제기된다고 하더라도, 자기 보고 방법은 사람들이 자신을 어떻게 인식하고 묘사하는지 평가하는 데 있어 독보적으로 강력한 도구이며, 모든 임상적 장면에서 중요한 정보이다. 여기서 더 중요한 점은, 폭넓게 적용할 수 있는 잠재력을 가진 평가 방법을 인기가 오르락내리락하는 이론적 모델에 연결하는 것은 그 방법들에 적합하지 않으며, 그러한 과정에서 중요한 기법이 임상 도구 꾸러미에서 사라져 버릴 수 있다는 것이다. 평가는 너무 복잡하고 어렵기에 지각 과제나 자기 보고와 같은 귀중한 방법을 포기할 수 없다. 왜냐하면 이러한 방법들은 해당 방법이 가진 가정이나 선호하는 특정 이론적 관점과 일치하지 않기 때문이다.

하지만 대조적인 방법과 각기 다른 영역으로부터 얻은 자료를 수용할 수 있는 통합적인 이론적 모델이 절실히 필요하다. 문헌에는 잠재적으로 유용한 모델의 예가 많이 있다(예: Millon, 1996; Blais & Hopwood, 2010; Harkness et al., 2014). 다중방식평가에 초점을 맞춘 맥락에서 우리는 평가 내용을 구성하기 위한 포괄적인 모델을 선택하고 개발하는 것과 관련하여 세 가지 중요한 요소를 강조한다. 첫째, 안정적인 특징과 역동적인 과정이라는 주제로 돌아가서 Pincus와 동료들은 "구조적 영역과 시간적 영역이 원칙적으로 밀접하게 상호 연관되어 있다는 것을 이해하는 것이 중요하다. 다시 말해, 적어도 부분적으로는 개인 내부 차원의 구조가 시간이 지남에 따라 개인의 행동에서 변동과 기타 변화 패턴을 뒷받침한다. …… [이러한] 기저의 정신 구조는 시간적 변화를 이해할 수 있도록 도와준다"라고 지적했다(제2장, pp. 53-54). 다시 말해, 개념적 모델은 안정적이고 법칙 발견적인 것을 역동적이고 개별특수적인 것과 연결하는 체계를 가져야 한다. 둘째, Denckla와 Mancini가 지적했듯이, "회복탄력성과 관련된 요인을 파악하기 전에 …… 회복탄력성에 대한 우리의 조작적 정의를 측정 전략으로 전환해야 한다"(제9장, p. 259). 즉, 이론은 유용하기 위해 구체적인 평가 절차를 함축해야 하며, 절차는 이론과 지도화되어야만 한다(Loevinger, 1957 참조). 셋째(그리고 아마도 임상가에게 가장 중요한), 궁극적으로 "심리 평가 도구는 내담자의 시선으로 들어가야 하는 수단이다"(Smith & Finn, 제14장, p. 403). 간단히 말해, 개념 모델이 평가 절차가 임상가의 공감과 이해를 어떻게 촉진하는지를 설명하지 못한다면, 임상가가 내담자에게 '지속 가능한 이득'을 제공하지 못할 가능성이 커진다(Sullivan, 1954).

이 책의 가장 중요한 핵심 메시지는 경험적으로 검증된 개입 전략을 사용하는 것 외에도, 근거 기반 실무에서는 특정 환자와 환자의 문제에 가장 적합한 전략을 결정하기 위해 다중방식의 심리평가를 사용해야 한다는 것이다. Tomko와 Trull은 이 주제를 간결하게 다음과 같이 요약했다: "정서적 과정에 대한 완전한 이해는 특정 단일 평가 도구나 방법에 의존해서는 얻을 수 없다. …… 첫째, 한 가지 방법의 강점은 다른 두 번째 방법의 한계점을 보완하여 측정 오류를 줄이고 잠재 구성개념의 예측력을 높일 수 있다. 둘째, 방법 간의 불일치 결과는 두 방법만 중 하나만으로는 얻을 수 없는 중요한 정보를 제공할 수 있다"(제3장, p. 93).

다중방식평가의 도전과제

임상 과학 및 실무의 모든 발전 내용과 마찬가지로, 새로운 평가 방법을 도입하는 데는 여러 가지 중요한 과제가 따른다. 예를 들어, 새로운 방법들이 단기적으로는 흥미롭고 고유한 정보를 제공할 것이지만(그리고 기술의 발전에도 불구하고), 질문지나 면담과 같이 일반적으로 사용되는 절차의 효율성과 저렴한 비용을 개선하기는 어려울 것이다. 이는 중대한 과제이다. 예를 들어, Denckla와 Mancini는 다중방식평가의 일상 정규적인 사용에 제약 사항인 "자원 부담, 잠재적 보상 부족, 훈련 제반 요건, 평가 대상의 여러 가지 …… 피로감"(제9장, p. 272)과 관련된 복잡한 문제들을 이야기하게 된다.

흥미롭게도, Moser 등 연구진은 "1970년대와 1980년대에는 정신병리 및 개입법 연구에서 불안에 대한 다중양식평가가 상당히 일반적이었다, 하지만 문헌에서 평가 추세를 분석해 본 결과 연구자들은 행동 및 증상에 대한 주관적 보고와 단일 반응 체계 평가에 더 많이 의존해 왔다"라는 점을 지적했다(제6장, p. 178). 실제로 Tomko와 Trull의 실증적 검토에 따르면 기초적인 정서적 과정에 관한 심리학 연구에서 다중방식평가 비율이 임상 실무는 말할 것도 없이 걱정스러울 정도로 낮다는 점을 시사한다. Pascual-Leone 등이 지적했듯이, "표준화된 진전 상황과 과정 평가가 심리치료 연구의 필수적인 구성 요소가 되었지만, 독립적인 실무에서 이러한 측정법을 사용한다고 보고하는 임상가의 비율은 여전히 낮다"(제11장, p. 320). 이러한 패턴은 Denckla와 Mancini가 언급한 비용 및 자원 부담 문제와 포괄적 평가 대신 진단 문제에 대한 초점이 점점 높아지는 데에서 기인했을 가능성이 매우 크다(Mihura & Graceffo, 제10장).

가까운 미래에 정신건강 관련된 비용 요인이나 의료진의 효율적인 운영 부담이 개선될 가능성은 크지 않다. 그래서 문제는 교환 가치의 균형 잡기와 증분적 이득의 문제로 귀결된다. 임상적 관점에서 볼 때, 더 복잡하고 비용이 많이 드는 방법이 언제 정당화될 수 있는가? 이러한 방법들이 기존 방법에 얼마나 고유한 예측 가치를 추가해 줄 수 있는가? 이러한 방법의 결과 해석을 위한 임상적으로 유용한 절차와 알고리즘을 어떻게 개발할 수 있는가? 이 책의 해당 장에서는 연구자들이 이러한 질문에 답할 수 있는 풍부하고 설득력 있는 토대를 제공하며, 임상가들은 내담자와 환자로부터 더욱 정교한 다중방식 자료를 수집할 수 있도록 도와준다.

새로운 임상 기법을 관리형 의료 환경에 통합하는 데서 발생하는 과제 외에도 다중방식 평가의 주요 장벽 중 하나는 훈련 및 전문성과 관련이 있다: 현대 평가 심리학자는 기존의 검증된 도구를 사용한 표준화 검사 배터리 시대보다 훨씬 더 많은 평가 절차를 사용할 수 있다. 시간에 쫓기는 임상가(또는 당연히 불안해하는 수련생)가 '정답'을 가리키는 수렴 결과를 추구하려는 동기가 있을 수 있는데, 그보다 더 복잡한 평가 수행이 필요한 경우가 많다는 증거는 그다지 반갑지 않은 일일 것이다. 게다가 Mihura와 Graceffo가 제10장에서 지적했듯이 "기본 심리평가 교과서는 보통 검사별로 자료를 구성한다. 이러한 검사는 평가 방법이 차이가 없을 수도 있다(최소한으로만 다를 수도 있다)"(p. 285). 즉, 대부분 교과서는 평가 자료의 철저한 통합을 장려하기보다는 심리 검사가 개별 범주에 깔끔하게 들어맞는다는 고정관념을 강화한다. 또한, 이러한 방식은 수련생, 임상가, 연구자들이 개별 사례의 특정 요구 사항을 충족하기 위해 여러 방법을 조합하기보다는 선호하는 방법을 선택하는 경향을 강화한다.

평가에 대한 이러한 검사 중심 접근 방식의 명백한 결과에는 각기 다른 평가 도구를 선택하고 불일치한 검사 결과를 통합하는 방법에 대한 근거가 거의 없다는 점도 포함된다. 현재 검사를 조합하는 방법에 대해 포괄적인 알고리즘 작업 틀, 의사결정 트리 또는 특정 프로토콜을 얻을 수는 있지만(임상적 사고를 조직화하는 데 잠재적으로 도움이 될 수 있는), 실증적 관점에서는 부족할 수밖에 없다. 하지만 이 문제를 쫓아 가보면 상당한 이점을 얻을 수 있다. 정신건강 문제는 개인과 사회에 엄청난 부담을 주지만, 현재의 평가 절차는 환자의 기능에 대한 제한적인 정보만 제공한다. 이 문제가 가진 규모(개별 환자뿐만 아니라 의료 시스템, 더 넓은 경제, 그리고 법률 시스템에도 영향을 미침)는 이 해당 분야가 오랫동안 지속해 온 많은 문제를 해결하고 관련 비용과 애씀을 덜어 줄 수 있는 좀 더 깊은 이해의 원천을 계속해서 찾도록 밀어붙인다. 이 책이 이러한 노력에 조금이라도 기여가 되어서 근거 기반 다중방식평가가 임상 실무에서 일상 정규적인 수행이 될 앞날의 초석을 다지는 데에 도움이 되길 바란다.

참고문헌

American Psychiatric Association. (2013). *Diagnostic and statistical manual of mental disorders* (5th ed.). Arlington, VA: Author.

Blais, M. A., & Hopwood, C. J. (2010). Personality-focused assessment in the PAI. In M. A. Blais, M. R. Baity, & C. J. Hopwood (Eds.), *Clinical applications of the Personality Assessment Inventory* (pp. 195-210). New York: Routledge Mental Health.

Bornstein, R. F. (2009). Heisenberg, Kandinsky, and the heteromethod convergence problem: Lessons from within and beyond psychology. *Journal of Personality Assessment, 91*, 1-8.

Bornstein, R. F. (2011). Toward a process-focused model of test score validity: Improving psychological assessment in science and practice. *Psychological Assessment, 23*, 532-544.

Bornstein, R. F., & Masling, J. M. (Eds.). (2005). *Scoring the Rorschach: Seven validated systems*. Mahwah, NJ: Erlbaum.

Cain, N. M., Ansell, E. B., Wright, A. G. C., Hopwood, C. J., Thomas, K. M., Pinto, A., et al. (2012). Interpersonal pathoplasticity in the course of major depression. *Journal of Consulting and Clinical Psychology, 80*, 78-86.

Campbell, D. T., & Fiske, D. W. (1959). Convergent and discriminant validation by the multitrait-multimethod matrix. *Psychological Bulletin, 56*, 81-105.

Clark, L. A. (2007). Assessment and diagnosis of personality disorder: Perennial issues and an emerging reconceptualization. *Annual Review of Psychology, 58*, 227-257.

Cramer, A. O. J., Waldorp, L. J., van der Maas, H., & Borsboom, D. (2010). Comorbidity: A network perspective. *Behavioral and Brain Sciences, 33*, 137-193.

Cronbach, L. J., & Meehl, P. E. (1955). Construct validity in psychological tests. *Psychological Bulletin, 52*, 281-302.

Durbin, C. E. (2010). Validity of young children's self-reports of their emotion in response to structured laboratory tasks. *Emotion, 10*, 519-535.

Erdelyi, M. H. (2004). Subliminal perception and its cognates: Theory, indeterminacy, and time. *Consciousness and Cognition, 13*, 73-91.

Garb, H. N. (1998). *Studying the clinician: Judgment research and psychological assessment*. Washington, DC: American Psychological Association.

Harkness, A. R., Reynolds, S. M., & Lilienfeld, S. O. (2014). A review of systems for psychology and psychiatry: Adaptive systems, personality Psychopathology-Five (PSY-5), and the DSM-5. *Journal of Personality Assessment, 96*, 121-139.

Hiller, J. B., Rosenthal, R., Bornstein, R. F., Berry, D. T. R., & Brunell-Neuleib, S. (1999). A comparative meta-analysis of Rorschach and MMPI validity. *Psychological Assessment, 11*, 278-296.

Hopwood, C. J., Morey, L. C., Edelen, M. O., Shea, M. T., Grilo, C. M., Sanislow, C. A., et al. (2008). A comparison of interview and self-report methods for the assessment of borderline personality disorder criteria. *Psychological Assessment, 20*, 81-85.

Lang, P. J. (1968): Fear reduction and fear behavior: Problems in treating a construct. In J. Schlien (Ed.),

Research in psychotherapy (Vol. III, pp. 90–103). Washington, DC: American Psychiatric Press.

Leising, D., Erbs, J., & Fritz, U. (2010). The letter of recommendation effect in informant ratings of personality. *Journal of Personality and Social Psychology, 98*, 668–682.

Lenzenweger, M. F., Clarkin, J. F., Yeomans, F. E., Kernberg, O. F., & Levy, K. N. (2008). Refining the borderline personality disorder phenotype through finite mixture modeling: Implications for classification. *Journal of Personality Disorders, 22*, 313–331.

Loevinger, J. (1957). Objective tests as instruments of psychological theory. *Psychological Reports, 3*, 635–694.

McGrath, R. E. (2008). The Rorschach in the context of performance-based personality assessment. *Journal of Personality Assessment, 90*, 465–475.

Messick, S. (1995). Validity of psychological assessment: Validation of inferences from persons' responses and performances as scientific inquiry into score meaning. *American Psychologist, 50*, 741–749.

Meyer, G. J., Viglione, D. J., Mihura, J. L., Erard, R. E., & Erdberg, P. (2011). *Rorschach Performance Assessment System: Administration, coding, interpretation, and technical manual*. Toledo, OH: Rorschach Performance Assessment System.

Mihura, J. L., Meyer, G. J., Dumitrascu, N., & Bombel, G. (2013). The validity of individual Rorschach variables: Systematic reviews and meta-analyses of the comprehensive system. *Psychological Bulletin, 139*, 548–605.

Millon, T. (1996). *Personality and psychopathology: Building a clinical science*. New York: Wiley.

Patrick, C. J., & Bernat, E. M. (2010). Neuroscientific foundations of psychopathology. In T. Millon, R. F. Krueger, & E. Simonsen (Eds.), *Contemporary directions in psychopathology* (pp. 419–452). New York: Guilford Press.

Rappaport, D., Gill, M., & Schafer, R. (1945). *Diagnostic psychological testing*. Chicago: Year Book.

Rogers, R. (2003). Standardizing DSM-IV diagnoses: The clinical applications of structured interviews. *Journal of Personality Assessment, 81*, 220–225.

Sadler, P., Ethier, N., Gunn, G. R., Duong, D., & Woody, E. (2009). Are we on the same wavelength?: Interpersonal complementarity as shared cyclical patterns during interactions. *Journal of Personality and Social Psychology, 97*, 1005–1020.

Samuel, D. B., & Widiger, T. A. (2008). A meta-analytic review of the relationships between the five-factor model and DSM personality disorders: A facet level analysis. *Clinical Psychology Review, 28*, 1326–1342.

Sullivan, H. S. (1954). *The psychiatric interview*. New York: Norton.

Vazire, S. (2010). Who knows about a person?: The self-other knowledge asymmetry (SOKA) model. *Journal of Personality and Social Psychology, 98*, 281–300.

Wood, J. M., Nezworski, M. T., Lilienfeld, S. O., & Garb, H. N. (2003). *What's wrong with the Rorschach?: Science confronts the controversial inkblot test*. San Francisco: Jossey-Bass.

Wright, A. G. C., Krueger, R. F., Hobbs, M. J., Markon, K. E., Eaton, N. R., & Slade, T. (2013). The structure of psychopathology: Toward an expanded quantitative empirical model. *Journal of Abnormal Psychology, 122*, 281–294.

찾아보기

인명

내용

편저자 소개

Christopher J. Hopwood 박사는 Michigan 주립대학교의 심리학 조교수이며, 동 대학 심리 클리닉의 소장으로 재직 중이다. 그리고 Michigan 주 인증 심리학자이다. Hopwood 박사는 수많은 출간 논문과 성격 과정과 수많은 심리학적 평가에 대한 글을 쓰고 책을 출간하였다. 그는 『Assessment and the Journal of Personality Disorders』의 부편집자이며, 성격, 성격장애, 그리고 평가 분야의 여러 다양한 저널의 자문 편집자이다. Hopwood 박사의 연구는 National Institute of Mental Health와 National Institute on Drug Abuse의 지원을 받았다. 그는 Society for Interpersonal Theory and Research 그리고 North American Society for the Study of Personality Disorders의 이사이다. 그는 2011년 시카고 대학교 Samuel J. and Anne G. Beck Early Career Award for Outstanding Research in Personality Assessment로부터 성격 평가 분야의 뛰어난 연구 업적을 인정받아 수상했다.

Robert F. Bornstein 박사는 아델피 대학교의 심리학과 교수이다. Bornstein 박사는 성격 역동, 평가, 진단 및 치료에 관한 수많은 논문과 저서를 출간했다. 그는 『The Dependent Personality and The Dependent Patient: A Practitioner's Guide』(Mary Languirand와 공동으로), 『When Someone You Love Needs Nursing Home Care, How to Age in Place』, 『Healthy Dependency』; 그리고 (Joseph Masling과 함께) 『Empirical Studies of Psychoanalytic Theories』 시리즈 7권과 『Scoring the Rorschach: Seven Validated Systems』을 공동 집필했다. Bornstein 박사는 미국심리학회, 심리과학협회 그리고 성격평가학회의 회원이다. 그의 연구는 National Institute of Mental Healt와 National Science Foundation의 연구비를 지원받았다. 그는 2005년 미국심리학회 제12분과(임상심리학회)와 American Psychological Foundation으로부터 성격심리학 분야의 Theodore Millon Award의 우수상을 수상했고, Society for Personality Assessment로부터 Walter G. Klopfer Award for Outstanding Statistically Based Research Article 우수상을 다섯 차례 수상했다.

도움 주신 분들

R. Michael Bagby, PhD, ABAP, CPsych, Departments of Psychology and Psychiatry, University of Toronto, Toronto, Canada

Iruma Bello, PhD, First Episode Psychosis Program, Department of Psychiatry, New York University Langone Medical Center/Bellevue Hospital, New York, New York

Mark A. Blais, PsyD, Department of Psychiatry, Massachusetts General Hospital/Harvard Medical School, Boston, Massachusetts

Daniel M. Blonigen, PhD, Center for Innovation to Implementation, VA Palo Alto Health Care System, Menlo Park, California

Robert F. Bornstein, PhD, Derner Institute of Advanced Psychological Studies, Adelphi University, Garden City, New York

Danielle Burchett, PhD, Division of Social, Behavioral, and Global Studies, California State University, Monterey Bay, and United States Air Force Psychology Research Service Analytic Group, Department of Defense Center-Monterey Bay, Seaside, California

Alex Cogswell, PhD, Children's Psychiatry Clinic, University at Buffalo, State University of New York, Buffalo, New York

Christy A. Denckla, MA, Derner Institute of Advanced Psychological Studies, Adelphi University, Garden City, New York

Kimberly Marie Dunbeck, BS, Department of Psychology, Case Western University, Cleveland, Ohio

Natalie Emmert, BA, Children's Psychiatry Clinic, University at Buffalo, State University of New York, Buffalo, New York

Stephen E. Finn, PhD, Center for Therapeutic Assessment, University of Texas at Austin, Austin, Texas

Janine Galione, MA, Department of Psychology, Washington University in St. Louis, St. Louis, Missouri

Robert A. Graceffo, MA, Department of Psychology, University of Toledo, Toledo, Ohio

Shawn Harrington, MA, Department of Psychology, University of Windsor, Windsor, Ontario, Canada

Christopher J. Hopwood, PhD, Department of Psychology, Michigan State University, East Lansing, Michigan

Spee Kosloff, PhD, Department of Psychology, California State University, Fresno, Fresno, California

Anthony D. Mancini, PhD, Department of Psychology, Pace University, Pleasantville, New York

Molly Maxfield, PhD, Department of Psychology, University of Colorado Colorado Springs, Colorado Springs, Colorado

Joni L. Mihura, PhD, Department of Psychology, University of Toledo, Toledo, Ohio

Jason S. Moser, PhD, Department of Psychology, Michigan State University, East Lansing, Michigan

Suzanne O'Brien, PhD, California Forensic Assessment Project, San Diego, California

Thomas F. Oltmanns, PhD, Department of Psychology, Washington University in St. Louis, St. Louis, Missouri

Antonio Pascual-Leone, PhD, Department of Psychology, University of Windsor, Windsor, Ontario, Canada

Aaron L. Pincus, PhD, Department of Psychology, Pennsylvania State University, University Park, Pennsylvania

Amy Przeworski, PhD, Department of Psychology, Case Western Reserve University, Cleveland, Ohio

Michael J. Roche, MS, Department of Psychology, Pennsylvania State University, University Park, Pennsylvania

Pamela Sadler, PhD, Department of Psychology, Wilfrid Laurier University, Waterloo, Ontario, Canada

Hans S. Schroder, BS, Department of Psychology, Michigan State University, East Lansing, Michigan

Terence Singh, PhD, Early Psychosis Treatment Service, Foothills Medical Centre, Calgary, Alberta, Canada

Justin D. Smith, PhD, Department of Psychology and Neuroscience, Baylor University, Waco, Texas

Sheldon Solomon, PhD, Department of Psychology, Skidmore College, Saratoga Springs, New York

Michael L. Stanfill, PhD, Jail Health Services, Public Health-Seattle and King County, and Department of Health Services, University of Washington, Seattle, Washington

Katherine M. Thomas, MS, Department of Psychology, Michigan State University, East Lansing, Michigan

Rachel L. Tomko, MA, Department of Psychological Sciences, University of Missouri, Columbia, Missouri

Timothy J. Trull, PhD, Department of Psychological Sciences, University of Missouri, Columbia, Missouri

Donald J. Viglione, Jr., PhD, California School of Professional Psychology at Alliant International University, San Diego, California

Erik Woody, PhD, Department of Psychology, University of Waterloo, Waterloo, Ontario, Canada

Aidan G. C. Wright, PhD, Department of Psychology, University of Pittsburgh, Pittsburgh, Pennsylvania

Amy Wytiaz, PhD, VA Palo Alto Health Care System, Menlo Park, California

Nikita Yeryomenko, MA, Department of Psychology, University of Windsor, Windsor, Ontario, Canada

역자 소개

우상우(Woo Sang Woo)

임상심리학 박사

임상심리전문가

푸른숲심리상담센터 부설 임상심리연구소 소장

국민대학교 겸임교수, 덕성여자대학교 겸임교수

현재 푸른숲심리상담센터에서 다양한 심리적 어려움을 겪고 있는 분들을 만나 심리평가와 심리치료 서비스를 제공하고 있으며, 상담심리학 및 임상심리학 전공 수련생들의 지도감독자로서 역할을 하고 있다.

다중방식 임상 평가

현대 심리평가의 본질과 미래

Multimethod Clinical Assessment

2026년 2월 5일 1판 1쇄 인쇄
2026년 2월 12일 1판 1쇄 발행

편저자 • Christopher J. Hopwood · Robert F. Bornstein
옮긴이 • 우상우
펴낸이 • 김진환
펴낸곳 • (주)학지사
04031 서울특별시 마포구 양화로 15길 20 마인드월드빌딩
대표전화 • 02-330-5114 팩스 • 02-324-2345
등록번호 • 제313-2006-000265호

홈페이지 • http://www.hakjisa.co.kr
인스타그램 • https://www.instagram.com/hakjisabook

ISBN 978-89-997-3598-1 93180

정가 28,000원

역자와의 협약으로 인지는 생략합니다.
파본은 구입처에서 교환해 드립니다.